Wilhelm Herrmann

Die Religion im Verhältniss zum Welterkennen und zur Sittlichkeit

Eine Grundlegung der systematischen Theologie

Wilhelm Herrmann

Die Religion im Verhältniss zum Welterkennen und zur Sittlichkeit
Eine Grundlegung der systematischen Theologie

ISBN/EAN: 9783743326538

Hergestellt in Europa, USA, Kanada, Australien, Japan

Cover: Foto ©Lupo / pixelio.de

Wilhelm Herrmann

Die Religion im Verhältniss zum Welterkennen und zur Sittlichkeit

Die Religion

im Verhältniß zum Welterkennen und zur Sittlichkeit.

Eine Grundlegung der systematischen Theologie

von

Lic. W. Herrmann
Privatdocent in Halle.

Halle.
Max Niemeyer.
1879.

Vorrede.

Das vorliegende Buch ist aus den Anregungen hervorgegangen, welche ich, von anderen theologischen Voraussetzungen herkommend, der dogmatischen Monographie A. Ritschls verdanke. Den Grundgedanken, welchen ich hier ausführe, daß nämlich die Gegenstände des christlichen Glaubens nicht in den Bereich des Welterkennens fallen, habe ich bereits in meiner Schrift „die Metaphysik in der Theologie, Halle 1876" vertreten. Ich hatte mir dort den Beweis zur Aufgabe gemacht, daß jene Geltungswerthe der christlichen Gemeinde nicht etwa tiefer erkannt werden, sondern ihren ursprünglichen Sinn verlieren, wenn man sie durch Vermittlung der Metaphysik zu Objecten des Welterkennens zu machen sucht. Dabei konnte der Schein entstehen, als wollte ich auf alle wissenschaftliche Begründung des christlichen Glaubens verzichten. Dieses Mißverständniß wird durch das, was ich hier der Beurtheilung unterbreite, gehoben werden. Es gehört selbstverständlich zum Berufe der Theologie, das Bewußtsein der christlichen Gemeinde von der Allgemeingültigkeit dessen, woran sie glaubt, zu rechtfertigen. Aber der Weg zur Lösung dieser Aufgabe wird gerade durch die bisherige Verwerthung der Metaphysik in der Theologie verlegt, indem dieselbe die Erfüllung der Forderungen, welche speciell die evangelische Kirche an den theologischen Beweis zu stellen hat, nahezu unmöglich macht. Dem evangelischen Glauben soll die Theologie die inneren Gründe seiner Gewißheit, welche in ihm selbst bereits wirksam sind, zu vollem Verständniß bringen. Grade das Gegentheil aber geschieht, wenn die Positionen des Glaubens als Stoff der Metaphysik verarbeitet werden. Denn die Probleme, welche sich dabei ergeben, werden, weil sie von vornherein falsch gestellt sind, nie gelöst; das hoffnungslose Dunkel, in welches sie hineinführen, kann die Gewißheit des Glaubens nicht erläutern, sondern soweit es überhaupt Interesse erweckt, nur beeinträchtigen. Ferner haftet die Gewißheit des Glaubens immer an einem Ganzen christlicher Weltanschauung, dessen practische Aneignung den persönlichen Geist zu seinem Frieden bringt. Deßhalb muß auch im theologischen Beweise jedes einzelne Glied der Weltanschauung durch die Evidenz des Ganzen seine Rechtfertigung empfangen. Der mit den Mitteln der Metaphysik geführte Beweis kann sich dagegen nie auf das Ganze der christlichen Weltanschauung beziehen, sondern kann nur einzelne Theile derselben mit seinen unsicheren Stützen versehen. Auf diese Weise wird also das Ganze, dem die eigentliche Ueberzeugungskraft innewohnt, grade aus den Augen gerückt. Der evangelische Glaube muß drittens, weil er ein unabhängiges Besitzthum der sittlichen Person sein soll, unverworren bleiben mit der jeweiligen Entwicklung des freien Welterkennens. Aber wenn man die Aussagen des Glaubens metaphysisch begründet, so wird unwillkürlich die Uebereinstimmung derselben mit den Resultaten des Welterkennens zum Maßstabe ihrer Geltung gemacht. Dabei kann dann nur der Unglaube gewinnen und eine Apologetik, welche principiell mit ihm in dem Grundsatze übereinstimmt, daß der Mensch auch als Person nur dasjenige gelten lassen dürfe, was irgendwie vor dem Welterkennen seine Realität legitimiren könne. Endlich muß der evangelische Glaube verlangen, daß die Theologie die Bedeutung zum vollen Verständniß bringe, welche der geschichtliche Grund seiner Zuversicht beansprucht. Durch die Anwendung des metaphysischen Beweises wird dagegen immer das Verlangen rege gemacht, das religiöse Verständniß der Geschichte, welches nur in der geschichtlich gewordenen Gemeinde gepflegt werden kann, durch geschichtslose Wahrheiten zu ersetzen, die jedem erkennenden Geiste zugänglich sind. Darin aber liegt die schwerste Gefahr für die evangelische Kirche. Denn consequent durchgeführt, bedeutet dieses Verfahren die rationalistische Auflösung der positiven Religion; wenn man dagegen dieses Ergebniß der Methode aus subjectiven Gründen unterdrücken will, so geschieht dieß nur unter dem heimlichen Vorbehalt, daß die Freiheit des Welterkennens, dem man die Schätze des Glaubens selbst anvertraut hat, durch hierarchische Bevormundung irgendwelcher Art beschränkt werden müsse und könne. In beiden Fällen aber ist, wenn auch in verschiedener Weise, die Freiheit und deßhalb das Dasein des evangelischen Glaubens schwer bedroht.

Es ist mir werthvoll gewesen, daß die Führer der extremsten Parteien auf kirchlichem Gebiete Luthardt und Pfleiderer in wesentlich gleicher Weise über meine frühere Schrift geurtheilt haben. Denn sehr unbefangen hat sich dabei der rationalistische Trieb geäußert, der sie Beide in dem Streben vereinigt, den geschichtlich bedingten und trotzdem selbständigen Glauben der Gemeinde durch vermeintliche metaphysische Erkenntnisse zu ersetzen, die auf jeden Fall nur für die wenigen Leiter einer nicht urtheilsfähigen Menge vorhanden sein können. Ich habe mir daher erlaubt, jene Aufsätze der beiden genannten Theologen als sehr verständliche Zeugnisse der Vorliebe für die Metaphysik hier zu verwerthen. Bei dem Aufsatze Pfleiderers habe ich lange geschwankt, ob ich ihn berücksichtigen dürfe. Seine Rhetorik erregt den Schein, daß es bei ihm nicht so sehr auf eine wissenschaftliche Discussion theologischer Fragen als vielmehr auf eine Agitation abgesehen sei, bei der die Leidenschaftlichkeit gewagter Behauptungen oft das Beste thun muß. Indessen hat ja Pfleiderer diesen Artikel aus der Prot. K. Z. in seine „Religionsphilosophie" hinübergenommen; und dieses Buch hat, wie mir scheint, allen Anspruch darauf, als ein getreuer Spiegel der in seiner Partei cursirenden Meinungen benutzt zu werden. Wie zutreffend übrigens meine Beurtheilung Pfleiderers gewesen ist, beweist wohl nichts mehr als die Thatsache, daß er in jenem Werke S. 729 nach der Abwägung der entgegengesetzten Vorzüge und Mängel, in welchen sich Christenthum und Buddhismus nach seiner Meinung als zwei einseitige Gestalten der Religion gegenüberstehen, mit der Aussicht schließt, daß diese beiden rivalisirenden Weltreligionen sich einmal „auf dem Boden der indogermanisch-mongolischen Völkermischung“ zur allgemeinen Menschheitsreligion ergänzen könnten. — Trotzdem legt Pfleiderer hohen Werth auf seine Uebereinstimmung mit den legitimen Vertretern der Kirche aller Zeiten. Richtig ist freilich nur, daß er sich mit denjenigen nahe berührt, welche gegenwärtig am lautesten diesen Charakter für sich in Anspruch nehmen. Denn Luthardt und viele Theologen seiner Richtung werden zwar nicht, wie Pfleiderer, die Frage für erlaubt halten, ob nicht auf dem „Boden der indogermanisch-mongolischen Völkermischung“ die allgemeine Menschheitsreligion einmal erstehen könnte; sondern sie werden formell mit der christlichen Gemeinde behaupten, daß sie die absolute Religion auf Grund einer geschichtlichen Thatsache bereits besitzen. Aber in diese Thatsache sich zu vertiefen und aus ihrer Bedeutung für den persönlichen Geist das Christenthum als die absolute Religion zu verstehen, erscheint ihnen auch als eine zu dürftige theologische Aufgabe. Auch sie sehen darin eine ungebührliche Einschränkung des theologischen Denkens, wenn der geschichtliche Grund unseres Glaubens ebenso als ein nichtconstruirbares absolutes Factum hingestellt wird, wie die Sünde für die sittliche Beurtheilung ein solches absolutes Factum bleibt. Sie wollen die geschichtliche Thatsache der Erlösung als solche nur gelten lassen, sofern sie die Möglichkeit derselben mit den Mitteln der Philosophie — und was für einer Philosophie! — beweisen und so die Sicherheit haben, daß es ganz ordentlich und verständig mit ihr zugegangen sei. Hieran gemessen, darf jene Schwärmerei Pfleiderers nicht zu hart beurtheilt werden. Er spinnt dabei nur den Faden der universellen Betrachtungsweise arglos weiter, den ihm diese sogenannten kirchlichen Theologen in die Hand gedrückt haben.

Inzwischen ist auch Lipsius in seinem Lehrbuch der Dogmatik gegen den Mißbrauch der Metaphysik in der Theologie aufgetreten.

Daß er die Ablösung der religiösen Gewißheit von den Resultaten des Welterkennens nicht vollständig durchführen werde und daß er sie vor Allem in einem ganz anderen Sinne unternehme, als wir, hatte sich bereits aus der Art ergeben, wie er vor dem Erscheinen seines Lehrbuchs meine frühere Schrift in der Prot. K. Z. besprach. Ich habe alsbann in einer Recension seines Buches (Stubd. u. Kritt. 1877 S. 521 ff.) meinen Widerspruch gegen das von ihm befolgte Verfahren so scharf wie möglich formulirt. Ich bedaure sehr, dabei in einen animirteren Ton verfallen zu sein, als um des Friedens willen und zumal einem älteren Theologen gegenüber gestattet war. Ich verzichte deßhalb auch darauf, von der Entschuldigung, welche mir dafür zu Gebote stände, Gebrauch zu machen, und erlaube mir nur, einige Mißverständnisse zu beseitigen, welche besonders verletzt zu haben scheinen. Lipsius setzt bei mir die Absicht voraus, ihn kirchenpolitisch zu discreditiren, und macht sogar seinen Lesern die Mittheilung, ich hätte sein Buch als eine „protestantenvereinliche Dogmatik" bezeichnet. Jene Voraussetzung ist nicht richtig, und diesen Ausdruck habe ich in meiner Recension nicht gefunden. Ich kann im Gegentheil nur wünschen, daß die von Lipsius entwickelte Gestalt christlicher Lehre in den Kreisen des Protestantenvereins eifrig studirt und angeeignet werde. Das Buch ist keine Parteischrift, und viel Gutes ist für Manche daraus zu lernen. Ich kann auch nicht glauben, daß es Viele sein werden, welche, wie Lipsius sagt, „über der schneidigen Verstandeskritik" seines Buches die religiösen Positionen desselben übersehen. Das könnte nur in Uebelwollen oder in Mangel an Sachkenntniß seinen Grund haben. Dagegen mag allerdings der Gesammteindruck seiner positiven Aufstellungen dadurch an Deutlichkeit verlieren, daß seine Resultate durch die ausführlichen biblisch-theologischen und dogmenhistorischen Darlegungen zu sehr auseinandergerückt werden. Es wäre daher vielleicht die beste Widerlegung jener Anklagen und eine nützliche Erläuterung seines Buches, wenn uns Lipsius, ebenso wie Ritschl in seinem „Unterricht", mit einem leichter zu übersehenden Aufriß seines Lehrganzen beschenken wollte. — Er sagt ferner, ich sei als der Sprecher einer theologischen Schule gegen ihn aufgetreten. Ich habe darauf mit keinem Worte hingedeutet, bin zu der Recension auch nicht durch die Redaction der Stubd. u. Kritt. veranlaßt, sondern habe dieselbe aus eigener Initiative geschrieben, um einen Gedanken, den ich bereits öffentlich ausgeführt hatte, von dem, was Lipsius in seiner Dogmatik geleistet hat, auch meinerseits möglichst bestimmt abzugrenzen. — Es ist ebenfalls ein Mißverständniß, wenn Lipsius mir den Hinweis darauf so übel nimmt, daß sein System zum Theil aus Gedanken zusammengefügt ist, welche von andern zeitgenössischen Theologen herrühren. Es kann mir ja gar nicht einfallen, ihm dieses Verfahren bei einem „Lehrbuch" der Dogmatik zum Vorwurf zu machen. Das Factum ist übrigens auch von anderer Seite constatirt und daran ebenfalls die Bemerkung geknüpft, welche ich mir erlaubt hatte, daß Lipsius dadurch den systematischen Zusammenhang seines Buches empfindlich gestört habe. Darauf allein aber kam es an; wie viel oder wenig er im Detail von Anderen entlehnt, würde mir an sich kein großes Interesse erweckt haben. Von der sachlichen Kritik selbst, welche ich an dem Buche geübt habe, kann ich nichts zurücknehmen; die Mängel seines Standpunktes treten in den Aufsätzen, welche Lipsius in seinen „dogmatischen Beiträgen" gegen mich gerichtet hat, noch stärker hervor, weil er es hier zu einer dankenswerthen Klarheit bringt, welche der Dogmatik nicht selten fehlte. — In der Vorrede zur zweiten Auflage seines Lehrbuchs sagt er S. VII: „Indem ich mein Buch zum zweiten Male hinausschicke, blicke ich bereits auf eine ganze Litteratur, die sich an dasselbe angeknüpft hat, zurück." Damit können, wie es scheint, nur die Recensionen, die allerdings zum Theil sehr umfänglich waren, und seine eigenen „dogmatischen Beiträge" gemeint sein, welche zuerst in den Jahrbb. für prot. Theol. 1878 und alsdann in unverändertem Separatabdruck erschienen sind. Aber wie dem auch sei, wenn wirklich dadurch ein höheres Interesse für die erkenntnißtheoretischen Fragen geweckt sein sollte, so würde auch das vorliegende Buch aus dem von Lipsius errungenen Erfolge einen Vortheil ziehen können.

Was die erkenntnißtheoretischen Erörterungen betrifft, von welchen ich ausgegangen bin, so habe ich mich dabei an Kant angeschlossen, in dessen Trennung der theoretischen Erkenntniß von der sittlich bedingten Ueberzeugung ich den Freibrief für die aus den Fesseln philosophischer Weltanschauungen erlöste Theologie erblicke. Ich halte allerdings die Art, wie vor Allem Cohen und Stadler die kantische Erkenntnißtheorie interpretiren, für die richtige, während ich ihren Ergänzungen derselben nicht beizupflichten vermag. Trotzdem muß ich es ablehnen, wenn man mich, wie Pfleiderer in seiner „Religionsphilosophie", als Neukantianer registrirt. Ich suche in dieser Beziehung einfach von der Discussion zu lernen, welche unter den Philosophen geführt wird. Es kann mir als Theologen gleichgültig sein, ob jene beiden Männer mit ihrer ausgezeichneten Vertheidigung der kantischen Lehre Recht behalten, oder ob die Anwendung des Causalitätsbegriffs auf die Macht practischer Impulse zurückgeführt wird, wie unter Anderen von Göring und Sigwart. Die Möglichkeit, der Theologie ihre Selbständigkeit zu wahren, bleibt in beiden Fällen dieselbe. Wir haben nur nöthig, uns gegen eine solche Philosophie zu vertheidigen, welche unter anderem Namen das Geschäft der Theologie betreibt, das nun einmal außerhalb der besonderen religiösen Gemeinde nicht gelingen kann. Es giebt allerdings eine gemeinsame theologische wie philosophische Aufgabe, deren Lösung ich in den beiden ersten Abschnitten dieser Schrift versucht habe: die Scheidung der practisch bedingten Ueberzeugungen, in deren Bereiche die eigentlich theologischen Probleme liegen, von dem Gebiete des theoretischen Erkennens. Bei der Behandlung dieser Aufgabe aber erfreuen wir uns umsomehr voller Selbständigkeit, als dieselbe erst auf dem Boden des Christenthums gestellt werden konnte.

Schließlich möchte ich noch darauf hinweisen, daß die Arbeit dieser Schrift bei aller unumgänglichen Polemik doch auf die Klarstellung eines Problems gerichtet ist, welches auch die mir gegenüberstehenden Theologen Biedermann und Lipsius, Luthardt und Pfleiderer als das sie selbst am nächsten angehende anerkennen werden. Die Frage, worauf ihre eigene religiöse Zuversicht beruhe, werden auch diese evangelischen Theologen dahin beantworten, daß sie in der geschichtlichen Erscheinung Jesu von Nazareth ihren Grund habe. Wenn ich nun das allein als die Aufgabe der systematischen Theologie hinstelle, die Gewißheit, welche sie auf diese Weise mit der evangelischen Christenheit bekennen, in ihrer vollen Bedeutung zu entwickeln und die Allgemeingültigkeit ihrer in ihr selbst präsenten Gründe darzulegen, so mag ihnen das beschränkt erscheinen. Daß ich dabei auf alle Fälle dem practisch-kirchlichen Interesse an der Theologie diene und zugleich ein Problem bearbeite, das ihnen auch einmal nahe treten muß, wenn auch nicht in ihrer Dogmatik, das werden sie mir zugeben müssen.

Halle a. S., den 5. Februar 1879.

W. Herrmann.

Inhalt.

Einleitung.

Die Pflege einer gemeinsamen Form der Religion in einer Kirche ist nur möglich, wenn derselben noch andere Gründe für die Gültigkeit der religiösen Anschauungen zu Gebote stehen als die subjectiven Erlebnisse der Gläubigen. Jede Gemeinschaft von Menschen erhält sich durch einen Zwang, welcher wirksam bleibt, auch wenn das Band der Gemeinschaft sich nicht mehr aus den subjectiven Impulsen ihrer Glieder von selbst zusammenwebt. Die christliche Kirche bildet keine Ausnahme von dieser Regel. Auch ihr Bestehen rechnet auf eine Macht, welche im Stande ist, die Gemeinschaft in gewisser Weise von dem Individuum unabhängig zu machen. Den Volksreligionen erwächst diese von den specifisch religiösen Erfahrungen unabhängige Macht aus dem Zusammenhange des Cultus mit dem nationalen Staatswesen. Die christliche Kirche ist groß geworden nicht im Bunde mit einer solchen Macht, sondern im Kampfe mit ihr. Hat die Kirche auch später das politische Interesse sich dienstbar gemacht, so hat sie doch im Ganzen nie vergessen, daß die auf diese Weise errungenen Gewaltmittel nicht ausreichen, die Herrschaft über die Gemüther, welche sie beanspruchen muß, zu sichern. Sie gewann aber auch durch ihren Bund mit dem Staate keineswegs bloß materielle Mittel. Viel werthvoller für ihren eigenen Zweck war die ideale Macht des Bewußtseins, daß man in der unsichtbaren Welt, zu welcher der Cultus den Zugang eröffnete, den letzten unvergänglichen Halt der gesellschaftlichen Ordnung zu ehren habe. Die Kirche hat sich zu allen Zeiten auf dieses Bewußtsein gestützt. Die Spuren desselben sind auch in unserem Volksleben noch nicht verwischt trotz der Irrthümer, die dem, richtig verstanden, sehr werthvollen Gedanken einer autonomen Sittlichkeit gefolgt sind. In der Praxis ist jenes Verhältniß der Religion zur Sittlichkeit von jeher ein Quell der Kraft für die

Kirche gewesen. Daß sie dem sittlichen Menschengeiste eine Welt aufschloß, die er als die seinige anerkennen konnte, hat ihr ebenso die Herzen gewonnen, wie der Schutz den sie dem Frieden des Gemüthes gegen Sünde und Uebel gewährte. Aber obgleich im Leben auf jenen Zusammenhang angewiesen, hat die Kirche vielleicht zu sehr verschmäht, denselben in seine Tiefe zu verfolgen, und ihn dann zur Darstellung und Begründung der religiösen Weltanschauung zu verwerthen.

Der Kirche des Mittelalters wird man nicht vorwerfen können, daß sie in ihrer Theologie den Zweck der Sittlichkeit außer Augen gesetzt habe. Hat sie doch den Charakter einer Heiligungsanstalt in Lehre und Verfassung so energisch ausgeprägt, daß daneben die eigentlich religiöse Aufgabe der Kirche, die versöhnte Gemeinde darzustellen, nur verstohlen zur Geltung gelangte. Die officielle Befriedigung des religiösen Bedürfnisses durch die Darbietung sachlicher Garantieen für die Zukunft ließ das Bewußtsein der Versöhnung mit Gott immer wieder als Aufgabe erscheinen, während dasselbe in dem Glauben der christlichen Gemeinde vorhanden sein sollte und im Grunde auch war. Aber die Abzweckung der Religion auf die Sittlichkeit trat in mächtigen Zügen hervor. Die Alles beherrschende Rücksicht auf dieses Verhältniß zeigt sich auch nicht bloß in dem Stoff der Lehre selbst, sondern auch im theologischen Beweise tritt der Gedanke hervor, daß man ein Verständniß für die dem natürlichen Denken verschlossenen Dogmen nur gewinne, wenn man ihren Zusammenhang mit dem Zwecke des Menschen im Auge behalte, dem er durch sittliches Handeln sich nähern soll. Die Scholastiker suchen nämlich die Uebernatürlichkeit der in der Kirche überlieferten Wahrheit im Allgemeinen durch den Hinweis auf den übernatürlichen Zweck des Menschen zu rechtfertigen, der in dem Umkreis seines natürlichen Daseins nicht verwirklicht werden kann und deßhalb der Offenbarung und des thatkräftigen Eingreifens übernatürlicher Potenzen zu seiner Verwirklichung bedarf. Die Kunde von diesen übernatürlichen Kräften, welche die Heiligung des Menschen verursachen, bildet den wesentlichen Inhalt des Dogmas. Darauf kommt es hinaus, wenn Thomas den Beweis unternimmt, quod necessarium sit, homini divinitus credenda proponi etiam illa, quae rationem excedunt (Summa c. G. I, 5). Leider aber fehlt jede concrete Anschauung des übernatürlichen Zweckes, so daß auch die Aufgabe, die Correspondenz seines Inhalts mit den Objecten des religiösen Glaubens aufzusuchen, gar nicht angeregt wird. Ueberdem werden eben diese Objecte unvollständig gedacht, wenn sie nur als das System von Ursachen sittlicher Heiligung aufgefaßt werden. Aber der Gesichtspunkt möchte nicht zu verachten sein, daß die Geltung des Uebernatürlichen in der Anerkennung eines übernatürlichen Zwecks zu finden sei, dem der Mensch durch sittliches Handeln sich nähere.

Trotz eines vielverheißenden Ansatzes wird im Mittelalter das Verhältniß der Sittlichkeit zur Religion nicht verwerthet, die religiöse Wahrheit in der Relation zu einer constanteren Größe zu entwickeln als die subjective religiöse Erfahrung ihrer Natur nach sein kann. Die Kirche ließ jenes Machtmittel, welches der religiösen Wahrheit in ihrem eigenen Wesen dargeboten wird, unbenutzt. Wenn man nun zu den Ursachen dieses Fehlers die Thatsache rechnen darf, daß es im Mittelalter zu einer klaren Unterscheidung zwischen Religion und Sittlichkeit noch nicht kommt, so eröffnet sich mit der Reformation eine Aussicht auf eine Durchführung des bisher Versäumten. Die Reformation hat die Schleier von dem religiösen Gute der christlichen Gemeinde hinweggenommen, welche schon die altkatholische Theologie darüber gebreitet, und welche Augustin nur noch dichter zusammengezogen hatte. Das Vertrauen auf die magische Gewalt der Kirche über den Willen, welches aus den bisherigen schüchternen Ansätzen unter Augustins Einfluß sich mächtig entwickelte, hat von jeher für Viele auch in unserer Kirche das Bewußtsein der Versöhnung in dem ängstlichen Aufhorchen auf die Wirkungen jener Zaubermacht untergehen lassen. Mit der deutlichen Auffassung der Rechtfertigung aus dem Glauben als des religiösen Gutes der christlichen Gemeinde hatte dagegen die protestantische Theologie auch eine scharfe Unterscheidung von Religion und Sittlichkeit erreicht und damit die Möglichkeit, das Verhältniß beider zu einander zu bestimmen. Aber der Fortschritt, den man über das Mittelalter hinaus gethan hat, bleibt auch hier unbenutzt. Man ist höchstens darauf aus, die Abgeschlossenheit des religiösen Gutes zu sichern, das Bewußtsein der Versöhnung von der Reflexion auf den Erfolg des sittlichen Strebens unabhängig zu machen. Die relative Selbständigkeit, welche daneben dem Sittlichen im Menschen zukommt, wird nicht genügend gewürdigt. Dadurch wurde schon früh auch der Rechtfertigungsgedanke bedroht und schließlich, als das vernachlässigte sittliche Interesse sein Recht verlangte, bis zur

Unkenntlichkeit umgestaltet. Denn dieser Gedanke läßt sich in seiner Reinheit nur bewahren, wenn man fest im Auge behält, daß in dem Leben der Person Religion und Sittlichkeit in verschiedener Weise zu demselben Zwecke zusammenwirken. Vor Allem aber wurde dadurch auch die protestantische Theologie von der Aufgabe abgelenkt, das Verhältniß der Religion zur Sittlichkeit zur Darstellung und Begründung derselben zu verwenden. Die deutsche Reformation hat anerkannt, daß die sittlichen Güter der Gesellschaft eine von der religiösen Gemeinschaft unabhängige Würde besitzen. Sie hat auf der andern Seite der Kirche den Schutz dieser Güter als eine heilige Pflicht ans Herz gelegt, weil nur in der anerzogenen Freude an ihnen, nicht in der falschen Weltflucht der Mönche, dem menschlichen Subject für die Realität der übersinnlichen Welt unseres Glaubens die Augen aufgehen. Aber in der Theologie der Kirche, der solche practische Aufgaben gestellt sind, sucht man vergeblich nach einer durchgreifenden Verwerthung der Einsicht, daß jede rechtschaffene persönliche Hingabe an die Familie, ein geordnetes Berufsleben, den Staat ihre Wurzeln nach einer übersinnlichen Wirklichkeit ausstreckt. Die Folge davon ist dann gewesen, daß die sittlichen Ideale, die ursprünglich das Eigenthum einer religiösen Gemeinde waren, unter dem Titel einer freien Humanität der Kirche entgegengestellt sind. Das ist ein schneidender Gegensatz gegen die Voraussetzung der Kirche, daß die sittliche Gesinnung ihrer Glieder mit dem Glauben derselben an ihre Verkündigung in einem Zusammenhange wechselseitigen Bedingens stehe. Aber die Schuld an diesem Mißverhältniß trägt die Theologie, die es verschmäht hat, die Begründung der religiösen Wahrheit und die Normen ihrer Darstellung in der ihr innewohnenden Beziehung auf das Leben einer sittlichen Person zu suchen.

Die christliche Theologie hat es vorgezogen, anstatt sich innerhalb des Wechselverhältnisses von Religion und Sittlichkeit zu bewegen, den Beweis für die Allgemeingültigkeit der Religion auf eine andere geistige Macht zu stützen, welche den Schwankungen subjectiven Erlebens scheinbar entzogen ist, auf die philosophische Erklärung des Weltganzen. Damit thut sich vor der Theologie ein Gesichtskreis auf, dessen Weite gegen das eng umfriedigte Gebiet persönlicher Ueberzeugungen glänzend absticht. Im Christenthum selbst entdeckt man das Material zu einer Welterklärung, welche der heidnischen Metaphysik theils bestätigend an die Seite tritt, theils den Anspruch erheben darf, sie zu ergänzen oder zu berichtigen. Es ist das sicher ein Zeugniß des siegreichen Bewußtseins von der universellen Bedeutung des Christenthums, daß man das Wagniß nicht scheute, zum Bundesgenossen desselben den Universalismus der Philosophie zu machen, welcher die Volksreligionen zersetzt hatte. Der Weltherrschaft der Kirche konnte kein besseres Machtmittel geboten werden als das Vorurtheil, daß sich die christliche Wahrheit mit jenen Producten der höchsten geistigen Cultur mühelos zu einer Einheit zusammenschließe, in welcher beide Theile gewännen. Ist man aber jetzt überzeugt, daß diese Weltherrschaft ihre Zeit gehabt hat, so wird man auch fragen müssen, ob die Machtmittel derselben noch jetzt zu dem Rüstzeug der Theologie gehören dürfen. Die Voraussetzung braucht man nicht fallen zu lassen, daß es dem Evangelium gelingen müsse, alle Errungenschaften des freien menschlichen Erkennens sich dienstbar zu machen. Aber darauf muß man verzichten, die Geltung der religiösen Wahrheit in ihrer Uebereinstimmung mit der Erkenntniß der Welt in Naturwissenschaft und Metaphysik zu suchen. Der Gedanke, daß diese Uebereinstimmung die Grenze des Möglichen auch für die Glaubensobjecte bezeichne, war nur solange erträglich, als die Kirche durch den Arm des Staates die Welt und das auf sie gerichtete Erkennen beherrschte. Denn die Weltherrschaft welche die Kirche ausübte, schloß auch die Befugniß ein, dem Erkennen der Welt seine Wege vorzuschreiben. Eine von religiösen Gesichtspunkten durchaus geleitete Wissenschaft, war vielmehr ein Ausdruck der Kirchenlehre als eine Schranke derselben. Die Kirche hat dennoch während der Dauer dieser äußerlichen Weltherrschaft Noth genug gehabt, den Naturalismus immer wieder zurückzuschneiden, dessen kraftvolle Keime in der Voraussetzung liegen, daß die Welt des Glaubens als eine identische Fortsetzung an die Welt des Erkennens sich anschließe. Der Universalismus des Christenthums hat einen jugendfrischen Ausdruck in dem Vertrauen gefunden, eine tiefer forschende Wissenschaft werde in steigendem Maße in der Natur selbst als deren ewige Gründe die übernatürlichen Objecte des Glaubens entdecken, es sei nur der oberflächliche Schein der Dinge, dem diese fremdartig gegenüberstehen. Aber die Energie des Christenthums als einer positiven Religion hat darunter schwer gelitten. Wird die religiöse Weltanschauung in einen solchen Zusammenhang mit der Naturerklärung gebracht, wie in der kirchlichen Theologie, so ist es nur zufällig, wenn einzelne

Bestandtheile jener sich noch nicht in die erklärbare Wirklichkeit eingliedern lassen. Die festen Formen der positiven Religion werden durch jenes theologische Verfahren zur Auflösung in die gleichgültige Erkenntniß der natürlichen Religion allmählig vorbereitet. Das Uebernatürliche, dessen Geltungswerth an der Metaphysik gemessen werden soll, ist nur auf Zeit ein Uebernatürliches. Denn der ahnungsvolle Rationalismus der Kirchenlehre sieht schon die Fäden sich anspinnen, welche auch für unser Auge die Continuität zwischen dem vorläufig Uebernatürlichen und den begreiflichen Dingen sichtbar machen werden. Dieser wurmstichige Supranaturalismus der maßgebenden Theologie auch unserer Zeit sieht die Realität der Glaubensobjecte schwinden, wenn man sie nicht auf den Naturboden der Metaphysik versetzt[1]). Das Uebernatürliche, das man hier meint, ist in der That nichts weiter als eine phantastische Erweiterung der Natur. In dem Begriffe dieses Uebernatürlichen ist die provisorische Bedeutung der positiven Religion und die absolute Wahrheit der natürlichen mitgesetzt. Schon deßhalb wird es mir schwer, in dieser Conception den richtigen Ausdruck des Supranaturalismus zu erkennen, welcher dem Christenthum eignet. Vor Allem aber läuft jener Begriff deßhalb dem Interesse des Christenthums zuwider, weil ein Uebernatürliches, daß seine Geltung vor der Metaphysik rechtfertigen muß, entweder selbst zur Natur gehört oder doch wenigstens auf das Naturerkennen als das legitime Mittel zu seinem Verständniß rechnet. Denn wenn die Metaphysik die Begriffe behandelt, denen wir Alles in der Natur Mögliche unterwerfen wollen, so versteht sich doch wohl von selbst, daß das vermeintliche Uebernatürliche, das an diesen Begriffen gemessen werden kann und soll, entweder selbst zur Natur gehört oder als eine dem Naturerkennen immanente Voraussetzung von uns gedacht wird. Nun behaupte ich, daß eine religiöse Ueberzeugung, deren Object so bezeichnet werden kann, durchaus mythologischer oder heidnischer Art ist. Allerdings ist in der Mythologie die Erweiterung der Natur ein Product der Phantasie; jenes Uebernatürliche dagegen wurde erreicht, indem ein logischer Zwang des Denkens uns gebietet, über die Grenzen des gewöhnlichen Naturerkennens hinauszublicken. Aber in beiden Fällen

---

[1]) vergl. Luthardt, Kompendium 5. Aufl. S. 62. Kahnis Dogmatik 2. Aufl. 1. Bd. S. 108 f. (Die Vernunft ist berechtigt, über die Wahrheit der allgemeinen Religion zu urtheilen, die nur nicht ausreichend ist).

soll die Realität des Uebernatürlichen, auf welche die Person ihr eigenartiges von der Natur unterschiedenes Leben gründen will, an dem natürlichen Dasein selbst sich bewähren. Ob diese Bewährung in dem sinnlichen Zauber einzelner Naturerscheinungen gesehen wird oder in einer langwierigen Denkoperation, welche an die allgemeinen Züge alles natürlichen Daseins anknüpfen will, das ist für die Qualität der religiösen Ueberzeugung ganz gleichgültig. Vornehmer mag das Product des abstracten Denkens neben den graziösen oder abenteuerlichen Geschöpfen der Phantasie sich ausnehmen; als Object der religiösen Ueberzeugung beurtheilt, hat keines von ihnen eine höhere Würde [1]). Sie degradiren den Menschen, der an sie in religiösem Sinne glaubt in gleicher Weise, indem sie ihn zum Naturwesen erniedrigen. Die Person, die im religiösen Glauben sich über die Natur erheben möchte, sinkt in die Arme der Natur, wenn sie in jenen Gebilden ihren letzten Halt zu finden meint. Das Object des Glaubens, welches eine solche Beglaubigung durch die Natur fordert und verträgt, hat überhaupt keine Würde, wie die Natur als solche keine Würde hat. Mit einem auf derartige Dinge gerichteten Glauben steht das sittliche Bewußtsein entweder in Conflict oder es läuft gleichgültig neben ihm her. Ein religiöser Glaube, der in keinem anderen Verhältniß zur Sittlichkeit steht, ist Aberglaube. Er wird als solcher ohne Umstände erkannt und bezeichnet, wenn auf niederen Bildungsstufen die sittlich indifferente Furcht oder Hoffnung des Menschen seiner Phantasie den Antrieb verleiht, die sinnliche Welt zu verdoppeln. Aber man sollte nun auch gegen das Uebernatürliche der Metaphysik, wenn es als Gegenstand des religiöseu Glaubens sich darbietet, dieselbe Gerechtigkeit üben. Falls eine sittlich indifferente Logik uns zwingt, den Gedanken des absoluten Geistes zu vollziehen, so ist die religiöse Verehrung dieses Geistes um nichts besser als irgend ein anderer Naturdienst. Wenn eine religiöse Ueberzeugung einen solchen sprunglosen Anschluß an das sittlich Indifferente erreicht, so steht sie mit ihrem gesammten Inhalt unter dem Niveau des sittlichen Bewußtseins. Wenn aber dem Objecte des Glaubens die Würde fehlt, die das Gewissen des Menschen trifft und ihn als sittliches Wesen ebenso niederbeugt wie

---

[1]) vergl. Beck, Einleitung in das System der christlichen Lehre. S. 86: „wie überhaupt das Grobe oder Feine des Begriffes Glauben oder Unglauben nicht scheidet.“

erhebt, so ist es ein Götze. Ich kann nicht sehen, was es unter diesem Gesichtspunkte für einen Unterschied machen soll, ob eine kindliche Phantasie den Götzen gebildet hat oder ein hochentwickeltes Denken. Das allein begründet eine specifische Differenz, wie sie zwischen dem Christenthum und der Naturreligion stattfindet, daß hier die Gottheit selbst Natur ist, während sie dort den Menschen als sittliche Person der Natur enthebt und ihm ein wirklich überweltliches Leben schenkt. Für die menschliche Cultur mag es nicht unwichtig sein, ob innerhalb der Naturreligion die materielle Natur göttlich verehrt wird oder die geistige. Vor der Frage, welche das Christenthum aufwirft und bejaht, ob der Mensch sein Wesen denken könne im Unterschiede von allem gegebenen Dasein, sind jene Unterschiede ohne Bedeutung. Das feingesponnene Abstractum welches in der Metaphysik als der logische Gehalt der Welt gedacht wird, entadelt den Menschen, der an dasselbe seinen religiösen Glauben verschwendet ebenso, wie irgend eine andere Naturgottheit, der absolute Geist ebenso, wie irgend ein Dämon.

Die kirchliche Theologie hat die Eigenart des christlichen Glaubens immer durch das Bestreben beeinträchtigt, die Allgemeingültigkeit der religiösen Weltanschauung in ihrer möglichst großen Uebereinstimmung mit der Metaphysik zu suchen. Aber die Unabhängigkeit des religiösen Glaubens von dem Naturerkennen und von der Metaphysik, worin sich dasselbe vollenden soll, wurde doch dadurch einigermaßen gewahrt, daß die Kirche auch das Gebiet des philosophischen Denkens als ihre Domäne in Anspruch nahm. Solange die Kirche die äußere Macht besaß, diese Forderung durchzusetzen, war es ihr auch möglich, die Consequenzen ihrer metaphysischen Grundsätze gewaltsam zu unterdrücken, wenn sie mit einem Interesse des Glaubens in Streit geriethen. In unserer Zeit dagegen macht es einen niederschlagenden Eindruck, wenn die Theologie noch immer fortfahren will, die religiösen Gedanken um ein Welterkennen kreisen zu lassen, welches sich schwer dazu verstehen würde, die Zumuthung kirchlicher Directiven ernsthaft aufzunehmen. Jetzt wird durch dieses Verfahren nicht bloß der Sinn der religiösen Gedanken getrübt, sondern auch die Selbständigkeit der religiösen Weltanschauung, das gebietende Ansehen, mit welchem sie gelten will, wird dabei völlig preisgegeben. Zahlreiche theologische Kräfte, die man zwischen dem lustigsten Apologeten, wie Ebrard, und einem Manne von dem wissenschaftlichen Gewichte eines Lipsius in allen möglichen Abstufungen finden kann, sind auf das Stärkste für die Aufgabe interessirt, die Uebereinstimmung des Christenthums mit den wirklich soliden Ergebnissen moderner Wissenschaft zu erweisen. Wenn man diese Erscheinungen nicht danach beurtheilen will, daß sie völlig incommensurable Größen in Vergleich zu stellen pflegen, so wird man anerkennen müssen, daß sie einem Bedürfnisse vieler Gemüther entgegenkommen. Es erhöht ohne Zweifel für viele Gebildete in unserer Zeit den ruhigen Lebensgenuß, wenn ihnen die mit einigen Beweisen geschmückte Versicherung ertheilt wird, daß das Christenthum und die moderne Wissenschaft sich nicht nur nicht zu stören brauchen, sondern sogar, in das Licht der tiefsten apologetischen Einsichten gerückt, sich gegenseitig ihre Urtheile bestätigen und ergänzen. Und ich will auch durchaus nicht verkennen, daß Mancher auf diese Weise dazu angeregt werden kann, die christliche Wahrheit in die eigenthümlichen Gründe ihrer Gewißheit zu verfolgen und dann das Christenthum als eine ernstere Lebensmacht kennen zu lernen, als es in jenen Verhandlungen erscheinen kann. Aber man darf nur nicht glauben, daß mit diesen immer nur unter großer Reserve zu billigenden Arbeiten die wissenschaftliche Aufgabe gelöst wird, die Allgemeingültigkeit der religiösen Weltanschauung zu erweisen. Wenn ich aber von Ritschl absehe, so scheint mir die moderne Theologie überhaupt keine andere Lösung dieser Aufgabe in Aussicht zu nehmen. Denn als allgemeingültig werden die religiösen Urtheile nicht dargethan, wenn man sie aus der h. Schrift begründet, oder sie aus einem nach irgend welchen Grundsätzen gewonnenen religiösen Princip ableitet, oder endlich sie aus dem individuellen religiösen Bewußtsein herausspinnt. Von diesen drei Aufgaben bezeichnet die dritte eine Verwechselung der erbaulichen Thätigkeit mit der theologischen; aber auch die beiden andern dienen zwar der Darstellung und Ordnung der religiösen Urtheile, nicht aber ihrer Begründung. Wenn daher die Kirche an die Theologie die Forderung stellt, daß sie die Allgemeingültigkeit der religiösen Weltanschauung beweise, weil der Fortbestand der Kirche durch die bloße Thatsache subjectiven Glaubens in ihren Gliedern nicht gesichert wird, weil die Gemeinschaft einer Unabhängigkeit von den wechselnden Zuständen des Subjects und eines Schutzes gegen die Zuchtlosigkeit individueller Einfälle bedarf, so wird der kirchlichen Aufgabe der Theologie durch jene Leistungen noch nicht entsprochen. Der verlangte Beweis kann nur auf die Weise geliefert werden, daß der logische Zusammenhang der religiösen Weltanschauung mit Erkenntnissen oder Ueberzeugungen aufgezeigt wird, welche nicht nur innerhalb der religiösen Gemeinde selbst sondern auch außerhalb derselben auf Geltung rechnen. Soweit nun die systematische Theologie unserer Zeit nicht einfach als freischaffende Speculation auf allgemeingültige Maßstäbe verzichtet, soweit sie überhaupt auf jenen Beweis sich einläßt, scheint sie mir in der That nichts weiter zu leisten als eine besondere Anwendung jener apologetischer Methode. Dieß möchte nicht bloß von Lipsius, sondern auch schon von Schleiermacher gelten, der mit dem Rückfall in diese Methode die Mangelhaftigkeit seiner Auseinandersetzung mit Kant bezahlte, durch den dieselbe eben principiell beseitigt war. Trefflich hat Lipsius die Ziele und Aussichten dieses Verfahrens geschildert. Indem er einen Versuch, den apologetischen Eifer der Dogmatik etwas einzuschränken, dahin mißversteht, als sollte der Beweis für die Allgemeingültigkeit der christlichen Religion für unmöglich erklärt werden, bemerkt er: „Im Gegentheile hat sie die Aufgabe, die Wahrheit ihrer Sätze zu erweisen. Und diese Aufgabe erfüllt sie nicht dadurch, daß sie die Zweckmäßigkeit dieses oder jenes Vorstellungskreises plausibel machte, sondern lediglich dadurch, daß sie eine für alle Denkenden gültige Erkenntniß anstrebt. Daß dies von Alters her als die Aufgabe der Dogmatik betrachtet worden ist, werde ich hoffentlich nicht erst zu beweisen brauchen" [1]). Das wäre das Ziel der Dogmatik; althergebracht und allbekannt ist es gewiß. Aber man ist doch auch stets genöthigt gewesen, dem hochfliegenden Ziele die Clausel anzuhängen, daß es sich immer nur annähernd erreichen lasse. Die religiöse Wahrheit als ein Product des natürlichen Denkens erscheinen zu lassen, die positive Religion in die natürliche aufzulösen, hat schon den Scholastikern immer nur theilweise gelingen wollen. So sagt denn auch Lipsius: „Nun weiß ich meines Theils recht wohl, daß diese Aufgabe immer nur annäherungsweise erreichbar ist". Diese Beschränkung der Aussichten für den dogmatischen Beweis kommt darauf hinaus, daß er nur versuchen könne, „als die befriedigendste unter allen möglichen Weltanschauungen" die christliche zu erweisen. „Und dies heißt wieder nicht bloß, daß sie die zweckmäßigste unter allen ist, sondern daß sie sich dem denkenden Geiste als diejenige Weltanschauung

[1]) Jahrb. für prot. Theol. 1875. S. 33 f.

erprobt, welche mit den Thatsachen aller Erfahrung — der innern und äußern — am Besten(!) übereinstimmt." Damit meint er, werde das Interesse der religiösen Gemeinschaft befriedigt, „sich über den objectiven Wahrheitsgehalt ihres Glaubens auch wissenschaftlich zu verständigen, und dadurch zugleich die nicht bloß particuläre, sondern universell — menschliche Bestimmung desselben zu erproben". Also den objectiven Wahrheitsgehalt ihres Glaubens stellt die Kirche wissenschaftich fest — denn das heißt doch wohl „sich über denselben wissenschaftlich verständigen" —, indem sie den Einklang ihrer Weltanschauung mit den Thatsachen der innern und äußeren Erfahrung, den Objecten des bloßen theoretischen Erkennens aufweist, oder wenigstens zeigt, daß sie in höherem Grade mit diesen übereinstimme als andere. Man muß sich nur jenes „am Besten" und den „objectiven Wahrheitsgehalt" möglichst nahe zusammenrücken, um von dem Charakter dieses Verfahrens den richtigen Eindruck zu erhalten. Das ist aber in der That die uns aus dem Mittelalter überlieferte Gestalt der dogmatischen Aufgabe. Es ist daher sehr erklärlich, daß Lipsius und viele Andere mit ihm dieselbe für selbstverständlich ansehen. Der dogmatische Beweis für die Allgemeingültigkeit der religiösen Urtheile wird von ihnen wie von den Scholastikern apologetisch geführt. Es wird der Nachweis versucht, daß die religiösen Urtheile sich erproben an (wirklichen oder vermeintlichen) Resultaten des theoretischen Erkennens, welche an sich gegen religiöse und sittliche Ueberzeugung völlig indifferent sind, da sie ja „allen Denkenden" als solchen zugänglich sind. In der Uebereinstimmung mit diesen Producten des bloßen Erkennens wird der objective Wahrheitsgehalt gesehen, welcher das Christenthum als die universelle Religion legitimirt. Die religiöse Gemeinschaft als solche hat nun gewiß kein Interesse daran, daß die von ihr als besondere Offenbarung umfaßte Wahrheit, von dem gemeinen Naturerkennen das Zeugniß ihrer Allgemeingültigkeit empfange. Wohl aber ist die Kirche die die Welt beherrschen will, dafür interessirt, daß die religiös indifferente Weltmacht des Erkennens mit dem religiösen Glauben ebenso identificirt werde, wie der Staat in die religiöse Gemeinschaft hineingezogen wird. Wenn man daher fortfährt die Allgemeingültigkeit der christlichen Wahrheit aus ihrer annähernden Congruenz mit der wissenschaftlichen Erkenntniß der Natur darzuthun, so ist dieses Verfahren in der evangelischen Kirche schon dadurch verdächtig, daß es ursprünglich dem Interesse an einer Weltherrschaft der Kirche gedient hat, auf welche man hier verzichten muß. Der Einheit des geistigen Lebens hat es nie gedient, weder bei den Scholastikern noch bei unseren apologetischen Dogmatikern. Denn dieses Bedürfniß wird entweder ganz oder gar nicht befriedigt. Wie wir eben vernommen haben, bringt aber jenes Verfahren die Zusammenstimmung der christlichen Wahrheit mit den Resultaten des freien Erkennens, woran man die Einheit des geistigen Lebens knüpfen möchte, immer nur annäherungsweise zu Stande. Der hergebrachte theologische Beweis für die Allgemeingültigkeit der christlichen Religion ist daher nur erträglich unter der Voraussetzung, daß die Kirche als eine äußerliche Weltmacht herrsche und herrschen müsse. In der evangelischen Kirche, in welcher diese Voraussetzung nicht mehr gilt, ist er völlig zwecklos geworden.

Es scheint somit gerechtfertigt, den Beweis, daß das Christenthum die universelle Religion sei, mit anderen Mitteln zu unternehmen. Wie dieselben gefunden werden können, zeigt die einfache Vergleichung des Christenthums mit den Volksreligionen. In diesen ist die Geltung der Religion an den Bestand des politischen Gemeinwesens geknüpft; die Liebe zum Vaterlande und zu den Gütern, welche in ihm befaßt sind, steht mit der Verehrung der Gottheit in Wechselwirkung. Wenn nun das Christenthum als die universelle Religion auf diesen Halt verzichten muß, so fordert es doch für die übersinnlichen Objecte des Glaubens eine ganz analoge Beziehung. Es sind ganz dieselben Güter, auf deren Macht über die Gemüther auch der christliche Glaube rechnet. Aber er lehrt dieselben ansehen nicht als die Naturproducte, welche in dem Rahmen eines besonderen Volksthums ihre ganze Bedeutung erschöpfen, sondern als sittliche Producte, welche die Menschen über die trennenden Schranken hinausheben und sie jenseit derselben zur Menschheit verbinden. Die christliche Weltanschauung gilt daher nicht für den Menschen als sinnlich beschränktes Naturwesen, sondern für den Menschen als sittliche Person. Sie macht den Anspruch, die Verbindung der Menschen zur Menschheit in einem Reiche Gottes zu ermöglichen und der sittlichen Person durch die Eröffnung eines wahrhaft überweltlichen Lebens die Gewißheit ihrer eigenen Realität gegen den Widerspruch der Natur zu sichern. In der Wahrheit dieser Verheißung besteht die universelle Bedeutung des Christenthums. Die Rechtfertigung jenes Anspruches muß man daher versuchen, wenn man den dem Christenthum angemessenen Beweis für seine Allgemeingültigkeit liefern will. Dieser Beweis entspricht dem Verhältniß des Christenthums zu den wirklichen, positiven Religionen, welche es vorfand und deren verborgenste Weisagungen in ihm erfüllt sind. Das bisherige Verfahren der Theologie dagegen setzt die christliche Religion in Beziehung zu dem unwirklichen Abstractum einer natürlichen Religion, welches dem Christenthum in den mächtigen Vorurtheilen der gebildeten Heiden entgegentrat. Die dabei übernommene Voraussetzung, daß die zur Metaphysik vollendete Welterkenntniß die Welt des Glaubens aufschließen könne, ist dem Wesen des Christenthums zuwider. Man wird es daher mit dem eben angedeuteten Beweise versuchen dürfen, der nicht auf die Natur sondern auf die Person, die ein von der Natur unabhängiges Leben verlangt, zurückgreifen will. Die Mahnung, welche uns von einer „gläubigen" Theologie ertheilt wird, eine solche Auffassung könne bei den materialistischen Neigungen der Zeit nicht auf Verständniß in weiteren Kreisen rechnen, darf uns nicht schrecken. Denn eine solche Mahnung läßt fürchten, daß ihre Urheber dem Zartgefühl keine Rechnung tragen, welches verbietet, durch Entstellung der Wahrheit eine Wirkung auf die Massen zu erzielen. Soweit die Menschen die Empfindung für den Werth des persönlichen Lebens und seiner Heiligthümer verloren haben, soweit sind sie auch für das Evangelium verloren. Der Menschenseele, welcher die Schwingen zu dieser Weltflucht, welche das Christenthum verlangt, gebrochen sind, wird auch jene „gläubige" Theologie mit ihren narkotischen Mitteln zu nichts weiter verhelfen als zu einem sublimirten Materialismus. Das Christenthum, welches die Menschheit erhöhen will, soll von der Theologie weder nach der Rohheit thierischen Empfindens gemodelt werden, noch nach den vermeintlichen metaphysischen Einsichten der Hochgebildeten. Vielleicht ist es ebenso hochmüthig, jene Rohheit bei der Masse des Volkes vorauszusetzen, wie es schwach ist, sich durch diese Weisheit derart imponiren zu lassen, daß man in der Anlehnung an sie die eigenthümlichen Gründe des Glaubens vergißt.

Der Versuch, den theologischen Beweis von der Rücksicht auf die metaphysische Erklärung des Weltganzen zu befreien, muß sich auf das Vorurtheil gefaßt machen, das sei Rationalismus. Rationalisten wie Bretschneider und Wegscheider wollten das Metaphysische aus den christlichen Dogmen entfernt wissen; also scheint ihnen dieser Versuch an die Seite zu treten. Der Name wäre ja nun gleichgültig. Ehe man sich aber unter dem Eindruck dieser oberflächlichen Analogie einer Theologie gefangen giebt, welche in der Ausnutzung herrschender Vorurtheile wesentlich kirchenpolitische Ziele verfolgt, möchte ich zu einer Vergleichung Gelegenheit geben, welche Manchen zur Vorsicht mahnen könnte. In der 5. Auflage von Luthardts Kompendium der Dogmatik lesen wir S. 62 den folgenden Satz: „In entschiedenem Gegensatz zu dieser Denkweise steht die von A. Ritschl mit Energie vertretene Richtung, welche mit Ausscheidung alles Metaphysischen das Christenthum unter den ausschließlichen Gesichtspunkt des Werths, den alles Einzelne für die sittliche Zweckbestimmung des Menschen hat, stellt, eine moralisirende Werthbestimmung des Christenthums, welche dasselbe in rationalistischer Verkennung seines göttlichen Wesens entwerthet". Man könnte meinen, hier ruhe der Hauptnachdruck nicht auf „Ausscheidung alles Metaphysischen" sondern auf der „moralisirenden Werthbestimmung". Indessen hat doch Ritschl, was keiner seiner Leser, auch Luthardt nicht, falls er zu diesen gehört, wird leugnen wollen, allen Fleiß darauf verwandt, das specifisch religiöse Gut, die Rechtfertigung aus dem Glauben und was mit ihr zusammenhängt, von dem durch sittliches Streben Erreichbaren zu unterscheiden und diesen Unterschied gegen pietistische Velleitäten zu schützen. Wenn er aber behauptet, daß die religiöse Wahrheit des Christenthums nur für dasjenige Subject ungetrübt gelten könne, welches die christlich sittliche Aufgabe in seine Gesinnung aufnimmt, so wird auch Luthardt, der doch über theologische Dinge nicht bloß richten, sondern auch darüber nachdenken will, diesem Satze beipflichten müssen. Ihm scheint der von Ritschl hervorgehobene Zusammenhang zwischen Religion und Sittlichkeit nur deßhalb das Christenthum zu entwerthen, weil Ritschl außerdem darauf verzichtet, das religiöse Urtheil auf ein metaphysisches, die religiöse Realität auf eine metaphysische zu reduciren. Daneben stelle ich nun zur Vergleichung den folgenden Satz aus v. Hofmanns an fruchtbaren Gesichtspunkten ungemein reicher Ethik (S. 20): „Aber haben wir das Wesen des Christenthums richtig benannt, so dürfen wir getrost sagen, je mehr das System eines theologischen Systematikers einer Metaphysik gleicht, desto mehr entfernt es sich vom Christenthum".

Die Grenzen des wissenschaftlichen Naturerkennens.

Man wird darauf rechnen dürfen, daß auch die eifrigsten Apologeten, wenn sie irgendwie unter dem positiven Einflusse der christlichen Gemeinde stehen, an irgend einem Punkte dem Eindruck erliegen werden, daß die Gegenstände, zu welchen sich der Glaube erhebt, von den Objecten des wissenschaftlichen Naturerkennens derart verschieden sind, daß wir Menschen außer Stande sind, beide in eine Welt zusammenzuziehen. Er wird dann auch die Waffen niederlegen, welche er bisher unter der Voraussetzung, daß er jene beiden Gebiete als gleichartig behandeln dürfe, geschwungen hatte, und wird sich mit derjenigen Ueberzeugung von der Zusammengehörigkeit beider begnügen, welche zwar durch keine Erkenntniß bloßer Thatsachen errungen, aber in der christlichen Religion dem Menschen geschenkt wird. Dann ist er in der geeigneten Verfassung, um sich auf die specifischen Aufgaben der Theologie besinnen zu können, durch welche derselben eine eigenthümliche Sphäre neben anderen Wissenschaften angewiesen wird. Wir machen nun hier den Versuch, auf diesen Punkt methodisch hinzuführen. Wenn die Welt des Glaubens dem wissenschaftlichen Naturerkennen unzugänglich ist, so muß das letztere denen, welchen jene als wirklich gilt, als begrenzt erscheinen. Das würde zunächst ein lediglich religiöses Urtheil sein, welches nur innerhalb der religiösen Gemeinde Verständniß finden könnte. Müßte es dabei verbleiben, so würde auch ein theologischer Beweis unmöglich sein, welcher sich nicht damit begnügte, der besonderen religiösen Gemeinde allein angehörige Prämissen zu entwickeln. Eine Aussicht auf solchen Beweis eröffnet sich aber, wenn jeder, der wissenschaftliches Naturerkennen ausübt, zu der Anerkennung von Grenzen dieser Thätigkeit gezwungen werden kann, welche eine ganz bestimmte Hindeutung auf die Religion enthalten.

Zu den wirklichen Grenzen des wissenschaftlichen Naturerkennens gelangt man aber nur und gegen Mißverständniße kann man dieselben nur sichern, wenn man zuvor eine Unterscheidung macht, welche dem Menschen, der sich als ein Ich mit einem bestimmten mannichfaltigen Inhalt der Welt gegenüberstellt, leicht als die unnatürlichste Abstraction erscheint. Man muß von dem wissenschaftlichen Naturerkennen unterscheiden das reine Erkennen. Unter dem reinen Erkennen verstehe ich diejenige Thätigkeit des vorstellenden Bewußtseins allein, welche unmittelbar mit dem Dasein desselben gesetzt wird, ohne daß dabei der Einfluß jenes Inhalts der Menschenseele, der im Fühlen und Wollen bewegt wird, sich geltend macht. Aber der Macht dieses Einflusses kann sich das Vorstellen in dem empirischen Menschen niemals vollständig entziehen. Object psychologischer Beobachtung kann daher jene isolirte Thätigkeit des Vorstellens niemals sein. Wir würden von ihren eigenthümlichen Gesetzen gar nichts wissen können, wenn wir nicht im Stande wären, an dem vorliegenden Product unseres Vorstellens, an der Erfahrung von den Dingen und ihren Beziehungen zu einander diejenigen Thätigkeiten zu erkennen, ohne welche weder ein solches Product noch das ihm entsprechende einheitliche Subject, die Einheit des Bewußtseins möglich wäre. Diese reine durch Gefühl und Wille nicht beeinflußte Thätigkeit des Erkennens, durch welche sich die Einheit des Bewußtseins stetig vollzieht, deutlich gemacht zu haben, ist das Verdienst der kantischen Erkenntnißtheorie. Es wird sich zeigen, wie werthvoll diese Errungenschaft grade für die Theologie ist, wieviel Mangelhaftes auch die fortschreitende Arbeit der Philosophie an den Resultaten Kants entdecken mag. Für die Theologie hat Kant damit erst die Möglichkeit, als selbständige Wissenschaft neben der Philosophie zu existiren, geschaffen, indem er durch jene Isolirung der Functionen des reinen Erkennens die Unmöglichkeit deutlich machte, mit ihrer Hilfe die religiöse Ueberzeugung zu entwickeln oder zu ihr hinzuführen. Die Vorstellungen, in welchen sich das Leben des Menschen als einer über alle Natur hinausgehobenen Person vollzieht, werden dadurch erst in ihrer Eigenart erkennbar, daß die Functionen des reinen Erkennens für sich betrachtet werden, deren Thätigkeit die Vorstellung einer Natur erzeugt. Daß die Auffassung der Welt für den Menschen als erkennendes Subject eine völlig andere sei wie für den Menschen als sittliche Person —, diese von Kant errungene Erkenntniß vindicirt auf der einen Seite der exacten Wissenschaft die Pflicht der Selbständigkeit, welcher sie sich mit reichem Erfolge unterzogen hat. Auf der andern Seite wird durch diese Errungenschaft Kants die Theologie in die Freiheit entlassen, nach der sie in der Reformationszeit hinausgeblickt hatte. Dieselbe That, durch welche die Unabhängigkeit des Naturerkennens von theologischen Voraussetzungen materialistischer oder idealistischer Art ermöglicht wurde, enthob auch die Theologie der Pflicht, das lästige Band zu tragen, durch das sie bisher mit jenem zu einer Größe zusammengefaßt war. Daß der Gebrauch dieser Freiheit die nothwendige Bedingung ist, um dem evangelischen Christenthum zu der ihm entsprechenden theologischen Begründung zu verhelfen, soll im Folgenden bewiesen werden. Wenn der Beweis gelingt, so würde sich dadurch ein Zusammenhang Kants mit der Reformation ergeben, der daran erinnern könnte, auch die Ethik und Religionslehre dieses zwar nicht sehr gefühlsseligen aber ernsten Mannes ernster zu würdigen, als dieß durch die bloße Repetition der von den Romantikern her überlieferten Beurtheilung möglich ist [1]).

Indem Kant die Einheit des Bewußtseins, welche in einer gleichartigen Erfahrung von den Dingen und ihren Beziehungen zu einander vorliegt, auf ihre Bedingungen hin untersucht, gelangt er zu den Functionen des reinen Erkennens, in deren unwillkürlicher Anwendung sich das menschliche Bewußtsein vollziehen soll.

Die elementarsten Anfänge alles Erkennens, welche als solche niemals direct zur Erfahrung kommen, können aus den vorliegenden Resultaten desselben erschlossen werden als eine Mannichfaltigkeit von Zuständen des Bewußtseins, welche in beständigem Wechsel begriffen sind. Die Zustände des Bewußtseins heißen Vorstellungen. In dieser Mannichfaltigkeit vereinzelter Vorstellungen weiß sich das Bewußtsein als das identische Subject, welches sie alle als seine Vorstellungen hat. Aber dieses Wissen von sich als dem identischen Subject oder Ich ist nur dadurch möglich, daß es dem Bewußtsein zugleich gelingt, die vielen Einzelvorstellungen, welche ihm zeitlich gesondert gegeben sind, irgendwie auf ein Beharrliches zu beziehen, welches erlaubt, die einzelnen Vorstellungen nicht nur als zeitlich

---

[1]) vergl. indessen für eine bessere Würdigung Kants Ritschl, Lehre von der Rechtf. u. Vers. Bd. 3, S. 13 und Gottschick, Kants Beweis für das Dasein Gottes. Torgau 1878.

getrennt, sondern auch als irgendwie verbunden zu denken. In sich selbst findet nun das Bewußtsein eine solche beharrliche Einheit nicht, da in ihm alles wechselt; eine Vorstellung folgt der andern. Wenn dem Bewußtsein nichts weiter zur Verfügung stände, als dieß, daß es Subject der Einzelvorstellungen ist, so müßte sich das identische Ich vielmehr in eine endlose Folge verschiedener Subjecte zersplittern. Es muß etwas Neues hinzukommen, welches nicht schon in dem Bewußtsein und seinen (von uns hier in der Abstraction) vereinzelten elementarsten Zuständen enthalten ist. Dieses Neue ist die räumliche Anschauung. In ihr besitzt das Bewußtsein ein Beharrliches, auf welches der Wechsel seiner Zustände bezogen werden kann, während die Zeit, mithin Alles, was im innern Sinn ist, beständig fließt (vergl. Krit. d. r. V. S. 219)[1]. Wenn das Ich nicht im Stande wäre, dieselbe Mannichfaltigkeit räumlich geordnet anzuschauen, welche zunächst nichts ist als eine zeitliche Folge von Modificationen seines Zustandes, so wäre Einheit des Bewußtseins überhaupt nicht möglich. Man darf mithin sagen, daß das Erkennen der Eigenschaften an einem räumlichen Gegenstande reines Erkennen ist; denn da die Einheit des Ich nicht wäre, wenn es nicht die Anschauung des räumlichen Gegenstandes producirte, so bedarf es zu dieser Production nicht der Anregung durch den Willen, in welchem die Spannung eines Gefühls gelöst wird. Die Einzelvorstellungen, welche sich durch die räumliche Anschauung in gegenseitige Beziehung setzen lassen, so daß sie eine Einheit bilden können, nennen wir Empfindungen. Seiner Empfindungen wird das Bewußtsein Herr durch das Mittel der räumlichen Anschauung. Die Empfindungen sind dem Bewußtsein in unbestimmter Mannichfaltigkeit gegeben; dem entspricht es, daß wir die im Raume mögliche Mannichfaltigkeit uns nur als eine endlose vorstellen können. Indessen wenn die räumliche Anschauung auch das Mittel ist, die Empfindungen auf einander zu beziehen, so kommt doch die Einheit eines Gegenstandes, an welchem die Empfindungen des Bewußtseins als Eigenschaften hervortreten, durch jene allein noch nicht zu Stande. Sie liefert für sich allein nur die Möglichkeit des Beisammenseins, macht es möglich, daß das Bewußtsein eine neue Vorstellung nicht anders hat als in einem Verhältniß zu irgend einer bereits vor-

---

[1]) Ich citire die Kritik der r. V. nach der Ausgabe von Dr. K. Kehrbach, die übrigen Werke Kants nach der Ausg. von Rosenkranz und Schubert.

handenen Vorstellung. In der Vorstellung des Gegenstandes dagegen ist eine bestimmte Gruppe von Vorstellungen zu einer Einheit verbunden, welche aus der allgemeinen Raumanschauung in bestimmten räumlichen Verhältnissen hervortritt. Wenn daher ohne das Erkennen der Eigenschaften an dem Gegenstande im Raume Bewußtseinsidentität nicht vorhanden ist, so dürfen wir nach einer weiteren Bedingung fragen, welche jene bestimmte Zusammenfassung oder Synthese von Vorstellungen zu einem Gegenstande ermöglicht. Läßt sich dieselbe entdecken, so dürfen wir auch darauf rechnen, daß überall, wo reines Erkennen stattfindet, dieselbe vollständig wirksam sein werde. Wir können die Leistung näher bestimmen, welche wir von der gesuchten Bedingung des Gegenstandes verlangen müssen. Sie muß der Grund der Zusammengehörigkeit der Bestimmungen sein, welche in dem Gegenstande vereinigt sind. Das bloße räumliche Beisammensein derselben nehmen wir wahr. Aber aus dieser Wahrnehmung allein würde die Vorstellung des Gegenstandes nicht erwachsen. Denn in dieser ist außerdem noch die Vorstellung einer nothwendigen Verknüpfung der Wahrnehmungen oder einer Zusammengehörigkeit derselben enthalten. Je mehr sich das Bewußtsein aus dem halbbewußten Empfindungszustande heraushebt, je deutlicher sich der Gegenstand von ihm ablöst, desto mehr macht sich auch jene Zusammengehörigkeit bemerklich. Der Gedanke derselben ist der Gradmesser für die Klarheit des Bewußtseins und für die Deutlichkeit des Objects. Jenes Verhältniß der Wahrnehmungen zu einander können wir aber unmöglich selbst wahrnehmen. Die Objecte der Wahrnehmung sind zunächst Modificationen des Bewußtseins, welche in zeitlicher Abfolge zur Erscheinung kommen. Das Zeitverhältniß der Folge kann nur wahrgenommen werden in einer Zeit, als einem Beharrlichen. Die Zeit selbst können wir aber doch nicht wahrnehmen. Es bedarf also, um auch nur jene Folge innerer Zustände aufzufassen, des Begriffs eines beharrlichen Substrates, auf welches das Zeitverhältniß der Folge als seine Bestimmung bezogen werden kann. Dieses Substrat kann das Ich selbst, das Subject der Einzelvorstellungen nicht sein, da es als solches vielmehr in eine Vielheit einzelner Subjecte zersplittert. Es handelt sich ja gerade darum, wie es sich trotzdem als das identische Subject in einer Mannichfaltigkeit von Zuständen behaupten könne. Es thut dieß, indem es vermittelst der räumlichen Anschauungen den bestimmten Gegenstand außer ihm producirt. Indem es diesen anschaut, kann es seine eigenen Zustände auf ihn beziehen. Der Gedanke aber, daß den Modificationen des Ich ein äußerer Gegenstand entspreche, an welchem dieselben zugleich sind oder nach einander folgen, birgt in sich den Begriff von „etwas Bleibendem und Beharrlichen, von welchem aller Wechsel und Zugleichsein nichts als so viel Arten (modi der Zeit) sind, wie das Beharrliche existirt" (Kr. d. r. V. S. 175). In unserer Vorstellung von dem äußeren Gegenstande steckt also dieser Begriff, der Begriff der Substanz, welchen das Ich handhaben muß, um durch die Erzeugung jener Vorstellung zu sein, was es ist, identisches Subject seiner Zustände.

Als ebenso nothwendige Bedingungen für die Vorstellungen, welche wir factisch von den räumlichen Gegenständen haben, erweist Kant die Begriffe der Causalität und der Wechselwirkung. Die Folge der Zustände an einer Substanz kann ich als eine nicht bloß subjective Folge meiner Wahrnehmungen, die ich ebenso gut in umgekehrter Reihenfolge machen könnte, sondern als objective Folge nur so vorstellen, daß ich mir denke, in dem, was dem Uebergange aus einem Zustande in den andern vorausgeht, liege die Bedingung, welche denselben nothwendig macht. Wenn ich eine solche Bedingung für die bestimmte Aufeinanderfolge zweier Wahrnehmungen nicht hinzudenke, so bin ich nicht einmal im Stande, dieselben als Zustände auf eine Substanz zu beziehen. Wenn beide einfach als Wahrnehmungen aufeinander folgen, so hindert nichts, sie als Qualitäten verschiedener Substanzen anzusehen. Sie zu einer Substanz zu rechnen — und nur, sofern wir dieß thun, sehen wir ja die Folge als objectiv an — sind wir nur dann im Stande, wenn wir eine Bedingung hinzudenken, durch welche die Folge des einen auf den andern bestimmt wird. Wenn aber so der eine Zustand als Folge an den andern geknüpft werden muß, so versteht sich auch von selbst, daß er irgendwie an derselben Substanz haftet wie dieser. Wenn ich mir also eine Veränderung an einer Substanz vorstelle, oder, was dasselbe ist, wenn ich zwei Wahrnehmungen als einander ablösende Zustände auf eine Substanz beziehe, so schließt die Denkhandlung, durch welche ich diese Beziehung zu Stande bringe, immer den Begriff einer Bedingung ein, durch welche die Aufeinanderfolge der Zustände geregelt wird. Diese Bedingung, welche die Regel ermöglicht: der Zustand a folgt auf den Zustand b, nicht umgekehrt, nennen wir Ursache. Die Ursache macht den Uebergang aus einem bestimmten Zustande einer Substanz in einen andern bestimmten Zustand für unsere Vorstellung nothwendig; diesen Uebergang nennen wir die Wirkung der Ursache. Mithin ist der Causalitätsbegriff in irgend einer Form überall von vornherein wirksam, wo wir die Erfahrung von der Veränderung an einer Substanz machen. Er steckt darin, weil wir die Vorstellung einer solchen Veränderung nur vollziehen können, indem wir ihn anwenden. Wenn wir die Erfahrung einer solchen Veränderung machen, so erhalten wir damit zugleich die Anweisung, nach ihrer Ursache zu fragen. Nicht der Gedanke der bestimmten Ursache, welche für diesen Fall gilt, wird sogleich vollzogen, wohl aber der Ansatz dazu. Denn die Vorstellung des Ereignisses ist von vornherein mit der Voraussetzung behaftet, daß dasselbe aus einem größeren Zusammenhange hervortritt. Darin bethätigt sich an diesem Punkte die bestehende Einheit des Bewußtseins, daß es für jedes vorgestellte Ereigniß diese Anknüpfung in Bereitschaft hält. Ohne eine solche, wenn auch noch so unbestimmt gehaltene Anknüpfung wäre die Einheit des Bewußtseins zerrissen. Dasselbe kann nur unter Voraussetzung einer solchen Bedingung für die bestimmte Aufeinanderfolge der Wahrnehmungen dieselben auf eine Substanz als deren sich ablösende Zustände beziehen. Wo es sich auch immer um das Erkennen eines Geschehens handeln möge, ist unsere vorstellende Thätigkeit vom Causalitätsbegriff beherrscht. Denn nur wenn wir ihn handhaben, breitet sich hinter dem Wechsel des Geschehens die beharrliche Substanz aus, das Correlat der Einheit des Bewußtseins. Ohne diesen Hintergrund aber könnten wir auch jenen Wechsel nicht vorstellen. Ueberall daher, wo reines Erkennen eines Geschehens stattfindet, wird uns auch die Anwendung des Causalitätsbegriffes begegnen[1]).

Wir beschränken uns für unseren Zweck auf diese beiden Begriffe. Sie bezeichnen die Thätigkeiten des Bewußtseins, durch

---

[1]) Auf den Streit des modernen Empirismus (vergl. C. Göring, System der Krit. Phil. 2. S. 161 ff.) gegen die kantische Behandlung des Causalitätsbegriffs brauche ich hier nicht einzutreten. Die Folgerungen, welche ich aus dem Begriff des reinen Erkennens ziehe, würden dieselben bleiben, wenn ich mich auch an die empiristische Erkenntnißtheorie anschließen würde. Uebrigens scheint mir die Opposition vielfach auf einen Wortstreit hinauszulaufen, vergl. Cohen, Kants Theorie der Erfahrung S. 218, Stadler, die Grundsätze der reinen Erkenntnißtheorie, Leipzig S. 100; S. 150 Anm. 113; S. 153 Anm. 123 und dazu C. Göring a. a. O. S. 156.

welche die Vorstellungen der Gegenstände und der Veränderungen an ihnen oder eines Geschehens zu Stande kommen. Jeder psychische Vorgang, welcher nichts weiter ist als eine derartige Vorstellung, läßt auch die Thätigkeiten des Bewußtseins hervortreten, welche durch die Begriffe der Substanz und Causalität bezeichnet werden. Im Hinblick auf sie läßt sich nun die Grenzenlosigkeit des reinen Erkennens vollständig erläutern.

In jenen Begriffen hat Kant Verfahrungsweisen entdeckt, durch welche das Bewußtsein gegenüber der Vielheit der Modificationen oder Empfindungen seine Einheit behauptet. An der vorliegenden Thatsache des in den Vorstellungsverbindungen einheitlichen Bewußtseins läßt sich erkennen, daß dieselbe fortwährend aus einer solchen Einheitsfunction resultirt, wie sie in der Anwendung jener beiden Begriffe auf die räumlich geordnete Empfindung sich vollzieht. Durch sie wird das in der Empfindung gegebene Mannichfaltige zu der Einheit eines Gegenstandes verknüpft. In dem Maße als eine solche Einheit verwirklicht ist, ist Bewußtsein und Gegenstand des Bewußtseins vorhanden. Wenn Kant jene Einheitsfunction als Act der Spontaneität des Verstandes bezeichnete, so ist demgegenüber die Correctur nicht am Platze, daß die Thatsache der Verbindung des Mannichfaltigen in der Empfindung zur Einheit einer Vorstellung ganz wohl ein Vorgang sein könne, durch welchen wir als Subject erst entstehen [1]). Ueber den Ursprung der Einheitsfunction wissen wir freilich nichts, sie liegt als Factum in unseren Vorstellungen vor. Aber mit dem Ausdruck, daß sie eine Handlung des Verstandes sei, will Kant zunächst dieß sagen, daß sie nicht als Product der Empfindung anzusehen sei. Der Empfindung ist sie möglichst entgegengesetzt, indem sie die Regellosigkeit derselben zu einer einheitlichen Vorstellung umwandelt. Ferner liegt in jenem Ausdruck die Absicht Kants, nicht durch Vermuthungen über den Ursprung der Einheitsfunction das Gebiet seiner Untersuchungen zu überschreiten. Wir können jene Thätigkeit doch nicht in ihrer Wirksamkeit beobachten, bevor ein Bewußtsein da ist, dem sie dient. Wir kennen sie nur als Function des schon vorhandenen Ich, das durch sie in dem Ablauf der Empfindungen seine Identität erhält, indem es Vorstellungsverbindungen vollzieht. Da Kant aber nur auf eine Analyse der factisch gegebenen menschlichen Vor-

---

[1]) So F. A. Lange, logische Studien 1877. S. 136.

stellung ausgeht, so genügt ihm der Nachweis, daß der Gegensatz von Subject und Object, welcher das Wesen der Vorstellung ausmacht, immer als Resultat auf einen Vorgang zurückweist, in welchem eine bereits bestehende Einheit des Mannichfaltigen sich als identisches Ich behauptet. Ob die Einheitsfunction, durch welche dieß geschieht, ursprünglich durch irgendwelche andere Factoren erzeugt ist, geht uns nichts an; wir kennen sie nur als Function des Ich, das ohne einen anderen Inhalt zu haben sich in ihr als das einheitliche Subject einer Mannichfaltigkeit von Vorstellungen erhält. Mit dem Bewußtsein zugleich ist sein Gegenstand gegeben. Die Einheitsfunction kann nur hervortreten an einem gegebenen Mannichfaltigen, das sie zusammenfaßt und zu der Vorstellung eines Gegenstandes ordnet. Wir können ebensowenig das Bewußtsein für sich erkennen, wie einen Gegenstand, der nicht unsere Vorstellung wäre. Bewußtsein und Gegebensein einer Vielheit von Einzelvorstellungen sind zwar die beiden äußersten von der Abstraction erreichbaren Schranken, innerhalb welcher erkennbare Gegenstände möglich sind; an jedem Objecte des Erkennens lassen sich die Einheitsformen des Ich und eine Vielheit von Bewußtseinszuständen, welche geformt, in Beziehungen zu einander gesetzt werden, unterscheiden. Aber nur die Resultate der Thätigkeit, durch welche das Bewußtsein die Vielheit seiner Modificationen ordnet und sich dadurch selbst erhält, sind Objecte des Erkennens. Wir erkennen nichts als unsere Vorstellungen. Weder das Bewußtsein und seine Einheitsfunctionen, noch die Urdata seiner Zustände, die Empfindungen, können wir für sich erkennen. Wo etwas als erkennbarer Gegenstand vor das Bewußtsein tritt, lassen sich bereits jene beiden Elemente in ihm unterscheiden, woraus sich die auf ein äußeres Object bezogene Vorstellung zusammensetzt. Diese Vorstellungswelt, welche allein für das reine Erkennen vorhanden ist, ist bestimmt und unbestimmt zugleich. Bestimmt ist sie, sofern von vornherein sicher ist, daß alles, was in ihr erscheint, den Bedingungen entsprechen muß, unter welchen die Vorstellung auf einen Gegenstand bezogen werden kann. Was in der uns erkennbaren Welt als möglich angenommen werden soll, dessen Vorstellung muß mit der gesetzmäßig bestimmten d. h. räumlich geordneten Empfindung in Connex stehen und unter richtiger Anwendung der Einheitsfunctionen gebildet sein.

Dieser durchgängigen Bestimmtheit, welcher die Gegenstände

des reinen Erkennens unterworfen sind, steht aber eine ebenso große Unbestimmtheit seines Gebietes gegenüber. Unsere Vorstellungen von Gegenständen lassen sich nicht vollständig auflösen in die immer gleichen Formen der verknüpfenden, beziehenden Thätigkeit des Bewußtseins. Es bleibt immer als das, woran sich jene erst bethätigen können, eine Mannichfaltigkeit von Modificationen des Bewußtseins übrig, welche in räumlicher Ordnung angeschaut werden. Von den Unterschieden der Empfindungen und demgemäß von der qualitativen Differenz unserer Anschauungen läßt sich von vornherein wohl dieß sagen, daß sie dasein müssen als Bedingung für die verknüpfende Thätigkeit des Bewußtseins. Aber der Reichthum der Qualitäten selbst, die größere oder geringere Vergleichbarkeit der durch sie bestimmten Vorstellungen ist dem Bewußtsein empirisch gegeben. Wenn wir die nach den Gesetzen des Erkennens geordneten Anschauungen Natur nennen, so ist diese Natur für das Bewußtsein nicht ein Ganzes, welches von ihm selbst aus bestimmt wäre, sondern ins Unbestimmte wachsende Vielheit, deren das Bewußtsein durch seine Einheitsfunctionen Herr zu werden suchen muß. Die Möglichkeit der Entdeckung neuer Natureigenschaften geht ins Unendliche, ebenso wie in der Mathematik die Combination der Raumelemente und die Bestimmung der Verhältnisse relativer Größen. Wenn ferner das Naturerkennen darauf gerichtet ist, die Gegenstände und die Veränderungen ihrer Zustände möglichst vollständig zu bestimmen, so läßt sich auch für diese Thätigkeit keine bestimmte Grenze denken. Es liegt in der Natur unserer Begriffe, daß unser Versuch, die Vorstellung des Gegenstandes zu vollziehen, selbst niemals völlig zum Abschluß gelangt. Wenn wir eine Gruppe von Vorstellungen als zusammengehörige Eigenschaften eines Gegenstandes denken, so beziehen wir dieselben auf eine Substanz als deren Accidenzen. Jedes vorgestellte Ding weist diese Unterscheidung in sich auf. Aber diese Unterscheidung von Substanz und Accidens läßt sich nun nicht an einem einzelnen Dinge vollziehen, sondern nur an einem solchen, welches in einem Zusammenhange mit andern steht. Die Eigenschaften und Zustände, deren Träger die Substanz sein soll, lassen sich von ihr selbst nur unterscheiden, indem sie in Beziehungen zu anderen Substanzen aufgefaßt wird, durch deren Einfluß eine Mannichfaltigkeit von Bestimmungen an ihr selbst gesetzt wird. So weist der Versuch, den Gegenstand zu bestimmen, unweigerlich über ihn selbst hinaus auf andere Punkte der Vorstellungswelt, bei denen sich derselbe Proceß wiederholen muß, sobald in der Unterscheidung von Substanz und Accidens die Vorstellung eines Gegenstandes zu Stande kömmt. Daher kommt es, daß wir eine letzte Substanz, welche nicht wiederum als Prädikat eines umfassenderen Ganzen gedacht werden müßte, nicht erkennen können. „Die reine Vernunft fordert, daß wir zu jedem Prädicate eines Dinges sein ihm zugehöriges Subject, zu diesem aber, welches nothwendiger Weise wieder nur Prädikat ist, fernerhin sein Subject und so forthin ins Unendliche (oder so weit wir reichen) suchen sollen. Aber hieraus folgt, daß wir nichts, wozu wir gelangen können, für ein letztes Subject halten sollen und daß das Substantiale selbst niemals von unserm noch so tief eindringenden Verstande, selbst wenn ihm die ganze Natur aufgedeckt wäre, gedacht werden könne; weil die specifische Natur unseres Verstandes darin besteht, Alles discursiv d. i. durch Begriffe, mithin auch durch lauter Prädikate zu denken, wozu also das absolute Subject jederzeit fehlen muß" (Kant, 3, 102). Ebenso schließt die Anwendung der Begriffe des Ganzen und seiner Theile, der Ursache und Wirkung jedesmal die Aufforderung in sich, sie noch einmal anzuwenden, damit der erstere Act vervollständigt werde. Das Bestreben, durch diese Begriffe unsere Gegenstände zu ordnen, erreicht nie ein solches Resultat, welches durch sich selbst dazu berechtigte, die ordnende Thätigkeit abzubrechen, anstatt die erreichte Grenze dadurch zu bestimmen, daß man von Neuem über sie hinausgeht. Wenn jener Abbruch dennoch erfolgt, so kann dieß nur aus Rücksichten geschehen, welche nicht innerhalb der vorstellenden Thätigkeit selbst liegen. Wo solche Rücksichten nicht obwalten, also der Thätigkeit des Vorstellens freier Lauf gelassen wird, da muß sich uns die Natur als der Zusammenhang der durch jene Begriffe, geordneten Gegenstände grenzenlos ausdehnen. Wenn daher reines Erkennen die vorstellende Thätigkeit ist, durch welche sich das einheitliche Bewußtsein in dem Wechsel seiner Empfindungen behauptet, so ist das reine Erkennen in sich grenzenlos. Die Art der Begriffe, in welchen es sich bewegt, bringt es mit sich, daß seine Aufgabe fortwährend ins Unbestimmte wächst.

Dieselbe Grenzenlosigkeit kommt nun aber, wie es scheint, erst recht dem wissenschaftlichen Naturerkennen zu. Denn dasselbe ist nichts weiter als eine absichtliche Steigerung der Vorstellungsthätigkeit, welche sich mannichfach gehemmt in jedem Bewußtsein vollziehen muß. Alle Methoden der Naturforschung laufen schließlich in die eine Anweisung zusammen, von der Vorstellung des Gegenstandes und von der Verfolgung der Zusammenhänge, in welchen er steht, alle störenden Einflüsse fernzuhalten. Begreifen oder Erklären besteht auf diesem Gebiete darin, daß man sich die Beziehungen zu vergegenwärtigen sucht, welchen nachzugehen nichts weiter ist als eine Erweiterung der Vorstellung selbst, welche wir uns vom Gegenstande machen. Das wissenschaftliche Naturerkennen ist immer zugleich ein Versuch zum Begreifen oder Erklären der Naturvorgänge, weil dieselben gar nicht anders aufgefaßt werden können, als in irgend welchen Beziehungen, durch welche sie bedingt gedacht werden. Ein solches Erklären aber hat offenbar, so lange es ungestört durch fremdartige Rücksichten bleibt, überhaupt keine Grenzen. Wenn man nur festhält, daß das Gebiet der Naturerklärung durch nichts bestimmt ist, als durch das Bewußtsein und durch das Gegebensein der Empfindungen, so leuchtet auch ein, daß es in sich grenzenlos ist. Die Fülle dessen, was durch die Empfindung zur Erfahrung kommen kann, ist für uns unermeßlich. Ebenso unbegrenzt ist die auf dieses Gebiet bezogene Aufgabe der Naturerklärung. Wenn die innerhalb jener beiden Bedingungen möglichen Gegenstände der Vorstellung dadurch erklärt werden, daß man sie mit anderen derselben Art verbindet, so verbietet die Natur unserer Begriffe einen Abschluß dieser Thätigkeit. Sobald wir irgend einen Gegenstand in seine Beziehungen zu einem größeren Complex von Erscheinungen aufgelöst und ihn dadurch erklärt haben, so erhebt wiederum eben dieser Complex von Erscheinungen ganz denselben Anspruch auf Erklärung, der vorher darauf geführt hatte, ihn überhaupt vorzustellen. So lange diese Thätigkeit des Naturerkennens gleichartig ist, d. h. so lange sie ihren eigenen Gesetzen gemäß sich innerhalb ihrer Schranken bewegt, lassen sich von ihr keine bestimmten Grenzen denken. „Die Erweiterung der Einsichten in der Mathematik und die Möglichkeit immer neuer Erfindungen geht ins Unendliche; ebenso die Entdeckung neuer Natureigenschaften, neuer Kräfte und Gesetze durch fortgesetzte Erfahrung und Vereinigung derselben durch die Vernunft“ [1]).

In diesen Worten ist in Uebereinstimmung mit dem oben Dargelegten ausgesprochen, daß das Erkennen, wenn es in Mathematik

---

[1]) Kant 3, 126.

und Naturwissenschaft rein in seiner Art bleibt, auf keine Grenze stößt. Wenn der menschliche Geist über Gedanken verfügt, welche gegen jenes Resultat Einspruch zu erheben scheinen, so liegen sie außerhalb der Sphäre des reinen Erkennens, müssen vielleicht von dieser aus als Einbildungen abgewiesen werden. Ginge die geistige Thätigkeit des Menschen in der gesetzmäßigen Verknüpfung von Vorstellungen auf, so würde er jene Gedanken gar nicht erzeugen. Sie gehen ihn deßhalb nichts an, sofern er sich als rein erkennendes Wesen verhält, denn er ist sicher, daß sie ihn beim Erkennen oder Erklären eines Gegenstandes nicht fördern sondern hemmen. Je unabweisbarer sich diese Folgerungen ergeben, desto mehr müssen die Worte auffallen mit welchen Kant die eben angeführte Aeußerung fortsetzt. „Aber Schranken sind hier gleichwohl nicht zu verkennen, denn Mathematik geht nur auf Erscheinungen, und was nicht ein Gegenstand der sinnlichen Anschauung sein kann, als die Begriffe der Metaphysik und Moral, das liegt ganz außerhalb ihrer Sphäre und dahin kann sie niemals führen; sie bedarf aber derselben auch gar nicht. Es ist also kein continuirlicher Fortgang und Annäherung zu diesen Wissenschaften, und gleichsam ein Punkt oder Linie der Berührung. Naturwissenschaft wird uns niemals das Innere der Dinge d. i. dasjenige, was nicht Erscheinung ist, aber doch zum obersten Erklärungsgrunde der Erscheinungen dienen kann, entdecken; aber sie braucht dieses auch nicht zu ihren physischen Erklärungen; ja wenn ihr auch dergleichen anderweitig angeboten würde (z. B. Einfluß immaterieller Wesen), so soll sie es doch ausschlagen und gar nicht in den Fortgang ihrer Erklärungen bringen, sondern diese jederzeit nur auf das gründen, was als Gegenstand der Sinne zur Erfahrung gehören, und mit unseren wirklichen Wahrnehmungen nach Erfahrungsgesetzen in Zusammenhang gedacht werden kann.“ Hier ist zwar die Unabhängigkeit der Naturwissenschaft von dem, was nicht zur Erzeugung des Gegenstandes aus dem Mannichfaltigen der Anschauung gehört, mit möglichster Entschiedenheit ausgesprochen. Auch die Bemerkung, daß Mathematik nur auf Erscheinungen gehe und daß Naturwissenschaft das Innere der Dinge nicht entdecke, soll nur hervorheben, daß sich das Naturerkennen innerhalb der oben angegebenen Schranken bewege, aber in dieser Beschränkung auch selbständig und in sich grenzenlos sei. Das reine Naturerkennen wird auf die Frage nach dem Innern der Dinge gar nicht kommen. Wohl wird es über die vereinzelte Wahrnehmung hinausgeführt, denn nur indem es dieselbe durch die Beziehungsbegriffe in gesetzmäßige Verbindung mit anderen Wahrnehmungen bringt, gewinnt es eine dem Bewußtsein entsprechende wirkliche Welt. Aber über das im Raume bewegte hinauszuschweifen, dazu hat das reine Naturerkennen keine Veranlassung, weil der zur Vorstellung des erkennbaren Gegenstandes unentbehrliche Substanzbegriff für uns nur durch räumliche Anschauungen einen Sinn bekommt. Als das continuirliche Substrat für die Zusammengehörigkeit räumlicher Wahrnehmungen wird die Substanz in jedem erkennbaren Gegenstande mitgedacht. Das hat hier einen guten Sinn. Denn wir erhalten damit die Anweisung, die Einheit der verschiedenen Bestimmungen an einem Gegenstande auf ein dahinterliegendes Continuum, an welchem sie haften, zurückzuführen. Das einzige Beispiel aber sowohl von einem Zugleichsein des Mannichfaltigen als auch von einem solchen Continuum liefert uns eben die räumliche Anschauung. Eine Naturerklärung, welche sich streng innerhalb der gegebenen Schranken unseres Erkennens hält, wird außerhalb des Raumes keine Gegenstände suchen, da alsdann eine unumgängliche Bedingung derselben, der Substanzbegriff keine Anwendung fände. In Betreff der Frage nach dem Innern der Natur giebt daher Kant die auf dem Standpunkte des reinen Naturerkennens allein richtige Antwort: „Ins Innere der Natur dringt Beobachtung und Zergliederung der Erscheinungen und man kann nicht wissen, wie weit dieses mit der Zeit gehen werde" [1]). Anstatt eines festen Ruhepunktes, welcher mit dem „Innern der Natur" gemeint ist, wird dem Naturerkennen vielmehr ein Aussicht in eine unbestimmte Weite eröffnet. Denn das Beharrliche im Raume, welches als das Substrat der Einheit der Wahrnehmungen gedacht wird, enthält nichts schlechthin Innerliches sondern lauter Verhältnisse [2]). — Auf der andern Seite redet doch Kant in den oben angeführten Worten von etwas, „was zum obersten Erklärungsgrunde der Erscheinungen dienen kann" und doch der Naturwissenschaft unzugänglich ist. Haben wir vielleicht hierin die Grenze zu erkennen, auf welche die in Mathematik und Naturwissenschaft entfaltete Thätigkeit des reinen Erkennens von selbst führt?

Diese Vermuthung ist zurückzuweisen. Es ist doch gar nicht

---

[1]) Kr. d. r. V. 351.

[2]) vergl. a. a. O. 255; 242.

abzusehen, wie man in einem obersten Erklärungsgrunde der Erscheinungen eine Grenze des Erkennens statuiren kann, wenn sich nicht nachweisen läßt, daß dasselbe auf seinem eigenen Wege jemals jenem Begriffe begegnet. Läßt sich ein solcher Nachweis nicht führen, so hat man alles Recht, den Begriff eines obersten Erklärungsgrundes der Erscheinungen, der dem Erkennen dann durch störende Einflüsse aufgedrängt wird, ebenso abzuweisen, wie jede andere unsinnige Verbindung von Subject und Prädicat. Aus unseren obigen Ausführungen ergiebt sich, daß jener Beweis nicht zu erbringen ist. Die Aufgabe des reinen Erkennens ist, in dem Ablauf der Vorstellungen einen gesetzmäßigen Zusammenhang herzustellen, ohne welchen es ein einheitliches Bewußtsein nicht geben könnte. Innerhalb dieser Aufgabe ist keine Veranlassung, nach einem letzten Erklärungsgrunde zu fragen, der nicht selbst wieder eine Erklärung verlangte. Der Versuch, die Vorstellungen für das Bewußtsein zu ordnen, führt ins Endlose; und das gänzlich unbestimmte Gegebensein der Empfindungen legt der ordnenden Thätigkeit des Erkennens die Bereitschaft auf, in jedem Augenblicke seinen Versuch von Neuem zu beginnen, d. h. es wird ihm zur Pflicht gemacht, seinen Producten immer nur hypothetische Geltung zuzuschreiben. Ebendeßhalb aber, weil unser Erkennen seiner Natur nach allem Abschluß widerstrebt, kann man nicht sagen, daß es sich in der Aufstellung eines obersten Erklärungsgrundes seiner Gegenstände vollende. Es ist vollendet in sich, wenn es seinen eigenen Producten gegenüber die Unbegrenztheit seiner Aufgabe im Auge behält und sich in steter Beweglichkeit dem Wechsel der Empfindungen gewachsen zeigt. Eine solche Thätigkeit wird durch eine Erklärung, welche mit dem Anspruch eines definitiven Abschlusses auftritt, nicht vollendet, sondern nur zu Ende gebracht. Sowenig aus dem Erkennen allein ein Abbruch seiner Thätigkeit folgen kann, sowenig auch das, was Kant den obersten Erklärungsgrund der Erscheinungen nennt.

Kant hat dieß an jener Stelle selbst ausgesprochen: „So lange die Erkenntniß der Vernunft gleichartig ist, lassen sich von ihr keine bestimmten Grenzen denken". Ohne Zweifel werden die meisten Leser der Kritik der reinen Vernunft erleichtert aufathmen, wenn nach der Abstraction, welche die Aussonderung des reinen Erkennens in der transscendentalen Aesthetik und Analytik erforderlich macht, das Zugeständniß begegnet, daß die befremdlichen Gegenstände des Erkennens, welche aus lauter Verhältnissen bestehen sollten, nur Erscheinungen seien (Kr. d. r. V. S. 255). Es wird sich aber fragen, wie Kant über den Bann jener Abstraction hinausgekommen ist, wie er einen Standpunkt hat gewinnen können, von welchem aus jenes fast abschätzig klingende Urtheil über die Vorstellungswelt des reinen Erkennens möglich wird, sie umfasse nur Erscheinungen.

Auf dem Gebiete des reinen von allem Zusammenhange mit anderen geistigen Functionen isolirt gedachten Erkennens giebt es einen solchen Standpunkt nicht. Nehmen wir an, ein solches in der Abstraction isolirtes bloß vorstellendes Bewußtsein wäre über sein eigenes Wesen durch die kantische Kritik erkenntnißtheoretisch aufgeklärt, so würde es wissen, daß sein Gegenstand nichts ist, als das Resultat der Ordnung, welche es selbst durch seine Einheitsfunctionen in einer Vielheit von Einzelvorstellungen oder Empfindungen gestiftet hat. Es würde ferner wissen, daß diese Ordnung vollzogen wird an der bestimmten Art, wie sich ihm seine Empfindungen d. h. seine elementarsten Modificationen immer darstellen, an den räumlich-zeitlichen Verhältnissen derselben. Dieser Gegensatz zwischen seiner Einheit und seinen in räumlich-zeitlichen Verhältnissen sich darstellenden Modificationen würde dem Bewußtsein Alles enthüllen, was es von seinem eigenen Wesen wissen kann. Auch sein Gegenstand überhaupt wäre ihm damit erklärt; denn jeder Gegenstand ist dadurch zu Stande gekommen, daß das Mannichfaltige der Anschauung in die Formen jener Einheit eingegangen ist. Ob nicht ein solcher Gegenstand bloßer Schein sei, dem keine Wirklichkeit entspreche, diese Frage kann hier gar nicht entstehen. Der im Raume angeschaute Gegenstand ist ganz ebenso wirklich, wie das Bewußtsein selbst — nur sofern jener da ist, ist ja auch Bewußtsein da. Ohne die Anschauung der Dinge im Raume, also unserer Welt der Erfahrung, würde sich das Bewußtsein als Einheit in dem Ablauf seiner Vorstellungen nicht erfassen. Das Bewußtsein braucht auf die Wirklichkeit der Dinge im Raume nicht erst zu schließen. Dieselbe ist ihm unmittelbar gewiß wie die Wirklichkeit seiner selbst. „Das Bewußtsein meines eigenen Daseins" (nämlich als des in einem zeitlichen Ablaufe von Vorstellungen einheitlichen Ich) „ist zugleich ein unmittelbares Bewußtsein des Daseins der Dinge außer mir" (Kr. d. r. V. 209). Diese Antwort, welche Kant in der zweiten Auflage seines Hauptwerks zur Widerlegung des subjectiven Idealismus ertheilt hat, wird einem nur dann genügen, wenn man sich erinnert, daß in dem Zusammenhange, in welchem sie sich findet, jene Abstraction, jene Isolirung des reinen Erkennens von allen übrigen geistigen Functionen vollzogen ist. Dann wird die Antwort aber auch ganz genügen. Ist man dagegen gesättigt mit den naiven Vorurtheilen, welche auch jenen subjectiven Idealismus Berkeley's erzeugt haben, so wird man sich nicht zufrieden geben können. Denn der Dogmatismus des von jenen Vorurtheilen geleiteten lebendigen Menschen verlangt allerdings, wie sich zeigen wird, mit Recht mehr von dem Dinge als ihm der kantische „Gegenstand" zu bieten vermag. Abstrahiren wir dagegen von Allem, was sich nicht als Bedingung für die Vorstellung des Gegenstandes legitimiren kann, so müssen wir uns auch mit der Antwort zufrieden geben, daß ohne die Anschauung der Dinge im Raume Identität des Bewußtseins, Einheit der Erfahrung nicht stattfände. Sobald man Anstoß nimmt an dem Gedanken, daß das Ding aus lauter Vorstellungen bestehen solle, sobald man nach einer weiteren Erklärung des Mannichfaltigen im Raume fragt, welche über die immanente Verknüpfung desselben in sich hinausführt, so läßt man sich bereits von einem Interesse leiten, welches nicht mehr das des bloßen Erkennens ist. Jene weitere Erklärung könnte nur noch darauf zielen, wie denn diese Vielheit von Vorstellungen räumlicher Gegenstände, welche unter einander in Beziehung stehen, in uns entstehen könne. Das reine Erkennen aber ist auf die Gegenstände selbst gerichtet, nicht auf die Möglichkeit des Daseins derselben überhaupt. Die Frage nach dieser Möglichkeit wäre gleichbedeutend mit der Frage nach der Möglichkeit des Bewußtseins. Das reine Erkennen aber hat Kant verstehen gelehrt als den ununterbrochenen Proceß, in welchem sich die wirkliche Einheit des Bewußtseins behauptet. Innerhalb dieses Processes selbst, wenn er ungestört bleibt, kann jene Aufgabe nicht hervortreten, da sie nicht dazu anleitet, gegebene Modificationen des Bewußtseins zu der Einheit einer Erfahrung zu ordnen.

Indessen hat Kant in den angezogenen Worten auch gar nicht behauptet, in dem Processe des reinen Erkennens selbst müsse der Gedanke auftauchen, daß etwas außer ihm liege, wohin dasselbe doch niemals gelangen könne. Wohl aber hat er dieß von der Naturwissenschaft gesagt. Freilich scheint es auf diese noch weniger zu passen. Denn das absichtliche Erkenntnißstreben der Naturwissenschaft ist es ja erst, welches uns auf die Grenzenlosigkeit, die sich vor dem Erkennen ausbreitet, reflectiren lehrt. Ohne diese Absichtlichkeit würde der Proceß der Erfahrung zwar factisch fortwährend ins Unbestimmte fortgehen, in jedem relativen Abschluß eines Moments die Anknüpfung für den folgenden offen lassend. Aber es fehlte die Veranlassung, diesen Fluß des Vorstellens durch die Erwägung zu stören, daß er ununterbrochen fließe, wenn nicht die Absichtlichkeit des wissenschaftlichen Erkenntnißstrebens dazu aufforderte. Wenn also die Naturwissenschaft die Grenzenlosigkeit des reinen Erkennens erst an den Tag bringt, so scheint sie sehr wenig geeignet, von sich aus auf eine Grenze des Erkennens blicken zu lassen. Dazu kommt noch, daß die Naturwissenschaft mit ihrer Methode grade darauf ausgeht, die Function des Erkennens vor fremdartigen Einmischungen möglichst zu bewahren. Trotzdem ist die Naturwissenschaft unleugbar mit einer Voraussetzung behaftet, welche es ihr fortwährend in Erinnerung bringen könnte, daß es für sie eine Grenze des Erkennens giebt.

Der Versuch, eine Ordnung der Vorstellungen zu erzeugen, eine Einheit der Erfahrungen herzustellen, bleibt immer nothwendig, wenn Bewußtsein sein soll. Denn nur in einem solchen Versuche erhält sich das Bewußtsein als das, was es ist, als Subject der auf ein Mannichfaltiges der Anschauung bezogenen Einheitsfunctionen. Mit dem gänzlichen Aufhören jener Thätigkeit würde das Bewußtsein selbst erlöschen. Aber eine andere Frage ist, ob die Versuche des Bewußtseins, Gegenstände vorzustellen und zu verknüpfen, so gleichartige Resultate haben müssen, daß das eine das andere bestätigt und fortsetzt. Die Naturwissenschaft setzt nun eine solche Gleichartigkeit der Dinge voraus. Denn nur wenn diese stattfindet, erleben wir eine solche Regelmäßigkeit des Geschehens, welche die Aufstellung besonderer Naturgesetze, d. h. die Lösung der naturwissenschaftlichen Aufgabe ermöglicht. Daß dieß so sein müsse, läßt sich aber aus den Bedingungen nicht ableiten, unter welchen sich das identische Bewußtsein in der Mannichfaltigkeit der Empfindungen erhält. „Der Verstand ist zwar a priori im Besitze allgemeiner Gesetze der Natur, ohne welche sie gar kein Gegenstand der Erfahrung sein könnte"; (diese allgemeinen Naturgesetze sind also die Gesetze des Vorstellens, unter welchen der äußere Gegenstand für das Bewußtsein zu Stande kommt) „aber er bedarf doch auch überdieß noch einer gewissen Ordnung der Natur, in den besondern Regeln derselben, die ihm nur empirisch bekannt werden können und die in Ansehung seiner zufällig sind" [1]). Die Aufgabe, eine „zusammenhängende Erfahrung" herzustellen, ist vom Bewußtsein selbst untrennbar, „liegt a priori in unserem Verstande". In welchem Maße aber diese Aufgabe gelingen werde, läßt sich nach den bloßen Gesetzen des Bewußtseins nicht bestimmen. „Denn es läßt sich wohl denken, daß ungeachtet aller der Gleichförmigkeit der Naturdinge nach den allgemeinen Gesetzen, ohne welche die Form eines Erfahrungserkenntnisses überhaupt gar nicht stattfinden würde, die specifische Verschiedenheit der empirischen Gesetze der Natur, sammt ihren Wirkungen, dennoch so groß sein könnte, daß es für unseren Verstand unmöglich wäre, in ihr eine faßliche Ordnung zu entdecken, ihre Producte in Gattungen und Arten einzutheilen, um die Principien der Erklärung und des Verständnisses des einen auch zur Erklärung und Begreifung des andern zu gebrauchen, und aus einem für uns so verworrenen (eigentlich nur unendlich mannichfaltigen, unserer Fassungskraft nicht angemessenen) Stoffe eine zusammenhängende Erfahrung zu machen" [2]). Wenn daher die Naturwissenschaft von der Voraussetzung ausgeht, daß die Natur nach ihren besonderen Gesetzen nicht eine unübersehbare Mannichfaltigkeit darstellt, sondern eine unserer Fassungskraft angemessene Ordnung, so ist diese Voraussetzung von der zusammenhängenden Begreiflichkeit der Natur offenbar anders beschaffen, als die allgemeinen Urtheile über die Dinge, welche wir deßhalb als allgemeingiltig aussprechen, weil sie nur der Ausdruck der Verfahrungsweise sind, welche das Bewußtsein befolgt, wenn es Dinge vorstellt. Sie sind „die allgemeinen Gesetze des Verstandes, welche zugleich Gesetze der Natur sind". „Ihre Erzeugung setzt keine Absicht mit unseren Erkenntnißvermögen voraus", weil das Bewußtsein selbst in ihnen procedirt; jene Voraussetzung von der Begreiflichkeit der Natur dagegen begleitet nur ein von einem Zweck beherrschtes Erkennen. Sie wird von uns erhoben, weil wir nur, sofern wir uns von ihr als einem sicheren Princip des Naturerkennens leiten lassen, „mit dem Gebrauche unseres Verstandes in der Erfahrung fortkommen und Erkenntniß erwerben können" [3]). Wenn die Mannichfaltigkeit der Empfindungen, welche dem Bewußtsein gegeben

---

[1]) Kant, 4, 22.
[2]) a. a. O. 24.
[3]) a. a. O. S. 26.

werden, der Fähigkeit des letzteren factisch soweit entspricht, daß ihm eine zusammenhängende Erklärung der Natur eine durchgängige Gleichmäßigkeit der von ihm gestifteten Ordnung zu gelingen scheint, so ist dieß eine Erfahrungsthatsache, welche fortgesetzt der Bestätigung bedarf. Aber da ohne das ungebrochene Obwalten jener Bedingung eine zusammenhängende Naturerklärung unmöglich wäre, so setzen wir, weil wir diese wollen, jene als sicher voraus. „Wir dürfen uns hierin durch den gewohnten Anblick der Naturordnung nicht täuschen lassen. Die besondere Gesetzmäßigkeit ist durchaus nicht selbstverständlich. Ebensogut, wie die Natur eine gewisse Aehnlichkeit ihrer Objecte und Gesetze zeigt, welche uns deren Subsumtion unter Gattungen oder höhere Gesetze ermöglicht, ebensogut könnte sie eine unvergleichbare Mannichfaltigkeit enthalten, die aller Bemühungen unseres zusammenfassenden Denkens spotten würde; ebensogut könnte sie andererseits eine Dürftigkeit der Gestaltung zeigen, durch welche der Bereicherung unserer Einsicht ein nahes Ziel gesteckt wäre“ [1]). Die zusammenhängende Begreiflichkeit der Natur läßt sich weder erkenntnißtheoretisch ableiten aus den Bedingungen der Erfahrung, noch empirisch beweisen. Jener Begriff ist der Widerschein des Zweckes, dem wir das Erkennen unterordnen, in dem Gebiet des Erkennens. Es ist ja nun eine bekannte Thatsache, wie sehr das Hineinspielen individueller Zwecke in die wissenschaftliche Thätigkeit die Reinheit und Allgemeingültigkeit ihrer Resultate beeinträchtigt. Gegen Vorurtheile, welche von dorther stammen, die Auffassung des Thatbestandes zu schützen, ist eine Hauptaufgabe wissenschaftlicher Methode. Soweit dieses Schutzmittel nicht in Anwendung kommt, ist das Erkennen fortwährend in Gefahr, in seiner Beweglichkeit dadurch gehemmt zu werden, daß ihm ein kräftiger Zwang practischer Interessen die Form seiner Resultate vorschreibt. Aber wie sehr nun auch die Sorgsamkeit des wissenschaftlichen Forschers darauf ausgehen möge, seine Arbeit von den Spuren practischer Antriebe zu befreien, vollständig kann ihm dieß niemals gelingen. Derselbe Augenblick, welcher das Erkennen von aller derartigen Direction befreien würde, bezeichnete auch das Ende der wissenschaftlichen Naturerklärung. Denn die letztere, als absichtlicher Versuch, die Erkenntniß zu erweitern, erfolgt immer unter der subjectiv motivirten Voraussetzung, daß sich die Naturvorgänge auch

---

[1]) Stadler, die Grundsätze der reinen Erkenntnißtheorie 1876. S. 125.

wirklich zusammenhängend werden erklären lassen. In dieser Beziehung verhält sich das bewußte Streben der wissenschaftlichen Welterkenntniß ganz ebenso, wie das dunkle Meinen des Naturmenschen, welcher die Natur beseelt, um ihrem Verhältniß zu seinem Hoffen und Wünschen einen Ausdruck zu geben. In beiden Fällen ist es der Zweck des Menschen, welcher über die Welt der Dinge, die für das bloße Erkennen ein gleichgiltiger Zusammenhang von Vorstellungen ist, den Schein eines uns verwandten Wesens ausgießt. Daß jene Voraussetzung ein Besitz unseres geistigen Lebens ist, hat seinen Grund allein darin, daß wir die Natur nicht bloß vorstellen, sondern daß wir sie zugleich als Veranlassung von Lust und Unlust im Gefühl erleben und demgemäß darauf ausgehen, auf sie zu handeln und unsere Zwecke in ihr zu verwirklichen. Für den Willen, auf die Natur zu handeln, ist das Vertrauen nothwendig, daß ein stetiger Zusammenhang des Geschehens stattfinde, dessen sich der Mensch durch die Erfahrung bemächtigen kann, um durch ihn geleitet die Natur zu beherrschen. Die grundlegende Hypothese der wissenschaftlichen Naturerklärung, die Hypothese von der Begreiflichkeit der Natur, ist nur möglich für fühlende und wollende Wesen. Diese Einsicht beleuchtet die Anforderungen, welche man an die Naturwissenschaft zu stellen hat. Sie dient keineswegs dem reinen Triebe des Erkennens. Sie soll freilich nur mit den reinen durch keine practische Voraussetzung getrübten Erkenntnißmitteln arbeiten. Aber die Grundvoraussetzung, auf welche hin ihre Arbeit unternommen wird, läßt sich aus der bloßen Bewegung des reinen Erkennens nicht ableiten. Denn Gegenstände zu erkennen, würde immer möglich sein, auch wenn die Feststellung einer constanten Geltung besonderer Naturgesetze, worauf die Naturforschung ausgeht, nie gelänge. Die Quelle jenes von der Naturwissenschaft unablösbaren Vorurtheils, der durch das Gefühl der Lust und Unlust erregte Wille, auf die Natur zu handeln, ist auch die Quelle der Naturwissenschaft selbst. Sie ist vorhanden nicht schon deßhalb, weil das Bewußtsein die Natur erkennen muß, sondern deßhalb weil der fühlende und wollende Mensch die Natur beherrschen will. Wer die wissenschaftliche Erklärung der Welt in völliger Ablösung von diesem practischen Zwecke auszuüben vermeint, vergißt ihren Ursprung und ihre Aufgabe und ist in Gefahr, sich in ebenso nutzlose wie grundlose Phantasieen zu verlieren. Für einen Solchen wird die Begreiflichkeit der Natur zum metaphysischen Dogma.

Damit wären wir bei einer Grenze angekommen, welche zwar nicht für das reine Erkennen als solches, wohl aber für das wissenschaftliche Naturerkennen besteht. Und nicht bloß für dieses in seiner methodischen Ausbildung, sondern für alles Naturerkennen in dem Maße, als es, wenn auch in noch so unvollkommener Weise, der bewußten Verfolgung practischer Zwecke als Mittel dient. Der Wille, auf die Natur zu handeln, ist allen Menschen gemeinsam, sofern dieselben nicht bloß fühllose Spiegel der Vorstellungswelt sind, sondern sie in Lust und Unlust erleben. Hier handelt es sich also nicht bloß um eine Zwecksetzung individueller Art, sondern um eine solche, welche, gemäß der Vorstellung, welche wir uns im Verkehr mit ihnen von den Menschen machen, in der ganzen menschlichen Gattung anzutreffen ist. An der Allgemeinheit jenes Zweckes nimmt natürlich auch die Voraussetzung theil, welche immer mit ihm verknüpft ist. Von ihm geleitet machen wir ja bei all unserem Naturerkennen die Voraussetzung, daß ein stetiger Zusammenhang desselben stattfinde, oder daß sich die Natur zusammenhängend begreifen lasse. Was aus dem Wesen des Erkennens selbst nicht folgen wollte, irgendwelche Einschränkung seiner unbegrenzten Beweglichkeit, das ist die nothwendige Folge seiner practischen Ausübung durch das menschliche Individuum. Das Erkennen, welches unter der Leitung jener aus practischen Gründen nothwendigen Voraussetzung ausgeübt wird, ist nicht mehr unbegrenzt. Die Zuversicht, daß dem Ablauf der Vorstellungen ein begreiflicher Zusammenhang zu Grunde liege, drängt den Gedanken an die Möglichkeit gewaltsam zurück, daß regellose Vielheit uns eine zusammenhängende Erklärung unserer Welt verwehren könnte.

Aber ist denn das so schwer, diesen Gedanken zurückzudrängen? Es existirt doch factisch Naturwissenschaft, welche mit der naturgesetzlichen Erklärung des Geschehens schon eine geraume Zeit glücklich weitergekommen ist? Wohl existirt sie. Aber ihr selbst wohnt auch fortgesetzt der Gedanke inne, welcher als den Thatsachen vorgreifende Idee ihre ersten Anfänge beschirmt hat, daß die Natur für den Menschen dasein und deßhalb auch seinem Erkenntnißstreben entsprechen müsse, mag sich dasselbe in einem sehr engen Gesichtskreise oder in unabsehlicher Ferne seine Ziele stecken. Dieser Gedanke hat seine practische Kraft immer neu zu bewähren, je mehr die echte

Forschung, welche weiterkommen will, sich das Bruchstückartige ihrer Resultate gegenwärtig erhält. Und eine solche Voraussetzung ist eine Grenze unseres Naturerkennens, weil sie von ihm nicht zu trennen ist, aber doch sich weder erkenntnißtheoretisch ableiten, noch etwa aus dem Zusammenhange der empirischen Thatsachen sich belegen läßt. Obgleich sich das in jener Voraussetzung enthaltene Urtheil über die Natur weder als eine Bedingung noch als ein Product des bloßen Erkennens legitimiren kann, so wirft man dasselbe doch nicht weg. So lange die Menschen in der Absicht übereinstimmen müssen, ihren eigenen Zwecken die Natur handelnd zu unterwerfen, so lange werden sie sich auch wegen Richtigkeit oder Unrichtigkeit dieses Urtheils über die Natur nicht behelligen. Denn die Natur wird dabei von vornherein nicht bloß als Gegenstand des Vorstellens gedacht, sondern als Object unseres Handelns, als Naturboden unserer Zwecke. Die unter diesem Gesichtspunkt aufgefaßte Natur denken wir uns nothwendig als zusammenhängend erklärbar.

Wie haben wir nun über die Realität dieses Gedankendinges, der so gedachten Natur, zu urtheilen? Nicht weil wir sie erkennen, halten wir eine so beschaffene Natur für wirklich, sondern weil wir sie wollen. Es ist nicht das rein Theoretische im Naturerkennen, welches jenen Gedanken erzeugt, sondern der ihm innewohnende practische Impuls. Bei der Frage nach der Realität eines Gegenstandes handelt es sich für uns immer darum, ob und wie wir ihn in Verbindung setzen sollen mit Vorstellungen von wirklichen Dingen, welche wir bereits besitzen. Seine Realität besteht dann in den gesetzmäßigen Beziehungen, in welchen er zu dieser unserer Welt steht. Der bloße räumlich angeschaute sinnliche Eindruck entscheidet über die Realität noch nicht. Aber er fordert das Bewußtsein auf, seine Vorstellung vom Wirklichen zu bereichern, indem es ihn in einen gesetzmäßigen Zusammenhang mit andern Gegenständen aufnimmt. Realität bedeutet die Art, wie das Bewußtsein seine Zustände mit einer ihm schon feststehenden Ordnung von Gegenständen in Verbindung bringt; sie ist die Art der Geltung, welche eine Vorstellung für das Bewußtsein hat. Die Realität der Sinnestäuschung besteht in ihrem Inhärenzverhältniß zu dem Sinnesorgan, für dessen Veränderung wir weiter nach einer Ursache fragen. Die Realität der Vorstellung als solcher besteht in der Association, in welcher sie mit andern Vorstellungen erscheint. Auch der elementarste

Bewußtseinszustand, die Empfindung, läßt sich doch nur in der Abstraction isoliren; Zustand für das Bewußtsein ist sie nur, indem sie zugleich in irgendwelcher Verbindung mit anderen Zuständen desselben gedacht wird.

Daraus erhellt, daß der als zusammenhängend begreiflich gedachten Natur eine andere Art von Realität nicht zuerkannt werden kann, als die, welche jeder Vorstellung überhaupt zukommt. Sie fordert nur dazu auf, sie als Vorstellung psychologisch zu erklären; und nur durch die Aussicht, welche diese Forderung eröffnet, ist sie überhaupt mit unserer wirklichen Welt verknüpft, welche neben den Gegenständen einer räumlich angeschauten beharrlichen Wirklichkeit auch noch einen Wechsel von Vorstellungen umfaßt, die sich in eben diese beharrliche Wirklichkeit nicht als gleichartige Elemente einfügen lassen. Sollte das letztere mit jener Vorstellung von einem Ganzen der Natur geschehen, so müßte dasselbe als ein Gegenstand neben anderen in räumlicher Anschauung gegeben sein. Aber mit der Hypothese von der durchgehenden Begreiflichkeit der Natur haben wir uns über den Ablauf unserer Vorstellungen erhoben; nicht ein Theil desselben wird mit einem anderen in jenem Urtheil gesetzmäßig verbunden, sondern über ihn selbst wird geurtheilt. Wenn wir von dem Ablauf unserer Vorstellungen überhaupt mehr aussagen als dieß, daß in ihm und wie in ihm das einheitliche Bewußtsein factisch procedirt, so bilden wir den Gedanken eines Weltganzen. Bei diesem Gedanken wird aber grade dasjenige absichtlich abgeschnitten, worin sich sonst für unser Erkennen die Realität eines Gegenstandes bewährt, die unermeßlichen Beziehungen desselben zu anderen Gegenständen in einer beharrlichen Wirklichkeit. Eine dieser entsprechende Realität hat daher das Weltganze für unser Erkennen sicher nicht; unsere Begriffe sind wohl zum Verfolgen endloser Beziehungen geeignet, nicht aber zum Auffassen einer beziehungslosen Totalität. Für die zusammenhängend begreifliche Natur, in welcher es für uns ein harmonisches Ineinandergreifen besonderer Naturgesetze giebt, bliebe also nur die Realität einer Vorstellung überhaupt; d. h. eine Realität, welche auf der Forderung einer psychologischen Erklärung beruht, auf dem intendirten Nachweis von gesetzmäßigen Zusammenhängen mit anderen Zuständen des Bewußtseins.

Auf die Schwierigkeiten einer solchen psychologischen **Erklärung** brauchen wir hier nicht näher einzugehen. Da bei psychologischen

Vorgängen das Substrat, an welchem eine Vielheit von Beziehungen sich entfalten kann, die beharrliche, räumlich angeschaute Substanz nicht vorhanden ist, so kann hier die Erklärung immer nur eine analogische sein, mit Hülfe uneigentlich genommener räumlicher Bilder. Will man mehr, so muß man sich an materielle Bewegungen wenden, welche den psychischen Vorgängen korrespondiren, an Veränderungen der körperlichen Organe. Gesetzt aber, jene psychologische Erklärung lieferte gesichertere Resultate, als dieß factisch bis jetzt der Fall ist, gesetzt, sie zeigte uns, wie jene Vorstellung von der Begreiflichkeit der Natur aus dem gesetzmäßigen Zusammenwirken anderer Zustände des Bewußtseins sich gebildet hat — wäre damit die Geltung erschöpft, welche jener Gedanke für uns Menschen behauptet? Niemand wird das behaupten wollen. Wir meinen mit der Realität seines Inhaltes mehr als seinen gesetzmäßig bestimmten Ort im Vorstellungswechsel. Es genügt uns nicht, zu erfahren, daß in dem Zusammenhange von Vorstellungen, welche wir factisch haben, sich nach den Naturgesetzen der Seele auch der Gedanke jener Natur, eines für unser Erkennen einheitlich geordneten Weltganzen einfinde.

Wenn das Erkennen alle Realität feststellt in der Beziehung zu anderem, was als wirklich gilt, so müßten wir auch von diesem Weltganzen sagen, es sei so real, wie ein andres Wirkliche, zu welchem es in erkennbarer Beziehung steht. Trotzdem liegt es auf der Hand, daß die Art jenes Gedankens von einem Weltganzen die Möglichkeit abschneidet, seine Realität durch gesetzmäßige Verbindung mit den Gegenständen im Raume zu bewähren. — Es giebt kein solch Wirkliches, zu welchem das Weltganze in Beziehung stehen könnte, als wir selbst. Das Weltganze ist so real, wie das fühlende und wollende Individuum real ist. Der Mensch, welcher nicht bloß vorstellendes sondern auch fühlendes Wesen ist, hat an seinen Vorstellungen nicht nur das Material, welches das Bewußtsein unablässig zu einer einheitlichen Erfahrung zu ordnen sucht, indem es seine eigene Einheit behauptet, sondern er hat an seinen Vorstellungen zugleich die Veranlassungen von Lust und Unlust. Wenn er nun in Folge davon den Anspruch erhebt, daß sich sein Vorstellungswechsel durch ihn solle bestimmen lassen als Mittel für seine Zwecke, so hegt er dabei zugleich, wenn auch noch so dunkel, die Vorstellung von einem Weltganzen. Das ist ganz unleugbar. Denn jener Anspruch wäre eine leere Einbildung, wenn unsere Welt eine unbegrenzte ins Unbestimmte sich verlierende Verknüpfung von Vorstellungen wäre, wie sie dem bloßen Bewußtsein erscheinen muß. Diese Annahme wird von uns um ihrer inneren Unglaublichkeit willen abgewiesen. Aber unglaublich ist sie nur, wenn wir als Maßstab für die Geltung des Wirklichen nicht nur die allgemeingültigen Gesetze des Verstandes handhaben, sondern auch die Forderung des Gefühls, die ihr Recht nur durch ihre subjective Energie beglaubigen kann. Wir nennen den Menschen, sofern er nicht nur Bewußtsein hat, sondern in seinem Gefühl Werthe empfindet und in seinem Willen das Vermögen zu besitzen glaubt, vorgestellte Werthe zu realisiren, Person. Von der Person ist die Vorstellung von einem Weltganzen unabtrennbar, da ohne die Ueberzeugung von der Wirklichkeit desselben ihm die eigene Existenz mit ihren unveräußerlichen Ansprüchen sinnlos erscheinen müßte. Also die Realität eines unseren Zwecken gemäß geordneten Weltganzen steht uns fest, weil durch ein Werthurtheil eine solidarische Verbindung zwischen ihm und unserer individuellen Existenz gestiftet wird. In den Begriffen des Verstandes läßt sich die Vorstellung eines Weltganzen nicht auffassen. Ihnen ist sie gradezu widersprechend, weil eine in sich abgeschlossene Totalität die Beziehungen negirt, in welchen jene Begriffe zur Anwendung kommen. Dagegen entspricht sie durchaus dem inappellablen Urtheil des Gefühls und insbesondere der gefühlsmäßigen Gewißheit der individuellen Existenz, welche die Gewähr ihrer Geltung in sich selbst trägt, ohne in der Verfolgung von Beziehungen sie finden zu wollen. Unter dem Drucke dieser subjectiven Gewißheit wird der Gedanke eines Weltganzen erzeugt und ihr selbst entsprechend gestaltet — allerdings unter gewaltsamer Umdeutung von Begriffen, welche für das bloß vorstellende Bewußtsein einen ganz anderen Sinn haben müssen und factisch haben, wo wir uns rein theoretisch verhalten. „Dem menschlichen Gemüthe ist jene glückliche Inconsequenz gegeben, zwei Gedankenrichtungen arglos zugleich zu folgen, ohne den Widerspruch zu empfinden, in welchem sie zuletzt, nicht immer freilich in größter Nähe, zusammenstoßen. So geben wir uns im Laufe der gewöhnlichen Erfahrung ohne Bedenken den Verfahrungsweisen des Verstandes hin, mit denen wir sicher sind, immer Einzelnes mit Einzelnem gesetzmäßig verbinden zu können, und mit denen wir zugleich sicher sein könnten, wenn wir es eben bemerkten, niemals jenes Bild des Weltganzen zu erreichen, das während aller dieser Bemühungen unsere Vernunft gleichzeitig festhält oder zu gewinnen sucht" [1]).

Indem ich Betreffs des Doppelsinnes der Realität, der sich hiernach ergiebt, auf die weitere Ausführung im folgenden Abschnitt verweise, möchte ich hier nur noch zwei Begriffe hervorheben, die in ganz derselben Weise gebildet sind, wie der des Weltganzen, die Begriffe der Seele und des Dinges an sich. Beide sind ebenfalls die steten Begleiter alles absichtlichen Erkennens und setzen demselben eine von ihm unablösbare Grenze. Was den ersteren betrifft, so hat Kant darin unzweifelhaft Recht, daß er die Seele nicht als einen Gegenstand des Erkennens gelten lassen will. Dazu fehlt erstens die beharrliche Anschauung, an welcher der Begriff der Substanz zur Anwendung kommen könnte, um die verschiedenen psychischen Vorgänge auf ein Subject zu beziehen und so die Seele als einen Gegenstand des Erkennens neben anderen abzugrenzen. Zweitens aber tritt, wenn wir dieser Argumentation gegenüber die Realität unserer Seele energisch behaupten, deutlich hervor, daß wir auch hier die Geltung, welche der Begriff oder das Bild unserer Seele für uns hat, nicht auf erkennbare Beziehungen zu anderen Gegenständen gründen, zu welchen jener Begriff anleiten möchte, sondern vielmehr auf ein unüberwindliches Gefühl, auf ein Werthurtheil, welches mit solchen erkennbaren Beziehungen gar nichts zu thun hat. Das, was wir mit der Seele meinen, ist „nichts mehr als Gefühl eines Daseins ohne den mindesten Begriff" [2]). Der Versuch, die Seele wie ein in Begriffen aufgefaßtes, also erkennbares Dasein zu behandeln, setzt uns sogleich in Conflict mit eben jenem Gefühl, dessen Druck dem Bewußtsein das Bild einer Seele aufnöthigt. Denn „wäre das Ich ein Begriff, wodurch irgend etwas gedacht würde, so würde es auch als Prädicat von anderen Dingen gebraucht werden können" [3]), d. h. es würde sich in Beziehungen auflösen, wogegen eben jenes Werthgefühl sich sträubt. Alles absichtliche Erkennen, also auch das wissenschaftliche Naturerkennen, ist von diesem Bilde einer Seele begleitet. Denn der Impuls aus welchem jenes hervorgeht, wurzelt in dem Werthgefühl, welches uns die Gewißheit von dem Dasein einer Seele

---

[1]) Lotze Mikrok. I, 273.

[2]) Kant 3, 103 (vergl. Kr. d. r. V., 71; 607).

[3]) ebendas.

aufzwingt. Aber jeder Versuch, dieses Dasein mit den Mitteln der Naturwissenschaft als ein Object neben andern zu erkennen, führt direct darauf, die subjective Gewißheit von demselben zu zerstören. Denn, wenn Gegenstände nur in ihren Beziehungen zu anderen erkannt werden können, so fordert im Gegentheil jene Gewißheit, daß das in seinem absoluten Werthe gefühlte Dasein nicht wiederum als Prädicat eines anderen, also daß es beziehungslos gedacht werde.

Die Naturwissenschaft hat daher allen Grund, ein solches Dasein nicht unter die Objecte zu rechnen, mit denen sie sich zu befassen hat, da sich dasselbe nicht erkennen lassen will und auf denjenigen Erweis seiner Realität ausdrücklich verzichtet, der für unsere Erkenntnißmittel allein gültig ist, auf eine Auflösung in Beziehungen. Mag die Naturwissenschaft ebendeßwegen das Bild einer Seele unter die Einbildungen rechnen und zu einer Psychologie ohne Seele die Anweisung geben, so kommt sie doch selbst bei ihrer eigenen Thätigkeit von diesem Bilde nicht los. Denn die Ausübung der Naturwissenschaft wie alles absichtlichen Erkennens ist mit der Reflexion auf einen gefühlten Werth behaftet, an welchen die absichtliche Bewegung anknüpft. Während jeder Act des reinen Erkennens als solchen ein Moment in einem ins Unbestimmte verlaufenden Processe ist, ein Punkt in einer unbegrenzten Linie, so stehen die Acte des absichtlichen Erkennens in durchgehender Beziehung auf ein Gefühl, welches, für das fühlende Subject wenigstens, in sich selbst vollkommen bestimmt ist und einen Sinn nicht erst dadurch empfängt, daß es dem vorstellenden Bewußtsein gelingt, es aus dem Zusammenwirken erklärbarer Beziehungen selbst zu erklären. Diese rein subjective Erscheinung, welche allem absichtlichen Erkennen innewohnt, aber allem Erkanntwerden widerstrebt und daher nur symbolisch bezeichnet werden kann, giebt aber den Impuls, das Bild einer Seele zu erzeugen, welche letztes Subject für alle Vorstellungen ist.

Spiritualismus und Materialismus, sofern sie darauf ausgehen, diese Seele zu erklären, gehen daher offenbar beide in die Irre. Der Spiritualismus könnte uns sympathisch erscheinen, weil er doch, indem er das rein subjectiv begründete Bild einer Seele wie ein Object des Erkennens[1]) behandelt, das an der massiven

[1]) vergl. Kr. d. r. V., 530: „Denn wollte ich auch nur fragen, ob die Seele nicht an sich geistiger Natur sei, so hätte diese Frage gar keinen Sinn".

Realität der Erfahrungsgegenstände theilnimmt, von der Macht des subjectiven Impulses Zeugniß giebt, dem wir auch unterliegen. Aber der Spiritualismus ist doch nur dadurch möglich, daß man die unausgleichbare und vielleicht grade sehr werthvolle Differenz übersieht, welche zwischen der um ihres Werthes willen gesetzten Realität der Seele und der gleichgiltigen Thatsächlichkeit der Erkenntnißobjecte obwaltet. Sobald wir darauf aufmerksam werden, daß jener Erklärungsversuch der psychischen Vorgänge diesen Ursprung hat, so könnten wir uns leicht veranlaßt fühlen, nicht bloß eine in die Irre gegangene logische Operation für ihn verantwortlich zu machen, sondern auch einen Mangel an Lebendigkeit des Gefühls. Dasselbe ist zu sagen gegen den „seelenlosen" Materialismus. Kant giebt demselben dieses als Tadel gemeinte Prädicat, obgleich er ihm ausdrücklich das gleiche Recht oder Unrecht zugesteht wie dem Spiritualismus[1]). Die beste Widerlegung des materialistischen Versuchs giebt Kant in der 1. Auflage (a. a. O. 306) mit folgenden Worten: „Aber ohne dergleichen Hypothesen zu erlauben, kann man allgemein bemerken, daß, wenn ich unter Seele ein denkend Wesen an sich verstehe, die Frage an sich schon unschicklich sei: ob sie nämlich mit der Materie (die gar kein Ding an sich selbst, sondern nur eine Art Vorstellungen in uns ist) von gleicher Art sei oder nicht; denn das versteht sich schon von selbst, daß ein Ding an sich selbst von anderer Natur sei, als die Bestimmungen, die bloß seinen Zustand ausmachen". Nämlich als „Ding an sich selbst" wird die Seele gedacht, wenn sie als letztes Subject der Vorstellungen (nicht sowohl erkannt, sondern) auf Grund eines Gefühls behauptet wird. Sie ist damit als noli me tangere für das Erkennen gesetzt. Denn der Gegenstand des Erkennens, das Ding, das nicht „an sich selbst" sondern für das Bewußtsein ist, kann niemals letztes Subject sein sondern immer nur ein solches, welches, wenn man seinen Beziehungen weiter nachgeht, auch als Prädicat gedacht werden kann. Dem Materialisten ist daher zu erwidern, daß er auf der einen Seite der subjectiven Ueberzeugung von dem Dasein der Seele, deren er sich auch nicht entschlagen kann, ihr eigenthümliches Recht verkümmert; daß er aber auch einen erkenntnißtheoretischen Fehler begeht, indem er das, was in solcher subjectiven Ueberzeugung gemeint wird, wie einen Gegen-

[1]) vergl. ebendas. 693.

stand des Erkennens neben andere stellt. — Diese Entgegnung scheint freilich nicht auszureichen, wenn doch der Materialist ausdrücklich von einer Seele selbst nichts wissen will, dagegen aber die psychischen Vorgänge auf materielle Bewegung zurückzuführen sucht. Indessen bei genauerem Zusehen ergiebt sich, daß seine Position durch diese Unterscheidung um nichts gebessert wird. Man muß sich nur erinnern, wo allein Gegenstände des reinen Erkennens zu suchen sind. Wie wir gesehen haben, allein in der ins Unbestimmte möglichen Erfahrung, in welcher eine bestehende Einheit des Bewußtseins ein gegebenes Mannichfaltige der Anschauung bewältigt. Sobald sich das Erkennen über diese beiden Pole erheben will, welche vielmehr für alle mögliche Erfahrung vorausgesetzt werden müssen, so wird es transscendent. Dieß geschieht aber, wenn man mit dem Materialismus die Bewußtseinserscheinungen als solche aus der Materie erklären will. Damit würde die beständige Voraussetzung bei allem Erkennen, die Einheit des Bewußtseins, auf welche alle objective Realität, auch die der Materie reducirt werden muß, selbst der Erklärung unterworfen. Es würde als Eigenschaft in die Materie selbst verlegt, was vielmehr den Begriff der Materie, von dem wir allerdings bei dem Erkennen der Objecte nicht loskommen, erst hervorbringt [1]).

Nun scheint doch aber trotzdem, sobald einmal auf die psychischen Vorgänge als solche reflectirt wird, die Erkennbarkeit derselben mitübernommen zu werden. Das Erkennen derselben kann in nichts anderem bestehen, als in der Subsumtion unter das Causalgesetz. Dieses aber setzt den Begriff der Substanz voraus, und der letztere läßt sich nur anwenden auf die räumliche Anschauung. Die beharrliche Substanz, auf welche auch die geistigen Vorgänge, wenn sie erkannt werden sollen, bezogen werden müssen, kann daher nur in dem Raumerfüllenden, in der Materie gesucht werden [2]). So führt die Art, wie das Bewußtsein überhaupt

[1]) vergl. Cohen, Kants Begründung der Ethik 1877. S. 86.

[2]) Diese Folgerung macht Stadler a. a. O. S. 105: „Nun sagt uns aber die Erfahrung nichts mehr, als daß überall, wo gewisse Compositionen und complicirte Relationen der allgemeinen, Einen Materie stattfinden, wir gleichzeitig auch „innere" Qualitäten beobachten. Nun sind wir allerdings unendlich weit entfernt, diesen Zusammenhang wirklich zu erkennen. Aus der Kette des Geschehens, als deren letzte Glieder uns die den ersten äußerst unähnlichen psychischen Bewegungen erscheinen, ist uns die größte Zahl der Zwi-

Gegenstände und Veränderungen ihrer Zustände vorstellt, mit Nothwendigkeit auf die materialistische Erklärung der psychischen Vorgänge, sobald dieselben überhaupt erkannt werden sollen. Kant hat diesen Weg trotzdem nicht beschritten. Er beweist (Kr. d. r. V. 695) „die Unmöglichkeit einer Erklärung meiner, als bloß denkenden Subjects Beschaffenheit aus Gründen des Materialismus“. Er beruft sich darauf, daß in dem Begriffe des einheitlichen Bewußtseins die Einfachheit liege, während das den Raum erfüllende Reale nicht als einfach gedacht werden könne. Ich möchte aber vermuthen, daß Kant damit nicht bloß die Differenz zwischen der Ichvorstellung und der Vorstellung der Materie hat hervorheben wollen, um daraus zu folgern, daß sie zwei Objecte des Erkennens liefere, welche unter sich in keinem Zusammenhange stehen können. Dem gegenüber bliebe immer die Bemerkung von Stadler (a. a. O.) am Platze, daß man ein gegenwärtiges Nichtwissen nicht zu einer bleibenden Grenze des Erkennens machen dürfe. Aber jene Worte Kants erhalten ein ganz anderes Licht, wenn man darauf achtet, daß die Einheit des Bewußtseins, als etwas schlechthin Einfaches überhaupt nicht Object des gegenständlichen Erkennens sein kann. Das einheitliche Ich steckt zwar als Voraussetzung in aller Erfahrung und kann durch die erkenntnißtheoretische Analyse darin als solche entdeckt werden. Aber als ein Reales wird das Ich nicht in den Beziehungsbegriffen erkannt, sondern auf Grund eines Gefühls behauptet. In dem gleichartigen Proceß des vorstellenden Bewußtseins würden das Ich und die psychischen Vorgänge überhaupt gar nicht als Objecte des Erkennens auftreten. Von den „inneren Thätigkeiten“ des Denkens, des Gefühls der Lust und Unlust und des Willens sagt Kant: „Diese Bestimmungsgründe aber und Handlungen gehören gar nicht zu den Vorstellungen äußerer Sinne und also auch nicht zu den Bestimmungen der Materie als Materie“ [1]). Wenn also trotzdem jene inneren Thätigkeiten oder psychischen Vorgänge als Gegenstände des Erkennens auftreten, so hat dieß nicht darin seinen Grund, daß das Bewußtsein, welches um seiner Einheit willen durch solche Begriffe wie den der Materie Vorstellungen von Erkenntnißobjecten bildet, auch auf jene geführt würde; sondern

schenglieder unbekannt. Aber es ist durchaus unwissenschaftlich aus unserer gegenwärtigen Ignoranz und der ungemein hohen Unwahrscheinlichkeit künftigen Wissens, auf die Unmöglichkeit dieser Erkenntniß zu schließen“.

[1]) 5, 408.

vielmehr darin, daß das Bewußtsein in dem gleichmäßigen Fortgange des Erkennens aufgehalten wird durch das Gefühl für den unvergleichlichen Werth seiner Thätigkeit. Ein bloß erkennendes Wesen hätte zu der Reflexion auf psychische Vorgänge gar keine Veranlassung, da seine eigene Thätigkeit in dem Proceß der Vorstellungsbildung vollständig aufginge. Werden daher die Objecte der Psychologie erst durch einen Impuls des Gefühls, erst dadurch daß die vorstellende Thätigkeit in dem lebendigen Individuum durch Gefühl und Wille beeinflußt wird, in das Gesichtsfeld des Bewußtseins gerückt, so kann man auch nicht erwarten, daß sie sich ebenso erkennen lassen, wie die Objecte, welche das Bewußtsein selbst erzeugt. Wenn einmal so fremdartige Objecte wie die psychischen Vorgänge selbst dem Bewußtsein aufgedrängt sind, so wird dasselbe freilich seine eigene Natur darin bewähren, daß es auch jene den Beziehungsbegriffen zu unterwerfen, auch in dem psychischen Geschehen ein Naturgesetz zu entdecken sucht. Aber ob diesem unumgänglichen Postulate der Erkennbarkeit auch hier Genüge geschehen wird, ist eine andere Frage. Man wird dieselbe verneinen müssen, wenn man daran denkt, daß das Bewußtsein hier von dem eigenthümlichen Boden der Beziehungsbegriffe, von der räumlichen Anschauung durch subjective Einflüsse abgedrängt ist.

So ist denn derselbe subjective Impuls, aus welchem das Bild einer Seele ersteht, auch Ursprung der Psychologie. An dem Bilde einer Seele findet das wissenschaftliche Naturerkennen seine sichere Grenze. Die subjective Ueberzeugung von dem Dasein derselben wohnt ihr inne; sie zum Erkenntnißobject zu machen, ist unmöglich; für das bloße Erkennen hat sie nur den Werth einer Einbildung. Die psychischen Vorgänge selbst werden zwar Erkenntnißobjecte, sobald überhaupt auf sie reflectirt wird. Aber da diese Reflexion nicht in dem gleichartigen Proceß des Bewußtseins liegt, sondern durch fremdartige Einflüsse hervorgerufen wird, so versagen an so gegebenen Objecten auch die Erkenntnißmittel, welche sich nur an den Objecten bewähren, die durch sie selbst von dem Bewußtsein erzeugt sind.

Durch diesen räthselhaften Charakter der Psychologie wird zugleich ein Licht auf die Bedeutung des wissenschaftlichen Naturerkennens geworfen. Es wird daraus klar, daß dasselbe die Stellung einer untergeordneten Function in dem Menschen einnimmt, der nicht bloße Vorstellungsmaschine, sondern zugleich fühlendes und wollendes Wesen sein will. Darin, daß das Naturerkennen für uns die Function eines Wesens ist, das von Gefühl und Wille bestimmt ist, liegt es auch, daß wir dasselbe auf Grenzen stoßen sehen. Schon oben sahen wir, daß die Begrenzung des Naturerkennens durch das Bild eines Weltganzen im Gefühl ihre Wurzel hat. Die eigentliche Grenze des Naturerkennens ist die lebendige Person selbst, welche auf Grund eines Gefühls ihre Realität behauptet und das Erkennen als Mittel für ihre Zwecke verbraucht.

Diese gefühlsmäßige Gewißheit von unserer eigenen Existenz giebt unseren Vorstellungen von der Welt der Dinge eine Richtung, welche schließlich auf den Gedanken eines Weltganzen führt. Wie das absichtliche Erkennen des fühlenden und wollenden Menschen mit diesem Gedanken eines Weltganzen behaftet ist, haben wir oben gesehen. Aber die gewaltsame Umbildung unserer Vorstellungen durch die subjective Lebendigkeit des Selbstgefühls reicht noch viel weiter. Der sogenannte gesunde Menschenverstand kann sich des Gedankens an ein Weltganzes allenfalls entschlagen. Aber ganz unmöglich ist es ihm, auf die Vorstellung von den Dingen zu verzichten, wonach es einer einigermaßen entwickelten Reflexion leicht werden muß, in ihnen die Bausteine zu einer einheitlichen Welt zu entdecken. Für das bloße Erkennen stellen sich die Gegenstände nicht als in sich abgeschlossene fest bestimmte Dinge dar, sondern als Vorstellungsreihen, die sich ins Unbestimmte verlieren. Wenn uns diese Natur der Erkenntnißobjecte für gewöhnlich verborgen bleibt, so springt sie doch sogleich in die Augen, sobald uns das Interesse der wissenschaftlichen Untersuchung dazu anhält, den ruhigen Fortgang des Erkennens vor Störungen zu schützen. Solche Störungen aber drohen beständig, weil wir uns auf den Standpunkt des reinen Erkennens nur stellen können, indem wir von derjenigen Ansicht der Dinge abstrahiren, welche uns im gewöhnlichen Leben geläufig ist; Kant nennt die Dinge des reinen Erkennens, die Objecte des bloßen vorstellenden Bewußtseins, Erscheinungen. Den Gegensatz der gewöhnlichen Meinung von den Dingen gegen diesen Begriff formulirt er in dem Begriffe des Dinges an sich. Wir meinen, an den Dingen ein Mehr von Realität zu haben, als uns Kant an den erkennbaren Erscheinungen, an den Objecten möglicher Erfahrung aufweist. Die lebendige Person mit ihrem bestimmten und mannichfaltigen Inhalt, den sie in Gefühlen und Begehrungen erlebt, sieht nicht bloß vom Bewußtsein erzeugte Vorstellungseinheiten, sondern eine Außenwelt, welche den durch das Gefühl angeeigneten inneren Vorgängen als ein Fremdes, Verschlossenes gegenübersteht[1]). Die Objecte unserer Vorstellungen gelten uns als wirklich, sofern sie von uns unabhängig sind. Damit ist ein Realitätspostulat ausgesprochen, welches auf dem Gebiete des reinen Erkennens nicht in Betracht kommen kann. Wie ein Vorstellungscomplex unser Gefühl afficirt, ob er einen solchen Zwang auf uns ausübt, daß er mit dem dunkeln Gefühl einer Spontaneität in uns in Widerspruch geräth, das sind Fragen, welche für das bloß vorstellende Bewußtsein gar nicht vorhanden sind. Für dieses sind die Vorstellungseinheiten wirkliche Dinge, in welchen sinnliche Empfindungen gesetzmäßig verknüpft sind. Nicht die Unabhängigkeit der Dinge von uns, sondern ihre Abhängigkeit von einander macht sie zu wirklichen Gegenständen des Erkennens. Sind die Vorstellungseinheiten so zu Stande gebracht und unter einander verknüpft, wie es den Bedingungen eines einheitlichen Bewußtseins entspricht, so gehören sie als wirkliche Dinge zu der einheitlichen Erfahrung, welche vorzustellen, das Wesen dieses Bewußtseins ausmacht. Die Erscheinungen, von denen Kant redet, sind nicht Schein, sondern die wirklichen Dinge des vorstellenden Bewußtseins. Erscheinungen werden diese wirklichen Dinge im Raume genannt, weil sie dem Bewußtsein vollkommen durchsichtig werden können, d. h. weil sie nichts enthalten können als sinnliche Anschauung und Gesetze des Verstandes. Das „Innerliche der Materie“, welches noch dahinter gesucht werden möchte, ist „eine bloße Grille“. In den Dingen, die wir erkennen, haben wir nichts Schlechthin-, sondern lauter Comparativinnerliches, das selber wiederum aus äußeren Verhältnissen besteht. In dieses Innere der Natur „dringt Beobachtung und Zergliederung der Erscheinungen, und man kann nicht wissen, wie weit dieses mit der Zeit gehen werde“[2]). Wenn wir nun trotzdem an ein Inneres der Dinge denken, welches auf diese Weise zwar unerreichbar ist, aber doch als lockendes Ziel des Erkennens vorschwebt, so kann der ungestörte Proceß des vorstellenden Bewußtseins uns nicht darauf geführt haben. Den eigentlichen Kern ihrer Wirklichkeit soll jenes dunkle Innere der Dinge aus-

---

[1]) vergl. F. A. Lange, logische Studien S. 138.
[2]) Kr. d. r. V. 251.

machen, das mehr sein soll als bloße Vorstellung. Aber die Realität, die wir erkennen, die allein für das Bewußtsein vorhanden ist, wird ja durch nichts weiter festgestellt, als dadurch, daß eine sinnliche Anschauung als Fall eines Gesetzes gedacht wird, daß der Verstand sie in das Gewebe der Erfahrung einfügt, welches der Einheit des Bewußtseins entspricht. Nur weil wir die Natur nicht bloß gleichgültig vorstellen, sondern weil wir sie zugleich als Werthgröße, als Veranlassung von Lust und Unlust erleben, weil nicht nur jene, sondern auch diese Beziehung der Dinge zu uns stattfindet, legen wir mehr in sie hinein. Die Relation zu unserem Gefühl giebt den Dingen den Hintergrund des Dinges an sich, der sie selbst zu Erscheinungen, zu Realitäten minderen Grades herabsetzt. Das Ding an sich ist nicht das Correlat des vorstellenden Bewußtseins, sondern das Correlat des Subjects, welches seines Daseins im Gefühl gewiß ist. Im Gegensatz zu diesem gewinnen die Dinge die Abgeschlossenheit, welche ihnen in der gewöhnlichen Meinung der Menschen zukommt. Und wenn wir die Erkenntnißmittel des Bewußtseins in Bewegung setzen, so löst sich freilich das Ding, an dessen Abgeschlossenheit sich unser Realitätsbedürfniß ersättigte, in endlose Vorstellungsreihen auf. Aber der Character des Dinges, Correlat des fühlenden Subjects zu sein, wird dadurch nicht vernichtet, denn vor den ins Endlose hinausstrebenden Reihen liegt als unwandelbare Vorstellungsgrenze für die Person, welche die Mittel des Bewußtseins handhabt, das Ding an sich. Nur in der erkenntnißtheoretischen Abstraction läßt sich das Gebiet der Erfahrung von dieser Grenze befreien, welche als Bedingung für die Einheit des Bewußtseins nicht abgeleitet werden kann. Im wirklichen Leben kommen wir von dieser Vorstellungsgrenze nicht los, weil das vorstellende Bewußtsein in uns selbst umfaßt wird von dem Selbstgefühl, in welchem wir unserer eigenen Existenz gewiß werden. Darin liegt für uns die Nothwendigkeit, das Gebiet der Erfahrung, das trotzdem für das gleichartig fortgehende Naturerkennen in sich unermeßlich bleibt, zu begrenzen. Diese Vorstellungsgrenze, welche durch das fühlende und wollende Subject gesetzt wird, gewährt uns auch erst den Standpunkt, von dem aus sich das Gebiet der Erfahrung in seiner Unermeßlichkeit erkennen läßt. Das vorstellende Bewußtsein allein enthält keinen Anlaß, über die Endlosigkeit seines Processes zu reflectiren. Dieser Anlaß ist erst vorhanden, wenn der Contrast der durch das Selbstgefühl gesetzten

Vorstellungsgrenze mit den ins Endlose hinausweisenden Beziehungsbegriffen hervortritt. So ist die Abstraction der Erkenntnißtheorie, das Unternehmen der Kritik der reinen Vernunft nur dadurch möglich, daß ihr Urheber sich frei und unbefangen, wie Niemand vor ihm, auf jenen Standpunkt der Vorstellungsgrenze zu stellen vermochte. Er hatte das Mittel entdeckt, die Realität des fühlenden und wollenden Subjects von der Verwirrung mit der Realität der Erfahrung zu befreien. Vor ihm suchte man jene auf diese zu gründen und hatte dadurch beide dem Skepticismus preisgegeben. Denn der Skepticismus fragt die Dinge der Erfahrung nach dem Dinge an sich und verlangt von der durch das Selbstgefühl gesetzten Realität, daß sie sich in den Beziehungsbegriffen der Substanz und Causalität erfassen lasse. Und da beide Forderungen nicht befriedigt werden können, so maßt er sich das Recht an, die Zuversicht zu erschüttern, mit welcher der gesunde Menschenverstand sich auf beiden Gebieten des Wirklichen bewegt. Der letztere hat keine Waffen gegen diesen Angriff, da er es grade ist, der dem Skepticismus jene falschen Voraussetzungen darreicht. Kant dagegen schützte das Gebiet der Erfahrung gegen solche unberechtigten Ansprüche, indem er nachwies, daß wir hier die Wirklichkeit der Dinge nur dadurch feststellen können, daß wir die sinnliche Anschauung als Fall eines Gesetzes denken. Aber diese Antwort konnte ihm selbst nur genügen, weil er dem tiefen Realitätsbedürfniß, welches mehr in den Dingen sucht, in einer Wirklichkeit ganz anderer Art, die Stätte seiner Befriedigung aufzeigte [1]).

Das Gebiet des reinen Naturerkennens, die reine Erfahrung hat keine Grenzen. Dadurch wird die Realität der Gegenstände möglicher Erfahrung nicht aufgehoben. Im Gegentheil, die Wirklichkeit der Dinge, welche hier festgestellt wird, verlangt ein solches Schweben derselben über dem Bodenlosen. Die Art der Beziehungsbegriffe, in welchen das Wirkliche der Erfahrung gedacht wird, verbietet es, die Objecte irgendwie auf eine letzte Substanz, eine letzte Ursache zu stützen. Aber das reine Naturerkennen ist eine, wenn auch sehr nützliche Abstraction. Das Erkennen, wie wir es factisch ausüben, auch in der Naturwissenschaft, ist als absichtliches Erkennen mit der Vorstellung einer Grenze, eines letzten Grundes der Erscheinungswelt, behaftet. Wer absichtliches Erkennen ausübt, hat

---

[1]) vergl. Kr. der r. V. 702.

an der Natur nicht bloß das gleichgültige Object des Bewußtseins, sondern auch eine Werthgröße des Gefühls. Die Deutung die wir den Dingen als den Erregern von Lust und Unlust geben, begleitet unablösbar alles absichtliche Erkennen. Aber in dem Lichte des Gefühls erscheinen die Dinge als in sich abgeschlossene, von uns unabhängige Größen, als Realtiäten derselben Art, wie das im Gefühl seiner selbst gewisse Subject. Das wissenschaftliche Naturerkennen findet daher seine Grenze an diesem Gedanken, von dem es nicht loskommt, weil es ein absichtliches ist.

Das vorgestellte Ding enthält nichts als Bestimmungen und Functionen des Bewußtseins; es ist eine sinnliche Anschauung, welche als Fall eines Gesetzes gedacht wird. Wenn wir von diesem vorgestellten Dinge das Ding an sich unterscheiden, so sind es zwei Merkmale, in welchen wir das letztere dem ersteren entgegensetzen, die Unabhängigkeit von uns und die Geschlossenheit in sich. Für beide Gedanken ist in dem bloß vorstellenden Bewußtsein kein Raum. Die Unabhängigkeit der Dinge von uns wird erst denkbar, indem wir die Vorstellungseinheiten des Bewußtseins in Beziehung setzen zu der gefühlsmäßigen Gewißheit unserer eigenen Existenz und Spontaneität. Ebensowenig wird eine Geschlossenheit der Dinge in sich gedacht, wenn wir dieselben nur in ihrem Sein als Gegenstände des vorstellenden Bewußtseins denken. Denn dieses Sein ist ja nichts weiter als ein Stehen in Beziehungen. Jener Gedanke taucht erst auf, wenn von diesen Beziehungen abstrahirt wird. Eine solche Abstraction läßt sich aber nicht vollziehen bei der Vorstellung des Dinges wie es ist, sondern allein bei der Beurtheilung desselben nach dem Maßstabe des Gefühls. Für den Character des Dinges als Erreger von Lust und Unlust, als Werthgröße des Gefühls, sind jene Beziehungen, die sich ins Unermeßliche verlieren gleichgültig. Wenn hier überhaupt Beziehungen in Betracht kommen, so sind es diejenigen, welche in die Einheit der aus dem Gefühl entspringenden Zweckvorstellung zusammengehen. Wenn wir also mit dem Ding an sich das von dem erkennenden und handelnden Subject unabhängige Reale bezeichnen, das Unbedingte, nach dem wir uns erkennend und handelnd zu richten haben, so gehört dieser Gedanke nicht zu der Vorstellungswelt des bloßen erkennenden Bewußtseins. Er ist in keiner Weise zu dem Gebiete der Erfahrung als solchem zu rechnen. Er taucht erst auf, weil und sofern die fühlende und wollende Person die einzelnen Elemente der Vorstellungswelt und schließlich die Vorstellungswelt überhaupt mit ihren eigenen Bedürfnissen und Interessen beleuchtet. Mit dem Gebiete des reinen Erkennens, für sich genommen, läßt sich der Gedanke des Dinges an sich nicht verknüpfen. Wenn aber die lebendige Person sich jenes Gebiet aneignet als ihre Welt, mit der sie in dem gefühlsmäßig erlebten Verkehr des Bestimmens und Bestimmtwerdens steht, so erscheint an dieser der Hintergrund des Unbedingten. Das Ding an sich, das Unbedingte, ist ein Reflex des fühlenden und wollenden Subjects in der Welt der reinen Erfahrung. Wenn daher der Mensch seine Erkenntnißmittel so gebraucht, wie deren Natur es verlangt, so weicht das Unbedingte vor dem Versuche, es zu erkennen, ins Unendliche zurück. In dem Gebiete des reinen Erkennens ist es nirgends anzutreffen. Dagegen erscheint es unvermeidlich an der Grenze desselben, solange nicht nur das bloße vorstellende Bewußtsein in der Thätigkeit der Erkenntnißmittel procedirt, sondern eine lebendige Person dieselben handhabt. Und dem Versuche, den Gedanken des Unbedingten irgendwie faßbar zu machen, bietet sich immer als das zunächstliegende Mittel die subjective Erfahrung, die wir von unserem eigenen Dasein als einem in sich geschlossenen, durch das Selbstgefühl von Innen her zusammengehaltenen zu haben glauben. Das Ding an sich gehört also nicht zu der reinen Erfahrung für sich, — auch nicht als Grenze, denn dieselbe ist unbegrenzt —; sondern es gehört zu ebendemselben Gebiete, sofern es subjectiv beurtheilt, von dem Standpunkte der fühlenden und wollenden Person aus aufgefaßt wird. Dem Versuche, den Gedanken des Dinges an sich, des Unbedingten, mit einem faßbaren Inhalte auszustatten, bietet sich als Material dazu das subjective Erleben des persönlichen Daseins, dessen wir auf Grund des Selbstgefühles gewiß sind.

Nun ist es ja freilich außer Zweifel, daß **Kant** den Gedanken des Dinges an sich niemals in einen in dieser Weise bestimmten Zusammenhang mit der Erfahrung gebracht hat. Es gewinnt vielmehr bei ihm oft genug den Anschein, als führe die Analyse des Begriffs der Erfahrung von selbst auf jenen Gedanken. Aber die neuerdings gemachten Versuche [1]), das Ding an sich als Grenzbegriff des Erfahrungswissens selbst zu rechtfertigen, scheinen mir nur

---

[1]) vergl. **Cohen**, Kants Begründung der Ethik 1877. S. 18 ff. und **Stadler**, Kants Theologie 1874. S. 8 ff.

dadurch zu Stande zu kommen, daß man eine Reihe kantischer Aussagen nicht zur Geltung kommen läßt, welche die Relation jenes Begriffes zum fühlenden Subject bezeugen und seine erkenntnißtheoretische Ableitung aus dem vorstellenden Bewußtsein zu verbieten scheinen.

Eine sehr häufige Erklärung Kants scheint allerdings den Gedanken des Unbedingten in eine solche Verbindung mit dem Wissen der Erfahrung zu bringen, daß dadurch jede weitere Frage nach seiner Berechtigung beschwichtigt werden könnte. Ich meine die zahlreichen Aeußerungen über die Correspondenz der Begriffe Erscheinung und Ding an sich. Indessen wenn Kant sagt[1]), daß „Erscheinungen doch jederzeit eine Sache an sich selbst voraussetzen, und also darauf Anzeige thun, man mag sie nun erkennen, oder nicht", so ist dieß doch nur insofern richtig, als die Erscheinungen an dem Verlangen der Vernunft, das Unbedingte erkennen zu wollen, gemessen werden. Man darf sich durch das Wort Erscheinung nicht beirren lassen. Bezeichnet dasselbe die „Gegenstände möglicher Erfahrung" nach Kants eigener Definition[2]), so weisen die Erscheinungen für sich keineswegs auf jenes Unbedingte. Sie weisen vielmehr nur auf andere Gegenstände möglicher Erfahrung, mit welchen gesetzmäßig verknüpft zu sein, ihre eigene Realität ausmacht. Ein reines Erkennen, welches die Objecte gleichgiltig anschaut, hat keine Veranlassung, dieselben an einen Beziehungspunkt zu knüpfen, der außerhalb der unbegrenzten Fläche der Erfahrung liegt. Erst wenn sich zu diesem indifferenten Wissen das ganz andersartige Verlangen nach einem Unbedingten gesellt, werden die Gegenstände der Erfahrung zu Erscheinungen in dem Sinne einer ergänzungsbedürftigen abgeleiteten Realität. Auf die Frage, warum Kant denn überhaupt diese wirklichen[3]) Gegenstände der Erfahrung Erscheinungen genannt habe, giebt Cohen die richtige Antwort. „Warum aber benennt man eine solche Art gediegene Realität

---

[1]) Kant 3, 129.

[2]) Kr. der r. V. 223.

[3]) Wie Kant über die Wirklichkeit derselben und über den Zweifel daran gedacht habe, ist sehr hübsch ersichtlich aus der von Cohen angezogenen Stelle 1, 193: „Die Ausdehnung der Zweifellehre sogar auf die Principien der Erkenntniß des Sinnlichen und auf die Erfahrung selbst, kann man nicht füglich für eine ernstliche Meinung halten, die in irgend einem Zeitalter der Philosophie stattgefunden habe".

nicht lieber als Gegenstand, warum meidet man nicht den mißverständlichen Ausdruck Erscheinung? Weil Gegenstand nicht minder mißverständlich ist. Wie Erscheinung den Verdacht des Skepticismus, so erregt Gegenstand das Dunkel des Dogmatismus. Beides soll gelehrt werden: die sogenannten Dinge haben ihre Realität in dem Inbegriff der Gesetze der Erscheinungen; sie sind Erscheinungen. Sie sind eben nicht einmal vorhanden als sinnliche Dinge in der Form verworrener Erkenntniß, und ein andermal als intelligible Gegenstände. Die Dinge sind Erscheinungen; ihre Realität wurzelt, hat ihren durchgängigen Bestand in den Gesetzen der Erfahrung. Das ist die eine Seite. Sagt nun der Skepticismus: also giebt es keine Dinge! So lautet die Antwort: Erscheinungen sind Objecte, sind die alleinigen, sind die echten Dinge, die durch die Gesetze des reinen Denkens bestimmten Gegenstände der Anschauung"[1]). Der Terminus Erscheinung bedeutet also die erkennbare Wirklichkeit, über welche hinaus etwas erkennen wollen, eine bloße Grille wäre. Wenn nun trotzdem der Gedanke eines Dinges an sich so unausweichlich sich einstellt, daß jede Menschenvernunft speculirt, wenn nicht auf scholastische, so doch auf populäre Art[2]), so wird man doch nach dem Sinn desselben fragen dürfen, da er in dem bloß erkennenden Bewußtsein keine Stätte zu haben, ihm aufgedrungen zu sein scheint. Kant stellt die Unausweichlichkeit jenes Gedankens ans Licht, indem er die Grenzenlosigkeit, in welche sich das isolirte Erkennen hinausgewiesen sieht, scharf hervorhebt. „So mag mir Mendelssohn oder jeder Andere an seiner Stelle doch sagen, ob ich glauben könne, ein Ding nach dem, was es ist, zu erkennen, wenn ich weiter nichts von ihm weiß, als daß es etwas sei, das in äußeren Verhältnissen ist, in welchem selbst äußere Verhältnisse sind, ob, da ich nichts als Beziehungen von Etwas kenne auf etwas Anderes, davon ich gleichfalls nur äußere Beziehungen wissen kann, ohne daß mir irgend etwas Inneres gegeben ist oder gegeben werden kann, ob ich da sagen könne, ich habe einen Begriff vom Ding an sich, und ob nicht die Frage ganz rechtmäßig sei: was denn das Ding, das in allen diesen Verhältnissen das Subject ist, an sich selbst sei"[3]). Bei diesem brennenden

[1]) a. a. O. 23.
[2]) Kr. der r. V. 635.
[3]) 1, 396 (in den Bemerkungen zu den Mendelssohnschen Morgenstunden).

Charakter der Frage muß es nun allerdings auffallen, wie Kant in der Kritik der r. V. die Ursache angiebt „weßwegen man, durch das Substratum der Sinnlichkeit noch nicht befriedigt, den Phaenomenis noch Noumena zugegeben hat“ [1]). Als Grund der Unterscheidung wird hier genannt, daß der Verstand die Art der Sinnlichkeit erkenne, wonach sie uns die Dinge nur zeigt, wie sie uns nach unserer subjectiven Beschaffenheit erscheinen können. Indem der Verstand diese Einsicht in die Schranken der Sinnlichkeit mit seinem eigenen Begriffe von einem Gegenstande überhaupt zusammenhält, so entsteht unvermeidlich der Gedanke, daß der Gegenstand nicht vollständig aufgehe in die sinnliche Anschauung, sondern nur eine besondere Art seines Erscheinens in derselben finde. Dieser Gedanke führt dann natürlicherweise die Nothwendigkeit mit sich, die Erscheinung auf den Gegenstand, der in ihr erscheint, zurückzubeziehen. So sollte der Gedanke gerechtfertigt werden, auf dessen tiefreichende Wurzeln Kant so energisch hingewiesen hat? Wir werden sogleich sehen, was ihn zu dieser Wendung bestimmt hat. Auf jeden Fall aber scheint mir die Erklärung nicht richtig, welche Stadler [2]) grade an diese Ausführung Kants geknüpft hat. Er sagt: „Woher wissen wir also vom Dasein des Dinges an sich? Daher, woher wir vom Dasein jedes Begriffs wissen: aus dem Bewußtsein. Indem der Verstand die Bedeutung der Sinnlichkeit erkennt, stößt er auf den Begriff der Erscheinung; in diesem liegt aber auch schon der Begriff von möglichen Dingen, die gar nicht Objecte unserer Sinne sind, und den Erscheinungen gleichsam gegenüberstehen“. Hier ist die Antwort „aus dem Bewußtsein“ nicht richtig. Es muß vielmehr heißen „aus Kants Kritik der reinen Vernunft“. Dem Begriffsmaterial des Bewußtseins wird der Gedanke des Dinges an sich nach Kants eigenem vorsichtigen Ausdrucke „zugegeben“, nachdem die Untersuchung der transscendentalen Aesthetik angestellt ist [3]). Dem vorstellendem Bewußtsein selbst gehört jener Gedanke nicht an. Den Grund nennt Kant selbst an der erwähnten

---

[1]) Kr. der r. V. 232. 664.

[2]) a. a. O. S. 11. Der Versuch, Kants Lehre vom Ding an sich nach seiner Ausführung in der Kr. der r. V. erschöpfend darzustellen, scheint mir ebensowenig berechtigt, wie die Behauptung Jacobi's, Kant habe den Begriff des Dinges an sich einzig und allein aus dem Namen Erscheinung gefolgert, den er den Vorstellungen gegeben hatte. (vergl. W. W. 2, 35).

[3]) Der „man“, welcher zugegeben hat, ist Kant selbst.

Stelle (232). „Die Kategorien stellen kein besonderes, dem Verstande allein gegebenes Object vor, sondern dienen nur dazu, den Begriff von etwas überhaupt durch das, was in der Sinnlichkeit gegeben wird, zu bestimmen, um dadurch Erscheinungen unter Begriffen von Gegenständen empirisch zu erkennen". Danach steckt der Begriff vom Gegenstande überhaupt, der, wie Kant sagte, den Unterschied von Erscheinung und Ding an sich hervortreten läßt, allerdings insofern in den Objecten der Erfahrung, als das Bewußtsein überall in gleicher Weise die sinnlichen Anschauungen durch die Function der Kategorieen zu der Vorstellung von Gegenständen ordnet. Durch eine Abstraction kann er also gewonnen werden. Aber ebendeßhalb darf man jenen Begriff nicht im Bewußtsein für sich suchen. Dasselbe procedirt darin, daß es durch jenes Bilden von Vorstellungen in der Vielheit seiner Zustände seine Einheit behauptet. Dazu bedarf es aber nicht jenes allgemeinen Begriffs von dem, was durch die Kategorieen geleistet wird, sondern dieser Leistung selbst. Nicht also im vorstellenden Bewußtsein, sondern in der Arbeit des Erkenntnißtheoretikers ist jener Begriff vom Gegenstande überhaupt zu suchen. Somit wäre es denn also auch allein die Erkenntnißtheorie, welche auf das Ding an sich geräth, das ja unter der Beleuchtung jenes Begriffes der Erscheinung gegenüber hervortreten soll. Nach dem Abschnitt der Kritik der r. V. „von dem Grunde der Unterscheidung aller Gegenstände überhaupt in Phänomena und Noumena" kann es allerdings so scheinen, als wenn dieß Kants Meinung wäre. Wenn der intuitive Verstand, die intellectuelle Anschauung bei Kant nichts anderes ist, „als ein Symbol, ein erdichteter Vergleichungsgegenstand, nur geschaffen um daran die besonderen Eigenthümlichkeiten unseres Verstandes klar zu machen" [1]), so gilt dasselbe vom Ding an sich, falls man für die Erklärung desselben nicht auf die practischen Bedürfnisse der Person zurückgreifen darf. Beide Begriffe sind dann Mittel der Theorie, um die Grenze unseres Erkenntnißvermögens ins Licht zu setzen. Wenn daher Kant sagt, der Begriff des Dinges an sich hänge als eine Begrenzung gegebener Begriffe mit anderen Erkenntnissen zusammen [2]), so meint er damit nicht einen nothwendigen Zusammenhang im menschlichen Bewußtsein überhaupt, sondern eine Verbindung, welche

---

1) Stadler a. a. O. S. 14.

2) Kr. der r. V. 235.

der Erkenntnißtheoretiker zu seinem Zwecke gestiftet hat. Zu dem Zwecke, die Grenzen des Erfahrungsgebietes klar zu machen, stellt er neben unsere wirklichen Erkenntnisse als Vergleichungsgegenstand das Ding an sich. — Aber Kant hatte ja doch den Gedanken des Dinges an sich nicht selbst erfunden. Derselbe war vorhanden und hatte in der herkömmlichen Philosophie in jener Ontologie, „welche sich anmaßt, von Dingen überhaupt synthetische Erkenntnisse a priori in einer systematischen Doctrin zu geben", die ausgiebigste Verwendung gefunden. Warum hat nun also Kant trotzdem sich so ausgedrückt, als sei das Ding an sich ein Ertrag einer erkenntnißtheoretischen Untersuchung? Weil es ihm an jener Stelle nur darauf ankommt, das Ding an sich vorzuführen, wie es nach Abschluß der Untersuchung über das Gebiet des reinen Erkennens erscheint. Die Thatsache, daß wir vom Ding an sich nicht loskommen, wird einfach anerkannt; eine Rechtfertigung jenes Begriffes wird hier nicht gegeben. Dann wird gezeigt, wie dieser Gedanke, nachdem er von dem Felde der Erfahrung, wo ihn der naive Realismus sucht, vertrieben ist, doch wiederum vollzogen wird. Und schließlich wird der Nutzen erörtert, den die verschiedenen Deutungen des Dinges an sich dem erkennenden Subject bei seiner Arbeit der immanenten Naturerklärung zu leisten vermögen, obgleich das Ding an sich in keiner Form selbst Gegenstand des Erkennens werden kann. So scheint es denn, als ließe uns Kant bei der Frage nach dem Rechtsgrunde des Begriffs des Dinges an sich gänzlich im Stich. Und doch stellt dieselbe ein Problem, dem er sich nicht entziehen darf, wenn er doch nicht nur die Unausweichlichkeit jenes Begriffes, sondern auch seine Nutzbarkeit für wahre Erweiterung unserer Erkenntniß anerkennt und dabei doch zeigt, daß sich derselbe als Kategorie als nothwendige Bedingung der Erfahrung nicht ableiten läßt. Das Problem dadurch abzuweisen, daß man mit Stabler einfach erklärt, der Begriff des Dinges an sich finde sich im Bewußtsein vor, geht daher nicht an. Kant würde dieß schon deßhalb nicht können, weil er sonst die Anknüpfung der Ethik verlöre. In derselben versucht er zweifellos den Nachweis, wie das Trachten nach dem Dinge an sich, das auf theoretischem Gebiete zwar werthvolle Nebenerfolge abwirft, aber selbst nicht befriedigt werden kann, im practischen wahrhaft zur Ruhe kommt. Das setzt aber voraus, daß Kant für das Trachten nach dem Ding an sich noch eine andere Rechtfertigung bereit hat, als die, daß es nun einmal vorhanden ist und daß die Wissenschaft sich dieses Factum zu Nutze macht, ohne dem Bedürfniß, das sich darin ausspricht, irgendwie genügen zu wollen.

Es ist daher durchaus erklärlich, daß Cohen, indem er Kants Begründung der Ethik zu seiner eigenen machen will, damit beginnt, den Begriff des Dinges an sich zu rechtfertigen. Seine Absicht ist, zu zeigen, daß das Sittliche mit den Grundgesetzen unseres Erkennens zusammenhänge. In einem solchen Zusammenhange sieht er die eigentümliche Realität des Sittlichen und das Recht einer Ethik als der nothwendigen Ergänzung der Erfahrungslehre.

Das Mittelglied, welches beide verknüpft, ist das Ding an sich. So nothwendig wie das Ding an sich dem vorstellenden Bewußtsein, grade so nothwendig ist die Ethik der Erfahrungslehre. Die Grundgesetze des vorstellenden Bewußtseins sind nun aber die Grundsätze, welche die Erfahrung, das Object des Bewußtseins constituiren, — die Grundsätze der Substanz, der Causalität und der Wechselwirkung. Diese Begriffe haben objective Realität, weil es Erfahrung, Einheit eines vorstellenden Bewußtseins giebt, welche ohne sie nicht gedacht werden kann. Innerhalb des Gebietes der Erfahrung ist ihnen Alles unterworfen. Es ist ihre Natur, die gegebenen Anschauungen so zu bestimmen, daß uns erkennbare Objecte erscheinen. Was kann nun für ein Zusammenhang sein zwischen ihnen und einem Ding an sich? Das letztere ist unerkennbar, die Abstraction eines Gegenstandes überhaupt, von dem wir nicht näher angeben können, was er sei. Jene Begriffe constituiren die unserem Bewußtsein erkennbaren Objecte, indem sie ein Mannichfaltiges der Anschauung zur Einheit verbinden. Eben dieses Mannichfaltige, das uns schlechterdings nur durch die Sinnlichkeit, in Zeit und Raum gegeben werden kann, fehlt bei dem Ding an sich. Somit haben die Kategorieen, die Grundgesetze der Erfahrung auch keine Beziehung auf dasselbe. In dem Gesichtsfelde des vorstellenden Bewußtseins, das in der Anwendung der Kategorieen auf gegebene Anschauungen als Einheit existirt, kann das Ding an sich nicht auftreten. Aber auch nicht an der Grenze desselben. Denn es hat für sich genommen gar keine Grenze. „So lange die Erkenntniß der Vernunft gleichartig ist, lassen sich von ihr keine bestimmten Grenzen denken“ [1]).

Dennoch ist nun dieß grade der Punkt, in welchem nach Cohen

---

[1]) Kant 3, 126.

die Erfahrungslehre Kants und seine Ethik zusammentreffen sollen. Sehen wir zunächst, wie er diese Coincidenz beweist.

Nachdem er ausgeführt hat, daß die Kategorieen aus der gegebenen Erfahrung abgeleitet sind als deren apriorische Bedingungen, sagt er [1]): „Die Erfahrung aber ist „etwas ganz Zufälliges“! Wenn von dem Causalregreß der Erscheinungen abgesehen, über denselben hinausgeblickt wird, so eröffnet sich das unabsehliche Gebiet der intelligibeln Zufälligkeit“. „So geben sich also die Bedingungen der Erfahrung als die Beziehungen auf ein solches Zufällige zu erkennen. So führen also die Gesetze zu dem Gedanken eines intelligibeln Etwas, zu einem Ding an sich in einem andern, aber dennoch nicht minder dringlichen Sinne, als welchen das Gesetz besagt“! So entsteht aus den Kategorieen, als der Grenzbegriff derselben, das Ding an sich. Es ist lediglich „Gebild der Kategorie“. Aber „als solches Gebild ist es nicht willkürlich, sondern gleichsam nothwendig, wenn es gestattet wäre, jenseit der Anwendbarkeit auf die Gebilde der Anschauung von einem Nothwendigen zu reden. Und doch reizt zu dieser Uebertragung der Begriffe der Erfahrung auf den Begriff der Erfahrung selbst ein unabwendliches Schema unseres Denkens. So scheint es, als ob eine jede Kategorie ihren besonderen problematischen Hintergrund hätte; sobald derselbe jedoch in die Erfahrung eintreten wollte, würde er die Kategorie aus dem Ringe der Erfahrung abschnüren, dieselbe Kategorie, die ihn erdacht hat. Ist das An sich aber wieder in den Hintergrund zurückgetreten, so wird es gleichwohl wieder gefordert. Der Hintergrund begrenzt also den Bezirk der Erfahrung. Und das Ganze der Erfahrung schwebt über dem Abgrunde der intelligibeln Zufälligkeit“. Die Nothwendigkeit des Fortschritts von der Kategorie zum Ding an sich und seinen verschiedenen Deutungen, den Ideen, will also Cohen wohl unterscheiden von der Nothwendigkeit, welche als modale Kategorie für das Gebiet der Erfahrung gilt. Aber „es steht nicht in meinem Belieben, jene andere Art von Nothwendigkeit, die ideale, die noumenale anzuerkennen“ [2]). Die Anerkennung derselben ergiebt sich ganz von selbst. „Wenn wir angesichts der endlosen Bedingtheit aller menschlichen Begebenheiten vor dem Abgrund der intelligibeln

---

[1]) a. a. O. S. 30.
[2]) a. a. O. 268.

Zufälligkeit uns gestellt sehen, dann ist die Kategorie zum Noumenon geworden" [1]). „Der Abgrund der intelligiblen Zufälligkeit fordert Deckung. Wer solche in der statistischen Causalität gegeben sieht, der sieht den Abgrund nicht. Die intelligible Zufälligkeit steigt am Rande der äußersten Causalität unaufhaltsam empor" [2]). Aus diesen Gründen leitet Cohen das Urtheil ab, „daß das Erfahrungswissen selber an seinen Grenzen die constitutiven Begriffe zu problematischen Ideen auswachsen lasse".

Cohen hat mit diesen Ausführungen Recht, sobald man ihm den ersten Schritt zugesteht. Sobald man die Erkenntniß, daß die Erfahrung „etwas ganz Zufälliges" ist, in dem gleichartigen Fortgang des Erfahrungswissens sich erzeugen läßt, ist auch der Ausdruck zulässig, daß das Ding an sich aus den Kategorieen selbst hervorgehe.

Aber jene Voraussetzung ist eben zu beanstanden. Wohl zwingt uns die Zufälligkeit der Erfahrung, den Begriff des Dinges an sich zu vollziehen, wenn sie constatirt ist. Aber daß sie constatirt wird, hat ja nur darin seinen Grund, daß der endlose Regressus als etwas Unangemessenes zum Bewußtsein gekommen ist. Der unabsehliche Fortgang vom Bedingten zur Bedingung ist aber die eigentliche Natur des vorstellenden Bewußtseins, die unabwendliche Leistung der Verhältnißbegriffe, in denen es sich bewegt. Wird daher die ins Unbestimmte fortgehende Erweiterung des Erfahrungsgebietes, welche sich in dem Regressus der einzelnen Reihen vollzieht, durch die Erwägung durchkreuzt, daß ja dieser rastlose Fortgang niemals zu einem Abschluß führe, so ist dieß ein Urtheil über die Natur des vorstellenden Bewußtseins überhaupt. Die Art wie das Bewußtsein Gegenstände vorstellt, wird dann gemessen an dem Gedanken eines definitiven Abschlusses, einer Totalität der Bedingungen, in welchem ein Bedürfniß des Menschen, oder wie wir mit Kant sagen können, „der Vernunft" zur Ruhe kommt. Dieses Bedürfniß ist dem vorstellenden Bewußtsein für sich fremd. Es wird vielmehr die schreiende Differenz zwischen beiden ausgesprochen, indem über die Erfahrung das Urtheil ergeht, sie sei etwas ganz Zufälliges. Um dieses Urtheil fällen zu können, muß man das Ganze bereits in Gedanken haben, mit welchem verglichen die Leistungen der Kategorieen unzulänglich erscheinen. Jene Totalität, das Ding an

---

[1]) a. a. O. 200.
[2]) a. a. O. 237.

sich überhaupt, weil in keiner Erfahrung gegeben noch aus ihr ableitbar als Bedingung ihrer Möglichkeit, ist ein Product unseres eigenen Denkens. Aber kein willkürliches Product, dessen wir uns auch entschlagen könnten. Darauf führt schon der naive Realismus, der uns Alle unentrinnbar gefangen hält, der die Dinge, die wir nicht bloß vorstellen, sondern als Erreger von Lust und Unlust erleben, als in sich geschlossene Einheiten sieht. Aber Kant hat sich an dem Hinweis auf den dunkeln Zwang, dem wir dabei unterliegen, nicht immer genügen lassen; er hat doch auch den Sinn der Nothwendigkeit enthüllt, die darin waltet. Diese Nothwendigkeit ist nicht die modale Kategorie, die innerhalb des Erfahrungsgebietes gilt, — dieß giebt Cohen zu —, sondern sie ist die Nothwendigkeit der Verknüpfung von Mittel und Zweck — dieß unterläßt er hervorzuheben. Der fühlende und wollende Mensch unterliegt dieser Nothwendigkeit, weil er sich des ganzen Erfahrungsgebietes als eines Mittels zu seinem Zweck bemächtigt. Nur wenn man sich auf den Standpunkt dieses Zweckes stellt, taucht der Gedanke der Totalität auf, in dessen Lichte das dem Bewußtsein erreichbare Wirkliche als unzulänglich erscheint. Man merkt jetzt, daß mögliche Erfahrung etwas ganz Zufälliges ist, daß die Arbeit der Kategorieen an keinen festen Punkt führt, an den auch nur eine einzelne Erscheinung dauernd geknüpft werden könnte.

Kant hat in richtigem Fortgang seiner erkenntnißtheoretischen Untersuchung, nachdem er die Kategorieen abgeleitet als die Bedingungen einer möglichen Erfahrung, die Ideen abgeleitet als die Mittel einer beabsichtigten Wissenschaft. Was ihr die Erfahrung niemals bieten kann, das verschafft sich die Vernunft „um ihrer Selbstbefriedigung willen“, „die Idee eines Ganzen der Erkenntniß nach Principien“ [1]). Ein solches Ganze der Erkenntniß ist systematische Welterkenntniß oder Wissenschaft. Wenn dieselbe erstrebt wird, so wird etwas gewollt, wozu Erfahrung allein die Anleitung nicht geben kann. Die wissenschaftliche Thätigkeit steht von vornherein unter der Voraussetzung, daß die Vielheit, welche allein gewußt werden kann, sich zu einer Einheit zusammenfügen lasse, welche nur gedacht wird. In zahllosen Wendungen wiederholt Kant, daß die Vernunft in dem Gedanken einer in sich geschlossenen Einheit der Dinge allein Ruhe und Befriedigung finde.

---

[1]) Kant, 3, 122.

Für das bloße vorstellende Bewußtsein ist jener Gedanke nichts. Aus ihm läßt sich der Rechtsgrund desselben nicht entnehmen. „Nun aber tritt das Recht des Bedürfnisses der Vernunft ein, als eines subjectiven Grundes, etwas vorauszusetzen und anzunehmen, was sie durch objective Gründe zu wissen sich nicht anmaßen darf"[1]). Dieses Bedürfniß ist aus dem Zweck zu erklären, dem seine Befriedigung dient. Wenn also der Zweck die größtmögliche Erweiterung des empirischen Verstandsgebrauchs in einer systematischen Welterkenntniß ist, so ist hieraus, d. h. aus der Nothwendigkeit der Wissenschaft, der Rechtsgrund für den Gedanken einer Welteinheit zu entnehmen. Weil wir Wissenschaft wollen, so fühlen wir den Werth dieses Gedankens, oder wir haben ein Bedürfniß, welches nur durch ihn befriedigt wird.

Daß Kant den Rechtsgrund für den Gedanken einer abgeschlossenen Einheit der Dinge in dem Zwecke der größtmöglichen Erweiterung des Verstandesgebrauchs, oder in dem Zwecke der Wissenschaft findet, ist zweifellos. Dann ist es aber auch falsch, mit Cohen davon zu reden, daß die Kategorieen selbst zu Ideen auswachsen. Freilich sagt Kant selbst[2]), die transscendentalen Ideen seien nichts als bis zum Unbedingten erweiterte Kategorieen. Aber damit ist nur das Begriffsmaterial genannt, in welchem ein Streben zum Ausdruck kommt, dessen Sinn durch die bloße Thatsache, daß Kategorieen erweitert werden, nicht erschöpfend bezeichnet wird. Der Fortschritt von der Kategorie zur Idee erfolgt nicht von selbst aus den in dem bloßen Erfahrungswissen liegenden Voraussetzungen. Die unumgänglich nothwendige Thätigkeit des vorstellenden Bewußtseins und das absichtliche Erkennen der Wissenschaft bilden kein gleichartiges Continuum. Sondern die Brücke zwischen beiden ist die Thatsache, daß das fühlende und wollende Subject um seiner selbst willen die Thätigkeit des bloßen Bewußtseins nach Zwecken dirigirt. An das letztere in seiner Isolirung dürfen daher die Begriffe nicht angeknüpft werden, welche erst hervortreten, wenn es dem menschlichen Zwecke unterjocht wird.

Die kantische Rechtfertigung der Ideen aus dem Zwecke der Wissenschaft führt ganz von selbst auf das Gefühl als diejenige Form des geistigen Lebens, unter deren Einfluß die Erscheinungswelt

---

[1]) Kant 1, 378.

[2]) Kr. der r. V. 342.

den Hintergrund des Dinges an sich gewinnt und demgemäß der endlose Regressus der Kategorie in der Idee seine Begrenzung findet. „Das logische Interesse der Vernunft (ihre Einsichten zu befördern) ist niemals unmittelbar, sondern setzt Absichten ihres Gebrauchs voraus“ [1]). Die Wissenschaft ist nicht aus der vorstellenden Thätigkeit allein zu erklären, sondern aus dem Zweck, dem dieselbe unterworfen wird. Die Begriffe, welche mit der Wissenschaft insofern nothwendig verknüpft sind, als sie absichtliches Erkennen ist, sind nicht theoretische sondern practische Begriffe. Aber „alle practischen Begriffe gehen auf Gegenstände des Wohlgefallens oder Mißfallens, d. i. der Lust und Unlust, mithin wenigstens indirect auf Gegenstände unseres Gefühls“ [2]). Somit entsprechen auch diejenigen Deutungen des Dinges an sich, welche die Aufgabe der auf Einheit der Welterkenntniß gerichteten Wissenschaft ausdrücken, einem Gefühl für ihren Werth. Die Welt, die wir als Werthgröße beurtheilen, denken wir als abgeschlossenes Ganzes. So erhalten auch die Dinge erst durch den Inhalt, der in ihrem Verhältniß zu unserem Gefühl besteht, die Festigkeit, welche sie zu von uns unabhängigen Dingen an sich qualificirt; wie auf der anderen Seite wir selbst erst in unserem Selbstgefühl das Maß für Abhängigkeit oder Unabhängigkeit von uns besitzen.

Läßt sich nun zeigen, daß nur im Sittlichen der Drang der Vernunft nach dem in sich Geschlossenen, absolut Nothwendigen sein allgemeingültiges Gesetz findet, so ist damit allerdings erwiesen, daß uns erst von dem Standpunkte des Sittlichen aus die einheitliche Weltanschauung möglich ist, welche bereits auf dem Standpunkte des fühlenden und wollenden Subjects, auf Geheiß des Selbstgefühls versucht wird. Damit ist dann freilich nicht eine erkenntnißtheoretische Begründung der Ethik gegeben — eine solche giebt es überhaupt nicht —, wohl aber eine Anknüpfung der Ethik an die Art, wie wir als fühlende und wollende Menschen unser Erkenntnißvermögen gebrauchen. Das unerklärbare Sittliche, das Anerkennung gebietet, enthüllt uns den Sinn des Strebens, das in dem Grenzenlosen nach einer Grenze suchte. Dieses Streben wird insofern gerechtfertigt, als es das psychologische Material enthält, dessen sich auch das Sittliche bemächtigt, um sich im Menschen zu realisiren.

---

[1]) Kant 8, 95.

[2]) Kr. der r. V. 607.

Der Trieb der Vernunft, das Erfahrungsgebiet zu überschreiten, um im Ding an sich Ruhe zu finden, leistet in der Wissenschaft einen nützlichen Dienst, ohne selbst befriedigt zu werden [1]). Indem er den Gedanken einer Welteinheit, einer Totalität der Bedingungen entstehen läßt, stellt er die Aufgabe der Wissenschaft. Die Wissenschaft, alle zusammenhängende Welterkenntniß überhaupt, steht von vornherein unter der Leitung und antreibenden Kraft jenes Gedankens, der dem Zuge des Menschen nach dem Unbedingten seinen Ursprung verdankt. Aber dieselbe Wissenschaft wird durch die Art unserer Erkenntnißmittel auf dem Boden der Erfahrung, im Gebiet der Beziehungsbegriffe festgehalten. Sie kann das Unbedingte nur suchen. Entdeckt wird dasselbe im Sittlichen. Hier findet daher auch erst die Sehnsucht nach dem Unbedingten, die alles absichtliche Erkennen begleitende Voraussetzung eines Dinges an sich ihre endgültige Erklärung. „Und so würde die transscendentale Steigerung unserer Vernunfterkenntniß nicht die Ursache, sondern bloß die Wirkung von der practischen Zweckmäßigkeit sein, welche uns die reine Vernunft auferlegt" [2]). Die Verstandeswelt der Dinge an sich, in die man sich nicht hineinschauen oder hineinempfinden, sondern nur hineindenken kann, empfängt für uns einen Geltungswerth, der sie über die Stufe einer aus einem räthselhaften Triebe entspringenden Einbildung erhebt, einzig und allein aus der sittlichen Bestimmung des Menschen. Der Begriff des Dinges an sich ist also nur zu rechtfertigen als „ein Standpunkt, den die Vernunft sich genöthigt sieht, außer den Erscheinungen zu nehmen, um sich selbst als practisch zu denken" [3]). Wenn man von dieser practischen Rücksicht absieht, so macht das Suchen nach dem Ding an sich den Eindruck, als ob wir mehr einer eiteln Fragsucht als einer gründlichen Wißbegierde Gehör gegeben hätten" [4]). Zwischen der Grenze, die wir suchen, und dem, was wir wirklich wissen können, bleibt doch „immer eine unendliche Kluft". Der Uebergang vom Sinnlichbedingten zum Uebersinnlichen ist für das theoretische Erkennen ein unberechtigter Sprung. Für dieses bleibt als die legitime Art seiner Bethätigung nichts weiter übrig als die endlose immanente Verknüpfung des Bedingten. Jener Uebergang zum

---

[1]) Kr. der r. V. 610.

[2]) a. a. O. 618.

[3]) Kant 8, 93. vergl. 172; 239; 4, 337.

[4]) 8, 173.

Unbedingten ist erklärlich aus dem Selbstgefühle des erkennenden Subjecte, dieser reichen Quelle der Einbildung und zahlloser Störungen in dem Fortgang des wirklichen Erkennens. Gerechtfertigt aber wird die Erhebung über das Gebiet der Erfahrung nur durch die anerkannte sittliche Bestimmung des Menschen.

Somit haben wir gefunden, daß eine Grenze des reinen Erkennens für sich überhaupt nicht gedacht werden kann. Eine Grenze des Erkennens findet sich erst ein, wenn der handelnde Mensch dasselbe in den Dienst seiner Zwecke stellt. Wenn man das Erkennen an demjenigen mißt, was diese Zwecke verlangen, so erscheint seine Leistungsfähigkeit allerdings als begrenzt. Die Thätigkeit des vorstellenden Bewußtseins empfängt ihre Begrenzung nicht in ihrem eigenen gleichartigen Fortgang, sondern aus ihrer concreten Bestimmtheit als Function der fühlenden und wollenden Person. Die Wirklichkeit der letzteren zieht dem Erkennen seine Grenze. Aus den Forderungen des handelnden Menschen ergeben sich Urtheile über die Vorstellungswelt im Ganzen, welche die ungestörte Thätigkeit des Erkennens aus sich selbst nicht erzeugt hätte. An der Vorstellung von dem Weltganzen, von einem in sich geschlossenen Dinge überhaupt, welche ihm durch Vermittelung von Gefühl und Wille als Object aufgedrängt wird, bricht sich das Erkennen, dessen Begriffe zwar zur Herstellung endloser Beziehungen, nicht aber zur Vorstellung einer beziehungslosen Totalität geeignet sind.

Wenn trotzdem der subjective Ursprung jener Vorstellungen nicht darauf führt, sie als Einbildungen bei Seite zu setzen, so kann dieß nur seinen Grund in der Macht des subjectiven Impulses haben, dem sie ihre Entstehung verdanken. Indem wir als Personen unser eigenes Dasein als ein in sich geschlossenes in Lust und Unlust zu erleben glauben, behandeln wir die erkennende Thätigkeit des vorstellenden Bewußtseins als Mittel zu dem Zwecke der Person. Dem persönlichen Bedürfniß entspricht aber nicht eine grenzenlose Vielheit von Vorstellungen, sondern ein Ganzes von abgeschlossenen Dingen. Diesen Character gewinnt die Vorstellungswelt, sobald wir sie als Veranlassung von Lust und Unlust nach ihrem Werthe beurtheilen. Es wird daher dem Erkennen, welches in den Dienst der fühlenden Person gestellt wird, die Aufgabe zugemuthet, auf Dinge als absolute Einheiten auszugehen, während es seiner eigenen

Natur nach immer nur relative Einheiten von Vorstellungen erreicht. Die Folge davon ist, daß an jedem einzelnen Punkte in dem Fortschritt des Erkennens die Aufgabe scheitert, weil das vorgestellte Ding sich immer wieder in Beziehungen auflöst, die auf einen tiefer liegenden Zusammenhang hinausweisen. Trotzdem bleibt auf der anderen Seite die Aufgabe immer bestehen, so lange das Erkennen von uns Menschen als Mittel der Person behandelt wird. Wie sich das wissenschaftliche Erkennen, welches den Character des Erkennens rein bewahren will, in dieser Schwierigkeit zu verhalten habe, hat Kant richtig gezeigt. Die absoluten Einheiten, welche die Person verlangt, müssen, wenn sie das Erkennen nicht erdrücken sollen, in regulative Ideen verwandelt werden, in Bezeichnungen einer Aufgabe, die ins Unendliche hinausweist. In dieser Gestalt sind sie nichts weiter als ein Ausdruck des Vertrauens, daß die Welt, die wir als Mittel für unseren Zweck in Anspruch nehmen, sich zusammenhängend werde erklären lassen. Sie sind dann die Symbole des practischen Impulses, der in jedem wissenschaftlichen Erkennen als einem absichtlichen wirksam ist. Wenn ihnen eine Bedeutung darüber hinaus zugeschrieben wird, so kann dieß nur dadurch geschehen, daß das Selbstgefühl der Person, dem sie entstammen, wie die Offenbarung einer besonderen Art von Realität behandelt wird. Die Verknüpfung der auf solche Weise festgestellten Geltungswerthe mit der Welt des vorstellenden Bewußtseins ist dann aber, wie sie auch erfolgen möge, nicht mehr theoretische sondern practische Welterklärung. Es handelt sich dabei nicht mehr um die parteilose Auffassung des thatsächlich Gegebenen, sondern um das affectvolle Streben, die Anerkennung von Gedanken durchzuführen, deren Inhalt sich durch nichts legitimiren kann, als durch seinen Werth für uns. Indem wir nicht schon an dem Gebiet der reinen Erfahrung, an der Welt des vorstellenden Bewußtseins für sich die ganze Wirklichkeit zu besitzen glauben, sondern erst dann, wenn wir sie durch eine auf jene Weise legitimirte Realität bedingt denken, üben wir practische Welterklärung aus. Die beiden Arten practischer Welterklärung sind die dogmatische Metaphysik und die Religion, sofern dieselbe nicht bloß in Gefühlen und Stimmungen lebt, oder in abgerissenen Bildern der Phantasie sich ausspricht, sondern einen geordneten Zusammenhang eigenthümlicher Vorstellungen zur Reife gebracht hat.

Damit haben wir also das Gebiet derjenigen Vorstellungen erreicht, mit welchen sich die Theologie zu befassen hat. Aus der Welt der gleichgültigen Objecte jedes vorstellenden Bewußtseins sind wir hinübergetreten in diejenige Welt, welche Realität nur beanspruchen kann für Personen, soweit sie in ihrem Fühlen und Wollen zusammenstimmen.

Die beiden Arten der practischen Welterklärung.

Man würde schwerlich den Versuch machen, zur Begründung des religiösen Glaubens die Resultate des bloßen Erkennens herbeizuziehen, wenn man sich immer vergegenwärtigte, daß das wirkliche Erkennen von Gegenständen sich in den Beziehungsbegriffen vollzieht. Indem der Character dieser Begriffe ebenso einen Abschluß des einzelnen Erkenntnißobjects wie eine endgültige Zusammenfassung der vielen Dinge zu einem Ganzen unmöglich macht, so stehen die Producte des Erkennens in einem zu auffallenden Gegensatz zu den Bedürfnissen des persönlichen Geistes, als daß sie als positive Grundlage religiöser Ueberzeugung geltend gemacht werden könnten. Aber die Meinung, daß man mit dem Rüstzeug des Erkennens die Glaubensobjecte behandeln könne, ohne sie aufzulösen, hat einen mächtigen Halt an dem Vorurtheil, daß es neben jenem wirklichen Erkennen von Gegenständen ein Erkennen höherer Ordnung gebe, welches sich auf das Ganze der Dinge richte. Indem die dogmatische Metaphysik diesen Titel beansprucht, bietet sie der Theologie ein ebenso bequemes wie gefährliches Mittel zur Begründung der religiösen Urtheile dar. Bequem ist dieses Mittel, weil die vermeintlichen metaphysischen Erkenntnisse practisch bedingte Urtheile sind, welche den gleichartigen religiösen Ueberzeugungen an vielen Punkten gestatten, sich an sie anzuknüpfen. Die Theologie wird dann dadurch wenigstens für einige Zeit der schwereren Arbeit enthoben, sich auf die eigentlichen erkennbaren Wurzeln religiöser Gewißheit zu besinnen. Aber trotz jener Gleichartigkeit, die zwischen der Religion und einer Metaphysik, welche das Weltganze zu erkennen und zu erklären vorgiebt, obwaltet, sind die Motive, aus welchen die Urtheile derselben entspringen, durchaus verschieden.

Die Naturreligion verträgt es, wenn die Differenz dieser Motive unbeachtet bleibt. Wenn aber die christliche Theologie, um sich ihre Aufgabe zu erleichtern, die religiösen Gedanken auf metaphysische Vorurtheile reducirt, so geht dabei der eigenthümliche Character ihrer Gegenstände, den sie grade herausstellen soll, verloren. Der Zweck des theologischen Beweises wird im Christenthum nicht erreicht, wenn er jenseits der Grenze, welche die Religion von jener Metaphysik scheidet, seine Grundlage sucht. Was von einem solchen Standpunkte aus gesehen wird, ist leider in den meisten Fällen nicht mehr das Object des christlichen Glaubens, sondern eine phantastische Erweiterung der Metaphysik. Soll diese Entstellung der Glaubensobjecte in der Theologie vermieden werden, so kommt es vor Allem darauf an, daß man den Unterschied der Motive, aus welchen die metaphysischen und religiösen Urtheile entspringen, kenntlich macht. Das ist freilich deßhalb nicht leicht, weil die Systeme jener Metaphysik in der Regel auch von religiöser Empfindung durchglüht sind. Sie sind meistentheils nur als Versuche neuer Religionsstiftung vollständig zu verstehen. Indessen wird es doch möglich sein, diejenigen Motive herauszuheben, welche unzweifelhaft nur der Metaphysik oder nur der Religion dienen.

Die stillschweigende Voraussetzung, welche alle menschliche Wissenschaft begleitet, daß eine zusammenhängende Naturerklärung möglich sei, muß doch auf irgend eine Weise erhärtet werden können. Gelänge es nicht, so würden wir ja nur durch blindes Vertrauen auf eine glückliche Fügung grade den Gedanken besitzen, dessen unverwüstliche Energie jede zerbröckelnde Hypothese überdauert und immer wieder in den Niederlagen der Wissenschaft den Hinweis auf ihre künftigen Siege suchen läßt. Indem man es als einen Mangel empfindet, daß eine für den Betrieb wissenschaftlicher Welterklärung und mechanischer Weltbeherrschung so werthvolle Ueberzeugung nur als naives Zutrauen existirt, empfängt man den Reiz zu metaphysischen Versuchen. In jener Ueberzeugung steckt der Gedanke eines Weltganzen. Soll sie durch das Denken gerechtfertigt werden, so muß daher eine Vorstellung vom Weltganzen begründet werden, welche dem Streben des Menschen, die Natur zu begreifen und dadurch zu beherrschen, seine Erfolge gewährleistet.

Wenn dieser Zweck nun erreicht ist, haben wir damit eine Bereicherung unserer Welterkenntniß gewonnen? Das Resultat, welches ein durchgeführter metaphysischer Versuch zunächst ergiebt, ist dieß, daß die Begriffe, durch welche uns wissenschaftliche Erklärung der Natur und in Folge davon eine Bestimmung der Ereignisse zu Mitteln für unsern Zweck gelingt, mit einem höheren Rechtstitel als bisher bekleidet erscheinen. Bisher war ihre Geltung abhängig von dem schwankenden Zeugniß der Erfahrung. In der Metaphysik dagegen werden dieselben Begriffe, mit denen sich die Wissenschaft als mit vorläufig beglaubigten Hypothesen in das grenzenlose Gebiet der Erfahrung hinauswagt, mit einer Vorstellung von dem einheitlichen Wesen der Welt in solidarische Verbindung gebracht. In demselben Maße als dieser Zusammenhang einleuchtet, werden auch jene Begriffe nicht mehr als vorläufig brauchbare Erklärungsmittel einfach hingenommen, sondern sie selbst werden aus der Natur des Weltganzen erklärt. Sie werden begriffen als die aus dem Wesen der Welt sich ergebenden Formen ihres Seins und Geschehens. Damit wäre nun ohne Zweifel ein Zuwachs an Erkenntniß der Welt gewonnen, wenn uns überhaupt die Begriffswelt, welche die Metaphysik zu einer Einheit verknüpft, als unveränderliche Größe gegeben wäre. Das ist sie aber nicht. Denn der Fortschritt der empirischen Welterkenntniß liefert weit mehr als immer neuen Stoff zur Eingliederung in ein althergebrachtes oder gar unveränderliches Begriffssystem. Er liefert auch immer neue Veranlassung, die Begriffe, welche bisher zur Naturerklärung gedient hatten, zu modificiren oder ganz zu beseitigen. Dann wird aber durch jeden weitgreifenden Fortschritt der Empirie die scheinbare Welterkenntniß der Metaphysik, ohne daß sie direct angegriffen würde, aufgelöst. Der Versuch, eine gegebene Begriffswelt zu einer Einheit zu verbinden, erfährt keinen directen Widerstand; aber diese bisherige Welt des Verstandes, nach deren Einheit in der Metaphysik gefragt wird, bricht selbst zusammen, wenn sie sich der Fülle neuer sich aufdrängender Thatsachen nicht mehr gewachsen zeigt. Damit ist dann natürlich auch der metaphysische Versuch als unnütz beseitigt, weil die Begriffe selbst, deren Ursprung der speculative Tiefsinn in dem einheitlichen Wesen der Welt entdeckt zu haben glaubte, für den wissenschaftlichen Forscher nicht mehr vorhanden sind. In diesem unausbleiblichen Schicksal jedes metaphysischen Systems documentirt sich aber jedesmal nicht bloß die Unzulänglichkeit eines einzelnen Versuches. Es tritt darin auch immer von Neuem zu Tage, daß der Anspruch, mit der Lösung der metaphysischen Aufgabe die wissenschaftliche Erkenntniß der Welt zu erweitern, auf einer Voraussetzung ruht, welche den Bedingungen eben dieses erstrebten Fortschritts widerspricht.

Eine unumgängliche Bedingung des Fortschritts im Naturerkennen ist der fließende Character der in der Naturwissenschaft gebildeten Begriffe. Sobald dieselben sich derartig verhärten, daß sie ihren tastenden, hypothetischen Character einbüßen und, anstatt dem Eindruck der Thatsachen nachzugeben, demselben beharrlich widerstehen, so bleiben sie nicht mehr die fließenden Formen des weiterschreitenden Erkennens, sondern hindern dasselbe in seinem Fortgange. Aber grade diese Gefahr droht von Seiten des metaphysischen Versuchs, die verborgene Tiefe und Einheit einer im Gebrauch der Naturwissenschaft befindlichen Begriffsmenge aufzudecken und zur Geltung zu bringen, sobald sein Resultat als eine Bereicherung der Welterkenntniß hingestellt wird. Was in der Metaphysik im günstigsten Falle erkannt wird, ist die eigenthümliche Färbung der Vorstellung von einem Weltganzen, welche den augenblicklichen Begriffsapparat der Naturwissenschaft in seiner Anwendung begleitet. Es mag nun noch so erfreulich sein, sich diese Vorstellung in ihrer eigenthümlichen Art zu deutlichem Bewußtsein gebracht zu haben, als gleichartige Ergänzung der wissenschaftlichen Welterkenntniß darf man sie doch nicht ausgeben. Sonst würde man ja den Gegenstand der metaphysischen Untersuchung, die Summe der Begriffe, in welchen sich augenblicklich die Naturforschung bewegt, so ansehen, als wäre damit der bleibende Ausdruck der Weltordnung gegeben, um deren Feststellung sich die Wissenschaft bemüht. Denn wenn die Geheimnisse, welche die Metaphysik ihrem Object entlockt, die wissenschaftliche Erkenntniß der Welt bereichern sollen, so muß jenes Object irgendwie zu dem bleibenden Character dieser Welt gerechnet werden. Damit aber identificirt man das zeitweilige Gesichtsfeld der Wissenschaft mit dem grenzenlosen Gebiete, in welches sie hinausstrebt, und, indem man die hypothetisch gemeinten Producte der Erfahrung als bleibende Gesetze derselben behandelt, läßt man die Erkenntniß, anstatt sie zu erweitern, an einem ihrer Entwickelungspunkte erstarren.

Also der Anspruch, durch die Ergebnisse der dogmatischen Metaphysik die wissenschaftliche Erkenntniß der Welt zu erweitern, ist in sich widersprechend. Wenn der Werth dieser Metaphysik auf dem Beitrag ruhte, den sie hierzu leistete, so wäre sie gar nichts werth. Man kann von dieser Einsicht tief durchdrungen sein, ohne sich deshalb dem Eindruck verschließen zu müssen, daß das Bild der bisherigen Entwickelung der Menschheit recht öde und langweilig werden würde, wenn ihm das leidenschaftliche Ringen um die Lösung der metaphysischen Probleme fehlte. Aber freilich ist mit der Berufung auf den ästhetischen Reiz genialer metaphysischer Versuche zu ihrer Vertheidigung noch wenig gethan. Es heißt doch, der Metaphysik einen schlechten Dienst leisten, wenn man sie, wie F. A. Lange, als Begriffsdichtung verherrlicht [1]). Selbst wenn die tiefwurzelnde Neigung zu einer solchen eigenthümlichen Art dichterischer Production zu dem Schlusse berechtigen würde, daß in ihr ein unausrottbares Element unserer geistigen Organisation wirksam sei, so würden doch die Ansprüche, welche die Metaphysik von jeher gemacht hat, weit über den Rechtstitel hinausgehen, den ihr diese psychologische Ableitung verleihen könnte. Unter jener Voraussetzung wäre ihre einzige Aufgabe, ästhetisch anziehend zu erscheinen; auf Allgemeingültigkeit dessen, was sie für Erkenntniß ausgiebt, müßte sie verzichten. Mit beidem aber stände in auffallendem Widerspruch ihr schwerfälliger Begriffsapparat und der Anspruch, zu beweisen, dem sie vermittelst desselben von jeher hat genügen wollen. Schließlich würde jene psychologische Erklärung gegen den Zweifel nicht schützen, ob es nicht eine Veredelung der Natur bedeuten möchte, wenn man einen Naturtrieb unterdrückte, der den Menschen in solche Widersprüche hineinwirft. Freilich liegt in der Erklärung der Metaphysik als Begriffsdichtung das richtige Urtheil, daß es in ihr nicht auf die Pflege des theoretischen Erkennens, auf die erweiterte Kenntniß von Thatsachen ankommt. Aber es läßt sich bei voller Würdigung dieses Gesichtspunktes eine Aufgabe der Metaphysik nachweisen, welche sie nicht bloß als das zwecklose Product einer blinden Naturkraft erscheinen läßt und dem Zeugniß der Geschichte von ihr als einer Großmacht der Cultur gerecht wird. Damit soll aber nicht gesagt sein, daß wir den Versuchen dogmatischer Metaphysik

---

[1]) vergl. Gesch. des Mat. 2. Aufl. 2. Buch, 61: „Kant wollte nicht einsehen, was schon Plato nicht einsehen wollte, daß die „intelligible Welt" eine Welt der Dichtung ist und daß gerade hierauf ihr Werth und ihre Würde beruht. Denn Dichtung in dem hohen und umfassenden Sinne, in welchem sie hier zu nehmen ist, kann nicht als ein Spiel talentvoller Willkür zur Unterhaltung mit leeren Erfindungen betrachtet werden, sondern sie ist eine nothwendige und aus den innersten Lebenswurzeln der Gattung hervorbrechende Geburt des Geistes, der Quell alles Hohen und Heiligen und ein vollgiltiges Gegengewicht gegen den Pessimismus, der aus dem einseitigen Weilen in der Wirklichkeit entspringt."

eine dauernde Berechtigung zuschreiben wollen. Es wird sich vielmehr zeigen, daß alle solche Versuche, die Welt des theoretischen Erkennens abschließend zu erklären, einem Motive entspringen, welches auf andere Weise vollkommener befriedigt wird, welches aber auf keinen Fall ein bloß ästhetisches Interesse an der Metaphysik begründet.

Die Metaphysik hat zur Aufgabe, diejenige practische Welterklärung rein durchzuführen, welche zwar nicht mit der theoretischen Welterklärung an sich verbunden ist, wohl aber mit derselben, sofern sie durch die im Vollbesitze ihrer geistigen Functionen befindliche Person gehandhabt wird. Es steht auf der einen Seite fest, daß die Vorstellung von einem Weltganzen und die ihr gleichartigen von der Einheit, dem einheitlichen Wesen der Welt für das rein theoretische Erkennen nicht vorhanden sind, weil sie sich als Bedingungen der Identität des Bewußtseins in der Mannichfaltigkeit der Empfindungen nicht nachweisen lassen, vielmehr mit den Denkacten, durch welche sich das identische Bewußtsein behauptet, in schroffem Widerspruch stehen. Auf der andern Seite ist eben so sicher, daß die fühlende und wollende Person in der Ausübung ihrer erkennenden Function fortwährend von irgend einer Form jener Vorstellungen vom Weltganzen bestimmt ist. Es kommt dem Menschen beim Erkennen der Welt nicht bloß darauf an, daß sich das Bewußtsein in jedem Moment als die Einheit seiner Zustände behauptet, sondern auch darauf, daß sich die verschiedenen Bewußtseinsacte zu dem Continuum einer Welterklärung aneinanderfügen. Nur unter dieser Bedingung eröffnet sich dem Menschen die Aussicht, daß er sich in der Welt werde zurechtfinden können, daß er mit Erfolg darauf ausgehen dürfe, die Welt mechanisch zu beherrschen. Nun ist aber diese Zuversicht von der Existenz des Menschen gar nicht zu trennen; ihre Steigerung und energievolle Bethätigung ist unumgänglich, wenn es sich darum handelt, die eigenthümliche Art des menschlichen Daseins in der Welt vollkommener durchzusetzen. Die ihr entquellende Lust zur Arbeit ist die elementare Kraft, durch welche sich der Mensch dem Naturlauf gegenüber in seiner Art erhält. Alles menschliche Erkennen ist daher in seiner individuellen Wirklichkeit mit einer Voraussetzung von der Welt verbunden, welche die Zuversicht zu rechtfertigen scheint, dieselbe werde sich gemäß dem Bedürfniß des Individuums zusammenhängend erklären lassen. In dieser Voraussetzung erscheint die Welt als in sich geschlossenes

Ganzes, weil über den unbestimmten Ablauf der Empfindungen von vornherein das Urtheil ergeht, daß der unablässige Versuch des Bewußtseins, ihn zu ordnen, nicht zu zusammenhangsloser Vielheit führen werde, sondern zu der in practischem Interesse nothwendigen Einheit. Somit ist die practische Ausübung des theoretischen Erkennens fortwährend begleitet von einer wenn auch noch so dunkeln Vorstellung von dem Ganzen der Welt. Offenbar wird diese Vorstellung verschieden ausfallen, je nach dem Maße, in welchem und je nach den Mitteln, durch welche man eine zusammenhängende Erklärung der Welt erstrebt. Die Vorstellung von der Einheit oder dem Wesen der Welt, welche den Hintergrund dieses practischen Strebens bildet, wird in jedem Falle so geartet sein müssen, daß sie die Formen in sich hegt, in welchen man gerade den Weltlauf zu begreifen unternimmt. Nun wird die Kunst des Metaphysikers darin bestehen, daß er diese Vorstellung in ihrem organischen Zusammenhange mit der lebendigen Begriffswelt des Zeitalters klar und deutlich herausarbeitet. Eine solche Leistung, von einem reich ausgestatteten Geiste vollbracht, kann wie eine befreiende That begeisternd wirken. An das Weltbild, welches sich aus dem geistigen Verkehr der Zeitgenossen allmählig heraushob, wurde durch das Vertrauen, daß man nicht vergeblich arbeite, das allgemeine Interesse geknüpft. Aber während der Versuch, es deutlich zu gestalten, bei der Menge nur zu widerspruchsvollen Bildungen führt, gelingt es der kraftvollen Phantasie Einzelner, die wogenden Gedanken zu einem anschaulichen Bilde zu vereinigen. Selbst wenn eine solche Anschauung ohne allen Schein wissenschaftlicher Vermittlung durch den Mund des Dichters mitgetheilt wird, muß sie mit der Gewalt einer beglückenden Offenbarung auf Alle eindringen, denen damit das, was sie als das Wesen der Welt dunkel gemeint hatten, deutlich vor Augen tritt. Da also eine glückliche metaphysische Conception der Regsamkeit mächtiger Antriebe dazu verhilft, sich frei zu entfalten, so wird es leicht erklärlich, daß sie mit einer Wärme der Ueberzeugung aufgenommen und vertheidigt zu werden pflegt, wie sie sonst auf wissenschaftlichem Gebiete nicht gewöhnlich ist. Aus einem tiefen persönlichen Bedürfniß dringen verworrene Bilder einer Welteinheit bei Allen unwiderstehlich empor. Dieses Bedürfniß befriedigt der gelungene metaphysische Versuch, indem er die den jeweiligen Erklärungsmitteln entsprechende Welteinheit anschaulich macht und als hervorbringenden Grund eben dieser Formen, in welchen das Geschehen factisch geordnet wird, erscheinen läßt. Was ihm entgegenkommt, ist daher nicht bloß das ästhetische Interesse an einem harmonisch geordneten Weltbilde, sondern das practische Bedürfniß des Menschen, welcher erklären will, weil er handeln muß.

Wenn also die Metaphysik die wissenschaftliche Welterkenntniß auch nicht direct weiterführt, so ist sie doch insofern für dieselbe von Bedeutung, als sie den Sinn, der sich mit den in Gebrauch befindlichen Erklärungsmitteln unwillkürlich verbindet, erkennen läßt. Vor Allem aber liegt ihr Werth darin, daß sie die wissenschaftliche Persönlichkeit, deren practisches Bedürfniß die Begriffe der theoretischen Welterklärung durch die Beziehung auf eine verborgene Welteinheit zu ergänzen suchte, zum Abschluß bringt. Ihren Feinden gegenüber kann sich daher die Metaphysik damit vertheidigen, daß sich auch in jenen, aber in unbewachter Unordnung, dasselbe zu vollziehen strebt, was sie selbst geordnet und berufsmäßig zu Stande zu bringen sucht, indem sie den Zusammenhang der geforderten Welteinheit mit dem Begriffsmaterial der Wissenschaft logisch begründet [1]). Zu berechtigten Vorwürfen giebt die Metaphysik erst Anlaß, wenn sie diese Leistung, in welcher sich die Persönlichkeit des wissenschaftlichen Forschers als solche Genüge thut, mit Prädicaten ausstatten will, die nur der theoretischen Welterklärung zukommen. Die Gründe, welche dieß verwehren, haben wir oben kennen gelernt. Hier können wir ihr Gewicht dadurch verstärken, daß wir aus dem, was sich uns zuletzt ergeben hat, das positive Wesen der Metaphysik im Unterschiede von aller theoretischen Welterklärung noch genauer bestimmen.

Die Metaphysik ist nicht theoretische sondern practische Welterklärung. Denn die metaphysische Vorstellung einer Welteinheit, welche als der Realgrund unseres gesammten der theoretischen Welterkenntniß dienenden geistigen Besitzes erscheinen soll, hat ihren Ursprung allein in der fühlenden und wollenden Person. Dem Wesen des theoretischen Erkennens war dieselbe durchaus widersprechend; in dem practischen Geiste dagegen haben wir die Anlässe entdeckt, welche uns ihr Vorhandensein im geistigen Leben der Menschen verständlich machen. Wenn daher aus dieser Vorstellung die Er-

[1]) Unter welchen Bedingungen die Religion im Stande ist, das Bedürfniß, dem die Metaphysik auf diese Weise für eine kurze Zeit zu genügen sucht, auf eine höhere Art dauernd zu befriedigen und somit die Metaphysik als System überflüssig zu machen, wird sich unten ergeben.

klärungsmittel der Wissenschaft begriffen werden, so gewinnen wir damit nicht eine erweiterte Erkenntniß der thatsächlich gegebenen Welt, sondern es wird dadurch das Vertrauen auf seinen stärksten Ausdruck gebracht und soweit als möglich gerechtfertigt, mit welchem der practische Menschengeist seine erkennende Thätigkeit begleitet. Es wird hier also die Welt, oder vielmehr die allgemeinen Formen des Seins und Geschehens, in welchen wir sie zu begreifen suchen, werden aus einer Vorstellung erklärt, welche aus einem practischen Bedürfniß des Menschen geboren ist; und diese Erklärung wird vorgenommen, um eben dieses Bedürfniß zu befriedigen, indem die ihm entsprechende Vorstellung in ihrer Macht über die Welt der Naturwissenschaft bewährt wird. Ein Erklären mit solchen Mitteln im Dienste eines solchen Zweckes nennen wir practische Welterklärung.

Wenn diese Abhängigkeit der wissenschaftlichen Naturerklärung sowohl wie der Metaphysik von dem Zweck, die Welt mechanisch zu beherrschen, nicht anerkannt wird, so hat dieß nur darin seinen Grund, daß man in der Regel das Pathos solcher Bedürfnisse in das wissenschaftliche Streben einfließen läßt, welche in demselben niemals Befriedigung finden können. Das Wesen, in welchem die ganze Seele mit ihren tiefsten Bedürfnissen Ruhe finden könne, sucht man erkennend zu ergreifen. Und da die Naturwissenschaft allein dieses Verlangen nicht befriedigt, so sucht man dasselbe in einer Metaphysik zu stillen, welche die verborgene Tiefe der Natur und des Naturerkennens zugleich entschleiern will. Oder aber, man will sich zu jener Anerkennung deshalb nicht verstehen, weil es eine Entwürdigung der Wissenschaft sei, dieselbe einem fremden Zwecke dienstbar zu machen. Dann hat jenes Sträuben schlimmsten Falls seinen Grund in dem philiströsen Dünkel des zunftmäßigen Gelehrten, der es nicht sehen kann, daß der ganze Mensch der Zweck jeder seiner Functionen ist und daß die Würde jedes besonderen Berufes in dem Maße sich vergrößert oder verringert, als er diesem Zwecke sich unterwirft. Besten Falls dagegen wird jenes Sträuben daraus erklärlich, daß man die Freude des Forschers erfahren hat, der, ohne nach einem außerhalb seiner Thätigkeit liegenden Zwecke zu schielen, eine bisher unbekannte Thatsache mühsam festgestellt hat. Je intensiver diese Freude empfunden wird, desto leichter kann sich die Meinung einschleichen, daß dieselbe in ihrer Würde beeinträchtigt wird, wenn der Erfolg, der sie geweckt hat, seinen höchsten

Werth nicht in sich selbst haben soll, sondern in seiner Beziehung als Mittel für einen andern Zweck. Zur Auflösung dieses Mißverständnisses kommt es indessen nur darauf an, die Majestät dieses Zweckes, nämlich der mechanischen Weltherrschaft aufzufassen, welche durch die Wissenschaft verwirklicht und erweitert wird. Dann wird man einsehen, daß die ehrwürdige Erhebung, welche dem Forscher durch die gänzlich rücksichtslose Arbeit des Erkennens zu Theil wird, grade darin ihren Grund hat, daß er die durch einen höheren Zweck gegebene Aufgabe seines Berufs erfüllt.

Dieß führt uns auf die zweite Form der practischen Welterklärung. Sie befaßt sich auf der Einen Seite allein rechtmäßig mit dem Wesen, welchem man im wissenschaftlichen Naturerkennen und in der Metaphysik vergeblich nachtrachtet. Auf der anderen Seite schließt sie wenigstens in ihrer höchsten Form die Aufforderung ein, den Zweck der Wissenschaft so zu bestimmen, wie auch diese selbst thun muß, wenn sie sich auf der Höhe des Bewußtseins über den Umfang ihrer Mittel erhält.

Die Metaphysik ist practische Welterklärung im Dienste des Erkenntnißstrebens. Die Energie des Willens, die Welt zu erklären und zu beherrschen, reflectirt sich in der dunkeln aber unausrottbaren Vorstellung einer einheitlich erkennbaren Welt. In dem Maße als der wissenschaftliche Forscher den Werth dieser Welteinheit fühlt, die seiner Arbeit erst Sinn und Zweck verleiht, gewinnt die Zuversicht zu ihrer Realität an Kraft, sucht die Vorstellung derselben sich bestimmter zu gestalten und die gebräuchlichen Mittel der theoretischen Welterklärung zu umfassen, um sie dann später, verklärt durch die transscendente Herkunft aus dem Absoluten, wieder aus sich zu entlassen. In diesem Proceß bewährt das lebendige Individuum, welches die Welt erklären und beherrschen will, seine Macht über die theoretischen Mittel zu diesem Zwecke. Da eben dieser Zweck von dem Menschen um seines eigenen Bestandes willen gewollt wird, so ist die feste Ueberzeugung von seiner Erreichbarkeit nur ein besonderer Fall der allgemeinen Zuversicht, mit welcher der Mensch die ihn umgebende Welt als den Naturboden seiner Existenz betrachtet. Die Ueberzeugung, daß sich die Welt zusammenhängend erklären und mechanisch beherrschen lasse, spricht sich aus in der Voraussetzung einer Welteinheit, welche ihren Ausdruck in dem metaphysischen System findet. Folglich ist die Gewißheit, welche das letztere begleitet, ebenfalls eine Aeußerung des Lebensgefühls, in welchem der Mensch die Welt als das Mittel seiner eigenen Existenz als Naturwesen zu behandeln pflegt. Will man daher von der Wahrheit der metaphysischen Welterklärung reden, so darf man sich vor Allem nicht scheuen, den Ansprüchen Wahrheit zuzuerkennen, welche der Mensch, der in der Welt und durch sie leben will, an den unbestimmten Thatbestand des Weltlaufs macht. Man darf sich dann doch aber auch nicht verhehlen, daß auf die Aeußerungen dieser practischen Zuversicht das Wort Wahrheit nicht in demselben Sinne Anwendung finden kann, wie auf die Sätze der theoretischen Welterklärung. Auf jeden Fall gelten auf den beiden Gebieten verschiedene Maßstäbe der Wahrheit. In der Wissenschaft wird sonst der Nachweis, daß ein Thatbestand von dem handelnden Menschen stillschweigend vorausgesetzt wird, nicht als genügender Beweis seiner Wirklichkeit angesehen. Es gehört das volle Selbstgefühl des Menschen dazu, in welchem er die unermeßliche Welt seinen eigenen Zwecken als Mittel unterordnet, um von der Wahrheit metaphysischer Systeme zu sprechen. Von diesem Selbstgefühl getragen, kann man in den practischen Voraussetzungen über das Weltganze, welche die Metaphysik entwickelt, obgleich sie im Menschen frei entstanden sind, eine Offenbarung über das Wesen der thatsächlich vorhandenen Welt erblicken, welche alle Resultate der exacten Wissenschaft an Werth überwiegt. Man braucht der Gewißheit, welche dieses Selbstgefühl begleitet, die Berechtigung nicht abzusprechen und kann sich dabei doch des fundamentalen Unterschiedes bewußt bleiben, welcher dieselbe von der durch theoretische Erkenntniß erzeugten Gewißheit trennt. — Obgleich nun die Metaphysik in Ueberzeugungen wurzelt, die durch die Erkenntniß der thatsächlich gegebenen Welt weder gewonnen sind, noch durch dieselbe sich widerlegen lassen, so wird das Schicksal der einzelnen metaphysischen Versuche trotzdem durch den Fortschritt der wissenschaftlichen Welterkenntniß beeinflußt. Und diese Erscheinung hat nun ihren Grund in dem specifischen Character, welcher die Metaphysik von der anderen Form practischer Welterklärung unterscheidet. Indem es sich in der Metaphysik nur um diejenige Welteinheit handelt, welche der Wille, die Welt zu erklären und mechanisch zu beherrschen, voraussetzt, wird eine ein für alle Mal feststehende Form derselben, eine absolute Metaphysik unmöglich. Da die Formen, in welchen die Welt zum Zweck ihrer Beherrschung begriffen wird, im Fortgang des Erkennens sich ändern, so kann auch die Welteinheit, welche dieselben umspannen und aus sich entlassen soll, nicht in immer gleicher Weise vorgestellt werden. Das practische Motiv selbst, eine einheitliche Welt im Sinne der Metaphysik zu entwerfen, bleibt von dem Wechsel unberührt. Aber der concrete Versuch, die Vorstellung zu entwickeln und zur Geltung zu bringen, erliegt dem natürlichen Schicksal der Erklärungsmittel, die er zur Einheit verbunden hatte. Die Anschauung einer Welteinheit, entsprungen aus unwandelbaren Bedürfnissen des lebendigen Individuums, wird in ihrer metaphysischen Durchführung in den Wandel der Erfahrung und ihrer Resultate hineingezogen, weil sie an ihnen sich bewähren soll. Dieß ist trotzdem einigermaßen gerechtfertigt, insofern es Aufgabe der Metaphysik sein soll, den wissenschaftlichen Forscher als solchen auf seinem jedesmaligen Standpunkte zum Abschluß zu bringen, die seiner eigenen Arbeit immanenten Voraussetzungen vollständig ans Licht zu stellen. Wohl aber fragt sich, ob denn durch eine solche Leistung, die der weitergleitende Strom der wissenschaftlichen Bewegung unwiderstehlich zusammenbrechen läßt, der tiefe Drang des Menschen, eine einheitliche Welt anzuschauen, völlig befriedigt wird. Die Thatsache der Religion beweist das Gegentheil. Und in dem Maße kann auch jene Befriedigung nicht durch die Metaphysik gewährt werden, als sich die practischen Bedürfnisse des Menschen nicht erschöpfen in seiner Erhaltung als Naturwesen durch wissenschaftliche Erklärung und mechanische Beherrschung der Natur. Wäre nämlich das letzte dennoch der Fall, so würde sich auch der Mensch durch die immer erneuten metaphysischen Versuche befriedigt fühlen, welche die thatsächlich vorhandene Welt, wie sie grade von der exacten Wissenschaft verstanden wird, aus einer Welteinheit zu begreifen suchen. Denn wenn auch jede größere Erweiterung der theoretischen Welterkenntniß das einzelne metaphysische System mit Sicherheit auflöst, so bleibt doch der Impuls und die Möglichkeit, den Versuch von Neuem zu machen, bestehen. Es kommt ja für den Willen, die grenzenlose geheimnißvolle Natur zu beherrschen, nur darauf an, daß es überhaupt eine Welteinheit giebt, welche die Bürgschaft dafür leistet, daß man mit Sicherheit die festen Linien besonderer Naturgesetze durch das Gewirr der Erscheinungen ziehen könne. Welcher Art diese Welteinheit sei, darauf kommt es hierbei nicht an. Die besondere Art der Welteinheit oder den besondern Werth des Inhalts zu bestimmen, überläßt man getrost den Formen des Geschehens, in welchen sich augenblicklich die Wissenschaft den Lauf der Ereignisse zurechtlegt und welche im metaphysischen System zu einer Einheit zusammengefaßt und aus derselben begriffen werden sollen. Diese bereitwillige Dahingabe der concreten Form einer practisch motivirten Anschauung an jeden durchgreifenden Fortschritt der exacten Wissenschaft zeigt, daß in dem Streben, welches in der Metaphysik zum Abschluß kommt, sich der Antrieb nicht vollständig erschöpft, welcher ursprünglich zu der Vorstellung einer Welteinheit geführt hat.

Indem der handelnde Mensch die Begreiflichkeit der Welt nicht bloß als wissenschaftliche Hypothese aufstellt, sondern das sichere Vertrauen darauf, daß sie stattfinde, in der unausrottbaren Vorstellung einer Welteinheit sich reflectiren läßt, erklärt er sich selbst mit seinen practischen Bedürfnissen zum Herrn über die dem theoretischen Erkennen unbestimmt gegebene Natur. Das Urtheil, welches den letzten Grund des Soseins der Welt auszusprechen prätendirt, daß nämlich eine verborgene Welteinheit die Formen des Seins und Geschehens aus sich entläßt, ist durch nichts motivirt, als durch den Willen des Menschen, die Natur zu beherrschen. Er macht also in diesem Urtheile sich selbst mit seinen Zwecken zum Maßstab dessen, was als das eigentliche Wesen der Natur auszusprechen ist. Es liegt auf der Hand, daß in diesem Verfahren ein Werthurtheil eingeschlossen ist, in welchem der Mensch und die ihn umgebende Natur miteinander verglichen werden und die letztere als Mittel für den ersteren als den werthvollen Zweck bestimmt wird. Nur dieses Verhältniß, in welches der freie Machtspruch des Menschen die Natur versetzt, rechtfertigt das Urtheil, welches durch die Setzung einer Welteinheit über den Ablauf der Vorstellungen im Ganzen gefällt wird. Ein solcher Machtspruch aber, den der Mensch um seiner selbst willen thut, kann sein Motiv nur haben in einem Gefühl seiner Würde. Dieses Selbstgefühl macht den Menschen zum Mittelpunkt, um den sich die Welt zum Kreise zusammenschließt. Durch dieses Selbstgefühl wird dem Menschen die grenzenlose Weite der Erfahrung im Voraus zu einer bekannten Größe. Sie wird bekannt, weil der unbestimmte Lauf der Ereignisse von vornherein als Mittel für den Menschen in Anspruch genommen wird — er soll in einer gesetzlichen Ordnung sich begreifen lassen und dadurch dem menschlichen Handeln in steigendem Maße verwendbar werden. Wie dieses Selbstgefühl, in welchem der Mensch seinen unvergleichlichen Werth gegenüber der Natur erlebt, in ihm entstanden sei, oder ob es überhaupt gar nicht als Niederschlag einer Reihe von

Erfahrungen angesehen werden dürfe, weil es dem Menschen ursprünglich eigne, diese Fragen gehen uns hier nichts an. Wir erkennen dasselbe einfach als etwas geschichtlich Gegebenes an. Das aber liegt auf der Hand, daß es in jeder freudigen umfassenden Bearbeitung der Natur bereits wirksam hervortritt. Denn in solcher Weise kann der Mensch nur thätig sein, wenn die Zuversicht zu einer einheitlichen, ihm verfügbaren Welt den Grundton seiner Stimmung bildet. Und diese Zuversicht hat ihren einzigen Quell in dem Selbstgefühl, welches die Möglichkeit ausschließt, daß das zweckvolle Handeln des Menschen an einer unberechenbaren Vielheit der Erscheinungen zersplittern möchte. Die Voraussetzung, daß ein seinen practischen Bedürfnissen adäquater, also begreiflicher Naturzusammenhang bestehe, ist nun aber nicht der einzige und wichtigste Anspruch, welchen der Mensch zu machen genöthigt ist, wenn er das Werthurtheil in welchem er sich über die Natur erhebt, nicht aufgeben will. Die schließlich zur Metaphysik führende Voraussetzung von dem Weltganzen hat doch, wie wir gesehen haben, ihren einzigen Grund in dem Verlangen des Menschen, seine Zwecke in dem Lauf der Ereignisse zu etabliren. Stände die Natur nicht zu unseren Zwecken in handgreiflicher Beziehung, so hätten wir gar kein Interesse daran, etwas von ihr auszusagen, was nicht nur kein Resultat des theoretischen Erkennens ist, sondern auch niemals Gegenstand der Erfahrung werden kann. Aber alle jene Zwecke, um deren willen die Vielheit des thatsächlich Vorhandenen als Ganzes angeschaut wird, gipfeln schließlich in einem höchsten Zweck. Sie laufen alle hinaus auf die Erhaltung des menschlichen Individuums in seinem Zusammensein mit der Natur. Während die Aufgaben der Arbeit in der Welt beständig modificirt werden, so bleibt der Zweck der Selbsterhaltung als der höchste Richtpunkt aller untergeordneten Zwecke unverändert bestehen. Wenn daher der Mensch in der Kraft seines Selbstgefühls sich die Welt als Mittel zueignet, so muß folgerichtig sein practisch motivirtes Urtheil über die Welt dahin ergehen, daß ihr innerstes Wesen mit seinem eigenen Verlangen nach Selbsterhaltung übereinstimmt.

Was bedeutet nun aber in diesem Falle der Ausdruck „das innerste Wesen der Welt“? In dem practischen Urtheil über das Weltganze, welches in der Metaphysik durchgeführt wird, kam es auf die Sicherung einer menschlichen Thätigkeit an, welche sich nur im engsten Anschluß an die thatsächlich gegebene Beschaffenheit der Dinge verwirklicht. Demgemäß soll sich in jenem metaphysischen Gedanken das Bild der Welt vollenden, welche der Mensch, indem er auf ihre empirische Qualität eingeht, mechanisch beherrschen will. Von dem, was unter diesem Gesichtspunkte als Wesen der Welt erscheint, ist völlig verschieden, was im Interesse der Selbsterhaltung der Person als solches verlangt wird. Während dort das Wesen der Welt allerdings die Einheit des thatsächlich Vorhandenen repräsentiren muß, so wird hier den Dingen ein Charakter aufgeprägt, der gegen ihre empirische Qualität völlig gleichgültig ist. Beide Male wird eine Macht über die empirische Welt als seiend gesetzt, auf welche sich der fühlende und wollende Mensch verlassen kann. Aber wo es auf die Arbeit in der Natur ankommt, wird damit die Macht gemeint, welche der Welt in ihrem gegenwärtigen Bestande immanent ist und den letzten Erklärungsgrund für denselben abgiebt; diese practische Voraussetzung über die Welt, vollständig durchgeführt, ergiebt die Metaphysik. Wo es dagegen auf die Erhaltung des Individuums überhaupt ankommt, wird in der practischen Voraussetzung über das Wesen der Welt die Macht gemeint, welche die Welt, sie möge sein wie sie wolle, mit verborgener Gewalt dem höchsten Zwecke des Menschen unterwirft. Wenn die Ueberzeugung von der Realität dieser Macht das ganze geistige Leben des Menschen beherrscht, so hat derselbe Religion. In der Religion gilt also als Wesen der Welt ihre Bestimmung, sich dieser Macht zu fügen; daß aus der letzteren uns das empirisch Gegebene begreiflich werde, gehört nicht zu dem allgemeinen Charakter der Religion. Ob der höchste religiöse Gedanke sich als vollkommen oder als depravirt darstellt, wenn er auch diesen Dienst noch leistet, werden wir später sehen. — Diese beiden aus dem Selbstgefühl des Menschen geborenen Arten practischer Weltanschauung sind nun ferner noch in folgendem wichtigen Punkte verschieden.

Das Selbstgefühl des Menschen, das Gefühl für seinen Werth und das daraus fließende Verlangen, durch den Weltlauf, in den er unwiderstehlich verflochten ist, seinen Werth bestätigt zu sehen, bezieht sich niemals auf die allgemeine Form der Persönlichkeit überhaupt. Die geistigen und körperlichen Kräfte sind nicht für sich dem Menschen werthvoll, sondern wegen ihrer Beziehung auf die besonderen Zwecke der Person, in welcher sie wirklich sind. Nicht in ihrer allgemeinen Bethätigung sind sie für uns von practischem Interesse, sondern in der bestimmten Richtung, in welcher wir sie als die unsrigen zusammenfassen. Die Zwecke, durch welche sie diese Richtung empfangen, bilden also die eigentliche Quelle unseres Selbstgefühls. Ihre Macht über unser geistiges Leben verleiht uns den Muth, der Erfahrung vorgreifend uns selbst zum Maßstabe dessen, was kommen soll, zu machen. Je reifer nun die Person ist, desto abgeschlossener sind auch die Zwecke, in welchen sie die Summe ihres Strebens begreift. In dem Maße, als der Mensch die Gesammtheit seiner Zwecke zu der Vorstellung eines höchsten Gutes vereinigt, ist er außer Stande, seine Person von demselben zu unterscheiden, weil ja alle ihre Lebensbewegungen doch schließlich immer auf jenes höchste Ziel hinauslaufen. Erhaltung seiner Person und Verwirklichung seines höchsten Gutes ist ihm dann eins und dasselbe. Wenn also sein Selbstgefühl ihn anregt, in der Religion die Vorstellung von einer die Natur zu seinem Besten beherrschenden Macht zu bilden, so erhält diese Macht von vornherein einen concret bestimmten Charakter aus der Beschaffenheit des höchsten Gutes, um dessen willen sie von uns als thätig gedacht wird. Es kann sich der Religiöse nicht dabei beruhigen, daß die Macht über die Welt, an welche er glaubt, den letzten Erklärungsgrund abgebe für die allgemeinen Formen, in welchen die Ereignisse als solche, als bloße Thatsachen zu verlaufen scheinen. Sondern darauf kommt es ihm an, daß die Macht über die Welt die Ereignisse auf die Erhaltung seiner selbst hinlenkt. Und da er sich selbst, sofern er im Gefühle seinen Werth erlebt, mit seinem höchsten Gute identificirt, so erscheint als der concrete Inhalt der geglaubten Macht regelmäßig das mehr oder minder fest bestimmte höchste Gut des Menschen, dessen Herrschaft sich in dieser Form über die Welt ausbreiten soll, wie es bereits im Innern des Geistes herrscht. Daraus folgt aber unwiderleglich, daß die practische Welterklärung der Religion mit dem Anspruch absoluter Wahrheit auftreten muß. Da das Urtheil, welches in ihr über die Welt gefällt wird, das für den Menschen unbedingt Werthvolle als die Macht über die Verhältnisse ausspricht, welche ihn als Naturwesen beherrschen, so ist religiöse Ueberzeugung ohne jenen Anspruch gar nicht denkbar. Wer ein für ihn unbedingt Werthvolles gar nicht kennt, ein blasirter, in Arbeitsscheu und Genußsucht verkommener Charakter kann freilich diese Gewißheit nicht erleben. Aber ihm fehlt auch die geistige Disposition zur Aneignung der Religion überhaupt. Er wird nur noch insoweit von ihr ergriffen werden, als er sich dem Einfluß desjenigen nicht ganz entziehen kann, was in der ihn umfassenden sittlichen Gemeinschaft als höchstes Gut gilt. Jeder aber, bei dem die energische Richtung des Willens auf ein höchstes Gut durch eine dem entsprechende Beurtheilung der Welt in der religiösen Weltanschauung ergänzt ist, muß die Zumuthung abweisen, in der letzteren nichts weiter als eine in's Ungewisse hinaustastende Hypothese zu sehen. Eine solche Zumuthung müßte ja für ihn der Aufforderung gleichkommen, an sich selbst zu verzweifeln. Man kann diesen eigenthümlichen Charakter der religiösen Gewißheit nur übersehen, wenn man ihren Zusammenhang mit der Selbstgewißheit der ihres höchsten Zieles bewußten Person verkennt. Wenn auf den untergeordneten Stufen der Religion sich diese Kraft der Ueberzeugung nicht vorfindet, so kann man in Verbindung damit immer bemerken, daß das höchste Gut des Frommen zu tief gegriffen ist, um eine über alle Schwankungen erhobene Selbstgewißheit der geistigen Person zu ermöglichen. Das natürliche Leben, der Besitz, der Bestand des nationalen Staates geben in den Volksreligionen ebenso den anschaulichen Inhalt der Vorstellung von der Gottheit her, wie sie die höchsten Strebepunkte für den Willen bezeichnen. Und wenn diesen Gütern ihr unausbleibliches Schicksal naht, so erlischt mit der freudigen Selbstgewißheit, welche von ihnen zehrte, auch der Glaube an den Gott, der sie gehütet hatte. Dagegen entspricht im Christenthum der hier vollendeten Sicherheit der religiösen Ueberzeugung der einfache Gedanke, daß das höchste Gut des Menschen im tiefsten Sinne nicht von dieser Welt ist. Die Versuchung zu Resignation und Verzweiflung ist dadurch abgewehrt und der Versuch, die religiöse Wahrheit wie eine wissenschaftliche Hypothese zur abschließenden Erklärung der dem theoretischen Erkennen gegebenen Welt anzusehen, von vornherein als eine entwürdigende Zumuthung verurtheilt. Wie ganz anders es sich mit der Metaphysik verhält, haben wir oben gesehen. Sie büßt allen wissenschaftlichen Werth, auf den sie Anspruch machen könnte, ein und wird selbst eine untergeordnete Species religiöser Weltanschauung, sobald sie den hypothetischen Character ihrer Producte vergißt und den gewonnenen letzten Erklärungsgrund für den gesetzlichen Zusammenhang der Welt als unumstößliches Dogma verkündigt.

In den angegebenen Punkten tritt der Unterschied der beiden Arten practischer Weltanschauung deutlich erkennbar hervor. Die Metaphysik sucht die Welt des wissenschaftlichen Naturerkennens als

Einheit vorzustellen, sie theilt daher den variabeln Charakter, welcher der sich erweiternden Erfahrung überhaupt zukommt. Allerdings giebt es auch in der Metaphysik etwas Constantes, das in allen ihren Formen sich vorfindet. Aber das ist nichts weiter als die practisch motivirte Voraussetzung von der continuirlichen Begreiflichkeit des Geschehens in der Welt und der damit gesetzte Antrieb, ein Weltganzes vorzustellen, in welchem sich jene practische Forderung an unser Erfahrungsgebiet als übereinstimmend mit der bis jetzt erkannten Wirklichkeit erweisen soll. Das Interesse der Religion dagegen haftet nicht daran, das thatsächlich gegebene Sein der Welt als eine in sich gegliederte begreifliche Einheit vorzustellen [1]). Anschauung der Welt als eines Ganzen ist der Religion zwar auch eigen, aber die religiöse Anschauung des Weltganzen soll nicht dazu dienen, den dem Erkennen erschlossenen gesetzlichen Zusammenhang der einzelnen Theile zu bestätigen. Im Gegentheil kann der Wille der Macht, durch welche die Welt zu einer Einheit zusammengefaßt erscheint, recht wohl so vorgestellt werden, daß ein gesetzliches Zusammenwirken der Theile der Welt damit unvereinbar erscheint. An dem schlechten Supranaturalismus und Wunderglauben vieler Naturreligionen kann man ja grade dieß beobachten. Es kommt vielmehr darauf in der Religion an, die Vielheit der Welt als das geordnete Ganze von Mitteln anzuschauen, durch welche der im Gefühl erlebte höchste Werth des Frommen verwirklicht wird. Die Folge davon ist, daß hier die concrete Vorstellung des Weltganzen sich nicht nach den Fortschritten der wissenschaftlichen Welterkenntniß modificiren darf, wie sie es in der Metaphysik doch muß, daß sie hier vielmehr so lange constant bleibt, als die Person sich nicht selbst aufgiebt, welche sich in der religiösen Ueberzeugung ihr Recht gegenüber der Welt zu sichern suchte. Diejenige Einheit der Welt, welche nur religiös interessirt, ist gegen die durch die wissenschaftliche Naturerklärung hergestellte Ordnung völlig indifferent.

---

[1]) Erst auf der höchsten Stufe der Religion wird diese Forderung, welcher die dogmatische Metaphysik zu genügen sucht, durch ein religiöses Urtheil befriedigt. Und zwar erfolgt diese Befriedigung in einer solchen Weise, daß nicht nur die Veranlassung zur Vermischung der dogmatischen Metaphysik mit der Religion abgeschnitten wird, sondern daß sogar die erstere hinfort als völlig überflüssiges Spielwerk der Phantasie erscheint, welches nur noch für die irreligiöse oder die Bedeutung der Religion nicht verstehende Masse einen höheren Werth behaupten kann.

Wenn ich ein Weltganzes vorzustellen suche, weil ich die Vielheit der Dinge in einem niemals fehlenden gesetzlichen Zusammenhange begreifen will, so begebe ich mich auf den Weg der Metaphysik. Wenn ich ein Weltganzes vorzustellen suche, weil ich mich als meines höchsten Gutes bewußte Person in der Vielheit der Dinge nicht verlieren will, so erhalte ich den Antrieb zum religiösen Glauben. Ob das zu diesem Zwecke entworfene Weltganze theistisch, pantheistisch, materialistisch gedacht wird, ändert an seinem allgemeinen religiösen Charakter nichts. Religion bleibt die Ueberzeugung von einem solchen Weltganzen in allen diesen Formen. Leicht kann man immer erkennen, ob man es mit der Metaphysik zu thun hat, welche das wissenschaftliche Erkennen auf seiner jeweiligen Stufe zum Abschluß bringen will, oder aber mit der Religion, welche die Person im Auge hat, sofern sie in der Richtung auf ein höchstes Gut zum Abschluß gekommen ist. Man braucht nur darauf zu achten, ob das Schlußurtheil über die Vielheit der Dinge als Hypothese oder als Dogma auftritt. In dem ersteren verräth sich die Metaphysik, in dem letzteren die Religion. Man sollte daher endlich ablassen, den dogmatischen Materialismus unserer Tage mit schwerwiegenden wissenschaftlichen Widerlegungen in den Apologetiken und apologetischen Zeitschriften direct zu bekämpfen. Denn religiöser Glaube läßt sich direct überhaupt nicht widerlegen. Wo diese Art von Materialismus auftritt, da bedarf es nicht in erster Linie der wissenschaftlichen Widerlegung, sondern der Erziehung. Das häufige Vorkommen dieser geistigen Richtung in unserer Zeit erklärt sich daraus, daß eine Menge leichtbestimmbarer Charaktere sich in dem bewundernswürdigen Aufschwunge der Naturwissenschaften und der Industrie einfach als Mittel verbrauchen läßt. Kein anderes practisches Motiv übt eine durchgreifende Macht über sie aus, als die begeisterte Hingabe an die Mitarbeit in der Naturerklärung und Naturbeherrschung, zu welcher die Masse disponirt ist. So lange dieses Streben den einzigen zur Festigkeit gediehenen Inhalt ihrer Persönlichkeit bildet, ist es ganz unmöglich, ihnen das Dogma von der alleinigen Realität des Stoffs zu entreißen, den sie als das Substrat der begreiflichen Naturerscheinungen zu großem Nutzen ihrer Arbeit voraussetzen. Zu helfen ist ihnen nur, wenn man sie zu der Anerkennung erziehen kann, daß doch das höchste Gut eines Menschen noch mehr umfassen muß als die glückliche Feststellung einer Ordnung, in welcher eine Gruppe von Erscheinungen dem mechanischen Eingreifen der Arbeit zugänglich wird [1]). Erst wenn die Interessen einer solchen Person den engen Kreis ihres wissenschaftlichen Berufes überschritten haben, kann man erwarten, daß die Voraussetzungen über das Wesen der erklärbaren Welt, welche der Berufsarbeit dienen, sich ablösen werden von dem dogmatischen Urtheil über das Wesen der Welt, in welchem die Religion das höchste Gut des Menschen zu sichern sucht.

Bei dieser Auseinandersetzung von Metaphysik und Religion könnte nun das Mißverständniß entstehen, als meinte ich mit der gegebenen Deutung der Religion die Bedeutung erschöpft zu haben, welche sie, wo sie verwirklicht ist, für das innere Leben des Menschen hat. Das ist durchaus nicht der Fall — schon deßwegen nicht, weil diese Bedeutung nicht schon hier, wo von dem gemeinsamen Charakter aller Religionen die Rede ist, vollständig dargestellt werden könnte. Hier kommt es allein darauf an, dasjenige an der Religion hervorzuheben, wodurch sie mit der Metaphysik in Analogie steht. Mit dieser trifft aber die Religion in dem gleichlautenden Zwecke practischer Welterklärung zusammen, sofern sie auch eine durch eigenthümliche Selbstbeurtheilung motivirte Weltanschauung ist, in welcher die Vielheit der Dinge aus einer im Geiste frei erzeugten Einheit der Welt erklärt wird. Auf die Religion als Weltanschauung oder auf die theoretische Seite der Religion kann es uns hier allein ankommen. Die Gefühle und undeutlichen Vorstellungen welche die subjective Wirklichkeit der religiösen Ueberzeugung begleiten, kommen hier ebensowenig in Betracht, wie die Thatsachen, an welchen sich die einzelne positive Religion entzündet, und der Cultus, zu welchem sie den Willen anregt.

Ebensowenig möchte ich zu dem Mißverständniß Anlaß gegeben haben, es sollte hier die Religion psychologisch aus dem Wesen des Menschen abgeleitet werden. Dieses Unternehmen dient bei Biedermann und Lipsius gewissermaßen als Ersatz des Schriftbeweises.

---

[1]) Dieses Zurückgehen auf die practischen Bedürfnisse, denen die verschiedenen Weltanschauungen entsprechen wollen, ist überhaupt das einzig richtige Mittel, um sie untereinander auf ihren Werth hin zu vergleichen. Von der wissenschaftlichen Anwendung dieses Mittels ist freilich in unserer apologetischen Literatur aus sehr beklagenswerthen Gründen wenig zu verspüren. Würde nach dieser Methode consequent verfahren, so möchte nur zu oft den Apologeten der Boden urheidnischer Vorstellungen, den sie in der Regel mit ihren Gegnern theilen, unter den Füßen schwanken.

Die Wahrheit der religiösen Weltanschauung wird von der Erkenntniß abgeleitet, daß die Religion selbst als psychischer Vorgang in dem thatsächlich gegebenen Wesen des Menschen sich vorfinde. Darin steckt doch wohl der Irrthum, eine Wahrheit, welche gelten soll, werde als solche erwiesen, wenn man die psychischen Vorgänge aufdeckt, in denen sie factisch gilt. Eine solche Einbildung sollte aber bei einer Theologie, welche von Kant gelernt haben will, unmöglich sein. Und wie kann man vollends erwarten, mit irgend einer Vorstellung vom Wesen des Menschen eine Thatsache zu bezeichnen, welcher eine für das theoretische Erkennen gültige Realität zukomme? Was sich mit den Mitteln des theoretischen Erkennens über den Menschen ausmachen läßt, gehört in die vergleichende Zoologie. „Denn im Werthe über die bloße Thierheit erhebt ihn das gar nicht, daß er Vernunft hat, wenn sie ihm nur zum Behufe desjenigen dienen soll, was bei Thieren der Instinkt verrichtet" (Kant 8, 181). Jener Begriff vom Wesen des Menschen ist zunächst nicht in der Wissenschaft, sondern im practischen Leben heimisch. Und hier bedeutet derselbe nichts als eine Zusammenfassung practisch bedingter Ueberzeugungen. Daraus kann man wohl etwas ableiten, aber nur was man selbst zuvor in Folge practischer Impulse hineingelegt hat. Eine solche Ableitung aus dem Wesen des Menschen mit psychologischen Mitteln bewerkstelligen wollen, ist also ein so starker logischer Fehler, daß man ihn höchstens mit der Verlegenheit der Theologen und Religionsphilosophen entschuldigen kann, welche nicht wissen, wie sie ihren Gegenstand anders über die Stufe bloßer Einbildung erheben sollen. Wir glauben über andere Mittel zu diesem Zwecke verfügen zu können. Uebrigens ist die Religion sowenig ein Naturproduct des menschlichen Geistes, sie wird so durchaus nicht aus einem unausweichlichen Bedürfniß des natürlichen Menschen überhaupt geboren, daß vielmehr ganz bestimmte Bedingungen, welche der Macht subjectiver Einflüsse unterworfen sind, erfüllt sein müssen, um ihr die Stätte im innern Leben der Person zu bereiten. Wir konnten daher oben darauf hinweisen, daß gewisse innere Dispositionen die religiöse Ueberzeugung entwurzeln oder unmöglich machen.

Hier sollte nur die Anknüpfung bloßgelegt werden, welche die Gewißheit der religiösen Urtheile, wenn sie verwirklicht ist, an einem allgemein anerkannten Momente des individuellen geistigen Lebens findet. Dieses Moment ist die gefühlsmäßige Gewißheit unserer eigenen Existenz. Das Seligkeitsinteresse des Menschen, dem alle religiöse Welterklärung entsprechen will, ist offenbar nichts Anderes als eine Aeußerung des Selbstgefühls, kraft deren er danach verlangt, das eigene, in seinem unvergleichlichen Werthe gefühlte Dasein über den unwiderstehlichen Lauf der Ereignisse hinausgehoben zu sehen. Aber daß das Selbstgefühl des Menschen die Blüthe dieses Verlangens treiben müsse, das möchte doch schwer zu beweisen sein. Ohne ein Analogon der Metaphysik läßt sich ein Menschendasein allerdings nicht denken. Um diesen Zusammenhang zu bemerken, braucht man nur auf das Zusammenwirken der formalen geistigen Functionen zu sehen, nicht auf einen Begriff vom Wesen des Menschen, welcher die Bedeutung oder den Zweck jener Thätigkeit ausspricht. Denn so lange der Mensch nicht bloß vorstellendes, sondern auch fühlendes Wesen ist, wird sein Vorstellen unvermeidlich in den Schein des Dinges an sich, des in sich geschlossenen Dinges verstrickt; so lange der Wille des Menschen, geleitet von in ihrem Werthe gefühlten Zwecken, in die Ereignisse einzugreifen sucht, muß sich die grenzenlose Vielheit der Dinge zusammenziehen zu einem Weltganzen, zu einer zweckvollen Einheit; am unmittelbarsten wurzelt schließlich in der Thatsache des Selbstgefühls die Vorstellung der eigenen Seele. Das sind urwüchsige Producte einer unausweichlichen Metaphysik. Aus dem bloßen Zusammenwirken der qualitativ verschiedenen geistigen Thätigkeiten, welche wir als Vorstellen, Fühlen und Wollen bezeichnen, lassen sich die Anfänge metaphysischer Welterklärung begreifen. Von der Religion läßt sich nicht das Gleiche sagen. Das Object des religiösen Glaubens ist nicht das unausweichliche Product der formalen geistigen Thätigkeiten, wie jene Gegenstände einer naiven Metaphysik allerdings zu sein scheinen, sondern es entspricht einem persönlich bedingten Inhalt des geistigen Lebens. Nicht an irgend einem gleichgültigen Thatbestande läßt sich daher die Wirklichkeit des Geglaubten bewähren. Aber muß man deßhalb sagen, daß die Religion im geistigen Leben des Menschen keine Wurzeln habe? Das wäre nur dann der Fall, wenn sich dieses Leben selbst aus gleichgültigen Thatsachen zusammensetzte. Nun besteht doch aber die Wirklichkeit persönlichen Lebens darin, daß der Mensch auf Grund eines Gefühls für bestimmte Werthe dem Entgegengesetztes von sich ausschließt. Mit diesem inneren Leben der Person steht die Religion allerdings in innerem Zusammenhange. Denn sobald diese subjective Welt eine solche Geschlossenheit gewinnt, daß der Mensch den vollen Besitz des eigenen Selbst nur in dem Genuß eines ganz bestimmten Werthes zu haben glaubt, sobald das unbestimmte Selbstseinwollen der Person in dem Streben nach einem höchsten Gute eine bestimmte inhaltvolle Größe wird, — sobald dieses eintritt, so ist auch damit eine, wenn auch noch so verschwommene Art religiöser Welterklärung gegeben. Denn als ein solches in sich geschlossenes Ganzes kann sich der Mensch nur denken, wenn er sich in eine Welt versetzt, die von einem Unbedingten umhegt und von seiner geheimnißvollen Macht beherrscht ist. Was als das Erste anzusehen sei, ob jene gesammelte Kraft des Selbstgefühls, oder diese Macht des Unbedingten über das Gemüth, — diese anthropologische Frage hat für uns hier kein Interesse. Sie scheint mir aber auch unlösbar. Unserer Beobachtung liegen beide doch immer nur als zusammengehörige psychische Ereignisse vor. Wohl aber ergiebt sich aus dieser Correspondenz der Religion mit einer ganz bestimmten persönlichen Disposition das Folgende. Während die Metaphysik schon in dem natürlichen Menschendasein, in den überall gleichen formalen Bedingungen des geistigen Lebens wurzelt, so hat die Religion ihre Stätte nur in dem geschichtlichen Menschenleben. Für die Wissenschaft ist daher die Religion zunächst nichts weiter als ein historisches Factum von sehr weiter Verbreitung. Will man sie unter die Gattungscharaktere der Menschheit aufnehmen, so ist dieß nur so möglich, daß man die individuell bedingte Disposition, in welcher sie sich verwirklicht, als allgemeingültig rechtfertigt. Aber wie will man die Allgemeingültigkeit einer individuell bedingten besonderen Verwendung der geistigen Kräfte beweisen, ohne die Ethik zu Hülfe zu rufen? Weder die Allgemeinheit der Thatsache findet statt, noch giebt uns die Vorstellung von dem Zusammenwirken der formalen geistigen Thätigkeiten überhaupt das Recht, die Begriffe Religion und Mensch als nothwendig verknüpft zu denken. Daraus ergiebt sich, daß die Allgemeingültigkeit der Religion überhaupt nicht aus dem empirischen, aus dem durch bloßes theoretisches Erkennen festzustellenden Begriff vom Menschen zu beweisen ist. Daß die Religion dem Menschen nothwendig ist oder zu seinem Wesen gehört, ist also kein Satz der Naturwissenschaft oder einer Psychologie, welche auf den Namen unabhängiger Wissenschaft Anspruch hat. Jenes Urtheil ergiebt sich nur, wenn man nicht mit dem empirischen, dem theoretischen Erkennen zugänglichen Begriff vom Menschen operirt, sondern mit einem solchen, der durch ein Werthurtheil festgestellt ist. Aus diesem Begriff kann auch die Religion abgeleitet werden, wenn in ihn vorher die individuell bedingte Disposition, in welcher sich die Religion verwirklicht, als etwas Seinsollendes aufgenommen war. Von einer Allgemeingültigkeit der Religion kann man daher nur reden, wenn man die Nothwendigkeit des Ideals in Gedanken hat.

Wenn daher die nähere oder entferntere Verknüpfung mit der theoretischen Welterklärung für die Realität der transscendenten Objecte etwas ausmachte, nach welchem die practische Welterklärung hinausgreift, so wäre von den beiden Zweigen derselben die Metaphysik in einem entschiedenen Vortheil vor der Religion. Zwar eine absichtlich ausgeführte Metaphysik pflegt erst ein entwickelteres Culturstreben hervorzutreiben, wenn nach dem Zeugniß der Geschichte Religion längst vorhanden ist. Aber von den urwüchsigen Gegenständen der Metaphysik läßt sich zeigen, daß sie in die practische Ausübung des theoretischen Erkennens nothwendig verflochten sind. Die Verwirklichung der Religion dagegen rechnet auf eine persönliche Disposition, welche nicht überall vorhanden zu sein braucht, wo theoretisches Erkennen practisch ausgeübt wird. Dieser scheinbare Mangel der Religion schafft eine unüberwindliche Schwierigkeit für Alle, welche, wie Lipsius, aus der Unausweichlichkeit der Religion für den empirischen Menschen die Realität der religiösen Objecte, ihren Zusammenhang „mit unserer gesammten wissenschaftlichen Welterklärung" beweisen wollen. Für uns bezeichnet jene Thatsache keinen Mangel der Religion, wohl aber diejenige Differenz derselben von der Metaphysik, auf welche es uns hier vor Allem ankommen muß. Das verschiedene Verhältniß beider zum theoretischen Erkennen führt darauf, daß in Metaphysik und Religion ein verschiedener Begriff der Realität gehandhabt wird. So lange die Metaphysik überhaupt irgendwie zur wissenschaftlichen Welterklärung gerechnet werden will, muß die Realität mit welcher sie sich befaßt, in Continuität stehen mit der Realität, welche für das theoretische Erkennen überhaupt gilt. Bei der Religion, welche jenen Anspruch der Metaphysik nicht erhebt, ist auch jener Zusammenhang nicht nothwendig, sondern erst eine Folge besonderer geschichtlicher Bedingungen.

Wir haben oben gesehen, daß die metaphysische Erklärung der Welt trotz der auch hier vorhandenen practisch motivirten Voraussetzung eines Weltganzen etwas Anderes ist, als die Welterklärung, welche durch das Urtheil der Religion über das Wesen der Welt und über uns selbst eröffnet wird. Aber ein Zusammenbestehen beider im geistigen Leben eines Menschen erscheint nun unmöglich, solange nicht ein Einklang zwischen den abschließenden Urtheilen gefunden ist, welche auf beiden Gebieten die Anschauung eines Weltganzen begründen. Beide wollen doch die gespaltene Wirklichkeit der Dinge aus der Einheit eines Wahrhaftwirklichen, welches als der Grund der Vielheit angeschaut wird, verständlich machen. Wenn daher das Schlußurtheil der Metaphysik mit der Wärme persönlicher Ueberzeugung umfaßt wird, so muß ein verderblicher Conflict unvermeidlich erscheinen, so lange neben ihm das religiöse Urtheil einen eigenartigen Inhalt behauptet. Ich bin weit entfernt, die Möglichkeit eines solchen Zusammenstoßes zu leugnen. Die Bedingungen dazu sind überall gegeben, wo dogmatische Metaphysik gepflegt wird. Sie müssen wirksam werden, sobald die Religion in ihrer Eigenart erwacht und zugleich der Verstand die rücksichtslosen Consequenzen des metaphysischen Versuches zieht, ohne die Verschiedenheit der Objecte in Metaphysik und Religion zu erkennen. Aber es ist eben die Frage, ob die Einheit des geistigen Lebens vor jenem Bruche bewahrt werden kann, wenn man fortfährt, metaphysische und religiöse Weltanschauung in Eins zusammenzuziehen oder wenigstens ihre Identität für einen weiteren Fortschritt des noch unvollendeten Erkennens in Aussicht zu nehmen. Es wird sich zeigen, daß dieß unmöglich ist. Die Einheit des geistigen Lebens, welche auf diese Weise gewonnen wird, ist durch eine Erschleichung erkauft, deren man wenigstens auf christlichem Boden nicht bedarf. Eine solche Einheit bleibt von der steten Gefahr eines Bruches bedroht, welchen das Erstarken der von ihr bewältigten disparaten Elemente nothwendig herbeiführen muß.

Es wird sich später zeigen, daß eine solche Verschmelzung, welche bei den tiefer stehenden Religionen möglich wenn auch nicht nöthig ist, durch die Eigenthümlichkeit des Christenthums verboten wird. Aber freilich wird es für die Mehrzahl der theologischen Richtungen unserer Zeit schwer, auf diesen besonderen Charakter des Christenthums zu achten, so lange sie ihre Ehre darin suchen, den speculativen Rausch, den die Philosophie in der ersten Hälfte dieses Jahrhunderts absolvirt hat, in angemessen verkleinerten Verhältnissen zu wiederholen. Bei aller jähen Zerklüftung der Parteien treffen doch grade die extremsten darin zusammen, daß ihnen die Speculation, welche die Objecte des Glaubens mit den Dingen dieser Welt zu einem gleichartigen, wenn auch vielfach in sich abgestuften Ganzen zusammenfaßt, als die erstrebenswertheste Aufgabe des Erkennens gilt. Unter dieser Voraussetzung steht es dann natürlich fest, daß die abschließenden Urtheile, welche auf den beiden von uns gesonderten Gebieten die Anschauung eines Weltganzen begründen, im Grunde eins sein müssen. „Daß wir mit dem wahrhaft Wirklichen im Christenthum etwas ganz anderes meinen als in der Metaphysik — was sollen wir uns denn dabei eigentlich Vernünftiges denken?[1]) Giebt es denn außer dem Wahrhaftwirklichen etwas anderes als das Nichtwahrhaftwirkliche, d. h. das Unwirkliche, das bloß Vorgestellte, die Phantasiewelt der abstracten Ideale? Wie es nur eine Vernunft giebt, so auch nur eine Wahrheit, nur eine Welt des Wirklichen, sei es des sinnlich oder des geistig Wirklichen, welche eben zusammen die ganze eine Wirklichkeit, das Object unseres vernünftigen Denkens constituiren. Hierin stimmt die gesunde Philosophie mit dem ehrlichen unverschrobenen Denken des „einfachen Christen" völlig zusammen; nur die Sophistik des zweifachen, halbskeptischen und halbgläubigen Neukantianers muthet der Vernunft die Tortur zu, ein doppeltes, gegen einander völlig gleichgültiges, ja theilweise völlig widersprechendes Weltbild in einer und derselben Ueberzeugung zu vereinigen"[2]). Auf solche Bedenken muß man sich gefaßt machen, wenn man das Weltbild, in welchem eine wissenschaftliche Welterklärung sich zu vollenden meint, von demjenigen unterscheidet, in welchem der persönliche Menschengeist sich wirklich vollendet, weil er in ihm seine bleibende Heimath erkennt. Kant pflegte zu sagen, man dürfe an den Begriff, in welchem sich die wissenschaftliche Welterklärung abzuschließen sucht, den Namen eines Gottes nicht verschwenden. Für diese ehrfürchtige Scheu vor dem Heiligen hat eine Anzahl

[1]) Das scheint allerdings unmöglich, so lange man die Thatsache nicht achtet, daß die Metaphysik wissenschaftliche Welterklärung sein will, worin sich ein anderes Interesse ausspricht als im religiösen Glauben.

[2]) In der Prot. K. Z. 1877 S. 487. Pfleiderer hat ganz Recht, wenn er mit diesen und ähnlichen Aeußerungen seine Verwandschaft mit der Orthodoxie erhärten will. Er ist mit einer so orientirten Theologie in der That eine Spielart der modernen Orthodoxie unter uns, wenn man nur an das wissenschaftliche Material der letzteren denkt und ihre religiöse und kirchliche Tendenz außer Rechnung läßt.

christlicher Theologen kein Verständniß. Das Pathos jenes speculativen Bedürfnisses steht dem entgegen. Man glaubt auch im Christenthum die höchste Form des geistigen Lebens nicht in dem Vertrauen auf den in seiner Gesinnung offenbaren aber in seinen Wegen verborgenen Gott suchen zu sollen. Liegt doch vor diesem Vertrauen immerhin ein gewisses Dunkel. Viel werthvoller scheint es, wenn man in dem Grunde des religiösen Vertrauens zugleich die Ursache der natürlichen Bedingungen unseres Daseins erkennen könnte, wenn das höchste Erklärungsprincip der Erfahrungswelt, das man als wissenschaftlich erreichbar voraussetzt, eins wäre mit dem Gott, an den man glaubt. Dann wäre doch das lästige Dunkel, das der practischen Ausübung der religiösen Weltanschauung anhaftet, wenigstens in der Theorie beseitigt.

Sobald man dieß als ein erstrebenswerthes Ziel vor Augen hat, sobald man zu diesem Zwecke die Gegenstände des Glaubens in den Bereich einer wenn auch nur erhofften Metaphysik zieht, so scheint die Behauptung, daß der Mensch im Grunde hier etwas ganz Anderes meine als in der Metaphysik, unerträglich. Es scheint dann selbstverständlich, daß Metaphysik und Religion in demselben Objecte zusammentreffen. Dann aber wäre ihr Zusammenbestehen im menschlichen Geiste allerdings nur zu ertragen, wenn ihre Urtheile übereinstimmen. Nun steht doch aber auf der anderen Seite fest, daß die Anknüpfungspunkte für beide im geistigen Leben des Menschen ganz verschieden sind. Für die Metaphysik ist es das Bedürfniß wissenschaftlicher Welterklärung, für die Religion ist es das Selbstgefühl der Person, die sich selbst als Zweck über die Welt der Erfahrung erheben möchte. Sollen sie daher doch schließlich in dem zusammentreffen, was Beide als das Wahrhaftwirkliche, als das Wesen der Welt auszusprechen suchen, so scheint dieß doch nur so geschehen zu können, daß sich die Eine nach der Anderen modificirt. Wenn uns also die Identität des Objects in Metaphysik und Religion feststände, so müßten wir uns dafür entscheiden, welcher von beiden wir das Recht einräumen wollten, die Andere zu bestimmen. Und vor diese Frage gestellt, gehen nun allerdings die theologischen Richtungen auseinander. Aber die Auskunft, welche auf beiden Seiten ertheilt wird, ist der Art, daß man deutlich sieht, das ganze Streben, von jener Identität aus zu operiren, führt in die Irre.

Die moderne Orthodoxie, die mit dem Schwert der Romantiker

den Rationalismus zu bekämpfen meint, zieht sich so aus der Verlegenheit. Giebt es doch immer einige „christliche" Philosophen, welche von der christlichen Gottesidee aus den von der Wissenschaft grade hergestellten Zusammenhang der Dinge in seiner Nothwendigkeit begreifen. Solchen Philosophen sieht man dann gern einige Ketzereien nach [1]) und freut sich über die an ihnen hervortretende Wahrheit, daß die richtig gehandhabte freie Wissenschaft ganz von selbst da anlangt, wo die Religion ihre von Oben stammenden Heiligthümer verehrt. Die Abweichungen der Philosophie in einigen Punkten werden deßhalb nicht ungern gesehen, weil auf diese Weise doch auch noch Einiges für die Offenbarung reservirt werden kann, was, dem freien Erkennen unzugänglich, als Mysterium hinzunehmen ist. Im Grunde liegt darin nichts weiter als der feste Entschluß, die Wissenschaft nur soweit gelten zu lassen, als sie mit den eigenen religiösen Anschauungen übereinkommt, d. h. der Philosophie ihre Resultate vorzuschreiben eben weil man von der Identität der Objecte in Metaphysik und Religion überzeugt ist. Diese Entscheidung wird nur durch einige Höflichkeiten gegen die Philosophie verdeckt, welche man des Friedens wegen gern bewilligt. Und freilich ist dazu einige Veranlassung vorhanden. Denn wenn es offen hervorträte, daß die feste Erwartung, das richtig dirigirte freie Erkennen werde schon mit der Religion in demselben Urtheil zusammentreffen, gar nichts weiter ist, als der feste Wille, den in der Theologie formulirten religiösen Voraussetzungen die Direction der Wissenschaft zu übertragen —, wenn das offenbar würde, so würde man ja in gefährlicher Weise die Entrüstung der Wissenschaft provociren, welche in der entsagendsten Hingabe an das thatsächlich Gegebene ihre Würde sucht. Trotzdem würde ich, wenn ich einmal die Voraussetzung von der Identität des Objects in Metaphysik und Religion theilte, mich ohne Frage auf die Seite dieser theologischen Fraction stellen und jene Prätension der mittelaltrigen Kirche mit ihr wiederaufnehmen. Aber ich würde dann auch dieses durch die religiöse Ueberzeugung mir aufgezwungene Attentat auf die Freiheit der Wissenschaft lieber in der unmißverständlichen Sprache des päpstlichen Syllabus begehen und die unsicheren Ausdrücke bei Seite

[1]) vergl. Kahnis, Dogmatik 2. Aufl. 1. Bd. S. 134: „Wie die größten Denker des Alterthums einen Zug zur Offenbarung gehabt haben, so ist auch die neuere Philosophie in Schelling zur Offenbarung zurückgekehrt".

lassen, in welchen evangelische Theologen an diesem Punkte ihr Schwanken im Angesichte der Gefahr verrathen.

Einer ganz ähnlichen Schwierigkeit fallen nun die Theologen der entgegengesetzten Richtung zum Opfer, welche entschlossen sind, die religiöse Weltanschauung nach den Resultaten ihrer Metaphysik zu modificiren. Da sie auch von der Identität des Objects in beiden überzeugt sind, so unterscheiden sie sich von ihren kirchlichen Gegnern nur in den Beziehungen, welche die Position an dem entgegengesetzten Punkte desselben Kreises mit sich bringt. Bei ihnen ist das Schulgeheimniß, welches sorgsam verdeckt werden muß, die Thatsache, daß durch ihre Entscheidung eine Lebensbedingung der Religion principiell aufgehoben wird. Das ist nämlich der Fall, wenn diese Theologen für ihre Metaphysik das Recht in Anspruch nehmen, die Lehrmeisterin der Religion zu spielen, sobald die beiderseitigen Urtheile differiren. Ich weiß recht wohl, daß die wissenschaftliche Darstellung der religiösen Weltanschauung in ihrer Geschichte eine fast ununterbrochene Reihe von Revolutionen aufweist, welche durch den Fortschritt der Metaphysik bedingt waren. Das ist aber keineswegs ein Beweis dafür, daß dieß als das naturgemäße Verhältniß anzuerkennen ist. Es war vielmehr die nothwendige Folge der begriffswidrigen, wenn auch unter den obwaltenden Verhältnissen sehr erklärlichen Verbindung, welche die altkatholische Theologie in ihren ersten Anfängen zwischen der christlichen Weltanschauung und einer Metaphysik gestiftet hatte, die sich zwar als Product freien Erkennens darbot, im Grunde aber in allen ihren Formen eine aus practischen Antrieben erwachsene Theologie des Heidenthums gewesen ist. Hatte die christliche Theologie diese dogmatische Metaphysik einmal in sich aufgenommen, die von ihrem eigenen religiösen Charakter nichts wußte, so besaß sie auch ein sehr empfindliches Organ für jede Wandlung der Metaphysik, welche in demselben Sinne als eine Art natürlicher Theologie weiter cultivirt wurde. Gegen die Unsicherheit der wichtigsten religiösen Anschauungen, welche daraus folgen mußte, hat sich die christliche Gemeinde bisher durch einen zähen Traditionalismus, der dem Neuen immer wieder das Gepräge des Alten zu geben wußte, einigermaßen geschützt. Welche Schäden trotzdem in die wissenschaftliche Darstellung des Christenthums hereinbrachen, weil das Bewußtsein ihrer Eigenthümlichkeit durch die kritiklose Verbindung mit jener Metaphysik sich immer mehr abstumpfte, zeigt sich vor Allem an den schweren Kämpfen der Kirche mit dem aufklärerischen Wahn einer natürlichen Religion, der niemals lebensfähig gewesen wäre, wenn ihn nicht die kirchliche Theologie mit ihren eigenen Säften gnährt hätte. Jetzt ist nun aber die Macht jenes Traditionalismus in weiten Kreisen der Kirche gebrochen. Man hat mit Recht einen tiefen Eindruck von der Würde freier wissenschaftlicher Forschung empfangen. Warum soll man also den freien Flug einer Metaphysik, die sich mit Bewußtsein ein Urtheil über die Wahrheit der religiösen Ueberzeugung erlaubt und auf der andern Seite als ein Product des freien Erkennens gelten soll und gilt[1]), an irgend einem Glaubenssatze einer religiösen Gemeinde sich brechen lassen? Hat doch vor Kurzem einer der Gelehrten dieser Richtung auf die Frage, warum der Protestantenverein kein neues Glaubensbekenntniß aufstelle, die Antwort ertheilt: weil Naturwissenschaft und Philosophie noch nicht zum Abschluß gekommen sind. Man darf über dem Lächerlichen einer solchen Aeußerung doch auch nicht übersehen, daß selbst angebliche Vertreter des Christenthums durch die Begeisterung für die Freiheit der Wissenschaft, deren heute auch die schwächsten Charaktere fähig sind, sich dazu hinreißen lassen, in diesem Interesse die Lebensbedingungen der Religion zu verletzen. Denn wer für die letzteren das Auge offen behält, wird den folgenden Worten von Kahnis a. a. O. I., S. 133[2]) zustimmen müssen: „In Sachen der Wissenschaft mag die Vernunft, was sie dermalen nicht begreift, späteren Forschungen überlassen. Aber der Glaube kann die Betrachtung Gottes nicht nach Art Cicero's mit dem Resultate vorwiegender Wahrscheinlichkeit abschließen". Mit dem Verständniß für die Freiheit des theoretischen Erkennens steht ja wenigstens bei seinen berufenen Vertretern in untrennbarer Verbindung das Bewußtsein, daß die wissenschaftliche Erklärung der Erscheinungen es nur zu Wahrscheinlichkeiten bringt. Deßhalb muß sich hier mit der Freude über ein erreichtes Resultat stets die Bereitschaft verbinden, dasselbe jederzeit der Controle durch unerwartete Erscheinungen zu unterwerfen. Wie sich etwa die Metaphysik diesem methodischen Grundsatze entziehen und trotzdem den Charakter freier, nicht durch die sittliche Ueber-

[1]) Nicht für uns sondern für unsere Gegner.

[2]) vergl. Kant 1, 538 „Aber sollte es nicht auch theoretische Beweise geben, von denen sich sagen ließe, daß ihnen zu Folge es wahrscheinlich sei, daß ein Gott sei? — Die Antwort ist, der Ausdruck der Wahrscheinlichkeit ist in dieser Anwendung völlig ungereimt".

zeugung oder durch menschliche Wünsche bestimmter Wissenschaft bewahren könnte, ist durchaus nicht einzusehen. Sie sucht das dem gegenwärtigen Stande der wissenschaftlichen Forschung immanente Gesammtbild einer erklärbaren Welt zu unterwerfen. Sie ist daher unumgänglich in den Fortschritt der empirischen Forschung verflochten und ist genöthigt, im Anschluß an denselben sich selbst zu wandeln, wenn sie den Charakter unabhängiger Wissenschaft behalten will. Gesetzt also, die Metaphysik wäre berufen, über die Wahrheit religiöser Urtheile zu befinden, und berechtigt, die Anerkennung dieses Verdicts seitens der Religion zu fordern, so wären wir mit unserer religiösen Ueberzeugung auf den schwankenden Boden einer wissenschaftlichen Hypothese gestellt.

Dieß wird nun freilich unter den Theologen so leicht Keiner als das Richtige offen behaupten. Man hilft sich daher da, wo man die Geltung des religiösen Urtheils von der Censur der Metaphysik abhängig macht, mit allerlei Auskünften, um die Gefährlichkeit des methodischen Grundsatzes vor sich selbst und Andern zu verbergen. Man versichert, es sei nur nöthig, das Wesentliche in der Religion vom Unwesentlichen zu unterscheiden. Das erstere, der religiöse Vorgang in dem Frommen selbst, werde von irgendwelcher Metaphysik weder hervorgebracht noch zerstört. Das letztere dagegen, die Vorstellungen nämlich, in welchen der Mensch das innere Erlebniß abzubilden und möglichst allgemeinverständlich zum Ausdruck zu bringen suche, seien der metaphysischen Kritik zu unterziehen, welche entscheiden müsse, ob sie in dieser Form sich auf ein Seiendes beziehen könnten oder als rein subjective Phantasieen abzuweisen seien. Eine solche Unterscheidung zwischen Wesentlichem und Unwesentlichem ist nun bei einem Religionsphilosophen sehr begreiflich, der die Besonderheiten der verschiedenen Religionen mit dem immer gleichen theoretischen Interesse betrachtet. Wenn man wie dieser des Glaubens lebt, daß die Anthropologie an dem Menschen ein identisches religiöses Verhältniß erkennen könne, welches gemäß den verschiedenen Bedingungen der geistigen Cultur auch eine Verschiedenheit der religiösen Vorstellungen zur Folge habe, so wird man auch geneigt sein, die letzteren neben jenem unbestimmten aber auch unveränderlichen Factum der Menschennatur gering zu achten. Die Einsicht, daß ja schon die Annahme einer solchen allgemeinen, mit dem Wesen des Menschen gesetzten Religiosität, ein religiöses Urtheil über den Menschen sei, darf man von dieser sogenannten Religionsphilosophie nicht erwarten. Sie würde sich damit das Recht der Existenz absprechen — was freilich das Beste wäre was sie thun könnte. Für denjenigen aber, der aus der subjectiven Wirklichkeit einer besonderen Religion heraus denkt und redet, ist es unmöglich, die religiösen Urtheile über die Welt und über sich selbst, als etwas Unwesentliches dem Fortschritt der Welterkenntniß preiszugeben. In diesen Urtheilen entfaltet sich ja die Anschauung der Welt, in welcher er seine Person mit ihren höchsten Gütern bewahrt weiß. Wenn ihm zugemuthet wird, die Realität dieser Welt der religiösen Anschauung, deren feste Züge der festen Bestimmtheit seines höchsten Gutes entsprechen, von dem wechselnden Urtheil der Wissenschaft abhängig zu machen, so wird ihm einfach angesonnen, den religiösen Glauben in sich selbst nicht zur Wirklichkeit kommen zu lassen, sondern zu suspendiren — bis vielleicht die Erwartung des oben erwähnten „freisinnigen" Theologen erfüllt sein wird, bis Naturwissenschaft und Philosophie zum Abschluß gekommen sein werden. Die unruhige Bereitschaft, auch das sicherste Resultat seiner Welterklärung zu modificiren, welche dem wissenschaftlichen Forscher zur Pflicht gemacht wird, ist der festen Zuversicht des religiösen Charakters direct entgegengesetzt. Wer daher die Urtheile und Vorstellungen, auf welche sich der religiöse Glaube bezieht, in eben dieser Geltung der Censur der freien Wissenschaft unterwirft, geht, wenn auch unbewußt, darauf aus, die Wirklichkeit der Religion in infinitum zu suspendiren. Daß dieß das unausbleibliche Resultat ist, macht man sich vielleicht deßhalb nicht klar, weil man das Wesen der eigenen Religion einseitig in den subjectiven Erlebnissen sucht, welche ihrer Aneignung gefolgt sind, und dabei übersieht, daß doch das Christenthum als besondere Religion nur in einer eigenthümlichen Weltanschauung und Selbstbeurtheilung verwirklicht wird, deren Werth für den Christen niemals in der Anregung des sittlichen Willens oder in der Erregung gänzlich unbestimmbarer, in allen Religionen identischer Gefühle aufgeht. — Sobald man eine die religiösen Objecte mitumfassende Metaphysik cultivirt und dieser, wie man muß, das Majestätsrecht freier unabhängiger Forschung zugesteht, so verzichtet man auf feste unveränderliche Züge der religiösen Weltanschauung. Das theoretische Moment der Religion wird eine von dem Fortschritt der freien Forschung abhängige veränderliche Function. Dann aber können sich auch jene practischen Erfolge der besonderen christlichen Religion, auf die man ja nicht

Verzicht leisten will, nicht behaupten. „Ohne die dogmatische Hülle zerfließt und verflüchtigt sich der religiöse Gehalt des Christenthums“ [1]).

Das sind die beiden Abwege, zwischen denen man zu wählen hat, wenn man das Reale, auf welches sich die Metaphysik bezieht, mit demjenigen identificirt, welches von der religiösen Ueberzeugung umfaßt wird. Entweder versucht man unwillkürlich die freie Beweglichkeit der Forschung aufzuheben, welche die thatsächlich gegebene Welt ergründen soll, oder man wird auf der anderen Seite dazu gedrängt, die Gewißheit des religiösen Glaubens von Erkenntnissen abhängig zu machen, deren schwankender Charakter den Bedürfnissen widerspricht, welche die Religion befriedigen soll. Die Interessen der wissenschaftlichen Welterkenntniß und der Religion drängen also in gleicher Weise dazu, die Differenz der Objecte in Metaphysik und Religion anzuerkennen. Es ist auch gar nicht schwer, diese Differenz einzusehen. Aber man muß dabei allerdings sich zu dem Schritte entschließen, die religiöse Weltanschauung dem persönlichen Leben des Menschen zuzuweisen, welches, den Begriffen des reinen Erkennens verschlossen, über ihm eigenthümliche Vorstellungen zum Ausdruck seiner Realität verfügt. Man muß mit dem alten Wahn brechen, daß der Mensch seine Heiligthümer dadurch ehre und schütze, daß er sie mit der erkennbaren Natur in continuirliche Verbindung zu bringen sucht.

Die allgemeinen Voraussetzungen über das Wesen der Welt, welche in der Metaphysik erörtert werden, beanspruchen ohne Zweifel universelle Geltung. Sie wollen zwar dem Reichthum der a priori nicht bestimmbaren Wirklichkeit nicht präjudiciren, aber den allgemeinen Rahmen, die bleibende Einheit suchen sie festzustellen, innerhalb deren alles Mögliche sein Dasein haben soll. Das Verlangen, ein solches einheitliches Band alles Wirklichen zu entdecken, ist die letzte Entfaltung des Bedürfnisses, die Welt in ihrem Gegebensein zu erklären. Die diesem Bedürfniß entsprechende Voraussetzung, daß wir uns in einer zusammenhängend erklärbaren Wirklichkeit bewegen, steht uns deßhalb so unerschütterlich fest, weil uns nur, wenn sie uns nicht täuscht, gelingen kann, durch planmäßiges Handeln die Ereignisse in immer weiterem Umfange unseren Zwecken dienstbar zu machen. Wenn wir nun in der Metaphysik darauf ausgehen, die allgemeinsten Formen einer Welt zu entwerfen, welche

[1]) De Wette, Ueber Religion und Theologie. 1815. S. 198.

jener Voraussetzung entspricht, so wird dieser Versuch seine denkbar höchste formelle Vollendung in der Ableitung aus Einem letzten Princip erreichen, seinem Zweck aber wird er nur in dem Maße genügen, als von ihm aus die Begriffe, mit welchen wir in der Erklärung der Welt factisch etwas ausrichten, in ihrer Zusammengehörigkeit und Nothwendigkeit verständlich werden. Daraus ergiebt sich die Einschränkung, daß sich die Begriffe der Metaphysik nur auf diejenige Wirklichkeit beziehen können, welche, indem sie uns erklärbar ist, sich uns als Mittel für unsere Zwecke darstellt. Wie vereinigt sich nun aber damit, daß die Metaphysik für ihre Begriffe den Anspruch auf universelle Geltung erhebt? Dieser Anspruch bleibt trotzdem bestehen, weil nur die erklärbare, für unsere Zwecke verwendbare Wirklichkeit für die Wissenschaft vorhanden ist, deren Vollendung die Metaphysik beabsichtigt. Mit dem, was das mit gesunden Sinnen und Verstand begabte Subject als wirklich setzen muß, hat sich die Wissenschaft zu beschäftigen, welche sich von der Herrschaft bestimmter ethischer Voraussetzungen frei erhält. Und nur auf dieses Gebiet, welches allein für den Menschen, abgesehen von seiner sittlichen Qualität, als allgemeiner Gegenstand der Erkenntniß vorhanden ist, kann sich jener Anspruch der Metaphysik erstrecken, wenn sie selbst als unabhängige Wissenschaft gelten will. Als zu dieser Wirklichkeit gehörig wird von uns Allen, ohne daß wir dazu durch die Herrschaft eines besonderen Zweckes über unser Gemüthsleben angeleitet würden, nicht nur die durch die Sinne gegebene räumlich-zeitliche Welt anerkannt, sondern ebenso die Welt der specifisch inneren Erfahrung, die psychischen Ereignisse, welche jeder nur in sich selbst beobachtet und erst durch einen Analogieschluß auf Andere überträgt. Mit der Auffassung der letzteren in ihrer eigenthümlichen Art entsteht freilich ein Riß in der von uns anerkannten Wirklichkeit, über den die uns verfügbaren Mittel der wissenschaftlichen Naturerklärung nicht hinweghelfen. Aber wenn die psychischen Vorgänge auch so beschaffen sind, daß sie sich als eine einzigartige Gruppe des Wirklichen allem übrigen gegenüberstellen, so sind sie doch erstens ebenfalls Gegenstand einer unwiderstehlichen, durch kein besonderes Interesse bedingten Wahrnehmung, und zweitens liegt, wenn auch in geringem Maße die Möglichkeit vor, auch in ihren Zusammenhang mit den gewohnten Mitteln wissenschaftlicher Welterklärung einzudringen, indem man die das psychische Ereigniß begleitende materielle Bewegung der Beobachtung unterwirft. Aus beiden ergiebt sich die Berechtigung, sie mit der übrigen Welt zu Einer Wirklichkeit zusammenzufassen und erwächst der Antrieb, in der Metaphysik nach der Einheit des geistigen und materiellen Seins zu forschen.

Mit dieser erklärbaren Welt, welche von allen Menschen ohne Weiteres in ihrer Thatsächlichkeit anerkannt wird, ist aber die uns bekannte Wirklichkeit nicht erschöpft. Auch dann noch nicht, wenn wir das mithinzurechnen, was in der Metaphysik als seiend gesetzt wird. Denn damit kommen wir, wenn es sonst dem Zwecke der Metaphysik entsprechend methodisch richtig aufgestellt ist, über diese thatsächlich gegebene erklärbare Welt nicht hinaus. In dem, was die Metaphysik als das eigentliche Wesen der Welt entdeckt, bringen wir uns ja nur die Voraussetzungen zum Bewußtsein, welche wir unwillkürlich machen, indem wir annehmen, daß die uns gegebene Welt, in welcher uns Erklären factisch hier und da gelingt, zusammenhängend erklärbar sei. Also auch das Wahrhaftwirkliche der Metaphysik führt uns nicht über die erklärbare Wirklichkeit hinaus, weil es nur dasjenige ausspricht, was jener immanent ist, wenn wir ihre continuirliche Begreiflichkeit voraussetzen. Der Gott der Metaphysik gehört ohne Frage auch in die Physik[1]).

Daß aber damit das uns bekannte Wirkliche nicht erschöpft ist, muß uns grade derjenige zugeben, der jenen metaphysischen Versuch selbst in seiner Berechtigung anerkennt. Jene Voraussetzung selbst, welche das Unternehmen der Metaphysik hervorruft und leitet, ergiebt sich ja nicht aus dem einfachen Fortgange des Erkennens, sondern ist ein Urtheil, das in Folge eines Willensentschlusses über die Vielheit der Dinge ergeht. Wäre nicht unser Selbstgefühl von der Vorstellung von Zwecken begleitet, welche wir als die uns entsprechende Wirklichkeit wollen, und zu denen die thatsächlich gegebenen Dinge in dem vielfach abgestuften Verhältniß von Mitteln stehen, so würde sich uns das grenzenlose Gebiet der Erfahrung niemals zu der Einheit zusammenschließen, nach deren Wesen in der Metaphysik gefragt wird. In jenem Selbstgefühl aber, in den durch dasselbe sollicitirten Willensbewegungen und in dem Inhalt der durch dasselbe bestimmten Vorstellungen, ist uns eine Welt eröffnet ganz anderer Art, als diejenige, welche wir zu erklären suchen, um sie in immer weiterem Umfange als Mittel zu verbrauchen. Freilich

---

[1]) vergl. Kant 8, 282.

sind ja auch Gefühle, Willensbewegungen, Vorstellungen als psychische Vorgänge Objecte wissenschaftlicher Beobachtung und Erklärung. Und von den Anfängen einer solchen machen wir überall, wo es darauf ankommt, die Erscheinungen geistigen Lebens als Mittel zu einem Zweck zu behandeln, in der Erziehung und in allen möglichen Formen menschlichen Verkehrs einen vortheilhaften Gebrauch. „Man kann nämlich die Lehre vom Vorstellungswechsel, d. h. vom Einflusse vorhandener oder neu in das Bewußtsein getretener Vorstellungen auf die nachfolgenden nicht nur theoretisch entwickeln, sondern auch in einem bei Weitem größeren Maße als es bisher geschehen ist, auf Experimente und Beobachtung stützen, ohne sich um die physiologische Grundlage weiter zu kümmern" (Lange, Gesch. des Materialismus, 2. Aufl. II, 394. vergl. A. Stadler, die Grundsätze der reinen Erkenntnißtheorie in der Kantischen Philosophie, S. 6 ff.). Aber man mag sich jenen Versuch psychologischer Erklärung noch so weit entwickelt denken, er wird doch nie etwas Anderes eruiren können als die Regeln, welche sich für die Zusammensetzung complexer Gebilde aus der erkannten Natur der einfachsten psychischen Elemente ergeben. Nur diese äußere Structur der psychischen Ereignisse bietet sich dem Bewußtsein als ein solches feststehendes Datum, als eine solche in ihrem Gegebensein anzuerkennende Thatsache dar, daß sie zu einer wissenschaftlichen Erörterung einladet, welche ohne Weiteres in Aussicht nehmen darf, nicht nur vor Einem menschlichen Subject, sondern von allen etwas auszusagen. Es giebt nun aber noch eine andere Ordnung der inneren Erlebnisse und im Zusammenhang damit unserer Vorstellungswelt überhaupt, für welche eine derartige Erklärung nicht ausreicht. Die Ordnung unserer Erlebnisse nach dem Werthe, den sie für uns haben, läßt sich für den, der sie entwirft, psychologisch nicht vollständig erklären. Die allgemeinen Gesetze der geistigen Bewegungen bleiben in ihrer Gültigkeit unberührt, obgleich die Thatsache vorliegt, daß dieselben Ereignisse verschiedenen Menschen in ganz verschiedener Weise wohl- und wehethun. Wenn wir diese letzteren Vorgänge, die Art wie wir im Gefühl der Lust und Unlust die Erscheinungen als unsere Erlebnisse uns aneignen, den Inhalt des geistigen Lebens nennen, so läßt sich aus den in der Psychologie festgestellten Thätigkeitsweisen des Geistes dieser Inhalt nicht ableiten. Er ist ihnen gegenüber etwas Zufälliges; für jeden anderen Inhalt wären die Formen des geistigen Lebens ebenso bereit.

Wollte man dennoch eine Erklärung eines solchen singulären psychischen Factums versuchen, so würde man über das specielle Gebiet der psychologischen Forschung hinausgewiesen in den unermeßlichen Causalzusammenhang, der sich für unser Bewußtsein um das lebendige Subject ebenso ausbreitet, wie um jede andere der Erklärung unterworfene Erscheinung. Aber grade der durchaus berechtigte Versuch einer solchen Erklärung leitet uns auf die Erkenntniß, daß wir uns hier an der Grenze befinden, an welcher sich die Verfolgung der einen Art des Wirklichen an der unumgänglichen Anerkennung der anderen aufgehalten findet.

Auf der einen Seite steht fest, daß jener Versuch sich nicht kurzer Hand abweisen läßt, weil derselbe, an unseren Erkenntnißmitteln gemessen, unausführbar erscheine. Denn wenn wir überhaupt die geistigen Vorgänge in einen Gegenstand vereinigen, wenn wir nicht nur von Vorstellungen, Willensbewegungen, Gefühlen, welche vorgestellt werden, sprechen, sondern von der Seele, welche vorstellt, will, fühlt, so dürfen wir auch die Consequenzen dieses Schrittes nicht willkürlich abschneiden. Zu diesen Folgen gehört aber in erster Linie die Thatsache, daß wir auch diesen Gegenstand in den Begriffen auffassen, in welchen überhaupt Gegenstände für das Bewußtsein zu Stande kommen. Sind diese Begriffe nun die Beziehungsbegriffe der Substanz und Causalität, so kann man sich dem Zugeständniß nicht entwinden, daß auch der Versuch, eine einheitliche Seele vorzustellen, wiederum über sich selbst hinausführt, um in dem unabweisbaren Streben, den Gegenstand in allen den Beziehungen zu erfassen, welche durch die ihn constituirenden Begriffe angedeutet sind, schließlich die Seele selbst wieder in eine unabsehbare Menge von Relationen aufzulösen. Ein solcher Erklärungsversuch läßt sich also nicht mit der Berufung darauf abweisen, daß das Wesen der Seele, welche wir als eine in sich geschlossene Einheit selbst erleben, ihn verbiete. Denn er wird uns aufgezwungen durch die Natur der Begriffe, in welchen für das Bewußtsein die Einheit eines Gegenstandes vollzogen wird. Eine aus der Natur der vorstellenden Thätigkeit sich ergebende Methode des Vorstellens muß man sich aber gefallen lassen, was auch sonst dagegen sprechen möge.

Auf der anderen Seite sind wir ebenso fest überzeugt, daß ein nicht geringer Fanatismus des Erklärenwollens dazu gehört, um die Anerkennung zu verweigern, daß sich auf Grund dessen, was wir als unser eigenes Dasein erleben, Alles in uns gegen einen solchen Versuch, die lebendige Seele zu erklären, auflehnt. Wir haben uns selbst als eine Einheit, der wir nichts mehr widersprechend finden, als die Aussicht, sie solle sich in lauter Relationen zerfasern lassen. Und diese Gewißheit erhält sich uns trotz des bereitwilligen Zugeständnisses, daß nach den Gesetzen des Vorstellens die Einheit des vorgestellten Gegenstandes dem geschilderten Schicksal unabweislich anheimfällt. Wir nehmen also offenbar die Einheit, als welche wir uns selbst haben, indem wir sie uns vergegenwärtigen, von den Gesetzen aus, denen sonst die Einheit des vorgestellten Gegenstandes unterliegt. Was ist nun das unterscheidende Merkmal an jener, woraus uns die Veranlassung erwächst, sie so ganz anders zu behandeln wie diese? Die Einheit, in welche wir die Mannichfaltigkeit unserer inneren Zustände zusammenfassen und in welcher wir uns als das Ich der gesammten übrigen Welt als dem Nicht-Ich gegenüberstellen, nennen wir Selbstbewußtsein. Indem wir in der Analyse desselben Lotze[1]) folgen, wird sich uns ergeben, daß wir es bei ihm mit einer Art der Wirklichkeit zu thun haben, welcher die Begriffe des vorstellenden Bewußtseins völlig inadäquat sind.

Von vornherein sind wir genöthigt, den Unterschied, in welchem wir uns als das Ich der ganzen übrigen Welt als dem Nicht-Ich gegenüberstellen, anders anzusehen als die Unterschiede, in welchen sonst für uns die Gegenstände auseinandertreten. Die Unvergleichbarkeit beider Unterscheidungen wird uns sogleich anschaulich, wenn wir den Versuch machen, die im Selbstbewußtsein vollzogene nach Art aller übrigen uns vorzustellen. Wenn wir sonst einen Gegenstand von einem andern unterscheiden, so thun wir dieß, indem wir ein objectives Merkmal an ihm hervorheben, welches selbst wieder als Grund der Unterscheidung in Form einer Vorstellung erfaßt werden kann. Versuchen wir dasselbe bei der Gegenüberstellung des Selbstbewußtseins und aller übrigen Gegenstände, so hat in der That das erstere ein derartiges Merkmal. In ihm fallen Denkendes und Gedachtes zusammen, während die Unterschiede aller übrigen Gegenstände von dem gemeinsamen Merkmal umfaßt werden, daß sie an dem Nicht-Ich hervortreten. Aber jenes Merkmal bezeichnet ja nur den wesentlichsten Zug, durch welchen sich jedes Ich von den übrigen

---

[1]) vergl. Mikrokosmos 2. Aufl. 1, 278 ff.

Gegenständen absondert. Man kann sich offenbar diesen allgemeinen Charakter des Ich sehr deutlich vergegenwärtigen, ohne daß man deßhalb die Unterscheidung vollzöge, in welcher man sein eigenes Ich erlebt. Dazu gelangt man auch noch nicht dadurch, daß man sich alle die Eigenthümlichkeiten vergegenwärtigt, welche das eigene Ich als die seinigen zusammenfaßt. Wenn wir eine solche Erkenntniß der eigenen Individualität in größter Vollkommenheit besäßen und noch den Gedanken hinzufügten, daß in unserem Falle das Erkennende mit dem Erkannten identisch ist, so wäre uns damit zwar unser Wesen in voller Klarheit gegenständlich geworden, aber auch so gegenständlich, daß unser eigenes Selbst uns nur als Gegenstand unter anderen erschiene. Was uns aber trotzdem unbekannt und unverständlich bleiben würde, ist die Innigkeit, „mit der wir in unserem wirklichen Selbstbewußtsein den unendlichen Werth dieser Zurückbeziehung auf uns selbst empfinden. Wie alle Werthe des Vorgestellten, so wird auch dieser nur durch Gefühle der Lust und Unlust von uns ergriffen. Nicht indem jenes Zusammenfallen des Denkenden mit dem Gedachten von uns gedacht, sondern indem es in dem unmittelbaren Werthe, den es für uns hat, gefühlt wird, begründet es unser Selbstbewußtsein und hebt unwiderruflich den Unterschied zwischen uns und der Welt über alle Vergleichung mit den Gegensätzen hinaus, durch die ein Gegenstand sich vom andern sondert" [1]). Es ist offenbar, daß wir das Wesen unseres Selbstbewußtseins erst wirklich erfassen, wenn wir es so auf ein Selbstgefühl zurückführen, durch welches der mit allem Uebrigen unvergleichbare Werth unserer geistigen Bewegungen uns zur Erfahrung kommt, und uns somit erst das unterscheidende Merkmal für die Momente unseres eigenen Selbst geboten wird. Dadurch wird aber dieses Wissen von uns selbst ein völlig anderes als das Wissen von den Gegenständen. Während hier das einigende Band des Mannichfaltigen der Begriff der Substanz ist, so ist es dort das Gefühl für den Werth des Selbstseins und aller der Momente, welche die eigenthümliche Art dieses Selbst constituiren. In unserem Selbstbewußtsein glauben wir also ein Wirkliches zu haben, welches uns nicht durch die Thätigkeit des objectiven Vorstellens gegeben ist, sondern auf Grund eines Gefühls von uns behauptet wird. Wenn wir die Wirklichkeit desselben intensiver erfassen, so geschieht

---

[1]) Lotze a. a. O. S. 250.

dieß nicht wie sonst durch eine deutlichere Vergegenwärtigung der Merkmale und ihrer thatsächlichen Verknüpfung, nicht durch die Verfolgung der Beziehungen, in welchen der Gegenstand steht, sondern durch die Steigerung des Werthgefühles, in welchem wir die uns bekannten geistigen Vorgänge als unsere eigenen erleben. Eben deßhalb aber, weil die Einheit des Selbstbewußtseins, in welchem unser eigenes Leben von uns genossen wird, auf jenem Gefühle ruht, ist es falsch, dasselbe ebenso zu behandeln, wie die Gegenstände, welche unter der Kategorie der Substanz vorgestellt werden. Die Vielheit der letzteren breitet sich als die erklärbare Wirklichkeit um uns aus. Jeder Gegenstand, der uns auf diese Weise zur Erscheinung kommt, fordert durch die Begriffe, in welchen dieses geschieht, dazu auf, ihn zu erklären, die Beziehungen zu anderen Dingen, in welchen seine Besonderheit besteht, ins Unermeßliche zu verfolgen. Das Selbstbewußtsein, welches die Ausdeutung [1]) eines ursprünglichen Selbstgefühles ist, widersteht diesem Proceß durchaus, weil die Einheit des Mannichfaltigen in diesem einzigen Falle nicht durch die Beziehungsbegriffe gedacht, sondern im Gefühle erlebt wird. Was aber nicht durch jene Begriffe zu Stande gebracht ist, das kann auch nicht ihnen gemäß erklärt oder in Beziehungen aufgelöst werden. Man beachte genau, wie wir die Wirklichkeit des Selbstbewußtseins hier verstehen. Dasselbe ist natürlich, wenn es Gegenstand innerer Wahrnehmung ist, für das Bewußtsein etwas Wirkliches, wie alle seine Vorstellungen. Wenn man dieses Object der inneren Wahrnehmung erklären will, so muß man es als Accidens einer Substanz aufzufassen suchen. Wo diese Substanz zu finden ist, versteht sich von selbst. Man wird durch das Mittelglied der Physiologie in das unermeßliche Gebiet der Molecularbewegung hinausgewiesen. In der Theorie ist ein solcher Versuch als an sich berechtigt zuzugeben. Aber von jener Wirklichkeit, welche dem Selbstbewußtsein als einem Object der inneren Wahrnehmung, wie allen psychischen Erzeugnissen zukommt, reden wir hier gar nicht, sondern von derjenigen, welche auf Grund des Selbstgefühls gesetzt wird. Erlebbar ist diese Wirklichkeit des Selbstbewußtseins, aber nicht erklärbar. Das Bedürfniß, auch hier die gewohnte Erklärung zu versuchen, kann also nur daraus entstehen,

---

[1]) Es ist also überhaupt kein gegebener Gegenstand des Erkennens, nichts Objectives.

daß man das Selbstbewußtsein wie eine andere gleichgültige Einheit des Mannichfaltigen, wie einen Gegenstand neben anderen behandelt, und vergißt, daß uns die Wirklichkeit desselben nur auf Grund eines werthbestimmenden Selbstgefühles feststeht.

Wenn wir sonst die Beobachtung machen, daß etwas auf diese Weise von uns oder Anderen als seiend gesetzt ist, so sehen wir darin ein Product der Einbildung. Der Vorgang dieser Einbildung kann dann freilich Object psychologischer Erklärung für uns sein; ihr Product dagegen als ein Seiendes anzusehen und aus dem Zusammenhange mit anderen Seienden zu erklären, wird uns nicht einfallen. Trotzdem kann eben dieses Product für den, der in der Einbildung lebt, die volle Macht eines Wirklichen ausüben. Ganz dasselbe ist nun bei dem Selbstbewußtsein der Fall, welches ebenfalls, sobald wir es uns gegenständlich machen, seine *Wirklichkeit* als Gegenstand nur auf Grund des Selbstgefühls besitzt. Für die *erklärende Wissenschaft* ist daher dieses Wirkliche *nichts weiter als ein Product rein subjectiver Einbildung, an welches man die Arbeit der Erklärung nicht verschwenden darf.*

Aber ein flüchtiger Blick in die Geschichte läßt uns erkennen, daß die nüchterne Auffassung dessen, was wir, ohne daß unser Selbstgefühl dabei mitzusprechen hätte, als wirklich anerkennen müssen, erst sehr spät errungen ist. Viel natürlicher ist es von jeher gewesen, diese Wirklichkeit der objectiven Vorstellung aus unseren Wünschen und Strebungen zu deuten, oder gar die subjective Welt, welche wir selbst gemäß unseren Zwecken entwerfen und in Kraft unseres Selbstgefühles als seiend setzen, als das Wahrhaftwirkliche einer Welt vergänglichen Scheines entgegenzustellen. Und auch jetzt, nachdem die treue Hingabe an das thatsächlich Gegebene die großartigen Erfolge der modernen Naturwissenschaft gezeitigt hat, beweisen dieselben Forscher, welche mit nicht geringer Kraft der Abstraction die exacte Erklärung der Erscheinungen üben, daß nicht auf diesem Gebiete die wahre Heimath des Geistes ist, sondern in der inneren Welt, die er selbst aus Antrieben des Gefühls erzeugt. In den vielfach sich regenden Versuchen, eine Weltanschauung auf dem Boden der Naturwissenschaft zu entwerfen, tritt ja doch nichts weiter hervor als die bildende Kraft des Selbstgefühls, welche sich durch die berufsmäßige Arbeit nicht ersticken läßt, wenn sie auch unter dem Druck derselben verleitet wird, sich in der Wahl ihrer Mittel zu vergreifen. Die naive Zuversicht, mit welcher diese „Weltanschauungen des Naturforschers“ auftreten, ist deßhalb durchaus verständlich. Sie sind dem subjectiven Bedürfniß entsprechende Ausführungen einer Erkenntniß, welche sich auch dem ärgsten Fanatiker der exacten Forschung mit unwiderstehlicher Kraft aufdrängt, der Erkenntniß, daß er selbst als fühlendes und wollendes Wesen ist. Er hält dieses Urtheil fest, obgleich er wissen kann, daß es sich ihm auf dieselbe Weise bildet, wie unzählige andere, welche er als schädliche Einbildungen verwirft, nämlich auf Grund seines Selbstgefühls.

Wir haben oben gesehen, wie dieses Urdatum unserer inneren Welt, welches uns zunächst anleitet, die Wirklichkeit unseres eigenen Selbst zu setzen und in unvergleichlicher Weise von allem Uebrigen zu unterscheiden, der fruchtbare Boden einer Menge anderer Vorstellungen ist, die um so gewisser als Bezeichnungen eines Wirklichen gelten, in je engerer Beziehung sie zu einem kraftvollen Selbstgefühl stehen. Ein großer Reichthum derartiger Beziehungen wird nämlich dadurch aufgeschlossen, daß wir unser Selbst niemals als bloße Einheit eines gleichgültigen Mannichfaltigen erleben. Sobald wir dazu kommen, uns von der Welt zu unterscheiden, finden wir uns bereits dadurch bestimmt, daß wir die eine Gruppe unserer Zustände in vielfacher Abstufung als Veranlassung der Lust, die andere ebenso als Veranlassung der Unlust kennen. Daraus ergiebt sich unmittelbar die Anregung, die letzteren aufzuheben, die ersteren festzuhalten und zu steigern. Somit erfassen wir uns von vornherein in der concreten Bestimmtheit, daß wir den Wechsel unserer Zustände nach besonderen Zwecken zu ordnen suchen, welche durch Werthurtheile vorgeschrieben sind. Erleben wir aber von Anfang an die Wirklichkeit unseres Selbst in einer solchen Spannung des Strebens, so tritt auch die Lust des Selbstgefühls nicht anders auf als mit dem Verlangen nach einer Steigerung und Ergänzung. Dieser ursprüngliche Zusammenhang der subjectiven Gewißheit von der Wirklichkeit unseres Selbst, mit dem Verlangen, die Lust an derselben zu steigern, hat zur Folge, daß in unerschöpflichem Reichthum die Gebilde einer subjectiven Welt aus ihr emporquellen. Wenn der Wille in Bewegung gesetzt wird, um diejenige Ordnung unserer Zustände herbeizuführen, welche uns Lust verspricht, so erscheint das in Aussicht genommene Ziel als übereinstimmend mit der Wirklichkeit unseres Selbst, das Entgegengesetzte als in Widerspruch mit ihr.

Je energischer aber sein Selbstgefühl ist, desto näher liegt es dem Menschen, die subjective Gewißheit seines Selbstseins auszudehnen auf die Wirklichkeit dessen, was ihm den vollen Genuß seines Selbst verheißt und deßhalb mit demselben Anrecht auf Wirklichkeit bekleidet scheint, wie dieses. Zwar nicht das Ziel selbst, wohl aber die Bedingungen seiner Erreichbarkeit gelten dem strebenden Menschen nothwendig als wirklich. Viel früher daher als es uns gelingt, die Verknüpfung der Erscheinungen nach Ursache und Wirkung parteilos zu erforschen, ist nicht nur unser Wille darauf gerichtet, das objective Correlat unserer Zustände, die Welt, nach unseren Zwecken zu ordnen, sondern der Wille wird durch die siegreiche Zuversicht belebt, daß in der von uns unabhängigen Gestaltung der Dinge die Ziele seiner Bestrebungen vorgebildet sind. Wie die Ausbildung dieser Ueberzeugung von der Wirklichkeit einer unserem Selbst entsprechenden Ordnung der thatsächlich gegebenen Welt schließlich zur Ausbildung einer Metaphysik führt, damit in ihrem Schutze sich zusammenhängende menschliche Arbeit an den Dingen entfalte, haben wir oben gesehen. Eine bestimmte Lebendigkeit des Selbstgefühls, aus welcher die ganze Bewegung der Menschengeschichte quillt, giebt dem Menschen die Fähigkeit, einen constanten Zweck als das Correlat seines Selbst zu behaupten. In dieser individuell bedingten subjectiven Disposition, ohne welche es keine Geschichte der Menschheit gäbe, wurzelt die Ueberzeugung von der Wirklichkeit, deren Gewißheit religiöser Glaube heißt. Gezwungen durch einen widrigen Lauf der Ereignisse kann der Mensch auf viele seiner Zwecke verzichten. Sein Selbstgefühl kann ihn dazu befähigen, auch unter vielfachen Enttäuschungen seine Zwecke immer wieder so zu modificiren, daß sie sich zusammenfassen lassen in ein höchstes Gut, dessen Verwirklichung immer noch erwartet werden kann. Freilich hat diese Modificationsfähigkeit im bestimmten Falle ihre Grenze. Ist dieselbe erreicht, so ergiebt sich der Widerspruch zwischen dem factisch vorhandenen Selbstgefühl und dem Fehlen der naturgemäßen Bedingungen seiner Entfaltung, den wir Verzweiflung nennen. Solange aber dieser Fall nicht eingetreten ist, reflectirt sich das freudige Streben nach dem höchsten Gute in dem Glauben an eine Macht über die Umstände, deren Wirksamkeit uns die Erreichung unseres Zieles verbürgt. Die zahllosen Widersprüche, in welche der Mensch mit seinem Streben nach dem höchsten Gut durch die Art, wie ihn die Ereignisse berühren, hineingeführt wird, gleichen sich ihm nur aus in der Ueberzeugung von der Wirklichkeit einer ihm entsprechenden Macht, die schließlich über alle die Wirrsale siegen wird. Der Zweifel an der Realität des Geglaubten bedeutet entweder ein Aufgeben des eigenen Selbst, oder aber einen Wechsel in der Anschauung des höchsten Gutes, einen Wechsel der Gesinnung, welcher, indem er der Person einen anderen Inhalt giebt, die Aussicht auf eine neue ihm entsprechende Form der Religion eröffnet.

Auch von denen, welche die Gewißheit von der Wirklichkeit der religiösen Gegenstände anders zu begründen suchen, dürfen wir das Zugeständniß erwarten, daß das Selbstgefühl des Menschen, wenn es unmittelbar mit der Ueberzeugung von der Realisirbarkeit bestimmter Zwecke verknüpft ist, sich bei dem unbestimmten Charakter der durch die Sinne gegebenen Welt nicht beruhigen kann, sondern die Wirklichkeit einer constanten Macht über die Dinge zu ihrem objectiven Correlat hat. Solange diese Vorstellung nicht vollzogen ist und als die Bezeichnung eines Wirklichen feststeht, sind die Zwecke, welche der Mensch mit seinem eigenen Selbst identificirt, einer Unsicherheit anheimgegeben, welche mit der Selbstgewißheit des lebendigen Individuums aufs Schärfste contrastiren würde. Aber es liegt doch nun auf der Hand, daß, wenn hier von einem Wirklichen geredet wird, dieses Wort einen ganz anderen Sinn hat, als wenn es auf die Gegenstände des bloßen theoretischen Erkennens angewandt wird.

Man könnte vielleicht erwidern, es hätten sich nur zwei verschiedene Wege herausgestellt, auf welchen wir zu der Gewißheit eines Wirklichen gelangen: auf der einen Seite die Empfindung und die feste Gesetzmäßigkeit in der Bildung der Vorstellungen von Gegenständen für das Bewußtsein, auf der andern Seite die concrete Bestimmtheit des Selbstbewußtseins durch besondere Zwecke, der positive Inhalt des individuellen geistigen Lebens in dem oben bezeichneten Sinne[1]). Indessen findet nicht nur dieß statt, sondern auch der Sinn des Wortes „Wirklichkeit" ist in beiden Fällen verschieden. Den Gegenstand der objectiven Vorstellung unterscheiden wir als wirklichen von dem bloß eingebildeten, indem wir uns der Beziehungen vergewissern in welchen er zu anderem Wirklichen steht. Nur indem wir darauf ausgehen, derartige Beziehungen aufzusuchen,

---

[1]) Dieß wäre der Abweg, auf welchen Jacobi gerathen ist, gegen den zu vergl. Kant I, 628—29.

welche den vorgestellten Gegenstand mit der Wirklichkeit anderer Dinge verknüpfen, hegen wir die Ueberzeugung von seiner eigenen Wirklichkeit. Ein Geldstück, bei welchem wir auf die Voraussetzung verzichten, daß es auf mechanischem Wege entstanden sei und die bekannten Wirkungen zeigen werde, gilt uns nicht als wirklich, sondern als eingebildet. Die Wirklichkeit der Dinge ist also hier gleichbedeutend mit dem Stehen in Beziehungen. Und da das Aufdecken und Verfolgen dieser Beziehungen soviel ist wie erklären oder begreifen, so halten wir dasjenige für wirklich, von dem wir voraussetzen, daß es irgendwie erklärbar sein werde. Daß wir mit einer solchen Erklärung nie zum Abschluß gelangen, kann daran nichts ändern, sondern ist nur ein Zeugniß dafür, daß das vorstellende Bewußtsein die Wirklichkeit der Dinge niemals als abgeschlossenen Besitz umfaßt, sondern dieselbe nur dadurch hat, daß es sie fortwährend erzeugt. Mit einem solchen Kriterium des Wirklichen ausgerüstet wird man aber nicht anders können, als alles dasjenige, was lediglich um seines Werthes willen als wirklich gesetzt wird, in Zweifel zu ziehen, es als Einbildung in Frage zu stellen. Wenn der Werth einer Vorstellung uns nöthigt, sie als Bezeichnung eines Wirklichen zu nehmen, so ist ja damit immer das Urtheil verbunden, daß diese Wirklichkeit sich nicht als das von selbst verstehende Resultat aus dem thatsächlich gegebenen Zusammenhang der Dinge ergiebt. Wäre sie ein solches in Aussicht stehendes Resultat, so würde sie zwar an der Evidenz des Wirklichen theilnehmen, welches im vorstellenden Bewußtsein als solches gesetzt ist, aber sie wäre dann auch nichts weiter als ein Theil der gegebenen Welt, welche der concreten von bestimmten Zwecken beherrschten Person wohl und wehe thut. Damit hätte man also nur eine Bereicherung des Zustandes, von welchem aus das Selbstbewußtsein seine Zwecke entwirft und an die Macht, welche die sichere Erreichung dieser Zwecke verbürgen soll, als an ein Wirkliches glaubt; nicht aber hätte man dieses letztgenannte Wirkliche selbst. Somit denkt der Mensch dasjenige, was ihm um seiner selbst willen als wirklich gilt, nothwendig als losgelöst von den Beziehungen, in welchen er sonst das Wirkliche auffaßt; er denkt es als nicht erklärbar. Daraus ergiebt sich für den, der sich auf den Standpunkt des bloßen vorstellenden Bewußtseins stellt, das Recht, diese ganze auf dem Selbstgefühl ruhende, geglaubte Wirklichkeit als Einbildung zu verwerfen.

Stellt man sich dagegen auf den Standpunkt des lebendigen Selbstbewußtseins[1]), welches von sich selbst und dem, was es mit der gleichen Innigkeit des Gefühls wie das eigene Dasein umfaßt, nicht lassen will, so entdeckt man, daß es auch hier ein besonderes Kriterium des Wirklichen giebt. Nicht bloß der Welt der objectiven Vorstellung wird das auf dem Selbstgefühl ruhende Reale entgegengesetzt, sondern in diesem selbst wird Wirkliches von bloßer Einbildung unterschieden. Bestimmte Züge von dem, was wir selbst auf einer früheren Stufe unserer Entwicklung geglaubt haben, oder von dem, was für Andere Gegenstand des Glaubens ist, können uns völlig unverständlich erscheinen, obgleich wir die Motive zu sehen meinen, aus welchen jener Glaube erwachsen ist. Denn wenn wir auch diese Motive nennen können, so sind wir doch deßhalb noch nicht im Stande, die Energie zu verstehen, mit welcher sie in jenen Fällen das Gemüth beherrschen. Das ist uns offenbar nur insoweit möglich, als wir in dem, was dem Anderen Antrieb zum Glauben gewesen ist, einem unveräußerlichen Momente des eigenen Selbstbewußtseins begegnen. Wenn wir eine solche Verwandtschaft mit unserem innersten Selbst nicht entdecken können, oder außer Acht lassen, so muß sich uns der Glaube des Andern als Einbildung darstellen. Wo wir dagegen derartige Berührungen im Auge haben, werden wir nicht auf bloße Einbildung sondern auf Verkrüppelung einer ursprünglichen Wahrheit oder auf einen entwickelungsfähigen Keim derselben erkennen. Allgemein gilt ja die Liebe als die Kraft, welche uns zum Eingehen auf fremde Eigenart befähigt. Liebe aber ist nicht möglich, wenn nicht eine Gemeinsamkeit des Fühlens vorausgesetzt und gesucht werden kann. Das eigentliche Organ des Verständnisses ist also das Gefühl für den Werth bestimmter Zwecke, welches mit dem eigenen Selbstgefühl untrennbar verschmolzen erscheint. Alles, was in dem Leben anderer Personen sich entweder als Vorstufe dieser concreten Bestimmtheit unseres Selbstbewußtseins darstellt, oder als reichere Entwicklung, ist uns verständlich. An dieser Verständlichkeit nehmen auch die Gegenstände des Glaubens theil, welche in einer solchen geistigen Disposition den Grund ihrer

[1]) Daß dieser ganz unumgängliche Wechsel der Betrachtungsweise die Einheit des geistigen Lebens nicht aufzuheben braucht, daß vielmehr grade die specifische Einheit desselben, welche das Christenthum gewährleistet, die strenge Anerkennung und Würdigung jenes Wechsels fordert, wird unten gezeigt werden.

Gewißheit haben. Unser Verstehen oder Nachfühlenkönnen der Motive des Glaubens bedingt aber unser Urtheil über die Wirklichkeit seiner Gegenstände. Folglich ist auf diesem Gebiete das Kriterium des Wirklichen nicht die Beziehung, in welcher der Inhalt der Vorstellung zu anderen vorgestellten Objecten steht, sondern sein Verhältniß zu der Bestimmtheit unseres Selbstbewußtseins, welche uns als unabänderlich gilt, weil wir ihren unvergleichlichen Werth im Gefühl zu erleben glauben. Wirklich ist hier also nicht das Erklärbare, sondern das, was von dem so in seiner Tiefe erfaßten Selbstgefühl genossen werden kann, das Erlebbare. Als Einbildung dagegen weisen wir ab, was nicht aus dem Wesen[1]) des concreten Selbstgefühls heraus sondern unter dem Einfluß einer vorübergehenden untergeordneten Stimmung als wirklich gesetzt war.

Wenn die Gegenstände des Glaubens aus der objectiven Welt des Bewußtseins als Einbildungen hinausgewiesen werden, weil dem, was auf diesem Gebiete Erklären heißt, ihre von uns behauptete Wirklichkeit absolut unzugänglich ist, so hat der Glaubende dasselbe Recht, die prätendirte Wirklichkeit jener Objecte zu bezweifeln, weil sie sich ebensowenig dem Verstehen oder Erklären aufschließen wollen, durch welches sich das Selbstgefühl das Wirkliche aneignet. Die Spannung des Gefühls, die Ordnung der Werthe können wir in uns selbst nacherleben, die Verkettung der Dinge nach Ursachen und Wirkungen, das Verhältniß der Substanz zu ihren Accidenzen ist uns in diesem Sinne völlig unerklärlich. Wie wir sehen werden, ist eine befriedigende Lösung des Räthsels, daß uns gleichzeitig so Widersprechendes als wirklich gelten kann, nur zu erreichen, wenn man der Richtung folgt, welche durch eben jene jedem fühlenden Menschen mögliche Wahrnehmung angedeutet ist.

Indessen zunächst ist doch diese Ueberzeugung von der Realität der den höchsten Zwecken des Menschen entsprechenden Welt in erheblichem Nachtheil gegenüber der Gewißheit, daß die Welt der objectiven Vorstellung die wirkliche ist. Das thatsächliche Gegebensein der letzteren ruht sicher auf der Natur des vorstellenden Bewußtseins. Die erstere dagegen scheint durch die erfahrungsmäßigen Schwankungen des Selbstgefühls, durch die Ungleichmäßigkeit der Energie, mit welcher der Mensch sich selbst mit seinen tiefsten

---

[1]) nämlich wie uns dasselbe subjectiv feststeht auf Grund unseres besonderen höchsten Gutes.

Zwecken bejaht, fortwährend in Gefahr, zu zerflattern. „Die Zweifel der Frommen aller Zeiten, insofern sie nicht bloß gegen einzelne Momente des Glaubens, sondern gegen das Fundament selbst sich richten, sagen im Grunde dasselbe. Was du glaubst, das bildest du dir nur ein, weil du es wünschest. Es ist ein schöner Traum, in welchem deine Phantasie Vorstellungen, die sie selber erzeugt hat, dir als objective Wirklichkeiten vorspiegelt. — Mit diesem Grundzweifel wird nicht bloß in verschiedenen Formen die Frömmigkeit unserer Zeit mannichfach zu schaffen haben; auch frühere Zeiten eines ungestörten Glaubens haben den Kampf mit diesem Zweifel gekannt; auch ein Held des Glaubens hat mit ihm gerungen; ja seine Spur läßt sich selbst in der heiligen Schrift bis zurück in die Psalmen und das Buch Hiob verfolgen. Die Möglichkeit dieses Zweifels liegt allerdings in dem Wesen des Glaubens selbst; sie ist die Folge der Unmöglichkeit, ihn durch ein Anderes, das unabhängig von ihm sich seine Anerkennung verschaffte, mit schlechthin zwingender Evidenz zu bewähren" [1]). Aber es ist doch unmöglich und ist auch nicht die Meinung des Theologen, dessen Worte wir eben vernommen haben, daß der Gläubige sich bei dieser Einsicht in die subjective Natur der religiösen Ueberzeugung beruhigen sollte. Damit ist ja nur die Ursache der Schwankungen aufgedeckt, denen sie ausgesetzt ist. Und wenn es unmöglich ist, dieselben ganz auszuschließen, sollte es nicht wenigstens gelingen, ihren Spielraum einzuschränken? Wenn man das Gewicht dieser Frage fühlt, wie natürlich scheint es dann, die Glaubensobjecte durch irgend eine Verknüpfung mit der Welt der Erfahrung sicher zu stellen, deren Realität, wie Kant mit Recht sagt, wohl nie ein Mensch im Ernst bezweifelt hat. Und wenn das Glaubensobject nicht unmittelbar auf den Boden der sinnlichen Erfahrung gestellt werden kann, so könnte vielleicht der letzte Erklärungsgrund der Erscheinungen, den die Metaphysik enthüllt, so bestimmt werden, daß er die Garantie für beide Gebiete des Wirklichen übernehmen könnte. Dann würde also die Lösung jener Aufgabe in dem Begriffe eines Seienden gesucht werden, der, beide Gebiete des Wirklichen gleichmäßig umfassend, sowohl ihren Unterschied als die Einheit im Unterschiede erkennen ließe. Dieser Versuch wird sich solange als der nächstliegende darbieten, als man

---

[1]) J. Müller in einer Recension der ersten Aufl. von Feuerbach, Wesen des Christenthums, Studd. u. Kritt. 1842. S. 208.

sich der Einsicht verschließt, daß wenigstens die christliche Religion durch eine solche Vermittlung schwer verletzt wird, da sie die Thatsächlichkeit jenes Gegensatzes nicht nur anerkennt, sondern in seiner Nothwendigkeit enthüllt. Die Theologie, welche das nicht einsehen will, muß entweder, auf principielle Begründung verzichtend, ihre Kräfte in kleinlicher Apologetik zersplittern, um die Ansprüche eines unchristlichen Monismus abzuwehren, den sie selber im Grunde bejaht; oder aber sie wird überstiegene Speculation, welche ihre Arbeit an falsch gestellten Problemen schwerlich durch Kol. 2, 3 rechtfertigen kann. Jener Vermittlungsversuch erforderte doch auf jeden Fall den Nachweis, daß es einen Standpunkt des Erkennens für uns Menschen giebt, der über den Gegensatz von practischem und theoretischem Erkennen sich erhebt. Vermittelst der auf solcher Höhe gewonnenen Einsicht könnte man dann vielleicht den Versuch machen, die beiden getrennten Gebiete des Wirklichen in den Gedanken einer Wirklichkeit zusammenzuziehen und, auf diesen gestützt, ihren Gegensatz als einen relativen zu erklären. Den Charakter dieses speculativen Versuches faßt man aber noch nicht scharf genug, wenn man nur die Kühnheit des darin hervorbrechenden Erkenntnißstrebens betont. Was ihn außerdem auszeichnet, ist ein logischer Fehler ganz gewöhnlicher Art. Die Einheit des Erlebbaren und des erklärbaren Wirklichen wird gesucht, damit das um seines Werthes willen als wirklich Behauptete an der Realität der Naturwelt theilnehme, die sich uns unausweichlich aufdrängt. Auf der anderen Seite wird ja aber, indem das Problem jener Einheit gestellt wird, bereits vorausgesetzt, daß das um seines Werthes willen als wirklich Gesetzte für das Erkennen ein Wirkliches sei. Denn den Gegenstand bloßer Einbildung wird Niemand mit dem Object des Erkennens so unter einem Begriffe zusammenfassen wollen, daß sie als gleichberechtigte Arten derselben einen Realität erscheinen. Wenn es anginge, die Welt des Glaubens unter der Hand ihres subjectiven Charakters zu entkleiden und als allgemeingültiges Object des Erkennens zu behandeln, so hätte jenes Unternehmen der Speculation einen Sinn. So aber bleibt es immer ein hilfloser, wenn auch gutgemeinter Versuch. Es wäre schlimm, wenn diese gutmüthige Selbsttäuschung dem Christenthum nothwendig wäre, um sich eine Art von wissenschaftlicher Begründung zu sichern. Der unterscheidende Charakter des Christenthums ist aber vielmehr der Art, daß es eher auf eine wissenschaftliche Begründung überhaupt verzichten darf, als jener Beihilfe der Schwäche sich bedienen.

Wenn man von der besonderen Eigenthümlichkeit des Christenthums absieht, so darf man das Zugeständniß nicht scheuen, daß die religiösen Vorstellungen überhaupt durch kein Mittel der Wissenschaft über die Stufe bloßer Einbildungen erhoben werden können. Daß diese Vorstellungen in dem Selbstgefühl des persönlichen Geistes wurzeln, kann ihrem Inhalt in der erkennbaren Wirklichkeit kein Bürgerrecht verleihen. Nicht einmal zu der Behauptung hat man ein Recht, daß sie als Vorstellungen mit dem empirischen Menschendasein nothwendig verknüpft sind. Denn es gehört erfahrungsmäßig eine bestimmte durch günstige Umstände genährte Disposition, eine besondere Kraft des Selbstgefühls dazu, um sie aus dem Innern des Menschen hervorstrahlen zu lassen. Und was hätte man damit gewonnen, wenn die ungeheuerliche Aufgabe, die Production religiöser Vorstellungen als nothwendiges Ingrediens des empirischen Menschendaseins zu erweisen, gelänge? Für die Geltung des Inhaltes dieser Vorstellungen hätte man sicher nichts gewonnen.

Unser Resultat ist daher dieses. Die Production metaphysischer und religiöser Vorstellungen ist insofern gleichartig, als in beiden Fällen die geistige Thätigkeit nicht aus dem bloßen vorstellenden Bewußtsein sich erklären läßt, sondern allein aus dem von Werthurtheilen geleiteten Bewußtsein. Beide Male erhalten wir Vorstellungen, die das Selbstgefühl eines fühlenden und wollenden Subjects voraussetzen. Aber die metaphysischen Vorstellungen resultiren schon daraus, daß das Bewußtsein überhaupt als Bewußtsein einer fühlenden Person existirt, die nicht nur erkennen muß, sondern auch Zwecke verwirklichen will. Wenn man die Welt der Erfahrung unter dem Gesichtspunkte des Zwecke setzenden Subjects auffaßt, wie wir Alle thun, so entsteht der Schein der metaphysischen Objecte und liefert einen uns unumgänglichen aber auch unerkennbaren Hintergrund für die vorgestellten Dinge. Während für das reine Erkennen diese letzteren das eigentlich Reale sind, so ist das durch das Gefühl bestimmte Erkennen vielmehr darauf angewiesen, in jenem unanschaulichen Hintergrunde der sinnlichlebendigen Welt das Wahrhaftwirkliche zu suchen. In der dogmatischen Metaphysik wird der subjective Charakter dieses Strebens außer Augen gesetzt und eine nähere Bestimmung jenes Wahrhaftwirklichen versucht. Aber dieser Versuch ist mit Nichten bloße Dichtung, sondern er steht insofern in Verbindung mit der Wissenschaft, als er immer darauf ausgeht, die unwillkürliche Voraussetzung aller Wissenschaft als eines absichtlichen Erkennens, daß nämlich die Welt zusammenhängend erklärbar sei, zu erhärten. Und die Metaphysik erreicht dieß vorübergehend, indem sie die augenblicklich gangbaren Erklärungsmittel der Wissenschaft als die durch das Wesen der Dinge geforderten Formen derselben erscheinen läßt. Im Hinblick auf diesen Zweck läßt sie die schwankende Vorstellung von einem verborgenen Hintergrunde der Erscheinungswelt zu dem Gedanken eines Wesens der Dinge sich verdichten, welcher seine bestimmten Züge durch seine Beziehung zu dem Begriffsmaterial der Wissenschaft erhält, das er in seinem Rechte bethätigen soll. In diesem Zusammenhange mit der einem absichtlichen Erkenntnißstreben unterworfenen Erfahrungswelt besteht der Geltungswerth, die Realität der metaphysischen Objecte. Zwischen ihnen und der Realität der Erfahrungswelt besteht eine Verbindung; aber dieselbe ist vermittelt durch das subjective Bedürfniß eines absichtlichen Erkenntnißstrebens. — Anders ist es mit der Religion. Ihr fehlt diese Verbindung mit der Erklärung des thatsächlich Gegebenen. Nicht dem besonderen Zwecke des absichtlichen Erkennens, das schließlich zur wissenschaftlichen Welterklärung wird, entspricht das religiöse Urtheil über die Welt, sondern dem allgemeinen Zwecke der Selbsterhaltung der Person in ihren höchsten Gütern. Durch das religiöse Urtheil über die Welt wird daher nicht das dem thatsächlich Gegebenen immanente Wesen als wirklich gesetzt, wie immer durch das metaphysische Urtheil geschieht, sondern eine Macht über die Welt, deren Werth nicht in ihrer Identität oder Differenz mit dem erkennbaren Sein gesucht wird, sondern in ihrer Uebereinstimmung mit dem höchsten Gute des Menschen. Wenn dem religiösen Glauben diese Macht über die Welt als etwas Wirkliches feststeht, so hat die Kategorie der Realität hier einen anderen Sinn als in der Metaphysik. Denn der Geltungswerth des religiösen Objects wurzelt allein in einer bestimmten Energie des Selbstgefühls. Der Geltungswerth des metaphysischen Objects hat zwar einen ähnlichen Grund, denn nur das von Impulsen des Gefühls beherrschte Bewußtsein, das absichtliche Erkennen stößt auf das Ding an sich. Aber die Voraussetzung ist dabei, daß der verborgene Hintergrund der Dinge das *gleichartige Complement* der erkennbaren Wirklichkeit sei. Diese soll in jenem ihre letzte Erklärung finden. Daher wird in der Metaphysik dem Ziele ihres Forschens, dem Wesen der Welt, Realität in demselben Sinne zugeschrieben, wie ihrem Ausgangspunkte, dem thatsächlich Gegebenen [1]). Also hier überträgt man auf Voraussetzungen, welche lediglich in einem subjectiven Interesse wurzeln, die Geltung, welche nur dem gleichgültigen Gegebensein der Erkenntnißobjecte zukommt. Diesen zwiespältigen Charakter der Metaphysik trägt die Religion nicht. Ihr ist es an sich möglich, das durch das Selbstgefühl dem Bewußtsein aufgedrängte Object vor der Gemeinschaft mit der Wirklichkeit der Erfahrungswelt zu bewahren. Die Vorstellungen, welche das wissenschaftliche Naturerkennen, wie überhaupt alles absichtliche Erkennen begrenzen, kommen zu einer selbständigen Verwendung in der religiösen Weltanschauung, in welcher die fühlende und wollende Person die ihr entsprechende Wirklichkeit erschlossen findet. Auf der einen Seite also bestätigt sich die S. 15 ausgesprochene Erwartung, daß die Thätigkeit des absichtlichen Naturerkennens auf Grenzen gerathe, welche eine ganz bestimmte Hindeutung auf die Religion enthalten. Auf der andern Seite hat sich ergeben, daß in der Religion diese Grenzbegriffe behandelt werden können als das, was sie sind, als Erscheinungen des persönlichen Lebens, während jene Metaphysik darauf ausgeht, das für die Person um seines Werthes willen Geltende mit den gleichgültigen Objecten des bloßen Erkennens zu einer Wirklichkeit zusammenzuziehen.

Wenn trotzdem die Geschichte die Religionen mit den roheren oder feineren Vorstellungen der Metaphysik vielfach durchflochten zeigt, so ist weder in der Verwandtschaft Beider noch in dem Bedürfniß, die Religion zu begründen, eine genügende Erklärung dafür zu finden. Denn der gemeinsame Ursprung wird durch die grundverschiedene Zweckbestimmung Beider aufgewogen. Der Versuch aber, die Realitäten des Glaubens durch ihre Anknüpfung an die Metaphysik sicher zu stellen, hat, wie wir gesehen haben, keines-

[1]) Mit Recht macht H. Siebeck (Zeitschrift für wiss. Ph. 1878) darauf aufmerksam, daß die Metaphysik ein zusammenhängendes Weltbild immer nur dadurch zu Stande bringt, daß sie eine oder mehrere Seiten der Erfahrung zum Princip für die übrigen macht. Der Tendenz des metaphysischen Versuches, der einen außerhalb des Gebietes der Erfahrung liegenden Grund ihres Zusammenhanges erstrebt, entspricht jenes Verfahren freilich nicht. Aber es stellt sich unabsichtlich ein, weil der concrete Inhalt des metaphysischen Princips doch immer nur aus der Erfahrung entlehnt werden kann.

wegs die innere Berechtigung, welche uns der weiteren Frage nach seiner Veranlassung entheben könnte. Da nicht der allgemeine Charakter der Religion die Forderung begründet, daß ihr Urtheil über die Welt mit dem metaphysischen übereinstimme, so müssen besondere Bedingungen, unter denen sie verwirklicht ist, darauf geführt haben. Es wird daher jetzt unsere Aufgabe sein, die geschichtlichen Bedingungen darzulegen, durch welche diese Vermischung von Religion und Metaphysik veranlaßt ist.

Die Vermischung von Religion und Metaphysik.

Die Bedingungen, unter welchen die metaphysischen und religiösen Gedanken sich als völlig gleichartig darstellten, liegen nicht innerhalb der christlichen Kirchengeschichte. Die Frage nach dem Verhältniß von Glauben und Wissen ist ziemlich so alt, wie die christliche Theologie. Ein solches Problem aber konnte man nur auffassen, wenn man ein Bewußtsein von einem Unterschiede beider Gebiete hatte. Durch die Art der Glaubensobjecte war genügend dafür gesorgt, daß sie sich nicht als Producte wissenschaftlicher Welterklärung, die man auch ohne den Glauben an die Offenbarung hätte haben können, darstellen ließen. Aber die Verhältnisse, unter welchen die christliche Theologie sich bildete, brachten es zugleich mit sich, daß der Unterschied zwischen religiöser Ueberzeugung und wissenschaftlicher Erkenntniß niemals in der Schärfe festgehalten wurde, welche an einzelnen Punkten der Glaubenslehre unabweislich hervortrat. Ich sollte meinen, es wäre der Untersuchung werth, ob die daraus folgende Theilung der Glaubensobjecte in solche, welche nur im Glauben empfangen, und solche, welche auch durch wissenschaftliche Erklärung der Welt errungen werden konnten, dem ursprünglichen Interesse des Christenthums entsprach, oder ob sie nicht vielmehr aus dem irreleitenden Einfluß einer Weltanschauung herzuleiten ist, in deren Machtsphäre sich die christliche Gemeinde Geltung zu verschaffen suchte. Denn die Thatsache liegt ja unleugbar vor, daß die Umstände eine solche Theilung begünstigten. Grade bei denen, welche sich über den Aberglauben der Menge erhoben, glaubten die Christen wichtige Bestandtheile ihres Glaubens als Dogmen der philosophischen Schule vorzufinden. Waren diese Sätze hier durch wissenschaftliche Beweisführung vermittelt, so mußte es für die Christen nahe liegen, sich dieser bereitliegenden Hülfe zur Begründung des eigenen Glaubens zu bemächtigen. Dazu kam, daß die meisten wissenschaftlichen Vertreter des Christenthums aus den heidnischen Philosophenschulen hervorgingen. Mit der Anerkennung der philosophischen Gotteserkenntniß, welche man vorfand, war der Theologie von vornherein jene Theilung der Glaubensobjecte eingepflanzt, nur vorübergehend paralysirt durch den Gedanken einer vorchristlichen Offenbarungsthätigkeit des Logos oder durch die Sage von einer Anleihe der Philosophie bei den Propheten. Zugleich aber mußte sich das Verlangen regen, das Licht, in welchem man einige Gegenstände des Glaubens zu sehen meinte, über alle zu verbreiten. Die Anfänge einer Reflexion darüber, wie weit man in diesem Streben gehen könne, finden sich meines Wissens zuerst bei Johannes Damascenus; die Auszeichnung gewisser Punkte als undurchdringlicher Mysterien des Glaubens war längst geläufig. Es liegt in der Natur der Sache, daß eine solche Grenze sich nicht mit Sicherheit feststellen ließ. Die Urtheile über Rationalität und Irrationalität des Dogmas mußten im Laufe der Zeit sehr verschieden ausfallen, je nach den Mitteln, mit welchen die Untersuchung geführt wurde. Aber ohne Zweifel war der fortwährende Reiz, zwischen Glauben und Wissen zu vermitteln, ebenso wichtig für den Fortschritt der Erkenntniß wie für das religiöse Leben in der Kirche. Durch jenes Interesse wurde das Denken des Mittelalters fortwährend auf die geheimnißvolle Einheit hingewiesen, aus welcher das Doppelleben des Menschen in einer erlebbaren und einer erklärbaren Welt hervorbricht. Man mag die erreichten Lösungen noch so unvollkommen finden, das Problem blieb doch erhalten, nicht zum Mindesten in Folge des zähen Widerstandes, den die supranaturalistische Härte des Dogmas allen Versuchen der kirchlichen Theologie, es zu rationalisiren, entgegensetzte. Der Gewinn, der dem religiösen Leben der Kirche aus diesen Bemühungen erwuchs, war ebenfalls nicht gering. Einerseits kostete der Geist an dem, was man durch das lumen naturale über die göttlichen Dinge zu wissen meinte, die Freude, daß die Wahrheit, unter die er sich beugen soll, ihm selbst nicht fremd ist. Andererseits erinnerte die Undurchdringlichkeit grade der wichtigsten Dogmen fortwährend daran, daß der Weg, auf welchem man sich die Glaubenswahrheit zu geistigem Eigenthum zu machen suchte, nicht der richtige war.

Die eigenthümliche Gestalt, in welcher das Problem, wie sich Glauben und Wissen zu einander verhalten, von der christlichen Theologie aufgenommen wurde, empfing ihren wichtigsten Charakterzug von der Theilung der Glaubensobjecte in solche, die sich nur durch die Autorität der Offenbarung beglaubigen konnten, und solche, deren Wahrheit sich auch aus der wissenschaftlichen Erklärung der Welt ergab. Soweit die letzteren reichten, hatte man ein Gebiet, in welchem Metaphysik und Religion zusammentrafen und sich die Hände reichten, wo also die Theologie mit Mitteln der Metaphysik arbeiten konnte. Je werthvoller dieser Bund für die Kirche des Mittelalters war, desto mehr bedarf es für uns der Ueberlegung, ob er uns ebenso frommt. Jene Aussonderung philosophisch beweisbarer Glaubensobjecte folgte daraus, daß man die von der griechischen Philosophie errungene Gotteserkenntniß als solche acceptirte. Es wird sich daher um die Berechtigung dieses Schrittes handeln, wenn uns über die Ersprießlichkeit jenes Bündnisses Bedenken aufsteigen. Wir untersuchen zu diesem Zwecke die philosophische Theologie des Aristoteles, welche bei aller sonstigen Dunkelheit durchsichtig genug sein möchte, um ein Urtheil über die in ihr erreichte Erkenntniß Gottes zu gestatten. Ob die Begründung des aristotelischen Gottesbegriffs den Voraussetzungen des Systems entspricht, ob diese Voraussetzungen vor der Wirklichkeit sich rechtfertigen können, welche dem Begriff unterjocht werden sollte, überlassen wir den Philosophen zur Entscheidung. Uns interessirt, daß das Wesen, welches in diesem System zur abschließenden Erklärung der Welt als wirklich gesetzt wird, Gott genannt wird. Wenn wir ihm denselben Namen beilegen sollen, müssen wir aus dem Inhalte seines Begriffs die Motive abzuleiten suchen, welche den Philosophen in diesem Wesen seinen Gott erkennen ließen.

In der Erklärung der thatsächlich gegebenen Welt wird Aristoteles darauf geführt, eine selbst unbewegte Ursache der Bewegung in der Natur zu statuiren. Eine solche Ursache, welche nicht wieder bewegt wird, muß vorausgesetzt werden, damit das Erklärungsbedürfniß zum Abschluß komme und nicht ziellos in die Weite eines unendlichen Regressus hinausgeführt werde. Diese letzte Ursache, als der Grund alles Wirklichen, welches aus der bloßen Möglichkeit, der Materie, zum Dasein gelangt, ist selbst das Wirkliche im höchsten Sinne. Dieses kann nur die reine Form ohne Stoff sein, die reine Energie, welche aber zugleich, da nur das Einzelne wirklich ist, als selbständiges, von der in der Verbindung von Form und Stoff bestehenden Welt unterschiedenes Wesen gedacht werden muß. Als weitere Bestimmung dieses Wesens ergiebt sich, daß dasselbe der Grund der Ordnung und Zweckmäßigkeit in der Welt ist, weil jedes Einzelne, welches in unvollkommener Weise wirklich ist, sein Wesen darin hat, daß es an seinem Theile den Zug des Ganzen zu der höchsten Wirklichkeit darstellt. Da nämlich die erste Ursache selbst unbewegt sein muß, so bewegt sie nicht dadurch, daß sie Anderes berührt, sondern wie ein Gegenstand der Liebe, welcher ohne sich zu bewegen durch sein bloßes Sein Anderes in die Bewegung zu ihm hin versetzt. Jenes Wesen ist ferner, weil es nicht um eines Andern willen da ist, sondern selbst vielmehr der Endzweck aller Dinge und insofern der Zusammenhalt der Welt ist, in sich selbst schlechthin nothwendig. Als unveränderlicher Grund einer ewigen Bewegung ist es unkörperlich und unbegrenzt. Schlechthin unkörperliche Substanz, durch keine Materialität gehemmte Thätigkeit ist aber allein das Denken. In uns findet sich noch der Gegensatz zwischen Anlage, Möglichkeit des Denkens und seiner Wirklichkeit; in dem unbewegten Bewegenden ist dieser Gegensatz verschwunden in absoluter Denkthätigkeit. Gegenstand dieses reinen Denkens kann nur es selbst sein, sonst wäre es ja in seiner Thätigkeit abhängig von einem Anderen; auch wäre es des höchsten Wesens unwürdig, nicht das Beste zu denken. In dieser durch keinen Wechsel der Gegenstände unterbrochenen Ruhe der Contemplation, welche wir nur in einzelnen Momenten gesammelter wissenschaftlicher Thätigkeit erreichen, genießt die erste Ursache ewige Seligkeit.

Dieses Wesen nennt Aristoteles, als ob es sich von selbst verstände, Gott. Das Recht zu einer solchen Verbindung ist nun aber keineswegs so evident, daß es unter jeder Bedingung zugegeben werden darf. Wenn man den religiösen Sinn des Wortes Gott festhält, so wird man wesentliche Bestimmungen desselben an der letzten Ursache des Aristoteles vermissen. Dieses Wesen hat in sich selbst keinen weiteren Inhalt als den, daß es das leere Denken des Denkens ist. Ist es auch grade so die Zweckursache der Welt, so ist doch diese Beziehung keineswegs von ihm selbst gesetzt, denn ein zwecksetzender Wille wird ihm ja abgesprochen. Diese Beziehung besteht einfach in Folge der Natur sowohl des höchsten Wirklichen selbst als des unvollkommenen Wirklichen, welches, mit dem Stoff behaftet, aus einem immer noch bleibenden Rest der Möglichkeit zu voller Wirklichkeit emporstrebt. Noch viel weniger ist daran zu denken, daß die Schicksale und Lebensbewegungen des einzelnen

Menschen den Inhalt des Gedankens bilden sollten, in welchem die letzte Ursache ihr unveränderliches Leben lebt. Es ist also ganz unmöglich, an den Gedanken dieses Wesens den der Vorsehung für die Menschen zu knüpfen; es fehlt ihm nicht nur die theilnahmvolle Fürsorge[1]), sondern sogar das Wissen um den Menschen. Es scheint mir deßhalb nicht ganz richtig, wenn *Zeller* (a. a. O. S. 625) sagt: „Die wesentliche Wahrheit des Vorsehungsglaubens will Aristoteles darum allerdings nicht aufgeben; auch er erkennt in der ganzen Welteinrichtung das Walten einer göttlichen Kraft, einer vernünftigen Zweckthätigkeit". Denn das Weitere, was *Zeller* hinzufügt, daß Aristoteles an eine Fürsorge der Gottheit für die Menschen, namentlich die vernunftgemäß lebenden glaube, daß er der Vorstellung von dem Neide der Götter widerspreche, steht ja doch, wie er selbst anerkennt, gänzlich außer Zusammenhang mit der Vorstellung des höchsten Wirklichen, welche zur Erklärung der Welt in der Metaphysik gebildet wird. Die Zweckthätigkeit der Gottheit ist dort nur ein bildlicher Ausdruck für die Thatsache, daß das höchste Wirkliche durch sein Verhältniß zu den Dingen der Grund ihrer factisch gegebenen Gesammtbewegung ist. Damit ist aber das Wesentliche des Vorsehungsglaubens keineswegs ausgesprochen. Derselbe besteht nicht in der Anerkennung der Ursachen des Gegebenen, sondern in der Zuversicht auf eine Unterstützung menschlicher Zwecke, welche aus einer dem menschlichen Streben entsprechenden Gesinnung der Gottheit sich ergiebt. *Ohne die Vorstellung eines einheitlichen Causalzusammenhangs in dem wirklichen Geschehen kann der Vorsehungsglaube sehr wohl bestehen, ohne den Gedanken eines solchen Zusammentreffens göttlicher und menschlicher Zwecke ist er gar nicht vorhanden.* Wenn zugegeben werden muß, daß für das Letztere jede Anknüpfung an die metaphysische Lösung des Welt-

[1]) Wenn Aristoteles trotzdem gelegentlich von einem Handeln Gottes auf die Welt redet, ja sogar das Verhältniß Gottes zu den Menschen mit dem der Eltern zu den Kindern coordinirt, so trägt dieß, ganz abgesehen von der Wahrscheinlichkeit, daß er in solchen Aeußerungen sich der herrschenden Vorstellungsweise accommodirt, für unsere Frage nichts aus. Denn auf jeden Fall hat er dabei eine andere Vorstellung im Auge, als die des unbewegten Bewegers, von dem ja alles dieß ausdrücklich in Abrede gestellt wird. Nur dieses Wesen aber ist für ihn Gegenstand eines wissenschaftlichen Beweises. Vergl. *Löwe*, der Kampf zwischen dem Realismus und Nominalismus im Mittelalter. Prag 1876. S. 21. *Zeller*, Phil. d. Gr. 2. Theil, 2. Abthl. S. 279.

räthsels bei Aristoteles fehlt, so ist auch sicher, daß der unbewegte Beweger grade dessen entbehrt, was für den religiösen Gottesbegriff charakteristisch ist. Nicht minder vermißt man an dem Verhalten des Menschen gegenüber dem höchsten Wirklichen, wie es Aristoteles schildert, die eigenthümlichen Züge der Religion. Zwar scheint grade hier etwas von religiöser Wärme sich fühlbar zu machen, indem das Verhalten des Menschen zur Gottheit als Bewunderung, Verehrung, Liebe bestimmt wird. Daß Aristoteles den Gott seiner Metaphysik bewundert und verehrt, läßt sich verstehen. In diesen Regungen spiegelt sich jedoch nur der ästhetische Eindruck, den die einsame Majestät, den vor Allem das ungestörte Insichweben des Gedankens auf den Philosophen machen mußte. Jene Liebe dagegen ist ein bildlicher Ausdruck, welcher die Bewegung veranschaulicht, die stattfinden soll, ohne daß die bewegende Ursache das Bewegte berührt. Das, was an dem Affect der Liebe dem abzubildenden Verhältniß wirklich entspricht, die Bewegung nach einem Gegenstande hin, in Folge der Anziehungskraft, welche er ausübt, theilt der Mensch in seinem Verhältniß zur aristotelischen Gottheit mit allen Dingen. Daß wenigstens der Philosoph von diesem unwiderstehlichen Zuge, der die psychische Bedingung seiner eigenen Lebensbewegung ist, etwas weiß, macht sein Denken an jene Gottheit noch nicht zur Liebe. Denn Liebe richtet sich nur dahin, wo man eine affectvolle Förderung der eigenen Zwecke als gegenwärtig oder zukünftig voraussetzt. Die aristotelische Gottheit und ihr gleichmäßiges Verhältniß zu allen Dingen steht nur in der Beziehung zu jenen Zwecken, daß sie die allgemeinste physische Bedingung für die Verwirklichung derselben darstellt. Deßhalb kommt diese Gottheit zwar bei der klugen Ausnutzung der in den gegebenen Verhältnissen liegenden Mittel vornehmlich in Betracht, aber Object der Liebe ist sie für den Menschen ebensowenig, wie die Luft, die er athmet, oder die Erde, die er bebaut. Ist mithin der Mensch mit dieser Gottheit durch kein Band eines besonderen gegenseitigen Interesses verbunden, so ist auch sein Verhalten ihr gegenüber nicht Religion zu nennen. Er steht zu ihr nicht anders als zu der Natur, in die er sich schickt, um auf ihrem Boden die Welt seiner Zwecke zu errichten.

Wenn man diese Differenzen zwischen dem höchsten Wirklichen in der aristotelischen Metaphysik und dem religiösen Gottesbegriff überblickt, so wird man es nicht mehr für so selbstverständlich halten, daß jenes ohne weiteres Gott genannt wird. Der ererbten religiösen Gedanken von dem Werthe der Gottheit für den strebenden Menschen konnte auch Aristoteles nicht entrathen, wie zahlreiche Aeußerungen zu beweisen scheinen. Wenn es nun trotzdem seinem Scharfblick entging, wie wenig dieselben mit der Vorstellung des unbewegten Allbewegers zusammenpaßten, so kann dieß nur geschehen sein, weil er durch den Eindruck einer schlagenden Uebereinstimmung befangen war, welche in anderer Beziehung zwischen diesem metaphysischen Producte und einem Elemente der Religion, welche er kannte, stattfand. Eine solche frappante Uebereinstimmung ist nun auch vorhanden.

Die Differenzen, welche wir hervorgehoben haben, ergaben sich insgesammt, wenn man den Schlußstein der aristotelischen Metaphysik mit dem allgemeinen Charakter des religiösen Gottesbegriffs vergleicht. Sobald man das thut, kann man nur auf Gegensätze stoßen. Denn da jener metaphysische Begriff nichts weiter aussprechen will als das Geheimniß der thatsächlich gegebenen Welt, welche der Mensch als Mittel für seine Zwecke gebrauchen will, so ist er, sobald er das absolut Reale in jedem Sinne bezeichnen soll, dem religiösen Begriff direct entgegengesetzt. Das sollte jedem klar sein, der bedenkt, daß der religiöse Begriff Gottes dem Menschen nur insofern eignet, als er das Factum dieser Welt nicht für die abschließende Wirklichkeit hält, sondern die Ueberzeugung festzuhalten sucht, daß dieselbe der idealen Wirklichkeit seines eignen höchsten Gutes unterworfen ist. Je genauer der aristotelische Begriff der letzten Ursache darauf berechnet ist, diese Welt in ihrer erfahrungsmäßigen Wirklichkeit abschließend zu erklären, desto weniger ist er geeignet, dem Menschen das Wesen darzustellen, nach dem er erst verlangt, wenn ihn seine Zwecke über das Gegebene hinausweisen.

Ganz anders aber stellt es sich, wenn man nicht auf diesen allgemeinen Charakter des religiösen Glaubens reflectirt, sondern auf die besonderen Merkmale der griechischen Volksreligion. Grade die Vorzüge, welche dieselbe vor anderen Naturreligionen behauptet, lassen den inneren Widerspruch, der ihnen allen anhaftet, besonders deutlich hervortreten. Die Frömmigkeit lebt auch hier in der Zuversicht, daß die hülfreiche Hand der Gottheit den Menschen durch die Welt leitet. In der Consequenz dieser Gewißheit wird auch hier die Gottheit nothwendig als die Macht vorgestellt, welche die Verhältnisse zum Besten des Menschen beherrscht. Und die Vorstellung dieser Macht wird nicht nur durch das willkürliche Spiel der dichtenden Phantasie belebt, sondern sie gewinnt an wirklich religiösem Gehalt, wenn sie zu einem das ganze Menschenleben beherrschenden Zweck in besondere Beziehung gesetzt wird. Denn dadurch wird das beständige Motiv ihrer Wirksamkeit durchsichtig: es ist nichts anderes als der eigene höchste Zweck des Menschen, der durch diese Erkenntniß befähigt wird, in das innigste persönliche Verhältniß zu seinem Gott zu treten. Die hohe Stufe der Gesittung ermöglichte es dem Einzelnen, seinen Charakter dahin durchzubilden, daß er seine vereinzelten selbstischen Zwecke dem höchsten Gute der Gesammtheit, dem nationalen Staate, unterordnen lernte. Wenn eine solche sittliche Gesinnung sich kräftig bethätigte, so konnten, von ihr befruchtet, auch die Keime der Religion sich zu jener edlen Blüthe entfalten. Aber durch die ihnen überlegene Natur waren jene sittliche Gesinnung und dieser religiöse Glaube fortwährend in ihrem Bestande bedroht. Die natürlichen Bedingungen des Staats und der Gesellschaft setzten nicht nur dem Streben und Hoffen des Menschen, der in ihnen seine höchsten Güter suchte, eine Schranke, sondern überragten auch die Macht des Götterwillens, welcher jene schützte. Sobald die Gleichgültigkeit jener natürlichen Bedingungen gegen die höchsten Bedürfnisse des Menschen sich geltend machte, löste sich der sittliche Gehalt der Gottheit wieder auf in die Vorstellung einer dunkeln Macht, der gegenüber der Mensch nur resigniren kann. Die Götter enthüllten sich entweder als willkürliche Wesen, die Verehrung fordern und Furcht erregen, oder sie mußten die Attribute der höchsten Macht an ein unbegreifliches Schicksal abgeben. Der Thatsache, daß der Mensch sein höchstes Gut aus den Händen der Natur empfing, daß er also auch in seinem höchsten Streben Naturwesen blieb, entsprach die andere, daß die dem Menschen verständliche, freundliche Götterwelt immer wieder die dem Menschen fremde Naturmacht als das Geheimniß ihres eigenen Wesens durchschimmern ließ.

Wenn daher diese Religion selbst dazu anleitete, hinter der Vorstellung von menschlich fühlenden, hülfreichen Göttern den Gedanken einer fühllosen Naturmacht als die tiefere Wahrheit zu suchen, so begreift man, daß der unter solchem Einfluß stehende Philosoph die Ursache aller Bewegung in der Natur, welche er gefunden zu haben glaubte, Gott nennen konnte. Die Theologie des Aristoteles ist der genaue Ausdruck des Urtheils, auf welches die Naturreligion schließlich zurückgeworfen wird, daß die Sehnsucht des Menschen eine absolute Schranke in demjenigen respectiren muß, was sich aus den gegebenen Verhältnissen factisch ergiebt. Das ist ja auch ganz richtig, wenn man den Menschen als Naturwesen auffaßt. So erscheint aber der Mensch sowohl in der aristotelischen Ethik wie später in der stoischen. Die weise Anpassung der willkürlichen Handlungen an die in dem Menschen selbst und um ihn her verwirklichte Naturordnung bildet den Grundton der sittlichen Vorschriften; der Reflex einer solchen Harmonie im Gefühl ist das erstrebte Gut. Niemand wird leugnen, daß das Entwerfen und Befolgen solcher Grundsätze einen hohen Ernst sittlicher Gesinnung voraussetzt. Der Christ aber kann sie ebensowenig als richtig anerkennen, wie die ihnen entsprechende religiöse Stimmung, die stille Ergebung in die Nothwendigkeit der Natur. Jene sittliche Anschauung und diese religiöse Stimmung finden nun aber ihren genauen Ausdruck nicht nur in den mythologischen Bildern einer blinden Naturmacht, von welchen die Volksreligion nicht loskam, sondern auch in den philosophischen Fassungen derselben, mag man nun, wie die Stoiker, das wirkliche Geschehen in der Natur zusammenziehen in den Gedanken einer Weltseele, oder in den Gedanken des unbewegten Bewegers, wie Aristoteles. Ein unwillkürliches Zugeständniß, daß das religiöse Bedürfniß in der resignirten Anerkennung des Thatsächlichen nicht befriedigt wird, findet sich bei Aristoteles nur in der Art wie sich seine Phantasie das selbständige Dasein der letzten Ursache belebt. Er hätte dieselbe ebensogut als grundlosen Willen schildern können, wie als insichwebenden Gedanken. Daß er das letztere wählt, zeigt das Interesse seines Gemüths, welches in den Grund der Welt das miteinschließen möchte, was ihm selbst den höchsten Genuß gewährt, das Denken [1]). Keineswegs aber darf man sagen, daß sich die aristotelische Theologie über die Stufe der Naturreligion erhebt, indem sie die Transscendenz der höchsten Ursache, ihr gesondertes Bestehen neben der Welt behauptet. Ob der letzte Weltgrund, den die Metaphysik erreicht, als transscendent oder immanent vorgestellt wird, ist für sein Verhältniß zur religiösen Gottesidee völlig gleichgültig. In der Metaphysik haben beide Termini immer gleich viel Recht. Sofern die metaphysische Lösung des Welträthsels den unendlichen Regressus, den die zur wissenschaftlichen Welterklärung dienenden Beziehungsbegriffe eröffnen,

---

[1]) vergl. Ritter Gesch. der Phil. 3, 193.

gewaltsam abbricht, ist der Begriff, in welchem jene Lösung gefunden wird, immer transscendent. Sofern dieser Begriff doch wieder nur gewonnen werden soll aus der Erklärung des thatsächlichen Geschehens als die Bezeichnung des in diesem selbst erkennbaren Grundes, ist er immanent. Mag man nun aber auf jene Beziehung oder auf diese den Nachdruck legen, auf jeden Fall bleibt die Differenz zwischen dem metaphysischen Begriff und dem religiösen Bedürfniß bestehen. Denn dieser unverwischbare Unterschied knüpft sich an den Inhalt des metaphysischen Begriffs und an das subjective Motiv, welches dazu drängt, ihn aufzustellen. Ist dieses Motiv das Verlangen, das thatsächliche Geschehen in der Welt abschließend zu erklären, um die erreichte wissenschaftliche Erklärung einzelner Vorgänge zu beglaubigen, und kann jener Inhalt, solange der Metaphysiker nicht phantasirt, nichts Anderes sein, als der in dem Geschehen selbst ihm erkennbare letzte Grund desselben, so ist auch klar, daß die an einen solchen Begriff sich klammernde Religion eine Abnormität ist.

Wenn Aristoteles trotzdem seinen unbewegten Beweger Gott nennen durfte, so lag dieß darin, daß die griechische Volksreligion, deren Grundanschauung auch für seinen gewaltigen Geist eine feste Schranke bildete, eine solche Abnormität war, die an einem inneren Widerspruche zu Grunde gehen mußte. Der religiöse Glaube, in dem sich der Mensch über die Natur erheben möchte, richtete sich auf einen Gegenstand, der die Tiefe seines Wesens als Natur enthüllte. Wenn man daher den Aristoteles den großen Buchführer des griechischen Geistes genannt hat, so spricht seine Theologie gewiß nicht dagegen. Sie zeigt das trübselige Geheimniß der Naturreligion ohne die freundlichen Schleier der Mythologie.

Aus dem Dargelegten ergiebt sich, daß die Motive, welche den griechischen Philosophen veranlaßten, seinen unbewegten Beweger Gott zu nennen, für uns nicht gültig sind. Wir sind genöthigt, die religiöse Anschauung, welche dazu anleitete, als eine antiquirte Vorstufe der wahren Religion zu beurtheilen. Wenn daher die christliche Theologie in ihren Anfängen jene philosophische Gotteserkenntniß als ein ihr selbst verwandtes Element aufnahm, so können wir dieß aus der Zwangslage, in welcher sie sich befand, entschuldigen, müssen aber für uns diese Vermischung von Metaphysik und Religion als unbrauchbar abweisen. Bei der mühseligen Arbeit, den christlichen Glauben gegen die Angriffe des gebildeten Heidenthums zu vertheidigen, mußte es ja äußerst willkommen sein, daß zwei so wichtige Gedanken wie die Einheit und Geistigkeit Gottes sich als Errungenschaften philosophischer Welterklärung darboten. Aber indem man diese Hülfe begierig aufgriff, beachtete man nicht, daß das kosmologische Problem der alten Philosophie durchaus verschieden ist von dem Problem, welches in dem christlichen Glauben an Gott seine Lösung findet. Es war ein sehr schwerer Verlust für die Theologie, daß in Folge dessen der eigentliche, dem Glauben verständliche Inhalt der christlichen Gottesidee nur beiläufig zur Geltung gelangen konnte [1]), während der metaphysische Begriff einer höchsten Ursache der gegebenen Welt der beherrschende Gedanke des Systems wurde. Dadurch wurde die Darstellung des christlichen Glaubens nicht nur an einem einzelnen Punkte, in der Lehre von Gott, verdorben, sondern der theologische Beweis überhaupt gerieth durch jenen höchsten Gesichtspunkt, den man der heidnischen Philosophie entlehnt hatte, in eine verkehrte Richtung. Wenn Gott, soweit er überhaupt verständlich war, als Causalität der Welt begriffen wurde, so mußte als das Ideal des theologischen Beweises, welcher die unsichtbaren Realitäten des Glaubens begründen sollte, der Nachweis erscheinen, wie dieselben durch die nothwendige Wirksamkeit jener Ursache hervorgebracht werden. Dadurch, daß man das Geheimniß dieses Causalzusammenhanges zu durchdringen suchte, hoffte man die Welt des Glaubens sich geistig anzueignen, die in Wahrheit unter diesen Anstrengungen dem Auge entschwand. Daß dieses Verfahren eine Anzahl falscher Probleme erzeugt hat, daß vor Allem in ihm der Grund liegt, weßhalb das trotzige sacrificium intellectus des falschen Supranaturalismus sein historisch bedingtes Recht hat, wird sich uns noch deutlicher herausstellen.

---

[1]) vergl. Tertullian de orat. 4: quia summa est voluntatis ejus salus eorum, quos adoptavit; und im Gegensatz dazu die andere Aeußerung adv. Marc. II, 27: quaecunque exigitis deo digna, habebuntur in patre invisibili incongressibilique et placido et, ut ita dixerim, philosophorum deo.

Das Verhältniß des Sittlichen zur Religion und Metaphysik.

Wir haben gesehen, daß es auf dem Standpunkte der Naturreligion durchaus berechtigt war, zwischen der religiösen Gottesidee und dem höchsten Begriffe der metaphysischen Welterklärung nicht zu unterscheiden, sondern in dem letzteren die Bestätigung der ersteren zu finden. Wenn die Naturreligion durch diese philosophische Begründung nicht gekräftigt, sondern aufgelöst wurde, so erklärt sich dieß daraus, daß die Philosophie, indem sie den Gedanken, auf welchen jene immer zurückkam, deutlich aussprach, zugleich deutlicher erkennbar machte, daß derselbe dem religiösen Bedürfniß widersprach. Nicht die Keime richtiger religiöser Gedanken wurden in der philosophischen Theologie aufbewahrt, sondern der mächtigste Gedanke der Naturreligion, welcher jene hemmte und schließlich erdrückte. Aus diesem Charakter jener philosophischen Gotteserkenntniß ziehen wir die Folgerung, daß dieselbe nicht als ein gleichartiges Element mit dem christlichen Glauben an Gott zusammengefaßt werden darf. Wir haben die christliche Theologie, welche dieß trotzdem gethan hat, mit der Zwangslage entschuldigt, in welcher sie sich im Anfang ihrer Entwicklung befand. Damit erkennen wir an, daß es doch ein unabweisbares Bedürfniß war, dem man durch eine Verbindung des christlichen Glaubens mit heidnischer Metaphysik zu genügen suchte. Dieses Bedürfniß, dessen Befriedigung auch unsere Aufgabe ist, verlangt nichts Geringeres als den Beweis, daß die Realitäten des christlichen Glaubens nicht bloß schöne Einbildungen sind, in denen wir uns wohlgefallen, sondern daß sie allen Menschen als wirklich zu gelten haben. Nicht nur die universelle Tendenz des Christenthums fordert einen solchen Beweis, damit immer neue Glieder der christlichen Gemeinde gewonnen werden, sondern auch die vorhandene Gemeinde bedarf desselben zu ihrem Bestehen. Ihr eigenes Leben gewinnt erst gesunde Stätigkeit, wenn der Glaube sich nicht nur auf unsagbare Gefühle und Stimmungen beruft, welche ihm folgen, sondern auf Gründe, welche ihm voraufgehen und deßhalb auch Anderen verständlich sind als den Gläubigen. Wenn bewiesen werden soll, daß das, was als wirklich geglaubt wird, auch allen Menschen als wirklich zu gelten hat, so kann dieß nur auf Eine Weise geschehen. Es muß gezeigt werden, daß die Welt des Glaubens zu einem Wirklichen, dessen Anerkennung von allen Menschen gefordert werden darf, in einer solchen Beziehung steht, daß das letztere ohne die erstere nicht vollständig gedacht werden kann. Denn nur so können wir die Ueberzeugung, daß ein der sinnlichen Wahrnehmung entzogener Gegenstand wirklich ist, in Anderen wecken und in uns selbst befestigen. Als sicherster Rückhalt einer derartigen Argumentation bietet sich nun offenbar die durch die Sinne gegebene Welt. Die Gleichheit unserer Organisation bürgt uns dafür, daß hier im Allgemeinen Uebereinstimmung in Betreff dessen, was als wirklich zu gelten hat, stattfinden werde. Daß trotzdem ein Versuch, auf diese Weise die Welt des Glaubens zu begründen, nur da gerechtfertigt ist, wo die Religion als Naturreligion sich selbst widerspricht, haben wir nachgewiesen. Um so dringender erhebt sich nun aber die Frage, auf welche Weise die unumgängliche theologische Aufgabe, einen Beweis für die universelle Gültigkeit des religiösen Glaubens zu liefern, gelöst werden soll. Wenn die Realitäten des Glaubens nicht in einer festen, der Forschung zugänglichen Beziehung zu dieser als wirklich anzuerkennenden Welt der Objecte stehen, so scheint man auf jenen Beweis verzichten zu müssen. Es scheint dann nur übrig zu bleiben, daß man für eine bestimmte nur bei einigen Menschen anzutreffende geistige Disposition die Nöthigung aufzeigt, die individuell bedingten Voraussetzungen über die Welt, welche ihnen bereits eignen, durch die christliche Weltanschauung zu ergänzen.

Ein Ausweg aus dieser Schwierigkeit eröffnet sich bei der Möglichkeit, daß eine andere Form der Metaphysik, welche wir bisher nur kurz in Betracht gezogen, der unveräußerlichen theoretischen Seite der Religion eine Anknüpfung an die wissenschaftliche Erklärung der Welt gewähren könnte. Pfleiderer bringt a. a. O. 186 Folgendes in Erinnerung: „Das wäre denn doch eine recht sonderbare Metaphysik, welche ihrer Aufgabe, das Thatsächliche zu erkennen, zu genügen glaubte, während ihr die höchste Thatsächlichkeit, der ethische und religiöse Geist gar nicht vorhanden wäre! So lange es Metaphysik giebt, ist das eben ihre Aufgabe, die Gesammtheit des Wirklichen, wie sie Dingliches und Geistiges zumal umfaßt, einheitlich und aus Einem Princip zu begreifen". Von der Uebereinstimmung mit einer derartigen Metaphysik soll, wie in demselben Zusammenhange ausgesprochen wird, die Geltung der religiösen Wahrheiten abhängig gemacht werden. Suchen wir uns zunächst klar zu machen, was denn unter dieser Metaphysik eigentlich zu verstehen sei, so fällt zunächst auf, daß der ethische und religiöse Geist als die höchste Thatsächlichkeit bezeichnet wird, mit welcher sich die Metaphysik in erster Linie zu beschäftigen habe. Religion und Sittlichkeit sind natürlich als Erscheinungen geistigen Lebens Thatsachen, welche die Psychologie nicht außer Acht lassen darf. Als sehr complicirte psychische Gebilde setzen sie vielleicht der Forschung besondere Schwierigkeiten entgegen. Aber ohne Zweifel liefern auch sie dem Psychologen Material, wenn es darauf ankommt, die Eigenthümlichkeit des geistigen Lebens zu beobachten und nach einer Regelmäßigkeit in den Bewegungen desselben zu forschen. Insofern also zählen sie auch zu den Thatsachen, welche die Metaphysik berücksichtigt, die sich zu dem kühnen Versuche erhebt, die Gesammtheit des Wirklichen, wie sie Geistiges und Dingliches zumal umfaßt, aus Einem Princip zu begreifen. Was soll es nun aber heißen, wenn diese psychischen Thatsachen als „höchste Thatsächlichkeit" bezeichnet werden? Ordnet denn die Wissenschaft, welche das Thatsächlichvorhandene erklären will, die Thatsachen nach ihrem Werthe? Ich denke, je mehr sich die erklärende Wissenschaft aus der Form herausarbeitet, welche dem Mittelalter entsprach, desto mehr ist sie darauf bedacht, sich in der Auffassung des Thatsächlichen nicht durch Werthbestimmungen beeinflussen zu lassen. Eine durch methodische Beobachtung festgestellte Thatsache ist für sie Thatsache, weiter nichts. Indessen bei der in Rede stehenden Metaphysik, der ein so entscheidender Einfluß auf die Geltung der religiösen Wahrheit zugeschrieben wird, darf man eben die Anforderungen, welche man an die wissenschaftliche Erforschung der Thatsachen stellen muß, gar nicht erheben. Das Eine Princip, aus dem diese Metaphysik Alles begreift, ist ja keineswegs in der Consequenz der wissenschaftlichen Welterklärung, wie sie factisch geübt wird, gewonnen, sondern von der Weltbeurtheilung der christlichen Religion, wie eine einzelne kirchliche Partei oder mehrere dieselbe auffassen, entlehnt. Daraus begreift sich nun freilich sehr wohl, daß von einer höchsten Thatsächlichkeit der Religion geredet wird. Denn dieselbe kommt ja hier nicht bloß in Betracht als psychische Thatsache, welche neben anderen die Forschung reizt, sondern als ein Complex von Urtheilen, welcher für den Metaphysiker höchsten Werth und unumstößliche Geltung hat, eben deßhalb aber den Anspruch macht, einer Metaphysik, welche trotzdem als Wissenschaft gelten will, ihr Resultat vorzuschreiben. Aber es ist ein Mißbrauch, der Religion in diesem Sinne, als dem Urtheil, welches um seines Werthes willen die Forschung beherrscht, dieselbe Thatsächlichkeit zuzuschreiben wie den Erscheinungen, die als nun einmal vorhandene Objecte die Forschung herausfordern. Bei der tiefen Zerklüftung der kirchlichen Parteien können die Vertreter dieser theologischen Metaphysik sicher sein, daß das, was ihnen als höchste Thatsächlichkeit gilt, für recht viele Mitglieder der christlichen Gemeinde keineswegs dasselbe bedeutet; von denen, welche völlig außerhalb der Kirche stehen, ganz zu geschweigen. Eine Metaphysik, welche nicht Auseinandersetzung einer ethisch bedingten Weltanschauung sein will, sondern Darlegung der den wissenschaftlichen Erklärungsmitteln immanenten Voraussetzungen über die Welt, wird daher die von den theologischen Metaphysikern behauptete höchste Thatsächlichkeit einfach bei Seite stehen lassen. Als psychisches Phänomen steht jede Religion, wie alle der Beobachtung vorliegenden Thatsachen, zu der Metaphysik in entfernter Beziehung; der Werth dagegen, den die concreten Urtheile einer bestimmten Religion für die einzelne Person behaupten, darf wenigstens für die Metaphysik nicht normativ sein, welche an der Würde freier, d. h. nicht ethisch bedingter, Wissenschaft theilnehmen will. Die Geltung, welche die religiösen Urtheile beanspruchen, ist als solche zwar für die sittliche Person, nicht aber für die unabhängige Forschung vorhanden. Einen Mittelweg in der Auffassung der sittlichen und religiösen Anschauungen giebt es aber nicht; sie kommen entweder als psychische Phänomene neben anderen in Betracht oder als Urtheile, deren absolute Geltung um ihres Werthes willen anerkannt wird.

Dagegen darf man nicht einwenden, daß Sittlichkeit und Religion doch deßwegen aus der Reihe der übrigen psychischen Erscheinungen heraustreten, weil in ihnen sich das geistige Leben vollende. Denn diese Beurtheilung des geistigen Lebens steht ja offenbar nur dem zur Verfügung, der die absolute Geltung bestimmter religiöser und sittlicher Urtheile für sich selbst festhält. **Das Urtheil**, daß der Mensch einen freien Willen in sittlichem Sinne habe, ist ein häufig vorkommendes psychisches Phänomen; **die Freiheit selbst** ist dieß nicht, denn das Urtheil, welches dieselbe als wirklich setzt, wird nicht durch einfache psychologische Beobachtung gewonnen, sondern auf Grund sittlicher Anschauungen, von welchen man nicht lassen mag. Jene Freiheit darf daher nicht als Object derjenigen wissenschaftlichen Welterklärung behandelt werden, welche die psychischen Vorgänge als solche etwas angehen. Wenn trotzdem die Metaphysik von jeher auch solche Realitäten des Glaubens als Thatsachen neben anderen zu erklären versucht hat, so darf uns das nicht hindern, dieses Verfahren als fehlerhaft zu verwerfen. Auf jene Weise hat sich nie etwas Anderes ergeben, als ein Zwitterding zwischen ethisch indifferenter Wissenschaft und — Theologie [1]). Daran werden auch für die Zukunft die gutgemeinten Anstrengungen einiger speculativen Theologen und theologischen Metaphysiker nichts ändern. Denn wenn der mit der Reformation zugleich anhebende Drang der Wissenschaft, die Herrschaft religiöser Gesichtspunkte auf das ihr zukommende Gebiet einzuschränken, endlich durch die gewaltigen Anstrengungen **Kants** zu freierer Entfaltung gelangt ist, so ist das eine geschichtliche Thatsache, deren weitgreifende Folgen schon dafür sorgen werden, daß jene Nachklänge der Romantik nicht in gemeinschädlicher Weise anschwellen. Das wäre nur dann zu besorgen, wenn die Theologie das Recht andauernd unbenutzt ließe, welches ihr durch eben jene Errungenschaft **Kants** zugesprochen wird, die Geltung der Glaubensobjecte als Thatsachen für sich allein zu reclamiren und auf eine ihr eigenthümliche Weise zu begründen. Geschähe das nicht, würde dem Triebe, die religiöse Ueberzeugung zu begründen, die ihm zukommende eigenthümliche Befriedigung in der Theologie versagt, so würden allerdings jene Zwitterbildungen wieder zahlreich aufschießen. Sie werden freilich nicht nur von der unabhängigen Wissenschaft, der sie sich an die Seite stellen wollen, mit Befremden aufgenommen, sondern auch von der religiösen Gemeinde,

[1]) Auf diese Art von Metaphysik, die nicht nur einen Abschluß der theoretischen Welterklärung, sondern den Abschluß der sittlich interessirten Person in einer Weltanschauung erstrebt, paßt das Urtheil von **Ritschl** (Rechtf. u. Vers. 3, 181), daß die Philosophen in dem Streben nach einer Totalanschauung der Welt die Forderung des religiösen Triebes von der Aufgabe des theoretischen Erkennens nicht unterschieden haben.

der sie ihre Hülfe anbieten. Wegen der in ihnen wirksamen religiösen Impulse finden sie hier wohl zunächst Duldung. Dieses Verhältniß muß sich aber in heftigen Gegensatz umwandeln, sobald sie sich in irgend einer Weise herausnehmen, nach den Resultaten ihrer speculativen Erkenntnisse den Glauben der Gemeinde erziehen und meistern zu wollen. Dann muß offen hervortreten, daß eine solche theologische Metaphysik, die sich als christlich veredelte Wissenschaft ausbietet, in Wahrheit nichts weiter ist als entmannte Wissenschaft, mit welcher in ein Bündniß zu treten, für die christliche Religion nicht nur nicht ehrenvoll, sondern nicht einmal gefahrlos ist. Sie steht in einem unversöhnlichen Conflict mit der christlichen Religion, an welchem die Kirche jahrhundertelang gekrankt hat. Also auch diese Metaphysik, diese dem kirchlichen Liberalismus bequeme, unklare Vermischung von unabhängiger Wissenschaft und Theologie, ist für die erforderliche Begründung der Glaubenswahrheit nicht zu verwerthen. Sie beabsichtigt zwar, Religion und Sittlichkeit mit den Naturdingen als gleichartige Thatsachen unter einem Begriff zusammenzufassen. Aber sie behandelt trotzdem jene Phänomene nicht in ihrer bloßen psychologischen Thatsächlichkeit, sondern will sie in ihrem Werthe auffassen. Daß sie im Lichte einer solchen Auffassung aber aufhören, bloße Thatsachen zu sein, wird übersehen. Die von Pfleiderer empfohlene Metaphysik ist, wenn man sie lediglich nach ihrer Aufgabe beurtheilt, erstens wissenschaftlich werthlos, weil sie die in stetem Wandel begriffene Erklärung der gegebenen Welt von den unveränderlichen Voraussetzungen des concreten sittlichen Geistes abhängig macht und damit das mittelaltrige Verhältniß wiederherzustellen sucht, in welchem die Forschung, die wissen will, sich gängeln lassen mußte von einer theologischen Speculation, die Alles weiß. Sie steht aber auch zweitens — und darauf kommt es uns hier vor Allem an — in einem grelleren Contrast zur christlichen Religion als irgend eine philosophische Theologie des Heidenthums. Dieß wird sich noch klarer herausstellen, wenn wir uns das Verhältniß, in welchem das Sittliche zur Religion und speciell zur christlichen Religion steht, vergegenwärtigen.

Unter dem Sittlichen verstehen wir eine Nothwendigkeit am Wollen. Psychologisch angesehen ist das Wollen Begehren. Eine Gruppe unserer Vorstellungen ist nach dem Zeugniß der psychologischen Beobachtung von dem Gedanken begleitet, daß wir hier selbst durch die Vorstellung den vorgestellten Inhalt verursachen.

Niemand wird aber sagen, daß das Begehren, welches wir als ein inneres Erlebniß zu kennen glauben, vollständig charakterisirt ist, wenn wir es als solche Vorstellungsverbindung bezeichnen. Wir meinen vielmehr den Grund dieser Verbindung und somit auch den eigentlichen Nerv des Begehrens in einer inneren Spannung zu sehen, die sich nicht näher definiren läßt, von der wir aber voraussetzen, daß sie jedem Menschen etwas recht sehr Bekanntes ist. Ohne diese innere Regsamkeit würden wir die als Ursache ihres Gegenstandes gedachte Vorstellung ebensowenig als unser Begehren anerkennen, wie irgend eine andere gleichgültige Bewegung, die wir als Ursache eines anderen Ereignisses denken. Wenn das menschliche Begehren überhaupt in jener Vorstellungsverbindung vor sich geht, so gewinnt dieselbe doch, wenn wir unser Selbstgefühl in sie hineinlegen, wenn wir sie als unser eignes Begehren erleben, den Charakter jener inneren Spannung, die wir als den Nerv unseres Begehrens überall voraussetzen. Der Ausdruck Vermögen dient uns zur Bezeichnung der Art, wie wir im Selbstgefühl eine hervorragende Vorstellungsgruppe als zu uns gehörig uns aneignen. So wird auch die als Begehren gekennzeichnete Vorstellungsgruppe, sobald wir sie, als uns selbst angehörig, von jener inneren Regsamkeit getragen denken, zum Begehrungsvermögen. „Das Begehrungsvermögen ist das Vermögen desselben (eines Wesens), durch seine Vorstellungen Ursache von der Wirklichkeit der Gegenstände dieser Vorstellungen zu sein“ [1]). Auch in dieser kantischen Definition erinnert der Gebrauch des Ausdrucks Vermögen an das, was das Begehren für uns bedeutet, abgesehen davon, daß es eine Verbindung von Vorstellungen ist. Sobald Kant aber einmal diesen Standpunkt der subjectiven Würdigung des psychischen Vorgangs eingenommen hatte, so war ihm auch die Clausel verwehrt, welche er trotzdem auf jene Definition folgen läßt. Er rühmt es als eine besondere Behutsamkeit, daß er das Folgende hinzufüge: „Man wird leicht gewahr, daß die Frage, ob die Lust dem Begehrungsvermögen jederzeit zu Grunde gelegt werden müsse, oder ob sie auch unter gewissen Bedingungen nur auf die Bestimmung desselben folge, durch diese Erklärung unentschieden bleibt“. Es mag ja wohl sein, daß man ein Begehren als bloße Vorstellungsverbindung sich denken kann, ohne daß man den Gegenstand, welcher als hervorzubringender vorgestellt wird,

---

[1]) Kant 8, 112.

als solchen bereits als Lustmotiv denkt. Handelt es sich aber um dasjenige Begehren, welches als unser eigenes der Selbstbeobachtung unmittelbar vorliegt, so ist es hier ganz außer Zweifel, daß wir einen Gegenstand nur dann als einen solchen denken, auf dessen Hervorbringung unser Begehren factisch gerichtet ist, wenn seine Vorstellung uns Lust erweckt. Fehlt ihr dieses Merkmal, ist sie für uns nicht ein Motiv der Lust, so mag sie den Inhalt fremden Begehrens aussprechen, aber sicher nicht den des unsrigen. Wenn die Mittel der physiologischen Untersuchung es unentschieden lassen, wie das causale Verhältniß zwischen dem Begehren und dem Gefühl der Lust und Unlust zu denken sei, so kann diese Frage bei dem Begehren, welches wir als subjectives Erlebniß uns vergegenwärtigen, gar nicht entstehen[1]). Denn hier ist offenbar das Verhältniß, in welchem der Gegenstand des Begehrens zum Gefühl der Lust steht, der Grund, weßhalb wir uns das Begehren als unser Erlebniß zurechnen, einen Act unseres eignen Begehrungsvermögens darin anerkennen. Wir sind daher auch genöthigt, diesen Act als nachfolgend und das Verhältniß seines vorgestellten Objects zum Gefühl der Lust als voraufgehend zu denken. Wenn aber Kant in jener Clausel diese Entscheidung vermieden wissen will, so scheint ihn dabei weniger die Scheu vor einer gewagten Definition zu bestimmen als die Rücksicht auf die psychologische Möglichkeit der sittlichen Handlung, welche zu entschwinden droht, wenn die Lust als die Ursache aller Acte unseres Begehrungsvermögens zugestanden wird.

Es ist nun aber doch so, daß alles empirische, der Beobachtung zugängliche Wollen des Menschen, als ein solches vom Gefühl der Lust abhängiges Begehren erscheint. Sollten wir daher genöthigt sein, ein Wollen zu denken, welches diesem Mechanismus entzogen ist, so zwingt uns dazu sicher nicht der psychologische Befund, sondern ein anderer Grund. Zunächst aber sind wir darauf angewiesen, die Nothwendigkeit am Wollen, worin das Sittliche bestehen soll, an eben dem Wollen aufzusuchen, das wir als Object psychologischer Beobachtung kennen. Wenn wir Aussicht haben, hier das Sittliche zu entdecken, so verheißt dieß unserer Aufgabe keine geringe Förderung. Denn dieses durch das Selbstgefühl ausgezeichnete Gebiet psychologischer Erfahrung haben wir ja als die Daseinssphäre der Religion erkannt. Ist nun ebendaselbst auch der Ort des Sittlichen,

---

[1]) Gegen Cohen, Kants Begründung der Ethik S. 276 ff.

so dürfte die Gesetzmäßigkeit, welche ihm zukommen soll, auch den Vorstellungen der Religion die Mittel zu einer Begründung gewähren.

Vom Sittlichen zu reden haben wir nur dann ein Recht, wenn wir die Nothwendigkeit am Wollen unterscheiden von der Nothwendigkeit des Geschehens. Daß wir auch die Willenshandlung als Resultat voraufgehender Bewegungen müssen denken können, versteht sich ganz von selbst. Auch das psychische Ereigniß kann, wie jedes andere, nur unter der Bedingung von einem einheitlichen Bewußtsein vorgestellt werden, daß von seiner Vorstellung aus sich solche Beziehungen verzweigen, welche eine Anknüpfung an andere Elemente des Bewußtseins ermöglichen. Das Befaßtsein in solchen Zusammenhängen, durch welche das Geschehen für ein einheitliches Bewußtsein vorstellbar wird, macht die Nothwendigkeit des Geschehens aus, auch an dem psychischen Ereigniß. Dem letzteren wird dadurch, wie jedem anderen, sein Ort in der Vorstellungswelt bestimmt. Aber um eine solche Ordnung handelt es sich bei der Frage nach dem Sittlichen nicht. Wir wollen nicht wissen, wie sich etwa die Handlung gleich jedem andern Ereigniß erklären lasse, sondern was für ein Werth ihr zukomme in ihrem Unterschiede von allem anderen Geschehen.

Aber nach unserer eigenen Ausführung scheint es doch so, als ob sich ein specifischer Unterschied der Handlung von allem anderen Geschehen gar nicht denken lasse. Wenn man auch von den räumlich darstellbaren Folgen der Handlung absieht und nur die psychischen Bewegungen, aus denen sie resultirte, verfolgt, so hat man doch immer wieder dasselbe wißbare Geschehen vor sich, das zwar je nach den Zwecken, an denen es als Mittel gemessen wird, verschiedenen Werth haben kann, an sich aber völlig gleicher Art ist. Es giebt in der Handlung nur ein Moment, welches jene Gleichartigkeit unterbricht. Das ist der Standpunkt, den das handelnde Subject selbst in dem Werthurtheil einnimmt, welches mit der bestimmten Richtung des Willens bei der Handlung verbunden ist. Dieser Standpunkt wird dadurch ermöglicht, daß das Subject im Gefühl der Lust und Unlust ein Mittel besitzt, eine Ordnung der Werthe herzustellen, welche etwas ganz anderes besagt als die Ordnung der Vorstellungen im Bewußtsein. Indem jene in Werthurtheilen fixirt wird, so sind die inneren Verhältnisse in einem solchen Werthurtheile und die Mittel des theoretischen Erkennens völlig incommensurabel. Wir haben dabei nicht das Resultat eines vorstellbaren Geschehens vor uns, sondern ein Factum des Subjects, welches nur gesehen wird, wenn man nachfühlend selbst auf jenen Standpunkt tritt. Das vom Selbstgefühl bestimmte Bewußtsein sieht die Ordnung der Werthe, welche den eigenthümlichen Inhalt der Handlung bildet, der sie von allem anderen Geschehen specifisch unterscheidet. Bei der Frage nach dem Sittlichen hat man also diesen Inhalt der Handlung, die in dem Werthurtheil ausgedrückte Richtung des Willens oder die Willensbestimmung im Auge. An dieser Willensbestimmung, deren Verständniß so durchaus subjectiv bedingt ist, muß die Nothwendigkeit zu entdecken sein, welche wir als das Sittliche bezeichnen.

Damit sind wir im Stande, die Art der gesuchten Nothwendigkeit nun auch positiv anzugeben. Sie kann hier nichts weiter bedeuten als die unausweichliche Geltung einer Willensbestimmung. Eine solche Geltung aber beruht in jedem empirisch nachweisbaren Falle in dem Gefühl für einen Werth, welches dem Willen eine bestimmte Richtung zu geben vermag. Folglich würde die Nothwendigkeit, welche das Sittliche bezeichnet, in der Unausweichlichkeit einer Vorstellung bestehen, welche durch das Gefühl für ihren Werth den Willen bestimmt. Solange nun das Selbstgefühl des Menschen überhaupt in Kraft steht und eine Ordnung der Werthe in seinem Bewußtsein erscheinen läßt, so lange wird ein Werth zweifellos unausweichlich vorgestellt: der ungetrübte Genuß des eigenen Daseins oder die Glückseligkeit. Die Vorstellung dieses Werthes ist eine Naturbestimmtheit unseres subjectiven Lebens. Denn der ursprüngliche synthetische Factor des letzteren ist ja doch nichts anderes als das Gefühl für den unvergleichlichen Werth des eigenen Daseins. Ist aber dieser Lebensgrund des Subjects in allen Functionen desselben gegenwärtig, so tritt er ins Bewußtsein, sobald das Selbstsein sich zur Aufgabe gestaltet. Und dieß geschieht in der Erkenntniß der Hemmnisse, welche sich ihm entgegensetzen. Der ungetrübte Genuß seines Selbst ist für das menschliche Subject „nicht etwa ein ursprünglicher Besitz und eine Seligkeit, welche ein Bewußtsein seiner unabhängigen Selbstgenugsamkeit voraussetzen würde, sondern ein durch seine endliche Natur selbst ihm aufgedrungenes Problem, weil es bedürftig ist“ [1]).

In der Vorstellung dieses Werthes hätten wir also ein Element

---

[1]) Kant 8, 133.

des empirischen Menschen, das sich analytisch aus den bekannten Naturbedingungen seines subjectiven Lebens ergiebt. Haben wir damit nun auch die Nothwendigkeit am Wollen, welche das Sittliche bezeichnet? Denken wir uns den Willen durchgängig durch jenen Werth zum Handeln bestimmt, so wären alle Grundsätze, nach denen gehandelt würde, Modificationen des Princips der Selbstliebe. Diese undurchdringliche Naturbestimmtheit des Subjects würde vollkommen wirksam. Die Handlungen wären, nach Kants drastischem Ausdruck, mit derselben Nothwendigkeit behaftet, mit welcher wir gähnen, wenn wir Andere gähnen sehen. Daran hätten wir also nur die Nothwendigkeit des Geschehens, nicht aber die sittliche, welche darin besteht, daß sich aus der unausweichlichen Vorstellung eines Werthes der bestimmte Grundsatz des Handelns nothwendig ergiebt. Daß der Gedanke der Glückseligkeit dem Princip der Selbstliebe entspricht, macht ihn uns verständlich als ein aus dem Getriebe der Begierden sich ergebendes Naturproduct. Zur nothwendigen Willensbestimmung dagegen ist er durchaus untauglich. Ein bestimmter Grundsatz des Handelns läßt sich in keinem Falle aus ihm ableiten. Sobald man den Versuch dazu macht, so zeigt sich, daß der Gedanke der Glückseligkeit ein inhaltleeres Schema bleibt. „Denn obgleich der Begriff der Glückseligkeit der practischen Beziehung der Objecte aufs Begehrungsvermögen allerwärts zum Grunde liegt, so ist er doch nur der allgemeine Titel der subjectiven Bestimmungsgründe und bestimmt nichts specifisch, darum es doch in dieser practischen Aufgabe allein zu thun ist“ [1]). Das Subject, das sich von seinen Neigungen hierhin und dorthin treiben läßt, bethätigt sein Selbstgefühl in dem Versuche, die Gegenstände der Wünsche als ein Ganzes oder „das Unbedingte der Neigungen“ zu denken. So entsteht das traumhafte Bild eines vollendeten Glücks. Aber bei dem Versuche, bestimmte Grundsätze des Handelns daraus abzuleiten, zersplittert dasselbe in die zahllose Menge verschiedener Lustmotive. Der Wille empfängt seine Bestimmung in jedem Falle nicht aus dem allgemeinen Gedanken der Glückseligkeit, sondern aus dem jedesmaligen Bedürfniß, aus dem zufälligen Verhältniß der Lust zu einem Gegenstande. Das mit der Allgemeinheit eines Naturgesetzes auftretende Princip der Selbstliebe liefert in der Anwendung zur Willensbestimmung gar sehr zufällige practische Grundsätze. Aber

---

[1]) Kant 8, 134.

selbst wenn sowohl der einzelne Mensch in verschiedenen Momenten als auch alle Menschen untereinander über den Gegenstand der Lust und die Mittel, ihn zu erreichen, übereinstimmten, so ergäbe sich daraus keine nothwendige Willensbestimmung. „Denn diese Einhelligkeit wäre selbst doch nur zufällig“ [1]). Eine solche Uebereinstimmung und die aus ihr folgende Gleichartigkeit der Handlungen wäre ein physisches Factum, welches die Frage nach den Zusammenhängen, aus welchen es hervorgetreten, herausforderte. Vor diesem Factum Halt zu machen als vor einer nothwendigen Willensbestimmung, ohne welche sich der Wille nicht denken lasse, dazu ist durchaus kein Grund abzusehen. Die etwaige Allgemeinheit eines derartigen Geschehens bedeutet die Nothwendigkeit des Sittlichen nicht. Sie gehörte zu dem Gebiete der Erfahrung, über welches sich der Versuch, das Unbedingte zu denken, unvermeidlich erhebt.

Damit aber ist der Punkt getroffen, an welchem jede eudämonistische Auffassung des Sittlichen, sie mag ausfallen wie sie wolle, sich als unmöglich erweist. Der allgemeine Gedanke der Glückseligkeit ist zur Deutung der Nothwendigkeit am sittlichen Wollen untauglich, weil er nicht die Kraft besitzt, bestimmte Grundsätze des Handelns zu erzeugen, eine Willensbestimmung hervorzubringen. Bei allem Bemühen, jenen Gesichtspunkt festzuhalten, sieht man sich doch bei einer concreten Willensbestimmung immer genöthigt, auf die Erfahrung einer besonderen Lust zurückzugreifen. Diese aber mag man hoch oder niedrig setzen in der Scala der Werthe, die dem Subject zur Verfügung steht, sie bleibt in Betreff der Willensbestimmung durch sie immer derselben Art. Sie liefert keine sittliche Willensbestimmung. Darin freilich wird man Lotze beistimmen müssen, daß die Lust ebensowenig in einer formlosen und farblosen Allgemeinheit wirklich ist, wie die Bewegung ohne Geschwindigkeit und Richtung. „Man betrügt sich theoretisch um das Beste der Lust, wenn man meint, sie könne irgendwo darin bestehen, daß man an etwas, wie man wohl zu sagen pflegt, seine Freude oder sein Vergnügen habe. Es ist gar nicht so, daß wir zuerst irgend eine frostige Vortrefflichkeit irgend eines Umstandes anerkännten, und sie dann durch ein bestimmtes Quantum unserer Lust belohnten, die wir wie unsere allgemeine geistige Hausmünze überall gleichartig und nur in größeren oder geringeren Summen

---

[1]) a. a. O. 135.

gegen den Werth der Eindrücke austauschten" [1]). Jede Lust existirt vielmehr in einer qualitativen Bestimmtheit, welche den Grund der Willensbestimmung abgeben kann. Der Werth jeder Lusterfahrung liegt dann in jenem ihren besonderen Inhalt, nicht in der bloßen Thatsache der erfahrenen Erregung. Der sittliche Werth der Handlung würde dann nicht etwa in formlosem Selbstgenuß bestehen, sondern in dem qualitativ bestimmten Inhalt der Lust, welche eine besondere Art des Handelns gewährt. Die Grundsätze, welche sich daraus ergeben, sind dann nicht etwa bloß nützliche Anweisungen zur Erreichung einer formlosen, von ihnen selbst abtrennbaren Lust, sondern der Zweck dem sie dienen ist nichts weiter als die Art, wie sich die Seele in der Befolgung derselben selbst genießt.

Trotzdem kann ich nicht finden, daß durch diese Ausführung Lotze's das Urtheil Kants widerlegt sei, daß verschiedene Lusterfahrungen, wenn sie als Willensbestimmungen gedacht werden, gänzlich einerlei Art sind. Die Bemerkung über die qualitative Bestimmtheit jeder Lust kann man vielleicht als eine Correctur der Kantischen Psychologie anerkennen. Dadurch wird aber jenes Urtheil nicht umgestoßen. Um die qualitative Verschiedenheit der Lustmotive als gleichgültig hinzustellen sagt Kant das Folgende: „Beruht die Willensbestimmung auf dem Gefühle der Annehmlichkeit oder Unannehmlichkeit, die er aus irgend einer Ursache erwartet, so ist es ihm gänzlich einerlei, durch welche Vorstellungsart er afficirt werde. Nur wie stark diese Annehmlichkeit sei, daran liegt es ihm, um sich zur Wahl zu entschließen". Hiergegen würde man von Lotze's Standpunkt aus einwenden können, daß ja nicht das Gefühl der Lust oder Unlust überhaupt den Willen bestimme, sondern die durch einen besonderen Inhalt eigenthümlich gefärbte Lust. Kant isolire, gegen das Zeugniß der Psychologie, die subjective Erregung von ihrem besonderen Charakter, ohne den sie doch niemals wirklich sei. Aber dabei wird dann nur das Eine übersehen, daß es sich hier um eine Willensbestimmung durch die bewußte Vorstellung eines Werthes handelt, nicht um ein bloßes Getriebenwerden durch factisch stattfindende Reize. Sobald aber ein Werth als Willensbestimmung gedacht wird, so ergeht auch an ihn die Frage nach seiner Legitimation. Und ist diese keine andere als die Berufung auf eine erfahrene Lust, so ist die durch ihn erzeugte Handlung

---

[1]) Mikrokosmos 2, 319. 2. Aufl.

sittlich verwerflich. Es kommt dabei in der That nicht auf den besonderen Inhalt der Lust an, sondern allein darauf, ob sich die Handlung nur dadurch rechtfertigen kann, daß sie auf die Erfahrung eines besonderen Reizes zurückweist. Nicht jener Inhalt selbst, sondern der durch ihn eigenthümlich gefärbte Reizzustand des Subjects bildet ja dann die Grenze, an welcher der Frage nach dem Warum ein Halt zugerufen wird. Jedes vorgestellte Factum aber wird von dem Denken des Subjects umspielt, das nach dem Unbedingten sucht. So auch jene psychologische Thatsache, welche als Grund der Willensbestimmung gedacht wird. In der bloßen Frage nach der Nothwendigkeit des Sittlichen liegt ein Gesichtspunkt der Beurtheilung, unter welchem jene Thatsache eines erfahrenen Reizes, ja das ganze empirische Subject mit allen seinen Erfahrungen als ein zufälliges Factum erscheint. Dagegen hat der Einwand nur ein scheinbares Recht, daß diese Regsamkeit des Denkens zum Schweigen gebracht werde durch den eigenen Werth einer besonderen Willensbestimmung, welcher uns zwinge, in ihm ein unvergleichlich Werthvolles zu ehren. Denn die Frage nach dem Sittlichen verlangt nicht eine Erzählung von dem Zwange, welchen ein Menschengemüth durch die im Lichte der Lust ihm leuchtenden Werthe erfährt, sondern es wird Auskunft gefordert über eine Nothwendigkeit der Willensbestimmung, welche gedacht werden muß. In dem Bereiche dieser Frage darf man nun nicht mehr mit der Berufung auf den wenn auch noch so glühend empfundenen Werth einer erfahrenen Lust etwas entscheiden wollen. Man hat mit jener Frage das Gebiet desjenigen Denkens betreten, welches nach dem Unbedingten forscht, d. h. des vom Selbstgefühl bestimmten Denkens, und muß nunmehr auch die innere Consequenz desselben mitübernehmen. Diese Consequenz aber führt über jedes Erlebniß hinaus, welches sich als die Erscheinung eines aller Beurtheilung überlegenen Werthes darbieten möchte. Wäre die Nothwendigkeit des Sittlichen nichts als der gefühlsmäßige Zwang einer psychologischen Thatsache, so wäre das Subject, das das Unbedingte zu denken strebt, genöthigt, sich auch über das Sittliche zu erheben — ein willkommener Anlaß freilich für den dogmatischen Metaphysiker, der auch das Sittliche als „die höchste Thatsächlichkeit" begreifen möchte. Aber die Billigung Lotze's würde gewiß ein solcher Versuch nicht finden, aus einem größeren die Natur umfassenden Zusammenhange auch das Sittliche als eine begreifliche Thatsache hervortreten zu lassen.

Er weiß es unvergleichlich darzustellen, daß der Gedanke des Sittlichen uns an ein Wirkliches führt, vor welchem die Frage nach seiner Herkunft sinnlos wird.

Auf ein subjectives Erlebniß, in dessen genossenem Werthe das Menschengemüth seine Ruhe fände, läßt sich die Nothwendigkeit des Sittlichen nicht zurückführen. Denn es handelt sich dabei nicht um einen gefühlsmäßigen Zwang, sondern um eine vor dem Denken gerechtfertigte Nothwendigkeit; sonst hat man offenbar nur den factischen Zwang einer psychischen Disposition, also ein bedingtes Naturereigniß, aber nicht die Nothwendigkeit des Sittlichen. Auf der anderen Seite soll diese Nothwendigkeit auch nicht die Begreiflichkeit aus einem größeren Zusammenhange bedeuten. Denn wollte man sie darauf hinausführen, so würde man wiederum stillschweigend einräumen, daß es einen Unterschied zwischen dem Sittlichen und dem natürlichen Geschehen nicht geben könne. Aber die Anerkennung dieses Unterschiedes wird hier vorausgesetzt. Nur mit dem, der sich auf den Boden dieser Anerkennung stellt, läßt sich über das Sittliche reden. Und grade dieser Vorbehalt, welcher bei allem Reden über das Sittliche gemacht werden muß, kann uns nun auch in der Erkenntniß seines Wesens weiterleiten. Das Sittliche gehört zu der Wirklichkeit, welche nur in der Relation zu dem Selbstgefühl einer Person ihr Sein hat. Sobald man von den Vorstellungen abstrahirt, welche dem Leben des persönlichen Geistes entsprechen, so entäußert man sich der Mittel zum Verständniß des Sittlichen. Wäre dieß nicht der Fall, wäre die Wirklichkeit des Sittlichen von dem Gebiete des bloßen erkennenden Bewußtseins aus erreichbar, so würde man auch jenen Vorbehalt nicht machen, so müßte uns ein consequentes Denken in denjenigen Begriffen auf das Sittliche führen, welche das Erfahrungswissen constituiren. Dagegen müssen wir, um dasselbe zu finden, die durch das Selbstgefühl geschaffene Vorstellungswelt betreten, wenn doch fest steht, daß wir bei allem Reden über das Sittliche auf eine Uebereinstimmung rechnen, welche weder durch die Kraft der Logik noch durch die Evidenz einer sinnlichen Anschauung erzwungen werden kann. Der Trieb der Selbsterhaltung und die aus ihm sich ergebenden Willensbestimmungen gehören nicht der Innerlichkeit des subjectiven Lebens selbst an. In der Hingabe an sie unterwirft man sich einem Naturereigniß, aber nicht dem innerhalb des subjectiven Lebens selbst erzeugten Gedanken einer nothwendigen Willensbestimmung. Der

Selbsterhaltungstrieb ist die allgemeine Naturbasis des persönlichen Innenlebens. Bei dem Sittlichen aber handelt es sich um dasjenige, was die Person auf Grund dieser Naturbasis in einer vielleicht eingebildeten Selbständigkeit hervorzubringen meint — nicht um ein natürliches dem theoretischen Erkennen zugängliches Geschehen, sondern um die inneren Verhältnisse des persönlichen Lebens. Die Apperception des Unterschiedes, der zwischen der Nothwendigkeit des Sittlichen und der Allgemeinheit oder Begreiflichkeit eines natürlichen Geschehens obwaltet, ist subjectiv bedingt. An dem Subject allein, das in seinem Selbstgefühl sein Dasein behauptet und in der dadurch eröffneten inneren Welt sich mit seinem Denken bewegt, ist das Sittliche verständlich.

Dieß möchte durch nichts deutlicher werden als durch den Versuch, das Sittliche von der Beziehung auf Personen, für welche es gilt, gänzlich abzulösen. „Wenn Menschen nicht da wären, so müßte das All der Dinge dennoch einen Endzweck haben. Dieses Gedankens können wir uns schlechterdings nicht entschlagen, da ja die Zweckeinheit unser Erbtheil bleibt, auch wenn wir des Besitztitels der Causalität verlustig gehen. Und bestände selbst dieser teleologische Mechanismus unseres Denkens nicht; so sei dieß behauptet: das Sittliche ist als eine Realität solcher Art zu denken, daß es bestehen müßte, daß sein Sein sein müßte, auch wenn es kein Dasein gäbe, für das es gälte. Wenn alle Realität der Erfahrung, wenn alles sinnliche Dasein vernichtet wäre: die Grenzen desselbigen im Noumenon würden und müßten bleiben. Wenn alle Natur verginge, die Idee der Freiheit bliebe. Wenn alle Erfahrung abbräche: die ethische Realität soll bleiben"[1]. Hier wird also der Unterschied der ethischen Realität von der Natur behauptet — man kann die Natur wegdenken ohne daß das Sittliche aufhörte, wirklich zu sein. Kann es seine Wirklichkeit auch behaupten, wenn man mit der Natur auch den Menschen wegdenkt, der sie vorstellt? Ohne Zweifel müssen wir diese Frage bejahen. Indem wir den Menschen als Bestandtheil der Natur denken, wird auch die Wirklichkeit des Sittlichen von der Beziehung auf ihn unabhängig. Aber ganz unmöglich ist es, von der Wirklichkeit des Sittlichen auch die Beziehung auf persönliches Leben überhaupt abzulösen, das wir nach der Analogie unseres eigenen Selbstgefühls uns vorstellen. Indem

[1]) Cohen, Kants Begründung der Ethik. S. 140.

wir uns zu dem Gedanken erheben, daß die Realität des Sittlichen von dem Untergange unserer sinnlichen Existenz unberührt bleibt, so erhebt sich nothwendig über unserem in seiner Zufälligkeit erkannten Selbst die Idee einer Persönlichkeit, welche ebensowenig ohne das Sittliche sein kann, wie dieses ohne sie. Jene Sätze Cohens sind nichts als ein Beleg für den Zwang, den der Gedanke des Sittlichen auf das Denken einer Person ausübt. Will er nun, weil der Mensch in der ethischen Reflexion von seinem zufälligen Dasein zu abstrahiren vermag, auch die Beziehung auf persönliches Leben überhaupt unterbrechen, so verdeckt er das Licht, in welchem ihm selbst das Sittliche leuchtet. In ein solches Dunkel kann man wohl die stumpfe Thatsache eines Naturgesetzes versetzen, aber nicht das Sittliche, dessen Majestät den Menschen doch nur niederwirft, um ihn zu erheben. Die kantische „Vernunft", welche als das Subject des Sittlichen zurückbleibt, nachdem von allem Zufälligen der persönlichen Existenz abstrahirt ist, ist doch nichts weiter als das persönliche Denken, welches das abgeschlossene Dasein, das wir im Selbstgefühl zu behaupten meinen, in die Consequenzen seiner gesetzmäßigen Bedingungen verfolgt. Wenn Kant diese Beziehung auf das persönliche Leben in der Sorge, den Unterschied des Guten vom Nützlichen zu wahren, zurücktreten läßt, so glänzt sie doch unvermeidlich aus allen Versuchen, den positiven Inhalt des Sittlichen verständlich zu machen, hervor. Nicht mit den Neigungen, welche sie bekämpft, ist die Pflicht verwandt; aber dennoch ist in der Pflichtbestimmung „die Person, als zur Sinnenwelt gehörig, ihrer eigenen Persönlichkeit unterworfen, soferne sie zugleich zur intelligibeln Welt gehört"[1]). Neigungen degradiren die Menschheit, wenn sie zur Würde eines obersten practischen Princips erhoben werden, sie mögen einen Zuschnitt bekommen, welchen sie wollen[2]). Trotzdem heißt es: „Die reine practische Vernunft thut der Eigenliebe bloß Abbruch, indem sie solche als natürlich, und noch vor dem moralischen Gesetze in uns rege, nur auf die Bedingung der Einstimmung mit diesem Gesetze einschränkt; da sie alsdann vernünftige Selbstliebe genannt wird. Aber den Eigendünkel schlägt sie gar nieder, indem alle Ansprüche der Selbstschätzung, die vor der Uebereinstimmung mit dem sittlichen Gesetze vorhergehen, nichtig

---

[1]) Kant 8, 214—15.

[2]) a. a. O. 194.

und ohne alle Befugniß sind, indem eben die Gewißheit einer Gesinnung, die mit diesem Gesetze übereinstimmt, die erste Bedingung alles Werthes der Person ist, und alle Anmaßung vor derselben falsch und gesetzwidrig ist"[1]). Also alle einzelnen Ansprüche, welche die Person vor der Bestimmung durch das Sittliche erhebt, werden durch dasselbe niedergeschlagen; damit ist aber nicht gesagt, daß das Sittliche auch zu dem allgemeinen Anspruch, eine Person, ein abgeschlossenes Ganze sein zu wollen, außer Beziehung steht. Denn dieses Selbstseinwollen erscheint auch nach der Anerkennung des Sittlichen in den Begriffen der Selbstbilligung, der vernünftigen Selbstliebe, des Werthes, den die Person sich selbst giebt, als der unvermeidliche Hintergrund der ethischen Reflexion. Als eine Frucht der Neigungen soll die sittliche Willensbestimmung nicht gedacht werden; aber der Anspruch den die Person in allem Begehren erhebt, wird durch ihre Unterwerfung unter die Nothwendigkeit des Sittlichen in höherem Sinne bestätigt als es je durch Befriedigung der Neigungen geschehen könnte. Das Sittliche in uns stellt uns dar „eine Ueberlegenheit über die Natur, worauf sich eine Selbsterhaltung von ganz anderer Art gründet, als diejenige ist, die von der Natur außer uns angefochten und in Gefahr gebracht werden kann, dabei die Menschheit in unserer Person unerniedrigt bleibt, obgleich der Mensch jener Gewalt unterliegen müßte"[2]).

Also auf ein Verständniß des Sittlichen werden wir nur rechnen dürfen, wenn wir im Auge behalten, daß seine Nothwendigkeit für Personen gilt, d. h. für denkende Wesen, welche im Selbstgefühl ihr Dasein genießen und von diesem Mittelpunkte aus die Beziehungen desselben bestimmen.

Was für ein Bestimmungsgrund seines Willens kann nun für ein solches Wesen als nothwendig gelten? Nur derjenige, welcher als unumgängliches Mittel für den Selbstzweck der Person gedacht wird. Er ist auf jeden Fall um ihretwillen nothwendig. Sofern nun die Zweckvorstellung aus einer erfahrenen Lust geschöpft wird, ist die Person, wie wir oben gesehen haben, auch immer im Stande, sich denkend über diesen Zweck zu erheben. Wenn wir einen solchen Zweck als Grund unserer Willensbestimmung denken, so führt uns die Frage nach dem Warum auf die zufällige Situation, in

---

[1]) a. a. O. 197.
[2]) 4, 119.

der wir uns befinden, auf unser Afficirtsein durch irgend einen Gegenstand. Obgleich wir daher in einem solchen Falle um unser selbst willen handeln, so sind wir doch zugleich zu der Anerkennung gezwungen, daß die Handlung erfolgt im Dienste eines bedingten Zweckes. Die Willensbestimmung selbst stellt sich dann also dem Denken nur als eine bedingt nothwendige dar, als in Beziehung auf ein zufälliges Ereigniß nothwendig. Wo aber überhaupt das Sittliche anerkannt wird, da wird dasselbe als eine schlechterdings nothwendige Willensbestimmung gedacht.

Eine Auflösung der Schwierigkeit scheint erreichbar, wenn der Mensch, für den das Sittliche gelten soll, im Stande wäre, sich selbst als Endzweck vorzustellen. Der Versuch dazu liegt vor in den Religionen. In der practischen Welterklärung der Religion lebt der Gedanke, daß alles Dasein sich müsse auffassen lassen als Mittel zur Verwirklichung der Güter, in welchen der Mensch seinen eigenen Endzweck erkannt hat. Aber dieser Versuch, das bedürftige Subject als unbedingten Endzweck über die Natur zu erheben, endigt, wie sich oben gezeigt hat, nothwendig in der Erkenntniß, daß die blinde Macht des Geschehens Recht behält. Die Gottheit, deren zweckvolles Handeln den Sieg des Menschen über die Natur darstellen soll, ist in ihrem Wesen selbst nichts weiter als Natur. Die Güter, welche sie vertritt, sind die Reflexe von Lusterfahrungen, die an eine bestimmte Weise des Geschehens, an eine besondere Gestaltung des Menschenlebens geknüpft sind. Sobald daher die unermeßliche Bedingtheit dieser Gestaltung ins Bewußtsein tritt, muß die freudige Erhebung zur Gottheit der Ergebung in ein unverstandenes Verhängniß weichen. Die Gottheit wird zur Natur, und der Mensch, der sich als Endzweck denken wollte, resignirt in der Anerkennung eines ziellosen Geschehens. In dieser Entwickelung erscheint die Religion als der vergebliche Versuch des Menschen, sich als Endzweck über die Natur zu erheben. Der von irgendwelchen Lusterfahrungen abstrahirte Endzweck bleibt der Ausdruck eines unbefriedigten Verlangens. Er selbst kann sich vor der eigenen Reflexion des Menschen auf die Dauer nicht behaupten. Die Nothwendigkeit des Sittlichen kann also in einem solchen Gedanken nicht wurzeln. Auch dieser Versuch, das Sittliche in dem Verhältniß der Willensbestimmung zu einem durch die Lust gesetzten Inhalt des Begehrens zu finden, schlägt nothwendig fehl. Die Unmöglichkeit, darin die Nothwendigkeit des Sittlichen zu entdecken, ist aber für uns ganz außerordentlich werthvoll. Denn dieser Unmöglichkeit ist es zuzuschreiben, daß uns der Gedanke eines Uebernatürlichen erreichbar wird, der mehr bedeutet als eine bloße Verdoppelung der Natur.

Trotzdem ist sicher, daß die Nothwendigkeit des Sittlichen, wenn sie doch für Personen gelten soll, mit dem Endzweck derselben, in welchem sie den vollen Genuß ihres eigenen Selbst erstreben, in Zusammenhang stehen muß. Wenn wir den Versuch machen, alle Beziehung des Sittlichen auf unseren eigenen Endzweck abzuschneiden, so verwandelt sich uns das Sittengesetz, trotz der scheinbaren Erhöhung seiner Majestät, in ein Naturgesetz, welches unerbittlich über uns ergeht. Das Sittengesetz würde dann das persönliche Leben nicht wahrhaft beherrschen. Es wäre eine äußere Schranke der Person, wie die natürlichen Bedingungen überhaupt, auf deren Boden sie ihre eigenartige Welt erbaut, aber kein besonderes inneres Gesetz des persönlichen Lebens selbst. Ein solches Gesetz kann nun das Sittliche nur dann sein, wenn die Person grade in ihrem Selbstseinwollen gezwungen ist, sich ihm zu unterwerfen. Das ist nun aber der Fall. Die Nothwendigkeit welche in dem Sittlichen gedacht wird, ist zwar nicht ebenso die Bedingung für die Einheit des Selbstbewußtseins, wie sich die Einheit und Continuität des vorstellenden Bewußtseins nur in dem endlosen Regressus, den die Beziehungsbegriffe eröffnen, in der Voraussetzung, daß der vorgestellte Gegenstand in unermeßlichen Zusammenhängen stehe, vollziehen kann. Aber indem die Person über ihr eigenes inneres Leben, das durch ihr Selbstseinwollen begründet wird, reflectirt, geräth sie unumgänglich auf den Gedanken des Sittlichen. Dann erscheint die Nothwendigkeit des Sittlichen allerdings als eine Existenzbedingung jenes Innenlebens.

Zunächst ist es der Gedanke des Unbedingten überhaupt, der sich als der unumgängliche Begleiter eines einheitlichen persönlichen Lebens ergiebt. Das Selbstseinwollen der Person schließt das Bestreben ein, auch die Welt, mit der sie sich in Connex weiß, nicht als unbestimmte Vielheit, sondern als abgeschlossenes Ganzes zu denken. Den Zwang den dabei die Vorstellungsthätigkeit erleidet, die durch ihre eigene Natur auf die Verknüpfung des Bedingten angewiesen ist, giebt den Anlaß, den Gedanken des Unbedingten zu bilden. Ausdrücklich wird dieser Gedanke freilich erst dann vollzogen werden, wenn durch die Anfänge eines methodischen Naturerkennens die Aufmerksamkeit auf das endlos Bedingte gerichtet ist. Aber die ihm entsprechende Modification der Vorstellungen, die Forderung, die Dinge als in sich abgeschlossen und als Theile eines abgeschlossenen Ganzen zu betrachten, ist von dem Selbstbewußtsein einer fühlenden und wollenden Person untrennbar. Indem man ausdrücklich auf das Recht dieser Forderung verzichtet, indem man also den Gedanken des Unbedingten unter die Einbildungen verweist, leistet man zugleich darauf Verzicht, das persönliche Leben als ein Reales zu behandeln, und für seine Hebung und Entwickelung thätig zu sein. In dem bewußten Selbstseinwollen der Person ist also die Denkoperation mitenthalten, welche auf den Gedanken des Unbedingten führt. Indem das vernünftige Subject sein eigenes Selbst behauptet, empfängt es die Nöthigung, auf die Realität des Unbedingten zu rechnen.

Es liegt nun freilich die Erinnerung nahe, daß die Erfahrung das Gegentheil zu bestätigen scheint. Erfahrungsmäßig wird recht oft ein in seinen selbstsüchtigen Interessen abgeschlossener Mensch den Gedanken des Unbedingten sich fern zu halten wissen. Aber dadurch wird doch der logische Zusammenhang dieses Gedankens mit seinem Selbstseinwollen nicht aufgehoben. Wenn sich seine Aufmerksamkeit nicht darauf richtet, so hat das seine psychologischen Ursachen. Die Ueberschau über sein inneres Leben, die Reflexion auf die Voraussetzungen, in welchen die Gewißheit von der Realität desselben sich vor dem Denken zu rechtfertigen sucht, wird bei ihm durch die schrankenlose Herrschaft des bloßen Begehrens gehemmt. Die blinde Macht des Begehrens vermag aber nur so lange die Einheit des persönlichen Lebens zu garantiren, als die Umstände ihm Befriedigung versprechen. Hört diese zufällige Begünstigung durch die Umstände auf, so verliert auch der Trieb der Selbstsucht seine Kraft, die Selbstgewißheit der Person vor dem Uebergang in Verzweiflung zu schützen. Es tritt dann zu Tage, daß man zwar auf die logische Vollendung der Gewißheit, in welcher sich das persönliche Leben vollzieht, verzichten kann; daß man aber auch damit den Bestand desselben der Gunst wechselnder Umstände anheimgiebt. Die Macht des Triebes, der durch sie befriedigt wird, verleiht dieser Gunst den Schein des Unveränderlichen; und dieses Trugbild tritt als Surrogat für das logisch geforderte Unbedingte ein. Trotzdem ist es richtig, daß es einen natürlichen Zwang, welcher den Menschen verhindern könnte, so zu verfahren, nicht giebt. Es ist ein zufälliges geschichtliches Factum, wenn der Mensch seine persönliche Selbstgewißheit in diejenigen Voraussetzungen verfolgt, unter welchen dieselbe als unabhängig von Naturbedingungen und deßhalb als vollendet sich darstellt. Aber damit ist doch nicht ausgeschlossen, daß nur die logische Consequenz des Actes, in welchem der Mensch sich als ein abgeschlossenes Selbst als real setzt, also des Selbstbewußtseins verwirklicht wird, wenn er die Unabhängigkeit seines Selbstgefühls von dem Lauf der Ereignisse in dem Gedanken des Unbedingten zu erreichen sucht. Das Selbstseinwollen vollendet sich in der Ueberzeugung von der Realität eines Unbedingten, welches der unbestimmten Weite des Geschehens gemäß der concreten Bestimmtheit des Selbstgefühls Maaß und Ziel setzt, also in einem Analogon der Religion.

Ist das Factum einer solchen Befreiung von der dumpfen Naturmacht des Selbstseinwollens erfolgt, so daß es gelingt, über die ihm immanenten Voraussetzungen zu reflectiren, so ist auch die Welt erschlossen, in welcher das Sittliche sich geltend macht, und zwar als die unumgängliche Bedingung ihrer Realität.

Auf dem Gebiete des Erkennens ist für das Unbedingte kein Platz. Im Gegentheil, vor dem Gedanken des Unbedingten, dessen der Mensch fähig ist, wird die Erfahrung selbst mit all ihren Gesetzen etwas bloß Zufälliges. Das persönliche Leben als ein gleichartiges Element in die Welt der Erfahrung einzufügen, ist deßhalb unmöglich. Indem dasselbe sich für solidarisch erklärt mit dem Unbedingten, scheidet es sich ab von dieser Welt. Aber auch die Religion bleibt ein bloßes Suchen nach dem festen Halt des persönlichen Lebens, so lange ihr der Nerv des Sittlichen fehlt. Wenn die Gottesidee nichts weiter enthalten soll, als das durch das Kriterium der Lust und Unlust zu ermittelnde höchste Gut, so kann sie in Wahrheit gar nicht vollzogen werden. Die Vergleichung der an der Lust gemessenen Zwecke führt ebensowenig zu einem Endziel, wie der Versuch, die unbedingte Ursache im Causalregressus zu entdecken.

In allen den positiven Religionen, in welchen die im Cultus verehrte Gottheit lediglich ein Spiegel der Gelüste und Aengste der Menschenseele ist, also in den Naturreligionen, hat jener Vorgang freilich doch einen Abschluß erreicht. Aber dieser Abschluß ist willkürlich; er ist zufällig erfolgt unter dem Druck bestimmter geschichtlicher Verhältnisse, welche der freien Entfaltung des persönlichen Lebens eine Schranke setzten. Und das unbefriedigte religiöse Bedürfniß übt an der Gottesidee, die auf diese Weise erreicht ist, eine unwillkürliche Kritik, indem in allen diesen Religionen das Verborgene an der Gottheit für macht- und werthvoller gilt, als das, was man von ihr zu wissen meint. Dann kann sich, abgelöst von den Vorstellungen der unvollkommenen aber doch wirklichen Religion, das Bewußtsein geltend machen, daß das eigene persönliche Leben in seiner Realität völlig abhängig ist von der Realität eines Unbedingten, das man noch nicht gefunden hat. Solche Laute aus den Naturreligionen können werthvoller erscheinen als diese selbst, sofern sich darin das Verlangen nach einer tieferen Stillung eines persönlichen Bedürfnisses ausspricht. Das darf uns aber nicht dazu verleiten, die ästhetische Erregung, welche die bedingungslose Hingabe der Person an das unnennbare Unbedingte begleitet, für wirkliche Religion zu halten. Das Suchen nach der Religion wird dadurch charakterisirt, die wirkliche Religion wenigstens nicht vollständig. Das Bewußtsein von jener Abhängigkeit ist allerdings das allgemeine Merkmal der Religion überhaupt; aber wirklich ist die Religion in jedem besonderen Falle nur in bestimmten Vorstellungen von dem offenbaren Gott, deren Geltung die Selbstgewißheit der Person ergänzt. Wenn man das Wesen der Religion zu ergreifen glaubt, indem man die besonderen Gestaltungen derselben auf jenes Allgemeine reducirt, so gelangt man zu dem Widerspruche, daß die Religion, welche ein Ausdruck des Verlangens ist, der Person eine ihr entsprechende Welt zu erschließen und so die Selbstgewißheit derselben von ihrem eigenthümlichen Dasein zu befestigen, ihr Wesen darin hat, daß sie das persönliche Leben nach Kräften vernichtet. Denn in den unbestimmten Wogen jener ästhetischen Erregung erlebt die Person nicht eine Steigerung und Entfaltung ihres eigenthümlichen Innenlebens, sondern eine Depression desselben, die möglichste Aufhebung des Unterschiedes, den das Selbstbewußtsein zwischen der Person und der Natur gesetzt hat. Wenn auch die Ueberzeugung, daß man nicht unter dem Zwange eines egoistischen Triebes, sondern nur in der Hingabe an ein Unbedingtes seines Selbst froh werde, ein allgemeines Merkmal aller Religion ist, so ist sie doch für sich in dieser Unbestimmtheit genommen noch nicht wirkliche Religion, sondern nur das Suchen nach derselben. Wirkliche Religion ist nur da, wo das Unbedingte die concrete Gestalt einer irgendwie offenbaren Gottheit angenommen hat, deren faßbarer Inhalt mit dem höchsten Gute des Gläubigen in Correspondenz steht. Aber in den Naturreligionen wird dieser Abschluß des Suchens nach dem Unbedingten nur dadurch vollzogen, daß der an sich endlose Progressus der Zweckvergleichung unter dem Einflusse zufälliger geschichtlicher Verhältnisse abgebrochen wird. Hier erlangt zwar der Mensch eine Befriedigung seines persönlichen Bedürfnisses, aber um den Preis einer willkürlichen Einschränkung seines Gesichtskreises. Innerhalb der Naturreligion ist die Person zwar abgeschlossen in sich, aber sie ist auch bornirt. Also auch in der Religion für sich, falls sie nichts weiter liefert, als die der Lust oder Furcht des empirischen Menschen entsprechende Weltanschauung, wird der Gedanke des Unbedingten nicht verwirklicht, nicht mit einem concreten faßbaren Inhalt erfüllt in den Gesichtskreis der Person gezogen. An seine Stelle tritt ein Surrogat, durch welches das persönliche Leben zwar abgeschlossen aber auch willkürlich eingeengt wird. Denn die natürlich bedingte Situation des empirischen Menschen, der die zu deutlicher Vorstellung gelangte Gottesidee in den Naturreligionen entspricht, ist keine nothwendige Grenze für das Denken der Person.

In der Religion, für sich genommen, wird das Unbedingte ebensowenig gefunden wie auf dem Gebiete des Erkennens. Ein nothwendiger Abschluß des persönlichen Lebens wird in beiden Fällen nicht erreicht. Müßte es dabei verbleiben, so gäbe es keine Welt für die Geister. Das Streben des Menschen, sich in der Rechtfertigung seines Selbstseinwollens vor dem eigenen Denken zu freier geistiger Selbstgewißheit zu erheben, müßte sich in der vergeblichen Jagd nach dem Unbedingten als zwecklos erweisen.

Aber bei diesen vergeblichen Bestrebungen, die unbestimmte Vielheit der Dinge zu begrenzen, wirkt ein Gedanke mit, der darauf führen kann, wie sich uns das bisher immer entfliehende Unbedingte mit einem faßbaren Inhalt erfüllt. Die Beurtheilung der Welt, welche wir ausüben, indem wir sie als im Unbedingten begrenzt denken, ist immer verbunden mit einer entsprechenden Selbstbeurtheilung. Um unsertwillen unterwerfen wir die Welt jenem Urtheil, in welchem sie als in sich abgeschlossen erscheint. Wir brauchen hier nicht noch einmal auszuführen, daß die Gedanken, in welchen sich dieses Urtheil entfaltet, alle Bedeutung verlieren, wenn der Hauch persönlichen Interesses aus ihnen gewichen ist. Ebendeßhalb sind sie, wenn man sie vor den Maßstäben der Wissenschaft, welche mit den Functionen des reinen Erkennens arbeitet, legitimiren will, der Gefahr ausgesetzt, als Einbildungen verworfen zu werden. Eine directe Schutzwehr dagegen giebt es nicht. Aber diese Thatsache brauchen wir nicht zu fürchten. Denn grade die Thatsache, daß die Welt der Person vor dem bloßen Naturerkennen schutzlos dasteht, wird uns eine Gesetzmäßigkeit ihrer Gestaltung erkennbar machen, welche uns den Menschen gegenüber vor dem Vorwurf, wir hegten Einbildungen, schirmt. Man sehe nur dem Verzicht, der von uns gefordert wird, fest ins Auge; man gestehe sich nur ein, daß es sich hier um rein persönliche Ueberzeugungen handelt, so wird diese Aufrichtigkeit gegen sich selbst, welche man doch bei dem Reden über die höchsten Werthe vor Allem verlangen sollte, sich schon belohnen.

Wenn wir nur um unsertwillen darauf ausgehen, die Welt im Unbedingten zu begrenzen, so denken wir uns selbst unwillkürlich als Endzweck. Alles Dasein, unsere eigene geistige Natur mit eingeschlossen, gruppirt sich uns unwillkürlich zu einer auf unser persönliches Interesse hin zweckmäßig geordneten Welt von Mitteln. Nun haben wir aber gesehen, daß dem Selbstseinwollen der Person die Voraussetzung einer irgendwie abgeschlossenen Welt innewohnt. Folglich kann der Mensch sein persönliches Leben nur so vollziehen, daß er sich als Endzweck denkt. Wenn das Denken des Menschen nicht in bloßem thierischen Begehren untergeht, wenn er die Voraussetzungen welche seinem Selbstseinwollen innewohnen sich aneignen und, falls es angeht, vor sich rechtfertigen will, so muß er sich als Endzweck denken.

Wenn wir nun an diesem Punkte wiederum die erkennbare Welt nach der Legitimation eines solchen menschlichen Anspruchs fragen wollten, so würden wir darauf diese Antwort erhalten: „Es ist soweit gefehlt, daß die Natur ihn zu ihrem besonderen Liebling aufgenommen und vor allen Thieren mit Wohlthun begünstigt habe, daß sie ihn vielmehr in ihren verderblichen Wirkungen ebensowenig verschont wie *jedes andere* Thier" [1]). In dem Zeugniß der Natur erscheint der Mensch unweigerlich als Naturwesen. „Er ist immer nur Glied in der Kette der Naturzwecke, zwar Princip in Ansehung manches Zwecks, dazu die Natur ihn in ihrer Anlage bestimmt zu haben *scheint, indem er sich selbst dazu macht*, aber doch auch Mittel zur Erhaltung der Zweckmäßigkeit im Mechanismus der

---

[1]) Kant 4, 327.

übrigen Glieder". Es sind nicht bloß einzelne trübe Erfahrungen, welche es verwehren, die Ueberzeugung, der Mensch sei letzter Zweck der Natur, auf diese selbst zu stützen. Sondern es ist dies schon deßhalb unmöglich, weil in der Natur als in dem Gebiet der Beziehungsbegriffe der Gedanke des Endzwecks überhaupt keine Stätte hat. Wenn wir den Menschen innerhalb der Natur aufsuchen, ihn als Product natürlicher Bedingungen ansehen, so können wir ihn nicht als Endzweck denken. Denn bei jedem Zweck, den wir innerhalb der Natur annehmen, sind wir unweigerlich genöthigt, ihn abhängig zu denken von einem höheren Zweck. Die Unermeßlichkeit der Natur für unser Vorstellen zwingt uns, die Ordnung der Naturdinge nach Zwecken ins Endlose zu verfolgen.

Der Endzweck ist eine Conception der Person, welche bestrebt ist, ihr Innenleben von der Natur zu unterscheiden, dasselbe als ein insichgeschlossenes Ganzes aus dem Gebiet der Beziehungsbegriffe herauszuheben. Es ist daher vollkommen sinnlos, die Berechtigung jener Conception so erweisen zu wollen, daß man den Menschen in die Natur zurückversetzt, welche ihn mit den übrigen Thieren der Erde zusammenwirft. Wenn gefragt wird, wie der Mensch sich als Endzweck denken könne, so kann die Bedingung dazu nur in dem persönlichen Leben selbst gesucht werden. Nicht vor der Natur kann der Mensch jenen Anspruch rechtfertigen, sondern nur vor sich selbst als einer denkenden Person.

Nur dann ist die Person im Stande, ihr inneres Leben in dem Gedanken des Endzwecks abzuschließen, wenn sie *ihr Wollen einem unbedingten Gesetze unterworfen denkt*. In ihrem Wollen, in allen einzelnen Zwecksetzungen desselben will die Person sich selbst. Aber solange wir diese einzelnen Willensacte nur durch verschiedene Klugheitsregeln bestimmt wissen, vermögen wir wohl unser Selbst sehr energisch zu behaupten; aber wir haben dann kein Mittel, den Gedanken, in welchem das Selbstseinwollen über den bloßen Naturtrieb hinaus erhöht und vollendet wird, vor uns selbst zu rechtfertigen: als Endzweck kann sich der Mensch nicht denken, der nur Klugheitsregeln für sein Handeln kennt. Denn jener Gedanke schließt die Voraussetzung ein, daß dem menschlichen Selbst sein Inhalt nicht erst durch die Verhältnisse gegeben wird; sonst wäre es ja auch nur ein einzelnes Ereigniß in der Natur, nicht aber der Endzweck, der über der Natur liegt. Diese Unabhängigkeit des Selbst von der Natur, welche der Gedanke des Endzwecks aussagt, verträgt sich nicht mit dem Bewußtsein, daß das Wollen, in welchem sich der Inhalt des Selbst darlegt, sich nur auf Zwecke richtet, welche von irgendwelchen Naturereignissen, die uns betroffen haben, abstrahirt sind. Solche Naturereignisse sind aber alle Lusterfahrungen, dieselben mögen sich im Uebrigen noch so sehr inhaltlich unterscheiden. Wenn daher die Regeln unseres Handelns sich als solche nur legitimiren können durch ihren Zusammenhang mit einer Lusterfahrung, durch welche uns mit der Vorstellung des Zweckes auch das Nachdenken über die dazu erforderlichen Mittel aufgedrängt wurde, so halten sie das Selbst in der Sphäre der Natur zurück. Und die Person, welche sich in ihrem Selbstseinwollen durch solche Klugheitsregeln leiten läßt, die ihre Abstammung von Naturereignissen nicht verleugnen können, vermag vor sich selbst das Streben nicht zu rechtfertigen, in welchem sie sich als Endzweck von der Natur zu unterscheiden sucht.

Wohl aber wird dieß möglich, indem der Mensch sich in seinem Wollen einem unbedingten Gesetze unterworfen denkt. Unbedingtes Gesetz des Wollens ist dasjenige, welches nicht durch die Rücksicht auf ein Naturereigniß, nicht durch die Reflexion auf eine Lusterfahrung und die aus ihr sich erhebende Zweckvorstellung gerechtfertigt zu werden braucht, sondern ohne alle solche Begründung als geltend anerkannt wird. Nur die Anerkennung eines solchen Gesetzes läßt die specifisch ethischen Begriffe gut und böse entstehen. Wenn man sich die Geltung des Gesetzes durch die Vergegenwärtigung eines Lustgefühls feststellt, so erhält die dadurch vorgeschriebene Richtung des Wollens den Charakter des Nützlichen. Will man einen Unterschied zwischen gut und nützlich behaupten, so muß man auch zugeben, daß es ein unbedingtes Gesetz des Wollens giebt, welches sich durch sich selbst eine Geltung verschafft, die aus keiner Reflexion auf irgend eine Lusterfahrung gewonnen werden kann.

Man könnte versucht sein, sich darauf zu berufen, daß doch die Lust immer nur in einer concreten Bestimmtheit genossen wird. Und wenn die Inhalte der einzelnen Lusterfahrungen sich in einer dem Subject sehr fühlbaren Weise von einander unterscheiden, so könnte ja auch die Lust, welche eine bestimmte Richtung des Willens erweckt, sich dadurch von jeder anderen abgrenzen, daß sie als unbedingt werthvoll sich ankündigt. Und wer wollte leugnen, daß das sittliche Leben sich in solchen Erfahrungen vollzieht? Aber wenn man glaubt, daß man mit dieser Thatsache psychologischer Beobachtung den sogenannten Rigorismus der kantischen Ethik widerlegen könne, so übersieht man dabei Eines. Indem man das Urtheil „unbedingt werthvoll" über die bestimmte Willensrichtung ergehen läßt, deren eigenthümliche Lust man erfährt, so spricht man ja ebendamit den Werth jener Bestimmtheit des Willens von der Abhängigkeit los, in welcher er zunächst zu der Lusterfahrung steht. Das heißt aber nichts weiter als: man vollzieht die Anerkennung eines unbedingten Gesetzes, dem man dieses ganze von der verschiedenartigsten Lust durchzitterte Selbst in seinem Wollen unterwirft, mag nun die Stimme des Gefühls für die Forderungen des Gesetzes sprechen oder dagegen. Ob der Gedanke des unbedingten Gesetzes psychologisch aus einer Lusterfahrung entstehe, ist für die Ethik ganz gleichgültig. Denn das ist sicher, daß er, wenn einmal entstanden — und erst von da an giebt es ethische Begriffe, also auch eine Ethik — sich den etwaigen Erregungen des Subjects unabhängig gegenüberstellt. In dem Gedanken der unbedingt werthvollen Willensrichtung liegt doch offenbar dieß, daß ich den Werth derselben nicht in der Gemüthserhebung, welche ich etwa augenblicklich durch sie zu erleben meine, erschöpfe; sondern ich bin alsdann überzeugt, daß das Gesetz, welches jene Willensbestimmung fordert, für mich in Geltung bliebe, auch wenn dieses Erlebniß nicht einträte. Daraus folgt, daß durch den Gedanken des unbedingten Gesetzes ein Werth gesetzt wird, für welchen die subjectiven Erlebnisse in Lust und Unlust keinen ausreichenden Maßstab mehr abgeben. Die Lust ist das Kriterium vergleichbarer Werthe; der Gedanke des unbedingt Werthvollen dagegen erzeugt sich vielleicht an einer Lusterfahrung; er selbst aber als die Grenze aller Werthvergleichung des Subjects sagt mehr aus, als durch irgend ein subjectives Erlebniß ermessen werden kann. Indem der Mensch sein Wollen einem unbedingten Gesetze unterwirft, verzichtet er darauf, seinem empirischen Selbst die Ziele seines Handelns zu entnehmen. Er schaut dann nicht zurück auf das, was in ihm bereits realisirt ist, sondern er schaut hinaus auf das, was in ihm realisirt werden soll. Deßhalb sagt Kant mit Recht, daß wir nicht in der Seelenerhebung, sondern in der Herzensunterwerfung unter Pflicht des unbedingten Gesetzes, des von dem Naturgesetz unterschiedenen Sittengesetzes uns bewußt werden [1]). Das moralische Gefühl der Lust

[1]) Kant 4, 213.

an der Erfüllung und der Unlust über die Verletzung der Pflicht kann nicht der Quell des Sittengesetzes sein. Denn bevor man solche Gefühle haben kann, muß man doch schon „die Wichtigkeit dessen, was wir Pflicht nennen, das Ansehn des moralischen Gesetzes und den unmittelbaren Werth, den die Befolgung desselben der Person in ihren eigenen Augen giebt, vorher schätzen, um jene Zufriedenheit oder den bittern Verweis zu fühlen". „Man kann also diese Zufriedenheit nicht vor der Erkenntniß der Verbindlichkeit fühlen und sie zum Grunde der letzteren machen" [1]). Kant hat die Bedeutung des sittlichen Gefühls wohl zu würdigen gewußt: Man soll sich nicht dem Irrthum hingeben, daß aus dem Erlebniß dieses Gefühls der Gedanke des Sittengesetzes gewonnen werde; aber man soll es sich zur Pflicht machen, dasselbe zu cultiviren (8, 153). Eben jene Seelenerhebung, welche der Gedanke des unbedingten Gesetzes hervorbringe, hat er oft in Worten gefeiert, denen man die innere Erregung anmerkt; und die Folgen des sittlichen Wohlverhaltens für die geistige Stimmung schätzt er so hoch, daß er meint, sie allein schon seien im Stande, die kluge Wahl eines nachdenkenden Epikuräers zu entscheiden [2]). „Nun stelle ich den Menschen auf, wie er sich selbst fragt: was ist das in mir, welches macht, daß ich die innigsten Anlockungen meiner Triebe und alle Wünsche, die aus meiner Natur hervorgehen, einem Gesetze aufopfern kann, welches mir keinen Vortheil zum Ersatz verspricht, und keinen Verlust bei Uebertretung desselben androht; ja das ich nur um desto inniglicher verehre, je strenger es gebietet und je weniger es dafür anbietet? Diese Frage regt durch das Erstaunen über die Größe und Erhabenheit der inneren Anlage in der Menschheit und zugleich die Undurchdringlichkeit des Geheimnisses, welches sie verhüllt, die ganze Seele auf. Man kann nicht satt werden, sein Augenmerk darauf zu richten, und in sich selbst eine Macht zu bewundern, die keiner Macht der Natur weicht" [3]). Aber trotzdem erklärt er sich energisch dagegen, in diese Gefühle „die eigentliche bewegende Kraft zu setzen, wenn von Pflicht die Rede ist. Denn das würde soviel sein, als die moralische Gesinnung in ihrer Quelle verunreinigen

---

[1]) Kant 152.

[2]) ebendas. 217.

[3]) I, 637 f.; vergl. über die Bedeutung der Gefühle für das sittliche Leben überhaupt die Einleitung zur Tugendlehre 9, 246—50 und 4, 412—13.

wollen"[1]). Auf dieselben Gefühle, welche er, voll tiefer Erregung, mit einem ungewohnten Glanz der Rede auszusprechen weiß, wendet er dieses harte Wort an, wenn sie sich herausnehmen wollen, das Ansehen des sittlichen Gesetzes zu motiviren.

Dieses Verfahren Kants unterliegt unvermeidlichen Mißverständnissen, wenn man seine Erklärung, das so von dem Boden des Gefühls gänzlich abgelöste Gesetz habe seinen Ursprung in der reinen practischen Vernunft, so auffaßt, als sollte damit das Factum seiner Anerkennung im Menschengeiste psychologisch erklärt werden. Und leider hat Kant, wie mir scheint, diese Auffassung selbst nicht bestimmt genug ausgeschlossen. In der heftigen Erklärung gegen die Gefühlsphilosophie eines Jacobi[2]) wird der Irrthum, „ein Gefühl der Lust an einem Gegenstande müsse vorhergehen, wenn die Vernunft practisch sein soll" als der Ruin aller Ethik zurückgewiesen. Denn wenn man auf jenen psychologischen Satz die Ethik begründen will, so heißt das nichts anderes als eine Nützlichkeitsmoral aufrichten, in welcher das begehrliche Subject sich selbst zum Maßstab des Guten macht, anstatt sich vor dem unbedingten Gesetz als dem Endgesetz zu beugen. Aber in der folgenden Ausführung läßt Kant leider nicht deutlich hervortreten, daß es für das sittliche Bewußtsein völlig gleichgültig ist, ob jener psychologische Satz eine richtige Beobachtung aussagt oder nicht. Bei der Darlegung des Trugschlusses, der der eudämonistischen Erklärung der sittlichen Gesinnung zu Grunde liege, läßt er sich allerdings nicht dazu verleiten, auf die psychologische Streitfrage einzugehen. Er sagt: „Hiermit kann auch der Trugschluß leicht aufgedeckt werden, da der Eudämonist vorgiebt: die Lust, die ein rechtschaffener Mann im Prospect hat, um sie im Bewußtsein seines wohlgeführten Lebenswandels dereinst zu fühlen, sei doch die eigentliche Triebfeder, seinen Lebenswandel wohl zu führen. Denn da ich ihn vorher als rechtschaffen und dem Gesetze gehorsam, d. i. als einen, bei dem das Gesetz vor der Lust vorhergeht, annehmen muß, um künftig im Bewußtsein seines wohlgeführten Lebenswandels eine Seelenlust zu fühlen, so ist es ein leerer Cirkel im Schließen, um die letztere, die eine Folge ist, zur Ursache jenes Lebenswandels zu machen"[3]). Hier weist Kant

[1]) 8, 217.
[2]) 1, 629.
[3]) vergl. die ähnliche Ausführung S, 152.

den Eudämonismus, der sich auf eine psychologische Beobachtung beruft, nicht mit einer ebensolchen entgegengesetzten Inhalts zurück, sondern mit der Berufung auf ein sittliches Urtheil, dessen Anerkennung er auch dem Gegner zumuthet. Aber warum spricht er nicht gradezu aus, daß die Geltung des Sittengesetzes auch in dem Falle von aller Lusterfahrung unabhängig bleibe, wenn jene psychologische Beobachtung als richtig anerkannt werden müßte? Es entsteht dadurch der Schein als komme es für die unabhängige Geltung des Sittengesetzes wenigstens darauf an, daß das Zeugniß der innern Erfahrung es unentschieden lasse, ob das Wollen immer auf ein Gefühl als seine psychische Ursache zurückweise oder nicht. Und das Vorurtheil, daß Kant auf diese Weise die Gewißheit des Sittengesetzes gegen eine mögliche Einsprache der Erfahrung zu schützen suche, hat er wohl selbst, durch in diesem Sinne gehaltene Aeußerungen über die Freiheit, befördert. Aber daß jene völlige Gleichgültigkeit etwaiger psychologischer Erkenntnisse für die Geltung des Sittengesetzes in der That sein Gedanke ist, daran ist wohl kein Zweifel. „In einer practischen Philosophie, wo es uns nicht darum zu thun ist, Gründe anzunehmen von dem, was geschieht, sondern Gesetze von dem was geschehen soll, ob es gleich niemals geschieht, haben wir nicht nöthig, über die Gründe Untersuchung anzustellen, warum etwas gefällt oder mißfällt, worauf Gefühl der Lust oder Unlust beruhe, und wie hieraus Begierden und Neigungen, aus diesen aber durch Mitwirkung der Vernunft Maximen entspringen; denn das gehört Alles zu einer empirischen Seelenlehre, welche den zweiten Theil der Naturlehre ausmachen würde. Auf den Gebieten der Sittlichkeit und Religion machen die Ideen die Erfahrung erst möglich. Man kann daher nicht jene aus dieser schöpfen wollen. „Denn in Betracht der Natur giebt uns Erfahrung die Regel an die Hand und ist der Quell der Wahrheit; in Ansehung der sittlichen Gesetze aber ist Erfahrung (leider!) die Mutter des Scheins, und es ist höchst verwerflich, die Gesetze über das, was ich thun soll, von demjenigen herzunehmen oder dadurch einschränken zu wollen, was gethan wird“ [1]). Mag der psychologische Befund lauten, wie er wolle, — es kommt lediglich darauf an, daß der Gedanke des Sittengesetzes, wenn wir ihn vollziehen, vollzogen wird in der Ablösung von aller Motivirung durch erlebte Lust, in

[1]) Kr. d. r. V. 277.

der Beugung des Subjects unter ein unbedingtes Gesetz. Der Gedanke, daß reine Vernunft das Gesetz gebe, ist nicht etwa durch Analyse der Erfahrung gewonnen; er ist vielmehr ein ethisches Urtheil, welches voraussetzt, daß man den Gedanken des Sittengesetzes vollzogen und sich den Inhalt desselben klar gemacht hat. Die Wirklichkeit der practischen Gesetze wird nicht auf irgend eine Anschauung zurückgeführt, auch nicht auf die innere Anschauung der psychologischen Erfahrung, sondern lediglich auf den Begriff des Daseins des vernünftigen Willens in einer intelligibeln Welt, d. h. den Begriff der Freiheit [1]). Dieser Begriff aber ist selbst, wie sich in Kurzem zeigen wird, nichts weiter, als entweder die im persönlichen Leben enthaltene Hindeutung auf das Sittengesetz oder eine Auslegung desselben. Die Apriorität des Sittengesetzes bedeutet nicht, daß hinter den der Beobachtung zugänglichen psychischen Erscheinungen noch ein gesetzgebendes Vermögen waltet, welches den Willen auf geheimnißvolle Weise beeinflußt. Sondern das ist der einfache Sinn derselben: wenn das Sittengesetz gedacht wird, so erhebt es sich über alle möglichen inneren Erlebnisse des Subjects als die Bedingung, unter welcher allein dieselben erst ethischen Werth erhalten können. Als die Abstraction aus sittlichen Erfahrungen kann es nicht gedacht werden, denn in seinem Lichte giebt es erst sittliche Erfahrung. Kant sagt mit Recht, daß auch in dem gemeinsten Verstande sich diese Ablösung des unbedingten Gesetzes für das Wollen von allen Erfahrungen, welche sich zur Begründung desselben darbieten möchten, vollziehen kann [2]). Die dazu erforderliche Abstraction ist leicht, sie ist ihrem Inhalte nach nichts weiter als die Unterscheidung des Guten vom Nützlichen, welche nur in dieser Weise vor sich geht. Und erst, nachdem sich so der Gedanke des Sittengesetzes durchgesetzt hat, gewinnt der Mensch ein Recht, von sittlichen Erfahrungen zu reden; denn erst indem er sein Selbstseinwollen in allen seinen Zwecksetzungen durch ein unbedingtes Gesetz allein und unmittelbar bestimmt denkt, giebt er demselben einen specifischen Charakter im Gegensatze zu dem bloßen Begehren. Dann wird dasselbe fähig, der Mittelpunkt sittlicher Erfahrungen zu sein. Das Getroffensein von noch so hochfliegenden Idealen ist keine sittliche Erfahrung, wenn

[1]) 8, 161.
[2]) 8, 304.

wir sie nicht als Ausdruck eines Gesetzes denken, das unabhängig von aller subjectiven Erregung den Anspruch macht, den Willen zu bestimmen [1]).

In der Kritik der practischen Vernunft sagt Kant, nachdem er den Inhalt des Sittengesetzes auseinandergesetzt, die Rechtfertigung seiner allgemeinen und objectiven Gültigkeit und die Einsicht der Möglichkeit eines solchen synthetischen Satzes a priori sei weit schwieriger als die Deduction der constitutiven Begriffe der Erfahrung [2]). Denn diese glaubte er als die immanenten Bedingungen der factisch vorliegenden Erfahrung entdeckt zu haben, welche ebendeßhalb, weil sie durch Generalisation nicht gewonnen werden könne, sondern bei aller Vorstellung von Gegenständen und ihren Beziehungen zu einander bereits mitwirken, von uns als a priori gültig anerkannt werden. Auf diese Weise gelang es, die reine theoretische Vernunft oder das reine Erkenntnißvermögen, das bloß vorstellende Bewußtsein in seinen Functionen kennen zu lernen. Wenn es nun gelänge, die Allgemeingültigkeit des Sittengesetzes irgendwie zu erweisen, so würden wir damit die Realität eines reinen practischen Vernunftvermögens d. h. eines von aller empirischen Bestimmung unabhängigen in der Form des unbedingten Gesetzes wirkenden Willens feststellen. Man dürfe nun aber nicht hoffen, wie bei den Functionen des vorstellenden Bewußtseins, so auch hier durch Zergliederung irgend welcher gegebenen Erfahrung als deren nothwendige Bedingung das Sittengesetz zu erweisen. Das ist auch offenbar unmöglich. Denn als erkennende Wesen haben wir zwar Erfahrung

---

[1]) J. Müller (Lehre von der Sünde I, 93) meint, es werde eine denkwürdige Verirrung eines edlen Geistes bleiben, daß Kant behaupten konnte, die wahre Tugend habe mit dem theilnehmenden Wohlwollen gegen die Menschen gar nichts zu schaffen. Müller beruft sich dabei auf Kants Aeußerung über Schiller 10, 24. Kant sagt daselbst S. 25: der wahren Tugend eigne eine fröhliche Gemüthsart, woran man allein erkennen könne, daß man das Gute liebe. Hätte ihn das nicht gegen den Vorwurf, daß er von einer Liebe zum Guten nichts wisse, schützen können? Was Kant meint, ist nur dieß, daß sittliche Gesinnung nur da vorhanden ist, wo die quellende Freude am Guten überragt wird von der Ehrfurcht vor dem heiligen Gesetze, daß das sittlich Gute überhaupt nicht erkennbar wird an irgend welchem Genuß, den es gewährt, sondern an dem Ansehn, mit welchem es als unbedingtes Gesetz den Willen beherrscht. Das kann man doch nicht „einen das sittliche Leben versteinernden Rigorismus" nennen.

[2]) 8, 162.

oder, was hier dasselbe sagt, continuirliches Bewußtsein, auch ohne daß wir uns vermittelst der Erkenntnißtheorie der Factoren dieses Processes bewußt geworden sind. Aber als Subject sittlicher Erfahrung können wir uns ja, wie sich gezeigt hat, erst dadurch denken, daß wir das unbedingte Gesetz als Bestimmungsgrund unseres Willens voraussetzen. Hier geht also nicht bloß die Wirksamkeit des Gesetzes, sondern das ausdrückliche Bewußtsein des Gesetzes der Erfahrung vorher. Jeder Versuch, das Sittengesetz aus einer von seiner ausdrücklichen Geltung unabhängigen Erfahrung zu begründen, löscht daher die Voraussetzung aus, unter welcher allein es sittliche Erfahrung giebt. Kant macht darauf aufmerksam, daß die „reine und doch practische Vernunft" oder der reine Wille, der erst mit dem Bewußtsein des Sittengesetzes hervortritt, wieder verleugnet würde, wenn man den Beweisgrund seiner Wirklichkeit von der Erfahrung herholen wollte. Er fügt dann hinzu: „Auch ist das moralische Gesetz gleichsam als ein Factum der reinen Vernunft, dessen wir uns a priori bewußt sind und welches apodiktisch gewiß ist, gegeben, gesetzt, daß man auch in der Erfahrung kein Beispiel, da es genau befolgt wäre, auftreiben könnte" [1]. Will Kant damit sagen, daß das Sittengesetz als psychologisches Factum im empirischen Menschen vorliegt und daß es eben als eine solche verbürgte Thatsache des Bewußtseins die ihm zukommende Geltung hat? Es wäre vollständig absurd, dieß anzunehmen. Denn die durchgängige Allgemeinheit eines solchen Factums hätte, selbst wenn sie nachweisbar wäre, mit der Geltung, welche das Sittengesetz beansprucht, gar nichts zu thun. Dasselbe will ja grade gelten, auch wenn kein Mensch es anerkennen würde. Es steht, wie Kant gleich darauf sagt, obgleich es durch alle Anstrengungen der theoretischen, speculativen oder empirisch unterstützten Vernunft nicht bewiesen werden kann, dennoch für sich selbst fest. Dem Sittengesetze, welches selbst keiner rechtfertigenden Gründe bedarf, soll man nicht durch die Berufung auf vermeintliche oder wirkliche Erfahrung zu seinem Ansehn verhelfen wollen.

Die Anerkennung eines unbedingten Gesetzes für den eigenen Willen schließt das Urtheil ein, daß die Geltung desselben nicht die Reflexion auf irgendwelche feststehende Data der Erfahrung und auf die von ihnen aus entworfenen Zwecke festgestellt werde.

---

[1]) a. a. O. 163.

Wenn das Sittengesetz überhaupt gedacht wird, so wird es als die voraufgehende, für sich selbst feststehende Bedingung aller sittlichen Erfahrung gedacht. Aber das unbedingte Gesetz für den Willen hat nun das Eigenthümliche, daß wir zum Verständniß seiner Nothwendigkeit gelangen, indem wir uns ihm bedingungslos unterwerfen. Naturgesetze lernen wir verstehen, wenn wir die größeren Zusammenhänge aufsuchen, durch welche eine Gleichförmigkeit des Geschehens in einer bestimmten Sphäre der Natur bedingt ist. Zum Verständniß der Nothwendigkeit des Sittengesetzes gelangen wir, indem wir uns ihm unterwerfen, und seine umgestaltende Kraft in unserem persönlichen Leben kennen lernen. In dem Nachweise dieser Kraft, der sich aus dem bloßen Inhalte des Begriffs eines unbedingten Gesetzes für den Willen geben läßt, besteht die einzig mögliche Begründung des Sittengesetzes. Auch Kant hat eine solche Begründung des Sittengesetzes gegeben. Und ich behaupte nun, daß der einzig haltbare Gedanke derselben dieser ist: Das unbedingte Gesetz für das Wollen giebt der Person das Mittel, ihren Anspruch auf ein von der Natur unterschiedenes Leben vor sich selbst zu rechtfertigen. Die Person, welche ihr eigenthümliches Leben festhalten und erhöhen will, muß das Sittengesetz denken. Dieser Zusammenhang des Sittengesetzes mit dem persönlichen Leben läßt zugleich das Verhältniß des Sittlichen zur Religion deutlich hervortreten. Ich werde daher dreierlei beweisen: erstens, daß Kant jenen Gedanken lehrt und daß er damit die einzige mögliche Begründung des Sittengesetzes liefert; zweitens, daß in dieser unumgänglichen Beziehung des Sittengesetzes auf persönliches Leben für die Religion die Möglichkeit angedeutet ist, sich über die Stufe der Naturreligion zu erheben und sich eine festere Begründung zu verschaffen, als der Hinweis auf die Energie oder die Unerklärlichkeit religiöser Gefühle gewähren kann; drittens, daß zwar nicht das Sittliche auf der Religion ruht, daß aber die persönliche Aneignung des Sittlichen oder die Sittlichkeit sich nothwendig vollzieht in der Form einer religiösen Welterklärung.

Aus dem Begriffe des unbedingten practischen Gesetzes hatte Kant die Autonomie des Willens, für welchen dasselbe gilt, gefolgert. Das Wollen des vernünftigen Wesens vollzieht sich in Zwecksetzungen, in welchen es im Grunde sich selbst will. Wenn nun die Maximen, nach welchen diese Zwecksetzungen vollzogen werden, insgesammt gedacht werden sollen als Ausdruck eines unbedingten Gesetzes, welches den Willen unmittelbar bestimmt, so liegt darin offenbar zugleich die Forderung, das wollende Subject als Endzweck zu denken. Denn das Sichselbstwollen ist nur dann Ausdruck eines unbedingten Gesetzes, wenn dieses Selbst Endzweck ist, d. h. ein Zweck, der keinem anderen als Mittel untergeordnet werden darf. Der Wille, welcher durch das unbedingte Gesetz unmittelbar bestimmt wird, ist offenbar selbst Endzweck. Sobald daher der Mensch jener unbedingten Forderung sich unterwirft, d. h. sobald er überhaupt das Sittliche im Unterschiede von der Natur anerkennt, so ist er auch gezwungen, sich selbst und Andere, auf welche er dieselbe Forderung bezieht, als Zwecke anzusehen, die unter keinem Gesichtspunkte zu bloßen Mitteln herabgewürdigt werden dürfen. Auch wenn dieser Gedanke die Unterwerfung unter das Sittengesetz nicht ausdrücklich begleitet, so wird er doch wirksam in dem Bewußtsein von der Würde des Menschen, welches unmittelbar mit dem Gedanken verknüpft ist, daß sich in dem menschlichen Wollen ein unbedingtes Gesetz vollzieht. Der Wille aber, welcher als Selbstzweck handelt, bringt das Gesetz seines Handelns selbst hervor. Folglich ist der Mensch, indem er sich dem unbedingten Gesetze unterwirft, genöthigt, seinen Willen als autonom, als Producenten des Gesetzes selbst zu denken. „Der Wille wird also nicht lediglich dem Gesetze unterworfen, sondern so unterworfen, daß er auch als selbstgesetzgebend, und eben um deswillen allererst dem Gesetze unterworfen, angesehen werden muß“ [1]). Nur sofern der vernünftige Wille selbstgesetzgebend ist, kann er ein unbedingtes Gesetz anerkennen. Ist er es nicht, so wird die Unterwerfung unter das Gesetz durch irgend eine Rücksicht, welche außerhalb des Verhältnisses des Willens zum Gesetze selbst liegt, bestimmt — oder, wie Kant sagt, durch ein Interesse; und das Gesetz kann alsdann für den Willen nicht mehr als unbedingt gelten. Diese nothwendige Lossagung von allem Interesse bei der Unterwerfung unter das Sittengesetz drückt sich in dem Gedanken aus, daß der vernünftige Wille autonom ist. Kant hält diese Entdeckung für außerordentlich wichtig. Nachdem er sie gewonnen, erklärt er, daß das Fehlen dieser Einsicht „alle bisherigen Bemühungen, die jemals unternommen worden, um das Princip der Sittlichkeit ausfindig zu machen“, habe fehlschlagen lassen (8, 61).

---

[1]) 8, 60.

Mit dieser stolzen Freude Kants steht nun freilich in auffallendem Widerspruch die Beurtheilung grade dieses Punktes seiner Lehre bei den theologischen Ethikern. Wenn man von den eigentlichen Kantianern absieht, so wird die Lehre von der Autonomie des Willens in der Regel als ein decidirter Protest gegen das christlich sittliche Bewußtsein empfunden. Reinhard fand darin den Anspruch der kritischen Philosophie auf Unfehlbarkeit ausgesprochen. Wenn daher ein junger feuriger Kopf sich dieser Philosophie bemächtige, so sei zu befürchten, daß er in dem Bewußtsein der durch sie ihm enthüllten Autonomie seines Willens sich über alle Autorität und die nothwendige Duldsamkeit gegen Andersdenkende hinwegsetze. Der Gedanke der Autonomie kehre sich feindselig gegen jede positive Religion, welche immer als eine fremde, von außen her kommende Gesetzgebung, also als Heteronomie den Menschen unterwerfen wolle[1]). Diese Urtheile erhalten ihre Erklärung und Entschuldigung dadurch, daß Reinhard den zahlreichen Versuchen entgegentreten wollte, den Inhalt der christlichen Offenbarung nach der reinen Vernunftreligion zu modeln, die, wie man meinte, von der kritischen Philosophie mit ihren eigenen Mitteln construirt wurde. Aber es ist ein eigenthümliches Verhängniß, daß dieser Supranaturalist, der so über Kant zu urtheilen wagte, sich von de Wette nachweisen lassen mußte, daß seine eigene Ethik hinter dem Supranaturalismus der kantischen weit zurückblieb. Uebrigens fühlt sich auch de Wette zurückgestoßen von der erträumten Selbständigkeit der Vernunft, welche er bei Kant zu finden meint, und stellt derselben das religiöse Gefühl als die Quelle der Sittlichkeit und die geschichtliche religiös-sittliche Gemeinschaft als die Bedingung sittlicher Erziehung entgegen[2]). Ein so feinfühliger Mann wie de Wette mußte durch die Rohheit, mit welcher kantische Theologen die Darstellung der christlichen Sittlichkeit in den Rahmen ihrer ganz äußerlich angeeigneten Schulmoral zu zwängen suchten, verletzt werden. Aber es ist zu bedauern, daß sein Unwillen darüber ihm nicht die Ueberlegung gestattet hat, ob nicht Kants Bestimmungen über das Wesen des Sittlichen recht wohl in der theologischen Ethik ihren Platz finden müssen, auch wenn dieselbe dagegen protestiren muß, daß man ihr seine angewandte Sittenlehre als Muster aufstellt. Wenn man freilich, wie

---

[1]) System der christlichen Moral. 5. Aufl. Bd. 1, XXI f.

[2]) Christliche Sittenlehre 1821 2. Theil. 2. Hälfte. 351 ff.

er, in der Kantischen Lehre von der Autonomie des sittlichen Willens eine erträumte Selbständigkeit der Vernunft, ein Sichselbstüberheben des Verstandes finden zu müssen meint, so hat man auch keine Veranlassung, sich um die Nutzbarkeit solcher Verirrungen für die theologische Ethik zu kümmern. So bleibt es de Wette verborgen, daß sein eigener ethischer Grundsatz, der Verpflichtungsgrund des Sittengesetzes liege in der Naturmacht eines ursprünglichen sittlichen Triebes, dessen Impulse in jenem nur formulirt seien, bereits von Kant mit der scharfen Wendung zurückgewiesen war, daß diese Ansicht „allen Begriff der Pflicht ganz aufheben, und an deren Statt blos ein mechanisches Spiel feinerer, mit den gröberen bisweilen in Zwist gerathender, Neigungen setzen würde". [1]) Wenn nach Kant das Charakteristische der sittlichen Gesinnung nicht in Seelenerhebung, sondern in Herzensunterwerfung unter Pflicht besteht, so ist damit ausgesprochen, daß das Gesetz den Horizont des menschlichen Individuums erweitert, daß in dem Menschen ein Räthsel liegt, welches nicht in seinem natürlichen Dasein gelöst wird, sondern in einer sittlichen Welt, die das Gesetz erst vor ihm aufschließt. Die psychologische Begründung der Ethik, welche de Wette dem Gewühl menschlicher Triebe abzugewinnen sucht, macht das Pathos des sinnlichen Menschendaseins zum Kriterium dessen, was ihn darüber erheben soll. Wenn man den Gegensatz so formulirt, so leuchtet ein, daß dieser theologische Eifer, in der Kantischen Ethik einen Feind der christlichen Offenbarung zu entlarven, sehr übel angebracht ist. Der Fehler de Wette's bei der Beurtheilung Kants ist derselbe, welcher auch seine eigene Ethik verdorben hat: die voreilige Einmischung religiöser Gesichtspunkte in die Erörterung über das Wesen des Sittlichen. Deßhalb eignet er sich das Urtheil Schleiermachers an, die Pflichtenlehre Kants leide an dem Fehler, daß, weil das Princip nur formal sei, der Gehalt desselben nicht aus der Speculation, sondern aus der Erfahrung geschöpft und willkürlich eingeschoben werde. [2]) Denn eine solche speculative Construction jenes Gehaltes kann man eben nur versuchen, wenn man in der Gottesidee sich der Totalität desselben versichert zu haben meint. Dieselbe voreilige Rücksicht auf die religiöse Welt-

---

[1]) 6, 153.

[2]) a. a. O. 359.

erklärung zeigt sich in den Urtheilen, Kant könne nicht sagen, woher die Antriebe zum sittlichen Handeln kommen, und die Kantische Lehre von der Autonomie des sittlichen Willens stehe in Widerspruch mit dem Zeugniß des christlichen Bewußtseins für die Theonomie desselben. Daß Kant recht gut weiß, daß und weßhalb weder er noch sonst irgend ein Mensch jene Erklärung geben kann, wird dabei ebenso übersehen, wie die Thatsache, daß Kant sich durch die Erkenntniß der Autonomie des sittlichen Willens nicht abgehalten fühlt, Gott den Geber des sittlichen Gesetzes zu nennen. Diese Fehler de Wette's haben sich aber bei der theologischen Beurtheilung der Kantischen Ethik bis auf die neueste Zeit wiederholt. Daß Kant der flachen Nützlichkeitsmoral der deistischen Aufklärung mit sittlichem Ernste gegenübertrat, wird zwar anerkannt. Aber diesem Verdienste wird als gleichgewichtiger Fehler das gegenübergestellt, worin gerade sein strenger sittlicher Ernst sich aussprach, die in dem Gedanken der Autonomie vollzogene Loslösung der Moral von der Religion.[1]) Die Autonomie des sittlichen Willens wird dabei so angesehen, als solle sie eine Hypothese sein, das Factum des Sittengesetzes anthropologisch zu erklären. Damit ist dann freilich ein Widerspruch mit dem christlichen Bewußtsein gesetzt — aber nicht weniger mit der Kantischen Ethik. In jenem Sinne sagt Pfleiderer, nachdem er scharfsinnig festgestellt, daß die autonome Vernunft weder der Wille des einzelnen Individuums noch die Summe aller particulären Einzelwillen sein könne: „was ist sie dann? — Diese Frage hätte dazu führen können, die menschheitliche Vernunft aus einem höheren Princip, einer göttlichen Urvernunft abzuleiten und so die Autonomie des Menschen mit der Theonomie, seine Freiheit mit seiner Abhängigkeit zu verbinden."[2]) Pfleiderer setzt offenbar voraus, daß man den autonomen Willen in sich und Anderen als productive Kraft müsse verspüren können, wenn er etwas bedeuten soll. Und da jenes ohne Zweifel nicht der Fall ist, so wird die Ursache des Factums des Sittengesetzes weiter zurückverlegt in die göttliche Urvernunft, von welcher die menschliche nur abgeleitet sei. Diese Behandlung Kants widerlegt sich einfach durch die Bemerkung, daß das, was Pfleiderer Autonomie nennt, für Kant ebenso alle Sittlichkeit aufheben würde,

[1]) So Wuttke, Handbuch der christl. Sittenlehre 2. Aufl. 1. Bd. S. 267.
[2]) Die Religion, ihr Wesen und ihre Geschichte 1. oder 2. Aufl. 1. Bd. S. 9.

wie das, was jener als Theonomie zum Ersatze vorschlägt. Denn ein Gesetz des Wollens, welches aus einer allgemeinen Vernunft erklärt wird, — mag man nun darunter sich die menschliche vorstellen oder gar mit größerem Tiefsinn eine Urvernunft —, würde für Kant eben kein Sittengesetz darstellen, sondern ein Naturgesetz. Wenn man sich so mit Schleiermacher das Sittengesetz als die Formel für die Aeußerungsweise einer Naturkraft erklärt, so wird man auch die Folgerung mitübernehmen müssen, daß das Sittengesetz sich durch eine Steigerung als das höchste individuelle Naturgesetz aus dem niederen entwickele, und daß es einen specifischen Unterschied zwischen dem Wahnsinn und dem Bösen nicht gebe.[1]) Schleiermacher selbst hat seine Kritik der Lehre von der gesetzgebenden Vernunft[2]) dadurch verdorben, daß er diese Vernunft als etwas anderweitig bekanntes ansieht, und das Sittengesetz als die Form, in welcher diese bekannte Kraft sich entwickelt. Eine solche Erklärung des Sittengesetzes hat aber Kant mit der Lehre von der Autonomie nicht beabsichtigt. Er wird daher auch von den Widersprüchen nicht betroffen, welche sich erst bei der Annahme ergeben, die Lehre von der Autonomie wolle uns zeigen, wie der Gedanke des Sittengesetzes naturgesetzlich in uns erzeugt wird. Für diese Aufgabe hätte Kant allerdings kein schlechteres Mittel wählen können als jene Lehre. — Ein nicht weniger starkes Mißverständniß ist J. Müller bei der Beurtheilung dieses Punktes der Kantischen Ethik begegnet[3]). Er meint, durch den Gedanken der Autonomie werde uns die psychologische oder anthropologische Aufgabe gestellt, das menschliche Subject, welches von Kant in einen gesetzgebenden und einen gesetzempfangenden Willen aus einander gerissen werde, trotzdem als eine Einheit vorzustellen. Es ist nun leicht zu sehen, daß der autonome Wille als erfahrungsmäßig festzustellende physische Kraft ein unsinniger Gedanke ist. Aber es ist eine Ungerechtigkeit gegen Kant, ihn so zu interpretiren, während Kant ausdrücklich erklärt, daß diejenigen sich das Verständniß der Autonomie und der Sittlichkeit unmöglich machen, welche nicht aufhören den Menschen, auch sofern er Subject des Sittengesetzes ist, als Erscheinung d. h. als Object psychologischer Beobachtung zu be-

[1]) vergl. WW. 3. Abth. 2. Bd. 408; 416.

[2]) a. a. O. 402—6.

[3]) Lehre von der Sünde 1, 92 ff.

trachten, „wo dann freilich die Absonderung seiner Causalität (d. i. seines Willens) von allen Naturgesetzen der Sinnenwelt in einem und demselben Subjecte im Widerspruche stehen würde“.[1]) Wenn Müller sagt, Kant denke die in Folge der Sünde eingetretene Entzweiung der menschlichen Natur als ursprünglich im Wesen des menschlichen Geistes gegründet, und in dieser Form sei die Vorstellung schlechterdings unerträglich, so kann man darauf nur erwidern, daß der Widerspruch zwischen der unbedingten Autorität des Sittengesetzes, welche auch Müller (S. 42) als das sicherste Attribut desselben anerkennt, und dem Bewußtsein der Freiheit, welches gerade in der Unterwerfung unter das Gesetz dem Menschen aufgeht, doch wohl nicht erst eine Folge der Sünde ist. Wohl entspricht jener unbedingten Autorität der gehorchende Wille und jenem Bewußtsein der Freiheit der autonome Wille. Und wenn der Mensch sich beide zuschreibt, so wird er dadurch in ein Räthsel verstrickt — aber auf Geheiß des Sittengesetzes. Dem Menschen, der, diesem Gebote folgend, mehr sein will, als bloßes Naturwesen, werden Fragen aufgedrängt, die sich durch bloße psychologische Erwägungen nicht lösen lassen, sondern, wie Kant richtig gesehen hat, nur durch die religiöse Welterklärung. Warum verlangt man also von ihm, er hätte da, wo er diese Probleme formulirt, vielmehr so verfahren müssen, daß sie gar nicht entstanden wären? Wenn er es nur gekonnt hätte, ohne die Unerklärbarkeit des Sittengesetzes einer naturalistischen Speculation zu opfern und dadurch den einzigen Anknüpfungspunkt, den der specifische Charakter der christlichen Religion im Menschengeiste findet, zu verdunkeln! Ich will nicht behaupten, daß Kant die religiöse Lösung des durch das sittliche Bewußtsein aufgegebenen Problems in seiner Theologie gegeben habe. Aber ich kann auch nicht glauben, daß der Fehler dieser Theologie mit der Bemerkung Müllers getroffen wird: „Es ist das *πρῶτον ψεῦδος* der theoretischen und practischen Philosophie Kants, daß er Gott überall als einen Fremden für den menschlichen Geist betrachtet.“ Die Frage, wie bei der Bestimmung des Verhältnisses Gottes zur Welt die richtige Mischung von Immanenz und Transcendenz zu treffen sei, hat Kant allerdings noch nicht beschäftigt. Für ihn ist Gott als der allmächtige Herr der Welt einfach von der Welt unterschieden, und in keiner Weise als eine in der geisti-

---

[1]) 8, 95.

gen oder materiellen Creatur lebendige Naturkraft zu verstehen. Aber der Vorwurf, daß in seiner Theologie Gott als dem Menschen fremd erscheine, wird sich kaum rechtfertigen lassen. Denn nach den §§ 84—85 der Kritik der Urtheilskraft wird ja grade die an die Metaphysik angeschlossene Theologie deßhalb verworfen, weil sie nicht im Stande sei die Gottesidee über die kahle Unbestimmtheit eines weltbildenden Verstandes zu erheben. Dagegen findet Kant Ruhe in dem Gedanken, daß Gott das gesetzgebende Oberhaupt in einem Reiche sittlicher Geister ist und als solches zugleich der allmächtige Herr über die Natur. Er kann sich also Gott nicht anders denken, als so, daß er in die Gottesidee die zu ihrer Bestimmung vollendete Menschheit als ein Reich Gottes mit einschließt. Die Moral erweitert sich in der Religion „zur Idee eines machthabenden moralischen Gesetzgebers außer dem Menschen, in dessen Willen dasjenige Endzweck ist, was zugleich der Endzweck des Menschen sein kann und soll".[1]) Damit ist aber dem, der seinen Gott nicht bloß im Kopfe, sondern im Herzen haben will, die Anweisung gegeben, in der Ordnung seines Lebens den lebendigen Gott zu finden als den Ursprung und die Gewalt des Guten. Das kann man doch nun nicht einen Deismus nennen, dem Gott ein dem Menschen fremder bleibe. Richtiger wäre es, zu sagen, daß Kant mit dieser Formulirung der Gottesidee nicht nur der orthodoxen und aufklärerischen Theologie seiner Zeit, sondern auch vielen Theologen vor und nach ihm überlegen war, weil er als ein ernster Zeuge gegen den Irrthum gelten kann, es sei eine tiefere Weisheit, welche entgegen dem Bedürfniß des frommen Gemüthes das Wesen Gottes dem menschlichen Verständniß möglichst entrücke. Und, wie mir scheint, liegt grade in dem von Müller durchaus unterschätzten Gedanken der Autonomie der von der Ethik dargereichte Schlüssel zu dieser theologischen Einsicht. — Eine gerechtere Würdigung dieses Kantischen Gedankens finden wir bei A. v. Oettingen: „Darin hatte Kant Recht und darin liegt die relative Wahrheit seiner Forderung der Autonomie, daß er jenes Gesetz, jenen Gut und Böse schlechthin bedingenden und bestimmenden Imperativ nur in dem Maaße und insofern als einen „sittlichen" anerkannte, als er nicht den Charakter eines äußeren Muß, einer zwingenden Nöthigung von Seiten eines an-

[1]) Kant 10, 7.

deren, mächtigeren Willens an sich trug. Es muß vielmehr jene absolut gültige Norm als berechtigte Forderung in der menschlichen practischen Vernunft sich documentiren, in ihr sich derart geltend machen, daß sie ihr Ja und Amen dazu sagt."[1]) Damit ist der Kantische Gedanke der Autonomie vortrefflich wiedergegeben. Ist das aber richtig, so ist es ein Fehler, zu sagen: „Die Theonomie in der das Gewissen bindenden Gesetzgebung erweist sich eben aus der kategorischen, unbedingten Form derselben".[2]) Die Theonomie, welche mit der Autonomie, wie Kant sie versteht, keineswegs in unausgleichbarem Gegensatze steht, hat einen ganz andern Grund und muß ihn haben, wenn die Autonomie bestehen soll. Als Beweis für den göttlichen Ursprung des Gesetzes kann der unbedingte Charakter des sittlichen Soll offenbar nur so lange gelten, als entweder das sittliche Bewußtsein noch nicht zu der Einsicht in die Autonomie des Willens gereift ist, oder aber die wissenschaftliche Reflexion sich noch nicht darauf gerichtet hat, die Autonomie mit der dem lebendigen religiösen Glauben natürlichen Voraussetzung der Theonomie auseinanderzusetzen.[3]) Denn offenbar steht doch jene Anerkennung, zu welcher v. Oettingen bereit ist, daß das unbedingte Gesetz sich als berechtigte Forderung in der menschlichen practischen Vernunft documentiren muß, um als sittlich gelten zu können, zunächst in Widerspruch mit dem Glauben an Theonomie. Denn eine dem Gesetze lediglich unterworfene menschliche Vernunft kann nicht die Geltung dieses Gesetzes feststellen wollen — es sei denn daß das Sittengesetz als Abstractionseinheit, als allgemeiner Ausdruck des Geschehens, in welchem die Naturlebendigkeit der Vernunft wirksam ist, gedacht werde wie bei Schleiermacher. Da v. Oettingen, der (S. 355) von dem ethnisirenden Charakter der Schleiermacherschen philosophischen Ethik spricht, hieran doch wohl nicht denkt, so mußte er auch in dem vorläufigen Gegensatz von Autonomie und Theonomie ein Problem für die christliche Theologie bemerken, anstatt dasselbe mit der Behauptung zu überspringen, daß schon die Unbedingtheit des Gesetzes die Theonomie beweise. Derselbe Fehler scheint bei J. Köstlin vorzuliegen und ihm die rich-

---

[1]) Christliche Sittenlehre. S. 68.

[2]) a. a. O. 440.

[3]) vergl. Kähler, das Gewissen. 1. Abth. 1. Hälfte. S. 311.

tige Beurtheilung des Gedankens der Autonomie zu verwehren.[1]) Er findet gemäß seinem Begriffe des Religiösen „das religiöse Moment schon im Innewerden jenes Unbedingten, welches nach Kants ausdrücklichen Erklärungen schon in dem kategorischen Imperativ gegeben ist". Und er meint, bei Kant selbst spreche sich da, wo er dieses Unbedingte feiert, wie in der berühmten Apostrophe an das Abstractum Pflicht, vielmehr eine religiöse Stimmung aus, als da, wo er reflectirend zu dem Postulate der Existenz Gottes weiterschreitet. Es ist nun schwer, darüber zu streiten, ob hier der Ausdruck religiöser Stimmung vorliege, oder nicht. Indessen zunächst wird man doch als Anlaß seiner Begeisterung dasjenige anzuerkennen haben, was Kant selbst genannt hat, nämlich den Ursprung der Pflicht. Von diesem sagt er dort[2]): „Es ist nichts anderes als die Persönlichkeit, d. i. die Freiheit und Unabhängigkeit von dem Mechanismus der ganzen Natur, doch zugleich als ein Vermögen eines Wesens betrachtet, welches eigenthümlichen, nämlich von seiner eigenen Vernunft gegebenen reinen practischen Gesetzen, die Person also, als zur Sinnenwelt gehörig, ihrer eigenen Persönlichkeit unterworfen ist, sofern sie zugleich zur intelligibeln Welt gehört". Es ist also der Gedanke der Autonomie, „diese Achtung erweckende Idee der Persönlichkeit", woran sich die Begeisterung Kants entzündet, welche auf Köstlin den Eindruck einer religiösen Stimmung gemacht hat. Ich bin nun weit entfernt, zu läugnen, daß mit jener Idee sich eine religiöse Stimmung verbinden könne. Aber Köstlin stellt dies grade in Abrede. Für ihn ist das unmittelbare Correlat der Unbedingtheit des Gesetzes die Theonomie, für Kant die Autonomie. Genau dieselbe Stellung, welche Kant diesem Gedanken giebt, giebt Köstlin jenem. Somit scheinen beide sich auszuschließen; und Köstlin erklärt denn auch, die Kantische Autonomie als unklar und zweideutig zurückweisen zu müssen. Aber die Unklarheit liegt nicht in dem Kantischen Begriffe selbst, sondern entsteht erst durch das, was auch dieser Kritiker demselben zumuthen zu müssen meint. Wenn wir von Theonomie reden, so wollen wir damit eine Erklärung geben über den Ursprung des Sittengesetzes. Indem wir an Gott als den Geber des höchsten Gutes glauben, denken wir ihn uns auch als den Urheber des Ge-

[1]) Studd. u. Kritt. 1870. Religion und Sittlichkeit, S. 90—91.
[2]) 8, 214.

setzes, durch dessen Herrschaft über die Welt das höchste Gut zu Stande kommt. Ganz denselben Inhalt giebt nun aber Köstlin auch der Autonomie, weil er sich genöthigt sieht, dieselbe als ausschließenden Gegensatz der Theonomie zu denken. Er findet jenen Begriff unklar, „da das sittliche Bewußtsein, welches sich das Gesetz gibt, sich dieses eben darum gibt, weil es dasselbe als ein für sich schlechthin Gesetztes und mit Unbedingtheit über ihm Stehendes vorfindet und weil für es, wenn es dasselbe aus seinem eigenen Wesen herleitet, eben auch dieses Wesen ein Gesetztes ist". Er meint also, die Lehre von der Autonomie bedeute, daß das sittliche Bewußtsein, das Gesetz, welches es vorfindet und zwar als ein über ihm Stehendes, aus seinem eigenen Wesen herleite. Diese Auffassung dürfte aber gegenüber den unzweifelhaften Erklärungen Kants nicht zu halten sein. Die Autonomie bedeutet nicht das Resultat eines Erklärungsversuches, der nachträglich an dem feststehenden Sittengesetze vorgenommen ist. Sondern die Autonomie bezeichnet den Inhalt des Sittengesetzes selbst. Indem das unbedingte Gesetz sich an den Willen des Menschen wendet, fordert es ihn auf, sich seiner Autonomie bewußt zu werden. Die Macht des Sittengesetzes über das Gemüth entzieht sich aller wissenschaftlichen Erklärung. „Es liegt so etwas Besonderes in der grenzenlosen Hochschätzung des reinen, von allem Vortheil entblößten, moralischen Gesetzes, so wie es practische Vernunft uns zur Befolgung vorstellt, daß man sich nicht wundern darf, diesen Einfluß einer bloß intellectuellen Idee aufs Gefühl für speculative Vernunft unergründlich zu finden".[1]) Also bedeutet auch sicher die Autonomie nicht eine Annahme zur Erklärung dieses Factums. Sie ist so unerklärlich wie das Sittengesetz selbst. Denn sie ist nicht etwa eine Folgerung aus dem irgendwie bekannten Wesen des Menschen. Wir würden von ihr nichts wissen, wenn nicht die Forderung des Sittengesetzes eben dahin erginge, unseren Willen abhängig zu machen „vom Princip der Autonomie".[2]) Und „das Princip der Autonomie ist: nicht anders zu wählen, als so, daß die Maximen seiner Wahl in demselben Wollen zugleich als allgemeines Gesetz mit begriffen seien". Daß dieses Princip der Autonomie das allei-

[1]) 8, 206.

[2]) 8, 70. vergl. 82, das moralische Gesetz, nämlich das Princip der Autonomie des Willens.

nige Princip der Moral sei, „läßt sich durch bloße Zergliederung der Begriffe der Sittlichkeit gar wohl darthun. Denn dadurch findet sich, daß ihr Princip ein kategorischer Imperativ sein müsse, dieser aber nichts mehr oder weniger als grade diese Autonomie gebiete“ [1]). Also die Autonomie, welche Kant meint, ist nicht eine Hypothese der Speculation zur Erklärung des Sittengesetzes. Kant weiß auch nicht, wie Rothe [2]), daß das autonome Wollen (nämlich ein approximatives) in der Erfahrung weit häufiger vorkommt, als man anzunehmen pflegt. Sondern das allein will er sagen, daß sich aus der Zergliederung des Begriffes eines an den Willen ergehenden unbedingten Gesetzes der Begriff der Autonomie ergiebt [3]). Und ich denke, darin wird er Recht haben. Denn einem unbedingten Gesetze unterwirft sich der Mensch nicht, wenn die Maxime seines Handelns durch ein Pactiren mit dem Gesetze zu Stande kommt, sondern nur dann, wenn sich dieses selbst für den bestimmten Fall in der Maxime ausprägt, wenn also die Erfüllung des Gesetzes trotz aller Opposition der Neigungen von dem Bewußtsein begleitet ist, daß das Gesetz dem Endzweck der Person nicht zuwiderläuft, sondern vielmehr die Form des Willens anzeigt, in welcher derselbe allein verwirklicht werden kann. Fände das Gegentheil statt, bedeutete also das Sittengesetz für den Menschen nur eine ihm aufgedrungene Bedingung, welcher er nachkommen müßte, um der Erreichung seines Endzwecks sicher zu sein, so würde das Gesetz niemals selbst erfüllt, sondern, indem man sich ihm äußerlich fügte, würde der Wille doch immer auf den Endzweck gerichtet sein, dem es als lästige Bedingung beigegeben ist. Also nur dieß wird mit der Aufstellung der Autonomie gelehrt, daß das Sittengesetz keine solche äußerliche Fessel des Willens ist, sondern die Form seiner Freiheit ausspricht. Die Autonomie ist kein Gegenstand innerer Erfahrung, sondern wird im Sittengesetze mitgedacht,

---

[1]) 8, 72.

[2]) Theologische Ethik. 2. Aufl. 2. Bd. S. 66.

[3]) Daß aber das Sittengesetz, trotz dieses seines Inhaltes, in dem empirischen Menschen die Wirkung habe, ihn zu dem Gedanken eines Gottes anzuregen, das behauptet Kant ebenso ausdrücklich wie Köstlin. Vergl. 9, 295: „so wird das Gewissen, als subjectives Princip einer vor Gott seiner Thaten wegen zu leistenden Verantwortung gedacht werden müssen: ja es wird der letzte Begriff (wenn gleich nur auf dunkele Art) in jenem moralischen Selbstbewußtsein jederzeit enthalten sein“.

welches sonst kein unbedingtes Gesetz sein würde. Die Forderung des unbedingten Gesetzes kann man auch als die Forderung darstellen, nach dem Princip der Autonomie zu handeln. Das Sittengesetz selbst offenbart dem Menschen seine Autonomie und fordert ihn, indem es unmittelbarer Bestimmungsgrund des Willens sein will, zugleich auf, sich als Endzweck, als autonomes Wesen in eine andere Welt zu versetzen, als diese Welt des Erkennens, in welcher er für eine ehrliche, von keinen ethischen Vorurtheilen getrübte psychologische Beobachtung nichts weiter vorstellen kann, als ein von gröberen oder feineren Trieben beherrschtes hochorganisirtes Thier[1]).

Die Bedenken der theologischen Ethiker gegen diesen Punkt der kantischen Lehre werden also gehoben, wenn man darauf achtet, daß die Autonomie weder eine metaphysische Erklärung des Sittengesetzes darbieten, noch mit der religiösen Erklärung desselben concurriren will, sondern daß sie nichts weiter ist, als eine besondere Wendung des Inhalts des Sittengesetzes selbst. Sobald dieselbe so gefaßt wird, so ergiebt sie sich als diejenige Auslegung des Sittengesetzes, welche die unbedingte Geltung desselben erst sicher stellt. Und deßwegen sollte doch wenigstens die evangelische Theologie nicht mit Kant in Streit liegen. Da sich der Protestantismus gegen das mittelaltrige Christenthum ebenso entschieden dadurch abgrenzt, daß er ethisch die Absolutheit des öffentlichen Gesetzes behauptet, wie dadurch, daß er religiös sich auf die Absolutheit der Gnade Gottes gründet, so sagt Ritschl[2]) mit Recht, daß die kantische Darlegung des Sittengesetzes eine practische Wiederherstellung des Protestantismus bedeute. Daß die Reformatoren das Gesetz in dem Willen Gottes begründen, Kant dasselbe als das Gesetz der menschlichen Freiheit erkennen lehrt, bildet in der That keinen unlösbaren Widerspruch. Damit wird nur das Problem herausgekehrt, welches von vornherein in der absoluten Geltung eines öffentlichen, Gott und Mensch umfassenden Gesetzes beschlossen lag. Denn ein solches Gesetz läßt sich nur denken, sofern man dasselbe nicht nur aus dem Willen Gottes ableitet, sondern es auch als die Form, in welcher man die eigene Freiheit bethätigt, anerkennt. Erst bei dieser in

[1]) Es ist merkwürdig, wie oft man der Anerkennung begegnet, daß der Mensch nur durch das sittliche und religiöse Bewußtsein sich specifisch vom Thier unterscheide, — und wie selten der klaren Einsicht darüber, daß ebendeßhalb diese Unterscheidung durch bloßes Erkennen nicht vollzogen werden könne.

[2]) Lehr. von der Rechtf. u. Verf. I, 410.

dem Gedanken der Autonomie ausgesprochenen Auffassung des Sittengesetzes ergiebt sich ein Begriff der Schuld, der die Möglichkeit ausschließt, durch einen sachlichen Schadenersatz dieselbe gut zu machen. Somit wird erst durch den Gedanken der Autonomie das religiös-sittliche Problem der Aufhebung der Schuld und des Schuldbewußtseins in dem Gesichtskreise der Theologie festgehalten, wozu die Mittel der altprotestantischen Orthodoxie der Aufklärung gegenüber nicht ausgereicht hatten. Die evangelische Theologie darf daher den Worten zustimmen, mit welchen ein Philosoph das stolze Bewußtsein Kants von der Bedeutung seiner Lehre bestätigt: „erst die deutsche Philosophie seit Kant kennt den Willen, der frei ist, indem er sich selber das Gesetz giebt, nach welchem er handelt, und kennt ihn als den Anfangsgrund der sittlichen Welt"[1]).

Also der autonome Wille ist selbst nichts weiter als ein besonderer Ausdruck für den Inhalt des Sittengesetzes. Man kann sich deßhalb, wenn es sich um eine Begründung des letzteren handelt, auf die Autonomie des Willens nicht berufen. Wie ist eine solche Begründung aber überhaupt zu geben? Ist nicht zu befürchten, daß Alles, worauf wir uns für die Geltung des Sittengesetzes berufen könnten, selbst erst für die bewußte Anerkennung des Sittengesetzes als ein Wirkliches hevortritt? Ohne Zweifel verhält es sich so mit der sittlichen Erfahrung. Dieselbe entsteht unter dem Einfluß, den die Unterwerfung unter die sittlichen Normen auf das Selbstgefühl des Menschen ausübt. Wenn Kant daher die Gesetze des Vorstellens aus einer factisch vorliegenden Erfahrung als deren immanente Bedingungen ableiten konnte, so ist dasselbe Verfahren bei dem Sittengesetz unmöglich[2]). Bei diesem kann man nur danach fragen, was es, wo es in Geltung steht, dem persönlichen Leben leistet. Diese Leistung ist der Art, daß sie jeder Person zum Verständniß gebracht werden kann. Und dieses Verständniß wiederum stellt den Menschen vor eine Alternative, welche ihn zwingt, das Sittengesetz anzuerkennen. An dem Verhältnisse dieses Gesetzes zur Freiheit wird seine Leistung für persönliches Leben erkennbar. „Der Begriff der Freiheit ist der Schlüssel zur Erklärung der Autonomie des Willens". In ihm liegt die einzige Rechtfertigung, welche das Sittengesetz für sich selbst zuläßt.

---

[1]) Harms, die Philosophie seit Kant, S. 241.

[2]) 8, 162.

Die Aufgabe dieser Rechtfertigung hat Kant in folgenden Fragen formulirt: „warum denn die Allgemeingültigkeit unserer Maxime, als eines Gesetzes, die einschränkende Bedingung unserer Handlungen sein müsse, und worauf wir den Werth gründen, den wir dieser Art, zu handeln, beilegen, der so groß sein soll, daß es überall kein höheres Interesse geben kann, und wie es zugehe, daß der Mensch dadurch allein seinen persönlichen Werth zu fühlen glaubt, gegen den der eines unangenehmen Zustandes für nichts zu halten sei" [1]). Wenn der Begriff der Freiheit dazu dienen soll, hierauf die Antwort zu finden, so fragt sich zunächst, was wir unter Freiheit zu verstehen haben.

„Der Wille ist eine Art von Causalität lebender Wesen, so ferne sie vernünftig sind, und Freiheit würde diejenige Eigenschaft dieser Causalität sein, da sie unabhängig von fremden, sie bestimmenden Ursachen wirksam sein kann". Damit ist die Freiheit zunächst nur negativ bestimmt. Die Freiheit wird dadurch nur in Gegensatz gestellt zu der Natururſache, welche das Gesetz ihrer Wirksamkeit aus den Zusammenhängen empfängt, in welchen sie sich befindet. Aber jener Gegensatz läßt sich nur feststellen, wenn man ein bestimmtes anderes Gesetz für die Wirksamkeit des freien Willens denkt als dasjenige, unter welchem die Natursache steht. Man kann wohl die Anweisung geben, die Freiheit als gesetzlose Willkür zu denken. Durchführen läßt es sich nicht. Wenn man den Ursprung der Handlung in eine solche Willkür verlegt, so heißt das nichts weiter, als zur Vorstellung eines Ereignisses auffordern und doch dabei die Anwendung der Gesetze des Vorstellens verbieten. Eine solche kahle Anweisung läßt sich in keinem bestimmten Falle befolgen. Der Willensentschluß, auf den die Handlung zurückgeführt wird, ist selbst ein Ereigniß, zu dessen Begriffe doch das Hervortreten aus einem größeren Zusammenhange gehört. Wenn trotzdem bei der Beurtheilung der menschlichen Handlung das Verlangen gestellt wird, man solle von jener Erklärungsmöglichkeit ihrer Ursache, nämlich

---

[1]) 8, 82. Schon Fichte macht Kant den Vorwurf: „Warum soll ich denn Maximen nur unter der Bedingung zu den meinigen machen, daß sie als gemeingültig gedacht werden können? Hierauf antwortet Kant nichts" (in dem Briefe an Reinhold vom 29. August 1795). Der Vorwurf ist seitdem oft wiederholt. Aber aufgeworfen hat doch Kant jene Frage ohne Zweifel. Es wird sich also darum handeln, ob der Versuch, sie zu beantworten, sich im Sande verläuft, oder eine runde, klare Antwort ergiebt.

des Willensentschlusses, absehen, so reicht jener bloße Machtspruch, der in dem Begriffe gesetzloser Willkür formulirt wird, nicht aus. Denn in jedem besonderen Falle, in welchem als Ursache einer Handlung eine bestimmte Willensentscheidung gedacht wird, löst sich dieselbe doch wieder von einem Hintergrunde von Bedingungen ab, ohne welchen sie gar nicht vorgestellt werden könnte. In der wirklichen Anwendung verwandelt sich also der Begriff der Willkür, auf den zur Erklärung der Handlungen im Allgemeinen verwiesen wird, wiederum in den Begriff einer Naturursache, welche selbst gesetzmäßig bedingt ist, als Wirkung gedacht werden muß. Gesetzlose Willkür ist mithin ein bloßer Name für den vergeblichen Versuch, die bloße Negation der Naturgesetzlichkeit des Geschehens als ein reales Etwas vorzustellen. Sie ist an sich ein Unding; aber der Anwendung des Namens schiebt sich unmerklich wieder die Vorstellung einer Naturursache unter. Man täuscht sich also, wenn man meint, daß in dem Begriffe gesetzloser Willkür die subjective Ueberzeugung von einem „eigenen Willen" einen entsprechenden Ausdruck finde. Bei einer solchen Ueberzeugung glaubt man doch den positiven Inhalt zu erleben, der der Vorstellung von dem eigenen Selbst das Recht giebt, sich gegen das allgemeine Schicksal vorgestellter Gegenstände zu wehren. Von diesem Inhalte findet sich aber in jenem negativen Begriffe nichts, der ebendeßhalb die Absicht, die Ablösung des persönlichen Selbst von der gesammten übrigen Vorstellungswelt auszusprechen, nicht zu ihrem Ziele gelangen läßt. Man darf daher, wenn man den Gegensatz von Freiheit und Naturnothwendigkeit aufrecht erhalten will, nicht bei jener negativen Definition der Freiheit stehen bleiben, sondern muß dieselbe durch die Angabe eines besonderen Gesetzes ihrer Causalität, wodurch sie erst positiv bestimmt wird, ergänzen. Wenn die Freiheit überhaupt etwas ist, so ist sie, „ob sie zwar nicht eine Eigenschaft des Willens nach Naturgesetzen ist, darum doch nicht gar gesetzlos, sondern muß vielmehr eine Causalität nach unwandelbaren Gesetzen, aber von besonderer Art, sein; denn sonst wäre ein freier Wille ein Unding" [1]). Das Getriebenwerden durch Naturursachen war Heteronomie, in welcher der freie Wille negirt wird. Was kann denn also die Freiheit sein „als Autonomie d. i. die Eigenschaft des Willens, sich selbst ein Gesetz zu sein"? Und diese wiederum kann, wie wir gesehen haben, gar

[1]) S, 78.

nichts Anderes bedeuten, als daß die Maxime des Willens der Ausdruck eines unbedingten Gesetzes ist. Das ist aber grade das Princip der Sittlichkeit. „Also ist ein freier Wille und ein Wille unter sittlichen Gesetzen einerlei“. Also erst in dem Begriffe eines für den Willen geltenden unbedingten Gesetzes gewinnt die subjective Ueberzeugung von einem „eigenen Willen“ die innere Rechtfertigung, welche ihr der Begriff gesetzloser Willkür, als die inhaltleere Negation der Gesetze des Vorstellens, nicht gewähren kann. Es muß ein Inhalt der Person angegeben werden, der durch seine Würde den subjectiven Protest gegen die schrankenlose Geltung jener Gesetze bestätigt. Dieser Inhalt ist die durch das Sittengesetz gelieferte Idee des autonomen Willens.

Diese Erkenntniß Kants ist von unermeßlicher Tragweite. Sie scheint aber auch zugleich zu erweisen, daß der Begriff der Freiheit durchaus nicht geeignet ist, über die Gültigkeit des Sittengesetzes mehr Licht zu verbreiten, als die bloße Auseinandersetzung des Inhalts desselben gewähren kann.

Was das erstere betrifft, so ist mit jener positiven Bestimmung des Begriffs der Freiheit ausgesprochen, daß für bloß theoretisches Erkennen Freiheit nicht existirt. Object der Naturwissenschaften ist sie nicht. Erst mit der practischen Anerkennung des Sittengesetzes wird ihre Annahme nothwendig. Das sittliche Urtheil, welchem jene Anerkennung als Voraussetzung innewohnt, behandelt die Menschen als freie. Wenn dagegen die psychologische Beobachtung des Menschen zu dem Resultat führt, daß die Handlung aus einem unerklärlichen Dunkel hervortrete, so ist damit nur eine zufällige Schranke unserer Einsicht bezeichnet. Die psychische Bewegung, welche wir als das letzte unserer Beobachtung erreichbare Factum für die Erklärung der Handlung beizubringen vermögen, können wir, wenn uns auch ihre Genesis verborgen bleibt, doch nur so als etwas Wirkliches vorstellen, daß wir die Frage nach ihrer Ursache offen halten. Alle Handlungen des Menschen in der Erscheinung sind „aus seinem empirischen Charakter und den mitwirkenden anderen Ursachen nach der Ordnung der Natur bestimmt und, wenn wir alle Erscheinungen seiner Willkür bis auf den Grund erforschen könnten, so würde es keine einzige menschliche Handlung geben, die wir nicht mit Gewißheit vorhersagen und aus ihren vorhergehenden Bedingungen als nothwendig erkennen könnten. In Ansehung dieses empirischen Charakters giebt es also keine Freiheit und nach diesem können wir doch allein den Menschen betrachten, wenn wir lediglich beobachten und, wie es in der Anthropologie geschieht, von seinen Handlungen die bewegenden Ursachen physiologisch erforschen wollen".[1]) Also auf der einen Seite wird der Mensch mit Allem, was von ihm zur Erfahrung kommen kann, der Naturforschung vollständig preisgegeben. Auf der anderen Seite empfängt der Wille desselben Menschen in dem sittlichen Urtheile das Prädicat der Freiheit, der Unabhängigkeit von aller Bestimmung durch Naturursachen. Dieses Prädicat aber kann in den Bereich der Erfahrung nicht eingeführt werden, ohne sich sofort in den Ungedanken eines ursachlosen Geschehens zu verwandeln. Die Freiheit ist überhaupt nicht als psychische Function zu verstehen. Wollte man sagen sie bestehe darin, daß der Wille nicht allein durch Lust und Unlust naturgesetzlich bestimmt werde, sondern auch bisweilen, wie wir wahrzunehmen glauben, unmittelbar durch den Gedanken des unbedingten Gesetzes, so wäre damit der Begriff der Freiheit nicht sicher gestellt. Denn das ist freilich richtig, daß nicht bloß die unmittelbare Gewalt einer sinnlichen Empfindung den Willen zu bestimmen vermag. Wir reden sogar erst dann von einer Handlung und demgemäß von einem Willen, wenn die Aeußerung des Menschen nicht als bloßer Reactionslaut einem sinnlichen Reize antwortet, sondern als durch einen Gedanken vermittelt sich darstellt. Dieses Vermögen des Menschen, durch Vorstellungen entfernterer Zwecke zum Handeln bestimmt zu werden, „kann durch Erfahrung bewiesen werden". Kant nennt dasselbe die practische Freiheit. Aber diese Art von Freiheit hält vor der Reflexion, welche die Unabhängigkeit von Naturursachen in der Freiheit sucht, nicht Stand. „Ob die Vernunft selbst in diesen Handlungen, dadurch sie Gesetze vorschreibt, nicht wiederum durch anderweitige Einflüsse bestimmt sei, und das, was in Absicht auf sinnliche Antriebe Freiheit heißt, in Ansehung höherer und entfernter wirkenden Ursachen nicht wiederum Natur sein möge"[2]) — gegen diesen

---

[1]) Kr. der r. V. 440.

[2]) Kr. der r. V. 609. Wenn daher auch G. Thiele in seinem scharfsinnigen Buche: „Kants intellektuelle Anschauung" 1876, S. 285 ff. Kant den Vorwurf macht, er hege die verführerische aber ganz unkritische Meinung, in der practischen Vernunft ein Ansichsein erfaßt zu haben, welches nicht erscheine, so kann ich dem nicht zustimmen. In der Kr. der r. V. S, 437 ist allerdings der Ausdruck mißverständlich: „der Mensch, der die ganze Natur sonst lediglich durch

Zweifel bietet das bloße Bewußtsein jener Freiheit keine Sicherung. Wir erkennen also zwar diese practische Freiheit aus Erfahrung, aber nur „als eine von den Naturursachen". Also als Eigenschaft des erfahrungsmäßigen psychischen Geschehens läßt sich die Freiheit, welche wirkliche Unabhängigkeit von der Naturnothwendigkeit sein soll, nicht auffassen. Wie kommt man dann trotzdem dazu, sie anzunehmen? Allein durch die Anerkennung des Sittengesetzes als eines unbedingten Gesetzes für den Willen. Es ist keineswegs die in der Geschichte der Menschheit vorliegende Thatsache des sittlichen Handelns dasjenige, was zur Annahme der Freiheit in jenem Sinne berechtigt. Denn diese Thatsache liegt nicht als empirisches Factum für ein uninteressirtes Erkennen vor. Nur die von dem Urtheilenden selbst vollzogene Anerkennung eines unbedingten Gesetzes zwingt zu dem Urtheil, daß der Mensch in seinem Willen den Zusammenhängen des natürlichen Geschehens, also dem Gebiete der Natur-

---

Sinne kennt, erkennt sich selbst auch durch bloße Apperception, und zwar in Handlungen und inneren Bestimmungen, die er gar nicht zum Eindrucke der Sinne zählen kann". Allein hier sowohl, wie in der „Grundlegung", wo ähnliche Ausdrücke wiederkehren (S, 85 und 92), hat Kant für Andeutungen darüber gesorgt, wie das Erkennen hier zu verstehen sei. Es ist nichts Anderes als persönliche Ueberzeugung; vergl. Kritik der r. V. 438: „Daß diese Vernunft nun Causalität habe, wenigstens wir uns dergleichen an ihr vorstellen" (d. h. sie für etwas Wirkliches halten); S. 439 „Nun laßt uns hierbei stehen bleiben und es wenigstens als möglich annehmen: die Vernunft habe wirklich Causalität in Ansehung der Erscheinungen"; S. 440: „Bisweilen aber finden wir oder glauben wenigstens zu finden, daß die Ideen der Vernunft wirklich Causalität in Ansehung der Handlungen des Menschen, als Erscheinungen bewiesen haben". Also die Causalität der Vernunft oder die practische Vernunft steht uns als etwas Wirkliches nicht etwa auf Grund eines objectiven Erkennens fest; dieses wäre hier anthropologische Beobachtung, über deren Resultate sich Kant in demselben Zusammenhange unzweideutig ausgesprochen hat (S. 440); sondern in persönlicher Ueberzeugung. Dieselben Cautelen ergeben sich in der Grundlegung (S. 92—93). Ebendeßhalb muß Kant freilich auf die von Thiele (a. a. O. 285) in Anspruch genommene Erkenntniß verzichten, „welche von der empirischen Wahrnehmung ausgeht und doch die moralische Natur des Menschen begreift". Das ist aber kein Fehler. Denn da bei der Aufgabe, die moralische Natur des Menschen zu begreifen, sowohl das Object des Begreifens, wie die Grundsätze, nach welchen begriffen wird, Elemente rein persönlicher Ueberzeugung sind: so kann man zu ihr von der empirischen Wahrnehmung aus gar nicht gelangen, sondern muß sich einen anderen Ausgangspunkt wählen, welcher wohl kein anderer sein dürfte, als die religiöse Weltanschauung, in welcher der Mensch als sittliches Wesen beurtheilt wird.

nothwendigkeit enthoben sei. Nur in dem inneren Leben der Person, welches sich auf Grund der Unterwerfung unter das Sittengesetz entfaltet, ist der Gedanke der Freiheit heimisch. Damit ist das Band zwischen der sittlichen Welt und der Welt der Natur zunächst durchschnitten. Es muß als unsinnig erscheinen, die Freiheit, welche auf diese Weise in den Horizont des Menschen tritt, einer physischen oder metaphysischen Erklärung zu unterwerfen. Denn dadurch würde sie in die Sphäre der Natur zurückgeworfen — dieselbe Freiheit, in deren Begriffe der durch das Sittengesetz motivirte Protest dagegen formulirt wird, daß es für die Person nichts Reales gebe, als die Vielheit der erklärbaren Dinge, d. h. die Natur. Damit hat Kant einen mächtigen Strich gemacht durch die ganze auch von der kirchlichen Dogmatik gepflegte Metaphysik, welche ebendeßhalb naturalistisch ist, weil sie darauf ausgeht, jenen Gegensatz zwischen der sittlichen und der Naturwelt zu unterdrücken.

Aber wie bedeutungsvoll auch die Erkenntniß sein mag, daß das Herrschaftsgebiet des Sittengesetzes die Lebenssphäre der Freiheit ist, so ist doch das nachgewiesene Verhältniß zwischen beiden Begriffen zugleich ein Beweis dafür, daß man sich nicht auf den einen von ihnen berufen kann, um den anderen zu rechtfertigen. Wenn der positive Begriff der Freiheit als Autonomie gefaßt werden muß, diese aber ein besonderer Ausdruck für den Inhalt des Sittengesetzes ist, so kann die Forderung des letzteren an die Person auch einfach so ausgedrückt werden: handle frei.[1]) Man kommt also in Betreff der Gültigkeit des Sittengesetzes und der practischen Nothwendigkeit, sich ihm zu unterwerfen, um nichts weiter, wenn man sich auf die Freiheit beruft, deren man sich erst durch das Sittengesetz bewußt wird.

Nachdem Kant dieser Ueberlegung, daß er mit seiner Begründung der Gültigkeit des Sittengesetzes in einem Zirkel festzusitzen scheine, Ausdruck gegeben, fährt er in der „Grundlegung z. M. d. S.“ so fort: „Eine Auskunft bleibt uns aber noch übrig, nämlich zu suchen, ob wir, wenn wir uns, durch Freiheit, als a priori wirkende Ursachen denken, nicht einen anderen Standpunkt einnehmen, als wenn wir uns selbst nach unseren Handlungen als Wirkungen, die wir vor unseren Augen sehen, uns vorstellen“. Dabei ist ein vermittelnder Gedanke übersprungen. Man erwartet offen-

---

[1]) vergl. 8, 83.

bar zunächst die Bemerkung, die Gültigkeit des Sittengesetzes für Personen könne nur dann durch den Begriff der Freiheit beleuchtet werden, wenn demselben noch eine andere Bedeutung zukomme als die, ein besonderer Ausdruck für den Inhalt jenes Gesetzes zu sein. Diese weitere Bedeutung des Begriffs der Freiheit findet Kant darin, daß derselbe entsteht, indem wir die auch der unentwickeltsten Menschenvernunft geläufige Unterscheidung von Ding an sich und Erscheinung an uns selbst vollziehen. Indem nämlich der Mensch sich als Ding an sich dem naturgesetzlich bestimmten Ablauf psychischer Erscheinungen entgegensetzt, denkt er sich als reine Spontaneität „unter Gesetzen, die, von der Natur unabhängig, nicht empirisch, sondern blos in der Vernunft gegründet sind".[1]) Aber „Unabhängigkeit von den bestimmten Ursachen der Sinnenwelt ist Freiheit. Mit der Idee der Freiheit ist nun der Begriff der Autonomie unzertrennlich verbunden [2]), mit diesem aber das allgemeine Princip der Sittlichkeit, welches in der Idee allen Handlungen vernünftiger Wesen ebenso zum Grunde liegt, als Naturgesetz allen Erscheinungen". Damit meint Kant den Verdacht, als wäre ein geheimer Zirkel in dem Schlusse aus der Freiheit auf die Autonomie und aus dieser auf das sittliche Gesetz enthalten, gehoben zu haben. Er meint nun, das Sittengesetz als einen erweislichen Satz aufstellen zu können. Das Instrument also, welches jenen Zirkel durchbricht, ist die Einsicht in die Bedeutung, welche der Begriff der Freiheit durch die Unterscheidung von Ding an sich und Erscheinung bekommt.

Aber für wen wird denn auf diese Weise das Sittengesetz ein erweislicher Satz, den man nicht erst von gutgesinnten Seelen zu erbitten braucht? In der „Grundlegung" erhalten wir darauf keine bestimmte Antwort, wohl aber in der „Kritik der practischen Vernunft". Die speculative Vernunft muß, „um unter ihren kosmologischen Ideen das Unbedingte seiner Causalität nach zu finden, damit sie sich selbst nicht widerspreche", die Freiheit wenig-

---

[1]) 8, 86.

[2]) Das soll aber nicht heißen, daß die Analyse des bloß negativen Begriffes von Freiheit, der durch die Unterscheidung von Ding an sich und Erscheinung gewonnen wird, den Begriff der Autonomie ergebe. Vielmehr wird dieser positive Begriff der Freiheit eben erst durch das „Factum" des Sittengesetzes erschlossen und so die Möglichkeit gegeben, jenen negativen Begriff zu ergänzen.

stens als möglich annehmen.[1]) Und das moralische Gesetz beweise nicht bloß die Möglichkeit, sondern die Wirklichkeit der Freiheit „an Wesen, die dies Gesetz als für sie verbindend anerkennen". Denn aus der Analyse des Sittengesetzes ergiebt sich ja, daß dasselbe das Gesetz der Causalität durch Freiheit ist; dasselbe „bestimmt also das, was speculative Philosophie unbestimmt lassen mußte, nämlich das Gesetz für eine Causalität, deren Begriff in der letzteren nur negativ war, und verschafft diesem also zuerst objective Realität. Das „Creditiv" des moralischen Gesetzes besteht also in dem Nutzen, den es für die theoretische Vernunft abwirft. Es beweist seine Realität auch für „die Kritik der speculativen Vernunft" genugthuend. Während in dieser sich die These ergab, daß es zu aller Reihe der Bedingungen etwas Unbedingtes, mithin auch eine sich gänzlich von selbst bestimmende Causalität geben müsse, so schließt sich das Sittengesetz bestätigend dieser Behauptung an, indem es sich als das Gesetz einer derartigen Causalität herausstellt — freilich nur bei „Wesen, die dies Gesetz als für sie verbindend anerkennen".

Wenn man diese Ausführungen in der Kritik der practischen Vernunft, namentlich S. 164—65, erwägt, so wird vollkommen verständlich, daß Cohen die Kantische Begründung der Ethik in dem Nachweise der Beziehung des Sittlichen auf das theoretische Erkennen sucht. Denn Kant hat in diesem Zusammenhange allerdings nicht hervorgehoben, daß das Problem, über welches das Sittengesetz ein so erfreuliches Licht verbreitet, nicht dem theoretischen Erkennen als solchem eignet, wenn es auch in der Kritik der reinen Vernunft als hergebrachtes speculatives Problem behandelt ist. Daß Kant sich dessen recht wohl bewußt gewesen ist, daß die „Vernunft" des Menschen, „die unter dem Namen der Ideen eine so reine Spontaneität zeigt, daß er dadurch weit über Alles, was ihm Sinnlichkeit nur liefern kann, hinausgeht", nicht eine Function des bloßen gegen Wohl und Wehe indifferenten Erkennens sei, glaube ich oben (S. 61 ff.) bewiesen zu haben. Unter der Vernunft, welche ein „Vermögen der Ideen" sein soll, versteckt sich das Denken der Person, welche nach ihren Zwecken und Bedürfnissen Voraussetzungen über die Welt entwirft. Wohl wird der Person, wenn sie irgendwie zum Bewußtsein der Incongruenz ge-

[1]) S. 163.

langt ist, welche zwischen der Unbestimmtheit des Erfahrungsgebietes und ihrem eigenen im Selbstgefühl abgeschlossenen subjectiven Leben obwaltet, dazu genöthigt, die Unterscheidung von Ding an sich und Erscheinung vorzunehmen. Und eine Begründung des Sittengesetzes würde dann in dem Zusammenhange gesucht werden können, welcher zwischen diesem Acte des persönlich bestimmten Denkens und dem Inhalt jenes Gesetzes besteht. Wenn man auf eine derartige Begründung des Sittengesetzes eingeht, so ergiebt sich von selbst die Annahme, daß die in dem Sittengesetze anerkannte practische Bestimmung des Menschen der Grund der Erzeugung der Ideen und der in ihnen vollzogenen Begrenzung der Erfahrung ist. Diese Annahme aber hat Kant so oft ausgesprochen, daß sie sich nicht übersehen läßt.[1])

Wenn man aber hierauf achtet, so muß man gestehen, daß die in der Kritik der practischen Vernunft gegebene Rechtfertigung des Sittengesetzes nicht das Erforderliche leistet. Es genügt nicht, die Correspondenz des Sittengesetzes mit dem speculativen Problem der Freiheit zu erweisen, wenn doch die Einsicht erreicht war, daß dieses Problem selbst practische Wurzeln hat, dem interessirten Denken der fühlenden und wollenden Person entstammt. Es mußte dann vielmehr eben dieser practische Impuls herausgehoben und gezeigt werden, daß das Sittengesetz denselben zur Ruhe bringt. Dieser Gedankengang liegt nun in der Grundlegung zur Metaphysik der Sitten zweifellos vor, obgleich er auch hier durch die Rücksicht auf die Kritik der reinen Vernunft gestört wird, deren Behandlung der hergebrachten Probleme des Dogmatismus durch die Analyse des Sittengesetzes in erfreulicher Weise bestätigt werde.

Auch hier wird ausgesprochen, daß die Gültigkeit des Sittengesetzes erhärtet werde aus der Nothwendigkeit, zwischen Erscheinung und Ding an sich auch am Menschen zu unterscheiden, und so den Begriff der Freiheit zu bilden. Aber wenn nun diese Nothwendigkeit auch hier als das Resultat geltend gemacht würde, in welches die durch keine practische Rücksicht bestimmte Ueberlegung des theoretischen Erkennens von selbst einmündete, so würde Kant auf keinen Fall die Fragen beantworten, in welchen er das Problem einer Rechtfertigung des Sittengesetzes, soweit eine solche zu suchen

---

[1]) Kr. der r. V. 607; 610; 618. Kr. der pr. V. 141; 172; 230.

überhaupt erlaubt sei, formulirt hatte (vgl. oben S. 180). Denn auf die Frage, wie es zugehe, daß der Mensch in der Anerkennung des Sittengesetzes allein seinen persönlichen Werth zu fühlen glaubt [1]), erhielten wir alsdann keine Antwort, sondern allein auf die Frage, wie das Sittengesetz vor der theoretischen Vernunft gerechtfertigt werden könne. Auf diese Schulfrage hat allerdings der oben erwähnte Abschnitt der Kritik der practischen Vernunft (S. 164) das Problem der Gültigkeit des Sittengesetzes hinausgeführt. Die „Grundlegung" dagegen hat den großen Vorzug, daß sie bei der Behandlung dieser Frage nur die Voraussetzungen erörtert, welche dem practischen Selbstbewußtsein des Menschen innewohnen und erst im Lichte des Sittengesetzes verständlich werden.

Der Untersuchung „Von dem Interesse, welches den Ideen der Sittlichkeit anhängt", schickt Kant einen kurzen Abschnitt voraus, der die durch den Druck besonders ausgezeichnete Ueberschrift trägt „Freiheit muß als Eigenschaft des Willens aller vernünftigen Wesen vorausgesetzt werden". Es wird darin ausgeführt, daß wir jedem vernünftigen Wesen, das einen Willen hat, nothwendig auch die Idee der Freiheit leihen müssen, unter der es allein handle, weil ihm nämlich sonst ein eigener Wille gar nicht beigelegt werden könnte. Also die vernünftige Person, welche sich einen eigenen Willen zuschreibt, wird in der Reflexion auf diesen Act, in welchem sie ihr Selbstsein vollzieht, auf die Idee der Freiheit geführt. Es ist möglich, daß sich die Person in dieser Anmaßung eines eigenen Willens täuscht; aber unleugbar ist dieselbe mit der subjectiven Ueberzeugung von ihrem Selbstsein gesetzt. Der Gedanke eines eigenen Willens läßt sich aber nur durchführen in demjenigen einer Unabhängigkeit von Naturursachen, oder der Freiheit. Dieser Gesichtspunkt ist es nun auch, welcher die Erörterung über den Unterschied zwischen Ding an sich und Erscheinung, der mit Rücksicht auf die Kritik der reinen Vernunft und auf ein gleich zu berührendes apologetisches Interesse auch hier herbeigezogen wird, vollkommen beherrscht. Kant sagt hier nämlich, jene Unterscheidung werde bewirkt „allenfalls bloß durch die bemerkte Verschiedenheit zwischen den Vorstellungen, die uns anderswoher gegeben werden, und dabei wir leidend sind, von denen, die wir lediglich aus uns selbst her-

[1]) vergl. auch den Ausdruck 8, 83 „mithin woher das moralische Gesetz verbinde, können wir auf solche Art noch nicht einsehen".

vorbringen, und dabei wir unsere Thätigkeit beweisen" (S. 84). Der Mensch rechnet sich, sofern er sich als frei denkt, also „in Ansehung dessen, was in ihm reine Thätigkeit sein mag", zu einer ganz anderen Welt als diejenige ist, welche durch die Sinne erscheint und vom Verstande erklärt wird. Kant nennt sie die intellectuelle Welt oder die Verstandeswelt. Man muß sich auf den Standpunkt jener Annaßung eines eigenen Willens, auf den Standpunkt der Freiheit stellen, um für diese andere Welt ein Verständniß zu bekommen. „Wenn wir uns als frei denken, so versetzen wir uns als Glieder in die Verstandeswelt". Es ist ein Denken von diesem Standpunkte aus, wenn die Vernunft unter dem Namen der Ideeen eine so reine Spontaneität zeigt, daß der Mensch dadurch über Alles, was ihm Sinnlichkeit nur liefern kann, hinausgeht. Aber wollte nun der Mensch an dieser psychischen Erscheinung, an dieser Erfahrung von dem Vermögen der Ideen, oder auch an der Wurzel desselben, an der factischen Annaßung eines eigenen Willens die Verstandeswelt anschauen, so würde er sich das Unsichtbare wiederum versinnlichen und dadurch also nicht um einen Grad klüger werden. Wenn man die andere Welt, auf welche das Selbstseinwollen der Person nur hinweist, durch die subjectiven Erfahrungen, welche man von diesem Selbstseinwollen macht, bestimmen will, so bleibt man im Sinnlichen stecken. Denn diese psychischen Erscheinungen stehen unter dem Naturgesetz. Sobald man sich also auf diese Weise hineinschauen oder hineinempfinden will in die übersinnliche Welt [1]), so erreicht man ganz gewiß nicht, was man doch will, sondern nur einen andern Namen für das sinnliche Selbst. Und der Mensch bliebe rettungslos in dem Banne des Sinnlichen, wenn nicht das Sittengesetz die Freiheit als Autonomie erkennen ließe. Damit ist eine positive Bestimmung eines Gliedes der Verstandeswelt gegeben. Der Mensch kann sich zum Uebersinnlichen rechnen, indem er sich als Subject eines unbedingten Gesetzes denkt. Aber dieses Bewußtsein von sich selbst als einem autonomen Wesen findet er nicht unmittelbar in sich vor [2]). Es ist vielmehr „das moralische Gesetz, dessen wir uns unmittelbar bewußt werden (sobald wir uns Maximen des Willens entwerfen),

---

[1]) S. 93.

[2]) Der erste Begriff der Freiheit, der unmittelbar in dem Selbstseinwollen der Person gesetzt ist, ist ja nur negativ: Unabhängigkeit von Naturursachen.

welches sich uns zuerst darbietet, und, indem die Vernunft jenes als einen durch keine sinnlichen Bedingungen zu überwiegenden, ja davon gänzlich unabhängigen Bestimmungsgrund darstellt, gerade auf den Begriff der Freiheit führt".[1]) Indem das unbedingte Gesetz an den menschlichen Willen ergeht, wird derselbe der Naturgesetzlichkeit enthoben. Denn es mag um die naturgesetzlich bedingte Disposition des Menschen stehen, wie es wolle, ohne Rücksicht darauf schließt die Forderung des Sittengesetzes die Voraussetzung ein, daß der Mensch die Forderung verstehen und erfüllen könne. Und er kann Beides nur, indem er sich selbst als autonomes Wesen oder das Sittengesetz als die Form denkt, in welcher sein eigenes Wollen von Statten geht. So allein wird das Sittengesetz verstanden und erfüllt; und so auch wird es dem Menschen möglich, sich innerlich von der Natur abzulösen. Gäbe es kein Sittengesetz und besäße der Mensch nicht die unbegreifliche Fähigkeit, sich ihm wirklich zu unterwerfen und damit ein unbedingtes Gesetz in seinen Willen aufzunehmen, so könnte er wohl in seinem Selbstseinwollen den Zusammenhang mit der Natur negiren, aber er würde immer wieder auch in seinem Innenleben in denselben verstrickt, weil dieses erst durch den positiven Begriff der Freiheit, den das Sittengesetz gewährt, eigenthümlichen Inhalt bekommt.

Wir haben somit eine weitere Bedeutung des Begriffs der Freiheit entdeckt, sofern er bereits dem natürlichen Selbstseinwollen der Person innewohnt. Aber hier bezeichnet er ein vergebliches Streben des Menschen, sich in den Handlungen seines eigenen Willens über die Naturgesetzlichkeit des Geschehens zu erheben. So lange das Wollen des Menschen sich in dem Gesichtskreise seiner Neigungen und Wünsche bewegt, ist ihm eine andere Ordnung der Dinge als die durch das Naturgesetz bestimmte auch nur zu denken unmöglich. Man kann dann wohl die letztere negiren, aber den positiven Gedanken einer anderen Gesetzgebung und Ordnung erreicht man nicht. Der Begriff der Freiheit ist daher, wenn er nicht in das Licht des Sittengesetzes gerückt wird, einfach Unsinn. Denn die bloße Negation der Gesetzlichkeit an einem Geschehen läßt sich nicht als etwas Reales behaupten. Das zeigt sich sofort, wenn der Versuch gemacht wird, die Freiheit zu beurtheilen, ohne daß der Mensch nach dem Zeugniß gedacht wird, welches das

---

[1]) S. 140.

Sittengesetz über ihn aussagt. Man kann dann vielleicht psychologisch erklären, wie es im Menschen zu der Einbildung der Freiheit komme. Aber die innerhalb dieser Einbildung stattfindende Ueberzeugung von der Realität der Freiheit kann man dann nicht rechtfertigen, wenn man nicht die ernste Stimme der Wahrheit gewaltsam niederschlägt. Diese aber verlangt nichts weiter, als daß man den Beziehungsbegriffen auch ehrlich Folge gebe, in welchen man eben den Menschen denkt, wenn man ihn bloß empirisch auffassen will. Der Empirist, der treu und wahrhaftig die Folgerungen seines Grundsatzes auf sich nimmt, daß nichts für wirklich zu halten sei, als was sich vor dem bloßen Erkennen als solches bewähren könne, wird nicht zugeben, „daß man selbst in der Natur ein Vermögen, unabhängig von Gesetzen der Natur zu wirken (Freiheit), zum Grunde lege und dadurch dem Verstande sein Geschäft schmälere, an dem Leitfaden nothwendiger Regeln dem Entstehen der Erscheinungen nachzuspüren".[1]) Von diesen Grundsätzen des Empirismus sagt Kant in der höchst interessanten Anmerkung über Epicur[2]): „sie sind noch jetzt sehr richtige aber wenig beobachtete Grundsätze, die speculative Philosophie zu erweitern, sowie auch die Principien der Moral unabhängig von fremden Hilfsquellen aufzufinden, ohne daß darum derjenige, welcher verlangt, jene dogmatischen Sätze" (wie die Freiheit), „so lange als wir mit der bloßen Speculation beschäftigt sind, zu ignoriren, darum beschuldigt werden darf, er wolle sie leugnen". Die Freiheit „gilt nur als nothwendige Voraussetzung der Vernunft in einem Wesen, das sich eines Willens bewußt zu sein glaubt".[3]) Sie liegt also nicht als empirisches für den Verstand erklärbares Factum vor. Sondern ihr Begriff wird durch ein Denken erzeugt, welches an eine dem natürlichen Selbstseinwollen der Person innewohnende Ueberzeugung anknüpft, nämlich an die rein subjective Ueberzeugung von der Abgeschlossenheit eines eigenen Willens gegen alle Beeinflussung durch den Naturzusammenhang. Daß aber diese subjective Gewißheit nicht an dem Widerspruch des erfahrungsmäßigen Denkens zerschellt, sondern daß vielmehr sich die Möglichkeit eröffnet, sie in dem positiven Gedanken der Freiheit zu er-

---

[1]) Kr. der r. V. 387.
[2]) a. a. O. 388.
[3]) 8, 94.

höhen, davon liegt der Grund allein in dem Sittengesetz. Denn Unabhängigkeit des Willens vom Naturgesetz bekommt nur einen Sinn, wenn wir die Person in eine andere Ordnung und Gesetzgebung einfügen als die des Naturmechanismus, der die Sinnenwelt beherrscht. Diese andere Ordnung aber wird uns kund durch das unbedingte Gesetz, welches den Willen unmittelbar bestimmen will. Also das Sittengesetz befriedigt das Interesse an der Befestigung und Erhöhung einer rein subjectiven Ueberzeugung, indem es den positiven Begriff der Freiheit als unmittelbares Bestimmtsein durch ein unbedingtes Gesetz oder als Autonomie ermöglicht. Aber wie entsteht dieses Interesse selbst? Es liegt doch darin das Bewußtsein, daß man unter dem bloßen Zwange des egoistischen Naturtriebes sein eigentliches Selbst nicht erreiche, daß man dazu mehr sein müsse als ein selbstsüchtiges, von den Begierden beherrschtes Ich. Und daß dieses Interesse an einem höheren Selbst, an einer besseren Person grade die subjective Wirklichkeit des Sittengesetzes im Menschen ausmacht, hat ja Kant ausdrücklich erklärt. Es geht also nicht der Anerkennung des Sittengesetzes vorher, um demselben die Anknüpfung im Menschengeiste zu ermöglichen, sondern es bezeichnet die Art, wie das Sittengesetz in der mit der sinnlichen Natur verflochtenen Person erscheint, um derselben ihre überweltliche Bestimmung zu enthüllen.

Man würde also doch gestehen müssen, daß Kant bei der versuchten Begründung des Sittengesetzes über solche Thatsachen des persönlichen Lebens nicht hinauskommt, welche die irgendwie bereits erfolgte Anerkennung desselben voraussetzen. Es ist der Natur der Sache nach nicht anders möglich. Denn sobald man meint, die Geltung des Sittengesetzes aus irgend einem ethisch indifferenten Factum zum Verständniß bringen zu können, so hat man unter der Hand ein Naturgesetz dafür eingetauscht.[1]) Deßhalb ist aber der oben citirte Ausspruch Fichte's, Kant gebe auf die Frage, wie uns die Allgemeingültigkeit der Maxime, das Aufgehen derselben in das unbedingte Gesetz interessiren könne, gar keine Antwort, doch nicht richtig; Kant giebt eine solche, aber nur für den, der sich mit ihm auf den Standpunkt der Geltung des Sittengesetzes

[1]) Das ist aber der Fall, nicht nur, wenn man wie Fichte das Sittengesetz aus der Natur des Ich ableitet, sondern auch wenn man die Geltung des Sittengesetzes darauf gründet, daß dasselbe das für bloß erkenntnißtheoretisch gehaltene Problem einer Begrenzung der Erfahrung löse, wie Cohen.

stellt. Wenn er an jener Stelle der „Grundlegung" selbst sagt, das Sittengesetz werde ein *erweislicher Satz* durch die Erkenntniß, daß durch dasselbe erst die Unterscheidung von Ding an sich und Erscheinung festen Halt gewinne, so widerspricht dem seine eigene Erklärung: „Der Begriff einer Verstandeswelt ist also nur ein *Standpunkt*, den die Vernunft sich genöthigt sieht, außer den Erscheinungen zu nehmen, *um sich selbst als praktisch zu denken*".[1]) Damit ist ja doch gesagt, daß jener Begriff und mit ihm die Unterscheidung von Ding an sich und Erscheinung nur zu rechtfertigen ist aus einer Nöthigung, die nichts anderes sein kann als die Erscheinung des Sittengesetzes im Leben der Person. Ein „erweislicher Satz" wird also das Sittengesetz auch so nur für diejenigen, welche ihre bewußte Reflexion darauf richten, den „Rechtsanspruch, selbst der gemeinen Menschenvernunft, auf Freiheit des Willens" zu erhärten. Eine solche bewußte Vertiefung der persönlichen Selbstgewißheit ist aber nichts weiter als eine Erhebung des Menschen zu seinem höheren Selbst. Dieses aber wird erst im Hinblick auf das Sittengesetz verständlich. Die bewußte Behauptung und Pflege des auf dem Selbstgefühl beruhenden persönlichen Lebens läßt den Gedanken des Sittengesetzes als nothwendig erscheinen; aber nur deßhalb, weil die irgendwie vollzogene Anerkennung des letzteren bereits dem Gedanken innewohnt, in welchem sich alle Cultur der persönlichen Selbstgewißheit vollzieht, dem Gedanken der Freiheit. *Die Begründung des Sittengesetzes leistet mithin nichts weiter, als daß sie die Zusammengehörigkeit desselben mit den Gedanken, in welchen sich die Person über ihre Naturbestimmtheit erhebt, herausstellt.* Diese Erhebung geschieht dadurch, daß die Person ihr natürliches Selbstseinwollen vor dem eigenen Denken rechtfertigt. Und das Sittengesetz ist der befreiende Gedanke. Denn sich einem unbedingten Gesetz für unterworfen halten und sich als autonomes Wesen, als über alle Natur erhobene Persönlichkeit denken, ist einerlei.[2])

---

[1]) 8, 93.

[2]) vergl. 8, 89: „*Diese bessere Person glaubt er aber zu sein*, wenn er sich in den Standpunkt eines Gliedes der Verstandeswelt versetzt, dazu die *Idee der Freiheit*, d. i. die Unabhängigleit von bestimmenden Ursachen der Sinnenwelt, ihn unwillkürlich nöthigt, und in welchem er sich eines *guten Willens* bewußt ist, der für seinen bösen Willen nach seinem eigenen Geständnisse *das Gesetz ausmacht*, dessen Ansehn er kennt, indem er es übertritt".

Ueber den Nachweis der Zusammengehörigkeit dieser Gedanken kommt Kant bei dem Versuche, das Sittengesetz zu begründen, nicht hinaus. Außerhalb der Wechselbeziehung, welche zwischen der Erhebung der Person über ihre Naturbestimmtheit und dem Sittengesetze stattfindet, nach Gründen zu suchen, ist vergeblich. „Die subjective Unmöglichkeit, die Freiheit des Willens zu erklären, ist mit der Unmöglichkeit, ein Interesse ausfindig und begreiflich zu machen, welches der Mensch an moralischen Gesetzen nehmen könne, einerlei“ [1]). Aus den Begierden und Neigungen des noch nicht sittlich bestimmten Menschen läßt sich ein nothwendiges Interesse am Sittengesetz nicht herausvernünfteln. „Und gleichwohl nimmt er daran wirklich ein Interesse“, nämlich sofern er bereits sittlich bestimmt ist, und dann ist dasselbe „als die subjective Wirkung, die das Gesetz auf den Willen ausübt“ anzusehen. Sind wir also bei Allem, was wir zur Begründung des Sittengesetzes sagen mögen, gezwungen, auf seinen eigenen Inhalt und seine Wirkungen auf uns zu recurriren, so erhellt, daß wir in ihm die Grenze unseres Denkens erreicht haben. „Und so begreifen wir zwar nicht die practische unbedingte Nothwendigkeit des moralischen Imperativs, wir begreifen aber doch seine Unbegreiflichkeit, welches Alles ist, was billigermaßen von einer Philosophie, die bis zur Grenze der menschlichen Vernunft in Principien strebt, gefordert werden kann“. Aber trotz dieser Worte, mit welchen Kant die „Grundlegung“ schließt, hat er doch die Frage, welche er S. 82 aufgeworfen hatte, beantwortet. Die Antwort erfolgt nicht in Gestalt der Lösung eines metaphysischen Problems, wie bei Fichte, sondern es wird die in der Ethik allein mögliche Antwort gegeben. Es wird dasjenige aufgedeckt, was das Sittengesetz dem persönlichen Leben des Menschen leistet. „Wie es zugehe, daß der Mensch dadurch allein seinen persönlichen Werth zu fühlen glaubt“, das wissen wir jetzt. Das Sittengesetz enthüllt dem Menschen sein „eigentliches Selbst“ [2]); indem es ihn zwingt sich als Endzweck, als autonomes Wesen zu denken, bringt es ihm seine Würde zum Bewußtsein und eröffnet ihm den einzigen Weg, sein Selbst der Natur gegenüber zu behaupten. — Ausführlicher als in der „Grundlegung“ sind diese Gedanken in der Kritik der practischen Vernunft entwickelt in

---

[1]) 8, 95; 196.
[2]) vergl. 8, 93; 97. 230.

dem Abschnitt „von den Triebfedern der reinen practischen Vernunft“. Auch hier ist das Resultat das gleiche. Die Macht, welche das Sittengesetz über die in der Selbstliebe abgeschlossene Person ausübt, wurzelt in dem, „was den Menschen über sich selbst erhebt, was ihn an eine Ordnung der Dinge knüpft, die nur der Verstand denken kann“ [1]). Der Inhalt des unbedingten Gesetzes, als Autonomie gedacht, offenbart dem Menschen seine übersinnliche Persönlichkeit, die Zweck an sich selbst ist, die mithin keinen Preis, sondern eine Würde hat. „Diese Achtung erweckende Idee der Persönlichkeit, welche uns die Erhabenheit unserer Natur (ihrer Bestimmung nach) vor Augen stellt, indem sie uns zugleich den Mangel der Angemessenheit unseres Verhaltens in Ansehung derselben bemerken läßt, und dadurch den Eigendünkel niederschlägt, ist selbst der gemeinsten Menschenvernunft natürlich und leicht bemerklich“ [2]). Sie ist es, weil sie nur die Art anzeigt, wie das moralische Gesetz, indem es Bestimmungsgrund des menschlichen Willens wird, im Gemüthe wirkt, besser zu sagen, wirken muß [3]). Denn indem sich das Sittengesetz an ein Subject wendet, welches ein dem Naturzusammenhang gegenüber abgeschlossenes Dasein beansprucht, so muß der jenem innewohnende Gedanke der Autonomie in diesem die Idee der Persönlichkeit erwecken, in welcher der negative Gedanke einer Unabhängigkeit von der Natur mit dem positiven einer eigenen Gesetzgebung zusammentrifft.

Das Sittengesetz bedeutet für den Menschen seine Erhebung zur Persönlichkeit. Es ist nicht der Ausdruck dessen, was er ist, sondern dessen, was er sein soll. Deßhalb ist es nicht die Folge von irgendwelchen Gesinnungen in dem empirischen Menschen, sondern es ist selbst der Grund von dem Vorhandensein solcher Gesinnungen, welche ihm entsprechen; es bringt die Wirklichkeit dessen, worauf es sich bezieht (die Willensgesinnung) selbst hervor [4]). Auf der anderen Seite bedeutet es doch für den Menschen seine Erhebung zur Persönlichkeit. Deßhalb allein läßt sich das Sittengesetz in den Gesinnungen und Maximen einer Person in concreto darstellen. In dieser Darstellbarkeit besteht die Realität, welche dem Sittengesetze und den mit ihm zusammenhängenden Begriffen zu-

[1]) 8, 214.
[2]) 8, 215.
[3]) 8, 196.
[4]) 8, 187.

kommt, die practische Realität [1]). „Die reine practische Vernunft thut der Eigenliebe bloß Abbruch, indem sie solche als natürlich, und noch vor dem moralischen Gesetze in uns rege, nur auf die Bedingung der Einstimmung mit diesem Gesetze einschränkt; da sie alsdann vernünftige Selbstliebe genannt wird" [2]). Die innere Rechtfertigung des natürlichen Selbstseinwollens vor dem eigenen Denken wird der Person durch das Sittengesetz ermöglicht. Dadurch allein wird es dem Menschen verständlich. Es ist das Gesetz aller Pflege und Cultur des persönlichen Innenlebens, aller Thätigkeit, welche auf die Behauptung und Bereicherung dieser nur in der subjectiven Ueberzeugung gesetzten Realität gerichtet ist. Denn die Gewißheit einer Gesinnung, welche mit dem Sittengesetze übereinstimmt, ist die erste Bedingung des Werthes der Person, welcher bei jener Thätigkeit vorausgesetzt wird.

Also alles dasjenige, was dem Bewußtsein des Sittengesetzes im Menschen vorausgeht, kann niemals den zureichenden Grund dafür abgeben, daß er sich demselben unterwirft. Wie das Sittengesetz den menschlichen Willen bestimmen könne, um ihm alsdann das zu leisten, was man nachträglich als seine Wirkung erkennt, ist uns unerforschlich. Die Frage danach ist genau gleich der anderen, wie die sinnliche Person eine übersinnliche Bestimmung haben könne, oder wie Freiheit des Willens möglich sei: wohl aber ist in dem natürlichen Leben der sinnlichen Person dasjenige zu entdecken, was durch das Sittengesetz über die bloße Naturbestimmtheit erhoben wird. Und das ist nichts Anderes, als das natürliche Selbstseinwollen der Person. Dasselbe wird durch das Sittengesetz, obgleich dieses Unterwerfung fordert, nicht vernichtet, sondern auf eine höhere Stufe erhoben, in diejenige Ordnung versetzt, welche die Pflege und Behauptung eines in sich abgeschlossenen von der Natur unabhängigen Selbst erst ermöglicht. Der Nachweis dieser seiner Leistung für das innere Leben der Person ist die einzige Begründung seiner Gültigkeit, welche das Sittengesetz verstattet (vergl. oben S. 63). Zugleich ist damit der allgemeinste Inhalt angegeben, den das unbedingte Gesetz des Willens in allen Fällen haben muß, und der Sinn der Nothwendigkeit am Wollen zum Verständniß gebracht,

---

[1]) 8, 175.
[2]) 8, 197. 10, 52—53.

welche das Sittliche ausmacht. Der allgemeinste Inhalt des Sittengesetzes ist die Persönlichkeit selbst. Daß die Persönlichkeit, ein von den Verhältnissen unabhängiges Innenleben des Menschen, verwirklicht werde, dahin läßt sich jede sittliche Forderung interpretiren. Durch diese Erkenntniß wird aber auch die Nothwendigkeit des Sittlichen vor der Verwechselung mit der Nothwendigkeit des natürlichen Geschehens endgültig gesichert. Nachdem man in der practischen Anerkennung des Sittengesetzes erfahren hat, daß dasselbe unsere Persönlichkeit begründet, hat man auch einen Beziehungspunkt für die Nothwendigkeit des Sittlichen gefunden. Es ist der Zweck, auf welchen die sittliche Forderung abzielt, der uns ihre eigene Nothwendigkeit zum Verständniß bringt. Aber während sonst das practische Gesetz aus einem vorher erkannten Zwecke seine Berechtigung herleitet, so will das Sittengesetz in seiner unbedingten Nothwendigkeit anerkannt sein, bevor es dem Menschen den Zweck enthüllt, dessen Werth das Gefühl des Zwanges bei dem sittlichen Entschluß in das Gefühl der Freiheit umwandelt. Der Mensch ist nicht schon von Natur dazu disponirt, aus einem gefühlten Werthe den Gedanken eines unbedingten Gesetzes zu erzeugen. Die sittliche Person, welche den dem Sittengesetze entsprechenden Werth ermessen kann, wird er erst durch dieses selbst. Und dieses Verhältniß, daß die Anerkennung des Sittengesetzes dem Verständniß seiner Nothwendigkeit voraufgeht, wird durch keinen Fortschritt der sittlichen Entwickelung aufgehoben. Denn in jedem Momente des sittlichen Handelns liegt für den Menschen etwas Geheimnißvolles in der sittlichen Forderung, die ihm einen neuen Reichthum seines persönlichen Lebens offenbaren will. Die volle Einsicht in die Nothwendigkeit des Sittlichen liegt vor dem sittlichen Subject, nicht hinter ihm als ein natürlicher Besitz. Von der Nothwendigkeit des natürlichen Geschehens unterscheidet sich also die des Sittlichen dadurch, daß sie nicht die Erklärbarkeit von Ereignissen aus voraufgehenden Ursachen bedeutet, sondern aus dem Werthe eines Zweckes verstanden wird. Aber sie ist auch von der Nothwendigkeit, welche dem Nützlichen beiwohnt, geschieden, weil hier die volle Einsicht in den Werth eines Zweckes voraufgehen muß, um dem entsprechenden Gesetze des Handelns sein Gewicht zu verleihen, während die Anerkennung des unbedingten Gesetzes den Menschen erst zu der sittlichen Person macht, welche den Zweck des sittlichen Handelns, die Begründung und Bereicherung eines in sich geschlossenen persönlichen Lebens in seinem Werthe versteht. Will man einen Unterschied des Sittlichen vom Nützlichen, so muß man auch einräumen, daß das unbedingte Gesetz den Willen unmittelbar zu einer Handlung bestimmen kann, für deren Werth uns die Einsicht erst in Folge dieser Willensbestimmung reift. Der psychologischen Beobachtung ist freilich eine solche Bestimmbarkeit des Willens nicht erreichbar; aber wir glauben daß sie vorhanden ist, weil wir das Sittengesetz nicht anders denken können, als so, daß seine Geltung von der Bestätigung durch unsere Erlebnisse unabhängig ist.

Wenn es der subtilsten Philosophie ebenso unmöglich ist, wie der gemeinsten Menschenvernunft, die Freiheit wegzuvernünfteln, so ist die unerklärliche Macht des Sittengesetzes über das Gemüth der Grund davon. Denn erst durch das Pflicht- und Schuldbewußtsein wird in dem Menschen die unantastbare Innerlichkeit, die auch für die eigene Reflexion unzerstörbare Selbständigkeit geschaffen, welche es verbietet, die Freiheit deßwegen, weil sie sich nicht als empirisches Factum in den Beziehungsbegriffen darstellen läßt, unter die Einbildungen zu verweisen. Das Bewußtsein der Freiheit beim Handeln entsteht freilich erfahrungsmäßig immer schon aus der Vergleichung allgemeinerer Zwecke, denen man nachgeht, mit den besonderen, welche man um jener willen zurückdrängt. Dieses practische Bewußtsein der Freiheit stellt sich ein auch abgesehen von aller sittlichen Bestimmtheit des Willens. Dagegen befindet man sich sogleich innerhalb der Sphäre des Sittengesetzes, sobald man das in der subjectiven Ueberzeugung gesetzte Innenleben zu befestigen und zu fördern sucht. Denn diese Anfänge des eigentlichen persönlichen Lebens stützen sich auf die Gewißheit, daß die Unabhängigkeit vom Naturzusammenhang, welche das practische Bewußtsein der Freiheit aussagt, kein bloßer Schein sei, sondern ein Reales bezeichne, welches der Pflege fähig und werth sei. Dazu aber muß der Begriff der Freiheit einen positiven Inhalt haben, welchen er dadurch erhält, daß die Person ihren Willen als den Willen eines unbedingten Gesetzes denkt. Und dieß geschieht in dem Bewußtsein des Sittengesetzes. Aber wenn nun auf solche Weise persönliches Leben begründet ist, so tritt ja nur um so greller der Widerspruch hervor, in welchen die Selbstgewißheit der in ihrer Freiheit abgeschlossenen Person mit der Vorstellung unermeßlicher Zusammenhänge tritt, welche das Bewußtsein unweigerlich um alles Geschehen, also auch um die menschlichen Handlungen ausbreitet. Es käme nun auch in der That ein unerträglicher Widerspruch in das geistige Leben des Menschen, der ebenso selbstbewußte Person, wie vorstellendes Bewußtsein ist, „wenn das Subject, das sich frei dünkt, sich selbst in diesem Sinne, oder in eben demselben Verhältnisse dächte, wenn es sich frei nennt, als wenn es sich in Absicht auf die nämliche Handlung dem Naturgesetze unterworfen annimmt".[1]) Kant sucht den Widerspruch bekanntlich dadurch zu heben, daß er auf die Nothwendigkeit hinweist, zwischen Ding an sich und Erscheinung zu unterscheiden. Hat man sich einmal von der Nothwendigkeit dieser Unterscheidung überzeugt, so liegt auf der Hand, daß, was vom Menschen als Noumenon gilt, wovon wir freilich nichts weiter wissen, als was das Sittengesetz uns über ihn anzunehmen gebietet, nicht auch auf den Menschen als Erscheinung, als Object des erkennenden Bewußtseins bezogen zu werden braucht. Aber woher wissen wir denn von jener Nothwendigkeit? Damit ist es nicht abgethan, mit Kant zu sagen, man müsse eingestehen, „daß hinter den Erscheinungen doch die Sachen an sich selbst (obzwar verborgen) zum Grunde liegen müssen, von deren Wirkungsgesetzen man nicht verlangen kann, daß sie mit denen einerlei sein sollten, unter denen die Erscheinungen stehen".[2]) Denn er selbst giebt ja die Relation jener Nothwendigkeit an: „Die Vernunft sieht sich genöthigt, den Standpunkt außerhalb der Welt des vorstellenden Bewußtseins einzunehmen und die Dinge dieser Welt als Erscheinungen auf ein Ding an sich zu beziehen, um sich selbst als practisch denken zu können". Daß der Mensch, den die Kantische Erkenntnißtheorie die Unermeßlichkeit des Erfahrungsgebietes kennen gelehrt hat, sich bei dem regressus in infinitum, der sich überall vor dem bloß erkennenden Bewußtsein aufthut, nicht beruhigen kann, ist schon richtig. Die Abstraction, welche ihm die Aussonderung der Functionen des reinen Erkennens zumuthet, ist nur so lange erträglich, als es sich eben um methodische Ausübung dieses Erkennens handelt. Ja, alsdann ist sie sogar das einzige Mittel, unser Wissen von den Gegenständen wirklich zu erweitern. Aber abgesehen von dieser Aufgabe des Naturerkennens bewegt sich das natürliche Denken des Menschen unbefangen in solchen Voraussetzungen über die Welt,

---

[1]) Kant 8, 91.

[2]) 8, 95.

welche der Geschlossenheit des eigenen Selbstseins entsprechen. Und die Macht derselben muß sich um so stärker geltend machen, wenn ihm das absichtliche Eingehen auf jene Abstraction die Incongruenz zu klarem Bewußtsein gebracht hat, welche zwischen der Unbegrenztheit des Erfahrungsgebietes und seinem eigenen Selbstgefühl stattfindet. Aber an die Aussage eines solchen practischen Bedürfnisses darf man doch nicht appelliren, wenn man darauf ausgeht, das vorstellende Bewußtsein und sein Correlat, den Naturzusammenhang, für das Erkennen selbst unter denselben Gesichtspunkt zu bringen, wie die Idee der Persönlichkeit, welche durch das Sittengesetz offenbart wird. Diese Aufgabe ist eben überhaupt nicht zu stellen. Der Gesichtspunkt des Dinges an sich existirt nicht für das bloße Erkennen, sondern für die fühlende und wollende Person. Wenn Kant ihn daher doch verwerthet, um den Widerspruch zwischen Naturzusammenhang und Persönlichkeit (oder Freiheit) zu heben, so löst er die Frage gar nicht für das Erkennen, sondern für die persönliche Ueberzeugung. Und das ist auch allein möglich. Jener scheinbare Widerspruch verschwindet vor der einfachen Einsicht in die Art seiner Entstehung. Das Sittengesetz, dessen Inhalt Persönlichkeit ist, wendet sich nicht an ein bloßes vorstellendes Bewußtsein, sondern an die Person, an ein Denken, welches von persönlichen Bedürfnissen beherrscht ist. Jener Widerspruch entsteht also dadurch, daß etwas, was schlechterdings nur für die Person und persönliches Denken existirt — Freiheit oder Persönlichkeit —, mit den Dingen zusammengehalten wird, welche in der Welt des vorstellenden Bewußtseins Platz haben. Zur Vertheidigung der Freiheit genügt es, hierauf hinzuweisen und darauf, daß die sittliche Beurtheilung des Menschen als einer freien Person bestehen bleiben kann, wenn man sich auch die naturgesetzliche Bedingtheit seiner Handlungen in vollem Maße vergegenwärtigt. Wenn man die Probe darauf macht, so erfährt man, daß die klare Einsicht, eine Handlung sei die nothwendige Folge voraufgegangener physischer Ereignisse, doch überragt wird von dem sittlichen Urtheil, durch welches dieselbe dem Menschen zugerechnet wird. Wenn die Handlung dem Sittengesetze widerspricht, so begegnet der Einsicht in ihre causale Bedingtheit das Urtheil, daß eben dieser Causalzusammenhang nicht stattfinden sollte. Wie aber dieser, der sich vor dem vorstellenden Bewußtsein ins Endlose erstreckt, von dem Subject, an welches sich das Sittengesetz wendet, abhängig sein könne, liegt jenseits unserer Einsicht. „Als Subject der moralischen, von dem Begriffe der Freiheit ausgehenden, Gesetzgebung, wo der Mensch einem Gesetze unterthan ist, das er sich selbst giebt, ist er als ein anderer als der mit Vernunft begabte Sinnenmensch (specie diversus), aber nur in practischer Rücksicht, zu betrachten — denn über das Causalverhältniß des Intelligibeln zum Sensibeln giebt es keine Theorie" [1]). Jenes Abhängigkeitsverhältniß läßt sich also nicht vorstellig machen. Genug, daß wir, so lange wir den Menschen überhaupt als Person und nicht als Sache beurtheilen, gezwungen sind, ihm seine Handlungen zuzurechnen, mögen wir uns die naturgesetzliche Bedingtheit derselben vergegenwärtigen oder nicht. Die Handlung, welche als Naturereigniß aufgefaßt und erklärt wird, und die Handlung, welche einer freien Person zugerechnet wird, sind völlig incommensurable Größen. Von der erstern können wir sagen: ich weiß; von der letztern: ich bin gewiß. In dem letzteren Falle vergegenwärtigen wir uns den Inhalt unserer practischen Ueberzeugung, den Zusammenhang dessen, was wir sein wollen und die damit in Verbindung stehenden Gedanken. Das ist „ein completes Fürwahrhalten", aber freilich „aus subjectiven Gründen, die in practischer Beziehung so viel als objectiv gelten" [2]); d. h. sie gelten als objectiv in dem Verkehr von Personen, welche auf die Realität ihres insichgeschlossenen Innenlebens nicht verzichten wollen. Somit läßt sich das Verhältniß der Freiheit zu der natürlichen Bedingtheit unserer Handlungen durch keine Theorie näher bestimmen. In unserer Erfahrung liegt die Thatsache vor, daß der handelnde Mensch sich um die naturgesetzliche Bedingtheit des psychischen Geschehens nicht kümmert, sondern unbefangen sich der Einbildung hingiebt, als sei er ein abgeschlossenes Ganzes, welches die Zusammenhänge, in denen es steht, ebenso aus sich heraus bestimmt, wie es von ihnen beeinflußt wird. Daß sich dieses Selbstgefühl im Menschen, trotz des Widerspruchs, den die erkenntnißmäßige Auffassung seines Lebens dagegen einlegt, mit unverwüstlicher Energie behauptet, findet seinen rechtfertigenden Grund allein in der voraufgehenden Anerkennung des Sittengesetzes. Wenn dieses nicht mit in Rechnung gezogen wird, so behält die empirische Betrachtung der psychischen Ereignisse als unabsehlich bedingter Naturvorgänge einfach Recht;

[1]) Kant 9, 294.
[2]) 3, 216.

und der Anspruch der Person, ein insichgeschlossenes Ganzes zu sein, erscheint als sinnlose Caprice. Indem aber das Sittengesetz dem Menschen den Gedanken aufzwingt, daß er sich selbst ein unbedingtes Gesetz giebt, enthüllt sich der verborgene Halt jenes natürlichen Anspruchs, der durch keine Neigung gestützt zu werden braucht und gegen alle Einreden der Erfahrung gesichert ist. Denn der positive Begriff der Freiheit, der Gedanke einer eigenen Gesetzgebung versetzt den Menschen gradezu in eine andere Welt, für welche die Beziehungsbegriffe keine Geltung haben, für welche aber die Person deßhalb ein Verständniß hat, weil ihrem natürlichen Selbstseinwollen bereits der Anspruch innewohnt, der Herrschaft der Beziehungsbegriffe enthoben zu sein. Eine andere Rechtfertigung läßt sich für den Begriff der Freiheit, den das Sittengesetz darbietet, nicht geben, als diese, daß man zeigt, in ihm selbst liege der rechtfertigende Grund für die Selbstunterscheidung des Menschen von der Natur, er sei der verborgene Halt für alles Denken, in welchem der Mensch seinen Unterschied von der Natur zu bethätigen sucht. Damit ist freilich die Freiheit nicht metaphysisch erklärt; sie wird dadurch um nichts begreiflicher. Es reicht aber auch hin, gezeigt zu haben, daß das Denken und Handeln des Menschen, in welchem er sein eigenartiges, von der Natur unterschiedenes Dasein zu begründen und zu erweitern sucht, auf die Macht des Sittengesetzes oder der Freiheitsidee über das Menschengemüth als auf ihre verborgene Quelle hinweist. Denn in jener Thätigkeit ist der Mensch das Subject der Geschichte. Und es reicht wohl aus, wenn man den Menschen klar machen kann, daß ihr geschichtliches Leben sinnlos wird, wenn man nicht die sittlichen Ideen als die bestimmenden Mächte desselben denkt. Verbietet doch das Sittengesetz selbst eine weitergreifende Begründung seiner selbst und der mit ihm verbundenen Freiheitsidee. Denn es will weder für ein bloß vorstellendes Bewußtsein, noch für Thiere gelten, sondern für alles Dasein, was von ihm zur Persönlichkeit erhoben werden kann, also für Personen — oder, wie Kant es ausdrückt, für die nach Einheit strebende Vernunft.

Trotzdem bleibt das Bewußtsein der Freiheit mit einem Problem behaftet. Es läßt sich wohl deutlich machen, daß die wissenschaftliche Naturerklärung, auch wenn sie sich in einer dogmatischen Metaphysik abzuschließen sucht, weder bestätigend noch widerlegend an die Idee der Freiheit hinanreicht. Aber wenn wir auch deßhalb alle diese von Außen kommenden Einreden abweisen können, so thut sich doch unvermeidlich in dem persönlichen Leben selbst ein Widerspruch auf, weil ja doch der Mensch, der in jener Idee sich als abgeschlossene Persönlichkeit erfaßt, sich als identisches Bewußtsein in der Mannichfaltigkeit seiner Vorstellungen nur dadurch behauptet, daß er in den Beziehungsbegriffen eine Natur denkt, zu welcher er selbst mitgehört, sofern er Object des Erkennens ist. In der Regel wird ja der Mensch, unbekümmert um ihren Widerspruch, beide Betrachtungsweisen neben einander handhaben. Die dem Selbstgefühl der Person entsprechenden Vorstellungen, die sich in den sittlichen Ideen verschärfen und vollenden, hemmen und modificiren unwillkürlich die Thätigkeit des Bewußtseins und verleihen der Welt, in der sich der Mensch bewegt, eine Abgeschlossenheit, welche den Beziehungsbegriffen zuwider ist. Ebenso unwillkürlich wird die ideale Welt des persönlichen Lebens versinnlicht und in die Sphäre des Verstandes herabgezogen. Und in dieser wechselseitigen Trübung unversöhnlich getrennter Betrachtungsweisen ist es dem Menschen nicht nur gegeben, sein persönliches Leben in einer Weltanschauung zu erhöhen, welche ihm den Verkehr mit dem wahrhaft Uebersinnlichen ermöglicht, sondern er kann auch, wo es darauf ankommt, in die unbestimmte Weite des Erfahrungsgebietes mit bewußter Anwendung der Beziehungsbegriffe hinausstreben, ohne deßhalb auf den Frieden des Gemüths, der sich durch ganz andere Mittel erhält, verzichten zu müssen[1]. Trotzdem wird durch die Differenz beider Betrachtungsweisen dem Geiste das Problem gestellt, wie sie nebeneinander bestehen können, oder in einer höheren dritten zu vereinigen sind. Aber eine höhere Betrachtungsweise, als die, welche vom Standpunkte des persönlichen Lebens aus geübt wird, kann es für den Menschen nicht geben. Wenn er nach einer höheren ausschaut, so vergißt er, daß das Sittengesetz, welches ihm sein eigenes Wesen als Persönlichkeit enthüllt, ihn an die Grenze seines Denkens geführt hat. Das Wort, welches dem Menschen das Welträthsel löst, kann nicht anders lauten als: Persönlichkeit. Eine überstiegene Metaphysik kann immerhin den Versuch machen, sich über den Gegensatz des

[1]) Vergl. über diese glückliche Inconsequenz des Menschen Kant 4, 387: „Denn dem gemeinen und gesunden Verstande wird es gemeiniglich schwer, die verschiedenen Principien die er vermischt, und aus deren einem er wirklich allein und richtig folgert, wenn die Absonderung viel Nachdenken bedarf, als ungleichartig von einander zu scheiden“ und dazu Lotze, Mikrok. 1, 273.

Bewußtseins und der vorgestellten Dinge hinauszuschwingen und, anstatt die Gesetze der factisch vorhandenen Vorstellungsthätigkeit zu erforschen, das Bewußtsein selbst zu erklären, ohne daß damit die Menschheit selbst entwürdigt würde. Dagegen ist es trotz aller sonstigen Cultur ein Zeugniß von Rohheit, wenn der Mensch die Persönlichkeit zu erklären unternimmt, über die er sich nicht erheben, sondern zu der er erhoben werden soll. Folglich kann die Aufgabe nur dahin gehen, klar zu machen, wie jene beiden Betrachtungsweisen neben einander bestehen können. Die Lösung dieses Problems aber ist bereits durch die Thatsache angedeutet, daß dieselben sich im Menschen vertragen. Denn in dem unbefangenen Vertrauen, daß es für diesen uns nothwendigen Wechsel der Standpunkte eine Rechtfertigung geben müsse, haben wir den Reflex einer, wenn auch noch so unvollkommenen, religiösen Beurtheilung der Welt und des eigenen Selbst zu erkennen. Auf dem Boden des persönlichen Lebens selbst, in der religiösen Weltbetrachtung wird jenes Räthsel gelöst.

Damit haben wir den Punkt erreicht, an welchem das Verhältniß des Sittlichen zur Religion zu erörtern ist. Bevor wir aber ausführen, wie die religiöse Welterklärung das dem sittlichen Bewußtsein anhaftende Problem überwindet, haben wir den Gewinn darzulegen, den die Religion selbst aus der anerkannten Realität des Sittlichen zieht. Wenn das Sittengesetz die wenn auch verborgene Voraussetzung für alles Denken ist, welches die Realität des persönlichen Lebens zu behaupten sucht und auf die Cultur und Pflege seines Inhaltes gerichtet ist, so ist auch die religiöse Weltanschauung solange excentrisch, als sie nicht um jenen Mittelpunkt der geistigen Welt sich bewegt. Wir haben oben (S. 81—90) als den Sinn aller religiösen Welterklärung erkannt, der Person mit ihren höchsten Gütern den gesammten Naturzusammenhang für unterworfen zu halten, oder wenigstens das Wesen desselben nach jenem Zwecke zu bestimmen. Das religiöse Denken ist daher vor Allem darauf angewiesen, im Sittengesetze seine Bestätigung zu suchen. Denn stärker läßt sich die Realität des persönlichen Lebens nicht aussprechen, als es in der Religion geschieht, wo dasselbe als Maßstab für das Wesen in aller Wirklichkeit gehandhabt wird.

Das erste, was das Sittengesetz der Religion leistet, ist dieß, daß der Mensch durch dasselbe zum Subject der Religion qualificirt wird. Von Natur ist er es nicht. Das religiöse Subject weiß sich in der Abhängigkeit von Gott über die Welt erhoben, frei von der Welt. Dieß, was die Religion dem Menschen zuspricht, läßt sich aber nicht an ihm realisiren, er sei denn sittlich bestimmt. Denn seine Erhebung über die Welt läßt sich nur so darstellen, daß die gesammte Welt auf ihn als Endzweck bezogen wird. Nichts aber was der Natur entstammt, kann als Endzweck gedacht werden; es ist als solches Product immer nur ein Glied in einer unabsehlichen Kette. Wollte man das durch die Natur bedingte Wohlsein des Menschen als Endzweck nennen, so würde sich die Frage erheben: wozu haben Menschen existiren müssen. Alles, was sich uns empirisch darbieten möchte, unterliegt, wenn sein Werth bestimmt werden soll, der Frage nach einem höheren Zwecke, als dem werthgebenden Princip. „Und dieses gilt nicht blos von der Natur außer uns (der materiellen), sondern auch in uns (der denkenden), wohl zu verstehen, daß ich in mir nur das betrachte, was Natur ist“ [1]). Also sein sogenanntes Geistsein qualificirt den Menschen ebensowenig zum Endzweck und damit zum Subject der Religion, wie irgend ein Unterschied seiner körperlichen Organisation von der der Thiere. Es ist aber auch immer nur eine künstliche Reflexion über das Wesen der Religion, welche auf jenen Gedanken geräth. Die natürliche Entwicklung der Religion schlägt nach dem Ausweise der Geschichte ganz andere Wege ein. In den Naturreligionen erscheint nicht der Geist als solcher als Endzweck, sondern der Menschengeist, wie er durch die Richtung auf besondere Güter inhaltlich bestimmt ist. Aber das haben wir ja grade als den inneren Widerspruch kennen gelernt, an welchem die Naturreligionen zu Grunde gehen, daß nach ihnen der concrete Inhalt der Person, die als Subject der Religion gedacht wird, das höchste Gut des Menschen, sich in Abhängigkeit von der Natur befindet. Denn damit wird ja die allgemeine Tendenz der Religion, die Erhebung des Menschen über die Natur zu proclamiren, durchkreuzt. Die einfache Reflexion, daß kein Naturereigniß, sei es in dem Zusammenhange der natürlich anschaubaren Dinge, sei es in dem geistigen Leben selbst, dem Menschen die Kraft giebt, sich als Subject der Religion zu behaupten, bezeichnet ein Gesetz, welches sich mit unerbittlicher Gewalt in dem Schicksal der Religionen und religiösen Secten geltend macht. Als Endzweck der Welt kann sich der Mensch nur denken,

[1]) Kant 4, 433.

wenn er sich selbst, unabhängig von der Natur, einen persönlichen Werth geben kann. Nun ist am Menschen nur Eins durch Natur-ursachen schlechterdings unmöglich; das ist die Persönlichkeit selbst, welche ja nicht als empirisches Datum vorliegt, sondern in subjectiver Ueberzeugung als wirklich gesetzt wird. Sofern nun dem Menschen die Persönlichkeit durch ein unbedingtes Gesetz als Zweck vorgeschrieben wird, sofern also ein Sittengesetz für ihn gültig ist, kann er sich als Endzweck denken, ohne befürchten zu müssen, daß seine Abhängigkeit von der Natur diesen Anspruch jemals vernichten und ihn wiederum als Mittel einem höheren Zwecke unterwerfen könnte. „Von dem Menschen als einem moralischen Wesen kann nicht weiter gefragt werden: wozu er existire? Sein Dasein hat den höchsten Zweck selbst in sich, dem, soviel er vermag, er die ganze Natur unterwerfen kann, wenigstens welchem zuwider er sich keinem Einflusse der Natur unterworfen halten darf"! Bestände die Welt nur aus leblosen Wesen, die außer Stande wären, den Reichthum ihrer Daseinsformen zu genießen, „so würde das Dasein einer solchen Welt gar keinen Werth haben, weil in ihr kein Wesen existirte, das von einem Werthe den mindesten Begriff hat". Gäbe es aber in ihr Wesen, die, mit der höchsten Fähigkeit zu genießen und zu begehren ausgestattet, doch darauf angewiesen wären, von der Wohlthat der Natur die Erfüllung ihrer Zwecke zu erwarten, so wären zwar relative Zwecke in der Welt, aber kein absoluter Endzweck, weil das Dasein solcher vernünftigen Wesen doch immer zwecklos sein würde" [1]). Also eine religiöse Anschauung von der Welt, wobei dieselbe einem höchsten Werthe unterworfen gedacht wird, ist dem Menschen nur möglich, sofern er als fühlende und wollende Person der Vorstellung von Werthen fähig ist. Aber erst dadurch, daß der Mensch durch das Sittengesetz gezwungen wird, sich selbst als absoluten Endzweck anzusehen, wird die begriffsmäßige Vollendung der Religion ermöglicht. Denn das, was die Religion im Allgemeinen dem Menschen zuspricht, daß er mehr sei als Natur, gewinnt erst dadurch einen positiven Inhalt, daß das Sittengesetz etwas in ihm entdecken läßt, was nicht Natur ist, die sittliche Persönlichkeit. Die Religion, als deren Subject nicht das sittliche Wesen gedacht wird, sondern das durch seine Neigungen an die Natur gefesselte begehrliche Selbst,

---

[1]) Kant 4, 351.

ist wohl die Ahnung von der übersinnlichen Herrlichkeit des Menschen, aber nicht die Offenbarung derselben. Es fehlt ihr der positive Begriff, in welchem sich ihre Tendenz, den Menschen über die Natur zu erheben, vollenden könnte. Und dieser positive Begriff ist ihr nur zugänglich, wenn sie sich in bewußter Beziehung auf sittliches Bewußtsein entfaltet.

Ganz dasselbe leistet das sittliche Bewußtsein für die Bestimmung der Gottesidee. Das ist freilich richtig, daß subjective Religion überhaupt nur möglich ist in Verbindung mit einer eigenthümlichen Färbung jenes Gedankens. Auch wenn man absichtlich als Religion nichts weiter will gelten lassen als die lyrisch-musikalische Stimmung, welche den Menschen daran zu mahnen scheint, daß in seinem gewöhnlichen Treiben die Tiefe seines Wesens nicht vollständig zu Tage tritt, so liegt doch auch hier die unumgängliche Bestimmtheit der Gottesidee in der Anweisung, man solle, um die selige Selbstvergessenheit jener Stimmung nicht zu unterbrechen, darauf verzichten, das Unendliche, welches den Menschen bewältigt, der Forderung klarer Erkenntniß zu unterwerfen. In der Negation aller Bestimmtheit findet sich hier die Bestimmtheit der Gottesidee sowohl wie der besonderen Art von Religion, in welcher man als tiefste persönliche Befriedigung das Vergessen des eigenen Selbst zu erfahren meint. Diese Art von Religion pflegt als Protest gegen die religiöse Ueberlieferung aufzutreten, zu deren positiver Umgestaltung die innere Klärung und Sammlung fehlt. Aber dem allgemeinen Gesetz entgeht man auch hier nicht, daß das Lebensziel des Menschen und sein Glaube an Gott sich gegenseitig bestimmen. Der Zerflossenheit der Gottesidee entspricht das vergeblich nach Gestaltung ringende oder in Todesmüdigkeit erblassende Lebensideal. Das Eigenthümliche dieser Religiosität im Vergleich zu aller anderen besteht in der Anomalie, daß als das beglückende Geheimniß der Religion die Vernichtung der Persönlichkeit gefeiert wird, während doch grade die Ueberzeugung von der unauslöschlichen Realität der Person die innere Welt eröffnet, in welcher der religiöse Glaube seine Anknüpfungen findet. Aber dieser Selbstwiderspruch ist hier nur besonders stark ausgeprägt. Er findet sich überall, wo der Gedanke des höchsten Gutes nicht ausdrücklich durch das Sittengesetz vermittelt ist. Dann haftet der Gottesidee trotz aller lichten Klarheit doch eine Unbestimmtheit an, welche den Segen der Religion beeinträchtigt, indem sie das von dieser erhellte Gebiet des Menschenlebens mit dem Schatten des Verhängnisses umgiebt. Wenn der Mensch sein höchstes Gut aus der Hand der Natur empfängt, so ist die Gottheit, welche dasselbe für den Gläubigen schirmt, von der Natur, welche die thatsächliche Macht über dasselbe darstellt, nicht bestimmt zu unterscheiden. Und als die natürliche Begleiterin gesellt sich dann auf dieser unvollkommenen Stufe der Religion zu dem Vertrauen auf die göttliche Macht die Furcht vor der unbestimmbaren Gewalt eines zwecklosen Naturlaufes. Dieses Schwanken der Gottesidee und des ihr entsprechenden religiösen Verhaltens ist unvermeidlich, weil das, was der Fromme als Gegenstand der göttlichen Fürsorge, also als das eigentliche Wesen seines Gottes denken möchte, entweder zu vag ist, wie die unbestimmte Seligkeit des Menschen, oder zu deutlich erkennbar in seiner natürlichen Bedingtheit, um dem von solchen Lebenszielen geknechteten Geiste den freien Aufblick zu einem in seinem Wesen erkennbaren und unveränderlichen, von der Natur unterschiedenen Gott zu gestatten. Die Gottesidee verschwimmt in unmerklichen Uebergängen mit dem Gedanken der unheimlich fremden Naturmacht, mag sie im Uebrigen in dem Bilde eines allmächtigen bewußten Geistes ausgeführt oder durch die dürftigen Symbole des Fetischismus versinnlicht werden. Zu der bestimmten klaren Idee des überweltlichen Gottes kann sich der Mensch erst erheben im Zusammenhange mit einer Aenderung seiner Gesinnung. Das egoistische Verlangen nach einer Cumulation der natürlichen Güter macht den Menschen zum Götzendiener. In dem Gedanken, daß er sein höchstes Gut lediglich von einer günstigen Gestaltung natürlicher Verhältnisse erwarte, wirft sich der Mensch innerlich vor einem Götzen nieder. Bei dem Geräusch dieser gröberen oder feineren egoistischen Triebe, mögen sie sich nun auf den Genuß jener lyrischen Stimmung oder auf handgreiflichere Dinge richten, kommt die Persönlichkeit selbst nicht in Betracht. Indem dagegen das Sittengesetz die Persönlichkeit hervorruft und als den einzig denkbaren Endzweck der Welt proclamirt, verschwinden auch die verwirrenden Nebel vor dem Gedanken Gottes. Wenn die Persönlichkeit als Inhalt des Sittengesetzes erkannt wird, öffnet sich das Auge für den von der Natur verschiedenen, aber dem Menschen offenbaren Gott. Die Herrschaft der sittlichen Persönlichkeit über die Welt ist dasjenige höchste Gut des Menschen, dessen Inhalt als Gabe der Natur nicht gedacht werden kann. Der Gott, dessen Wesen ist, dasselbe zu wollen, ist mithin ebendadurch der wahrhaft überweltliche ewige Gott, trotz aller Anthropomorphismen, durch welche er in die Phantasie des Menschen eintritt — und sollte die fromme Einfalt ihn auch anschauen, „wie er vor dem alten Dresdner Gesangbuche abgemalt ist, als einen alten Mann, einen jungen Mann und eine Taube“ [1]). Aber jenes höchste Gut ist nicht nur überweltlich, sondern ist auch, trotz unermeßlicher Inhaltsfülle, klar und bestimmt für Jeden, der die Stimme des Sittengesetzes in sich vernimmt. Wenigstens tritt der Inhalt der Persönlichkeit in immer reicherem Maße in die Erfahrung des Menschen, je mehr er dem Zeugniß des Sittengesetzes, daß Persönlichkeit das Einzige ist, dem absoluter Werth zukommt, in seinem Handeln nachlebt. An dieser sittlichen Erfahrung, an der Entfaltung eines sittlichen Menschenlebens in sich selbst und Anderen hat man aber das Mittel, um sich in das Wesen des Gottes, der nichts weiter sein will als der unveränderliche Wille der Herrschaft der Persönlichkeit über die Natur, hineinzuleben. Indem wir den Endzweck unseres Gottes kennen, und im Stande sind, ihn uns zu immer reicherer Anschauung zu bringen, kennen wir ihn selbst, seine innerste Gesinnung. Es kann in ihm nichts Verborgenes sein, was aus seinem Dunkel hervorbrechen und diese Gesinnung bewältigen oder trüben könnte; denn er wäre nicht Gott, wäre er nicht ganz und voll der Wille desjenigen, was als absoluter Endzweck alles Daseins gedacht werden muß. Sein Wesen ist uns daher kein Geheimniß, wenn es auch unergründlich tief ist, wie der Inhalt der Persönlichkeit für den Menschen unermeßlich bleibt; es steht uns offen, aber freilich nicht unserem Verstande und nicht unserer Phantasie, wohl aber dem Willen, der sich unter die heilige Ordnung beugt, in welcher der Endzweck, der Selbstzweck Gottes sich verwirklicht. Deßhalb ist es nicht die weltbeherrschende Intelligenz der Weisen, nicht die geniale Intuition hochbegabter Individuen, sondern das Herz der Einfältigen, welches diesen Gott in seinem Innersten versteht, und doch in ihm den Unermeßlichen findet. Eins bleibt uns allerdings an Gott absolut verborgen. Wir haben keine Anschauung von der unmittelbaren Gewalt des Guten über die Welt, weil wir nur durch mechanische Mittel die Dinge dem persönlichen Zwecke unterwerfen. Jenes Verhältniß Gottes zur Welt nennt Kant seine uns unerreichbare Natur. Sie ist für uns in ihrer inneren Art ebenso verschlossen, „wie wir z. B. der Seele

---

[1]) Fichte, Appellation an das Publicum, WW. 5, 217.

unter andern auch eine vim locomotivam beilegen, weil wirklich Bewegungen des Körpers entspringen, deren Ursache in ihren Vorstellungen liegt, ohne ihr darum die einzige Art, wie wir bewegende Kräfte kennen (nemlich durch Druck, Stoß, mithin Bewegung), welche jederzeit ein ausgedehntes Wesen voraussetzen, beilegen zu wollen"[1]). Damit wird aber das, was über die Bestimmtheit der Gottesidee in der auf ein ethisches Gut gerichteten Religion gesagt ist, nicht aufgehoben. „Immerhin mag jener Begriff für die speculative Vernunft überschwänglich sein, auch mögen die Eigenschaften, die wir dem dadurch gedachten Wesen beilegen, objectiv gebraucht, einen Anthropomorphism in sich verbergen, die Absicht ihres Gebrauchs ist auch nicht, seine für uns unerreichbare Natur, sondern uns selbst und unseren Willen dadurch bestimmen zu wollen"[2]). Nur dann, wenn wir die Vorstellungen, welche das causale Verhältniß Gottes zur Welt bezeichnen sollen, so gebrauchen, als sollten sie den eigentlichen Inhalt des Gottesgedankens, bei welchem unsere Seele Ruhe finde, ausdrücken, sind sie Menschenwahn, der die Seele im Irdischen festhält. Dagegen werden sie als rechtmäßige religiöse Vorstellungen legitimirt, wenn sie dazu dienen, „uns selbst und unseren Willen zu bestimmen", nemlich zur Hingabe an die Idee der Persönlichkeit, an die innere Welt des sittlichen Geistes, deren Realität die Naturwelt uns verdecken möchte; das können sie aber nur, wenn sie sich als dienende Mittel dem wahren Inhalte des Gottesgedankens unterordnen, um diesem in der Sprache unserer Vorstellung einen sinnlich-lebendigen Ausdruck zu geben. Die Idee Gottes erhält erst einen concreten und zugleich gegen die Verwechselung mit der Natur gesicherten Inhalt, wenn das sittliche Bewußtsein des Menschen in ihr seinen Abschluß findet. Dann aber ist es auch nicht richtig, die subjective Religion in der Erregung des Gefühls zu suchen, in welcher der Geist seine absolute Abhängigkeit vom Unendlichen erlebe; denn daß er nicht bloß einem feineren sinnlichen Reize erliegt, sondern mit seinem Gott in Verkehr steht, dafür hat der Fromme auch bei dem tiefsten Ergriffensein nur darin die sichere Bürgschaft, daß seine Erregung in Wechselwirkung steht mit der ehrfürchtigen Hingabe des eigenen Willens an die beugende Macht des Sittlichen als des göttlichen

[1]) Kant 4, 360.
[2]) Kant a. a. O.

Willens [1]). Nur so kommt in dem religiösen Verhalten der teleologische Charakter der dem sittlichen Bewußtsein entsprechenden Gottesidee zu seinem Recht. Die Ueberlegungen aber, wie sich das religiöse Bewußtsein der Abhängigkeit von Gott zu dem Bewußtsein der Freiheit verhalte, bleiben vollständig ziellos, solange man nicht die erstere so versteht, daß sich der Mensch in demjenigen, was er sein will, von Gott abhängig weiß. Dann erst wird klar, daß sich beide nicht ausschließen können, sondern sich gegenseitig fordern, weil man nur in der von der sittlichen Idee beherrschten Gesinnung, also indem man sich selbst unter dem Gesichtspunkte der Freiheit beurtheilt, Abhängigkeit von Gott erleben kann.

So gewinnt die religiöse Weltanschauung, wenn sie ausdrücklich nur dem sittlichen Menschengeiste ein Verständniß ihrer Wahrheit zuerkennt, einen höheren Charakter, als wenn sie lediglich an gewisse natürliche Dispositionen individueller oder allgemeinerer Art sich anknüpft. Wenn die religiöse Weltanschauung, welche von dem sittlichen Bewußtsein aus organisirt ist, sich darin von den Naturreligionen unterscheidet, daß erst in ihr die Idee des wirklich überweltlichen Gottes einen concreten Inhalt bekommt und ebenso erst in ihr die Selbstbeurtheilung des Menschen als eines übernatürlichen Wesens erreicht wird; so ist das Gemeinsame in diesen beiden Beziehungen, daß man sich hier erst zum Uebernatürlichen erhebt. In allen übrigen Religionen ist das vermeintlich Uebernatürliche nichts weiter als gespenstisch verzerrte oder ästhetisch verklärte Natur. Das Uebernatürliche, das man mit der blassen Farbe logischer Abstractionen zu malen meint, kommt als bloßes Kunstproduct der Religionsphilosophie überhaupt nicht in Betracht. Erst die Anschauungen der auf das sittliche Menschenleben bezogenen Religion sind supranaturalistischer Art. Die übersinnliche Natur, soweit wir uns einen Begriff von ihr machen können, ist die nicht empirisch gegebene und doch durch Freiheit mögliche Natur. Das Sittengesetz, welches selbst das Grundgesetz einer übernatürlichen Welt ist, macht uns diesen Gedanken erst möglich. „Denn in der That versetzt uns das moralische Gesetz, der Idee nach, in eine Natur, in welcher reine Vernunft, wenn sie mit dem ihr angemessenen physischen Vermögen

[1]) vergl. Köstlin, „Religion und Sittlichkeit", Studd. und Kritt. 1870 S. 61 ff. und „Staat, Recht und Kirche in der evangel. Ethik", ebendas. 1877 S. 259. Ritschl, Unterricht S. 35; Lehre von der Rechtf. u. Vers. 3, 87.

begleitet wäre, das höchste Gut hervorbringen würde"[1]. Das Ganze persönlicher sittlicher Geister, dem die Sinnenwelt als Mittel seiner Verwirklichung unterworfen ist, ist die durch Freiheit mögliche übersinnliche Welt. Das Charakteristische an der letzteren ist daher nicht die Negation der sinnlichen Welt, wie bei dem falschen Supranaturalismus, sondern die Unterordnung der gesammten empirischen Welt unter einen Zweck, der nur durch Freiheit, durch die Macht sittlicher Gesinnung verwirklicht werden kann. Die Realität dieser übersinnlichen Welt, sofern sie von Gott abhängig ist, nennt Kant das heilige Geheimniß, das Mysterium der Religion[2]. Von der Freiheit, welche auf die Realisirung des sittlichen Endzwecks gerichtet ist, sagt er daher, sie sei allein dasjenige, „was uns unvermeidlich auf heilige Geheimnisse führt"[3].

Es möchte nicht schwer sein, wenigstens in unserer Kirche von allen Parteien das Zugeständniß zu erhalten, daß man der Fürsorge unseres Gottes nur dann im Glauben gewiß sein kann, wenn der Wille die energische Richtung auf das Sittliche genommen hat. Wenn Eines von Beiden ohne das Andere auftritt, wird man immer bereit sein, das sittliche Streben als ziellos und die religiöse Gewißheit als Täuschung anzusehen. Dagegen darf man nicht auf dieselbe Uebereinstimmung rechnen, wenn es sich um den Grund dieser Zusammengehörigkeit handelt. Die ungenügenden Bestimmungen der altprotestantischen Theologie über die Nothwendigkeit der guten Werke scheinen darin noch immer nachzuwirken. In dem Satze, daß die guten Werke die veritas fidei bezeugen, ist jene Zusammengehörigkeit zwar richtig behauptet, aber nicht erklärt. Offenbar ist es das dringende Bedürfniß, sich dieselbe zu klarerem Bewußtsein zu bringen, was bei den an Schleiermacher sich anschließenden theologischen Richtungen auf den Gedanken geführt hat, die Rechtfertigung, als die göttliche Begründung jener religiösen Gewißheit, sei der sittlichen Lebenserneuerung des Menschen nicht schlechthin überzuordnen, sondern die letztere sei ebensogut als der Rechtsgrund des göttlichen Urtheils oder als die Voraussetzung der religiösen Gewißheit zu berücksichtigen. Ritschl hat ausführlich nachgewiesen, daß die Vertreter dieses Gedankens, jenachdem sie

[1] Kant 8, 158. vergl. noch zu Kants Supranaturalismus 1, 529 (gleichlautend mit Fichte 5, 181); 634; 4, 371 f.; 381.

[2] 10, 167.

[3] ebendas. 166.

disponirt sind, nach der Seite des Katholicismus oder des Rationalismus hin die Grenzen der reinen evangelischen Lehre zu verwischen pflegen. Auch Lipsius erklärt jenen Versuch zu einer Neubildung der Lehre für fehlerhaft, indem er zugleich das Recht der Aufgabe anerkennt, den Zusammenhang zwischen der religiösen und sittlichen Verfassung des Christen in schärferen dogmatischen Formeln ans Licht zu stellen, als sie die altprotestantische Theologie geliefert hat [1]). Trotzdem ist seine Lösung der Frage, inwiefern das religiöse Erlebniß der Gemeinschaft mit Gott zugleich die Kraft zu einem neuen sittlichen Leben in sich schließe, keineswegs tiefer in die Sache eingedrungen. Er sagt: die Frage „beantwortet sich einfach durch die Thatsache des christlichen Bewußtseins, daß das seines Gnadenstandes gewisse Subject in der Liebesgemeinschaft mit Gott sein höchstes Gut, im Besitze dieses Gutes aber zugleich die Verwirklichung des göttlichen Liebeszwecks in der Welt als seinen höchsten persönlichen Selbstzweck erkennt und in der Gewißheit der göttlichen Liebe dieselbe zugleich als eine in seinem Geistesleben sich aufschließende Kraft Gottes erfährt" [2]). Wenn doch dieser Satz ein Problem, an dem sich die altprotestantische Theologie vergeblich abgearbeitet, auflösen soll, so erweckt es schon kein günstiges Vorurtheil, daß in ihm die Momente einer angeblichen Erfahrungsthatsache des christlichen Bewußtseins, durch „und" und „zugleich" verbunden, nebeneinandergestellt werden. Man könnte meinen, der Grund, weßhalb in der erlebten religiösen Befriedigung eine bestimmte Richtung des sittlichen Willens mitgesetzt sei, solle darin angedeutet sein, daß der Mensch das Zusammentreffen seines eigenen höchsten Selbstzwecks mit dem göttlichen Liebeszweck in der Welt „erkennt". Man würde dann an ähnlich lautende Gedankengänge Ritschl's erinnert werden. Indessen so ist es eben bei Lipsius nicht zu verstehen. Die Erkenntniß der Identität des göttlichen und menschlichen Selbstzwecks soll nicht als Moment des religiösen Erlebnisses selbst genommen werden, sondern als Folge desselben. Sie ist nach Lipsius der Ausdruck des sittlichen Antriebes, welchen der Mensch durch das ihm geschenkte „Bewußtsein der Kindschaft bei Gott oder der Liebesgemeinschaft mit dem himmlischen Vater" empfängt. Denn in der erläuternden Anmerkung lesen wir: „die Gewißheit der

---

[1]) Lehrb. der Dogm. S. 689.

[2]) a. a. O. 699.

Gotteskindschaft ist aber, wenn anders sie keine subjectiv eingebildete ist, unabtrennbar von dankbarer Gegenliebe gegen die göttliche Vaterliebe, und diese Gegenliebe ist nur dann eine wahre, wenn sie sich zugleich als Liebesgehorsam gegen Gott und Aneignung des erkannten göttlichen Liebeszwecks in der Welt zum persönlichen Selbstzwecke bethätigt". Da wir unseren eigenen Selbstzweck offenbar nur in der Relation auf unseren Willen vorstellen können, so vermag sich auch nur in eben dieser practischen „Aneignung des göttlichen Liebeszweckes in der Welt zum persönlichen Selbstzweck" die Erkenntniß der Identität beider Zwecke zu vollziehen. Diese Erkenntniß soll also erst die Folge der vorher erlebbaren Gotteskindschaft sein. Ebendeßhalb durfte Lipsius auch nicht unmittelbar vor dem eben mitgetheilten Satze das Bewußtsein der Gotteskindschaft durch „oder der Liebesgemeinschaft mit dem himmlischen Vater" erläutern; denn Liebesgemeinschaft ist allerdings nur bei einem Bewußtsein davon denkbar, daß man in den wesentlichsten Zwecken eins sei. Zu dieser Erkenntniß, die nur in der freudigen Unterwerfung unter den göttlichen Willen vollziehbar ist, soll ja aber nach Lipsius erst die dankbare Gegenliebe für das Geschenk der Gotteskindschaft befähigen. Ich kann nun vor Allem nicht begreifen, inwiefern mit diesen Reflexionen ein Fortschritt über die altprotestantische Theologie an diesem Punkte erreicht sein soll. Es muß doch Lipsius bekannt sein, daß auch Luther grade das Motiv der dankbaren Gegenliebe geltend macht, um den nothwendigen Zusammenhang einer neuen sittlichen Thätigkeit mit dem Erlebniß der Rechtfertigung zu erläutern. Auch in den Bekenntnißschriften hat diese Anschauung einen Ausdruck gefunden, vergl. Apol. de dilectione et impl. legis §. 68, Helv. post. 16, Cat. Pal. 86. Wenn also die Hervorhebung der durch die erfahrene Gnade Gottes geweckten Dankbarkeit das Problem lösen sollte, so wäre diese Lösung wenigstens nichts Neues[1]). Sie ist aber auch nicht ausreichend.

[1]) Es ist mir daher vollkommen unverständlich, wie Lipsius sagen kann, die Frage, „inwiefern die persönliche Zurechnung der göttlichen Sündenvergebung als solche zugleich die Kraft zu einem neuen Leben in Gottes Gemeinschaft zu gewähren vermöge", sei „auf dem Standpunkte der kirchlichen Vorstellung" unlösbar. Es ist doch factisch auf diesem Standpunkte die Lösung, welche er selbst giebt, längst bekannt. Wenn aber Lipsius meinen sollte, dieser Gedanke habe hier kein logisches Recht, weil die Rechtfertigung von der altprotestantischen Theologie als ein transscendenter Act aufgefaßt sei, durch welchen dem Menschen die stellvertretende Genugthuung unter der Voraussetzung, daß er daran glaubt,

Erstens nämlich ist die religiöse Gewißheit der Fürsorge Gottes, wenn an dieselbe lediglich durch die Vermittlung der Dankbarkeit Antriebe zum Handeln sich anknüpfen, an und für sich des sittlichen Gehaltes baar. Denn ein geschenktes Gut erweist sich offenbar nicht schon dadurch als ein ethisch vermitteltes, daß sein Empfang in einem normal gestimmten Gemüthe die Dankbarkeit gegen den Wohlthäter erweckt. Zweitens aber ist ein Handeln, welches aus der Dankbarkeit gegen Gott entspringt, nicht schon dadurch ein sittliches. Denn das sittliche Handeln ist dasjenige, in welchem der freie Wille seinem eigenen Gesetze folgt. Wenn wir also trotzdem überzeugt sind, daß Luther sich mit jenem Gedanken nicht geirrt hat, sondern daß wir wirklich sittlich bestimmt sind, wenn die Dankbarkeit gegen den Gott, der uns in Christus die Sünde vergiebt, unsern Willen beherrscht: so entsteht für die Dogmatik die Aufgabe, den Grund dieser Ueberzeugung anzugeben. Derselben wird aber nicht genügt, wenn man sich auf die affectvolle Aussage beschränkt, daß in dem christlichen Bewußtsein sich jene Ueberzeugung thatsächlich vorfinde. Das kann der practische Theolog auf der Kanzel und im seelsorgerischen Verkehr auch leisten; und er thut es, weil er dazu berufen ist, ohne Zweifel mit besserem Erfolge als der systematische Theolog in einem Lehrbuch der Dogmatik. Von diesem verlangt die Kirche, daß er den Zusammenhängen der Gedanken in der christlichen Weltanschauung nachgehe, um durch die Darlegung ihrer Nothwendigkeit das religiöse Bewußtsein der Gemeinde zu klären und vor Trübungen zu schützen. Lipsius hat mit der Aussage, welche er aus dem Schatze des christlichen Bewußtseins beibringt, höchstens die dogmatische Aufgabe an diesem Punkte in etwas unklaren gefühligen Ausdrücken formulirt. Zu ihrer Lösung ist damit nichts gethan.

Dagegen hat Lipsius die richtige Lösung damit angedeutet, daß er in seine Darstellung die Erwähnung der Identität einflicht, welche zwischen dem göttlichen und dem menschlichen Selbstzweck stattfindet.

äußerlich imputirt werde, so ist auch dieß — ganz abgesehen davon, ob hiermit die altprotestantische Rechtfertigungslehre mit billigem Verständniß beurtheilt ist — nicht richtig. Denn zur Erregung dankbarer Gegenliebe gehört doch wohl nichts weiter, als daß man die Wohlthat als solche anerkannt hat und von der liebevollen Gesinnung des Wohlthäters überzeugt ist. Sollte man nun wirklich im Ernste behaupten können, daß sich diese einfachen Reflexionen nicht anstellen lassen, wenn man sich die empfangene Sündenvergebung nach der Weise der altprotestantischen Theologie vorstellt?

Dieser Gedanke bleibt bei ihm deßhalb ohne Frucht, weil er die Erkenntniß desselben als die durch die Dankbarkeit vermittelte Folge aus dem religiösen Erlebniß der Gotteskindschaft erst ableitet. So angefaßt, kann der Gedanke nicht dazu dienen, dem durch die Dankbarkeit vermittelten Handeln einen ethischen Charakter zu vindiciren und die solidarische Verbindung des Sittlichen und Religiösen im Christenthum ins Licht zu stellen. Wohl aber eröffnet sich die Aussicht hierzu, wenn man die Erkenntniß verwerthet, daß der Glaube an den überweltlichen Gott selbst nicht vorhanden ist, er sei denn durch die Anerkennung des unbedingten sittlichen Endzwecks vermittelt. Dann ist uns der absolute Inhalt des göttlichen Willens, d. h. das Wesen Gottes bekannt. Und das religiöse Erlebniß, in welchem die Realität dieses Wesens mit überwältigender Macht auf uns eindringt, wäre in sich gebrochen, wenn es nicht in der Hingabe des eigenen Willens an den göttlichen von Statten ginge. Denn wenn uns die Wirklichkeit des göttlichen Wesens feststeht, so werden wir dieselbe auch da anschauen, wo sie uns allein zu unmittelbarer persönlicher Erfahrung kommen kann, in der eigenen Gesinnung. Wenn daher dem vermeintlichen religiösen Erlebniß dieser unumgängliche ethische Charakter, die Beugung des Willens unter sein unbedingtes Gesetz fehlt, so hat man den wahrhaft überweltlichen Gott gar nicht gefunden. Es entsteht dann der Verdacht, daß man seine Phantasie zu ästhetischem Genusse beschäftigt, oder einem Bedürfniß der Selbsttäuschung, also der Eitelkeit gefröhnt hat. Damit haben wir die solidarische Verbindung von Religion und Sittlichkeit, wie sie im Christenthum stattfindet, in ihrer Wurzel verstanden. Denn der Glaube an Gott als unseren Vater soll uns doch daraus erwachsen, daß wir seine absolute Offenbarung in dem Menschen Jesus Christus erkennen. Nun ist die organisirende Kraft in dem geschichtlichen Leben Jesu das Wollen des Gottesreiches. Dieses aber stellt sich als der religiöse Ausdruck für den absoluten sittlichen Endzweck dar, auf den die menschliche Vernunft nach Kants naivem Ausdruck auch von selbst hätte kommen sollen. Folglich ist der Glaube an Jesus als den Offenbarer Gottes und damit an Gott selbst nur möglich in der Hingabe des eigenen Willens an den absoluten sittlichen Endzweck oder in dem Erwachen zu sittlicher Freiheit[1]).

---

[1]) vergl. die ausgiebige Verwerthung der Identität des göttlichen und menschlichen Endzweckes bei Ritschl, Lehre von der Rechtf. u. V. 3, 447 ff.

Nicht darin, daß im Christenthum auch eigenthümliche sittliche Vorschriften formulirt werden, besteht der ethische Charakter dieser Religion, sondern darin, daß man hier, um Gott zu erkennen, auf die Erkenntniß des Menschen Jesus angewiesen wird.

Lipsius dagegen ist außer Stande, auf diese Gedankenverbindung einzugehen und das Verhältniß des Sittlichen zur Religion richtig zu bestimmen, weil er den bei Kant vorliegenden Supranaturalismus nicht erreicht. Wenn man mit Kant die Einsicht gewonnen hat, daß nur im sittlichen Bewußtsein ein Uebernatürliches gedacht wird, der auf den absoluten sittlichen Endzweck gerichtete, oder der autonome Wille, so versteht sich von selbst, daß sich der bewußte Verkehr des Menschen mit dem überweltlichen Gott in der Gedankensphäre des sittlichen Bewußtseins vollziehen muß. Der Mensch muß sich selbst im Lichte seiner sittlichen Bestimmung anschauen, um für einen concreten Inhalt in dem Gedanken des überweltlichen Gottes ein Verständniß zu haben. Lipsius erklärt nun auch: „Allerdings steckt mir die Einsicht in allen Gliedern, daß von dem Naturdasein des Menschen aus die Nothwendigkeit der Religion nicht zu erweisen ist“ [1]). Er scheint also bereitwillig einzuräumen, daß die Religion nur insofern als integrirendes Moment des menschlichen Bewußtseins sich erweisen läßt, als man den Menschen nicht bloß in der Bestimmtheit seines geistigen Lebens im Vorstellen, Fühlen und Wollen durch den Naturzusammenhang auffaßt. Indessen dann würde er das Recht der Unterscheidung, nach welcher der Mensch, abgesehen von seiner sittlichen Qualität, zur Natur gerechnet wird, anerkennen. Das ist aber merkwürdigerweise nicht der Fall. Er sagt vielmehr, er habe erst durch mich davon vernommen, daß man von einer Naturbestimmtheit des Geistes reden könne, wodurch er sich zwar von dem im Raume Bewegten unterscheide, aber deßhalb nicht aufhöre, Naturwesen zu sein, und erklärt dann: „ich habe nämlich bisher alles Ernstes geglaubt, und glaube es noch, daß die Natur eben das im Raume sich bewegende Dasein sei, das Ueberräumliche aber das Uebernatürliche“ [2]). Er glaubt daher gar nichts Bedenkliches zu thun, wenn er die Religion aus der Naturbestimmtheit des geistigen Lebens, wie man ja die demselben innewohnende empirisch nachweisbare Gesetzmäßigkeit nennen

---

[1]) Jahrbb. für prot. Theol. 1876. S. 66.

[2]) a. a. O. 27.

könne, ableite. Meinen Protest gegen seinen Versuch, die nothwendige Zugehörigkeit der Religion zum menschlichen Geistesleben auf diese Weise darzuthun, kann er sich nur daraus erklären, daß ich diese beiden Bedeutungen des Wortes Natur: empirisch nachweisbare Beschaffenheit und Zusammenhang des im Raume Bewegten, confundire. Eine solche Confundirung aber, wobei man, wenn man von „Natur" des geistigen Lebens sprechen hört, sogleich auch an die räumlich ausgedehnte Natur denke, sei nur auf materialistischem Standpunkte möglich. Und da er nun mit Recht bemerkt, daß die materialistischen Versuche, die geistigen Phänomene aus stofflicher Bewegung zu erklären, wenig Aussicht auf Erfolg haben, so meint er mit seiner Ableitung der Religion die Beziehung derselben auf das Uebernatürliche gewahrt zu haben. Wenn man den Anspruch der Religion auf Geltung für den Menschen aus der Naturbestimmtheit des Geistes rechtfertige, so verlege man eben damit die Sphäre ihrer Geltung, die Bedingungen ihres Verständnisses über die Natur hinaus. Denn der Geist im Unterschiede von dem räumlich Ausgedehnten soll das Uebernatürliche sein.

Man befindet sich gegenüber dieser Ausführung in einer eigenthümlichen Lage. Zunächst ist es auffallend, daß Lipsius es unerhört findet, wenn man dem sittlichen Geiste als dem Uebersinnlichen die Natur so gegenüberstellt, daß die letztere nicht nur das räumlich darstellbare Dasein sondern auch das psychologisch erforschbare geistige Leben umfaßt. Da die Dogmatik von Lipsius, wie er selbst[1]) aus der 10. Auflage von Hase's Kirchengeschichte (S. 636) mittheilt, „auf der sich bescheidenden Grundlage Kants mit religiöser Energie über alle Parteiungen sich erhebt": so darf man ihm doch nicht erst sagen, daß jene Unterscheidung ein epochemachender Gedanke der kantischen Ethik ist. Interessanter noch ist, daß Lipsius selbst wider Willen auf diesen Gedanken hingetrieben wird. Auf unsere innere und äußere Erfahrung beziehen sich die Kategorien (S. 31); das exacte Wissen reicht nie und nirgends über das Gebiet der äußeren und inneren Erfahrung hinaus (S. 614). Lipsius räumt also ein, daß er auch die Wirklichkeit des geistigen Lebens, welches der Psychologie erschlossen ist, in den Kategorien denkt, in welchen sich überhaupt das theoretische Erkennen bewegt; er prätendirt sogar, vermittelst dieser psychologischen

---

[1]) a. a. O. 385.

Forschung zu exactem Wissen von den nicht räumlichen inneren Erlebnissen zu gelangen. Aber die Kategorien constituiren doch die Natur; sofern also auch die psychischen Ereignisse in ihnen aufgefaßt werden, sind sie, wenngleich ein Nichträumliches, doch sicher nichts Uebernatürliches. Und wenn es ein exactes Wissen vom geistigen Leben giebt, so ist dieses insofern gewiß nicht von der Natur unterschieden; denn daß man vom Uebernatürlichen ein exactes Wissen haben könne, wird Lipsius schwerlich behaupten wollen. Ich wüßte nicht, was dagegen einzuwenden wäre, wenn Lipsius mit so vielem Nachdruck fordert, man solle die wissenschaftliche Aufgabe nicht abweisen, die ethischen Erscheinungen aus denselben Gesetzen unseres Geisteslebens abzuleiten, wie alle übrigen psychischen Erscheinungen. Die Möglichkeit einer solchen Aufgabe ist in abstracto zuzugeben. Aber erstens möchte ihre Ausführung bei dem unendlich complicirten Charakter dieser psychischen Vorgänge auf solche Schwierigkeiten stoßen, daß sie es schwerlich zu einigermaßen gesicherter Erkenntniß bringt. Vor Allem aber — was hat man damit erreicht, wenn man die Nothwendigkeit begriffen zu haben glaubt, mit welcher bei den methodisch beobachteten Exemplaren der menschlichen Gattung aus einem Causalzusammenhange psychischer Ereignisse sogenannte „ethische Erscheinungen" hervortreten? Ganz gewiß hat man doch nichts erreicht, was den Menschen specifisch von der Natur unterschiede. Denn was sich da in den beobachteten Exemplaren der Menschheit ereignet hat, das hat man ja grundsätzlich in den Beziehungen aufgefaßt, welche dasselbe in das unermeßliche Geschehen verflechten, das in dem einheitlichen Bewußtsein zu einem Naturzusammenhange verknüpft wird. Die auf solche Weise entdeckte Gesetzmäßigkeit der geistigen Vorgänge ist nichts weiter als eine Abzweigung des Naturgesetzes. Kant[1]) sagt daher mit Recht, daß eine solche Erkenntniß auch des sittlichen Lebens, in ihrer höchsten Vollendung gedacht, uns dazu befähigen würde, das zukünftige Verhalten des Menschen mit Gewißheit, wie eine Mond- oder Sonnenfinsterniß auszurechnen. Eine andere Betrachtungsweise wird erst eröffnet, wenn wir nach der Geltung des Sittlichen für den Menschen fragen. Alsdann begnügen wir uns nicht mehr mit der Erkenntniß, daß in den beobachteten Exemplaren unserer Gattung sogenannte sittliche Ueber-

---

[1]) 8, 230.

zeugungen vorhanden sind und sich auch als natürliche Producte aus dem Zusammenhange des psychischen Geschehens recht wohl erklären lassen. Unbekümmert um die irgendwie erklärbare Herkunft solcher Ueberzeugungen, fragen wir vielmehr, ob die Anerkennung des Sittlichen dazu gehöre, damit ein ganzer voller Mensch zu Stande komme, ob es eine Verkümmerung oder nicht vielmehr eine Befreiung des Menschen bedeute, wenn er sich den sittlichen Forderungen entzieht. Hierauf giebt uns keine noch so weit getriebene Einsicht in den Causalzusammenhang unseres geistigen Lebens eine Antwort. Und deßhalb haben wir, wenn wir uns unter dem Gesichtspunkte dieser Frage auffassen, unseren Standpunkt jenseits der Natur genommen, deren Gesetzmäßigkeit ja schlechterdings nicht ausreicht, eine solche Frage zu beantworten. Einen positiven Inhalt gewinnt dann freilich der Begriff des Uebernatürlichen erst durch das Sittengesetz, welches uns erkennen läßt, in welcher Form der persönliche Geist ein von dem Naturzusammenhange unabhängiges Leben in sich verwirklichen kann. Der Standpunkt aber, auf welchem der Mensch überhaupt versuchen kann, sich der Natur als ein von ihr Unterschiedener gegenüberzustellen, ist offenbar kein anderer, als der der persönlichen Gewißheit von dem eigenen in sich bestimmten und abgeschlossenen Dasein. Dagegen erreicht die affectlose theoretische Erkenntniß der Differenz, welche zwischen der psychischen Bewegung und der räumlichen obwaltet, nichts weiter als einen für unser Erkennen vielleicht unausgleichbaren Unterschied innerhalb der Natur selbst. Hierfür ist wiederum Lipsius selbst ein unverwerflicher Zeuge, indem er a. a. O. 615 sagt: „Daß der Menschengeist seine Würde gegenüber der Natur nur durch das religiöse Verhältniß behaupten kann, beweist freilich eine ethisch-practische Nöthigung für uns, die objective Realität dieses Verhältnisses zu setzen". Wenn zugegeben wird, daß der Mensch seine Würde gegenüber der Natur nur durch die Religion behaupten kann, so ist offenbar auch gesagt, daß diese Würde nicht durch die theoretische Auffassung jener Differenz zwischen dem räumlichen und dem psychischen Geschehen constatirt wird. Wäre das Letztere möglich, so brauchte doch der Mensch nicht zur Religion zu flüchten, um sich die Würde eines von der Natur unterschiedenen Wesens zu sichern. Denn diese Würde stände ja dann als eine wißbare Thatsache fest. Aber Lipsius erwiedert vielleicht, die Würde des Menschen gegenüber der Natur suche er nicht schon darin, daß er ihn als Geist, als

Object der Psychologie von der Natur unterscheide. Er sehe vielmehr jene Würde erst in der Unabhängigkeit des Menschen von der Natur. Soviel ich sehen kann, wäre diese Distinction das einzige Mittel, wodurch sich Lipsius vor einem offenbaren Selbstwiderspruche würde schützen können. Aber eine solche Distinction läßt sich nicht durchführen. Denn erst die Unabhängigkeit des Menschen von der Natur begründet auch einen Unterschied von derselben. Soweit er von der Natur abhängt, ist er in das unabsehliche Gebiet der Wechselwirkung miteinzurechnen, welches wir eben Natur nennen. Von ihr unterscheidet er sich nur dadurch, daß er sich eines Inhaltes bewußt ist, der aller Bestimmtheit durch sie entzogen ist. Ein solcher Inhalt aber läßt sich nicht empirisch wahrnehmen. Wohl aber wird er behauptet in der persönlichen Ueberzeugung auf Geheiß des Selbstgefühls; und er wird wirklich gedacht in der Idee der Persönlichkeit, welche das Sittengesetz mit sich führt. Der Mensch unterscheidet sich wirklich von der Natur in derjenigen Selbstbeurtheilung, welche durch das Sittengesetz vorgeschrieben wird. Da Lipsius an dieser Erkenntniß vorbeigeht und die Meinung festhält, den Begriff des Uebernatürlichen durch den Gegensatz des räumlich Ausgedehnten erläutern zu können, so macht er es sich unmöglich, die Zusammengehörigkeit des Sittlichen mit der begriffsmäßig vollendeten Religion zu verstehen. Der bei Kant vorliegende Supranaturalismus dagegen gewährt die Einsicht in diesen Zusammenhang.

Damit ist auch die Frage erledigt, ob die Religion ihrem Begriffe nach die Lösung eines Räthsels bedeute, welches nur für den sittlich bestimmten Menschengeist vorhanden sei. Lipsius glaubt, im Unterschiede von Ritschl, diese Frage verneinen zu müssen. Er will zwar ebenfalls in der Religion die Befriedigung eines practischen Bedürfnisses des Menschengeistes erkennen, welches sich aus dem Contraste zwischen seiner Abhängigkeit von der Welt und seinem Streben nach Selbstbehauptung gegenüber der Naturgewalt nothwendig ergiebt. Aber er meint, diese Selbstbehauptung erscheine doch nur auf der höchsten Entwickelungsstufe der Religion, und auch da nur „vornehmlich", als Streben des Menschen nach Erfüllung seines sittlichen Selbstzwecks; auf den niederen Stufen der Religion dagegen werde gar nicht daran gedacht, in das Selbst, welches in der Religion sich zu behaupten suche, den sittlichen Selbstzweck des

Menschen mitaufzunehmen [1]). Hieran ist vor Allem zu beanstanden, daß auch im Christenthum die religiöse Selbstbehauptung des Menschen nur vornehmlich seinen sittlichen Selbstzweck zum Inhalt haben soll. Es ist doch unmöglich, daß ein Christ wollen könnte, durch seinen Gott etwas Anderes zu sein, als er nach dem Willen seines Gottes sein soll. Dann wäre das Christenthum lediglich durch zufällige Merkmale von den niederen Religionen unterschieden, in welchen das Sittliche nur als die über den Menschen verhängte Bedingung anerkannt wird, die erfüllt werden muß, damit ihm ein Gut ganz anderen Inhalts zur Befriedigung seines Begehrens verliehen werden könne. Für das Verhalten des Christen ist es doch wohl charakteristisch, daß er alle die selbstischen Zwecke, welche aus dem Rahmen der Persönlichkeit, die an dieser Stelle, in diesem Berufe nach Gottes Willen verwirklicht werden soll, heraustreten, in ernstem Streben zu unterdrücken sucht. Sofern sich die Objecte seines Begehrens nicht als die concrete Ausgestaltung dieser Persönlichkeit verstehen lassen, muß sich der Christ dieselben aus der Lust des Fleisches erklären, von der er erlöst sein will. Eine vertrauensvolle Hingabe an unseren Gott ist uns nur möglich, wenn die durch ihn repräsentirte sittliche Autorität nicht bloß vereinzelte drohende Forderungen in unsere Seele wirft, sondern wenn sich uns der Inhalt des fordernden Gotteswillens als ein Ganzes darstellt, das uns innerlich lockt und reizt, als das von uns anerkannte höchste Gut. Allerdings sind die specifisch religiösen Erfahrungen keineswegs als die selbstverständliche Folge der richtigen sittlichen Gesinnung zu denken. Es läßt sich weder das sittliche Bewußtsein aus der Religion, noch diese aus jenem ableiten. Aber trotz dieser relativen Unabhängigkeit beider von einander, ist die Religion doch nur dann gegen einen inneren Widerspruch, an dem sie zu Grunde gehen muß, gesichert, wenn sie dem sittlich bestimmten Selbst entspricht. Denn es ist doch unmöglich, daß der Mensch den religiösen Glauben hege, er sei durch Gott der Abhängigkeit von der Welt enthoben, wenn nicht diese religiöse Selbstbeurtheilung mit der entsprechenden sittlichen Bestimmtheit, welche er in seiner Gewalt hat, zusammentrifft. Ist dieß nicht der Fall, sucht der Mensch die Forderung des Gesetzes, das ihn zur Freiheit aufruft, zu umgehen, so fehlt auch dem religiösen Erlebniß die innere Wahrheit. Nun sagt

[1]) a. a. O. 18.

freilich Lipsius, jene Freiheit von der Welt sei erst die Folge des eigentlichen religiösen Vorganges. Dieser selbst habe seinen Inhalt in dem Gefühl der unmittelbaren Gegenwart des Geistes Gottes im frommen Subject; es handle sich in der Religion in erster Linie um Anerkennung eines persönlichen Verhältnisses des Menschen zu Gott und erst abgeleiteter Weise um sein hierdurch bedingtes Verhältniß zur Welt (a. a. O. S. 16—17). Hieraus soll sich ergeben, daß dasjenige, was man die mystische Seite in der Religion oder das religiöse Mysterium nennen könne, die Hauptsache in ihr sei. Lipsius findet merkwürdigerweise in dieser Hervorhebung der mystischen Seite an der Religion seinen specifischen Vorzug vor Ritschl, und wird deßwegen von Dorner belobt. Aber einen Vorzug vor Ritschl könnte man darin doch nur sehen, wenn dieser es auch für die Aufgabe des Dogmatikers hielte, das geheimnißvolle Dunkel der Gefühlszustände, welche die subjective Aneignung der religiösen Weltanschauung begleiten, in der andeutenden Redeweise zu bezeichnen, welche den Zwecken der Erbauung dient. Wenn man als Dogmatiker sich auf die Erörterung desjenigen an der Religion beschränkt, was in der Form mittheilbarer Vorstellung sich erfassen läßt und deßhalb geeignet ist, die Gemeinsamkeit des religiösen Lebens in einer Kirche zu vermitteln: so leugnet man deßhalb doch nicht, daß die Wirklichkeit der Religion im Subject sich schließlich im Unaussprechlichen verliert. Vielleicht möchten aber doch in der christlichen Gemeinde recht Viele der Ansicht sein, daß es nicht wohlgethan ist, das Reden von diesen Geheimnissen auf den Markt des Lebens zu bringen, ein Lehrbuch der Dogmatik damit zu füllen, das mit einer wissenschaftlichen Begründung der religiösen Weltanschauung sich an den Verstand wendet und wenden soll. Es ist wohl ein gesunder Tact, der verletzt wird, wenn sich die weichen Töne einer bewußten Gefühligkeit in das Geräusch einer Arbeit mengen, welche die Erkenntniß erweitern will. Aber auch abgesehen hiervon scheint mir ein höchst bedenkliches Mißverständniß in der Art zu liegen, wie Lipsius in die dogmatische Erörterung die Gefühle hineinzieht, die ihrer Natur nach sich der Sprache der Vorstellung nicht fügen wollen. Jene Gefühle sind als religiöse nur daran zu erkennen, daß sie sich an eine bestimmte Art religiöser Selbstbeurtheilung und Weltanschauung anknüpfen. Die eines deutlichen Ausdrucks fähigen Vorstellungen, in welchen sich diese Functionen vollziehen, geben den religiösen Gefühlen ihre eigenthümliche Färbung; ohne diese concrete Bestimmtheit sind die letzteren überhaupt nicht vorhanden. Wenn man sie also, wie Lipsius, aus diesem Zusammenhange herauslöst, und sie so für das Wesentliche in der Religion erklärt, so denkt man ein unwirkliches Abstractum. Ein persönliches Verhältniß des Menschen zu Gott soll nach Lipsius die Hauptsache in der Religion sein; das Verhältniß des Menschen zur Welt soll erst abgeleiteter Weise in Betracht kommen. Der undefinirbare Inhalt jenes persönlichen Verhältnisses zu Gott soll das religiöse Mysterium ausmachen, in dessen Stille die Zusammenhänge des Menschen mit der Welt nicht hineinreichen. Aber auch die sittliche Gesinnung soll auf dieß innerste Leben der Seele keinen Einfluß ausüben, welches vielmehr für sie selbst die eigentliche Quelle ihrer Kraft sei. Aber bei dieser Vorstellung von der Religion trachtet man einem leeren Abstractum nach, welches auf niederen Stufen der Religion wohl auch erstrebt wird, welches aber weit abliegt von der Besonnenheit, die das Christenthum charakterisirt. Wenn der Mensch zu Gott in einem persönlichen Verhältniß steht, so liegt darin allerdings etwas, was, als das Individuellste, nicht unmittelbar zum Ausdruck kommen kann. Aber diese Innerlichkeit der subjectiven Religion ist deßhalb nichts für sich Wirkliches. Sie ist in jedem Falle nur die Art und Weise, wie das von der Gottesidee erleuchtete und geleitete Menschenleben vom Subject genossen wird. Sie ist die Tiefe persönlichen Lebens, in welche der Zusammenhang religiös bestimmter Vorstellungen schließlich einmünden muß, wenn die letzteren nicht bloß den Verstand beschäftigen, sondern die mittheilbaren Formen wirklicher Frömmigkeit sein sollen. Aber wenn man diese Zusammenhänge von Vorstellungen, in welchen sich das Menschenleben bewegt, hinweg denkt, so nimmt man auch jenem Innersten der Religion seinen concreten Inhalt. Es ist doch der Mensch, der zu Gott in einem persönlichen Verhältniß steht. Der Mensch aber macht nur in einer eigenthümlichen Stellung zur Welt die Erfahrung von seinem Dasein. Also stellt eine Frömmigkeit, welche in der Abstraction von der Welt verwirklicht werden soll, dem Menschen die Aufgabe, sich seines menschlichen Daseins zu entäußern. Allerdings ist dieß von jeher das Ideal der Mystik gewesen. Aber im Christenthum hat die Ueberschwänglichkeit, welche in der Erhebung zu Gott alle concrete Bestimmtheit des eigenen Daseins abzulegen meint, ebensowenig ein Recht, als die mönchische Weltflucht. Hier ist vielmehr die Aufgabe, daß man grade in dem unveräußerlichen Inhalt seines Lebens sich von Gott bestimmen lasse. Deßhalb hat das Bewußtsein, von Gott abzuhängen und mit ihm in lebendigem Verkehr zu stehen, bei dem Christen nothwendig den Inhalt, daß seine Stellung zur Welt eine Gestalt gewinne, welche ohne Gott nicht möglich wäre. Diese Modification der Weltstellung ist nicht die Folge, sondern der Inhalt der religiösen Erfahrung. Wenn diese Erfahrung mit diesem concreten Inhalt von gestaltlosen Gefühlen umwogt wird, so ist es doch eine Täuschung, in diesen Erregungen, welche einen mächtigen ästhetischen Eindruck, überhaupt jedes tiefere Ergriffensein der Person ebenso begleiten, das Wesentliche der Religion zu sehen. Macht aber jene Modification der Weltstellung des Menschen, seine innere Erhebung über die Welt durch Gott, die religiöse Erfahrung selbst aus, so gehört auch zu ihr, wenn ihr nicht die innere Wahrheit fehlen soll, die sittliche Bestimmtheit der Gesinnung, welche den Menschen zur Freiheit von der Welt qualificirt. Wenn dagegen hervorgehoben wird, daß doch die innere Hingabe an die Liebe und Fürsorge Gottes etwas Selbständiges und von dem Entschlusse zu sittlichem Handeln Verschiedenes sei, so hat dieser Einwand nur ein scheinbares Recht. Wenigstens für den Christen hat ja doch der Gedanke Gottes vor Allem den Inhalt, daß der Wille des in Jesus anschaulichen Gottesreiches die widerstandslose Macht über die Naturwelt ist. Ihm füllt der Gedanke Gottes nicht anders die Seele als in der Gewißheit, daß die Naturmächte, von denen er scheinbar zwecklos beherrscht wird, dazu dienen müssen, ihn in die vom Erlöser gewollte Gemeinschaft hineinzuziehen. Ist nun nicht das natürliche egoistische Selbst, sondern nur der sittliche Geist im Stande, in dieser Gemeinschaft des Reiches Gottes sein höchstes Gut zu erkennen, so kann man sich den christlichen Gottesgedanken nur in einem Zusammenhange sittlicher Ideen vergegenwärtigen und den christlichen Glauben an Gott nur in sittlicher Gesinnung vollziehen. Wenn Ritschl darauf dringt, daß man diese Beziehungen, in welchen die christliche Gottesidee wirksam wird, beachte, so will er ihr selbst nur ihren concreten Inhalt wahren, damit man die religiöse Erfahrung, soweit sie überhaupt in die Vorstellung eingeht und der dogmatischen Erörterung zugänglich ist, in ihrer Vollständigkeit auffasse. Daß daneben das Individuellste an dem religiösen Erlebniß ein Unaussprechliches sei, wird nicht geleugnet; wohl aber wird behauptet, daß man dieses nicht, wie

Lipsius und, wie es scheint, auch Dorner meint, für sich besitzen könne, indem man von jenem concreten vorstellbaren Inhalte abstrahirt. Man gewinnt jenes nur, indem man diesen Inhalt sich persönlich aneignet. Und das kann man nur als sittliche Person, wenn sonst unser Gott sich in Jesus als die Macht des Sittlichguten über die Welt offenbart hat. Aber in dem Einen Punkte scheint doch Lipsius Recht zu behalten, daß Ritschl's Definition der Religion, sie löse dem sittlichen Menschengeiste das Räthsel seiner Weltstellung auf, zu eng sei, weil direct nach dem Christenthum bemessen. Damit ist Lipsius ganz einverstanden, daß die Religion immer auf eine practische Nöthigung des Menschengeistes, sich über seine Naturbestimmtheit zu erheben, zurückweise und daß sie ebendeßhalb mit einem Gefühle für den überlegenen Werth des menschlichen Daseins gegenüber der Natur in Correspondenz stehen müsse. Aber es scheint ihm nicht richtig, wenn man dieß Gefühl des Menschen für seine Würde, welches allerdings in aller Religion lebendig sei, mit der Anerkennung einer sittlichen Ordnung, der er sich unterworfen wisse, in Verbindung bringen wolle. Die niederen Religionen machen ihm den Eindruck, als handle es sich dabei lediglich um das persönliche Wohl des Menschen, ohne daß dieses Wohl an die Aufrechterhaltung einer sittlichen Ordnung, welche auf den Willen des Menschen rechnet, geknüpft würde. Indessen ist doch klar, daß, wenn das Letztere nicht stattfindet, auch von einer Erhebung des Menschen über seine Naturbestimmtheit nicht geredet werden kann. Wenn also jenes historische Urtheil über die niederen Stufen der Religion den auf denselben wirksamen Motiven vollständig gerecht würde, so sehe ich nicht ein, weßhalb man bei ihnen überhaupt noch von Religion reden will und nicht vielmehr von Aberglauben, den die durch sinnliche Lüste befruchtete Phantasie geboren hat. Bei dem Menschen, dem wir wirkliche Religion zuerkennen, müssen wir auch die Fähigkeit voraussetzen, von seinen durch die Verhältnisse bedingten Zuständen seinen sittlichen Charakter zu unterscheiden, der ihm nicht gegeben ist, sondern den er selbst in seinem Handeln durch die Befolgung unbedingter Gesetze verwirklichen soll. Ohne diese geistige Freiheit ist auch die vermeintliche Religion nichts weiter als ein Gewebe von Stimmungen und Einbildungen, welches grade die Herrschaft der Natur über den Menschen documentirt. Der Begriff der Religion ist nicht die Abstraction von allen den Erscheinungen, welche im Leben der Menschheit zur

Religion gerechnet werden, sondern er ist der Ausdruck derjenigen Einsicht in das Wesen der Religion, welche uns durch das Christenthum gewährt wird, wenn wir nicht nur das, worin es mit den übrigen Religionen zusammentrifft, sondern auch das, wodurch es sie überragt, ermessen. Es ist freilich richtig, daß man die Arten vergleichen muß, um den richtigen Gattungsbegriff der Religion zu finden. Auf der andern Seite ist ebenso außer Zweifel, daß niemand diesen Begriff entdecken wird, der nicht durch persönliche Antheilnahme zum Verständniß der Sache disponirt ist. Man muß persönlich innerhalb des Christenthums Stellung nehmen, um zu dem richtigen Allgemeinbegriffe der Religion zu gelangen. Denn in demselben wird niemals nur das Gemeinsame einer Summe gleichwerthiger Thatsachen formulirt; sondern man hat an ihm immer zugleich das Resultat eines Werthurtheils, nach welchem die Beobachtungen geordnet sind. Erst durch diesen Begriff werden wir überhaupt in den Stand gesetzt, niedere Stufen der Religion von der vollkommenen zu unterscheiden. Wenn wir also von der Religion sagen, daß sie dem sittlichen Menschengeiste das Räthsel seiner Weltstellung auflöse, so meinen wir damit nicht, daß dieser ihr Begriff auf der Stufe der Naturreligion erreicht werde; aber wir werden den Vorstellungen, welche daselbst die Stelle der religiösen Weltanschauung einnehmen, doch nur insoweit einen religiösen Charakter vindiciren, als wir die Energie des Selbstgefühls, kraft dessen das menschliche Streben als Schlüssel zur Erklärung des Weltlaufs gehandhabt wird, auch hier auf ein Bewußtsein von der sittlichen Würde des Menschen zurückführen. Wenn man dagegen den Begriff der Religion so bildet, wie Lipsius es fordert, so verliert man in Wahrheit über der vermeintlichen Einsicht in das Leben der niederen Religionen das Wesen der Religion selbst aus den Augen.

Somit läßt sich von der Religion aus erweisen, daß die ihr eigenthümlichen Vorstellungen, um in sich vollendet zu sein, der Beziehung auf ein sittlich bestimmtes Subject bedürfen. In demjenigen, was das sittliche Bewußtsein der Religion leistet, gelangt diese selbst erst zu ihrer begriffsmäßigen Vollendung. Es wird sich nun fragen, ob auch das sittliche Bewußtsein in einer solchen Beziehung zur Religion steht, daß es ohne dieselbe nicht vollständig gedacht werden kann.

Dagegen spricht zunächst, daß das Sittengesetz seine Geltung unabhängig von aller religiösen Weltanschauung behauptet. Durch welche historischen Vermittlungen wir auch immer zur Anerkennung desselben gelangt sein mögen, das ist doch sicher, daß es, einmal gedacht, uns von der Reflexion auf diese Vermittlungen emancipirt. Mit der Anerkennung des Sittengesetzes erwachen wir zur Persönlichkeit. Denn ein insichgeschlossenes, von der Natur unterschiedenes Innenleben der Person stellen wir uns nur vor, indem wir uns als Endzweck erfassen. Daß die Person als Endzweck geschätzt werden muß, ist aber nur ein anderer Ausdruck des Gedankens, daß ihr Wille Subject eines unbedingten Gesetzes ist. Dadurch, daß das Sittengesetz dem Menschen die Würde seiner Persönlichkeit enthüllt, schützt es sich selbst vor dem Versuche, für seine Geltung nach Gründen, die außer ihm selbst liegen möchten, zu forschen. Wer hierauf ausgeht, wird durch das Sittengesetz selbst daran erinnert, daß er sich seiner persönlichen Würde begiebt und sich zu den Sachen, die niemals nur Zweck, sondern immer zugleich Mittel sind, erniedrigt, indem er darauf verzichtet, sich als Subject des unbedingten Gesetzes, als autonomes Wesen zu denken. Die Autonomie des Willens, welche sich als Inhalt des Sittengesetzes herausgestellt hat, läßt erkennen, daß das Ansehen des letzteren nicht durch die Berufung auf Gott als den Gesetzgeber begründet werden darf. Man entzieht sich seiner Anerkennung, indem man es für nöthig hält, dieselbe zu motiviren. „Die hohe Bedeutung der Kantischen Philosophie liegt wesentlich auch mit darin, daß durch sie zu klarem wissenschaftlichen Bewußtsein gebracht worden ist, daß die Geltung des moralischen Gesetzes auch unabhängig vom Glauben an Gott feststeht“[1]). Wenn daher das sittliche Bewußtsein zu seiner eigenen Ergänzung den religiösen Glauben fordert, so muß diese Forderung anders motivirt werden. Um die Geltung des Sittengesetzes festzustellen, bedarf es dessen nicht.

Den Weg, welchen Rothe einschlägt, werden wir freilich auch nicht wählen dürfen. Er meint nämlich die zugestandene Selbständigkeit des Moralischguten durch die Bemerkung wieder einschränken zu müssen, sie sei nur für das Individuum zuzugeben, und auch

---

1) Rothe, Ethik 2. Aufl. I, 391. Vergl. auch die von Rothe angeführten Worte Schelling's (Einl. in die Phil. der Mythol. S. W. II, 1. 532): „In Kants wissenschaftlichem und sittlichem Charakter ist die behauptete Autonomie der Vernunft, d. h. die Unabhängigkeit des moralischen Gesetzes von Gott einer der tiefsten und, was auch seichte Halbwisser dagegen vorbringen mögen, verehrungswerthesten Züge“.

für dieses nur hypothetisch, d. h. unter gewissen Verhältnissen. „Wenn man nämlich auch noch so rückhaltlos zugesteht, daß aus der richtigen Idee des Menschen für sich allein, ohne Zuhülfenahme der Idee Gottes, die Idee, und zwar die richtige Idee des Moralischguten abgeleitet werden könne: so erhebt sich nun erst die große Frage, wie man sich denn dieser richtigen Idee des Menschen versichern könne, die jenes Bewußtsein stillschweigend als ohne weiteres vorhanden voraussetzt, und namentlich, ob dieselbe denn gegeben sein könne, während die richtige Idee Gottes oder gar die Idee Gottes überhaupt fehlt". Das Letztere meint nun Rothe, wenn die Frage in dieser Allgemeinheit gestellt wird, verneinen zu müssen, und zwar ebenso auf Grund der Erfahrung, wie aus der Natur der Sache heraus. Wenn man dagegen fragt, ob der Einzelne, ohne sich für seine Person im Besitz der richtigen Idee Gottes, ja wohl sogar überhaupt der Idee Gottes zu befinden, gleichwohl die richtige Idee des Menschen in sich tragen und unter ihrer Wirksamkeit stehen könne, so soll dieß bedingungsweise bejaht werden. „Nämlich für den Fall, wenn in dem Ganzen des Gemeinlebens, welchem er angehört, die richtige Gottesidee vorhanden ist und bestimmend waltet" (a. a. O. 392). Die Autonomie des Willens, die Selbständigkeit des sittlichen Gesetzes, ist also nach Rothe in Wahrheit nur eine scheinbare Ausnahme von der Regel, daß die richtige Idee des Moralischguten an die richtige Idee Gottes geknüpft ist. Wo die Unabhängigkeit des richtig erfaßten Sittengesetzes behauptet wird, da soll dieß nur darin seinen Grund haben, daß ein Einzelner jenen der Natur der Sache nach nothwendigen Zusammenhang mit der Gottesidee, welche die ihn umschließende Gemeinschaft durchwaltet, in zufälliger Beschränktheit übersieht. Die Selbständigkeit des Sittengesetzes wird daher von Rothe nur als zufällige Ausnahme von der Regel anerkannt, und die Geltung desselben in Wahrheit auf die, wenn auch unbewußt wirkende Macht der Gottesidee gegründet. Daß er damit den kantischen Gedanken nicht getroffen hat, unterliegt keinem Zweifel. Er hat die Frage auf ein ganz anderes Gebiet hinübergespielt, als auf welchem sie von Kant gehalten wird. Rothe denkt an die Bedingungen, unter welchen der empirische Mensch zur Sittlichkeit gelangt. Und er glaubt, was dieß anbetrifft, annehmen zu müssen, daß sich ein vollkommenes Verständniß des Sittlichguten nur im Zusammenhange mit religiösem Glauben erzeugen kann. Die Entscheidung, ob er damit Recht habe, behalten wir uns noch vor. Aber erstens ist der Grund, den er dafür bereit hat, nicht probehaltig. Denn das möchte zwar wohl zuzugeben sein, daß die richtige Idee der Menschheit sich nur im Zusammenhange einer religiösen Weltanschauung behaupten könne; nicht aber, daß das Sittengesetz oder das Moralischgute aus jener Idee erst abgeleitet werde. Es verhält sich vielmehr grade umgekehrt. Wie das Sittengesetz der Erkenntnißgrund der Persönlichkeit ist, so entdeckt es uns auch die Menschheit, indem es uns die Menschen, in deren Verkehr wir hineingestellt sind, nicht als eine Vielheit brauchbarer Sachen anschauen lehrt, sondern als ein Reich der Zwecke. Zweitens aber ist es ja für den kantischen Gedanken der Autonomie ganz gleichgültig, wie in uns Menschen Sittlichkeit zu Stande kommt. Er wird nicht durch die erfahrungsmäßige Thatsache widerlegt, daß der Mensch nur in einem Gemeinleben, für dessen Bestehen auch die Herrschaft der Gottesidee nothwendig sein mag, zu sittlicher Freiheit gelangt. Denn nur darauf kommt es Kant an, daß das Sittengesetz, wenn einmal gedacht, sich von keiner vor ihm geltenden Wahrheit abhängig machen läßt, und daß kein Mensch, er mag im Uebrigen über sich selbst urtheilen, wie er wolle, sich dem Sittengesetze wirklich unterwerfen kann, wenn er dasselbe nicht als das eigne Gesetz seines Willens, sich selbst also als autonomes Wesen denkt.

Der Uebergang von dem sittlichen Bewußtsein zur Religion läßt sich nicht bewerkstelligen, wenn es sich allein um die Geltung des Sittengesetzes handelt. Denn dieses steht für sich selbst fest. Die Begründung der Ethik wird geleistet ohne alle Rücksicht auf die Religion. Dagegen geht die Entfaltung der Ethik nur von Statten in Verbindung mit einer religiösen Anschauung der Welt. Denn die wirkliche Sittlichkeit des Menschen, welche hier zur vollen Darstellung kommen soll, ist von Urtheilen über die Welt begleitet, welche religiöser Art sind. Sie ruft nicht etwa die Religion als ein willkommenes Förderungsmittel herbei, sondern sie hat von Anfang an ihre eigene Wirklichkeit im Zusammenhange mit ihr. Deßhalb ist nicht die Förderung einer Sittlichkeit, welche auch in der Isolirung von der Religion in sich vollständig wäre, der Gesichtspunkt, der uns hier auf die Religion führen soll. Sondern die Wirklichkeit menschlicher Sittlichkeit selbst wird uns erkennen lassen, daß sie sich in dem Rahmen religiöser Ueberzeugung bewegt, deren gesetzmäßige Gestaltung, durch welche eine Wissenschaft von der Religion möglich wird, eben aus dieser ihrer Bedeutung erwächst, daß sie die Lebensbedingung der sittlichen Person ist.

Die Begründung des Sittengesetzes besteht in dem Nachweis seines allgemeinsten Inhalts, daß der Mensch Zweck an sich selbst, von der Natur unterschiedene Persönlichkeit sein soll. Freie unabhängige Person ist man nur, sofern man weiß, daß sich in dem eigenen Wollen ein unbedingtes Gesetz vollzieht. Ein solches Gesetz des Wollens, welches an dem Subject desselben die Persönlichkeit constituirt, ist das Sittengesetz. Damit ist aber das letztere keineswegs schon für uns Menschen so bestimmt, daß wir unsere eigenen Willensbestimmungen darunter subsumiren könnten. Hätte der Mensch das Ideal der Persönlichkeit erreicht, so besäße er damit auch den Inhalt des Sittengesetzes, das System von Willensbestimmungen, in welchen sich jenes Ideal ausdrückt. Aber diese Art von freier Production des Sittlichen ist dem Menschen versagt. Denn er ist nicht Persönlichkeit, sondern soll es werden. Deßhalb lernen wir den Inhalt des Sittengesetzes nur dadurch kennen, daß sich dasselbe als die organisirende Kraft der Bedingungen bewährt, unter welchen sich unser Dasein zur Persönlichkeit aufschließt.

Nun sind es offenbar zwei Beziehungen, in welchen der Mensch stehen muß, um zum vernünftigen Wesen, welches in dem Zusammentreffen seines Selbstseinwollens mit dem Denken die Anlage zur Persönlichkeit besitzt, zu erwachen: die Beziehung zur Natur und zu anderen vernünftigen Wesen derselben Art. Was den durch die körperliche Organisation vermittelten Zusammenhang mit der Natur betrifft, so ist es klar, daß derselbe vorhanden sein muß, um uns zu vernünftiger Thätigkeit zu befähigen. Mit Rücksicht darauf gewinnt das Sittengesetz den Inhalt, daß der Mensch die natürlichen Verhältnisse, in welchen er existirt, auch im sittlichen Handeln als ein Moment des Wirklichen, welches zur Persönlichkeit erhoben werden soll, anerkenne. Indem sich das Sittengesetz an den Menschen wendet, stellt es ihm allerdings einen Zweck auf, der jenseits seiner empirischen Situation liegt und nicht einmal von dieser aus als der Vereinigungspunkt ihrer verschiedenen Beziehungen begriffen werden kann. Aber da doch das Sittengesetz für den Menschen gelten will, so soll auch das volle Dasein desselben für den sittlichen Endzweck gewonnen werden. Nur das soll an ihm verschwinden, was der sittlichen Aufgabe der Persönlichkeit widerspricht. Das ist aber nicht die Natur selbst, die zu der Wirklichkeit des Menschen gehört, sonst könnte das Sittengesetz überhaupt nicht an ihn ergehen; sondern das zu Ueberwindende ist die dem sittlichen Endzweck nicht entsprechende Art, wie der Mensch die natürlichen Bedingungen seiner Existenz verwerthet. Und die Forderung des Sittengesetzes geht also dahin, daß der Mensch die natürlichen Verhältnisse, in denen er lebt, zu Mitteln für die Realisirung der Persönlichkeit gestalten soll.

Indessen damit ist zunächst für die Entfaltung des Sittengesetzes noch wenig gethan. Denn der eigentliche Inhalt desselben, die Persönlichkeit, wird dadurch nicht näher bestimmt. Das leere Schema der letzteren würde uns aber nicht dazu befähigen, in die verworrenen Relationen des Menschen zur Natur Licht und Ordnung zu bringen. Eine Näherbestimmung des Begriffs der Persönlichkeit erfolgt nun, wenn wir darauf eingehen, daß der Mensch nur im Zusammenhange mit anderen vernünftigen Wesen derselben Art wirklich ist. Denn daraus ergiebt sich für das unbedingte Gesetz des Willens, daß der Mensch dasselbe denken muß als allgemeingültig in dem Sinne, daß er die Geltung desselben auf Alle, in deren vernünftigem Wollen er sich selbst wiedererkennen könnte, ausdehnt. Der Verkehr mit anderen Menschen ist für die menschliche Vernunftthätigkeit ebenso Existenzbedingung, wie der Verkehr mit der Natur. Aber während wir die Natur als Mittel für den sittlichen Endzweck beherrschen sollen, so erreicht dagegen unser Verhalten zu den Menschen durch die Forderung, in dem Verkehr mit ihnen nach demselben Gesichtspunkte zu verfahren, nicht seine vollständige sittliche Regelung. Denn die Gleichartigkeit der geistigen Ausstattung, in welcher der einzelne Mensch die Stimme des Sittengesetzes vernimmt, zeichnet für sein sittliches Urtheil auch die anderen Menschen als Zwecke an sich selbst aus, d. h. als Etwas, das nicht bloß als Mittel gebraucht werden darf. Der Mensch soll sich in der Unterwerfung unter das Sittengesetz als Endzweck denken. Aber durch diese sittliche Erkenntniß werden die anderen gleichartigen Wesen nicht lediglich zu Mitteln herabgewürdigt. Sondern da für sie dasselbe Gesetz gilt, so werden sie ebenso auf die Höhe des Endzwecks erhoben. Als Inhalt der sittlichen Forderung ergiebt sich daher, daß man nicht nur in sich selbst, sondern auch in den anderen Menschen die Persönlichkeit, den Endzweck zu achten habe. Das ist aber nur so möglich, daß man in den eigenen Endzweck den der Anderen mitaufgenommen denkt und umgekehrt. Indem wir nun der Aufforderung folgen, die Menschen als durch dieses Wechselverhältniß von Mittel und Zweck mit einander verbunden vorzustellen, so gewinnt für uns dasjenige, was durch das Sittengesetz wirklich werden soll, eine neue Gestalt. Durch jenes Wechselverhältniß „entspringt eine systematische Verbindung vernünftiger Wesen durch gemeinschaftliche objective Gesetze, d. i. ein Reich, welches, weil diese Gesetze eben die Beziehung dieser Wesen auf einander, als Zwecke und Mittel, zur Absicht haben, ein Reich der Zwecke (freilich nur ein Ideal) heißen kann"[1]). Das unbedingte Gesetz des Wollens, welches der Person die Grenze für ihr Denken und damit den Grund ihrer Selbstgewißheit gewährt, hat für den Menschen den Inhalt, daß es die inneren Beziehungen in einem Reiche der Zwecke regelt. In dem Bewußtsein des Sittengesetzes weiß der Mensch sich als Glied in das Ganze einer Gemeinschaft freier persönlicher Geister eingefügt. Das ist die nähere Bestimmung des Begriffs der Persönlichkeit, welche wir so eben in Aussicht nahmen. Freilich tritt nicht überall, wo wir in der Anerkennung unbedingter Forderungen für das Wollen die Person sich abschließen und sittliches Leben sich regen sehen oder zu sehen meinen, diese Einsicht hervor. Es gehört ein entwickeltes Gemeinschaftsleben und noch mehr dazu, um sie zu zeitigen. Hat sie doch noch jetzt, nachdem längst die Bedingungen ihrer geschichtlichen Verwirklichung gegeben sind, mit dem Vorurtheil zu kämpfen, als bedeute die isolirte Vollkommenheit des stoischen Weisen etwas Höheres als die dienende Hingabe an das Ganze, in dessen Leben der Einzelne seine eigene persönliche Vollendung erreicht. In diesem Vorurtheil steckt ein Mangel an Wahrhaftigkeit gegenüber den gegebenen Bedingungen des Menschendaseins. Entsteht geistiges Leben in dem Einzelnen nur so, daß er als empfangendes und mittheilendes Glied an einer menschlichen Gemeinschaft erwächst, so gelangt auch sein persönliches Denken nur dann zu einem wirklichen Abschluß, wenn der Inhalt des Sittengesetzes jener unveräußerlichen Bedingung des Selbstseins Rechnung trägt. Geschieht dieß nicht, wie bei dem stoischen Ideal, so wird dem Einzelnen zwar der Schein größerer Selbständigkeit verliehen; aber die nicht zu tilgende factische Abhängkeit von den Anderen tritt dann, da sie nicht sittlich verklärt ist, um so empfindlicher als ein Hemmniß der erstrebten sittlichen Autarkie hervor. Die syste-

[1]) Kant 8, 63.

matische Verbindung persönlicher Geister, in welcher der Einzelne ebenso Zweck wie Mittel ist, bildet für den Menschen die concrete Form, in welcher er den Gedanken seiner Autonomie erreicht. Denn auf die letztere verzichten wir nicht, wenn wir in der sittlichen Vollendung der Menschheit unsere eigene suchen; sondern ihr Gedanke bewährt sich vielmehr als gestaltende Kraft an den gegebenen Bedingungen unseres persönlichen Lebens, indem jenes Ideal eines Reiches der Zwecke entworfen wird. Ergeht das Sittengesetz an uns Menschen, und erkennen wir in diesem unbegreiflichen Factum unseres persönlichen Denkens den Hebel der uns als Personen über die Sachen erhebt, so verlangt es der Ernst dieser Thatsache, daß wir das Sittengesetz auch als das zu verstehen suchen, was es sein will, die bestimmende Macht über uns in absolutem Sinne, d. h. über die ganze Fülle unseres Daseins. Wir müssen es so zu erfassen suchen, wie es sich als die organisirende Kraft an den Bedingungen, in welchen wir Personen werden können, bethätigt. Die besondere Bestimmtheit, welche es dadurch für uns empfängt, wird nicht etwa einer vorher geltenden abstracteren Formel, welche über die factischen Beziehungen des Menschenlebens hinwegfährt, als etwas minder Werthvolles hinzugefügt. Vielmehr ist die Gestalt des Sittengesetzes, in welcher es dieses Besondere umspannt, für uns der volle Ausdruck seines Gehaltes in seiner absoluten Geltung. Wir haben kein Recht, das unbedingte Gesetz von der besonderen Gestalt, in der es für uns gelten will, als etwas in solcher Allgemeinheit Wirkliches abzulösen. Wenn wir trotzdem da, wo es sich um die Begriffsbestimmung des Sittengesetzes handelte, von den besonderen Bedingungen menschlicher Geistesthätigkeit absahen und nur von dem persönlichen Leben überhaupt redeten, so war dieß ein Hülfsmittel der Methode, um den Irrthum abzuschneiden, daß das Sittengesetz als die Abstractionseinheit aus den empirischen Bestrebungen der Menschen erklärt werden könne, da es doch nicht dieß ist, sondern das Gesetz des Ideals, die Existenzbedingung eines persönlichen Lebens, das wir nicht schon besitzen, sondern zu welchem unser natürliches Selbstseinwollen verklärt werden soll. Nicht aber geschah es in der Meinung, als hätten wir mit den dabei gewonnenen abstracten Formeln den wirklichen Inhalt der Sache erschöpft. Diese Formeln sind aber deßhalb nicht unnütz. Denn in ihnen ist dasjenige ausgedrückt, was an jeder Willensbestimmung einer Person hervortreten muß, falls sie eine sittliche sein soll. Wenn man jene Abstraction unterläßt und sich nur mit dem in seinem vollen Inhalte ausgestalteten Sittengesetze beschäftigen will, so muß der Irrthum entstehen, als ruhe die Geltung desselben auf dem Zeugnisse einer erlebten Lust für den Werth dieses Inhalts. Aber man soll sich eben nicht einbilden, daß die Erregung durch ein noch so strahlendes Ideal die sittliche Gesinnung ersetzt, welche nur dann angetroffen wird, wenn die Reflexion über die Werthe, unter deren Eindruck die Handlung sich vollzieht, zu dem Gedanken erweitert wird, daß sich in ihnen ein unbedingtes Gesetz darstellt, welches keiner Bestätigung durch ein Ereigniß unseres subjectiven Lebens bedarf, und daß unser Wille dabei nicht einem zufälligen Zwange erliegen, sondern seine Autonomie bethätigen soll. Dieser Gedanke des unbedingten Gesetzes mit seinem Correlat, der Idee der Autonomie des Willens, kann freilich nicht für sich den Willen bestimmen, der dazu eines gefühlten Werthes, eines Zweckes bedarf; wohl aber soll er als die formgebende Kraft an allen solchen Zwecken wirksam werden, damit die Willensbestimmung eine sittliche sei. Diese Bedeutung allein konnte es haben, wenn wir oben die Forderung erhoben, daß das formale Gesetz unmittelbar den Willen bestimmen müsse. Sobald wir unter dem Willen, wie wir müssen, den menschlichen vorstellen, so modificirt sich jene Forderung dahin, daß die Form des unbedingten Gesetzes den Zwecken, ohne welche der Beziehungsbegriff des Handelns keine Anwendung findet, ihre Gestalt geben soll. Indem wir uns die Unbedingtheit jenes formgebenden Princips in unserer Zwecksetzung vergegenwärtigen, erwecken wir in uns das Bewußtsein der unmittelbaren Nöthigung des Willens durch das Gesetz, wodurch die Handlung ihren sittlichen Charakter bekommt [1]). Jener Gedanke soll als unveränderliches Regulativ das sittliche Leben regieren; aber den Reichthum des letzteren aus dem rein formalen Sittengesetze entwickeln wollen, wäre vergebliche Mühe. Dazu muß man sich an die Fülle des Besonderen wenden, dessen Beherrschung eben der allgemeine Titel für den Inhalt des Gesetzes ist, welches in der sittlichen Willensbestimmung lebt. Wenn man daher bei Entfaltung des Sittengesetzes in unklarem Idealismus jene Grundbedingungen für die geistige Entwickelung unseres Geschlechts, den Verkehr der Menschen mit der Natur und untereinander übersieht, so tauscht man die hochmüthige Einbildung einer

[1]) vergl. Kant 8, 255.

einsamen Vollkommenheit gegen die Möglichkeit ein, einen wirklichen Abschluß des sittlichen Charakters zu erreichen.

Haben wir nun mit der Erkenntniß, daß der Inhalt des Sittengesetzes die gegliederte Gemeinschaft von Personen ist, auch den systematischen Keim zur Entfaltung der sittlichen Welt, welche durch unser Handeln wirklich werden soll? Der Begriff der Persönlichkeit ist allerdings jetzt näher bestimmt. Wir besitzen Persönlichkeit nur in der thätigen und empfangenden Antheilnahme an einer Gemeinschaft von Personen. Daraus müssen sich Pflichtformeln, in welchen sich das Sittengesetz der Anwendung auf das menschliche Handeln erschließt, entwickeln lassen. Aber in der so gewonnenen Verzweigung des allgemeinen Gesetzes drückt sich für uns Menschen doch nichts weiter aus, als die formgebende Wirksamkeit eines Ideals. Die sittlichen Aufgaben, welche ihre Bestimmtheit allein aus dem gemeinsamen Endzweck empfangen, lassen sich in dieser Isolirung noch nicht ausführen. Nur in willkürlicher Träumerei kann der Mensch versuchen, sich unmittelbar in das Reich der Zwecke zu versetzen, indem er von den gegebenen Verhältnissen, in denen er sich vorfindet, abstrahirt. Er nimmt nur so an ihm Theil, daß er es als den leitenden Gesichtspunkt in der Ordnung seines Lebens verwerthet. Folglich läßt sich die Wirklichkeit, in welcher der Mensch zur Persönlichkeit reift, überhaupt nicht a priori construiren; sie besteht in der Gestaltung von Besonderheiten, welche nur empirisch aufgefaßt werden können. Die eigenthümliche Weltstellung jedes Einzelnen, welche sich aus der Mischung seiner geistigen Anlagen und den besonderen Bedingungen ihrer Entwickelung ergiebt, seine Individualität, soll ein Ort für die Verwirklichung der gemeinsamen Aufgabe werden. Die Individualität, welche uns von den Anderen unterscheidet, wird durch diese Verwendung für den Zweck der Gemeinschaft nicht bloß aufgehoben, sondern sie wird auch sittlich anerkannt als der Ausdruck einer unbedingt werthvollen Idee, welche in dem Ganzen, das sich über dem sittlichen Verkehr der Menschen als das höchste Gut der Gesammtheit erhebt, mit einbegriffen ist. Sie wird selbst erst ein unzerstörbares Ganzes, indem der Mensch, der in ihr sein eigenthümliches Leben lebt, in seiner vollen Wirklichkeit für den Ausbau eines Reiches der Zwecke in Anspruch genommen wird. Ohne diese sittliche Anerkennung des Besonderen ist die Sittlichkeit, die Aneignung des allgemeinen Gesetzes durch das menschliche Subject unmöglich. Nun ist doch aber weder dieses Besondere als ein berechtigtes Moment in dem allgemeinen Gesetze selbst enthalten, noch läßt sich das Letztere aus den empirischen Bedingungen unseres geistigen Lebens ableiten. Folglich erhebt sich die Frage, wie denn die Sittlichkeit in der Synthese jener beiden, in der Organisirung des natürlichen Menschenlebens durch die sittliche Idee möglich werde. Entweder scheint das Sittengesetz bei seiner Einführung in das Leben verfälscht werden zu müssen; oder es erscheint, weil das von ihm vorgeschriebene Ideal in der Vorstellungssphäre des Menschen keinen ihm gleichartigen Stoff zur Gestaltung findet, selbst „phantastisch und auf leere eingebildete Zwecke gestellt“.

Dagegen wird nun freilich eingewandt, daß man bei der sittlichen Aufgabe überhaupt nicht nach Möglichkeit und Unmöglichkeit zu fragen habe. Wenn für das sittliche Bewußtsein der Endzweck als der Inhalt eines unbedingten Gesetzes feststehe, so sei es schon ein Aufgeben der sittlichen Gesinnung, wenn man sich nach den Wegen umsehe, auf welchen er etwa verwirklicht werden könnte. Unbekümmert um den Erfolg des eigenen Strebens soll man den Endzweck fest im Auge behalten, der die Garantie seiner Durchführbarkeit, d. h. seiner Realität, nicht von dem Urtheil über Werth oder Unwerth unserer Kräfte zu entlehnen brauche. Er trage sie in sich selbst, und wenn man sie ihm abspreche, so sei das ein Verzicht auf dasjenige, was man selbst durch Anerkennung seiner unabhängigen Geltung werden könnte. „Wie das höchste Gut practisch möglich sei? Diese Frage ist längst erledigt. Als die Realität des Sittengesetzes ist das höchste Gut practisch möglich“ [1]). So meint Cohen die Lehre Kants widerlegen zu müssen, daß der Mensch durch die ihm vom Sittengesetze vorgeschriebene Idee eines höchsten Gutes in eine Antinomie verstrickt werde, die sich nur durch eine religiöse Beurtheilung der Welt auflösen lasse.

Diese kantische Lehre aber beabsichtigt selbst nichts weiter als den Nachweis der besonderen Bedingungen, unter welchen der vom Sittengesetz aufgegebene Endzweck in die Vorstellungssphäre des Menschen tritt. Gottschick [2]) hat mit ausreichender Gründlichkeit den Nachweis geleistet, daß Kant, trotz mehrfacher Schwankungen

---

[1]) Cohen, Kants Begründung der Ethik, 311.

[2]) Kants Beweis für das Dasein Gottes. Torgau 1878 Progr. vergl. S. 6; 16; 22.

im Ausdruck, unter der „proportionirten Glückseligkeit", welche er mit der Tugend zu dem Begriffe des höchsten Gutes zusammengefaßt hat, „nicht einen mechanisch addirten Lohn beliebiger Qualität, sondern einen organisch erwachsenden Erfolg der gleichen Qualität gemeint haben kann". Das moralische Gesetz bestimmt uns einen Endzweck, dessen Inhalt keine Ergänzung nöthig hat und aus keiner Rücksicht alterirt werden darf. Sein Inhalt bleibt das Gute, die Verbindung sittlicher Personen zu einem Reich der Zwecke. Dieser Endzweck, welchem nachzustreben uns das Sittengesetz verbindlich macht, ist und bleibt „das höchste durch Freiheit mögliche Gut in der Welt"[1]. Aber da diese Forderung sich an uns Menschen richtet, so kann auch der durch sie vorgeschriebene Endzweck nur in der Form von uns angeeignet werden, wie wir überhaupt Zwecke unseres Handelns uns vorstellen. Den Sinn, den Zwecke unseres Handelns für uns haben, muß auch der sittliche Endzweck bekommen; sonst bleibt er uns unverständlich, oder wir eignen ihn uns vielmehr überhaupt nicht an, indem wir die geistigen Vorgänge, in welchen unsere Zwecksetzungen unvermeidlich von Statten gehen ohne alle sittliche Bestimmung neben ihm herspielen lassen. „Die subjective Bedingung, unter welcher der Mensch (und nach allen unseren Begriffen auch jedes vernünftige endliche Wesen) sich, unter dem obigen Gesetze, einen Endzweck setzen kann, ist die Glückseligkeit; folglich das höchste in der Welt mögliche und, soviel an uns ist, als Endzweck zu befördernde physische Gut ist Glückseligkeit, unter der objectiven Bedingung der Einstimmung des Menschen mit dem Gesetze der Sittlichkeit, als der Würdigkeit, glücklich zu sein"[2]. Auf einen Zweck richten wir unseren Willen nur so, daß wir etwas, was durch ihn wirklich werden kann, in seinem Werthe für uns ermessen. In dem erstrebten Zwecke sehen wir immer einen Ausdruck unseres Selbstgefühls, die Befriedigung einer Lust. Nun entsteht zwar der Gedanke des sittlichen Endzwecks nicht aus einer erfahrenen Lust. Er wohnt dem Denken des Menschen inne, sofern er die unbegreifliche Forderung eines unbedingten Gesetzes vernimmt, oder, was dasselbe sagt, sofern er sich über sein natürliches Selbst in dem Streben erhebt, sein durch das Selbstgefühl ausgezeichnetes Dasein, als ein abgeschlossenes, von der Natur unabhängiges Ganzes

---

[1]) Kant 4, 352.

[2]) Kant, a. a. O.

anzuerkennen und zu pflegen, ein wirkliches Innenleben zu führen. Aber zu subjectiver Aneignung gelangt doch auch der sittliche Endzweck nur durch dieselbe Vermittlung des Gefühls wie jeder andere Zweck. Er beherrscht unser Leben nur soweit, als er unserem Streben nach Glückseligkeit seine Form giebt. In dem Streben nach Glückseligkeit spricht sich das natürliche Selbstseinwollen des endlichen Vernunftwesens aus. Dieses Selbstseinwollen wird durch den Anspruch des Sittlichen an den Menschen nicht ausgeschlossen, sondern sittlich geadelt und in einem höheren Sinne befriedigt, als dieß von dem Standpunkte des Naturzustandes auch nur zu denken möglich ist; denn der Inhalt des Sittengesetzes war ja Persönlichkeit, von der Natur unterschiedenes, weil von ihr unabhängiges Selbst. Folglich wird im sittlichen Leben auch das Streben nach Glückseligkeit anerkannt, und zwar als das natürliche Material zur Gestaltung durch den analogen sittlichen Gedanken. Der jenem Streben analoge sittliche Gedanke ist aber der durch das Sittengesetz vorgeschriebene Endzweck. Der letztere soll also die Form des unvermeidlichen subjectiven Endzwecks, der Glückseligkeit, abgeben. Nur so läßt er sich als die bestimmende Macht in das subjective Leben eines Menschen einführen. Und wenn er diese Stellung gewonnen hat, so bethätigt er dieß wiederum darin, daß er das Streben nach Glückseligkeit versittlicht, aber es dadurch nicht etwa seiner natürlichen Kraft beraubt, sondern es vielmehr in sich selbst vollendet. Er versittlicht das natürliche Verlangen des Menschen nach einem seinem Selbstgefühl vollkommen entsprechenden Zustand. Denn indem sich der Wille dem unbedingten Gesetze unterwirft, so lebt auch das Selbstgefühl des Menschen nicht mehr in den vereinzelten Zweckgedanken, welche aus den zufälligen Regungen sinnlicher Triebe entspringen, sondern in der Idee einer Gemeinschaft von Personen, welche durch allgemeingültige Gesetze verbunden sind. Folglich wird auch jener erstrebte Zustand nicht mehr als Gut des eigenen vereinzelten Selbst, sondern als die gemeinsame Glückseligkeit vollendeter Personen gedacht, oder er wird, nach Kants Ausdruck, „nach dem moralischen Gesetze allgemein gemacht". Und eben dadurch wird der natürliche Drang nach einer vollen Befriedigung des Selbst nicht etwa in seiner Energie gebrochen, sondern er wird dadurch in eine Richtung gebracht, in welcher überhaupt erst ein gesammeltes Streben des Menschen, ein Zusammenfassen seiner ganzen Kraft im Dienste Eines Zieles möglich wird. Denn die Glückseligkeit für sich, nach welcher der bloße Naturtrieb hindrängt, ist niemals als systematisches Ganzes zu denken. Sie ist dann nur der allgemeine Titel für eine unbestimmte Vielheit vereinzelt und zufällig auftauchender Zwecke. Ein so geartetes Ziel entspricht zwar einem unruhig flackernden Begehren, aber nicht der selbstbewußten Kraft eines stätigen Wollens. Das letztere tritt nur auf im Zusammenhange mit einer systematischen Verbindung von Zwecken, wie wir sie im Sittengesetze gefunden haben. Obgleich daher die sittliche Forderung, wenn sie mit den Neigungen des Menschen in Conflict tritt, ihm recht große Unlust erregen kann, so liegt doch an sich in der Form, welche das Sittengesetz dem Selbstseinwollen des Menschen aufzwingt, keine Minderung der Bedingungen für die energische Bethätigung desselben, sondern vielmehr die begriffsmäßige Vollendung dieser Bedingungen.

Aber der Schein, als ob durch die Aufnahme der Glückseligkeit in die Form des sittlichen Endzwecks dieser selbst verfälscht werde, muß sich so lange erhalten, als man eine sittliche Thätigkeit des Einzelnen, abgesehen von der Organisirung der sittlichen Gemeinschaft, vorstellen zu können meint. Wenn der Mensch tugendhafte Gesinnung hegen könnte, ohne daß dieselbe die Anerkennung bestehender sittlicher Gemeinschaft und den Vorsatz sie zu fördern und zu vertiefen in sich schlösse, so könnte allerdings zu dem in einer solchen Gesinnung gesetzten Endzweck die Glückseligkeit nur als etwas gänzlich Fremdes und Störendes hinzugefügt werden. Denn dieser Endzweck läge ja dann innerhalb der Wirkungssphäre derjenigen sittlichen Production, welche ein einzelnes Subject für sich auszuüben vermag. Und ein Wesen, welches so zu seiner sittlichen Aufgabe stände, würde offenbar seine Bestimmung nur dann erfüllen, wenn es die Bedingungen zur Befriedigung seines Selbstgefühls durch seine eigene sittliche Thätigkeit erzeugte. Die Glückseligkeit wäre in einem sittlichen Handeln, welches den Endzweck vollständig in seiner Gewalt hätte, mitgesetzt; oder das Subject, welches unter diesen Bedingungen doch noch nach einer darüber hinausliegenden Glückseligkeit ausschaute, wäre mit seinem Selbstgefühl noch nicht in die Stellung eingerückt, von welcher sich der Ausblick auf den sittlichen Endzweck eröffnet; der Zug seines Herzens wäre in einem Widerstreit mit der Stimme des Gewissens, welcher bei einem Fortschreiten zum Guten nur zu Gunsten des letzteren entschieden werden könnte. Bei einer solchen Isolirung der sittlichen Person erscheinen

Tugend und Glückseligkeit nothwendig als zwei verschiedene Ausdrücke derselben Sache. Aber diese Isolirung ist eben eine Fiction. Die Besonderheit, in welcher der Mensch existirt, seine leibliche und geistige Individualität, hat er nur im Zusammenhange mit der Natur- und Menschenwelt. Wäre daher die sittliche Aufgabe gegen diesen Wechselverkehr des Gebens und Empfangens, in welchem wir unser Leben führen, gleichgültig, so fände das Sittengesetz, welches die ganze Person in Anspruch nimmt, auf den Menschen keine Anwendung. Indem dagegen das Sittengesetz sich wirklich an den Menschen in dieser seiner Weltstellung wendet, so enthüllt sich die sittliche Aufgabe als ein Ganzes, das kein Einzelner für sich verwirklichen kann, sondern an dessen Förderung er seinen gewiesenen Theil hat, soweit die Bedingungen derselben in seiner Gewalt sind, d. h. gemäß den Schranken seiner Individualität. Und die volle Verwirklichung der sittlichen Aufgabe bedeutet zwar auch hier unmittelbar die Glückseligkeit; denn die letztere kann für das sittlich bestimmte Selbstgefühl nichts Anderes sein als die volle Herrschaft des Guten über die Welt der Mittel —, als Quelle der Lust für das Subject betrachtet. Zugleich aber tritt zu Tage, daß hier die Glückseligkeit nicht mehr unmittelbar mit der vollkommenen sittlichen Gesinnung, als durch sie verursacht, verbunden werden kann. Denn die sittliche Gesinnung, „die Erfüllung der Pflicht besteht in der Form des ernstlichen Willens, nicht in den Mittelursachen des Gelingens“ [1]). Der ernstliche Wille wird dem einzelnen Subject angesonnen, aber die Verwirklichung der Aufgabe, auf die er sich richtet, das höchste Gut ist nicht in seiner Gewalt. Damit scheidet sich die Glückseligkeit, die volle Befriedigung des Selbstgefühls als etwas besonderen Bedingungen Unterliegendes, wenigstens dem Begriffe nach, von der sittlichen Gesinnung ab, wenn auch im Leben niemals die Eine ohne die Andere auftreten kann. Grade vor dem ernsten Wahrheitssinne, der, durchdrungen von dem absoluten Werthe des sittlichen Endzwecks, an der unveräußerlichen Weltwirklichkeit des Menschen denselben realisiren will, vollzieht sich diese Scheidung. Nun haben wir aber oben gesehen, daß das Sittengesetz nur dadurch dem Menschen verständlich wird, ihm dadurch die Mittel zu seiner Begründung selbst verschafft, daß es die Aufrechterhaltung seines Selbstgefühls nicht dem inhaltleeren Spiel des Naturtriebes über-

---

[1]) Kant 4, 353.

läßt, sondern dasselbe durch das Bewußtsein der freien unabhängigen Persönlichkeit zur Vollendung bringt. Dagegen hat die eben angestellte Erörterung der concreten Gestalt, welche das Sittengesetz für den Menschen annimmt, ergeben, daß das einzelne Subject die Verwirklichung der sittlichen Aufgabe, in welcher sein Selbstgefühl seine volle Befriedigung fände, nicht in seiner Gewalt hat. Seine isolirte, wenn auch noch so ernstliche Hingabe an das unbedingte Gesetz, gewährt ihm also das nicht, was wir oben als den Inhalt des letzteren gefunden hatten, den Abschluß seines Selbstgefühls in dem Bewußtsein der freien Persönlichkeit. Wenn aber das Sittengesetz die Erhebung des Menschen zur Persönlichkeit zwar ausspricht, aber dieselbe dann doch wieder an Bedingungen knüpft, welche offenbar weder aus ihm selbst entspringen, noch der Herrschaft des sittlichen Subjects unterworfen sind, so ist es in sich selbst widersprechend, und das Werden der Persönlichkeit, welches in Verbindung mit der wachsenden Evidenz seiner absoluten Wahrheit sich vollziehen sollte, ist unmöglich.

So gestaltet sich der im sittlichen Bewußtsein hervortretende Widerspruch, wenn man mit Kant speciell darauf achtet, daß bei der wirklichen Anwendung des Sittengesetzes auf den Menschen die sittliche Gesinnung und die Befriedigung des Selbstgefühls oder die Glückseligkeit auseinandertreten, daß dagegen in dem allgemeinen Inhalte des Sittengesetzes die Synthese beider ausgesprochen ist (unabhängige Persönlichkeit). Damit hat Kant nur einen Specialfall des allgemeinen Widerspruchs hervorgehoben, welcher der menschlichen Sittlichkeit innewohnt, daß nämlich das Besondere, in dessen Organisirung die Realität des Sittengesetzes besteht, von diesem selbst, wenigstens für unser Verständniß, in seinem Wesen unabhängig ist. Der von Kant gewählte Specialfall hat aber den Vortheil, es besonders einleuchtend zu machen, daß das Bestehen menschlicher Sittlichkeit die mögliche Ausgleichung des Widerspruchs voraussetzt.

Aber grade dieser kantischen Form des Problems tritt nun der Einwand entgegen, daß eine solche Frage gar nicht im Menschen entstehen dürfe. Der Grund ist dieser: Der Werth des sittlichen Endzwecks garantirt seine Durchführung. Diese Abweisung des Problems, an welchem der Zusammenhang der Sittlichkeit mit der Religion erwiesen werden soll, hat deßhalb etwas so ungemein Bestechendes, weil sich darin immer die practische Energie des sittlichen

Bewußtseins zu bekunden scheint, welche Anerkennung fordert. Wäre diese Berufung auf den Werth des sittlichen Endzwecks hier nicht der Ausdruck subjectiver Ueberzeugung, sondern wollte sie nur auf den Begriff der sittlichen Gesinnung hinweisen, in welcher der Inhalt des Sittengesetzes nothwendig als geltend und deßhalb als durchführbar anerkannt wäre, so würde das in diesem Falle eine leere Tautologie sein. Denn daß dieses in dem Begriffe der sittlichen Gesinnung liege, bildet ja eben die Voraussetzung, auf Grund deren wir die Frage erhoben, wie dieselbe mitten in der Abhängigkeit und Bedürftigkeit eines endlichen Vernunftwesens bestehen könne. Wenn man also dieser Frage sich entledigt, weil der sittliche Endzweck, den man sich angeeignet habe, alle Abhängigkeit und Bedürftigkeit ausschließe, so redet man aus der Vollkraft sittlicher Gesinnung heraus, oder man redet so, wie die Aussage einer vollkommen realisirten sittlichen Gesinnung lauten müßte. Denn anders kann diese niemals ihr letztes Urtheil über die Realität des Endzwecks fällen; er ist ihr wirklich um des Werthes willen, bei welchem jede weitere Frage nach dem Wozu verstummt, weil die Person in ihm ihre eigene absolute Vollendung erkennt. Für die vollkommen verwirklichte Sittlichkeit wäre also unser Problem allerdings nicht vorhanden. So gern wir aber denen, welche dasselbe abweisen, eine bewundernswerthe Kraft des sittlichen Willens zugestehen, so möchten wir doch gern wissen, in welcher Weise sich bei ihnen das Bewußtsein um die Abhängigkeit und Bedürftigkeit des Menschen, auch in seinem sittlichen Streben, umgewandelt hat. Wir verlangen nicht die affectvolle Darlegung des Inhalts idealer Gesinnung. Dieser Inhalt steht uns in seinen allgemeinen, durch das Sittengesetz bezeichneten Umrissen ebenfalls fest. Sondern das wollen wir wissen, wie sich in dem Menschen, indem das Sittengesetz über ihn Macht gewinnt, das Bewußtsein ändert, daß die ihn umfassende Natur, bis zum menschlichen Gesellschaftsleben hinauf, in ihrer Zufälligkeit und Bedingtheit kein sicheres Merkmal davon erkennen läßt, daß sie in den unbedingten Endzweck als Mittel seiner Verwirklichung eingehe.

Eine Aenderung muß doch mit diesem Bewußtsein vorgegangen sein, wenn das Selbstgefühl des Menschen ganz und voll in dem Ideal des höchsten Gutes lebt. Denn bei einer solchen geistigen Verfassung kann sich doch offenbar die Thatsache seiner Besonderheit als Naturwesen nicht mehr störend zwischen das Auge des Menschen und den sittlichen Endzweck stellen. Ist nun das Bewußtsein um die empirische Bedingtheit, in welcher das Sittengesetz den Menschen vorfindet, einfach verschwunden? Das ist schon deßhalb nicht anzunehmen, weil ja die persönliche Hingabe an das Sittengesetz nur in dem ernsten Streben erfolgt, die Beziehungen zur Natur und Menschenwelt, in welchen wir als Individuen existiren, zu Mitteln für die Gestaltung des gemeinsamen Ideals zu gewinnen. Solche Art von Mysticismus, welche in der Erhebung zur sittlichen Aufgabe die gegebenen Bedingungen unseres Daseins vergessen zu können meinte, wäre also, ganz abgesehen davon, ob sie Erreichbares wollte, auf jeden Fall unsittlich. Folglich muß jenes Bewußtsein, das, grade im Interesse der sittlichen Aufgabe selbst, nicht verschwinden darf, seinen Charakter ändern; es muß in anderer Gestalt neben der ungebrochenen Kraft sittlicher Gesinnung auftreten, als es zunächst immer erscheint, wenn man den empirischen Menschen mit seinem sittlichen Ziele vergleicht. Wenn bei solcher Vergleichung der bloßen Begriffe die endlose Bedingtheit des Menschen als Naturwesen mit der Verklärung des Selbstgefühls in der sittlichen Freiheit aufs schärfste contrastirt, so muß dagegen, wenn sittliche Gesinnung in einem Menschen sich kräftig entwickelt, auch die unveräußerliche empirische Verfassung, in der er lebt, sich anders für ihn darstellen. Sie kann ihm nicht mehr ein Hemmniß bedeuten für den Ausblick in die durch das Sittengesetz bezeichnete Wirklichkeit, sondern sie muß gewissermaßen durchscheinend geworden sein für den Endzweck. Ohne eine solche Veränderung kann ein Fortschritt im Guten überhaupt nicht zu Stande kommen. Die Umgestaltung der empirischen Ansicht von unserer Weltstellung gehört als wesentliches Moment zu unserer sittlichen Entwicklung. Denn wenn wir uns das Gute doch nur in der Form des Endzwecks, in welchem unser Selbstgefühl zur Ruhe kommt, wirklich aneignen, so bewegt sich jede wirklich sittliche Bestimmung des Willens auf dem Hintergrunde eines Urtheils, durch welches die Werthbestimmungen, zu denen uns unser Zusammenhang mit der Welt factisch nöthigt, mit dem durch das Sittengesetz bezeichneten Werthe in Einklang gesetzt werden. Sonst bliebe das Sittliche für den Menschen lediglich eine unverstandene Aufgabe. Ein Verständniß des Sittengesetzes aus demjenigen, was es dem persönlichen Leben leistet, wäre unmöglich, wenn es nicht für unser Vorstellen mit den empirischen Bedingungen dieses Lebens in einen positiven

Zusammenhang träte, welcher uns von vornherein befähigte, beide als organisirende Kraft und als gestaltungsfähigen Stoff auf einander zu beziehen.

Daß nun ein solcher Zusammenhang sich nicht aus der theoretischen Erkenntniß der Welt ergiebt, versteht sich von selbst. Die Abgeschlossenheit dessen, was das Sittengesetz dem Menschen zuspricht, steht ja in ausdrücklichem Gegensatze zu den endlosen Beziehungen, in denen sich das Weltleben des Menschen für das bloße Erkennen auseinanderbreitet. Wenn das Sittliche als die Macht über die Welt anerkannt wird, so ist dieß lediglich ein Act persönlicher Ueberzeugung, nicht des Erkennens. Also als empirisches Factum liegt jener Zusammenhang nicht vor. Man kann aber auch nicht sagen, daß er in dem Sittengesetze als solchem als Forderung enthalten sei. Die isolirte Betrachtung des Sittengesetzes in seiner formalen Allgemeinheit müßte vielmehr das Trugbild einer Sittlichkeit erzeugen, welche auf eine Negation der Welt hinausliefe, und daher gar keinen Anlaß böte, auf einen positiven Zusammenhang der letzteren mit dem sittlichen Endzweck sich zu stützen.

Nur die Aneignung des Sittengesetzes durch den lebendigen Menschen, d. h. durch ein Selbstgefühl, welches von der Natur in verschiedenartige Schwingungen versetzt wird, läßt das Urtheil, daß das Gute die Macht über die Welt sei, hervortreten, und zwar als die unumgängliche Voraussetzung für ihre eigene Entwicklung. Aus der sittlichen Gesinnung für sich gedacht, läßt sich jenes Urtheil nicht ableiten, weil dieselbe immer darauf gerichtet ist, sich das Sittengesetz in seiner abstracten Allgemeinheit als unbedingtes Gesetz zu vergegenwärtigen. Jenes Urtheil ist daher nur aus einer selbständigen Function neben der sittlichen Gesinnung zu verstehen. Aber die letztere bewegt sich in jedem Momente ihrer menschlichen Entwicklung durch dasselbe hindurch. Die Ueberzeugung von der Macht des Guten über die Welt ist das Medium, in welchem das sittliche Ideal mit dem natürlichen Menschen zusammentrifft und ein sittliches Menschenleben entsteht. Es ist freilich richtig, daß in dem einzelnen Falle des sittlichen Handelns der Wille durch die Rücksicht auf den Erfolg nicht gefesselt werden darf. Aber dieß doch nur deßhalb, weil der Zweck, durch welchen jede einzelne Handlung als eine besondere besteht, immer von dem Endzweck überragt wird, welcher in der Sphäre des Menschen nicht für sich, sondern nur in einer Vielheit individuell bedingter Zwecke, die er zum

System zusammenfaßt, erstrebt werden kann. Sittliche Gesinnung besteht ohne Zweifel darin, daß man sich jedesmal als den eigentlichen Gehalt der Maxime das unbedingte Gesetz, welches in keinem Erlebniß des Subjects sich vollständig ausdrückt, zum Bewußtsein bringt. Aber so von dem nächstliegenden Erfolge abzusehen, weil das Selbstgefühl erst in dem Ganzen, dem er dienen sollte, seine Ruhe findet, ist doch nur dadurch möglich, daß das Vertrauen, dieses Ganze werde in irgend einer Form zur Verwirklichung gelangen, als unzerreißbares Continuum die einzelnen Acte des sittlichen Lebens umspannt. Dieses Vertrauen ist aber nicht etwa deßhalb als der unabhängige und zureichende Grund der Willensbestimmung zum Guten anzusehen. Wohnt ihm doch selbst bereits die Anerkennung inne, daß das Sittliche das unbedingt Werthvolle sei. Es ist also selbst von sittlicher Gesinnung nicht unabhängig. Aber das muß doch zugegeben werden, daß es auch nicht als das sich von selbst verstehende Erzeugniß sittlicher Gesinnung betrachtet werden kann, weil diese, für sich gedacht, auf den unbedingten Endzweck gerichtet ist, und in diesem nichts vorfindet, was auf die empirisch gegebenen Bedingungen des menschlichen Personlebens leiten könnte. Also die Erzeugung des Urtheils, daß das Gute die unermeßliche Welt beherrscht, daß die Beziehungen des Naturlebens, in die wir widerstandslos verflochten sind, mithelfen müssen zum Aufbau eines Geisterreiches — die Erzeugung dieses Urtheils besteht als selbständige Function neben der sittlichen Gesinnung. Aber sie steht doch mit dieser in einer Verbindung, welche nicht gelöst werden kann, ohne beide aufzuheben. Denn wie ihr selbst bereits eine sittliche Werthbestimmung innewohnt, so ist sie das Medium, durch welches sich die sittliche Gesinnung bei ihrer Entwicklung im Menschen stetig hindurch bewegt.

Wenn das sittliche Bewußtsein über sich selbst aufgeklärt wird, so muß es in seiner Tiefe jenes Vertrauen finden; denn dasselbe ist nichts weiter als das Merkmal seiner eigenen individuellen Existenz. In dem Urtheil aber, welches in diesem Vertrauen ausgesprochen wird, erscheint die Welt als Ganzes dem Endzweck unterworfen, in welchen das ganze Selbstgefühl einer Person hineingelegt ist. Ein solches Urtheil ist, wie wir oben im zweiten Abschnitt gefunden haben, religiöser Art. Folglich gelangt die Sittlichkeit durch die Vermittlung eines religiösen Urtheils zu individueller Wirklichkeit in einem Menschenleben.

Damit ist der solidarische Zusammenhang von Religion und Sittlichkeit auch von der letzteren aus bewiesen. Zwar das Sittliche selbst, das formale Gesetz in seiner unbedingten Nothwendigkeit, muß als völlig unabhängig, als die Grenze des persönlichen Denkens gedacht werden, wenn es überhaupt gedacht werden soll. In jedem Momente des sittlichen Lebens muß das Bewußtsein aufleuchten, daß man durch eine nothwendige Willensbestimmung (welche man anerkennen kann, auch indem man sich ihr entzieht) an die Grenze aller Werthvergleichung geführt ist. Aber dieser charakteristische Act der sittlichen Gesinnung tritt in einem Menschen nur auf als das ordnende Licht in dem Chaos seiner natürlichen Beziehungen. Und deßhalb bewegt sich die Sittlichkeit, die Aneignung jenes allgemeinen Gesetzes durch das Individuum, auf dem Grunde eines zwar sittlich motivirten, aber doch religiösen Urtheils über jene natürlichen Beziehungen, welche dadurch zu einem Weltganzen, das in dem persönlichen Endzweck seinen Einheitspunkt hat, zusammengefaßt werden. Für die Sittlichkeit ist es daher nicht gleichgültig, ob dieses religiöse Urtheil nur unwillkürlich das Streben des einzelnen Menschen beschattet, oder ob er mit vollem Bewußtsein in dem Schutze desselben sein Leben führt. „Es darf kaum als ein sittlich höherer Standpunkt erscheinen, wenn man darauf verzichtet, diesem Urtheil, welches unausweichlich mit der Beziehung der sittlichen Idee auf die Welt gegeben ist, deutlichen und zusammenhängenden Inhalt zu geben, wodurch es allein die Kraft erlangt, einen Willen, der nicht schon seiner Natur nach durch das moralische Gesetz bestimmt ist, sondern es nur werden soll, zur consequenten und freudigen Festhaltung des sittlichen Beweggrundes zu befähigen. Denn ein Zweck, der sich als unrealisirbar herausstellt und doch durch das unbedingte sittliche Gesetz uns nothwendig aufgegeben wird, bedeutet einen Widerspruch, der unser persönliches Selbstgefühl, das auf der Bestimmung durch das sittliche Gesetz ruht, aus dem Gleichgewicht bringt: „„es kann dieß nicht geschehen ohne einen der moralischen Gesinnung widerfahrenden Abbruch““. Der Grund dieses nichtigen Zweckes, der dennoch nicht etwa eine irrthümlich gezogene Folgerung, sondern practisch nothwendig und unerläßlich ist, würde in der That sich selbst aufheben, das Gesetz würde „„phantastisch““ erscheinen. Es wäre sophistisch, behaupten zu wollen, damit werde das Unbedingte zum Bedingten gemacht. Das Unbedingte ist ja nicht ein Sein, sondern eine Forderung: die letztere gilt als Forderung nicht erst unter einer Bedingung, die vorher eingesehen werden müßte, als thatsächlich möglich oder vorhanden, sondern weil sie unbedingt gilt, darum muß auch das Urtheil gefällt werden, daß wirklich werden kann, was wirklich werden soll. Dieser theoretische Act hat seinen Impuls nicht in vorhergehender kluger Berechnung, sondern in dem vorausgehenden Gefühle vom Werthe des Sittlichen"[1]). Dieses Gefühl entfaltet sich nun zur Sittlichkeit, indem es den Impuls zu jenem theoretischen Acte giebt. Und der Geltungswerth des letzteren, die Wahrheit seines Inhaltes ruht für die Person darauf, daß sie durch ihn mit dem Unbedingten zusammenhängt und als Glied in das Reich der Zwecke sich einfügt. Sobald man nicht bloß in akademischer Erörterung über das Sittliche redet, sondern als lebendiges Subject dasselbe als das Gesetz des eigenen Wollens in Anspruch nimmt, so bewegt man sich mit seinem gesammten Denken über die Welt in der Richtung, welche durch jenes Urtheil angegeben ist. Je mehr daher die Person von der Realität des Endzwecks durchdrungen ist, in welchen sie sich mit ihrem gesammten Streben einleben will und soll, desto mehr muß sie das Bedürfniß haben, das religiöse Urtheil, worin sich für sie diese Realität nothwendig ausdrückt, sich zu vergegenwärtigen und die Vorstellungen, in welchen es sich entfaltet, in ihrem inneren Zusammenhange zu erkennen. Durch den trügerischen Nimbus einer Sittlichkeit, welche dieses Bedürfniß nicht anerkennt, darf man sich nicht bestechen lassen. Denn hinter dieser scheinbaren Selbständigkeit der sittlichen Person versteckt sich die Schwäche, welche sich außer Stande fühlt, gegen den ungeheuren Widerspruch der Natur die moralische Zweckbestimmung zu behaupten. Daher kann jener Verzicht zwar als Ausdruck der Wahrhaftigkeit anerkannt werden; aber, am Sittengesetze gemessen, bleibt er fehlerhaft. Seinem vollständigen Sinne nach würde er aussagen, daß das Sittengesetz keine Anwendung auf den Menschen findet, weil die Zweckbestimmung, zu welcher dasselbe das Subject, an das es sich wendet, auffordert, für uns bedeutungslos ist. Legt man dagegen, ohne nach den Mittelursachen des Erfolges zu fragen, die volle Gluth seines Selbstgefühls in die Hingabe an die sittliche Forderung, so geschieht dieß durch die Vermittlung des insgeheim gebildeten Gedankens, daß in dem sittlichen Endzweck sich

[1]) Gottschick, a. a. O. 25.

die Macht über die empirischen Bedingungen unseres Daseins offenbart. Das ist aber religiöse Ueberzeugung, welche sich daher als die unentbehrliche Begleiterin der sittlichen Gesinnung herausstellt.

Wir haben hierbei deutlich hervortreten lassen, daß wir nicht etwa zeigen wollen, wie man vom sittlichen Bewußtsein aus sich Religion aneignen könne. Man kommt überhaupt nicht vom sittlichen Bewußtsein zu religiöser Ueberzeugung, sondern das erstere in seiner vollen Entfaltung im Menschen schließt die letztere als eine Bedingung ihres eigenen Bestandes in sich. Wir haben oben die begriffsmäßige Vollendung der Religion darin erkannt, daß sie, in Folge der ausdrücklichen Normirung aller ihrer Vorstellungen durch den sittlichen Endzweck, durchaus teleologisch gerichtet ist, wie sie denn von Anfang an nur verständlich ist als der Ausdruck der persönlichen Selbstgewißheit des irgendwie sittlich bestimmten Menschengeistes. Hier hat sich uns herausgestellt, daß die sittliche Person zum vollen Aneignen und Verstehen des unbedingten Gesetzes, dem sie sich unterwirft, durch die Vermittlung eines religiösen Urtheils über die Welt gelangt. Daraus ergiebt sich, daß Religion und Sittlichkeit die nicht aus einander abzuleitenden, aber auf einander angewiesenen geistigen Functionen sind, in welchen persönliches Leben, ein aller Erklärbarkeit sich entziehendes und dennoch seiner Realität gewisses Innenleben des Menschen, zu Stande kommt.

Bei der Entwicklung des Begriffs der Religion ohne Rücksicht auf das sittliche Bewußtsein (vergl. den 2. Abschnitt) blieb eine ungelöste Frage zurück. Es fehlte dem Menschen für die Stellung, welche er sich im religiösen Glauben der Welt gegenüber giebt, ein Grund, der sich als allgemeingültiger hätte aussprechen lassen. Die Energie des menschlichen Selbstgefühls, welche sich in dem religiösen Urtheil über die Welt manifestirt, erschien als zufälliges, subjectives Ereigniß, dessen Reflex in einer religiösen Weltanschauung vor dem Vorwurfe der Einbildung nicht geschützt werden konnte. Es blieb dem gegenüber nichts weiter übrig, als die kahle Berufung auf jene Energie, welche nun einmal den religiösen Menschen befähige, die Zwecke, welche er mit seinem Selbst identificirt, als die Macht über alles Geschehen festzuhalten. Wäre die Religion lediglich ein Besitz des einzelnen Subjects, so reichte eine solche Rechtfertigung auch vollständig aus. Zugleich aber wäre damit die Unmöglichkeit erwiesen, den inneren Zusammenhang der religiösen Ueberzeugung einer wissenschaftlichen Behandlung zu unterwerfen. Nun existirt aber Religion immer nur als geistige Gesammtbewegung einer Gemeinschaft von Menschen. Folglich wohnt ihr selbst das Vertrauen inne, daß ihre Gewißheit nicht bloß auf einem subjectiven Erlebniß ruht, woraus die vollständige Isolirung des religiösen Subjects folgen müßte, sondern mit einer Thatsache in Verbindung steht, welche durch ihre Evidenz im Stande ist, auch Anderen das Verständniß der religiösen Gedankenwelt aufzuschließen. Ohne das Bewußtsein, daß in ihr eine solche Macht über die Gemüther lebt, ist Religion überhaupt nicht vorhanden. Und das Vermögen, in einer größeren Gemeinschaft von Menschen zu herrschen, oder die Expansionskraft der Religion, wächst in dem Maße, als die Thatsache, welche die Gemeinschaftlichkeit der religiösen Ueberzeugung vermittelt, den Anspruch erheben darf, ohne Rücksicht auf örtliche und zeitliche Bedingungen des Menschenlebens, welche immer auch Gründe der Trennung enthalten, von allen Menschen verstanden zu werden. Diese Thatsache haben wir nun in der Geltung des Sittengesetzes für alles persönliche Leben gefunden. Wie wir selbst durch das Sittengesetz zum Bewußtsein unserer Persönlichkeit gelangen, so vermittelt uns dasselbe den Verkehr mit anderen Personen. Denn als Person, die nicht zur Sache erniedrigt werden darf, steht uns der Mensch nur dann gegenüber, wenn wir den Endzweck in ihm anerkennen, wenn wir ihm die Ueberzeugung entgegentragen, daß auch in ihm das Sittengesetz der Daseinsgrund seines persönlichen Lebens ist und die Form, in welcher es vollendet wird. Und dieser persönliche Verkehr, zu welchem uns das Sittengesetz verbindet, bildet nun auch die richtige Vermittelung religiöser Gemeinschaft. Das Bewußtsein um die Allgemeingültigkeit der religiösen Urtheile muß auf die Einsicht zurückgreifen können, daß ihre Wahrheit gleichbedeutend ist mit der Realität der Idealwelt, in welche der sittliche Verkehr der Menschen ausläuft. Wenn der religiöse Glaube lediglich in dem auf die sittlichen Güter gerichteten Geiste seine Anknüpfungen sucht, so darf er den Anspruch auf universelle Geltung erheben. Es liegt keineswegs als ein empirisches Factum vor, daß das Gefühl für jene Werthe überall sich rege. Aber es ist eine unleugbare Thatsache, daß unser eigenes sittliches Bewußtsein uns zwingt, das Verständniß für die in ihm enthaltenen Bedingungen des persönlichen Lebens bei allen Menschen vorauszusetzen. Die Idee des Menschen, welche in der moralisch bedingten Gewißheit liegt, daß das Gefühl für die befreiende Macht des Sittengesetzes auch in den

Andern erwacht sei oder erwachen werde, ist die verbindende Anschauung, deren die wirklich universell gerichtete religiöse Gemeinschaft nicht entbehren kann. Und darin, daß diese Idee nicht ein empirisches Factum bezeichnet, liegt grade ihre gemeinschaftstiftende Kraft. Wäre sie ein Ergebniß uninteressirter Beobachtung, so würde sie auch nicht das verbindende Element für das innigste Zusammenleben der Menschen sein können. Ruht doch auch in den Volksreligionen die Gemeinsamkeit des Glaubens auf der sinnenfälligen Realität des Staates nur insofern, als das Hoffen und Streben Aller auf sein Gedeihen gerichtet ist. Nur insofern vermag der daran geknüpfte religiöse Glaube, die Menschen innerlich an einander zu schließen. Das Verständniß für die sittliche Gemeinschaft erwächst nun sogar ausschließlich in persönlicher Antheilnahme; ein solches Gut ist gar nicht für uns vorhanden, ohne daß wir in lebendiger Gesinnung für seine Erzeugung thätig sind. Daher fordert die Anerkennung einer solchen Thatsache, wie die sittliche Gemeinschaft, unausgesetzt dazu auf, sich selbst und Andere in der inneren Regsamkeit zu vergegenwärtigen, in welcher der Mensch für persönlichen Verkehr sich aufschließt, weil er der Anlehnung an Personen bedarf. Die Religion also, falls sie die Wahrheit ihrer Urtheile schließlich auf die Realität jener Thatsache hinausführt, bleibt dabei innerhalb der subjectiven Region, zu welcher keine objective Erkenntniß den Zugang eröffnet, in der man sich aber vorfindet, indem man innerhalb der Beziehungen der menschlichen Gesellschaft zur bewußten Behauptung des eigenen Selbst geweckt wird. Aber trotzdem wird es der Religion auf diese Weise ermöglicht, den Anspruch auf universelle Geltung ihrer Vorstellungen und Urtheile durchzuführen. Diese Allgemeingültigkeit besteht freilich nicht darin, daß die religiösen Gedanken sich auf Wahrheiten, die allen Menschen ohne Unterschied verständlich wären, zurückführen lassen; sondern darin, daß sie mit einer Thatsache verknüpft sind, deren Anerkennung wir gar nicht vollziehen können, ohne dieselbe als die Forderung des Ideals von allen Menschen zu verlangen. Nicht ihre Verbreitung in der Vielheit erkennender Wesen macht dann die religiösen Vorstellungen zu allgemeingültigen, sondern die practische Kraft, welche ihnen dadurch zukommt, daß sie in solidarischer Verbindung mit dem, was die Menschen sein sollen, erwachsen sind. Die Wahrheit der Religion gilt nicht für die gleichgültige Summe der Menschen, sondern für die im Sittengesetze gedachte

Gemeinschaft, welche nicht nur Alle umfassen will, sondern auch diejenigen von sich ausschließt, welche auf ihre eigene Persönlichkeit verzichten. Es ist, wie wir oben sagten, ein zufälliges geschichtliches Factum, wenn der Mensch seine persönliche Selbstgewißheit in diejenigen Voraussetzungen verfolgt, unter welchen dieselbe als unabhängig von Naturbedingungen und deßhalb als vollendet sich darstellt. Die religiöse Weltanschauung kann daher nur wahr sein für eine Gemeinschaft von Menschen, welche sich nicht mit den Zwangsmitteln der Logik zusammentreiben läßt, sondern welche geschichtlich erwächst und sich immer neu daraus erzeugt, daß es unter ihrem erziehenden Einfluß Menschen gibt, die sich für die Frage nach dem Zwecke ihres Daseins und damit nach der Realität ihres persönlichen Lebens interessiren. Ueber solcher Menschenseele leuchtet das Sittengesetz und verlangt als das Medium, durch welches seine allgemeine Forderung individuelle Wirklichkeit in derselben gewinnen könne, die Religion. Jeder wirkliche Prediger des Evangeliums ahnt wenigstens diesen Zusammenhang und sucht, in unwillkürlichem Vertrauen auf ihn, religiöse Gemeinschaft anzuknüpfen und zu vertiefen. Für bloß erkennende Wesen ist die Wahrheit der Religion nicht vorhanden; ihr Geltungsbereich liegt in der practisch bedingten Gemeinschaft von Personen. Wer diese und sein eigenes von ihr unablösbares Innenleben als eine Wirklichkeit eigener Art nicht anerkennen und beachten mag, darf weder für noch wider die Religion gehört werden. Indessen würde man sich die Kenntnißnahme von der Theologie der Gegenwart vielleicht mehr, als erlaubt ist, abkürzen, wenn man diesen Canon strict befolgen wollte.

Solange wir an der Religion nur dasjenige hervorhoben, was auch an der verkommensten positiven Religion noch erkennbar ist, daß sie practische Welterklärung aus dem höchsten Gute des Menschen sein will, solange hatten wir keinen Schutz gegen den Einwurf, daß in ihr nichts weiter zum Ausdruck komme, als die zufällige Einbildung eines besonders lebenskräftigen Subjects. Jetzt dagegen hat sich uns ergeben, daß sich der Mensch, indem er sich die sittliche Forderung als sein eigenes Gesetz aneignet, seine Weltstellung unter einem Gesichtspunkt auffaßt, welcher die Wirklichkeit desjenigen voraussetzt, was nicht gewußt, sondern nur im religiösen Sinne geglaubt werden kann. Der sittliche Geist lebt im eigentlichsten Sinne in der Wirklichkeit eines Glaubensobjects. Für ihn ist daher die Religion eine nothwendige Function, was sich für den Menschengeist überhaupt durch alle Anstrengungen der Psychologie nicht erweisen ließ. Und die Religion, in welcher die sittliche Person zum Bewußtsein ihrer Lebensbedingungen kommt, drängt nothwendig nach Gemeinschaft. Die religiöse Gemeinschaft ist nicht etwa nur das Resultat davon, daß zufällig ausgesprochene religiöse Erfahrungen bei Anderen Verständniß gefunden haben; sondern die ethisch gerichtete Religion wenigstens kann nicht anders, sie muß die Schranken des Subjects durchbrechen. Denn da sich sittliches Leben nur in der Wechselbeziehung des Einzelnen zur Gesammtheit und in der stetigen Regulirung der particulären Gemeinschaften sittlicher Art durch die Idee der universellen gestaltet, so erfaßt sich auch das gläubige Subject in einer solchen Religion nothwendig nicht als Einzelwesen, sondern als den Repräsentanten der in der sittlichen Idee verbundenen Menschen. Also in dem religiösen Bewußtsein, welches der sittlichen Person als solcher eignet, ist die religiöse Gemeinschaft wenigstens als Impuls gesetzt. Ebendeßhalb aber kann hier die Gewißheit von der Realität der Glaubensobjecte nicht bloß von der Erfahrung subjectiver Erregung leben, sondern ebenso nöthig ist ihr die Bethätigung des Vertrauens, daß die religiösen Urtheile allgemeingültig sind; beides gehört zusammen wie Einathmen und Ausathmen. Somit sind Mittel und Antrieb zu demjenigen, was der dogmatische Beweis methodisch leisten soll, in jedem richtig gestalteten religiösen Bewußtsein, wenn auch in unentwickelter Form, vorhanden.

Aus den dargestellten Zusammenhängen der Sittlichkeit mit der Religion geht nun aber auch klar hervor, daß das Sittliche als solches aufgehoben wird, wenn eine absolute Wissenschaft unter dem Namen der Metaphysik den Versuch macht, es zu begreifen, selbst wenn ihm dabei, wie oben von dem modernen Religionsphilosophen, die Ehre gegönnt wird, als „höchste Thatsächlichkeit“ anerkannt zu werden.

Um das sittliche Wollen selbst metaphysisch erklären zu können, müßten wir im Stande sein, dasselbe als ein objectiv Gegebenes anzuschauen. Wenn es uns so als ein empirisches Factum gegeben wäre, sich als ein feststehendes Element in die Wirklichkeit einfügte, auf deren Boden wir die Welt unserer Zwecke aufbauen, so würden wir auch an ihm die allgemeinen Formen des Seins und Geschehens erproben wollen, an denen wir die Bürgschaft dafür zu haben meinen, daß die Dinge Mittel für unsere Zwecke sind. Wäre also der sittliche Wille ein solches Ding, so würde sich das Postulat der Erklärbarkeit auch auf ihn erstrecken, ohne welches der Menschengeist in seiner unvermeidlichen practischen Bestimmtheit kein Ding als solches gelten läßt. Der Mensch würde die practisch motivirte Voraussetzung, daß ihm die Dinge zur Verfügung stehen, auch dem sittlichen Willen gegenüber festhalten; und das kann er nur in der Zuversicht, daß derselbe sich als ein Kreuzungspunkt von Beziehungen zwischen andern Dingen werde erklären lassen.

Aber der sittliche Wille ist eben nicht ein Gegebenes, mit welchem wir so verfahren dürften. Weder in uns noch in Anderen liegt er uns als empirisches Factum vor. Er bedeutet ja nichts als die Vorstellung, welche wir uns von unserem eigenen Willen machen, indem wir ein unbedingtes Gesetz als für ihn gültig anerkennen. Innerhalb dieser rein persönlichen Ueberzeugung entsteht die Vorstellung von dem sittlichen Willen. Nun ist zwar auch die letztere Vorstellung als solche, wie überhaupt die psychischen Vorgänge, in welchen sich das sittliche Bewußtsein verwirklicht, Gegenstand psychologischer Forschung. Aber nicht die dabei etwa eruirten Zusammenhänge machen die eigenthümliche Wirklichkeit des Sittlichen aus, sondern der Sinn, welchen dasselbe für das Selbstbewußtsein einer fühlenden und wollenden Person hat. Und nun steht vollends die persönliche Ueberzeugung von unserem Willen als einem sittlichen in untrennbarer Verbindung mit der Gewißheit, daß derselbe — nicht etwa frei erscheint, auf irgend eine Weise als frei erlebt wird — sondern frei ist. Dieser Gedanke der Freiheit aber bedeutet, daß das unbedingte Gesetz des Willens den Menschen, indem es ihn zum Bewußtsein seiner Persönlichkeit aufruft, an diejenige Grenze seines Denkens geführt hat, welche für ihn als Person eine absolute ist. Er muß sie respectiren, wenn er die Forderung des Sittengesetzes als eine unbedingte festhalten, wenn er auf die Ueberzeugung von der Realität seines persönlichen Lebens und auf die Pflege und Cultur desselben als eines realen nicht verzichten will. Indem das Sittengesetz den ihm unterworfenen Willen als einen freien denken lehrt, bringt es uns zum Bewußtsein, daß wir über die Persönlichkeit hinaus nicht mehr fragen sollen: durch welches Andere ist sie möglich? In ihr hat die sittliche Person den letzten Grund alles Daseins, den einheitlichen Beziehungspunkt alles Wirklichen erreicht. Wir geben daher den Standpunkt auf, auf den uns das Sittengesetz stellt, wenn wir uns die sittliche Persönlichkeit wie etwas objectiv Gegebenes gegenüberstellen und dieselbe unter einem vermeintlich höheren Gesichtspunkt mit der Vielheit der erklärbaren Dinge zusammenfassen. Indem wir dieses thun, werfen wir uns ja auch in persönlicher Ueberzeugung auf ein Letztes, in welchem unser Denken zur Ruhe kommen soll und von welchem aus wir die dem persönlichen Leben unentbehrliche Einheit der Weltanschauung herzustellen suchen. Aber wir verschmähen damit zugleich denjenigen Abschluß, welchen uns das Sittengesetz gezeigt hat; und indem wir uns mit diesem in Conflict setzen, bringen wir einen Zwiespalt in unsere Lebensanschauung, der nicht nur ein Kreuz für das Denken ist, sondern nach dem objectiven sittlichen Maßstabe als unsittlich beurtheilt werden muß.

Aber bei dieser Abweisung der Metaphysik entsteht der Schein, als wäre dasselbe auch gegen einen religiösen Hintergrund des sittlichen Bewußtseins zu sagen. Denn das ist doch unleugbar, daß der religiöse Glaube in der Gottesidee den letzten Erklärungsgrund alles Wirklichen findet und daß er auch das sittliche Subject in der Abhängigkeit von Gott auffaßt und somit über dasselbe zu einem höheren sich erhebt. Indessen die religiöse Deutung der Welt aus Gott will ja nicht wie die Metaphysik eine Erklärung des Wirklichen liefern, welche bestimmt wäre, das Naturerkennen durch einen gleichartigen Abschluß zu vollenden. Es sollen dadurch nicht die Theorien vervollständigt werden, unter deren Voraussetzung uns ein mechanisches Eingreifen in die Welt gelingt, sondern es wird der Sinn und Zweck der Welt angegeben, aus welchem das Menschengemüth im Kampfe des Lebens seine Stärke zieht. Wenn daher einer solchen Art von Erklärung auch der sittliche Wille mit Allem, was uns als wirklich gilt, unterworfen wird, so heißt das nicht, daß die Entstehung desselben begreiflich gemacht werden soll. Wohl aber wird uns in der ethischen Religion das Verständniß dafür erschlossen, daß der sittliche Wille, den wir nur in schwerem Kampfe behaupten und in dessen alleinigem Anschauen keineswegs unser Selbstgefühl seine volle Befriedigung findet, dennoch die Form unserer Seligkeit ist. Dadurch wird dem sittlichen Willen durchaus nicht die Stellung genommen, welche ihm das Sittengesetz zuspricht. Er bleibt Endzweck, aber in seiner concreten Gestalt, als der sittliche Wille des Menschen, der in der Welt sein Leben führt und als Individuum auf die Ergänzung durch die Gemeinschaft angewiesen ist. Und sobald nun das abstracte Ideal des guten Willens als der leitende Gesichtspunkt für die Gestaltung dieser besonderen Bedingungen unseres Daseins verwerthet wird, sobald daher wirkliche Sittlichkeit zu Stande kommt, so erweitert sich die Idee der Persönlichkeit, welche in dem Sittengesetze als Endzweck gedacht wird, zu derjenigen einer Gemeinschaft sittlicher Personen, welche die gesammte Welt des empirisch Gegebenen als das Mittel ihres eigenen Bestandes beherrscht. Diese Gestalt muß der Endzweck in seiner wirklichen Anwendung auf den Menschen annehmen; es muß in ihm, wenn er für den Menschen gelten soll, die doppelte Thatsache anerkannt werden, daß derselbe als sittliches Subject nur denkbar ist in dem Wechselverkehr mit einer Gemeinschaft ihm gleichartiger Wesen, und daß sein Selbstgefühl, auf welches doch auch der sittliche Endzweck als auf das unumgängliche Organ für sein Verständniß rechnet, von den Beziehungen nicht loskommt, durch welche wir als endliche Wesen in die Theilnahme an dem unbestimmbaren Wechsel des Naturlaufes verstrickt werden. Somit muß die Aneignung des sittlichen Endzwecks dem Menschen die Merkmale seiner Abhängigkeit zum Bewußtsein bringen; denn weder die Herstellung der Gemeinschaft, von der er getragen wird, ist in seiner Gewalt, noch zwingt er durch die Kraft seines Willens die Natur zur Fügsamkeit gegen den Endzweck. Wenn ihm trotzdem die Realität eines die Welt beherrschenden Geisterreiches in freudiger Gewißheit feststeht, so ist der eigentliche Inhalt dieses G l a u b e n s der Gedanke, daß ein allmächtiger Wille des Guten ihn selbst und Alles um ihn her umfaßt. Dieses Bewußtsein der Abhängigkeit tritt nun aber an derselben Stelle auf, an welcher das Bewußtsein der Freiheit entspringt. Denn die Aneignung des sittlichen Endzwecks, die Anerkennung des allgemeingültigen Gesetzes kann sich ja für jeden nur in dem Bewußtsein vollziehen, daß er selbst Endzweck ist, ein a b s o l u t e r A n f a n g s p u n k t d e r s i t t l i c h e n W e l t, d. h. in dem Bewußtsein der Freiheit. Wenn daher im religiösen Glauben jenes Geisterreich als Endzweck feststeht, so bleibt dabei ebenso die Freiheit der sittlichen Person in Geltung, wie auf der anderen Seite die Abhängigkeit des Menschen grade in seinem sittlichen Streben zum Bewußtsein kommt. Dieses Bewußtsein der Abhängigkeit schließt also dasjenige der Freiheit nicht aus. Indem wir als bedürftige Wesen dem Gott vertrauen, dessen Wille die Macht des Guten über die Welt ist, so ist dieses Verhältniß der Abhängigkeit doch so beschaffen, daß es durch die Forderung sittlicher Selbständigkeit nicht durchbrochen wird; denn die volle Bethätigung unserer Freiheit würde nie etwas Anderes als die vollkommene Herrschaft des göttlichen Willens bedeuten können. Der Unterschied zwischen dem Bewußtsein der Freiheit und Abhängigkeit kann zwar in keinem Momente unseres Lebens aufgehoben werden, da vielmehr unsere creatürliche Sonderexistenz in dem Wechsel beider besteht. Aber sie sind deßhalb wenigstens für den, der selbst auf den Standpunkt tritt, auf welchem sie uns allein aufgehen können, auf den Standpunkt der Aneignung des Sittengesetzes, nicht einander ausschließende Gegensätze, weil in beiden sich nur die verschiedene Art darstellt, wie von einem individuellen Menschengeiste die Realität des absoluten Endzwecks, der Gemeinschaft sittlicher Personen, aufgefaßt wird. Derselbe Inhalt erscheint in dem einen Falle als die Macht über die Welt, welche der natürlichen Bedingtheit unseres Lebens ihre Schrecken nimmt; in dem anderen Falle als das Lebenselement unserer Freiheit. Also in dem Hintergrunde, den die Religion dem sittlichen Bewußtsein giebt, kann der Mensch seine Ruhe suchen, ohne deßhalb fürchten zu müssen, daß er sich als sittliche Person verliere. Der religiöse Glaube an Gott ist, richtig verstanden, grade das Medium, durch welches sich für den individuellen durch das Weltleben bedingten Menschen die allgemeine Forderung des Sittengesetzes so individualisirt, daß er im Stande ist, die Unbedingtheit desselben als den Grund seiner Selbstgewißheit und das in ihm vorgezeichnete Ideal als seinen eigenen Selbstzweck anzuerkennen. Die besonderen Bedingungen unserer Existenz, die wir nicht verachten dürfen, sondern an die wir uns mit voller Lebensfreude hingeben sollen, werden durch die Religion in die Sphäre des Unbedingten erhoben. Die sittliche Anerkennung des Individuellen wird dadurch ermöglicht. In dieser Anerkennung aber findet das sittliche Ideal seine Anwendung auf das endliche Vernunftwesen. Denn da sich unser Selbstgefühl von den Besonderheiten unserer Weltstellung nicht ablösen läßt, so würde das Sittengesetz unverstanden in uns verhallen, wenn nicht in dem religiösen Vertrauen, daß der gegebene Stoff unseres Lebens das bereite Mittel für den sittlichen Endzweck sei, das Verständniß seiner Forderung anticipirt würde.

Aber grade dieser unvermeidliche Hintergrund für die Beziehung des Sittlichen auf die Natur wird nun auch von der Metaphysik in Anspruch genommen. Die sittliche Welt und die Naturwelt treten als die letzten Gegensätze, auf welche das ordnende Denken des Menschen alles Andere zurückführt, einander gegenüber. Aber wie in der sittlichen Entwicklung des Menschen der Gegensatz factisch aufgehoben wird, so verlangt auch sein Denken, das Zusammensein beider in Zusammengehörigkeit zu verwandeln. Dieß geschieht durch den Gedanken eines einheitlichen Grundes des Sittlichen und der Natur. In der Vergegenwärtigung dieser Einheit soll das intellectuelle Bedürfniß, welchem ein unbegriffenes Nebeneinander des Wirklichen widersprechen würde, seine endgültige Befriedigung finden.

Man kann an diesem metaphysischen Probleme recht deutlich sehen, wie verhängnißvoll die gesammte Lebensanschauung von den Folgen der Einbildung getroffen wird, daß man einem intellectuellen Bedürfniß nachzugehen habe, wo in Wahrheit die Selbstbehauptung des fühlenden und wollenden Subjects in Frage steht.

Wenn sich für das Denken eines Menschen alles Wirkliche unter die letzten Gegensätze der Natur und des Sittlichen einordnet, so haben wir es bereits mit einem Wesen zu thun, welches nicht bloß erkennen, sondern vor Allem als insichgeschlossene Person leben will. Denn wer läßt denn die sittliche Welt überhaupt als ein Wirkliches eigener Art gelten, welches berechtigt wäre, der gesammten Natur als die andere Gruppe des Seienden gegenüberzutreten? Für das bloße Erkennen ist das Sittliche ein Name für psychische Vorgänge, von welchen hier und da die Menschen Zeugniß geben. Wenn man dagegen nicht bloß psychische Ereignisse mit den Verzweigungen ihrer Ursachen und Folgen in dem Sittlichen sieht, sondern sich auf den Standpunkt seiner Geltung versetzt und deßhalb eine eigenartige Wirklichkeit, die nicht übersehen werden darf, in ihm anerkennt, so hat man die innere Welt des persönlichen Lebens betreten, für welches das Sittliche die Macht seiner gesetzmäßigen Gestaltung bedeutet. Es gehört also die volle Lebensenergie der Person dazu, welche aus der feststehenden Geltung des Sittlichen heraus denkt und strebt, um jenen Gegensatz aufzurichten. Und die Lösung desselben ist nicht eine Aufgabe für das Erkennen, sondern sie ist in dem Factum des persönlichen Lebens gegeben, welches wir eben Religion nennen.

Es ist ein hohes Verdienst Schleiermachers um das richtige Verständniß der Religion, daß er in ihr die factische Lösung eines Gegensatzes erkannte, der sich dem menschlichen Geiste aufdrängt, aber mit den Mitteln des Erkennens, welches in die Beziehungen des Endlichen gebannt bleibt, nicht bewältigt werden kann. Damit ist die Stellung, welche die Religion im geistigen Leben einnimmt, im Allgemeinen richtig angegeben. Und zugleich ist damit ein Mißverständniß abgewehrt, gegen welches die kantischen Ausführungen nicht genügend schützen, als ob nämlich religiöse Ueberzeugung durch verständige Erwägung, welche man vom Standpunkte des sittlichen Bewußtseins aus anstellt, erzeugt werden könnte. Die sittliche Person hat nicht nöthig, auf der Brücke irgend welcher Argumente zur Religion zu gelangen. Denn sie trägt dieselbe als ihre eigene Lebensbedingung in sich. Auch bei Kant soll der moralische Beweis für das Dasein Gottes die Gewißheit von demselben nicht erzeugen, sondern er soll die dem sittlichen Subject als solchem immanenten Bedingungen dieser Gewißheit aufdecken. Aber Kant hat sich gegen jenes Mißverständniß nicht ausdrücklich verwahrt. Die Form eines Beweises für das Dasein Gottes, in welche er seine tiefsinnige religiöse Erkenntniß einkleidete, hat dasselbe vielmehr befördert. Und in der weiteren Anwendung seiner Grundsätze, wie in der „Religion innerhalb der Gr." ist ihm selbst der Fehler begegnet, den Ausgangspunkt seines Beweises für die Gesetzmäßigkeit des religiösen Glaubens, die Moralität, als selbständigen Realgrund der Religion zu behandeln. Wenn nun auch Schleiermacher die kantische Lehre vorwiegend in dieser ihrer Verirrung auffaßte, so durfte er allerdings annehmen, einen sehr wichtigen Schritt über jenen hinaus gethan zu haben, indem er das nothwendige Walten der Religion in der Tiefe des menschlichen Geisteslebens erkannte. Denn in Folge jenes von Kant begangenen Fehlers, mußte ja, was unzählige Male als der eigentliche Gehalt seiner Religionslehre ausgeboten ist, der Religion die Stellung einer nothwendigen Function im persönlichen Leben entzogen werden, da dieses auch ohne Religion in einer unabhängigen Moralität seinen Abschluß erreichen würde. Aber welche Verirrungen hätte Schleiermacher der Theologie unserer Zeit erspart, wenn sein mächtiger Geist, der sich an so vielen Punkten Kant gegenüber in die Schülerstellung fügt, sich daran hätte genügen lassen, die kantischen Gedanken über die Bedeutung der Religion zu ihrem Ziele zu führen, anstatt über der wichtigen Correctur einer von ihrem wesentlichen Gehalte ablösbaren Verirrung den Anschluß an ihre ursprüngliche Tendenz außer Augen zu setzen. Denn daß das sittliche Subject eine Abnormität wäre ohne Religion, ist ein Urtheil, welches ohne

Zwang aus der kantischen Lehre hervorgeht, daß der Begriff der Glückseligkeit die Verbindung des religiösen Glaubens mit dem sittlichen Bewußtsein, wie es im Menschen auftritt, vermittle. Kant hat selbst dadurch, daß er die constitutive Bedeutung religiöser Gewißheit für die Herrschaft des Sittlichen in einem Menschendasein so häufig hervorhob, Anstoß genug bei denen gegeben, welche vergessen zu dürfen meinten, daß seine Analyse des Sittengesetzes das Bestehen eines sittlichen Personlebens voraussetzt, und daß man sich die Existenzbedingungen des letzteren keineswegs schon an den abstracten Spitzen, in welche sich die ethische Reflexion erhebt, vergegenwärtigen kann. Kant hätte freilich ausdrücklich aussprechen müssen, daß ebendeßhalb der Protest gegen die Religion bei ernster sittlicher Gesinnung nur aus einem Mißverstehen der eigenen practischen Ueberzeugung würde abgeleitet werden können. Aber daß die Synthese von Tugend und Glückseligkeit, welche Kant durch die religiöse Gottesidee zu Stande bringt, nichts Anderes bedeuten kann als die Bedingung für die subjective Aneignung des Sittlichen, ist oben gezeigt worden. Wenn nun Schleiermacher mit bewundernswerther Kraft und Frische die Unabhängigkeit der Religion von den lahmen Beweisversuchen auffaßte, so hat er es allerdings sehr eindringlich zum Bewußtsein gebracht, daß sie, wo sie überhaupt sich regt, als eine selbständige Lebensmacht sich ankündigt, weil sie in dem Geiste, dem sie Etwas bedeutet, die Stellung einer nothwendigen Function beansprucht. Aber leider vergißt er, was ihm eine bessere Würdigung Kants hätte fortwährend in Erinnerung bringen können, daß jene Nothwendigkeit wohl an der sittlichen Person, aber nicht an dem sogenannten Geiste hervortritt. Hätte er den Gedanken, dessen Gewicht für die Durchführung der theologischen Aufgabe ihn bewältigte, an der kantischen Ethik orientirt, so würde er gefunden haben, daß es doch eben nur die sittliche Person ist, welche die Auflösung jenes Gegensatzes als eine nothwendige fordern kann. Dann hätte die Religion, in welcher diese Auflösung entdeckt wird, als die nothwendige Function eines sittlichen Geistes einen anderen Inhalt bekommen, als Schleiermachers berühmte Definition ihr zuweist. Die Annahme einer transscendenten Einheit des Geistigen und Dinglichen ist ja ohne Zweifel nur als ein Ausdruck practisch motivirter Ueberzeugung zu verstehen. Aber die Behauptung, daß dieser transscendente Grund im religiösen Gefühl in das geistige Leben des Menschen eintrete, enthält eine jener practischen Annahme zu Liebe gemachte Fiction, welche der eigentlichen Bedeutung der Religion durchaus nicht gerecht wird. Das ist allerdings eine sehr werthvolle Einsicht, daß die Forderung einer Garantie für die Zusammengehörigkeit des Dinglichen und Geistigen, bei welchen als den letzten Gegensätzen das endliche Denken anlangt, durch Religion vollständig befriedigt werde. Die Religion enthält insofern die Lösung eines Problems, aus welchem sich dogmatische Metaphysik zu entwickeln pflegt. Aber es ist unzulässig, die Bedeutung der Religion nach dem Nebenerfolge zu bestimmen, den sie für das metaphysische Bedürfniß abwirft. Wenn der lebendige Mensch sich auf alle Fälle so bewegt, als ob jene Garantie bestände, so ist doch damit für die eigentliche Lebensfrage der Person, ob nämlich das Ziel ihres Strebens mit den gegebenen Bedingungen ihrer Weltstellung in Einklang sei, noch nichts gethan. Jene Garantie, welche der Metaphysiker aus dem Dunkel eines unwillkürlichen Vertrauens herauszuheben sucht, würde doch nur den Boden für die irdische Arbeit an jedem möglichen Lebensziel darstellen. Sollte trotzdem damit der volle Inhalt der Religion angegeben sein, sollte also die transscendente Einheit des Dinglichen und Geistigen, welche der Mensch bei allem Wirken in der Welt voraussetzt, den eigentlichen Sinn der Gottesidee für ihn bedeuten, so hätte zunächst eine solche Religion auf das persönliche Leben selbst keinen bestimmenden Einfluß. Das letztere bewegt sich um das Lebensziel, dem der Mensch seine Kräfte unterordnet. Für die besondere Gestaltung unseres Lebenszieles aber hat offenbar die Gewißheit, daß die Welt unserer Einwirkung offen stehe, keine entscheidende Bedeutung. Nicht einmal, daß wir uns überhaupt ein solches entwerfen, daß wir uns also zu einem Innenleben zu sammeln suchen, welches sich über der verwirrenden Vielheit der Ereignisse als eine selbständige Größe erhebt, könnte in einer solchen Religion seinen Grund haben. Vor Allem aber würde der besondere Inhalt unseres Lebenszweckes in einer Sphäre liegen, in welche die Schwingungen des religiösen Gefühls nicht hinaufreichen könnten. Somit würde sich der Einwirkung der Religion grade dasjenige entziehen, woran das tiefste Interesse der Person als solcher geknüpft ist. Die Religion würde eine geistige Disposition bezeichnen, an welche sich persönliches Leben anschließen kann; aber gegen den specifischen Unterschied wäre sie indifferent, welcher die Person von dem Menschen trennt, der in dem Naturleben seiner Begierden untergeht. Also als eine nothwendige Function des persönlichen Geistes als solchen wäre die Religion grade nicht zu erweisen, wenn Schleiermachers Begriffsbestimmung richtig wäre. Wichtiger noch ist, daß eine Religion, welche dem Menschen zur endgültigen Erklärung der Welt und als endgültigen Maßstab der Selbstbeurtheilung jenen Gedanken der transscendenten Einheit des Geistigen und Dinglichen darreicht, sich mit dem sittlichen Bewußtsein in grellen Widerspruch setzt. Denn daß der Mensch, der in dem Sittengesetze sein eigenes Gesetz erkannt hat, sich in dieser Beziehung der Natur als Endzweck überordnen müsse, haben wir ja als den ausdrücklichen Inhalt der sittlichen Forderung kennen gelernt. Wird also der Gedanke jener transscendenten Einheit zum maßgebenden Gesichtspunkte der Weltanschauung gemacht, so wird dabei entweder die Realität des Sittlichen überhaupt nicht beachtet, oder es wird dem sittlichen Bewußtsein direct widersprochen. Denn für die Unterscheidung der Person von der Natur, welche als Inhalt einer sittlichen Forderung vorliegt, findet sich in dem, was dort als Erklärungsgrund der Welt geltend gemacht wird, nicht die geringste Anknüpfung. In dem Gedanken jener absoluten Einheit soll ja grade die Differenz des geistigen Lebens von der Naturwelt verschwinden. Nun kann ja freilich die Gottesidee die Veranlassung geben, beide in einer Beziehung zu coordiniren, sofern sie nämlich eben von Gott abhängig sind. Enthält dann aber die Gottesidee gar keinen Grund für die Ueberordnung des geistigen Lebens über das dingliche Sein, so kann sie wenigstens für die sittliche Person nicht den letzten Erklärungsgrund alles Wirklichen abgeben; denn grade dasjenige, was für sie vor Allem als wirklich feststeht, das Sittliche würde außerhalb des Gesichtskreises liegen, der von einer solchen Gottesidee beleuchtet werden kann. In einer so organisirten Weltanschauung müßte der Mensch als untergeordneter Theil des Kosmos erscheinen, zu dessen harmonischer Vollendung er an seiner Stelle ebenso beitrüge, wie ein Stein an der seinigen. Nun bleibt ja Schleiermacher mit diesem Entwurfe der Weltanschauung, so sehr er auch damit seiner eigenen sonstigen Schätzung des persönlichen Lebens widerspricht, vollständig innerhalb des Schemas, welches der kirchlichen Dogmatik als ein Vermächtniß der alten griechischen Theologie zu Grunde zu liegen pflegt. „Es ist sehr bezeichnend, daß Schleiermacher sich mit diesem Religionsbegriff direct auf den Boden der alten Kosmologie stellt, die auch das „Geschaffensein“ als religiöse Anlage und das

Bewußtsein des Schöpfers, wie es in Lehre und Cultus zum Ausdruck kommt, als das Wesen der Religion bestimmt hat"[1]). Aber der Beweis ist leicht zu erbringen, daß eine solche Erklärung der Welt, welche durch ihren Grundgedanken einer kahlen Einheit des Seienden alle Werthunterschiede nivellirt, den Menschen nicht befriedigen darf. Denn wenn wir auf den transscendenten Grund verwiesen werden, in welchem die getheilte Welt sich als Einheit darstellt, so wird uns zugemuthet, uns dabei zu beruhigen, daß auf jeden Fall die Bewegungen der Theile der Einheit des Ganzen dienen müssen, weil die Harmonie des Weltalls als eine in dem Weltgrunde verbürgte Thatsache besteht. Der Forderung, eine solche Thatsache schweigend anzuerkennen, kann sich aber der Mensch nicht fügen. Er richtet an jede Thatsache die Frage nach ihrem Zweck. Und so lange ihm darauf nicht eine solche Antwort geworden ist, welche den Progressus der Zweckvergleichung zur Ruhe bringt, so lange erhebt sich das Verlangen des Menschen nach persönlichem Leben, welches erst in der Anerkennung eines Endzwecks seinen inneren Halt, die Kraft der Selbstgewißheit gewinnt, unbefriedigt über den bloßen Zwang der Thatsachen. Es ist nicht ein vorlautes Aufbegehren gegen das Unvermeidliche, wenn der Mensch auch jenes Weltall nach dem Endzweck fragt; sondern es ist die Lebensfrage der Person, welche gestellt werden muß, wenn nicht zugestanden werden soll, daß persönliches Leben Schein ist. Wie kann sich der Mensch zu dem Bewußtsein aufrichten, daß er ein unzerstörbares Ganzes ist, das seinen Endzweck in sich selbst trägt, wenn ihm nur die Gewißheit zu Theil wird, daß er mit Allem, was er zu wirken sucht, als Mittel in ein Ganzes eingeht, das er nicht kennt? Jenes Weltall, in welchem die Gegensätze und Werthunterschiede des Daseins verschwinden sollen, ist eben nicht das Weltganze, in welchem der persönliche Geist seine Heimath erkennen könnte. In ihm findet grade dasjenige keine Stelle, was der Person als solcher als wirklich gilt. Es ist nichts weiter als die einheitliche Vorstellung, welche sich der Mensch von dem Naturboden seiner Zwecke macht. Und diese Vorstellung bleibt offenbar zweck- und werthlos, wenn sie sich nicht als Moment in eine Weltanschauung einfügt, deren Grundgedanke die Organisation alles Daseins durch den Endzweck ist.

Wenn also Schleiermacher damit Recht hätte, daß sich in

---

[1]) Bender, Schleiermachers Theologie, I. Thl., 215.

der Religion lediglich die transscendente Einheit des Seins reflectirt, welche dem Geiste als die absolute Macht über alle Theile der Welt zum Bewußtsein kommt, so bezöge sich die Religion nur auf ein untergeordnetes Moment in derjenigen Weltanschauung, welche freilich nicht als begreifliches Naturproduct, wohl aber als Function des persönlichen Geistes nothwendig ist. Aber es liegt am Tage, daß Schleiermacher sich bei der Begriffsbestimmung der Religion durch den genialen Gedanken hat blenden lassen, daß das metaphysische Problem durch die Religion erledigt werde, aber nicht in der Form einer erkenntnißmäßigen Auflösung des Problems, sondern durch die Bestimmtheit, welche der Geist durch das Factum der Religion empfängt. Denn an keiner geschichtlichen Form der Religion möchte es sich bewahrheiten, daß die Gottesidee durch das Bedürfniß vermittelt werde, sich der Einheit des Geistigen und Dinglichen zu versichern, auf welche bei allem Erkennen und Handeln gerechnet werde. Vielmehr muß, wie wir es oben (im 2. Abschnitt) ausgeführt haben, das Vertrauen auf die Zusammengehörigkeit des Geistigen und Dinglichen allem absichtlichen Erkennen und Handeln innewohnen, ohne daß es in der Regel als ein besonderes Moment des geistigen Lebens ins Bewußtsein zu treten braucht. Noch viel weniger aber hat man ein Recht, in diesem Vertrauen den eigentlichen Inhalt des religiösen Glaubens zu sehen, in welchem weit bestimmtere Bedürfnisse ihre Befriedigung suchen, die der Person sich unwiderstehlich aufdrängen, während jenes Postulat des Erkennenwollens überhaupt als etwas Selbstverständliches im Hintergrunde bleibt. „Der Gedanke des Weltalls, welchen Schleiermacher als das Correlat der Religion aufstellt, ist in keiner bestimmten geschichtlichen Religion nachweisbar. Indessen meine ich behaupten zu dürfen, daß dieser Gedanke in directer Analogie zum Heidenthum und zu keiner anderen Religionsstufe steht. Dieser Gedanke des Weltalls ist so beschaffen, daß die besonderen geistigen Existenzen, welche von demselben umfaßt werden, in der den Gedanken begleitenden Anschauung ebenso wenig festgehalten werden können, als man auf die Bedeutung der einzelnen Theile aufmerksam ist, wenn man irgend etwas im Ganzen und Großen sich vergegenwärtigt. Denn nur, wenn Schleiermacher seine Anschauung des Ganzen unterbricht, vermag er „jedes Individuum als nothwendiges Ergänzungsstück zur vollständigen Anschauung der Menschheit zu erkennen". So lange er also die Anschauung des

Ganzen übt, ist derjenige Abstand zwischen den geistigen Existenzen und dem Weltall, auf welchem die Schätzung der persönlichen Eigenthümlichkeit beruht, für ihn gar nicht da, sondern in dem Ganzen und Großen der Welt verschwunden. Nun ist jede Beurtheilung des geistigen Lebens in der Welt, welche den Kosmos als die unbedingt übergeordnete Größe geltend macht, von heidnischer Art. Schleiermacher also hat in allen denjenigen Charakterzügen der Religion, welche er an den ästhetischen Genuß des Weltalls anknüpft, nur solche Beziehungen angedeutet, welche auf der Linie des Heidenthums liegen" [1]). Aber trotz der Aehnlichkeit, welche zwischen der Schleiermacher'schen Begriffsbestimmung und dem Inhalte der Naturreligionen obwaltet, giebt es doch keine wirkliche Religion, welche sich damit begnügte, die Garantie für die allgemeine Möglichkeit des Erkennens und Handelns in ihrem Gott zu suchen. Und es kann keine geben, weil ein so dürftiger blasser Inhalt der Gottesidee zu der concreten Bestimmtheit des wirklichen Menschenlebens in einem zu großen Mißverhältniß stehen würde. Schleiermachers Religionsbegriff wird dagegen verständlich, wenn man sich in die Situation des Philosophen versetzt, dem bei der Beschäftigung mit jenem metaphysischen Problem der Gedanke aufgeht, daß die in ihm lebendige religiöse Gewißheit, welche freilich noch auf ganz anderen Zusammenhängen beruht, auch jenem metaphysischen Bedürfniß Deckung gewährt. Denn die Strahlen des religiösen Glaubens, welche die Realität des an dem Sittengesetze sich aufrichtenden persönlichen Lebens ins Licht setzen, lassen auch die Bedingungen als gültig hervortreten, unter welchen der Mensch die Welt als Mittel für seine Zwecke behandeln kann. Aber indem nun die Bedeutung der Religion darauf beschränkt wird, daß sie die Garantie für die Geltung jener Bedingungen gewähre, nach welchen auch in dem metaphysischen Probleme gefragt wird, so sinkt sie auf die Stufe des Heidenthums herab, auf welcher die Selbständigkeit der sittlichen Person als einer übersinnlichen Realität noch nicht in den Gesichtskreis der Religion getreten ist. Die Religion, deren Werth nach der Scheinaufgabe der Metaphysik bestimmt wird, ist dem sittlichen Bewußtsein ebenso unangemessen, wie die metaphysische Welterklärung selbst. Die letztere läßt, auch wenn sie sich, wie bei

[1]) Ritschl, Schleiermachers Reden über die Religion und ihre Nachwirkungen auf die evangelische Kirche Deutschlands. Bonn 1874. S. 42.

Schleiermacher, in die Form der Religion kleidet, wenn sie diese ganz ersetzen soll, das wahrhaft religiöse Bedürfniß des persönlichen Geistes unbefriedigt. Aber diese folgenreiche Erscheinung in der Geschichte der neueren Theologie soll uns wenigstens die gute Lehre abwerfen, daß man die Erkenntniß des Wesens der wahren Religion und die Gesichtspunkte, nach welchen die religiöse Weltanschauung entwickelt und geläutert werden soll, nicht in den Bedürfnissen suchen darf, in welchen sich die „Hochgebildeten" über die Masse ihrer Brüder erheben, sondern in dem fruchtbaren Bathos des Menschenlebens, wo sich Alle in denselben Bedürfnissen des persönlichen Geistes zusammenfinden.

Unsere Resultate sind also diese. Das Charakteristicum des Sittlichen ist, daß es als unbedingtes Gesetz des Wollens in unser Bewußtsein tritt. Die ethische Reflexion muß, damit nicht die Impulse, welche von factisch erlebter Lust oder Unlust ausgehen, mit dem Sittlichen, welches sein soll, verwechselt werden, die Abstraction vollziehen, welche den Gedanken des unbedingten Gesetzes in seiner formalen Allgemeinheit als den Kern der Maxime, als die eigentliche Form des sittlichen Wollens einprägt. Aber das sittliche Bewußtsein, welches sich in den Gedanken des unbedingten Gesetzes und den damit zusammenhängenden der Freiheit und des Endzwecks bewegt, hat seine concrete Wirklichkeit in dem Menschen nur durch die Vermittlung der Religion. Denn ohne diese Vermittlung wäre die Aneignung dessen, was das Sittengesetz dem wollenden Subject zuspricht, die Verklärung zur Persönlichkeit, in der Sphäre des Menschendaseins unmöglich. Das Sittengesetz müßte daher, wenn es nicht an der wenn auch noch so unentwickelten Religion das Organ seines Verständnisses fände, dem Menschen unverständlich bleiben; es käme zu keiner Entfaltung des allgemeinen Gesetzes in der Sittlichkeit einer individuellen Person. Die Sittlichkeit, wenn sie nicht in diesem Zusammenhange mit der Religion gedacht wird, ist eine unwirkliche Abstraction. Auf der anderen Seite gelangt die Religion erst dann zu ihrer begriffsmäßigen Vollendung, wenn die Welt des Glaubens, welche den Menschen einladet, in ihr seinen Frieden zu suchen, in allen ihren Zügen ihm verkündigt, daß sie die Heimath der sittlichen Person ist. Der Grundgedanke aller Religion, daß der Mensch von einem allmächtigen Willen getragen ist, der den Widerstand der Welt gegen sein höchstes Gut bewältigt, sucht die Lebensbedingungen der Person, welche an der practischen Energie des höchsten Gutes sich ihres Selbstseins bewußt wird, im Uebernatürlichen. Dieser Begriff aber erlangt positiven Gehalt und innere Wahrheit nur durch die Selbstunterscheidung von der Natur, welche der Mensch in der Aneignung des Sittengesetzes als seines eigenen vollzieht. Deßhalb bleibt die Religion so lange mit einem inneren Widerspruche behaftet, als sie zwar den Menschen in das Uebernatürliche zu versetzen sucht, aber zu dem positiven Inhalt dieses Begriffs, zu dem inneren Leben der sittlichen Persönlichkeit außer Beziehung steht. Je weniger eine solche Beziehung stattfindet, desto mehr verwandelt sich die Religion in eine der Freiheit des Geistes feindselige Naturmacht, welche nur als Fanatismus die Gemüther beherrschen und in stumpfer undurchdringlicher Satzung sich objectiviren kann. Dagegen kann der religiöse Glaube zu unabhängiger, selbständiger Gewißheit werden, wenn wir als Schlüssel für das Verständniß der Glaubensobjecte getrosten Muthes den Hinweis auf das Uebernatürliche, der im Sittengesetze liegt, handhaben dürfen. Dann muß aber die Welt des Glaubens im Grunde identisch sein mit der Welt des Menschen als einer sittlichen Person. Und man versteht sie nur insofern, als man ihre innere Gliederung von dem Standpunkte aus zu übersehen vermag, auf welchen uns das Interesse für unsere eigene sittliche Persönlichkeit versetzt. Alles, was als religiöse Erkenntniß oder religiöses Gefühl genannt wird, muß sich dadurch legitimiren können, daß es dazu dient, die sittliche Persönlichkeit in sich zu vollenden und als Endzweck über die Welt zu erheben. Es wird als ein Moment wirklicher Religion erst verstanden, indem diese Beziehung an ihm aufgefaßt wird. Die Religion wird zum Aberglauben, wenn es unmöglich ist, in ihr die göttliche Offenbarung zu erkennen, welche die Seligkeit des Menschen als einer sittlichen Person verbürgt. Die Abhängigkeit, in welche die richtige religiöse Welterklärung das sittliche Subject stellt, befindet sich in keinem Widerspruch mit dem Sittengesetz. Denn in ihr erscheint nur die Thatsache, daß der individuelle, in die Natur verflochtene Menschengeist in einer Gemeinschaft gleichartiger Wesen und in dem Verkehr mit einer ihm überlegenen Welt von Mitteln sittliche Person werden soll. Der sittliche Endzweck muß sich daher für den Menschen, an welchen das Sittengesetz ergeht, ebensowohl als Grund seines individuellen Daseins und als Macht über dasselbe darstellen, wie als Lebenselement seiner Freiheit. Die religiöse Abhängigkeit des Menschen ist der nothwendige Hintergrund des Factums, daß er in seiner natürlichen Bedingtheit die Stimme des Sittengesetzes vernimmt und versteht. Der metaphysische Versuch dagegen, einen gemeinsamen Grund des sittlichen Geistes und der Natur als den Abschluß unserer Welterkenntniß zu finden, stellt den ersteren, von welchem es nur persönliche, in geschichtlich bedingter Gemeinschaft geltende Gewißheit giebt, mit der letzteren, welche gewußt werden kann, auf eine Stufe. Er ist daher, wenn man den Werth seiner wissenschaftlichen Aufgabe beurtheilt, eine leere Träumerei. Aber indem er für die Ueberordnung des Sittlichen über die Natur keinen Raum läßt, tritt er auch der Ueberzeugung von der Realität des ersteren hindernd in den Weg. Denn zu dieser Ueberzeugung gelangt Niemand anders als in dem Gedanken, daß er durch den Inhalt des Sittengesetzes auf den Grund seiner eigenen persönlichen Selbstgewißheit geführt wird, demgegenüber alles Wißbare nur als ein in seiner eigenen Geltung von ihm abhängiges Mittel, nicht aber als ein ihm gleichartiges, im Grunde mit ihm identisches Sein verstanden werden kann. Jene Metaphysik ist ein versteckter Protest gegen die Realität des Sittlichen und damit gegen diejenige der inneren Welt, welche sich um den persönlichen Menschengeist ausbreitet. Sie verschmäht es, den Organisationspunkt für die Weltanschauung, auf welchen uns das Sittengesetz hinweist, als solchen anzuerkennen, indem sie nicht in der Tiefe des sittlichen Geistes, sondern in dem erträumten gemeinsamen Grunde, aus welchem jener ebenso wie das dingliche Sein hervorbrechen soll, das Wahrhaftwirkliche, die Grenze des persönlichen Denkens sucht. Wie sehr auch der orthodoxe ebenso wie der liberale Protestantismus sich dafür interessirt zeigt, in dieser Metaphysik die letzte Lösung des Welträthsels hochzuhalten: es tritt darin doch nichts weiter zu Tage als der geheime Widerwille gegen die geschichtliche Gottesoffenbarung, welche zwar als der Lebensgrund der sittlichen Gemeinschaft, in welcher dem Einzelnen seine Persönlichkeit aufgeht, verstanden werden kann, nicht aber als das Resultat eines Erkenntnißprocesses, in welchem sich der Einzelne von der Gemeinschaft isolirt. Die Metaphysik, welche den gemeinsamen Grund des Sittlichen und der Naturwelt erkennen will, ist daher nicht nur unsittlich, sondern auch irreligiös; sie bestreitet die Realität des Sittlichen und die absolute Geltung der positiven Religion.

Die Aufgabe des dogmatischen Beweises für die christliche Weltanschauung.

Die Aufgabe eines dogmatischen Beweises setzt eine gesetzmäßige Gestaltung der religiösen Weltanschauung voraus. Wir haben von Anfang an gesehen, daß die Religion das Correlat der persönlichen Selbstgewißheit des Menschen ist, der nicht nur erkennen, sondern vor allen Dingen leben will. In religiöser Ueberzeugung besitzen wir das Vertrauen auf eine Macht, welche die unbestimmte Weite der Welt für uns begrenzt, indem sie unsere eigene Seligkeit als Maß des Daseins, als Norm und Ziel des Geschehens erkennen lehrt. Ohne ein solches religiöses Gepräge der Welt wäre das auf dem Selbstgefühl beruhende Ganze eines persönlichen Innenlebens selbst in den dürftigsten Formen unmöglich. Denn das unbestimmbare Eingreifen der Erfahrung in unser Gefühlsleben böte an sich nicht die Mittel zu der einheitlichen Gestaltung einer solchen inneren Welt, wenn nicht die formlose Vielheit der Erlebnisse durch die formgebende Kraft der religiösen Gewißheit paralysirt würde. Die bewußte Verleugnung der Religion ist daher entweder ein Mißverständniß oder sie ist ein Zeugniß davon, daß sich der Mensch an die äußeren Verhältnisse, die ihn beherrschen, als Mittel wegwirft.

Gegen den Vorwurf, daß die Religion als solches Correlat der persönlichen Selbstgewißheit die bloße Einbildung einer energischen Subjectivität sei, giebt es keine directe Abwehr. Man könnte sagen, daß ja die Lebensenergie des Subjects als eines insichgeschlossenen Ganzen grade im religiösen Glauben wurzele, und daß deßhalb der letztere nicht als Reflex der ersteren aufgefaßt werden könne. In der That muß sich dem frommen Menschen selbst der religiöse Glaube, der seiner mächtig geworden ist, als der Mutterschooß seines wahren Lebens darstellen. Aber wenn der

Friede seines Inneren gestört wird, so erhebt sich auch der Zweifel, ob nicht der Gegenstand seines Glaubens eine Spiegelung seiner Wünsche sei. Er tritt bei einer solchen Unterbrechung seiner subjectiven Gewißheit auf den Standpunkt des unbetheiligten Beobachters. Und dieser sieht in beiden, in der Lebensenergie des Subjects und in der sie begleitenden Erscheinung des religiösen Glaubens, nur die verschiedenen Seiten des Einen untheilbaren Ereignisses einer energischen Subjectivität. Für dieses sucht er eine Erklärung, aber nicht etwa in einer idealen Welt, welche ja nur innerhalb des Subjects Geltung hat, sondern in den Zusammenhängen des Menschen mit der Natur. Zu einer anderen Behandlungsweise empfängt man erst dadurch die Anregung, daß man für den rechtfertigenden Grund der subjectiven Selbstgewißheit selbst interessirt ist. Es bleibt daher gegenüber dem Einwurfe, den die leblose Abstraction des bloßen Erkennens gegen die Frömmigkeit erhebt, daß sie sich an Einbildungen ergötze, nichts weiter übrig, als die nackte Berufung darauf, daß die Welt des Glaubens die Welt der Lebendigen ist, und daß der Lebende Recht hat. In der Wehrlosigkeit der Religion gegen solchen Angriff, in der Unmöglichkeit, ihr Recht auf dem Gebiete des bloßen Erkennens zu vertreten, besteht grade zum guten Theil die eigenthümliche Kraft des Bandes, welches der Glaube um die Menschengeister schlingt. Wenn der Gläubige jener Thatsache frei ins Auge schaut, so bekommt für ihn das Bestehen religiöser Gemeinschaft den unersetzbaren Werth einer Ergänzung seiner eigenen Gewißheit. Er muß dann mit brennendem Verlangen das Zeugniß ergreifen, welches die mächtigen Spuren der Religion in der Geschichte, vor Allem die religiöse Ueberlieferung, die ihn selbst genährt hat, dafür ablegen, daß nicht sein trotziges und verzagtes Herz die Verantwortung für die unerklärliche Kühnheit des Glaubens trägt, sondern daß er, wenn er glaubt, einer thatsächlichen Macht über viele Gemüther, die dadurch mit ihm verbunden werden, unterliegt. Er gewinnt dann ein Verständniß für den Segen und die practische Kraft des Bewußtseins, daß er im religiösen Glauben nicht für sich selbst etwas treibt oder erlebt, daß er vielmehr an dem gemeinsamen Leben eines Geisterreiches theilnimmt, welches bestehen würde, auch wenn er selbst sich dazu verleiten ließe, nicht in ihm, sondern mit den Mitteln des Erkennens in der Welt die Wurzeln seiner Gewißheit zu suchen. Es ist daher mehr als sinnlos, wenn die apologetischen Verehrer der Religion sich um den Beweis bemühen, daß vereinzelte Brocken der religiösen Weltanschauung an den zu Vorurtheilen verhärteten Niederschlägen des wissenschaftlichen Erkennens ihre Bestätigung finden. Ich will davon nicht reden, daß solche Theologen, da sie der Natur der Sache nach niemals dem Ganzen der Religion ihre traurigen Dienste leisten können, sich den Sinn für dasselbe abstumpfen und daher an der Einsicht vorbeizukommen pflegen, daß der Werth der Religion nur daran ermessen werden kann, daß sie ein Ganzes darstellt und das Ganze einer insichgeschlossenen Person ermöglicht. Aber das ist der größten Aufmerksamkeit werth, daß die Religion den Zauber des Lebens für jeden in demselben Maße verlieren muß, als er sich für den Erfolg jener theologischen Bestrebungen persönlich interessirt. Wenn man es für möglich und wünschenswerth hält, ein religiöses Urtheil mit den Resultaten eines gleichgültigen Welterkennens zu einem gleichartigen Ganzen zu verbinden, so vergißt man, daß die Religion und Alles, was zu ihr gehört, mit dem menschlichen Verlangen, sich nicht an die Welt zu verlieren, geboren wird. Man macht dann den Versuch, eine Gewißheit, in welcher der Lebensdrang von Personen die freie Form seiner Entfaltung findet, wie ein lebloses Product von Erkenntnissen sich anzueignen, deren Geltung sich zwar auf ein gesetzmäßiges Gefüge von Dingen, aber nicht auf persönliche Antheilnahme stützt. Wenn die religiöse Weltanschauung sich in dieser Weise produciren ließe, so wäre sie von dem Bestehen persönlicher Gemeinschaft unabhängig und enthielte kein Motiv, dieselbe aufzusuchen und zu pflegen. Jene Theologie würde sich also, wenn sie überhaupt ernsthaft genommen werden wollte, rühmen dürfen, daß ihr vollständiger Sieg den Untergang des religiösen Gemeinschaftslebens bedeuten würde.

Diesen Weg also darf der dogmatische Beweis nicht einschlagen. Er darf sich nicht über die Thatsache hinwegsetzen, daß die Religion nur als eine Function des persönlichen Geistes vorhanden ist und daher für jeden, der sich nicht auf den Standpunkt des letzteren stellt, verborgen bleibt. Wenn auch ein Urtheil der religiösen Weltanschauung dem Wortlaut nach mit einem vermeintlichen Producte des objectiven Welterkennens völlig übereinstimmte, so würde daraus doch nicht mit der apologetischen Theologie zu schließen sein, daß beide identisch seien. Denn als unausgleichbarer Unterschied würde doch bestehen bleiben, daß das religiöse Urtheil dem Menschen für sein persönliches Bedürfniß etwas bieten will, was er in der Welt nicht findet, während der wissenschaftliche Satz nur aussprechen will, was die Welt jedem hinreichend entwickelten Verstande sagt. Die in dem Wortlaut sich darstellende Gleichheit beider Sätze kann daher nur äußerlich sein, während ihr innerer Gehalt sich nach den verschiedenen Beziehungspunkten ihrer Geltung — persönlicher Geist und hinreichend entwickelter Verstand — nothwendig modificiren muß. Diesen Unterschied darf der dogmatische Beweis nicht verwischen. Was er beweist, soll nur den Anspruch machen, für Personen zu gelten.

Trotzdem geht aber der dogmatische Beweis darauf aus, die Allgemeingültigkeit der religiösen Erkenntniß darzulegen. Wenn der dogmatische Beweis überhaupt einen Sinn haben soll, so muß ihm diese Aufgabe zugewiesen werden. Eine solche Aufgabe aber läßt sich mit der Thatsache, daß die Religion nur für das persönliche Leben des Menschen etwas bedeutet, nur auf Eine Weise vereinigen. Es muß sich in dem subjectiven Bereiche des persönlichen Lebens selbst eine Gesetzmäßigkeit seiner Gestaltung aufdecken lassen. Es muß sich zeigen lassen, daß das Streben des Menschen, sich als abgeschlossenes Ganzes über die Welt, welche kein solch Ganzes auf ihrem Gebiete duldet, zu erheben, an gesetzmäßige Bedingungen geknüpft ist, welche auf Allgemeingültigkeit Anspruch machen. Solche Bedingungen selbst ausfindig zu machen, ist uns unmöglich. Denn das Leben einer Person liegt uns, die wir in der Entwicklung zur Persönlichkeit begriffen sind, nicht als eine solche abgeschlossene Thatsache vor, daß wir hoffen dürften, durch eine Zergliederung derselben das ihr zu Grunde liegende Gesetz wie ein Naturgesetz entdecken zu können. Wir würden von einem solchen Gesetze überhaupt nichts wissen, wenn wir uns nicht zu der Anerkennung genöthigt sähen, daß unser Wille der unbedingten Forderung des Sittengesetzes unterworfen sei. An dieser Form des Sittengesetzes, daß es unbedingt gebietet, haben wir uns klar gemacht, daß der Mensch seinen Willen als einen eigenen Willen, als den Willen einer Person nur dadurch zu denken vermag, daß er die Wirklichkeit desselben in der Bethätigung jenes Gesetzes sucht. In der unbegreiflichen Thatsache, daß wir ein unbedingtes Gesetz als für uns gültig anerkennen, liegt der Grund dafür, daß das dumpfe inhaltlose Selbstseinwollen des Naturwesens, welches auf Schritt und Tritt gefaßt sein muß, durch den Lauf der Dinge widerlegt zu werden, in uns zu dem Wollen der Persönlichkeit verklärt wird, welchem nicht nur kein Widerspruch empirischer Facta in den Weg treten kann, sondern welches vielmehr die positive Tendenz hat, unsere Zusammenhänge mit der Welt als Mittel seines Endzwecks zu beherrschen. Es ist daher zwar unmöglich, durch eine Analyse des subjectiven Lebens des Menschen das Sittengesetz als die ihm immanente Bedingung aufzufinden. Eine energische Subjectivität kann sich ja ohne Zweifel behaupten, ohne sich um einen rechtfertigenden Grund für das Selbstseinwollen zu kümmern. In dem Genuß des Moments kann sich der Mensch, durch die Umstände begünstigt, abschließen, ohne daß sich sein Leben in der Selbstbesinnung, welche durch die Anerkennung des Sittengesetzes möglich ist, zu vertiefen brauchte. Man wird sogar sagen dürfen, daß ein energischer Wille und die empirischen Schranken einer reichgegliederten socialen Ordnung vollkommen ausreichen um einen Charakter von scharfem Gepräge entstehen zu lassen. Um die Erscheinung eines solchen Charakters hervorzubringen, möchte es dessen nicht bedürfen, daß sich der Mensch in seinem Selbstbewußtsein auf die absolute Grenze des persönlichen Denkens, auf das unbedingte Gesetz des Willens bezieht. Indem wir aber die unbedingte Forderung des Sittengesetzes vernehmen, so geht uns eine neue Gestalt unseres inneren Lebens auf, welche sich als das Seinsollende über die Gunst empirischer Verhältnisse erhebt und damit darauf abzielt, uns von der Macht, womit uns der Reiz des Moments gefangen hält, zu befreien. Wir erkennen dann, daß unser Selbst größer ist als seine empirische Situation und daß es sich in der Ablösung von dieser nicht im Unbestimmten verliert. Denn die feste Grenze seines Horizontes, welche der sinnliche Mensch in der Erfahrung sucht, aber nur in der täuschenden Form von willkürlichen Vorurtheilen erreicht, findet der sittliche Mensch in dem unbedingten Gesetze seines Willens. Auf den Standpunkt dieses „höheren Selbst“, das uns in dem Gedanken des Sittengesetzes aufgeht, muß man sich stellen, um das letztere als die nothwendige Bedingung unseres inneren Lebens verstehen zu können. Das Gelangen auf jenen Standpunkt aber ist in jedem einzelnen Menschen subjectiv bedingt; denn das Sittengesetz ist nicht das Naturgesetz des Geistes überhaupt, so daß es sich unausweichlich aufdrängte und durch psychologische oder physiologische Forschung festgestellt werden könnte, sondern es ist ein Factum des persönlichen Lebens selbst. Aus dem Zauberkreise des letzteren werden wir also durch das Sittengesetz nicht hinausgeführt. Wir erkennen in dem letzteren die nothwendige Lebensbedingung unseres Selbst; aber diese Erkenntniß gilt nur für Personen, welche sich mit uns ihm unterwerfen.

Trotzdem zwingt uns das Sittengesetz selbst, dasselbe als das allgemeingültige Gesetz des Ideals auf alle Menschen zu beziehen. Nun haben wir oben gesehen, daß die Anwendung des Sittengesetzes auf uns immer nur in der Form eines religiösen Urtheils über unsere Weltstellung vor sich geht. Das leuchtet auch sofort ein, sobald wir uns vergegenwärtigen, daß das Sittengesetz für uns nicht bloß eine Forderung bedeutet, sondern ebenso die Offenbarung unseres höheren Selbst, unserer Persönlichkeit. Denn dieses „Du bist", welches sich unmittelbar mit dem „Du sollst" verbindet, kann von uns nur verstanden werden im Zusammenhange mit einer Modification des Urtheils über unsere empirische Weltstellung. Wenn wir daher das Sittengesetz als allgemeingültig denken müssen, so nimmt an dieser Nothwendigkeit auch der religiöse Glaube theil, in welchem sich der Widerspruch unserer Weltstellung mit der sittlichen Idee der Persönlichkeit ausgleicht. Derjenige religiöse Glaube, welcher uns ermöglicht, uns als ein von der Welt unabhängiges Ganzes zu fühlen, so daß wir die Forderung des Sittengesetzes, uns als ein von der Welt unabhängiges Ganzes zu denken, verstehen können, ist allgemeingültig. In einem solchen Glauben wird uns die innere Welt aufgethan, in welcher das Ideal der sittlichen Persönlichkeit Platz greifen kann. Wenn das religiöse Bedürfniß des Menschen, das Verlangen, sich nicht in der Welt zu verlieren, auf solche Weise befriedigt wird, so hat dieser Glaube die Fähigkeit und den Beruf, als freie unabhängige Gewißheit, die selbst den Weg in ihre Tiefe zeigen will, in die menschliche Gemeinschaft herauszutreten und jedes menschliche Gefühl zum Zeugen seiner Wahrheit aufzurufen. Wenn es irgendwo einen solchen Glauben giebt, so trägt er das welterobernde Bewußtsein einer Macht in sich, vor der die Menschengeister sich beugen müssen. Denn er kennt ihre tiefsten Bedürfnisse und besitzt das Mittel, sie von der Last derselben zu befreien.

So muß man die Allgemeingültigkeit des religiösen Glaubens zu fassen suchen, daß darin der Rechtsgrund seines Anspruchs, über alles persönliche Leben zu herrschen, klar und deutlich hervortritt. Wenn nicht der religiöse Glaube im Ganzen sich als die Form des geistigen Lebens, welche der sittlichen Persönlichkeit entspricht, legitimiren kann, so ist ein dogmatischer Beweis für denselben unmöglich. Denn dann fehlt ja dem Glauben selbst die freie Gewißheit von der universellen Bedeutung, welche der dogmatische Beweis ans Licht stellen will. Kein noch so mühsamer theologischer Versuch wird dann durch den Beweis, daß die einzelnen religiösen Urtheile durch das Zeugniß der Geschichte, der Metaphysik oder Naturkunde bestätigt werden, dem Glauben die Universalität äußerlich anhängen können, welche in der eigenen Triebkraft desselben nicht gesetzt ist. Ist dagegen in dem Glauben selbst die Gewißheit enthalten, daß das persönliche Leben, zu welchem das Sittengesetz alle Menschen aufruft, ohne ihn ein wunderbares Traumbild für uns sein würde, aber keine Wirklichkeit: so weiß er auch, daß die sittlichen Forderungen als Herolde vor ihm herziehen und daß unter dem Segen der sittlichen Ordnungen überall die Organe erwachen, welche sich verlangend nach seinen Lebensquellen ausstrecken.

Wenn das Christenthum die absolute Religion sein will und deßhalb zu einem dogmatischen Beweise seiner Wahrheit auffordert, so muß die in ihm vorhandene religiöse Gewißheit als integrirendes Moment die Einsicht in sich hegen, daß es die nothwendige und vollkommene Lebensform des persönlichen Geistes ist. In jedem gläubigen Christen erwächst diese Einsicht aus dem Zeugniß, welches sein Gewissen für die Wahrheit seines Glaubens ablegt. Sein Glaube macht es ihm möglich, die Wirklichkeit, von welcher sich sein Selbstgefühl nicht ablösen läßt, an das Ideal zu knüpfen, welches ihm durch das Sittengesetz von ferne gezeigt wird. Denn wenn das letztere uns als solche Subjecte behandelt, welche in freier unabhängiger Persönlichkeit ihr wahres Wesen erkennen können, so wird diese Verheißung erst durch den Glauben erfüllt, der es uns möglich macht, uns mitten in der empirischen Bedingtheit unseres Lebens als Freie von der Welt zu fühlen. Daß unser Glaube uns so zum Verständniß des Sittengesetzes disponirt, uns in der Theilnahme an einer sittlichen Welt die volle Befriedigung unseres Selbstgefühls finden läßt, — das Bewußtsein davon muß auch den einfachsten Christen an den universellen Beruf seiner Religion erinnern. In diesen seiner Religion selbst innewohnenden Zug zur Universalität muß sich der christliche Dogmatiker versetzen, wenn er seine Aufgabe richtig lösen will. Wenn die christliche Religion die universelle sein will, so muß man sie selbst befragen, worauf sich in ihr dieser Anspruch gründet. Sind die Gedanken, in welchen sich ihre subjective Verwirklichung vollzieht, nicht der Art, daß aus ihrem Zusammenwirken jene Forderung, gerüstet gegen jeden Widerstand, von selbst entspringt, so wird ihr der theologische Beweis auch nicht weiter helfen.

Den dogmatischen Beweis, der nur darauf ausgeht, zu zeigen, daß die Aussagen des christlichen Glaubens solchen Erkenntnissen, die mit ihm in keinem inneren Zusammenhange stehen, nicht widersprechen, oder sich gar mit ihnen decken, haben wir oben den apologetischen genannt (vergl. S. 10 f.). Ihren naivsten Ausdruck hat diese theologische Aufgabe wohl in der Formel von Lipsius gefunden, es sei zu zeigen, daß sich die christliche Weltanschauung dem denkenden Geiste als diejenige erprobe, welche mit den Thatsachen aller Erfahrung — der innern und äußern — am Besten übereinstimmt. Aber selbst wenn dieser Nachweis gelänge, so wäre damit doch nur dem gebildeten Manne, der sich mit der exacten Feststellung von Thatsachen der Erfahrung befaßt, die Sicherheit gewährt, daß er von der christlichen Religion keine Störung seiner Arbeit zu befürchten hat oder wenigstens in geringerem Maße als von anderen Religionen. Den Werth dieser Sicherheit brauchen wir nicht zu unterschätzen. Aber das liegt doch auf der Hand, daß man über die Allgemeingültigkeit des Christenthums nichts entscheidet, wenn man seine relative Unschädlichkeit beweist. Aus diesem Eindruck von der Verträglichkeit seiner Religion kann doch wenigstens dem Christen selbst die Zuversicht nicht erwachsen, daß dem, der sie ablehnt, das Beste fehlt. Der Nachweis jenes Charakters am Christenthum würde dasselbe nur als diejenige Form persönlicher Ueberzeugung empfehlen, welche im bürgerlichen und wissenschaftlichen Verkehr am Leichtesten unterzubringen ist. Der so gefaßte dogmatische Beweis würde daher nicht die christliche Kirche als solche etwas angehen, sondern nur insofern, als sie berufen ist, mit den in dem Staate zusammengefaßten Culturmächten, unter Anerkennung des von der Religion unabhängigen Rechts derselben, zusammen zu bestehen. Nicht einmal auf die Action, zu welcher die Kirche innerhalb des staatlichen Lebens berufen ist, nimmt jener dogmatische Beweis irgendwelche Rücksicht, da er die Religion in die passive Rolle drängt, sich ihre Geltung durch die von ihr unabhängigen Weltmächte in der Weise bestätigen zu lassen, daß diese ihr bezeugen, sie störe nicht. Es ist merkwürdig, wie uns der berühmte moderne Dogmatiker an die veränderte Situation der Kirche erinnert, wenn wir sein Vornehmen mit demjenigen der Scholastiker oder auch mit dem der protestantischen Theologen des 17. Jahrhunderts vergleichen. Bei ihm sowohl wie bei diesen zielt der Beweis, der überhaupt für die Allgemeingültigkeit der christlichen Religion unternommen wird, darauf ab, zu zeigen, daß die christliche Weltanschauung, so weit es eben gehen will, sich an den feststehenden Erkenntnissen oder Vorurtheilen der Wissenschaft bewähre. Aber bei den Alten, die sich der factischen Macht der Kirche bewußt waren, verbindet sich mit jenem dogmatischen Beweise unwillkürlich die Forderung, daß der status quo der wissenschaftlichen Erkenntniß, der in dem Heiligthum der Religion als Maßstab der Wahrheit gedient hatte, nur unter kirchlicher Aufsicht profanen Händen überlassen werden dürfe. Dagegen ergiebt sich dem modernen Theologen, der in dogmatischer Beziehung den Horizont der Alten theilt, aber über die Selbständigkeit der Wissenschaft natürlich anders denken muß als sie, eine Modification der practischen Forderung, welche immer aus der Anwendung der apologetischen Methode in der Dogmatik entspringt. Er verlangt nicht von der Wissenschaft, daß sie in ihrem Fortschreiten den festen Stern der kirchlich sanctionirten Wahrheit im Auge habe; sondern der christlichen Weltanschauung sinnt er an, daß sie in immer neuer Bereitwilligkeit den Wandlungen der Wissenschaft sich anschmiege. So bringt das im Grunde ganz gleiche dogmatische Verfahren, in eine andere Zeit versetzt, eine grade entgegengesetzte Wirkung hervor. Bei den Alten wölbte sich über allen Beweisversuchen die feststehende Ehre und Macht der Kirche. Bei ihren modernen Nachfolgern dagegen, von denen wir nur den neuesten als den hervorragendsten genannt haben, schlägt ganz dasselbe Beweisverfahren zur alleinigen Ehre der Wissenschaft aus, welche gegen die Störungen von seiten der Religion zu schützen, nunmehr als die eigentliche Aufgabe der Theologie erscheint.

Wenn man aber dieß als die Aufgabe der Theologie und in specie der Dogmatik aufrecht erhalten will, so wird folgender Vorschlag gestattet sein. Man zweige von dieser Dogmatik, welche sich vorsetzt, Religion und Kirche wegen ihrer Verträglichkeit zu empfehlen, eine andere Disciplin ab, deren Aufgabe in der Linie der Triebkraft liegt, welche der christlichen Religion selbst innewohnt. Wenn die Ueberzeugung von der universellen Bedeutung des Christenthums als ein Moment der christlichen Glaubensgewißheit selbst zu betrachten ist, so versteht sich von selbst, daß sie in jener apologetischen

Dogmatik gar nicht zum Ausdruck kommt, welche die Wahrheit der Religion an einer so schwankenden Größe mißt, wie die in fortwährender Modification begriffenen Ergebnisse der Wissenschaft. Das Vorhandensein einer solchen Ueberzeugung innerhalb des christlichen Glaubens selbst wird in der apologetischen Dogmatik nicht nur unerklärt gelassen, sondern auch unberücksichtigt.

Der Theolog, der den Anspruch einer religiösen Weltanschauung auf universelle Geltung rechtfertigen will, hat nur dann festen Boden unter den Füßen, wenn ihm in der Religion selbst die durchschlagenden Gründe für diesen Anspruch erkennbar werden. Die Allgemeingültigkeit der Religion läßt sich nicht außerhalb des Subjects an der Vielheit der vor dem Erkennen ausgebreiteten Welt erweisen. Das ließ sich so lange noch einigermaßen durchführen, als das Gebiet des Erkennens von Vorurtheilen umhegt war, welche selbst religiösen Ursprungs waren. Solange schloß wenigstens der Versuch, die Allgemeingültigkeit der Religion an etwas Anderem als an dem menschlichen Subject zu erweisen, keinen logischen Widerspruch ein, weil man ja auch außerhalb des persönlichen Lebens ein Ganzes zu besitzen glaubte: die von jenen Vorurtheilen umhegte Welt des Erkennens. Jetzt sind die Zäune, welche den Menschen in der Welt der Wissenschaft ein Ganzes sehen ließen, allenthalben durchbrochen; auf diesem Gebiete kann daher kein allgemeingültiges Urtheil Platz greifen, wenn es sich nicht etwa als richtiger Ausdruck für die geistige Thätigkeit, welche bei dem Erkennen von Gegenständen überhaupt obwaltet, legitimiren kann. Eine solche erkenntnißtheoretische Begründung der Urtheile einer bestimmten Religion wird aber wohl niemand versuchen wollen. Die christliche Religion wird daher mit ihrem Anspruch auf Allgemeingültigkeit in die innere Welt des persönlichen Lebens verwiesen. Entweder hat jener Anspruch überhaupt keinen Sinn, oder er muß sich in diesem Bereich bewähren. Das sieht so aus, als würde damit die Religion aus dem weiten Herrschaftsgebiete, das sie bisher besessen, in den engen Kreis zurückgescheucht, in welchem nicht die gesetzmäßige Macht der Wahrheit, sondern subjectives Belieben waltet. So könnte es scheinen. Und alle die Theologen, welche sich dem rationalistischen Interesse hingeben, die geschichtlich bedingten Urtheile der positiven Religion in geschichtslose Erkenntnisse umzuwandeln, werden es gewiß so ansehen. In Wahrheit sucht man bei jener scheinbaren Beschränkung, welche der Allgemeingültigkeit der Religion auferlegt wird, die Religion da auf, wo sie von jeher allein hat herrschen wollen. Sie will für Personen gelten. Der Mensch, der nur als erkennendes Wesen oder im Handeln für vereinzelte Zwecke, welche sein Verkehr mit der Welt ihm aufdrängt, thätig ist, bedarf ihrer nicht. Wer auf ein Ganzes seines persönlichen Lebens verzichtet, hat für das, was die Religion ihm bieten will, kein Verständniß. Aber dieses Verständniß wird ermöglicht, das Geltungsgebiet der Religion ist vorhanden, wenn der Mensch in der Anerkennung eines Endzwecks sein inneres Leben abzuschließen sucht. Die Realität eines solchen Endzwecks, welche für den Menschen als Person das Leben bedeutet, hat einen Sinn nur dann, wenn ihm zugleich eine religiöse Deutung des erfahrungsmäßigen Daseins feststeht. In diesem Zusammenhange ist die Nothwendigkeit der Religion erwiesen. Ein Ganzes des persönlichen Lebens, einen Endzweck, dem die erfahrungsmäßigen Beziehungen unserer Weltstellung sich wirklich unterordnen, giebt es für uns nur durch Religion. Die religiöse Weltanschauung, welche selbst ihre Geltung darin sucht, daß sie der Person für ihr von der Welt unabhängiges Leben nothwendig sei, ist wenigstens für Personen allgemeingültig. Nun haben wir aber gezeigt, daß wir es keineswegs dem subjectiven Belieben der Menschen überlassen können, ob sie den Gedanken der Persönlichkeit werthhalten wollen, oder nicht. Denn in dem Sittengesetze, welches wir als die gesetzmäßige Bedingung unseres eigenen Innenlebens erkannt haben, richten wir die Forderung der sittlichen Persönlichkeit als die Forderung des Ideals an alle Menschen. Folglich muß die Religion, welche dem sittlichen Geiste seine Welt bereitet, mit dem Bewußtsein auftreten, daß sie die universelle sei. Die Herrschaft über die Gemüther, welche sie selbst ausüben will, kann ihr ebensowenig der Witz weltkundiger Theologen verschaffen, wie das Schwert Mohammeds. Ihre universelle Geltung wird ihr nicht durch solche äußere Mittel zu dem, was sie selber ist, hinzuerobert; sie ist die universelle Religion und trägt in sich selbst die Mittel, sich als solche an den Menschen zu erweisen. Diese Mittel, welche im religiösen Glauben bereits wirksam sein müssen, hat die Theologie zu deutlicher Erkenntniß zu bringen. Sie können keine anderen sein, als die nothwendigen Zusammenhänge der einzelnen religiösen Urtheile mit der Grundanschauung, aus welcher ihre Allgemeingültigkeit erwächst, also mit der Idee der sittlichen Persönlichkeit, oder, concreter ausgedrückt, mit der Idee einer universellen Gemeinschaft sittlicher Personen. Bei dieser hat der theologische Beweis einzusetzen, um von hier aus die religiöse Weltanschauung verstehen zu lehren als den Ausdruck der Wirklichkeit, in welcher das Leben des persönlichen Geistes wurzelt.

Damit ist die Aufgabe des dogmatischen Beweises für die christliche Religion im Allgemeinen angegeben. Jeder andere Beweis wird der Gewißheit, welche der universellen Religion selbst innewohnt, nicht gerecht. Zugleich aber haben wir damit den Punkt erreicht, an welchem zwei verschiedene Gestalten des theologischen Rationalismus entsprungen sind, welche sich um so heftiger bekämpfen, als sie beide demselben theologischen Fehler ihr Dasein verdanken; ich meine den kantischen Rationalismus und denjenigen, in welchem sich mit geringen Differenzen die moderne Theologie, welche sich mit Vorliebe die gläubige nennt, ebenso bewegt, wie die andere, welche die Versöhnung des Christenthums mit der Cultur für ihre Hauptaufgabe hält.

Wenn die Erkenntniß erreicht ist, daß die sittliche Idee einer universellen Gemeinschaft sittlicher Personen die Grundanschauung ist, von welcher aus ein dogmatischer Beweis überhaupt unternommen werden kann, so muß für den Theologen, der mit seinem religiösen Glauben innerhalb der christlichen Gemeinde lebt, offenbar die Frage entstehen, ob denn jene sittliche Idee, die sich als die nothwendige Grundlage für die Allgemeingültigkeit der universellen Religion ankündigt, sich als ein integrirendes Moment seiner geschichtlich bedingten Religion nachweisen lasse. Die richtige Beantwortung dieser Frage entscheidet darüber, ob man den Abweg in den Rationalismus vermeiden wird, oder nicht.

Kant ist sich nun dessen vollständig bewußt gewesen, daß seine Ethik und Religionslehre eine geschichtliche Religion hinter sich haben, in welcher die Zusammenhänge, welche er in begrifflicher Schärfe ans Licht stellte, bereits practisch wirksam gewesen sind. Er weiß von keinem Widerspruch seines „rigoristischen“ Moralprincips mit demjenigen des Evangeliums, welches die sittliche Forderung mit der Verkündigung des Heils verbindet. „Dessen ungeachtet ist das christliche Princip der Moral selbst doch nicht theologisch (mithin Heteronomie), sondern Autonomie der reinen practischen Vernunft für sich selbst, weil sie die Erkenntniß Gottes und seines Willens nicht zum Grunde dieser Gesetze, sondern nur der Gelangung zum höchsten Gute, unter der Bedingung der Befolgung derselben macht".[1]) Der kantische Gedanke der Autonomie des sittlichen Willens ist allerdings im Christenthum heimisch. Das erhellt aus dem Verhältniß, in welchem hier das sittliche Subject zu dem Endzweck des sittlichen Handelns steht. Wenn das sittliche Handeln des Christen darauf gerichtet sein soll, das Reich Gottes zu verwirklichen, so wird ihm der Besitz desselben nicht als ein äußerlicher Lohn verheißen, sondern er hat sich selbst, an den die Forderung der Nächstenliebe ergeht, in das Reich Gottes, also in den sittlichen Endzweck mit einzurechnen. Es muß also auch in der ethischen Reflexion des Christen einen Moment geben, in welchem ihm das Gesetz seines Gottes als das Gesetz seines eignen Willens vor die Seele tritt. Wenn dieß nicht geschieht, so bleibt offenbar das christliche Sittengesetz unverstanden. Denn grade der tiefe Sinn desselben, wonach es den Menschen, den es sich unterwirft, zugleich als Endzweck hinstellt, wird dann unbeachtet gelassen. Man kann deßhalb christliche Sittlichkeit nicht so ausüben, daß man sich einer Anzahl von Geboten fügt, weil der allmächtige Gott in unbegreiflichem Rathschluß sie über uns verhängt hat; sondern das christliche Sittengesetz, eben weil es jenen Inhalt hat, verlangt selbst von uns, daß wir das Gute thun um des unbedingten Werthes willen, den wir selbst erkennen. Eine solche Erkenntniß aber ist nur möglich in dem Bewußtsein der Autonomie, oder in dem Bewußtsein, daß das Sittengesetz das Gesetz unserer Freiheit ist. Wenn die ethische Reflexion des Christen von der Gottesidee beherrscht wird, so daß ihm die sittliche Forderung als der Ausdruck des göttlichen Willens feststeht, so ist doch diese Gewißheit nur dann wirklich christlicher Art, wenn sie in jedem Augenblick bereit ist, sich in das Bewußtsein der Freiheit und Selbständigkeit, welche das christliche Sittengesetz selbst dem Menschen zuspricht, zu verwandeln. Dagegen tritt, wie Kant richtig hervorhebt, das Bewußtsein der Abhängigkeit von Gott in sein alleiniges Recht, sobald es sich um die Lebensfrage des Menschen handelt, wie denn für ihn, ein von der Natur umklammertes bedürftiges Wesen, das durch das Sittengesetz bezeichnete höchste Gut etwas Wirkliches sei. Bei dieser Frage wirft sich der Mensch, in welchem auf unbegreifliche Weise das Bewußtsein seiner empirischen Bedingtheit als Naturwesen mit dem Bewußtsein seiner

[1]) S. 270.

Freiheit zusammentrifft, in die Arme seines Gottes. Gott ist für ihn „der Grund der Gelangung zum höchsten Gute“. Kant sagt nun auch an derselben Stelle, das Christenthum mache für den Menschen den Gedanken des höchsten Gutes möglich „durch die Darstellung der Welt, darin vernünftige Wesen sich dem sittlichen Gesetze von ganzer Seele weihen, als eines Reiches Gottes, in welchem Natur und Sitten in eine, jeder von beiden für sich selbst fremde, Harmonie durch einen heiligen Urheber kommen, der das abgeleitete höchste Gut möglich macht“. Während man ihn nicht selten mit den Stoikern auf eine Stufe stellt, ist sich Kant seiner Uebereinstimmung mit dem Christenthum bewußt und vermag, den specifischen Vorzug der christlichen Selbstbeurtheilung vor der stoischen sehr richtig anzugeben.[1])

Aber trotz aller Anerkennung welche er für das Christenthum, „diese wundersame Religion“[2]) bereit hat, wird Kant der Thatsache nicht gerecht, daß seine Ethik auf christlichem Boden erwachsen ist. Er kommt nicht dazu, Wesen und Werth der geschichtlichen, positiven Religion zu verstehen. Wie dieses Verständniß grade von seinen Prämissen aus zu gewinnen sei, wird später gezeigt werden. Hier kommt es zunächst auf den Nachweis an, wie sich die Verkennung der positiven Religion bei ihm durch eine verhängnißvolle Verdunkelung seiner ethischen Grundgedanken straft. Indem Kant die Thatsache nicht würdigt, daß seine eigenen ethischen Erkenntnisse eine längst feststehende religiöse Weltanschauung zum Hintergrunde haben, so wird er dazu verleitet, das Apriori des Sittengesetzes mit dem Angeborenen zu verwechseln. Wir haben oben gesehen, daß die nothwendige Ablösung des Sittengesetzes von allen Erfahrungen, welche etwa den Anspruch erheben möchten, für seine Geltung aufzukommen, mit der Frage gar nichts zu thun hat, wie das sittliche Bewußtsein im Menschen ermöglicht werde. Wenn wir auf Grund der Analyse des Sittengesetzes sagen, daß dasselbe a priori gilt, so wollen wir damit nicht etwa behaupten, daß es ebenso zum Menschen gehöre, wie seine anthropologisch festzustellende geistige oder körperliche Organisation. Vielmehr will jener Ausdruck das allein sagen, daß das Sittengesetz, wenn es gedacht wird, immer schon als die vorausgehende Bedingung alles desjenigen gedacht

---

[1]) 8, 268.
[2]) 4, 379.

werden müsse, wovon man es etwa abstrahiren könnte. Wenn uns der Gedanke des Sittengesetzes aufgeht, so ist uns damit die Einsicht geschenkt, daß nicht der subjective Werthmesser, das Gefühl der Lust, den Menschen an den Endzweck führt, in welchem sein persönliches Streben und Denken zur Ruhe kommt, sondern daß sich ihm der letztere nothwendig als unabhängig von der empirischen Verfassung seines begehrlichen Selbst ankündigt. Dieses Apriori des Sittengesetzes hat Kant, wie wir gesehen haben, nicht etwa durch eine anthropologische Ableitung aus der gegebenen Natur des Menschen gewonnen, sondern durch die „Exposition" des Sittengesetzes selbst. Daraus ergiebt sich aber, daß er das Sittengesetz zunächst vorführt als eine geistige Macht, über deren empirische Ursprünge innerhalb der Menschenwelt gar nichts entschieden wird, sondern die nur dargestellt wird in der Art, wie sie sich an dem Denken persönlicher Geister bethätigt. Was dagegen die Existenz dieser geistigen Macht als eines integrirenden Moments im Menschenleben betrifft, so liefert Kant später den Nachweis, daß dieselbe nur möglich ist in Verbindung mit der offenen oder versteckten Wirksamkeit der Gottesidee, welche den Gegensatz zwischen der empirischen Bedingtheit der individuellen Person und der sittlichen Idee der Persönlichkeit aufhebt. Durch diesen Zusammenhang hätte sich Kant darauf leiten lassen können, die Bedeutung der Gottesidee, welche sich ja doch nach seiner eigenen Lehre nicht schon aus dem Sittengesetze oder aus der Idee der sittlichen Freiheit allein ergiebt, auf ihren besonderen Inhalt hin zu untersuchen. Dann wäre er seiner eigenen Methode gemäß genöthigt gewesen, diesen Inhalt in der Erfahrung aufzusuchen, in welcher er entfaltet vorliegt, d. h. in der positiven Religion. Dagegen begeht Kant, indem er die Grundlinien der religiösen Weltanschauung zeichnet, den Fehler, das sittliche Bewußtsein als die für sich wirksame Kraft zur Erzeugung dur religiösen Ideen zu behandeln. Als Mittel dazu dient ihm die Berufung auf die Selbständigkeit, welche sich das Sittengesetz da, wo es vernommen wird, durch seinen eigenen Inhalt erzwingt. Die Thatsache, daß innerhalb des sittlichen Bewußtseins das unbedingte Gesetz seine Geltung von allen Erlebnissen des Subjects unabhängig macht, wird als Erweis dafür genommen, daß das sittliche Bewußtsein selbst ein von empirischen Bedingungen unabhängiges, geschichtsloses Factum der Menschennatur sei. Dadurch tritt an die Stelle einer Untersuchung der Zusammenhänge, in welchen in dem empirischen Menschen das sittliche Bewußtsein factisch auftritt, das dogmatistische Vorurtheil, daß dasselbe ein angeborenes Element der Menschennatur sei, welches zur Erzeugung religiöser Vorstellungen wirksam werde. So spricht Kant zwar außerordentlich kräftig den Abstand aus, in welchem sich der empirische Mensch von dem personificirten Ideal des guten Princips, welches er von der geschichtlichen Erscheinung Christi abstrahirt hat, befindet.[1]) Aber trotzdem wird dann doch wieder vorausgesetzt, daß dieses Ideal ohne weitere Bedingungen uns als der Grund unseres Selbstvertrauens zu Gebote stehe. Die Frage, wie denn das Selbstgefühl des empirischen Menschen, der mit den Problemen des Uebels und der Schuld belastet ist, in jenem Ideal leben könne, läßt Kant deßhalb nicht zu ihrem vollen Rechte kommen, weil er sich durch die Thatsache blenden läßt, daß sich jenes Ideal, sobald es überhaupt aufgefaßt wird, als etwas sittlich Nothwendiges an dem Gewissen bezeugt. Die ganze Religionslehre Kants leidet an dem Fehler, daß dasjenige, was dem sittlichen Subject als nothwendig einleuchtet, auch als ein unabhängiger von ihm selbst producirter Besitz des sittlichen Subjects angesehen wird. Die religiöse Weltanschauung stellt sich daher bei ihm als der Wiederschein des Selbstvertrauens dar, welches die sittliche Person in sich selbst findet. Das steht in offenbarem Widerspruche zu der Einsicht, welche sein Beweis für das Dasein Gottes ausdrückt. Denn in diesem gilt der Glaube an Gott als ein selbständiges Element, welches zu dem Bewußtsein von der unbedingten Nothwendigkeit der ethischen Ideen ergänzend hinzutreten muß, um das Leben einer sittlichen Person zu ermöglichen. Damit ist ja doch offenbar anerkannt, daß der Mensch in seinem religiösen Glauben nicht den Ausdruck seiner Selbständigkeit und productiven Kraft sieht, sondern vielmehr das Erlebniß der Abhängigkeit von seinem Lebensgrunde. Denkt man sich das sittliche Bewußtsein für sich bestehend, so ist nicht die geringste Veranlassung da, mit demselben die Religion zu verknüpfen. Aus dem Gedanken des unbedingten Gesetzes erwächst das Bewußtsein der Freiheit und Autonomie, aber nicht das der Abhängigkeit. Nun ist aber das sittliche Bewußtsein in dieser Isolirung eine bloße Abstraction. Für uns kommt dasselbe doch nur in Betracht als ein Moment in dem Leben des Menschen, welcher dafür interessirt ist,

---

[1]) 10, 70.

seine Selbstunterscheidung von der Natur durchzuführen und dadurch die Realität seines inneren Lebens sicher zu stellen. Und in diesem concreten Zusammenhange erscheint neben der Sittlichkeit die Religion, durch welche das, was das Sittengesetz ihm leisten will, dem Menschen erst verständlich wird. In dem religiösen Vertrauen, daß der Inhalt des Sittengesetzes die Macht über die das menschliche Subject selbst umfassende Naturwelt ist, in diesem Glauben an Gott wird ein Verständniß dessen, was das Sittengesetz dem Menschen zuspricht, und damit die Sittlichkeit erst möglich. Wenn daher Religion und Sittlichkeit die neben einander bestehenden aber auf einander angewiesenen Functionen des Menschen sind, in welchen er seine Person als ein in sich geschlossenes Ganzes gegen den Widerspruch der Natur aufrecht erhält, so muß es vor Allem darauf ankommen, jede von ihnen auf den eigenthümlichen Beitrag hin zu untersuchen, den sie zu dem gemeinsamen Zwecke leistet. Freilich kann jede von ihnen auch als Mittel der andern aufgefaßt werden, da sie nur in gegenseitiger Förderung gedeihen können. Aber das, worin sie zusammentreffen, ist doch ihr gemeinsamer Zweck, das über die Welt erhobene Leben einer Person. Daher muß die Förderung, welche die Religion der Sittlichkeit, und umgekehrt, leistet, sich durch diesen Vereinigungspunkt beider vermitteln. Nur dadurch, daß in dem Gedanken des unbedingten Gesetzes dem Menschen die Ahnung seiner Persönlichkeit aufgeht, gereicht die Sittlichkeit zur Verklärung der Religion. Soweit dagegen jener Sinn des Sittengesetzes noch im Dunkel liegt und das sittliche Streben sich in der Befolgung einzelner Satzungen zersplittert, soweit kann auch die Sittlichkeit nicht dazu wirksam werden, die Religion vor der Auflösung in abergläubischen Wahn zu schützen. Und umgekehrt wird die Religion nur dadurch der Schirm und Schutz des sittlichen Strebens, daß sie sich als die Lebensbedingung der Person, die sich nicht an die Welt verlieren will, bewährt. Dann kommt es aber grade darauf an, bei der Auffassung der eigenthümlichen religiösen Erscheinungen zunächst ihre Zweckbeziehung auf das sittliche Handeln außer Augen zu lassen und danach allein zu fragen, inwiefern der empirische Mensch in ihnen das Bewußtsein seiner Freiheit von der Welt erreicht.

Anstatt dessen ist **Kants** Interesse ausschließlich darauf gerichtet, was die Religion zur moralischen Besserung des Menschen beitragen möge; als ob darin ihr eigentlicher Zweck zu suchen sei.

Wenn nun die Religion nur in dieser Zweckbeziehung aufgefaßt wird, so ist man offenbar genöthigt, den Werth der religiösen Gedanken auf die in ihnen enthaltene Vergegenwärtigung sittlicher Ideen zu beschränken. Denn der sittliche Fortschritt vollzieht sich unmittelbar immer in der Einwirkung des Sittlichguten auf das Gemüth. Daher wird denn Kant, nachdem ihm einmal der gemeinsame Zweck von Sittlichkeit und Religion, daß der Mensch in der Verwirklichung des sittlichen Endzwecks und im Vertrauen auf Gott seine Freiheit von der Welt erreicht, entschwunden ist, grade durch seinen sittlichen Ernst dazu genöthigt, die religiöse Ueberlieferung bis zur Unkenntlichkeit zu verstümmeln. Da er selbst von der Religion nichts weiter als moralische Besserung erwartet, so werden ihm die religiösen Lehren und Cultusformen, welche offenbar mehr sein wollen als symbolische Darstellungen sittlicher Ideen, sofort als magische Mittel zur Erzeugung des sittlichen Willens verdächtig. Sein Begriff von der Gnade z. B. ist zunächst durchaus katholisch. Sie wird definirt als die mit der natürlichen Kraft des Menschen zusammen wirkende Ursache einer zum Gott wohlgefälligen Lebenswandel zureichenden Gesinnung.[1]) Es ist nun aber ganz natürlich, daß er von diesem Begriffe, obgleich er die Möglichkeit von Gnadenwirkungen zur Ergänzung unserer Unvollkommenheit einräumt, keinen practischen Gebrauch gemacht wissen will. Denn für uns selbst muß der sittliche Fortschritt doch immer durch den Eindruck von dem unbedingten Werthe des Guten vermittelt werden. Wir sollen uns daher nach seiner Anweisung von der Idee der Gnade, als von einem Heiligthum, in ehrerbietiger Entfernung halten, damit wir uns nicht „zur Trägheit einladen lassen, das, was wir in uns selbst suchen sollten, von Oben herab in passiver Muße zu erwarten".[2]) Daß Kant für die protestantische Orthodoxie, da er sie nach einer nur im Katholicismus berechtigten Zweckbestimmung der Religion beurtheilt, kein Verständniß hat, versteht sich von selbst. Seiner Verwandtschaft mit dem katholischen Religionsbegriff ist er sich nicht bewußt. Dagegen findet er das Problem, welches ihn allein an der Religion interessirt, in dem Pietismus des „wackeren" Spener wieder[3]). Den pietistischen Satz: „der Religionsvortrag

[1]) 10, 209.

[2]) 10, 232.

[3]) 10, 310.

muß zum Zwecke haben, aus uns andere, nicht bloß bessere Menschen (gleich als ob wir so schon gute, aber nur dem Grade nach vernachlässigt wären), zu machen", findet Kant „ganz in der Vernunft gegründet". Dagegen verwirft er die Auflösung dieses Problems, welche der Pietismus in dem Wunder einer moralischen, aber nur durch übernatürlichen Einfluß möglichen, Metamorphose suche. Er selbst erwartet die Auflösung vielmehr von der Benutzung des uns unbegreiflicher Weise beiwohnenden sittlichen Vermögens und von der Ansherzlegung derselben von der frühesten Jugend an und fernerhin im öffentlichen Vortrage. „Selbst die Bibel scheint nichts Anderes vor Augen gehabt zu haben, nämlich nicht auf übernatürliche Erfahrungen und schwärmerische Gefühle hinzuweisen, die, statt der Vernunft, diese Revolution bewirken sollten, sondern auf den Geist Christi, um ihn, sowie er ihn in Lehre und Beispiel bewies, zu dem unsrigen zu machen, oder vielmehr, da er mit der ursprünglichen moralischen Anlage schon in uns liegt, ihm nur Raum zu verschaffen".[1]) So drängt sich an die Stelle der religiösen Weltanschauung das sittliche Ideal; was sich von der ersteren nicht an die Darstellung des letzteren anfügen will, wird als magisches Heiligungsmittel verworfen. Nur durch den festgehaltenen Glauben an Gott und Unsterblichkeit macht Kant immer wieder die Erinnerung daran rege, daß die Religion noch mehr bedeute als eine zu unserer Erziehung nothwendige Objectivirung der sittlichen Ideen. Aber das Vorurtheil, daß das für sich bestehende sittliche Bewußtsein die religiösen Urtheile, von welchen es eine moralische Gewißheit geben könne, aus sich heraus erzeuge, muß auch noch die so reducirte religiöse Weltanschauung entwerthen. Denn die Selbständigkeit, welche durch jenes Vorurtheil dem einzelnen Subject vindicirt wird, steht in directem Widerspruch mit dem Bewußtsein von Abhängigkeit, welches uns an die Objecte des Glaubens knüpft.

Unter Rationalismus verstehen wir hier im Allgemeinen dasjenige theologische Verfahren, welches über die Geltung der religiösen Wahrheit nach Maßstäben entscheidet, die nicht aus der Religion selbst erzeugt werden können. Wo die religiöse Weltanschauung nach einem solchen von außen herauf gedrängten Maßstabe zurecht geschnitten wird, entsteht ein Widerspruch zwischen dem, was die Religion als eine ihm überlegene geistige Macht dem

---

[1]) 10, 315.

Menschen sein will und der prätendirten Ueberlegenheit des theologischen Urtheils. Dieser Widerspruch ist das charakteristische Merkmal des theologischen Rationalismus. Was uns die Religion als geschichtliche Gottesoffenbarung, die empirisch aufgenommen werden muß, darbietet, das findet der Rationalismus in der freien Erkenntniß der Welt und des Menschen, in der von der Metaphysik erschlossenen Tiefe der Welt oder in einer dem Menschengeiste ursprünglich angehörigen religiösen Function bereits vorgezeichnet. Es ist leicht zu sehen, warum grade das Christenthum mit diesem Feinde der positiven Religion zu ringen hat. Die Universalität, welche das Christenthum mit rein geistigen Mitteln erreichen will, muß sich durch die Einsicht in den Rechtsgrund dieses Anspruchs durchsetzen. Wenn nun der theologische Beweis berufen ist, diese Einsicht zu geben: was scheint dann näher zu liegen als die freie Erkenntniß der Welt zum Zeugen für die Wahrheit der christlichen Offenbarung aufzurufen? Der vom Christenthum in seinem eigenen Interesse geforderte Beweis für seine Allgemeingültigkeit scheint es nothwendig zu machen, daß man an einer außerhalb seiner Sphäre erzeugten, allen Menschen zugänglichen Erkenntniß die Geltung der religiösen Urtheile erweist. Der apologetische Beweis, den die kirchliche Theologie für das Christenthum zu liefern pflegt, bewegt sich ja, wie wir oben sahen, in derselben Richtung. Daß diese Tendenz eine rationalistische sei, bleibt dabei natürlich verborgen, weil hier das ganze Beweisverfahren von den aus der positiven Religion herrührenden Vorurtheilen beherrscht ist und deßhalb durchaus unverfänglich erscheint. Aber die kirchliche Theorie giebt, indem sie diese Methode legitimirt, ihre besten Waffen gegen diejenigen Theologen aus den Händen, welche den geschichtlichen Heilsgrund der christlichen Gemeinde nur so weit gelten lassen wollen, als darin zum ersten Male der Weltgrund, den sie in ihrer Metaphysik eruirt haben, in das bewußte Leben der Menschheit geschichtlich wirksam eingetreten ist. Die naive Zuversicht, mit welcher auf diese Weise die wichtigsten Interessen der christlichen Gemeinde in der Theologie verleugnet werden, ist allerdings überraschend. Aber wenn man doch die Voraussetzung der guten Absicht festhalten muß, so wird man sich jene Zuversicht daraus erklären dürfen, daß die Vertreter dieser Richtung sich eben der überlieferten theologischen Methode kritiklos überlassen, welche, wenn man sie ernst nimmt, und nicht insgeheim verclausulirt, allerdings zu den ärgsten Extravaganzen des Rationalismus auffordert. Dieser Zusammenhang ist recht evident an der Argumentation, mit welcher Pfleiderer den kirchlichen Charakter seiner Theologie zu erhärten sucht. Meinem Versuche, an seiner Christologie ein eclatantes Beispiel der Corruption aufzuzeigen, welcher das Dogma unter den Händen des Rationalismus unterliegt, setzt er das freudige Bewußtsein entgegen, daß schon vom zweiten Jahrhundert an die Theologie mit gutem biblischen Grunde über den Jesus der Geschichte hinaus auf ein metaphysisches Princip zurückgegangen sei, um als Heilsgrund den Weltgrund zu erreichen.[1]) Darin kann ich ihm im Allgemeinen nicht widersprechen. Aber er hätte eben auch daraus sehen können, daß ich es nicht mit ihm allein zu thun hatte, wenn ich den Mangel des religiösen Gehaltes in seiner metaphysischen Christologie nachwies, sondern mit der theologischen Tradition, deren Fehler er ausbeutet, um seine Speculationen in eine empfehlende Verbindung mit der Kirche zu bringen. Daß das von den Apologeten des zweiten Jahrhunderts ererbte theologische Verfahren keineswegs so besonders geeignet ist, diese Verbindung sicher zu stellen, und daß es mit dem biblischen Grunde der bei dieser Methode befolgten Gesichtspunkte nicht so steht, wie Pfleiderer meint, darüber dürfte ihm das Buch von M. v. Engelhardt über Justin den Märtyrer werthvolle Aufschlüsse geben können. Uebrigens hat Pfleiderer die Motivirung für die theologische Aufgabe, welche ich als rationalistisch bezeichnet habe, ganz richtig formulirt. „Giebt es nur einen Logos, so wird die Offenbarung desselben im religiösen Bewußtsein Jesu und seiner Gemeinde allerdings übereinstimmen müssen mit seiner Offenbarung im allgemeinmenschlichen und auch im philosophischen Bewußtsein, und es wurzelt dann also „„die rationalistische These, daß die Geltung der religiösen Wahrheiten von ihrer Uebereinstimmung mit unsern sonstigen nicht ethisch bedingten Erkenntnissen abhängt,““ gar nicht in „„dem durch die kirchliche Theologie groß gezogenen Irrthum, daß die practisch wichtigsten Glieder der religiösen Weltanschauung den Gemeinbesitz der natürlichen Menschheit bezeichnen““,[2]) sondern sie wurzelt in dem gut biblischen Glauben an die Einheit des Logos, der in Jesus sich offenbarte, mit dem der jeden Menschen erleuchtet“.

[1]) Vergl. Prot. K. Z. 1877 S. 490.

[2]) Pfleiderer citirt die angeführten Worte aus meiner Schrift, die Metaphysik in der Theologie. 1876.

Daß wir eben dasselbe grade von der kirchlichen Theologie in unzähligen Wendungen schon gehört haben, ist ja richtig. Trotzdem darf ich meine Behauptung aufrecht erhalten, daß diese Theorie der Keim ist, der sicher zum Rationalismus auswächst, wenn er nicht durch ein reges Interesse an der positiven Religion gewaltsam niedergehalten wird. Wenn jener Gedanke, den Pfleiderer vor dem Vorwurf des Rationalismus schützen möchte, nur als angenehmer Zierrath an dem compacten Körper des kirchlichen Lehrsystems angebracht wird, so darf man natürlich die Tendenz seiner Vertreter nicht als rationalistisch bezeichnen, weil sie überhaupt keine einheitliche Tendenz in der systematischen Theologie verfolgen. Wenn aber jener Gedanke als methodisches Princip des dogmatischen Beweises an allen Dogmen wirklich durchgeführt wird, so gewinnen seine Vertreter an Stelle der geschichtlichen Gottesoffenbarung eine allgemeine Wahrheit zweifelhaften Werthes, mag man dieselbe nun als metaphysisches Princip, als religiöse Grundthatsache, oder sonstwie bezeichnen. Und dieser Erfolg, den Pfleiderer für sich selbst in Anspruch nimmt, wird doch wohl als ein offenbarer Sieg des vermeintlich Allgemeinvernünftigen über das Geschichtlichpositive, als offenes Hervortreten des theologischen Rationalismus anerkannt werden müssen. Wir dürfen daher hier die oben gegebene Definition des Rationalismus festhalten; er zeigt sich in der Tendenz, die Geltung einer religiösen Weltanschauung nach Maßstäben zu bestimmen, welche nicht als in ihr selbst erzeugt angesehen werden können. Wo dieß geschieht, muß auch das äußere Kennzeichen des Rationalismus, die Nichtachtung des positiven Charakters der Religion als der bloßen geschichtlichen Hülle, welche durch ihren universellen Gehalt zersprengt werde, alsbald hervortreten. Es ist dann so einleuchtend, was Kant sagt, daß der geschichtliche Anfang, der sich als übernatürliche Offenbarung darstellen mag, in Vergessenheit gerathen könne, „ohne daß dabei jene Religion doch das Mindeste weder an ihrer Festigkeit, noch an Gewißheit, noch an ihrer Kraft über die Gemüther verlöre".[1])

Wenn man nun nach dieser Definition des Rationalismus fragt, inwiefern die kantische Auffassung der Religion unter diese Kategorie gehöre, so kann die Antwort nicht schwer sein. Nicht das ist rationalistisch, daß er die religiösen Urtheile vom Standpunkte des sitt-

[1]) 10, 187.

lichen Bewußtseins aus zu verstehen sucht. Denn solches Verfahren würde an und für sich die Bereitschaft nicht ausschließen, die empirischen, geschichtlich gegebenen Bedingungen der Religion, aus welcher heraus jene Urtheile möglich sind, als solche anzuerkennen. Es wäre nur zu fragen, ob denn wirklich die Bedürfnisse des sittlichen Menschengeistes als Schlüssel für das Verständniß der Weltanschauung, welche im Christenthum als einer geschichtlich gegebenen Größe vorliegt, in Anwendung kommen dürfen. Der Segen der christlichen Religion läßt sich nun nicht scheiden von einem Bestehen christlicher Lebensordnung; die Menschheit, welche im Sinne des Evangeliums zu Gott als ihrem Vater betet, muß zugleich als sittliche Gemeinschaft gedacht werden. Jener kantische Grundsatz ist doch aber sicher von einer ihm entsprechenden Erfahrung abstrahirt. Kant mußte die Erfahrung von dem empirischen Zusammenhange jener beiden Seiten des persönlichen Lebens gemacht haben, um sich für ihre Zusammengehörigkeit zu interessiren. Ein solcher empirischer Zusammenhang von sittlicher und religiöser Ueberzeugung war aber in der christlichen Gesellschaft, in welcher Kant lebte, längst vorhanden und war auch schon vor ihm als kritischer Maßstab für die wirkliche oder vermeintliche Verbildung des Christenthums durch die Orthodoxie in Gebrauch gewesen. Anstatt also darüber zu grübeln, ob es dem Christenthum nicht widerspreche, wenn das sittliche Subject als der Beziehungspunkt für die Geltung der religiösen Urtheile gedacht wird, kommt es vielmehr darauf an, zu erkennen, daß ihm das Christenthum selbst die Erfahrung darbot, aus welcher jener Gedanke allein entspringen konnte. Zu einer vollständigen Verkennung des Wesens der Religion führt der kantische Satz, daß die religiöse Erkenntniß nur „in practischer Absicht" gelte, erst dadurch, daß Kant seinen Gesichtskreis in der oben angeführten Weise verengert. Nachdem die Geltung in practischer Absicht bei ihm den Sinn empfangen hatte, daß die Religion Mittel zur moralischen Besserung sei, konnte der eigenthümliche Werth der Religion nicht mehr zur Sprache kommen. Dieser Werth kann nur hervortreten, wenn man sich das Verständniß dafür offen erhält, was Sittlichkeit und Religion in verschiedener aber gleich nothwendiger Weise für das menschliche Streben, sich als Person von der Natur zu unterscheiden, bedeuten. Indem daher Kant diese Zweckbeziehung der Sittlichkeit im menschlichen Personleben, welche in seinem Beweise für das Dasein Gottes der leitende Gedanke war, aus den Augen verlor, so wurde auch der besondere, von dem sittlichen Bewußtsein verschiedene Inhalt der Religion seiner Aufmerksamkeit entrückt. Das sittliche Bewußtsein bietet Anknüpfungspunkte für das Verständniß der Religion nur dann, wenn es in den concreten Zusammenhängen, in welchen es im menschlichen Personleben erscheint, aufgefaßt wird; nicht aber, wenn es als ein für sich bestehendes Factum der menschlichen Vernunft genommen wird. Zu dieser ungeschichtlichen Auffassung des sittlichen Bewußtseins aber war Kant gekommen, indem er die Apriorität des Sittengesetzes, welche aus der bloßen Exposition desselben entwickelt war, also zu seinem eigenen Inhalte gerechnet werden muß, als Erweis für die unabhängige Stellung des sittlichen Willens in dem empirischen Menschen benutzte. Durch diesen Irrthum wurde also auch das Wesen des religiösen Glaubens, auf dessen Vorhandensein der sittliche Wille in Wahrheit rechnet, wenn er nicht in dem Menschen als etwas völlig Zweckloses seine Wurzeln verlieren soll, in den Schatten gestellt. Zugleich aber war damit die Quelle des kantischen Rationalismus, der die richtigen Ansätze zum Verständniß des Christenthums überfluthen sollte, eröffnet. Denn die Erkenntniß, daß die Geltung der religiösen Urtheile nur von dem Standpunkte des sittlichen Subjects aus einleuchtet, verwandelte sich nun, nachdem in unkritischer Weise die Selbständigkeit des sittlichen Bewußtseins im empirischen Menschen proclamirt war, in das Vorurtheil, daß der Mensch mit jenem vermeintlichen Factum der Vernunft auch die Kraft besitze, die religiöse Weltanschauung zu erzeugen. Wenn das sittliche Bewußtsein von allen Bedingungen seines Bestandes in dem empirischen Menschen losgesprochen wurde, so konnte sich der ursprüngliche Gedanke eines inneren Zusammenhanges zwischen diesem und der Religion nur noch in der Behauptung erhalten, daß der religiöse Glaube eine natürliche Function derselben Vernunft sei, welche zunächst als sittlicher Wille auftritt. In dieser Behauptung liegt Kants Rationalismus. Durch sie werden die religiösen Urtheile von den empirischen Bedingungen, unter welchen sie in der positiven Religion stehen, abgelöst. Dadurch ist nun für Kant die Erkenntniß verschlossen, daß die religiöse Weltanschauung, welche er von dem sittlichen Bewußtsein aus erreicht, ebenso wie die dazu nöthige Reife des letzteren aus dem grundlegenden Factum der christlichen Gesellschaft entsprungen war, welcher der Philosoph angehörte.

In diesem kantischen Rationalismus liegt trotzdem ein wichtiges

Wahrheitsmoment, welches sich die Theologie nicht entgehen lassen darf, wenn sie ihn auch im Ganzen abweisen muß, weil er die Bedeutung der Religion für den Menschen verkennt und demgemäß ihre geschichtliche Erscheinung nicht zu würdigen weiß. Indem Kant eine natürliche Religion als den Wahrheitskern in den statutarischen Formen der religiösen Ueberlieferung anerkannt sehen will, so will er damit das respectable Bedürfniß einer Gewißheit in den höchsten Angelegenheiten des Lebens kundgeben, welche ihm Niemand entreißen könne. In diesem Sinne stellt er den historischen Glauben und den reinen Vernunftglauben einander gegenüber. Der erstere kann zum Wissen erhoben werden; aber er wird dann ein Wissen von bloßen Thatsachen, welches die Grenze seiner Gewißheit an dem hypothetischen Charakter hat, der allem Erfahrungswissen anhaftet.[1]) Er kann daher die unveränderliche Grundlage für die Selbstgewißheit der Person nicht abgeben. Dagegen ist diese Grundlage zu finden in dem einem sittlichen Subject unumgänglichen Glauben an das Dasein Gottes und der Seelen Unsterblichkeit. Die Objecte dieses Glaubens sind die Bedingungen für „das höchste durch Freiheit zu bewirkende Gut in der Welt". Die Ueberzeugung daß dieses Gut für uns wirklich werden könne, ist aber ein unveräußerliches Moment der Thatsache, daß wir in der Unterwerfung unter das Sittengesetz unserer sittlichen Freiheit uns bewußt geworden sind. Daher steht jener Glaube, „wenn in dem Menschen sonst nur Alles moralisch gut bestellt ist", unerschütterlich fest. Wenn nun die Theologie, welche über Kant hinaus zu sein meint, den in jenen Sätzen liegenden idealistischen Irrthum anzugeben weiß, so darf sie dieß doch nur ungestraft thun, wenn sie zugleich die tiefe Wahrheit derselben sich zu Nutze macht. Denn das hat Kant doch richtig gesehen, daß die Gewißheit des Glaubens, das Ewige und Allgemeingültige ergriffen zu haben, durch das Bewußtsein vermittelt sein müsse, daß er mit der Freiheit und Selbständigkeit des sittlichen Subjects in solidarischer Verbindung stehe. Wenn das religiöse Bewußtsein der Abhängigkeit von Gott nicht der Art ist, daß aus ihm die Anschauung einer Selbständigkeit der Person hervorgeht, deren Bethätigung auch im sittlichen Handeln wieder zu erkennen ist, so ist die Festigkeit des Glaubens nur die Folge einer unfreien Hingabe an Erregungen, die das geistige Leben, zu welchem

[1]) Vergl. 1, 384; 4, 376.

das Sittengesetz den Menschen auffordert, absolut unterbrechen und deßhalb nach Kräften unterdrücken. Die Ansprüche eines solchen Glaubens finden in dem Innersten des gläubigen Subjects selbst einen unversöhnlichen Gegner in dem Gewissen, sobald die Reife sittlicher Erkenntniß erreicht ist, welche mit dem Gedanken des unbedingten Gesetzes unmittelbar den Gedanken der sittlichen Persönlichkeit verknüpfen läßt. Nun wird es ja trotzdem gebildeten Theologen immer möglich sein, die Gedanken, durch welche sich jene Erregungen vermitteln, als die Glieder der religiösen Weltanschauung mit den grade in Umlauf befindlichen und für sicher gehaltenen Resultaten der Welterkenntniß auszugleichen und ihnen dadurch den Schein des Allgemeingültigen zu verschaffen. Aber diese durch die Theologie erkämpfte Allgemeingültigkeit ist völlig bedeutungslos, wenn das persönliche Leben der Gläubigen durch jenen Widerspruch zerrissen ist, welcher die Herrschaft des Glaubens in ihnen selbst auf die Momente einschränkt, in denen sie ihrer sittlichen Würde sich völlig entäußern. Nur der Glaube, welcher „ein freies Fürwahrhalten und nur als solches mit der Moralität des Subjects vereinbar ist“ [1]), hat ein inneres unüberwindliches Recht, in den Gemüthern zu herrschen, weil er sich als die Lebensform der Persönlichkeit erweist, welche durch das Sittengesetz constituirt wird. Wenn man außer Stande ist, in dem Evangelium die Offenbarung derjenigen Gestaltung der Welt durch Gott zu erkennen und nachzuweisen, welche es dem Menschen ermöglicht, in seiner Lebensarbeit das Bewußtsein seiner Freiheit und Selbständigkeit als Person zu erreichen und zu bewahren, so ist man auch nicht befähigt, denjenigen Anspruch auf universelle Geltung, welchen das Christenthum selbst erhebt, in der Theologie zu vertreten.

Die Theologie, deren Händen Kant die Fürsorge für die geschichtliche Ueberlieferung der positiven Religion anvertraut fand, suchte aber eine Universalität des Christenthums zu erweisen, welche mit der in der Religion selbst angelegten nichts als den Namen gemein hat. Bei jener handelte es sich darum, die Continuität der christlichen Ueberzeugungen mit einer Metaphysik zu betonen, welcher Kant entwachsen war; bei dieser handelt es sich um die Erkenntniß, daß das Evangelium den empirischen Menschen in die Welt seiner Freiheit einführt. Die Erfahrung, daß dieses Letztere wirklich der Fall sei, ist in jedem leben=

[1]) I, 376.

digen Gliede der Kirche die geheime Quelle seiner Kraft und der zwingende Grund der Demuth, welche auch die freudigste Entfaltung der eigenen Selbständigkeit umhegt weiß von der Wirksamkeit des Gotteswillens, durch welchen sie uns erreichbar wird. Aber wenn nun Kant durch die officiellen Vertreter der Kirche hiervon nichts erfuhr, so ist es immer noch ein erfreuliches Zeichen von der unbewußt wirkenden Macht christlicher Einflüsse, daß er den wahren Grund für die Allgemeingültigkeit der Religion aufgezeigt hat, der, von der theologischen Doctrin unbeachtet, in der Praxis des christlichen Lebens die Gewißheit des Glaubens vermittelte. Da er aber seinen Fund wie einen außerhalb des Christenthums erzeugten Maßstab seines Werthes an dasselbe heranbrachte, so war es ihm schon dadurch erschwert, in den geschichtlichen Elementen der Religion, in welcher er richtig das Universelle bemerkte, die concrete Gestalt des letzteren zu erkennen. Diese Schwierigkeit aber wurde wohl zur Unmöglichkeit, weil die Theologie auf nichts weniger bedacht gewesen war, als darauf, das geschichtliche Evangelium in derjenigen Gliederung darzustellen, in welcher es als die befreiende Macht für den sittlichen Menschengeist seine universelle Bedeutung im Leben selbst darthut. So sieht denn Kant allerdings in den historischen Elementen der Religion nichts weiter als die pädagogische Einkleidung ihres universellen Gehaltes, welche durch einen leisen Wechsel der Beleuchtung den Charakter einer lästigen Hülle der Wahrheit erhalten muß. Aber er hat doch diejenigen Momente des persönlichen Geistes richtig hervorgehoben, aus deren Zusammenwirken auch der christlichen Gemeinde von jeher das Bewußtsein von der Wahrheit ihres Glaubens erwachsen ist. Daß Kant in dem solidarischen Zusammenhange der religiösen Ueberzeugung mit dem Selbstgefühl der sittlichen Person den wesentlichen Charakterzug eines Glaubens erkennt, der es werth ist, vom Wissen und Meinen unterschieden zu werden, erhebt ihn weit über andere Vertreter der natürlichen Religion und empfiehlt ihn der Beachtung der Theologen, welche sich nicht nur für die Schönheit der Religion sondern auch für ihre Wahrheit interessiren.

Die Reaction, welche sich gegen den Versuch richtete, die theologische Darstellung des Christenthums dem Schema der kantischen Religionslehre zu unterwerfen, trägt nun insofern einen gesunden religiösen Zug, als sie durch das Gefühl geleitet wird, daß der sittliche Wille des Menschen nicht die Kraft hat, den Glauben zu tragen. Denn darin tritt allerdings die Verkennung des Wesens der Religion bei Kant mit verletzender Schärfe hervor, daß der sittliche Wille des einzelnen Menschen als etwas Selbständiges gedacht wird und in dieser Selbständigkeit als die Quelle der religiösen Gewißheit. Diese Meinung steht in einem ungeheuren Contrast zu dem christlichen Bewußtsein, daß die Realisirung der sittlichen Idee in einem bestimmten Menschenleben unter dem Schutze der Offenbarung Gottes erfolgt, daß also der Mensch seine eigene sittliche Selbständigkeit in dem Bewußtsein seiner Abhängigkeit von Gott erreicht. Kants moralischer Beweis für das Dasein Gottes läuft dieser christlichen Aussage noch nicht zuwider, sofern dabei nur auf die Zusammengehörigkeit von Religion und Sittlichkeit reflectirt wird. Aber der Widerspruch findet sich ein, sobald Kant, wozu er durch seine Voraussetzungen nicht genöthigt war, dazu fortschreitet, die Selbständigkeit des sittlichen Bewußtseins in dem empirischen Menschen anzunehmen. Wenn man nun diese Wendung der kantischen Gedanken darauf zurückzuführen pflegt, daß er die Bedeutung der Sünde unterschätzt habe, so scheint dieß nicht unrichtig, weil der sittlichen Selbstgewißheit des einzelnen Subjects eine solche Kraft allerdings nur beigelegt werden kann, wenn man die lähmende Einwirkung der Sünde vergißt. Wenn Kant die Frage aufwirft, wie sich der empirische Mensch für einen Gegenstand des göttlichen Wohlgefallens halten könne, und darauf erwidert, es sei dieß demjenigen möglich, „welcher sich einer solchen moralischen Gesinnung bewußt ist, daß er glauben und auf sich gegründetes Vertrauen setzen kann, er würde unter ähnlichen Versuchungen und Leiden dem Urbilde der Menschheit unwandelbar anhängig, und seinem Beispiele in treuer Nachfolge ähnlich bleiben“[1]), so fordert eine solche Auskunft offenbar zur Unterschätzung der Sünde auf. Wichtiger aber möchte es dennoch sein, hierbei vor Allem hervorzuheben, daß Kant auch hier das religiöse Verhältniß des Menschen zu Gott unmittelbar mit seinem sittlichen Verhalten in Verbindung bringt, während es nur dann in seinem eigenthümlichen Wesen verstanden werden kann, wenn man von dieser Beziehung zunächst ganz absieht und allein auf die Bedürfnisse der Person achtet, sofern sittliche Gesinnung in ihr Platz greifen soll. Kant ist darin dem Katholicismus zu vergleichen. Beiden bleibt die Anschauung der Frei-

---

[1]) 10, 71.

heit und Selbständigkeit verborgen, zu welcher die Person durch das religiöse Vertrauen auf Gott erhoben wird. Indem sie daher die Religion ohne diese Vermittlung direct mit dem sittlichen Verhalten in Verbindung bringen, so führt dieß im Katholicismus zu der unsittlichen Vorstellung von dem magischen Zauber des Sacraments, bei Kant dagegen zu der irreligiösen Vorstellung von der Autarkie der Sittlichkeit, welche sich eines solchen mechanischen Eingriffs allerdings erwehren muß. Kant läßt sich fortwährend durch die Sorge verwirren, die Religion möchte als abergläubisches Mittel zur Erzeugung sittlicher Qualitäten gemißbraucht werden, weil er sich die eigenthümliche Wirkung des Glaubens nicht zu deutlicher Anschauung bringt, durch welche er grade das Individuelle im Menschen dem Schicksal des Endlichen enthebt und ihn so erst zum Verständniß der sittlichen Freiheit disponirt. Für unsere sittliche Entwicklung ist es von entscheidender Bedeutung, daß dieß geschieht. Und die selbständige Macht des Sittlichen wird doch dadurch in keiner Weise eingeschränkt, daß der Mensch zum Verständniß und zur wirklichen Aneignung desselben durch die geistige Freiheit, die ihm der Glaube verschafft, aufgeschlossen wird. Indem Kant dieß übersieht, verliert er den Schlüssel für die eigenthümlichen Probleme des sittlichen Menschengeistes und behauptet dann, um sich derselben zu entledigen, eine Selbstmacht des sittlichen Willens, welche durch das Bewußtsein der Sünde und Schuld widerlegt wird. Daß Kant für diese Erscheinungen kein Auge gehabt habe, wird man nicht sagen können. Denn daß er grade durch seine ernste Auffassung der Sünde seine Zeitgenossen überragt habe, wird ihm sonst zum Ruhme angerechnet. Also wurzeln auch die Fehler seiner Religionslehre nicht in einer Unterschätzung der Sünde; sondern daß es zu der letzteren bei ihm kommt, ist aus der dem Katholicismus vergleichbaren Verhältnißbestimmung von Religion und Sittlichkeit zu erklären. Und in dieser Beziehung muß die dem Katholicismus entgegengesetzte Folgerung, welche Kant aus jener Verhältnißbestimmung zieht, leider noch immer als eine heilsame Reaction gegen den Wahn gelten, als sei die Uebung der Religion als ein directes Mittel zur Erzeugung des sittlichen Willens anzusehen. Es giebt kein Surrogat für die Anerkennung des Guten in seinem unbedingten Werthe. Der Wunsch, auf andere Weise sittlich gut zu werden, ist eine sündige Flucht vor dem Heiligen. Ob man sich dabei in roherem Aberglauben an die Zaubermacht der Sacramente klammert, oder weniger greifbare Surrogate für die lebendige Kraft des Sittlichguten bevorzugt, macht in der Sache keinen Unterschied. Indem Kant sich hiergegen wendet, so thut es dem Werthe seines Gedankens keinen Eintrag, daß er über der kraftvollen Vertretung desselben alles Verständniß für die eigenthümliche Bedeutung der Religion verliert. Denn, was die Religion für das geistige Leben bedeute, läßt sich überhaupt nicht vollständig bei der Frage erörtern, ob und in welchem Maße der sündige Mensch bei der Erfüllung seiner sittlichen Aufgabe einer Hülfe von Oben bedürfe. Daß die Bildung des sittlichen Willens unmittelbar allein unter dem Eindruck des Guten, das uns zu dem Bewußtsein unserer sittlichen Freiheit aufruft, erfolgt, bleibt eine richtige Behauptung, auch wenn zugestanden werden muß, daß Kant das Gewicht der Sünde und Schuld zu gering anschlägt. Aber sein verhängnißvoller Fehler war der, daß er vermittelst jener richtigen Erkenntniß auch den Werth des religiösen Glaubens abmessen zu können glaubte. Derselbe bedeutet für das persönliche Leben ein Gut, welches in keiner sittlichen Energie als solcher schon gesetzt ist. Dann ist es aber ebenso falsch, in ihm eine einfache Aeußerung des sittlichen Bewußtseins zu sehen, wie es auf der andern Seite verkehrt war, die directe Hervorbringung sittlicher Qualitäten von ihm zu erwarten. Der kantische Rationalismus wird nur durch die Erkenntniß gründlich widerlegt, daß der religiöse Glaube den individuellen Menschen befähigt, sich trotz seiner Abhängigkeit von der Welt als ein über sie erhobenes, unzerstörbares Ganze zu fühlen. Mit dieser aus einer geschichtlichen Religion geschöpften Erkenntniß ihres allgemeinen Wesens ist die Versuchung abgeschnitten, den sittlichen Willen des einzelnen Subjects zum Träger seiner religiösen Gewißheit zu machen. Wir haben darin nicht nur einen eigenthümlichen Inhalt des Glaubens, der es verbietet, die religiöse Weltanschauung als einen symbolischen Ausdruck sittlicher Forderungen zu deuten, sondern auch einen Anlaß, nach den empirischen, geschichtlichen Bedingungen eines solchen Glaubens zu fragen. Zugleich aber haben wir damit einen Anknüpfungspunkt für den dogmatischen Beweis gefunden, der es gestattet, die Bedingung, welche Kant für die Allgemeingültigkeit der religiösen Weltanschauung richtig aufstellt, zu erfüllen, ohne deßhalb auf den eigenthümlichen Inhalt der Religion verzichten zu müssen.

Dieser Gedanke ist nun aber in der Reaction, welche den

kantischen Rationalismus in der Theologie gebrochen hat, nicht der herrschende Gesichtspunkt gewesen. Schleiermacher bildet insofern den reinen Gegensatz zu Kant, als er erstens die Würde der Religion als einer besonderen, aus dem sittlichen Bewußtsein nicht abzuleitenden Function des persönlichen Geistes wieder zur Anerkennung bringt, und zweitens das Interesse an der Allgemeingültigkeit der religiösen Ueberzeugung, woran sich bei Kant die rationalistische Entleerung der Religion anschloß, bei der Darstellung der positiven Religion selbst überhaupt nicht berücksichtigt. Aber ein so großes Verdienst er sich auch mit dem Ersteren erworben, so sehr zeugt das Zweite davon, daß er den Fortschritt, welchen Kant über die bisherige wissenschaftliche Behandlung der Religion hinaus gethan hatte, nicht zu würdigen wußte. Indem Schleiermacher die Forderung ablehnt, dem Anspruch des Christenthums auf Allgemeingültigkeit durch einen Beweis für die christliche Weltanschauung gerecht zu werden, meint er sich allerdings von dem Rationalismus so weit als möglich zu entfernen. Es ist aber nur der kantische Rationalismus, dem er auf diese Weise entgeht. Denn sein eigenes Verfahren bewegt sich in den Schranken eines Rationalismus, durch welchen die kirchliche Theologie von jeher die Darstellung des Christenthums verkürzt hatte. Und diese Form des Rationalismus hat auf jeden Fall innerhalb der evangelischen Kirche noch weniger Recht als der kantische. Denn in diesem muß man wenigstens den kraftvollen Durchbruch eines Gedankens anerkennen, der bereits in der Reformation gelebt hatte, aber bisher in Folge des natürlichen Rückstandes der theologischen Fähigkeit hinter der religiösen Erkenntniß darnieder gehalten war. Das rücksichtslose Dringen Kants auf einen Glauben, welcher mit dem Bewußtsein persönlicher Selbständigkeit und Freiheit zusammen bestehen könne, ist aus einem ursprünglichen, durch alle Verkehrtheiten der Theologie nicht unterdrückten Triebe des evangelischen Christenthums zu erklären. Für Schleiermacher, wie für Viele nach ihm, war es verhängnißvoll, daß er darin nichts Anderes sehen konnte, als das Unvermögen des Philosophen, die positive Religion weiter gelten zu lassen als es die Resultate seiner wissenschaftlichen Arbeit zu gestatten schienen.

Um die ausdrücklichen Erklärungen Schleiermachers, daß die Glaubenslehre auf jeden Beweis für die Wahrheit und Nothwendigkeit des Christenthums verzichte, richtig zu beurtheilen, muß man sich dessen erinnern, daß er bis zu einem gewissen Grade diesen

Beweis selbst erbringt. Mit Hülfe eines allgemeinen Begriffs von der Religion läßt er das Christenthum als eine Gestaltung der höchsten Stufe der Frömmigkeit erkennen. Also ist wenigstens der Stufencharakter des Christenthums in seiner Nothwendigkeit für die volle Ausgestaltung des menschlichen Geisteslebens dargethan, falls der Nachweis richtig ist, daß in dem Selbstbewußtsein die Religion überhaupt die Stelle einer nothwendigen Function einnimmt. An diesem Punkte wird dann freilich die Aussicht auf eine Allgemeingültigkeit der positiven Religion unterbrochen. Schleiermacher fürchtet von einer Fortsetzung jenes Versuches über diesen Punkt hinaus, daß dadurch „das eigenthümliche und von Gott gegebene in ein demonstrirbares und allgemeines verwandelt würde".[1]) „Die Nothwendigkeit des Christenthums ist nicht zu demonstriren, und versuchte man es: so würde man sein Wesen aufheben, wie es sich denn auch niemals ausgegeben hat für eine Gesellschaft von wissenden, nie für etwas, was auf dem Wege der Demonstration könnte erhalten und ausgebreitet werden". „Was sich demonstriren läßt, ist rein menschlich; aber das Christenthum hat sich immer dafür ausgegeben, nicht durch einen rein menschlichen Prozeß entstanden zu sein, und zu bestehen, sondern durch einen göttlichen, und zwar nicht einen allgemeinen sondern einen besonderen göttlichen. Ein Demonstrirenwollen des Christenthums hebt also den eigenthümlichen Charakter desselben auf".[2]) Es ist nun vor Allem nicht richtig, daß hier der Versuch, die Nothwendigkeit des Christenthums als der absoluten Religion zu beweisen, mit dem Bestreben identificirt wird, dasselbe durch Demonstration zu erhalten und auszubreiten. Denn wenn man sich das Recht der christlichen Wahrheit auf universelle Geltung zum Bewußtsein bringt, so braucht man deßhalb noch nicht zu übersehen, daß die Menschheit, auf welche dabei gerechnet wird, nicht aus der Thatsache unserer Ausstattung mit geistigen Fähigkeiten erwächst, sondern aus einer sittlichen Entwicklung. So anerkennenswerth es auch bleiben wird, daß Schleiermacher das Eigenthümliche der positiven Religion so energisch als dasjenige hervorhebt, was empirisch aufgenommen werden muß und nur der anschauenwollenden Liebe zum Verständniß kommt, so wird doch dadurch der Zweifel nicht getilgt, ob man denn auf diese Weise der Eigenthümlichkeit einer Religion völlig gerecht

[1]) Die christliche Sitte, Beill. S. 161.

[2]) Die christliche Sitte, S. 8.

werden könne, welche selbst den Anspruch auf Universalität erhebt. Das Bewußtsein, im christlichen Glauben eine Gewißheit zu besitzen, in welcher jede menschliche Person den Grund ihres Lebens und ihrer Seligkeit sich geistig aneignen kann und soll, ist doch nicht erst durch die Künste der Theologen hervorgerufen, sondern aus der ursprünglichen Triebkraft des Christenthums selbst entsprungen. Jenes Bewußtsein kann nicht auf den Versuch, das Individuelle zu rationalisiren zurückgeführt werden, sondern muß aus der Eigenthümlichkeit dieser besonderen Religion verstanden werden. Dann drängt sich aber die Frage auf, ob denn Schleiermachers Urtheil, daß die geistige Aneignung des Eigenthümlichen an der christlichen Religion den Ausdruck freier selbstbewußter Gewißheit nicht zulasse, auf richtigen Prämissen ruhe. Es wäre dann doch möglich, daß Schleiermacher das Allgemeine, woran er die besonderen Religionen messen will, nicht richtig gewählt hätte, oder daß er das Eigenthümliche des Christenthums unvollkommen bestimmt, oder daß er in beiden Beziehungen gefehlt hätte.

Wir haben bereits auseinander gesetzt, weßhalb der allgemeine Religionsbegriff Schleiermachers sich nicht dazu eignet, die besonderen Religionen zu verstehen (vergl. S. 262 ff.). Wenn dem menschlichen Selbstbewußtsein das Vertrauen auf eine Einheit des Dinglichen und Geistigen innewohnt, so ist darin allerdings ein practisch motivirtes Vorurtheil über die Welt enthalten. Nur wenn jenes Vertrauen uns nicht täuscht, scheinen wir berechtigt zu sein, auf die Wahrheit unseres Wissens und auf dauernde Erfolge unseres Wollens zu rechnen. Wenn wir uns in der Welt so bewegen, als ob eine Einheit ihrer letzten Gegensätze bestände, so entspringt dieses unser Verhalten nicht aus der Erkenntniß einer objectiven Thatsache, sondern aus dem Zwange, welchen die Bedürfnisse unseres eigenen subjectiven Lebens auf unser Vorstellen ausüben. Die Welt, in der wir leben, muß den Zwecksetzungen, in welchen sich unser Selbstbewußtsein erhält, im Allgemeinen entsprechen; ein Erfolg der letzteren muß in dieser Welt wenigstens möglich sein. Indem wir im Leben genöthigt sind, diese Voraussetzung zu machen, so läßt sich auch nachträglich in unserem practischen Verhalten gegenüber der Welt der Gedanke jener Einheit nachweisen. Aber dieser Gedanke ist nicht, wie Schleiermacher annimmt, der eigentliche Gehalt der Gottesidee, und das Vertrauen auf seine Realität ist nicht die Religion. Denn was in aller Religion gesucht wird, die Seligkeit der Person, d. h. die Durchführung ihres Selbstzwecks gegenüber der Welt, findet in jenem Gedanken keine Vertretung, der nur die allgemeine Bedingung für die Möglichkeit ausspricht, daß die irdische Lebensarbeit des Menschen einen Erfolg habe. Wir haben daran nicht den religiösen Grundgedanken, sondern denjenigen, welcher sich als Motiv und Ziel in aller dogmatischen Metaphysik vorfindet. Es ist damit die Tiefe der Natur bezeichnet, aus welcher man die der menschlichen Arbeit nothwendige Regelmäßigkeit des Geschehens zu begreifen sucht. Und es ist eben nicht richtig, daß derjenige schon Religion hat, dessen Gefühl durch solche metaphysische Vorstellungen afficirt wird. Wer in solchem ästhetischen Genusse sein religiöses Bedürfniß zu befriedigen meint, steht der Religion gänzlich fern, wenn sich damit nicht das Bewußtsein verbindet, daß auf diese Weise die Realität des höchsten Gutes der Person zur Erfahrung komme. Und wenn das Letztere der Fall ist, so liegt für einen solchen Menschen der in der Religion gesuchte Abschluß des persönlichen Lebens, das Lebensziel, das er in seinem Gott zu finden meint, in der Tiefe jener Einheit von Geist und Natur, deren Macht über alles Dasein ihm die Befreiung von der Last des Bewußtseins und dem unruhigen Selbstseinwollen der Person in Aussicht stellt. Entweder also hat der Genuß, den die durch jene Vorstellung befruchtete Phantasie bereitet, überhaupt keinen religiösen Werth; oder er empfängt solchen Werth in einer untergeordneten Form der Religion, über deren Selbstwiderspruch mit dem modernen Pessimismus zu rechten, nicht der Mühe werth ist. Indem nun Schleiermacher trotzdem das Bewußtwerden jener Voraussetzung, welche unwillkürlich das menschliche Handeln in der Welt begleitet und die Anregung zur dogmatischen Metaphysik giebt, als die Grundform der Religion überhaupt behandelt, deren Verkümmerung oder vollkommene Darstellung er in den besonderen Religionen wiederfinden will, so wird ihm eine Rechtfertigung des universellen Berufs des Christenthums unmöglich. Indem die religiösen Weltanschauungen nach jenem allgemeinen Begriff der Religion beurtheilt werden, wird es allerdings nicht schwer, in den monotheistischen Religionen die höchste Entwicklungsstufe nachzuweisen. Denn in ihnen allein ist es möglich, in der Gottesidee eine Gewähr für die Einheit der Weltgegensätze zu finden. Wenn daher die Religion überhaupt darauf gerichtet ist, einen festen und umfassenden Hintergrund für die Selbstgewißheit der Person zu schaffen, so stehen offenbar die monotheistischen Religionen, in welchen die dem persönlichen Leben unumgängliche practische Voraussetzung von der Beschaffenheit der Welt ebenfalls in der Gottesidee ihren Halt findet, höher als die anderen, neben welchen das Bedürfniß, jene Voraussetzung irgendwie festzustellen, bei einer höheren Entwicklung der Cultur nothwendig die Versuche dogmatischer Metaphysik emporwuchern läßt. Auf diese Weise werden die monotheistischen Religionen ohne Mühe als die Repräsentanten der höheren Stufe allen anderen gegenübergestellt. Dagegen bietet jener allgemeine Religionsbegriff keinen Gesichtspunkt mehr, um auch die Unterschiede, welche sich wiederum auf dieser Stufe finden, auf ihren Werth hin zu vergleichen. Schleiermacher entscheidet sich daher dafür, diese Unterschiede als Arten nebeneinander zu stellen, über deren Werth nicht nach allgemeineren Gründen, sondern nur nach individueller Disposition geurtheilt werden könne. Nach dieser Entscheidung bleibt ihm nur übrig, das Christenthum als eine Modification der Frömmigkeit auf ihrer höchsten Stufe darzustellen. Ein Beweis für die Wahrheit und Nothwendigkeit der christlichen Ueberzeugungen kann nicht weiter geführt werden. Und dieses Ergebniß ist eine Folge des Fehlers, daß der aufgestellte Allgemeinbegriff der Religion zwar darauf führen kann, in den monotheistischen Religionen die höchst entwickelten zu finden, aber trotzdem, für sich genommen, das eigenthümlich religiöse Interesse, welches überall von der Ahnung des unbedingten Werthes des persönlichen Lebens durchdrungen ist und deßhalb das höchste Gut des Menschen als das Erklärungsprincip der Welt erkennen möchte, nicht zum Ausdruck bringt. Er kann wegen dieses Mangels nicht dazu dienen, einen Werthunterschied zwischen den monotheistischen Religionen aufzuzeigen, welcher nur darin bestehen kann, daß dieselben in verschiedenem Maße jenes Interesse befriedigen.

Wenn nun Schleiermacher selbst die Erwartung rege macht, der individuelle Charakter des Christenthums werde um so mehr hervortreten, je mehr er von der Allgemeingültigkeit desselben absehe, so hat er dieser Erwartung allerdings in ausgezeichneter Weise entsprochen. Er hat erstens die teleologische Art des Christenthums, daß die Erregung des christlichen Gottesbewußtseins immer mit demjenigen Momente in unseren Zuständen sich verbindet, worin ihre Beziehung auf den sittlichen Endzweck besteht, richtig bezeichnet. Und er hat in der Idee der Erlösung durch die Person Jesu Christi ebenso sicher den individuellen Zug getroffen, durch welchen sich das

Christenthum von allen anderen Religionen der monotheistischen Stufe unterscheiden läßt. Wenn nun aber Schleiermacher das Christenthum definirt als die der teleologischen Richtung der Frömmigkeit angehörige monotheistische Glaubensweise, in welcher Alles bezogen wird auf die durch Jesus vollbrachte Erlösung, so macht diese Definition, obgleich sie jene beiden Momente umfaßt, dennoch die Eigenthümlichkeit des Christenthums nicht vollständig erkennbar. Ritschl weist mit Recht darauf hin, daß Schleiermacher unterlassen hat, das gegenseitige Verhältniß jener beiden Merkmale des Christenthums hervorzuheben. „Da dieses Verhältniß nicht zum Ausdruck kommt, so ergiebt sich, daß Schleiermacher alles christliche Gottesbewußtsein einmal auf die Erlösung durch Jesus, das andere mal auf die Idee des Reiches Gottes bezogen sein läßt, ohne über die gegenseitige Stellung dieses Zweckes und jenes Merkmals eine Bestimmung zu treffen".[1]) Und es wird nicht nur dieß Bedenken, welches die Mangelhaftigkeit jener Definition erregt, durch die Darstellung des Christenthums in Schleiermachers Glaubenslehre bestätigt, sondern es tritt die weitere Bemerkung hinzu, daß nicht einmal die unvollständig gezeichnete Eigenthümlichkeit der christlichen Religion im Auge behalten wird. In der Ausführung der Glaubenslehre kommt nichts weniger zu seinem Recht als der anerkannte teleologische Charakter des Christenthums. Schon in der ersten Entwicklung jener Definition findet nur der zweite Theil derselben Berücksichtigung. Der teleologische Charakter der christlichen Frömmigkeit wird „vorausgesetzt"[2]), aber auf die Bestimmung dessen, was die Erlösung durch Christus bedeute, übt diese Voraussetzung nicht den geringsten Einfluß aus. Wenn dieß der Fall gewesen wäre, so würde sich ergeben haben, daß für die Glieder der religiösen Gemeinde, welche in dem Gottesreiche ihren eigenen und den Endzweck Gottes anerkennt, die Erlösung durch Christus einen andern Inhalt haben müsse als den einer Befreiung des Gefühls schlechthiniger Abhängigkeit aus dem Zustande der Gebundenheit. Ebenso wäre die Bestimmung der christlichen Gemeinde, das Gottesreich zu verwirklichen, in ihrem tieferen Sinne verstanden worden, wenn beachtet wäre, daß dieselbe an die Erlösung jedes Einzelnen durch Jesus Christus gebunden ist. Wenn also erst das

[1]) Lehre von der Rechtf. 3, 4.

[2]) Glaubenslehre. 3. Aufl. 1, 70.

wechselseitige Sichbestimmen jener beiden Merkmale die Eigenthümlichkeit des Christenthums ausmacht, so ist es Schleiermacher trotz allen Scharfblicks für die einzelnen Momente nicht gelungen, das Ganze richtig aufzufassen. Dann kann aber dieß die Veranlassung gegeben haben, den Beweis für die Allgemeingültigkeit des Christenthums abzulehnen. Denn es läßt sich vermuthen, daß nur in dem Ganzen der Religion, welche selbst die universelle sein will, die Rechtfertigung dieses Anspruchs angedeutet ist, während sich dieselbe an die Fragmente, welche bei Schleiermacher übrig bleiben, nicht anknüpfen läßt.

Dazu kommt nun, daß die Schärfe in welcher ihm die individuellen Züge des Christenthums entgegentreten, ganz denselben Grund hat, wie die supranaturalistische Härte derjenigen kirchlichen Dogmen, welche man vermittelst des lumen naturale nicht zu construiren vermochte. Der Religionsbegriff, an welchem Schleiermacher den religiösen Charakter des Christenthums ermessen will, ist gar nicht der allgemeine, sondern paßt nur auf diejenige Richtung der Frömmigkeit, welche er als die ästhetische bezeichnet hat. Hat man nur dann Religion, wenn man den Unterschied des persönlichen Lebens von der Welt in dem Gedanken der gemeinsamen Abhängigkeit von dem Weltgrunde untergehen läßt und der bei diesem geistigen Vorgange erlebten Gefühlserregung sich hingiebt: so wird offenbar das religiöse Leben durch dasjenige Moment, welches in der teleologisch gerichteten Religion das Bewußtsein der Abhängigkeit von Gott vermittelt, nur unterbrochen. Denn die dem jedesmaligen Zustande immanente Beziehung auf den sittlichen Endzweck, an welcher sich hier das Gottesbewußtsein entzünden soll, leitet ja grade darauf, sich seiner Persönlichkeit, für welche jene Beziehung allein vorhanden ist, in ihrem Unterschiede von dem dinglichen Sein zu erinnern. Der allgemeine Religionsbegriff, dessen besondere Ausprägung in dem Christenthum wieder erkannt werden soll, steht also zu der anerkannten Eigenthümlichkeit des letzteren in directem Widerspruch. Daher werden denn auch bei Schleiermacher die individuellen Züge des Christenthums, trotz der liebevollen Aufmerksamkeit, welche ihnen im Einzelnen gewidmet wird, durch den Grundgedanken seiner Darstellung, daß sich dasselbe als eine Modification jenes Abhängigkeitsgefühls müsse entwickeln lassen, verwischt. Das ist aber rationalistisch, daß die positive Religion an einem Gedanken gemessen wird, der aus ihm selbst nicht erzeugt werden kann. Und zwar ist es nicht der Rationalismus Kants, der hier vorliegt. Der letztere entsprang aus der falschen Anwendung eines wichtigen in der Theologie nur zu sehr mißachteten christlichen Gedankens, daß nämlich der religiöse Glaube sich als die freie selbständige Gewißheit der sittlichen Person müsse aussprechen lassen. Der Rationalismus Schleiermachers dagegen ist derselbe wie er in der kirchlichen Dogmatik längst heimisch gewesen war und die Auflösung derselben in der Aufklärungsperiode herbeigeführt hatte. In seiner Glaubenslehre geräth die specifisch christliche Weltanschauung genau in dieselbe Lage, wie in der altkirchlichen Dogmatik. Das allgemeine Verhältniß Gottes zur Welt, welches in seinem Religionsbegriff formulirt wird, entspricht der antiken Kosmologie, welche man bisher der Dogmatik zu Grunde legte. Der Unterschied Schleiermachers von seinen Vorgängern beschränkt sich lediglich darauf, daß er, der durch die Schule Kants gegangen war, das kosmologische Problem etwas anders angriff als jene; aber der Grundriß der Weltanschauung, den er auf diese Weise gewinnt, ist bei ihm ebenso wie dort auf die Bedürfnisse der Naturreligion eingerichtet und erweist sich daher als zu dürftig, um die freie Entfaltung der christlichen Ueberzeugungen innerhalb seiner Grenzen zu gestatten. Jener Unterschied betrifft lediglich die philosophische Methode. Während man früher den allgemeinen Begriff Gottes, der auch für die Dogmatik gültig sein sollte, dadurch gewann, daß man in der gegebenen Welt ihren einheitlichen Grund zu erkennen meinte, so war Schleiermacher über die Falschheit dieser Voraussetzung durch die kritische Philosophie aufgeklärt. Aber trotzdem behält er das bisherige Verfahren, die allgemeingültige Grundlage der religiösen Weltanschauung zu entwerfen, im Wesentlichen bei. Denn es ist nur eine durch die kritische Philosophie aufgenöthigte Modification desselben Problems, wenn Schleiermacher jene Grundlage nicht mehr aus der Erkenntniß der objectiven Welt, sondern aus der Erkenntniß des menschlichen Bewußtseins in seiner thatsächlichen Entfaltung eruiren will. Er geräth nicht direct auf die allgemeingültige Gottesidee, wohl aber meint er eine dem menschlichen Selbstbewußtsein als solchem immanente Beziehung auf die transscendente Einheit der Welt zu entdecken. Aus diesem Momente des Selbstbewußtseins, in welchem seine eigene Einheit beruht, soll das religiöse Leben mit Nothwendigkeit hervorbrechen, wenn der Geist erkennend und wollend die Welt sich anzueignen sucht. Indem also die Gottesidee mit dem in dem Selbstbewußtsein gesetzten transscendenten Weltgrunde identificirt wird, erhält sie hier wiederum die Aufgabe, jenes kosmologische Problem zu lösen, wenn auch in der Umgebung, in welche es durch den Kriticismus versetzt zu sein schien. Diese veränderte Umgebung aber trägt durchaus nicht dazu bei, die Kosmologie, in welcher der allgemeine Inhalt der Gottesidee fixirt wird, für den dogmatischen Zweck geeigneter zu machen. Vielmehr erinnert die Indifferenz der Weltgegensätze, welche bei Schleiermacher als der eigentliche Gehalt der Gottesidee zurück bleibt, offenbar mehr an den schlechteren Theil der heidnischen Gotteslehre, mit welcher man bisher in der Dogmatik gearbeitet hatte. Der neuplatonische Gottesbegriff, das farblose Jenseits zu der lebendigen Fülle des Daseins, taucht in jenem schleiermacherschen Gedanken wieder auf. Mit jenem Begriffe hatte die vorchristliche Naturreligion vor ihrem Absterben erklärt, daß sie an sich selbst verzweifle. In ihrer letzten vergeistigten Form hatte sie den ihr innewohnenden Widerspruch so scharf wie möglich ausgesprochen. Daß der Gott, nach dem das Seligkeitsbedürfniß des Menschen verlangt, uns völlig unfaßbar sei, war das Resultat des langen Ringens, ihn in der Welt, wie sie dem Erkennen empirisch gegeben ist, zu finden. Schleiermachers Gottesidee hat, obwohl anders vermittelt, keinen besseren Gehalt. Die transscendente Einheit der Gegensätze, in welchen wir das Wirkliche erkennen, ist nicht ein Ausdruck des religiösen Vertrauens auf Gott, sondern, als religiöse Idee beurtheilt, ein Ausdruck der menschlichen Rathlosigkeit gegenüber der Welt. An eine solche Stimmung kann sich religiöser Glaube anschließen, aber er muß es nicht. Dem religiösen Bedürfniß der christlichen Gemeinde ist jene Gottesidee möglichst widersprechend; aber durch eine unberechtigte Erweiterung der erkenntnißtheoretischen Methode Kants soll sie als die nothwendige Lösung des kosmologischen Problems erwiesen sein, wie in der gegensätzlichen Vielheit der Dinge eine Einheit der Welt möglich sei. Daß auch dieses Problem erst aus dem practischen Impulse, welcher dem Selbstbewußtsein inne wohnt, aus dem Selbstseinwollen hervorgeht, hat Schleiermacher auch nicht genügend beachtet; daß es an das religiöse Problem nicht entfernt hinanreicht und daß deßhalb seine Auflösung nur unter abnormen Verhältnissen zur Stillung des religiösen Bedürfnisses ergriffen werden kann, hat er gänzlich übersehen. Die allgemeine Vorstellung von dem Verhältnisse Gottes zur Welt muß daher in seiner Glaubenslehre auf die Entwicklung des besonderen Gehalts der christlichen Offenbarung ganz denselben Einfluß ausüben, wie in der altkirchlichen Dogmatik. Entweder werden die christlichen Gedanken verstümmelt, weil das, was die menschliche Person in der Religion sucht, sich demjenigen accommodiren muß, was als nothwendige Auflösung des kosmologischen Problems bereits feststeht. Damit wird dann die christliche Weltanschauung nicht nur an einzelnen Punkten bedroht, sondern ihr Grundgedanke, daß das persönliche Leben überweltlicher Art ist, wird durch jenes Verfahren durchkreuzt, welches die absolute Unterordnung des Menschen unter den Kosmos voraussetzt. Oder aber die christlichen Gedanken treten, wenn die Anhänglichkeit an die religiöse Ueberlieferung sie doch in diesen andersartigen Zusammenhang hineindrängt, in einen schroffen Gegensatz zu den Folgerungen, auf welche man eigentlich durch den Grundriß der ganzen Darstellung vorbereitet ist. Allerdings tritt der letztere Uebelstand in Schleiermachers Glaubenslehre weniger grell hervor als der erstere. Aber die christlichen Positionen tragen doch auch bei ihm bisweilen denselben stumpfen, alles Verständniß ablehnenden Charakter wie in der alten Dogmatik. Die Behauptung der christlichen Gemeinde, daß die Person eines Menschen der bleibende Grund ihrer religiösen Zuversicht sei, läßt sich doch bei Schleiermacher absolut nicht verstehen von der Voraussetzung aus, daß Gottes Wesen sei, die Einheit der thatsächlich gegebenen Welt zu garantiren. Diese Voraussetzung aber bildet die allgemeingültige Basis, auf welche sich die Elemente der religiösen Weltanschauung, so weit es gehen will, müssen auftragen lassen.

Das was die Thatsache der Religion im Selbstbewußtsein dem Metaphysiker Schleiermacher leistet, bleibt der höchste Gesichtspunkt, unter welchen die einzelnen Aussagen des Glaubens genommen werden. Denn in jener Leistung liegt für ihn das Allgemeingültige an der Religion; die metaphysischen Beziehungen seiner Gottesidee ermöglichen ihm, das Bedürfniß einer freien selbständigen Gewißheit in religiösen Dingen zu befriedigen. Deßhalb breiten sich auch bei ihm wie in der altkirchlichen Dogmatik die Schatten dieser Metaphysik über die religiöse Gedankenwelt. Und wenn er selbst in persönlicher Antheilnahme sich an die geschichtliche Gestalt des Christenthums gebunden fühlt, so wird doch in seiner Glaubenslehre ebenso wie in der orthodoxen Dogmatik der Antrieb nur mühsam zurückgedrängt, diese Fessel abzustreifen und den Geist in seine

Freiheit zu entlassen, die ihm nicht die dumpfe Abhängigkeit von einer unverstandenen Ueberlieferung, sondern das Bewußtsein des Nothwendigen und Allgemeingültigen gewährt. Hier wie dort ist es derselbe Rationalismus, der die Auflösung der besonderen Religion, die sich nur äußerlich an das als nothwendig Erkannte anschließt, vorbereitet. Nachdem das altkirchliche System in der Aufklärungsperiode sich selbst gerichtet hatte, hat Schleiermacher ein anderes aufgestellt, welches im Wesentlichen eine Restauration des alten ist. Eine von lediglich metaphysischen Gesichtspunkten beherrschte Kosmologie gilt als die allgemeingültige Basis; die besonderen Elemente der christlichen Religion erinnern den Dogmatiker an die eigene reiche Individualität, die grade von ihnen in unbegreiflicher Weise angesprochen wird. Es war ein Glück für die Kirche, daß seine individuelle Disposition ihn zu der geschichtlichen Gottesoffenbarung hinzog; denn das Zeugniß seiner mächtigen Persönlichkeit bildet ein starkes Gegengewicht gegen die Nachwirkungen einer obsoleten Theologie, denen er als systematischer Theolog unterlegen ist. Aber der Entwurf seiner Glaubenslehre bezeichnet einen Rückschritt hinter Kant. Was der Kriticismus so eindringlich wie möglich gepredigt hatte, daß das Verständniß der religiösen Weltanschauung, in welcher der Mensch zur Ruhe kommen solle, allein in den Relationen des sittlichen Geistes zur Welt und zu seiner empirischen Verfassung überhaupt gefunden werden könne, hat sich Schleiermacher nicht zu Nutze gemacht.

Durch diesen Charakter, daß sie ihrem Grundgedanken nach eine Restauration der Metaphysik in ihre verjährten Rechte ist, greift die schleiermachersche Glaubenslehre mächtig fördernd in die Bewegung ein, welche sich gegen die Bodenlosigkeit des kantischen Rationalismus richtet. Wenn dieser dem Christen zumuthet, in seinem guten Willen den Grund seiner Selbstgewißheit zu finden, so erhebt sich dagegen das Bewußtsein der christlichen Gemeinde, daß ihre religiöse Zuversicht nicht von der Kraft des individuellen Willens lebt, sondern durch die geschichtliche Offenbarung Gottes in Christus erzeugt wird. Aber die Theologie, welche, von dieser Bewegung getragen, jenen Rationalismus überwunden zu haben meint, sucht sich diese Kraft der Offenbarung dadurch klar zu machen daß sie den Inhalt derselben in Continuität mit einer Metaphysik vorstellt, aus welcher die gegebene Welt als ein einheitliches Ganzes begriffen werden könne. Diesen Weg ist schon der nachkantische

Rationalismus gezogen; Kants moralischen Beweis für das Dasein Gottes stellt er als eine gleichartige Stütze des Glaubens neben die Hülfsmittel der Metaphysik und pflanzt im Uebrigen den Fehler Kants in der Neigung fort, die Bedeutung der religiösen Urtheile durch ihre directe Beziehung auf die moralische Besserung festzustellen. Daß jener kantische Beweis die tiefe Ueberzeugung von der Unbrauchbarkeit jener Metaphysik zur Voraussetzung hat, und daß grade in ihm die Würdigung der Religion über jene moralisirende Zweckbestimmung hinausgeführt wird, darauf wird keine Rücksicht genommen. Der Zug der Zeit, der sich bei diesen entarteten Epigonen Kants bemerklich macht, gegen die Ruhelosigkeit des kantischen Subjectivismus bei einer metaphysischen Begründung der Glaubensobjecte Schutz zu suchen, regt sich nun noch viel stärker bei den an Schleiermacher sich anschließenden theologischen Richtungen, welche den Rationalismus direct zu bekämpfen meinen. Das richtige Gefühl, daß der christliche Glaube etwas Höheres an der Offenbarung besitze als eine symbolische Bezeichnung ethischer Ideen, findet seinen Ausdruck in dem Verlangen, daß man das metaphysische Wesen der Glaubensobjecte zur Geltung bringen müsse.

Aber was soll das heißen? Ich glaube nicht zu irren mit der Annahme, daß der Ausdruck einen doppelten Gegensatz voraussetzt. Es soll erstens gegen die Unsicherheit der kantischen Postulate protestirt werden, welche die religiösen Urtheile als Folgen an das für sich feststehende sittliche Bewußtsein anknüpfen. Dann ist damit ausgesprochen, daß der Mensch in den Glaubensobjecten ein Reales anerkennt, welches zwar in der sinnlichen Erscheinungswelt nicht zu finden ist, aber auch nicht als der Reflex seiner Selbstgewißheit verstanden werden darf, sondern als der Grund derselben. Diesen Sinn scheint Luthardt in dem oben (S. 14) mitgetheilten Satze vor Augen zu haben, daß die Entleerung der Glaubensobjecte von ihrem metaphysischen Gehalt rationalistisch sei. Denn es ist doch nur der specifisch kantische Rationalismus, der in Verbindung mit einer solchen Entleerung auftritt. Von Wegscheider z. B. würde Luthardt nicht dasselbe behaupten dürfen; die Glaubensobjecte welche bei diesem Rationalisten übrig bleiben, sind durchaus metaphysisch bestimmt und metaphysisch begründet. Daß nun jene kantische Mißdeutung der Religion abzuweisen sei, darüber ist kein Streit. Es fragt sich nur, ob man die Wirklichkeit, von welcher der Gläubige gewiß ist, daß sie seiner mächtig sei, durch metaphysische Erkenntnisse feststellen könne. Und offenbar müßte das Beispiel des Rationalismus Alle, welche sich noch ein Interesse für die geschichtliche Offenbarung bewahrt haben, vielmehr davon abmahnen, diese Frage zu bejahen. Denn von Scotus Erigena an erfolgt die rationalistische Auflösung der positiven Religion regelmäßig in der Form der Metaphysik; Kant ist der erste und einzige, der die besondere religiöse Weltanschauung in allgemeine ethische Erkenntnisse auflöst. Zweitens ist als Gegensatz zu dem metaphysischen Gehalt der Glaubensobjecte ihr geschichtlicher Charakter zu denken. Dieser Sinn der Forderung, daß das Metaphysische der eigentliche Gegenstand des Glaubens sei, nicht das Historische, findet sich z. B. ausgezeichnet ausgesprochen bei J. G. Fichte. „Nur das Metaphysische, keineswegs aber das Historische, macht selig; das letztere macht nur verständig. Ist nur Jemand wirklich mit Gott vereinigt und in ihn eingekehrt, so ist es ganz gleichgültig, auf welchem Wege er dazu gekommen; und es wäre eine sehr unnütze und verkehrte Beschäftigung, anstatt in der Sache zu leben, nur immer das Andenken des Weges sich zu wiederholen. Falls Jesus in die Welt zurückkehren könnte, so ist zu erwarten, daß er vollkommen zufrieden sein würde, wenn er nur wirklich das Christenthum in den Gemüthern der Menschen herrschend fände, ob man nun sein Verdienst dabei preisete, oder es überginge; und dieß ist in der That das allergeringste, was von so einem Manne, der schon damals, als er lebte, nicht seine Ehre suchte, sondern die Ehre des, der ihn gesandt hatte, sich erwarten ließe".[1]) Das ist freilich ein gefährliches Zeugniß für den Grundsatz, mit welchem die arglose kirchliche Theologie den Rationalismus zu bekämpfen meint. Denn bei aller Hochachtung für Fichte's Persönlichkeit, an welcher sonst keineswegs der Ausdruck lebendiger Frömmigkeit zu vermissen ist, wird man das Urtheil nicht zurückhalten dürfen, daß in dieser Ausführung das Verständniß für das Wesen der Religion gänzlich verleugnet wird. Es ist eben nicht so, wie Fichte meint, daß der Rückblick auf den geschichtlichen Grund des Glaubens für den Glauben selbst gleichgültig wäre. Sondern wo auch immer in ernsthafter religiöser Ueberzeugung an den lebendigen Gott geglaubt und nicht nur der Reiz einer ästhetisch anziehenden Idee genossen wird, da muß sich der Glaube als die dankbare Anerkennung dessen, worin sich Gott geoffenbart hat,

---

[1]) Anweisung zum u. s. w. W W. 5, 485.

darstellen. Wenn dieses practische Moment des Dankes fehlt, so ist auch nicht wirklicher Glaube an Gott vorhanden, sondern höchstens Freude an der Idee Gottes und Genuß der durch sie vermittelten Stimmung. Der wirklich Glaubende bethätigt seine Gewißheit nothwendig in der Hinwendung zu dem Wirklichen, dem er den Abschluß seines persönlichen Lebens verdankt. Dieses Wirkliche aber ist für jeden Menschen nicht in der Gottesidee als solcher zu finden, sondern in den Ereignissen, durch welche der Inhalt derselben für ihn practisch wirksam geworden ist. In solchen Ereignissen hat der Fromme unter den besonderen Bedingungen seines weltlichen Daseins die auf ihn gerichtete Gesinnung des lebendigen Gottes erkannt. Und christliche Religion besteht nun eben darin, daß jemand in der geschichtlichen Person Jesu Christi denjenigen Ausdruck der thatkräftigen Gesinnung Gottes gegen ihn selbst gefunden hat, welcher ihn zu seinem Frieden bringt und ihm die Augen für die fortlaufenden Offenbarungen öffnet, mit welchen Gott seinen Lebensweg umgiebt. Wenn man dagegen das religiöse Leben, welches man in sich zu hegen meint, als etwas Selbständiges von der geschichtlichen Gottesoffenbarung ablöst und diese zu einem bloßen historischen Factum degradirt, in welchem nur zum ersten Male wirklich geworden sei, was man nun selbst zu eigen habe, so hat man sich innerlich von der christlichen Gemeinde abgeschieden, deren Einheit ja eben auf der dankbaren Anerkennung Gottes, der durch Jesus Christus unser Vater ist, beruht. So ist es, wenigstens ihrer fehlerhaften Theorie nach, bei den modernen Theologen, welche wie Biedermann, Lipsius, Pfleiderer in der Person Jesu Christi nur ein solches Vergangenes sehen, dessen man sich beiläufig mit Bewunderung und Verehrung erinnern könne, während sie sich der eigentlichen Offenbarung Gottes in Gefühlserregungen ihres eigenen Subjects versichern. Daß Biedermann den logischen Gehalt dieser Erregungen voll zu erheben meint, Lipsius dagegen dieselben, trotz der weitreichenden Mittel seiner Psychologie, für etwas Räthselhaftes erklärt, trägt für die Sache nichts aus. Auf jeden Fall ist ihre Anweisung darauf gerichtet, die christliche Gemeinde aufzulösen, indem sie an die Stelle des gemeinsamen Offenbarungsträgers das in sich abgeschlossene, sich selbst verständliche oder unverständliche Subject setzen. Der Abweg zu einem solchen Ende eröffnet sich aber unausbleiblich, wenn man in der Weise, wie es oben von Fichte geschehen ist, das Metaphysische an den Glaubensobjecten von dem Historischen unterscheidet und jenes für das allein Werthvolle erklärt. Diesen Sinn der Forderung, als den Hintergrund der religiösen Urtheile metaphysische Beziehungen aufzusuchen, hat, wie mir scheint, Chr. v. Hofmann in dem von uns (S. 14) mitgetheilten Protest gegen die Metaphysik in der Theologie im Auge. Und es ist auch am Tage, daß jene Forderung, wenn sie in diesem Sinne genommen wird, die rationalistische Entwerthung der positiven Religion in Aussicht stellt. Trotzdem liegt, auch wenn man die von Luthardt für den Hort des Glaubens gehaltene Metaphysik in diesem Gegensatz gegen das Historische auffaßt, etwas Wahres in jener Forderung. Es regt sich doch darin das Verlangen, das worauf man seinen religiösen Glauben gründet, in freier Ueberzeugung als die Macht über das Universum zu erkennen. Der berechtigte Drang, in dem Glaubensobjecte das Nothwendige und Allgemeingültige zu finden, muß darin gebilligt werden.

Die beiden Negationen, durch welche die Aufstellung, der Glaube erreiche die Realität seines Gegenstandes erst in dessen metaphysischen Beziehungen, erläutert werden muß, bezwecken etwas Richtiges. Aber es fragt sich, ob diese richtigen Ziele das schwere Opfer auch wirklich verlangen, welches uns jener Hinweis auf die Metaphysik auferlegen möchte. Es wäre doch möglich, daß auch ohne ein so verzweifeltes Mittel ein festerer Grund für die religiöse Ueberzeugung angegeben werden könnte, als die kantischen Postulate voraussetzen; wie es uns ja auch gelungen ist, die Einschränkung der Religion auf den Zweck der moralischen Besserung zu beseitigen, ohne daß wir dabei die Hülfe der Metaphysik in Anspruch nehmen mußten. Ebenso haben wir bereits gezeigt, daß wir die dem christlichen Glauben innewohnende Gewißheit von seiner Nothwendigkeit und Allgemeingültigkeit vollkommen zur Geltung bringen können, grade weil wir darauf verzichten müssen, die Glaubensobjecte auf ihren Werth für eine metaphysische Welterklärung oder auf ihre Uebereinstimmung mit derselben zu taxiren.

Trotzdem ist die metaphysische Tiefe des christlichen Glaubens das gemeinsame Feldgeschrei geworden, in welchem die entgegengesetzten theologischen Parteien der Gegenwart kundgeben, daß sie dem gleichen Mißverstehen des Christenthums ihr Dasein sowohl wie die Freude verdanken, mit einem jedenfalls nicht überlegenen Gegner endlose Kampfspiele feiern zu können. Es giebt ja glücklicherweise Ausnahmen davon; von denjenigen, welche in neuerer

Zeit am kräftigsten die systematische Theologie beeinflußt haben, sind Hofmann, Al. Schweizer und Ritschl über jenes Vorurtheil der Masse hinaus. Aber die Meisten meinen doch den Grund ihrer Ueberzeugung und die Weite für den Flug der religiösen Phantasie zu verlieren, wenn ihnen versagt sein soll, die Glaubensobjecte aus einem Hintergrunde metaphysischer Beziehungen hervortreten zu lassen. Es ist daher sehr begreiflich, daß diejenigen Theologen, welche durch ihre einseitig kirchenpolitische Tendenz darauf angewiesen sind, die Neigungen der Masse zu belauschen und sich nutzbar zu machen, für die Erhaltung jenes Vorurtheils interessirt sind. Man dürfte vielleicht auch noch Lipsius unter jenen Ausnahmen nennen, wenn nicht seine halbe Ablehnung der Metaphysik für die Dogmatik bedeutungslos würde, weil die von ihm gewählte Methode den Fehler der metaphysischen Begründungsweise in anderer Form erneuert. Denn ob man nun den Grund für die Allgemeingültigkeit der religiösen Erkenntniß in der Metaphysik sucht, oder in der Psychologie, oder auch in der Physiologie und ihren Hülfswissenschaften — ein solcher Unterschied kann die Auffassung der Religion selbst nicht erheblich beeinflussen; es wird dabei in jedem Falle die religiöse Weltanschauung verunstaltet, welche selbst ebensowenig als ein Object der Anthropologie behandelt werden will[1]), wie als ein bildlicher Ausdruck metaphysischer Theorieen.

Ein so tief eingewurzeltes Vorurtheil muß das Verständniß alles dessen, was wir über die Ungleichartigkeit von Metaphysik und Religion ausgeführt haben, erheblich erschweren. Die erkenntnißtheoretische Ausführung mag noch so deutlich gemacht haben, daß

---

[1]) Damit soll nicht geleugnet werden, daß eine anthropologische Behandlung der religiösen Phänomene möglich und auch für andere Zwecke wünschenswerth sein mag. Aber die dabei etwa erzielte Erkenntniß über die gesetzmäßige Entstehung solcher Phänomene im Menschengeiste kann doch als Grund für die Geltung, welche die ihnen entsprechenden religiösen Urtheile für das gläubige Subject haben wollen, nicht angegeben werden. Um die Untersuchung jener Geltung aber handelt es sich hier; und wenn Lipsius auch sie durch jene anthropologische Erkenntniß erläutern will, so heißt dieß das Ungleichartigste zusammenbringen. Der unausgleichbare Unterschied, der zwischen der practischen Weltanschauung der Religion und einem niemals abgeschlossenen Erfahrungswissen obwaltet, wird dabei übersehen. Lipsius würde diese Anlage des dogmatischen Beweises gar nicht versuchen können, wenn er nicht die Grenzenlosigkeit des anthropologischen Wissens durch die Einführung des Wesens des Menschen paralysirte, mit welchem Begriffe sich allerdings viel ausrichten läßt.

die nothwendige Abhängigkeit der Metaphysik von den Fortschritten des Welterkennens dieselbe gänzlich untauglich macht für die theologische Darstellung und Begründung der absoluten Religion: so wird doch der Wunsch, jenes Vorurtheil zu conserviren, zum Anlaß, sich dieser Erkenntniß zu verschließen. Uns bleibt, um den dabei obwaltenden Irrthum evident zu machen, noch ein Doppeltes übrig. Wir müssen erstens speciell an der christlichen Weltanschauung zeigen, daß dieselbe, wenn man ihre Geltung auf eine metaphysische Theorie zurückführt, in ihrem Wesen vernichtet wird, weil sich eine rationalistische Abstraction unterchristlicher Art an die Stelle der geschichtlichen Offenbarung schiebt. Wir müssen aber auch zweitens noch klar machen, daß die richtige Tendenz, welche man dabei verfolgt, die Objectivität und Allgemeingültigkeit der Gegenstände des christlichen Glaubens zu beweisen, auf anderem Wege wirklich erreicht wird.

Im Christenthum wird das Selbstgefühl oder das Freiheitsbedürfniß des Menschen, das sich in jeder Religion regt, aufs Höchste gesteigert und vollständig befriedigt. Die Unterschiede in der Art und Weise, wie die Menschen ihr eigenes Selbst erfassen und der gesammten Welt, die sich ihnen durch die Sinne aufdrängt, gegenüberstellen, ergeben sich aus dem verschiedenen Inhalte ihres höchsten Gutes. Ein Gut ist für den Menschen diejenige Bestimmtheit seines Selbst, diejenige Art und Weise, sein Selbst zu erleben, welche ihm Lust gewährt. Ohne die Vorstellung einer solchen concreten Bestimmtheit seines Selbst, welche er entweder festzuhalten sucht oder erstrebt, tritt das Selbstgefühl des Menschen, in welchem er sich von der Welt, das ihm Erlebbare von dem ihm Fremden, Gegenständlichen unterscheidet, niemals auf. Je leichter es nun noch geschieht, daß unter dem Wechsel äußerer Umstände ein Gut das andere verdrängt, desto geringer ist auch der Gegensatz gegen die Welt, da ja der Inhalt des Menschen durch sie bestimmt wird, desto geringer ist deswegen auch die Kraft des Selbstgefühls. Offenbar sind es zwei Bedingungen von denen es abhängt, ob der Gegensatz gegen die Welt sich verschärfen, die Kraft des Selbstgefühls sich steigern soll. Anstatt daß der Mensch abwechselnd in dem Besitze verschiedenartiger Güter sein Selbst erlebt, muß die Vorstellung eines Gutes ihn dauernd derart beherrschen, daß er mit dem vollen Genusse desselben sein eigenes Selbst vollständig identificirt. Dieses Eine Gut wird das höchste Gut genannt, freilich nicht ganz genau, da ja alle andern nur insofern Güter heißen können, als sie irgendwie ein Moment desselben repräsentiren. Erst wenn man sich innerlich in der beständigen Richtung auf ein solches höchstes Gut zusammenfaßt, gewinnt man eine anschauliche Vorstellung von sich selbst als einer im Wechsel der Zustände beharrenden Größe. Daß dadurch der Gegensatz zur Welt an Schärfe und Bestimmtheit gewinnen muß, versteht sich von selbst. Aber die volle Kraft des Selbstgefühls ist damit noch nicht verwirklicht. So lange jenes Eine Gut noch abhängt von natürlichen Bedingungen, über welche der Mensch keine Macht hat, die ihm fremd sind, die also für ihn zu der Welt gehören, von welcher er sich unterscheiden will, so lange muß er sich auch eingestehen, daß er als eben das beharrende Selbst, als welches er sich der Welt entgegensetzt, noch von ihr umfaßt wird. Der Gegensatz ist erst ein partieller; er besteht nur zu denjenigen Theilen der Welt, welche dem Streben des Menschen in den Weg treten.

Ob uns ein anderer Gegensatz zur Welt, als ein solcher, möglich sei, läßt sich a priori nicht ausmachen. Wir würden gar keine Vorstellung davon haben, wie sich ein Mensch in seinem Selbstgefühl in einen absoluten Gegensatz zur Welt stellen könne, wenn nicht die geschichtliche Thatsache vorläge, daß Menschen von sich behaupten, daß sie ihr höchstes Gut, das was sie sein und besitzen wollen, also ihr eigenes Selbst nicht von den Umständen als Geschenk erhalten, sondern selbst frei hervorbringen sollen. Ein solches Wesen, welches nicht auf der Naturbasis, auf der es sich vorfindet, stehen bleibt, sondern sich bewußt ist, das, was es sein will, in der freien Befolgung eines unbedingten Gesetzes selbst hervorzubringen, nennen wir sittlichen Geist, das höchste Gut, in dessen Erzeugung er sein Selbst genießt, sittliches Gut. Daß sittlicher Geist und sittliches Gut Realitäten sind, läßt sich niemandem andemonstriren. Wie sollte man, um dieß zu erreichen, die Beziehungen des sittlichen Geistes zu der sonst uns bekannten Wirklichkeit aufdecken wollen, da er ja selbst in der thatkräftigen Negation aller solchen erklärenden Beziehungen real zu sein behauptet? Er will ja grade nicht als Product physischer Vorgänge (geistiger oder materieller Art) begriffen werden, sondern protestirt gegen diese Erklärungsmöglichkeit. Aber wenn auch jener Beweis unmöglich ist, die thatsächliche Anerkennung eines solchen Realen, das nicht durch die Anknüpfung an die Welt der objectiven Vorstellung, sondern nur durch die absolute Vollendung des menschlichen Selbstgefühls verstanden werden kann, liegt in der Geschichte der Menschheit vor in der Herrschaft der sittlichen Ideen, welche als Normen des Urtheils über das menschliche Subject nur gebraucht werden können, wenn dasselbe unwillkürlich als sittlicher Geist angeschaut wird. Zu deutlichem Ausdruck ist diese Vollendung des menschlichen Selbstgefühls, die Anschauung des Menschen als eines sittlichen Geistes vor dem Christenthum niemals gekommen. Wie nahe auch die sittlichen Vorschriften der späteren Philosophenschulen des Alterthums den christlichen kommen mögen, so bleibt doch immer in der Auffassung des Sittlichen überhaupt eine entscheidende Differenz. Erst im Christenthum erscheint als Inhalt des Sittengesetzes die Persönlichkeit; im Alterthum ist es die Natur. Denn diesen Sinn hat es doch, wenn die Weltanschauung regelmäßig in dem Gedanken des Kosmos ihren Abschluß findet, aus welchem auch das sittliche Ideal zu erklären ist als Bezeichnung des Beitrags, welchen die Harmonie des Ganzen von dem Menschen fordert. Es ist dem antiken Denken unmöglich, in demjenigen, wozu das Sittengesetz den Menschen machen will, zur Ruhe zu gelangen. Es erhält sich niemals auf dieser Höhe; die sittliche Erhebung des Geistes muß schließlich immer dem Eindruck weichen, daß die Consequenz des Naturganzen das unentrinnbare Gesetz für die Bewegungen seiner Theile sein muß. Daher ist denn auch das Sittengesetz nur die Abzweigung des Naturgesetzes, welche der Eigenart des bewußten Geistes entspricht. Die christliche Weltanschauung dagegen erreicht ihren Abschluß in der Gedankensphäre, welche durch das sittliche Bewußtsein eröffnet wird. Nicht die Macht des gegebenen Seins wird als das Höhere dem sittlichen Geiste übergeordnet; sondern das Seinsollende, das Reich persönlicher Geister, wird in der christlichen Gottesidee unmittelbar als das unergründlich Wirkliche gedacht, welches die Natur, in der sich der Mensch zu verlieren schien, beherrscht. Hier ist also dafür gesorgt, daß das Selbstgefühl der Person den Schrecken und der Größe der Natur gewachsen bleibt. Den Grund für diese Befreiung des Menschen von der Macht der Welt bildet der einfache Glaube, daß in dem Leben und Wirken Jesu Gottes volle Offenbarung gegeben ist, und daß in diesem Menschen der allmächtige Wille Gottes sein Schöpfungswerk zu seinem Endzweck führt. Das daraus quellende Gefühl für den unbedingten Werth des persönlichen Lebens ist in der christlichen Kirche nie gänzlich verloren gegangen, trotz der Verhüllung des Heilsgrundes durch die altkatholische Erlösungslehre und durch die damit zusammenhängende Christologie. Auch da wo das Göttliche anstatt in der Person Jesu in einer Natur hinter der Natur gesucht wird, weiß doch noch das christliche Grundgefühl, daß der zum Reiche Gottes berufene Mensch mehr werth sei als die Welt, die verirrten Gemüther zu beeinflussen und ihre Idole zu adeln, wenn nur der Zusammenhang mit dem geschichtlichen Heilsgrunde noch nicht ausdrücklich zerschnitten ist.

Es könnte so scheinen, als sei im Stoicismus das persönliche Selbstgefühl höher gespannt als im Christenthum. Allerdings liegt für jenen das höchste Gut, der Genuß der eigenen Kraft, in dem isolirten Subject, während für den Christen das höchste sittliche Gut nicht dem einzelnen Subjecte als solchem eignet, sondern nur in der sittlichen Gemeinschaft, in dem Zusammenwirken vieler sittlichen Geister realisirt wird. Darin liegt aber nicht eine Herabminderung des christlichen Selbstgefühls im Vergleich zum stoischen, wie man leicht meinen könnte; und auch ein Widerspruch wird nicht dadurch begründet, daß auf der einen Seite das höchste Gut, als sittliches, das Product des Geistes sein soll, der es genießt, und daß doch auf der andern Seite dasselbe abhängig sein soll von der gleichartigen Bestimmtheit Vieler, über die man keine Macht hat. Denn in dem ersteren ist für den Christen das letztere mitgesetzt. Erfüllt von dem Werthe des höchsten Gutes, ohne dessen relativen Besitz er nicht er selbst wäre, setzt er, da es ein gemeinschaftliches ist, voraus, daß auch in Anderen dasselbe Werthgefühl, dasselbe Verlangen lebt oder geweckt werden kann. So schließt sich sein Selbstgefühl zwar nicht spröde in sich ab, wie das des Stoikers, aber es ist ihm unmittelbar der Quell der Ueberzeugung von anderen ihm gleichartigen Realitäten und bewährt darin vielmehr seine größere Kraft. Aber freilich ist diese Kraft nur eine geliehene. Dem einzelnen im sittlichen Kampfe stehenden Subject würde jene Energie der Ueberzeugung, ohne welche das specifische Selbstgefühl des Christen nicht wirklich ist, gar nicht möglich sein, wenn nicht sein eigenes Aufstreben von vornherein ergänzt würde durch die Gabe des Glaubens an den allmächtigen Gott, der der unveränderliche Wille des höchsten Gutes ist. Diesen Glauben darf man eben deßhalb nicht allein aus dem sittlichen Bewußtsein des Christen ableiten wollen. Er muß andere Gründe haben, und hat sie; aber allerdings ist es unmöglich, ihn anzueignen, ohne eine Spur jener sittlichen Bestimmtheit des Christen, ohne das Getroffensein von der Vorstellung der Segensfülle, die in dem höchsten gemeinschaftlichen

Gute beschlossen ist. Christlicher Glaube und sittliche Ueberzeugung sind Correlate; sobald man eines der beiden allein betrachtet, erscheint das andere als seine Voraussetzung; wie sie beide haben zusammen entstehen können, ist in dem Geheimniß des Daseins einer geschichtlichen Größe, der christlichen Gemeinde, verborgen. Ueber diesen Punkt werden wir später noch zu handeln haben. Hier kommt es uns auf die Betonung der Thatsache an, daß offenbar eine höhere Kraft des Selbstgefühls, eine schärfere Entgegensetzung des Menschen zur Welt nicht denkbar ist, als sie im Christenthum stattfindet. Diese Thatsache läßt sich dahin aussprechen, daß das höchste Gut des Christen, mit dessen Genuß er sein eigenes werdendes Selbst identificirt, als rein sittliches schlechthin überweltlicher Art ist. Was wir mit dem Ausdruck überweltlich meinen, ist klar. Wir nennen das höchste Gut des Christen so, weil es als gänzlich abgelöst von der Causalität natürlicher Bedingungen, rein als Product des sittlichen Geistes gedacht wird. Aus den Wirkungen natürlicher Kräfte ist das höchste Gut des Christen durch keine noch so tiefgehende Analyse der gegebenen Welt zu erklären; nur durch den sittlichen Willen wird es wirklich und nur dem sittlichen Geiste wird es offenbar. In dieser Ueberweltlichkeit des höchsten Gutes also ist es begründet, daß im Christenthum der Gegensatz des Menschen zur Welt und damit die Kraft seines Selbstgefühls aufs Höchste gesteigert wird.

Aber je kräftiger der Mensch sich der Welt entgegensetzt, je mehr er in dem Gedanken eines nicht durch natürliche Causalität, sondern durch ihn selbst, d. h. durch die Befolgung des unbedingten Gesetzes, realisirbaren höchsten Gutes zu dem Bewußtsein seiner specifischen Würde gelangt, desto unangenehmer muß es ihm auffallen, daß ihm ein Wechsel von Lust und Unlust aufgezwungen wird, dem er sich in keiner Weise entziehen kann. Ueber den Ablauf seiner Empfindungen hat er keine Macht. Die Vorstellungen, welche er, durch jene veranlaßt, bildet, stellen ihm ein Wirkliches dar, das er in theilnahmloser Ruhe als solches anerkennen könnte, wenn nicht seine eigenen Zustände, die er in Lust und Unlust erlebt, dadurch bestimmt würden. Weil dieß der Fall ist, kann der Mensch gar nicht anders, als jene Menge wechselnder Zustände in Vergleich zu stellen mit dem einen Zustand, in welchem er erst ganz das sein würde, was er sein will. Und der mögliche Contrast der ersteren mit dem letzteren muß ihm schmerzlich klar machen, daß dem Selbstgefühl, in welchem er sich über die Welt erheben möchte, widersprochen wird durch die Thatsache, daß er selbst ein abhängiges Glied der Welt ist. Ueber diesen Zwiespalt kann er sich selbst insofern hinweghelfen, als er mit Erfolg bestrebt ist, die gegebene Wirklichkeit der Welt als Mittel für den Zweck, in welchem er die seinem Selbstgefühl entsprechende Wirklichkeit anschaut, zu verwerthen. In der darauf gerichteten Arbeit erhält der Mensch gegen die Umstände, welche er sich gefallen lassen muß, sein Selbstgefühl aufrecht. Aber alle solche Arbeit ist doch nur möglich in der klugen Anbequemung an die unausweichliche Thatsache des Gegebenen. Das Gut daher, dessen Verwirklichung an sie gebunden ist, fesselt den Menschen selbst an die Umstände, von deren Gunst er schließlich doch das, was er sein will, zum Geschenk erhält. Als Arbeiter für sein höchstes Gut ist der Mensch abhängiges Naturwesen. Der Anerkennung dieser Thatsache kann er sich nicht entziehen, sobald die Macht der Umstände seinen Bemühungen widerstrebt, sobald die Welt gleichgültig ist gegen seinen Zweck und stärker als er selbst.

Wenn uns nun auch die Ueberweltlichkeit des christlichen höchsten Gutes feststeht, so müssen wir auf der andern Seite doch zugeben, daß es nur dadurch für uns wirklich werden kann, daß wir in der Welt für dasselbe arbeiten. Schon indem wir das höchste Gut als eine Gemeinschaft vieler Menschen erstreben, stellt uns die Auffassung desselben unmittelbar in die Welt hinein. Denn die Vielheit der Menschen in der Mannichfaltigkeit individueller Begabung und selbstischer Zwecke gehört selbst zu der getheilten Welt. Und die höchste Verbindung derselben durch sittliches Handeln, welche wir als unser höchstes Gut vor Augen haben, ist selbst nur erreichbar, wenn die niederen Gemeinschaften, welche auf individueller Ausstattung und besonderen Zwecken ruhen, die Familie, die Gesellschaft, der Staat, jenem Ziele gemäß organisirt und gepflegt werden. In allen diesen Beziehungen wird also Arbeit in der Welt von uns verlangt, wenn unser tiefstes Verlangen gestillt werden soll. Wenn nun die natürlichen Bedingungen dieser Arbeit uns fortwährend daran erinnern, daß wir die gegebene Welt nicht vollständig beherrschen, sondern schließlich von ihr abhängen, so wäre damit erwiesen, daß unsere absolute Entgegensetzung gegen die Welt, die prätendirte Ueberweltlichkeit unseres höchsten Gutes, Schein ist.

Der Widerspruch, der sich auf diese Weise ergiebt, wäre ganz unauflösbar, der sittliche Geist, der sich selbst als den Producenten seines höchsten Gutes erfassen soll, bliebe uns unverständlich, wenn nicht unsere Anschauung von der Welt durch den religiösen Glauben umgewandelt würde. Müßte es bei dem Urtheil verbleiben, daß durch die natürlichen Bedingungen des menschlichen Daseins die hervorbringende Kraft des sittlichen Geistes auf ein Maß reducirt wird, welches nicht durch ihn selbst gesetzt, sondern ihm aufgezwungen ist, so wäre das höchste Gut der christlichen Gemeinde als ein erträumtes Ideal erwiesen. Es käme dann vielmehr auch bei der höchsten sittlichen Thätigkeit, wie sonst in irdischer Arbeit, darauf an, mit hingebender Vertiefung in die Thatsachen den ursächlich verknüpften Lauf der Ereignisse vorauszuberechnen und danach die eigenen Zwecke zu modificiren. Dieser Herabstimmung des Selbstgefühls wird aber bei voller Würdigung jener Arbeit und ihrer Bedingung, des freien Erkennens, gewehrt durch die christliche Religion. In derselben ergeht über die Welt ein Urtheil, durch welches die Schranken des sittlichen Willens, die sich aus der Bedingtheit des Menschen als eines Naturwesens ergeben, als solche aufgehoben werden. Der christliche Glaube an Gott schließt das Urtheil ein, daß die natürlichen Bedingungen, an welche gebunden der Mensch sich zum höchsten sittlichen Gute emporstreckt, trotz des Widerspruchs, den die menschliche Erkenntniß dagegen einlegt, keine Schranken für den sittlichen Geist sind, sondern die seinem eigenen innersten Wesen entsprechenden Formen für die Verwirklichung seines Zweckes. Während das bloße theoretische Erkennen darin nichts weiter sehen kann als Ereignisse, welche aus der natürlichen Verkettung der Ursachen hervorgehend den Bedürfnissen des Gemüthes fremdartig gegenüberstehen, sieht der religiöse Glaube darin Producte desselben sittlichen Willens, zwar nicht des einzelnen, der an einem bestimmten Punkte in der Gemeinschaft mit Vielen das höchste Gut anstrebt, wohl aber Eines allmächtigen Willens, der durch alle jene einzelnen und durch die natürlichen Bedingungen ihres Daseins das höchste Gut als seinen eigenen Selbstzweck zu Stande bringt. Damit ist die Schranke, welche durch den Naturboden seiner Bethätigung dem sittlichen Willen gesetzt zu sein schien, gefallen. Er bleibt auch in der zunächst störenden Erfahrung jener natürlichen Bedingungen in seinem eigenen Elemente. Wo jener Glaube wirklich herrscht, was er freilich nur unter Bedingungen kann, welche hier noch nicht in Betracht kommen, da ist auch die Ueberweltlichkeit des höchsten Gutes, die Unabhängigkeit des Menschen von der Welt, die volle Kraft des christlichen Selbstgefühls gesichert. Freilich tritt an die Stelle der Abhängigkeit von der Welt die Abhängigkeit von Gott. Aber das letztere Verhältniß erfährt der Mensch nur dann als eine Schranke, wenn er sich nicht in der Richtung auf das höchste Gut bestimmt. Ist er von diesem ganz erfüllt, so bezeichnet ihm ja die Wirklichkeit Gottes nur die Realität, welche er in Kraft seines eigenen Selbstgefühls fordern müßte, wenn er nicht bereits in dem Glauben an dieselbe lebte, indem er sich seiner vollen geistigen Freiheit im Vertrauen auf Gott erfreut.

Für die christliche Gottesidee ergiebt sich daraus zweierlei: Gott ist überweltlich, wie das höchste Gut, und Gott ist dem Menschen, der seiner bedarf, verwandt. So wenig das höchste sittliche Gut empirisch wahrgenommen werden kann, so wenig ist auch der allmächtige Wille desselben ein Gegenstand des rein theoretischen, auf die Analyse der gegebenen Welt gerichteten Erkennens. Läßt sich jenes nicht als Product endlicher Ursachen ansehen, so läßt sich auch dieser nicht in diesen Ursachen erkennen. Das Organ für die Auffassung beider ist nicht das objective Erkennen, sondern das Selbstgefühl des Menschen, das durch sie vertieft und vollendet wird. Und dieser überweltliche Gott ist dem Menschen wesentlich verwandt. Das Schema, in welchem der Christ den Gedanken Gottes vollzieht, hat keine Analogie mit irgend einer Form, in welcher das Bewußtsein die Einheit der Gegenstände vorstellt, noch mit irgend einer Abstraction, welche bei dem Begreifen und Erklären des Geschehens abfällt, sondern entspricht allein der Erfahrung, welche der sittliche, von dem höchsten Gute erfüllte Geist von sich selbst macht, welche keinem Menschen durch bloßes objectives Erkennen zugänglich ist, sondern allein in der sittlichen Gemeinschaft verstanden und erlebt wird. Daß Gott der unveränderliche Wille des höchsten Gutes sei, ist dem, dessen Gesinnung auf dasselbe gerichtet ist, durchaus verständlich. Nur die Rathlosigkeit von Theologen und Philosophen, welche bei der Behandlung religiöser Probleme den Faden verloren haben, kann auf den Gedanken kommen, daß damit nicht das Wesen Gottes verständlich ausgedrückt sei, daß man daran nur ein unvollkommenes Symbol des unendlichen Gottes habe. Dem wirklich lebendigen Glauben steht dieses

Auskunftsmittel einer hülflosen Theorie fremdartig gegenüber. Man würde ja auf jenen Gedanken von der Verborgenheit des göttlichen Wesens gar nicht gerathen, wenn man nicht von der religiösen Gottesidee eine Aufklärung darüber verlangte, wie das thatsächlich Gegebene aus Gott hervorgegangen sei. Aber die religiöse Gotteserkenntniß soll wenigstens im Christenthum kein Surrogat der Wissenschaft sein. Für den religiösen Glauben ist die metaphysische Frage gleichgültig, ob in dieser gegebenen Welt sich dem Erkennen eine Tiefe erschließt, in welcher unabänderliche Bedingungen einer zusammenhängenden Welterklärung sichtbar werden. Dagegen ist dem Glauben die Erkenntniß des Wesens Gottes allerdings nothwendig. Vielleicht ohne daß er es sich selbst eingesteht, zehrt das religiöse Leben des Gläubigen von der Gewißheit, daß ihm das innerste Wesen Gottes aufgeschlossen ist. Die Ungewißheit über das Wesen Gottes gestattet vielleicht abergläubische Sicherheit, die sich auf statutarische Zeichen des Verborgenen verläßt, aber keine religiöse Gewißheit. Es ist doch gar nicht denkbar, wie man von Herzen an Gott glauben und dadurch eine innere Befreiung erleben könne, wenn man nicht weiß, an wen man glaubt. Das dumpfe Anstaunen eines Mysteriums ist doch wenigstens für den evangelischen Christen nicht der Nerv seiner Religion. Wenn ihm religiöse Selbständigkeit zugesprochen wird, so muß ihm auch das Wesen Gottes in solchen Vorstellungen gegeben sein, deren durchsichtige Klarheit ein freies Aneignen, ein inneres Nacherleben ihres Sinnes gestattet. Das ist zwar richtig, daß die unendliche Inhaltsfülle, welche das Wesen Gottes für ihn umfaßt, niemals in bestimmten Worten zum Ausdruck gebracht wird. Aber der Weg muß ihm durch eine feste Vorstellung von Gottes Wesen gewiesen sein, auf welchem er sich den Inhalt desselben in immer reicherem Maße erschließen kann. Je mehr er sich selbst hingiebt an das höchste Gut, sich selbst von demselben beherrschen läßt und nach seinem Genusse strebt, desto mehr wird ihm das Wesen Gottes verständlich. Denn in der Macht dieses höchsten Werthes über sein Gemüth erlebt er unmittelbar das Wesen Gottes. Dasselbe verschwimmt dem Christen nicht in ungewisser Ferne mit dem Dunkel, das für den Unglauben sich um die Welt ausbreitet, sondern es ist ihm so bekannt wie er selbst, da ihm das Räthsel seines Daseins sich nur löst in der geschichtlichen Offenbarung des Wesens Gottes in Christus.

Daran schließt sich als der einfachste Ausdruck dieser unserer wesentlichen Verwandtschaft mit Gott der neutestamentliche Gottesname. Gott unser Vater, wir seine Kinder, nicht sofern wir Naturwesen sind und bleiben, sondern sofern wir zum Genusse des von uns selbst hervorzubringenden höchsten Gutes von ihm erzeugt sind. — Der Glaube an diesen überweltlichen, dem sittlichen Geiste verwandten Gott, in der Verbindung mit der sittlichen Aneignung des höchsten Gutes, kann für den Menschen keinen anderen subjectiven Ertrag geben, als die volle Befriedigung seines Selbstgefühls, welche sich ausdrückt in der geistigen Unabhängigkeit und Herrschaft über die Welt. Er weiß sich in diesem Glauben nicht nur frei von der Macht der Welt über ihn, welche ihm sein eigenes innerstes Wesen in Schein aufzulösen drohte, sondern er weiß auch, daß er seinem höchsten Zwecke getrost nachleben darf in dem Vertrauen, daß der fremdartige Lauf der Erreignisse ihm dienen muß, und macht in seinem wahren Leben die Erfahrung, daß er ihm dient. Das letztere entspricht dem positiven Ausdruck, der Herrschaft über die Welt; das erstere dem negativen, der Unabhängigkeit von ihr.

Bei diesem Charakter der christlichen Glaubensobjecte und bei diesem practischen Erfolge des christlichen Glaubens scheint es sich von selbst zu verstehen, daß die Theologie, welche jene darstellen und diese begründen will, dabei jeder Beihülfe der Metaphysik entrathen muß. Wenn die Objecte unseres Glaubens wirklich übernatürlicher Art sind, so können sie offenbar nichts dabei gewinnen, sondern nur ihre Eigenart einbüßen, wenn ihre Realität auf die Geltung desjenigen zurückgeführt werden soll, was die Metaphysik in der Tiefe der Natur zu finden meint. Sind durch die Metaphysik allgemeine Formen des Seins und Geschehens in der Natur zur Anerkennung gebracht, so muß sich Alles, was als mögliches Object des theoretischen Erkennens gelten will, in denselben auffassen lassen. Dagegen scheint es schlechterdings verboten, die Möglichkeit der Glaubensobjecte ebenso festzustellen. Denn die Geltung des wirklich Uebernatürlichen kann doch weder hervorgebracht werden durch den Nachweis eines erkennbaren Zusammenhanges mit der Natur, noch kann dieselbe dadurch erhöht werden. So ist es z. B. unberechtigt, die Möglichkeit der göttlichen Weltregierung mit Hülfe der Metaphysik beweisen zu wollen; ginge das an, so gehörte sie als ein mögliches Object des Erkennens zu der Welt, über welche die Person sich erhebt, um im religiösen Glauben die Gewißheit ihres eigenen überweltlichen Wesens zu erreichen. Und da nun die Frage nach der Möglichkeit schließlich immer im Bereiche der Metaphysik entschieden werden wird, so möchte sich ergeben, daß es überhaupt sinnlos ist über die Möglichkeit der Glaubensobjecte zu grübeln. Indem man sich darauf einläßt, zieht man dieselben zu der erkennbaren Welt herab, anstatt sich durch sie über dieselbe erheben zu lassen. Dieser practische Erfolg des religiösen Glaubens wird dann in der theologischen Theorie ebenso verleugnet wie die Eigenart der Glaubensobjecte. Die Person wird sich ihrer Realität überhaupt nur auf die Weise bewußt, daß sie sich als ein Ganzes von der Vielheit des erklärbaren Daseins unterscheidet. Und die religiösen Urtheile des Christenthums, welche nichts weiter sein wollen als die Auslegungen der Einen Gewißheit, daß die Seligkeit des Menschen der Sinn alles Thatsächlichen ist, sollten dann doch wieder ganz oder theilweise aus der wissenschaftlichen Erklärung der Welt resultiren? Dann bezögen sie sich gar nicht auf die Realität der überweltlichen Person, sondern auf die Mittel welche sie verbrauchen soll. Man kann offenbar jenen Widersinn nur behaupten, indem man gänzlich vergißt, daß die religiöse Weltanschauung die Seligkeit des Menschen aussprechen will. Diese aber könnte nie in der Erkenntniß bestehen, daß die Person mit ihren höchsten Gütern das Product irgend welchen Thatbestandes sei, sondern allein in der Gewißheit, daß alles Erkennbare ihr dienen muß.

Diese einfachen Ueberlegungen stoßen trotzdem bei der Mehrzahl evangelischer Theologen auf hartnäckigen Widerstand, weil man, wie bemerkt, noch immer unter dem Eindruck der Rathlosigkeit steht, in welcher der kantische Rationalismus den Menschen versetzen muß, der sich bewußt ist, in der Religion nicht den Ausdruck seiner Kraft, sondern die Quelle derselben zu besitzen. Daß die Welt des Glaubens uns mehr bedeutet als ein symbolischer Ausdruck feststehender ethischer Ueberzeugungen, diesen Gedanken kann man wohl als das gesunde Element bezeichnen, in welchem die entgegengesetzten theologischen Gruppen unserer Zeit einig sind. Aber für die Mehrzahl ergiebt sich daraus unmittelbar die Folgerung, daß man jene höhere Bedeutung der Glaubensobjecte wieder aufsuchen müsse in der von Kant verworfenen metaphysischen Begründung ihrer Möglichkeit oder in dem Nachweis ihres directen

Zusammenhanges mit der wissenschaftlich erklärbaren Welt. So wird die Rechtfertigung des Christenthums vor der Wissenschaft, auf welche man natürlich nicht verzichten will, fast überall verstanden. Und auf diese Weise denkt man dann zugleich, die vom Subject unabhängige Realität der Glaubensobjecte festzustellen. Wir haben es also hier mit einem Vorurtheil zu thun, welches sich als sehr wirksames Schutzmittel gegen die Gefahr, welche der kantische Rationalismus heraufgeführt hatte, bewährt hat. Und dieser Dienst, den es wirklich geleistet hat, reicht aus, um dasselbe für die Masse, die sich von den Parteiführern durch Schlagworte regieren läßt, außerhalb aller Discussion zu stellen. Wir versuchen es trotzdem, den Bann dieses Vorurtheils zu brechen, weil unter seinem Schutze sich dieselben destructiven Tendenzen in der Theologie wieder ausbreiten, welche in der Aufklärungszeit zur Auflösung der christlichen Weltanschauung geführt haben. Wie damals [1]) so schießen auch jetzt aus dem fruchtbaren Boden des Irrthums, daß die christliche Wahrheit an dem in der Metaphysik sich abschließenden theoretischen Erkennen gerechtfertigt werden müsse, apologetische und aufklärerische Versuche in Menge auf. Und wenn die Apologeten unserer Zeit durch den bestrickenden Reiz einer geschickt verwertheten vielseitigen Bildung ihren schwerfälligen Vorfahren im 18. Jahrhundert weit überlegen sind, so hat doch auch die derselben Wurzel entstammende Aufklärung jetzt eine gewisse Decenz überwunden, welche damals wenigstens die hervorragendsten Vertreter derselben abhielt, den Kampf gegen die positive Religion, welche sie als Lehrer officiell vertraten, offen zu erklären. Wenn damals ein W. A. Teller den Gedanken von der Perfectibilität des Christenthums mit der Einschränkung versah, daß die Menschen auch auf der Stufe religiöser Mündigkeit nicht aufhören sollten sich Christen zu nennen, noch sich der Einsicht entfremden, daß in Christo alle Schätze der Weisheit und Erkenntniß verborgen liegen [2]): so hat ihn seine „Religion der Vollkommenen", in welcher das christliche Princip zu freiem, unabhängigem Besitze geworden sein sollte, sicherlich nicht veranlaßt, in dieser Weise die fortdauernde Abhängigkeit des religiösen Lebens von der Offenbarung Gottes in Christus, als der absoluten, zu proclamiren.

---

[1]) vergl. Gaß, Geschichte der protest. Dogmatik 4, 174.

[2]) vergl. Gaß, a. a. O. 219.

Aber wenn er sich auch der Beweggründe dazu nicht vollständig bewußt geworden ist, wenn vielleicht selbst die in seiner Berufsstellung liegenden Verpflichtungen unwillkürlich den Lauf seiner Gedanken bestimmt haben — wer wollte ihn deßwegen tadeln? Aber allerdings hat die moderne Aufklärung, wie sie ein O. Pfleiderer repräsentirt, den Vorzug der Klarheit und Rücksichtslosigkeit vor ihm voraus. Pfleiderer hatte in seinem früheren Werke (Wesen der Religion S. 387) als die Art der dogmatischen Vorstellung ein unsicheres Schwanken zwischen Innerem und Aeußerem bezeichnet, worauf das Recht und die Pflicht des wissenschaftlichen Denkens beruhe, über jene hinauszugehen zur reinen und klaren Erfassung des Wesens der Sache. Dazu hatte ich (Die Metaphysik in der Theologie S. 33) bemerkt, Pfleiderer scheine danach einen bei weitem höheren Standpunkt einzunehmen, als Christenthum und christliche Theologie einzunehmen sich gestatten dürfen. In den letzteren ist nun einmal von einem schlechthin Aeußeren stets die Rede, in dessen religiöser Werthschätzung die christliche Religion vollzogen wird. Wenn es dagegen Pfleiderer schon damals gelungen war, diese schlechte Aeußerlichkeit ganz bei Seite zu stellen und das richtige Verhältniß zu Gott ohne die stete Vermittlung desselben durch den geschichtlichen Heilsgrund frei zu besitzen, so durfte ihm auch zugestanden werden, daß er die christliche Religion überwunden habe; denn er hatte ja dasjenige unabhängig für sich, was sich der Christ nur im Hinblick auf Christus anzueignen wagt. Wenn nun aber damals noch die ausdrückliche Erklärung fehlte, daß er über die Schranken des Christenthums innerlich hinaus sei, so ist dieses jetzt nachgeholt in seinem neuen Werke, in der „Religionsphilosophie auf geschichtlicher Grundlage". Hier heißt es nach einer Aufzählung der Vorzüge und Schwächen, welche in der Eigenthümlichkeit des Christenthums sowohl wie des Buddhismus liegen: „Ob aus näherer Berührung beider rivalisirenden Weltreligionen, etwa auf dem Boden der indogermanisch-mongolischen Völkermischung d. h. in Amerika, einst auch noch innere Annäherungsversuche in der Richtung auf eine einheitliche Menschheitsreligion hervorgehen könnten? Diese Frage aufzuwerfen ist zwar erlaubt, aber ihre Beantwortung übersteigt die Grenzen der Wissenschaft" [1]). Diese Aeußerung ist deßwegen so interessant,

[1]) Pfleiderer, Religionsphilosophie auf geschichtlicher Grundlage S. 729.

weil sie zeigt, daß Pfleiderer durch seine eigene persönliche Ueberzeugung, welche natürlich auch bei ihm das Urtheil über den Werth der Religionen bestimmt, nicht mehr gezwungen wird, in dem Christenthum die absolute Religion, die Religion der Menschheit zu ehren. Hätte seine eigene Person in der religiösen Selbstbeurtheilung und Weltanschauung des Christenthums ihren Abschluß gefunden, wären ihm die inneren Gründe, um deren willen das Christenthum behaupten muß, die absolute Religion zu sein, zur befreienden und beruhigenden Gewißheit geworden, so könnte er jene Frage nicht aufwerfen. Also während der Aufklärer des 18. Jahrhunderts sein Ziel immer noch innerhalb des Christenthums steckt, so hat der moderne die Schranken der geschichtlichen Offenbarung durchbrochen und setzt nun jenseit derselben die einheitliche Menschheitsreligion, die er freilich noch nicht kennt. Man kann die imposante Macht des Princips bewundern, welches einen wohlmeinenden Mann, der es für eine Beleidigung erklärt, wenn man ihm die Fähigkeit, der christlichen Gemeinde zu dienen, abspricht, in diese Stellung zu drängen vermag, obgleich er Lehrer der christlichen Theologie ist. Denn wenn man von der Gleichgültigkeit gegen die Gewißheit des Glaubens bei den modernen Romantikern absieht, so hat doch die Theologie, — das darf man wohl behaupten — seit dem zweiten Jahrhundert ihren Dienst an der christlichen Gemeinde dahin verstanden, daß sie klar machen soll, inwiefern die christliche Religion die absolute sei. Pfleiderer kann diese Aufgabe nicht mehr ins Auge fassen, weil seine überlegene Einsicht über das Christenthum hinausblickt; den daraus zu ziehenden Schluß überlassen wir ihm selbst. Uns interessirt hier lediglich die Thatsache, daß der Grundsatz, das Christenthum habe das Maß seiner Allgemeingültigkeit an der außerhalb seiner selbst erreichbaren Welterkenntniß, bei dem modernen Aufklärer zu diesem freimüthigen Bruche mit der christlichen Offenbarung führt. Denn wenn die Einsicht allgemein feststände, daß die Gründe für die Allgemeingültigkeit einer religiösen Weltanschauung schlechterdings nur aus ihr selbst geschöpft werden können, so wäre auf jeden Fall die Sicherheit unmöglich, mit welcher Pfleiderer jenen Satz als einen kirchlich berechtigten aufstellt. Dieser fast unglaubliche Ausspruch erklärt sich aus dem allgemeinen Zugeständniß, daß man nach Erkenntnissen die vom Christenthum unabhängig sind, die Geltung desselben bemessen dürfe. Denn dann bezeichnen ja diese Erkenntnisse, welche jenseit der positiven Religion liegen, die eigentlichen Objecte des Glaubens. Da also Pfleiderer und seine Partei, in welcher er Einer unter Vielen ist, jenen Grundsatz mit der Masse der anderen Theologen theilen, welchen die Absolutheit des Christenthums noch feststeht, so wird die Frage um so brennender, ob es nicht möglich ist, das Vorurtheil von der Unentbehrlichkeit jenes Grundsatzes zu brechen. Dieses Vorurtheil wird dadurch noch nicht ungefährlich, daß nur ein verhältnißmäßig kleiner Bruchtheil von Theologen demselben ohne Scheu nachlebt, während die Mehrzahl sich begnügt, damit zu spielen. Denn ein solches Spiel kann zwar in der katholischen Kirche überwacht werden, in der evangelischen nicht. Hier ist es deßhalb dringend nöthig, daß man dieses Treiben aufgiebt und sich zu den dem Christenthum selbst innewohnenden Gründen für seine Allgemeingültigkeit wendet, in welchen ein wirklich ernstes Verlangen nach Gewißheit seine Befriedigung finden kann.

Da es sich bei der Meinung, die Metaphysik sei das Organon für die wissenschaftliche Darstellung und Begründung der Religion, um ein unaufgeklärtes Vorurtheil der Massen handelt, so ist es für uns von Wichtigkeit, daß sich zwei hervorragende kirchenpolitische Parteiführer, Luthardt und Pfleiderer, welche durch diese ihre Stellung auf die Ausnutzung solcher elementaren Mächte angewiesen sind, über jenen Punkt ausdrücklich geäußert haben. Meinem Versuche, auf Grund der Ueberweltlichkeit unseres Gottes, sowie unseres höchsten Gutes, des Reiches Gottes, die Metaphysik von der Darstellung und Begründung dieser Realitäten des sittlichen Geistes auszuschließen, setzt Luthardt das Folgende entgegen: „Nun wohl, die Welt ist die Welt der Mittel, und das Reich Gottes ist der Zweck. Aber muß nicht eben darum ein Verhältniß zwischen ihnen sein? Denn wie beschaffen muß die Welt sein, um Welt der Mittel für jenen Zweck des Reiches Gottes zu sein? Oder ist sie nicht die Welt der Mittel für jenen Zweck? Für welchen Zweck ist sie dann die Summe der Mittel? Ist es nicht der Begriff der Natur, Mittel der sittlichen Persönlichkeit zu sein? Also wird sie auch danach geartet sein müssen. Oder soll der Zusammenhang zwischen beiden nur durch Gefühl und Wille vermittelt sein? Soll er nicht auch ein Gegenstand der Erkenntniß sein? Sollen beide Welten im Geiste auseinanderbrechen und unvermittelt im Geiste nebeneinander bestehen? Das würde heißen: Das Christenthum kann sich vor der Wissenschaft nicht rechtfertigen und steht wurzellos da in dem gesammten Geistesleben. Gefühl und Wille würden es dann allein nicht halten. Ist das Reich Gottes das Ziel, dann muß es auch angelegt sein in der Welt. Gott wäre nicht das Ziel der Welt, wenn er nicht auch der Grund der Welt wäre." [1]) Luthardt sieht sich also genöthigt, die auf sittlichem Grunde ruhende Welt des Glaubens und die Welt des bloß theoretischen Erkennens in einer christlichen Metaphysik zu Einer Wirklichkeit zusammenzufassen, weil er meint, auf diese Weise eine Begründung der christlichen Weltanschauung zu ermöglichen, ohne welche sie, als wurzellos im menschlichen Geistesleben, nicht würde bestehen können. Ich werde zu zeigen suchen, daß sehr wohl ein anderer Beweis für die christliche Weltanschauung geliefert werden kann, der für ihren specifischen Charakter minder gefährlich ist, und daß die Wurzeln des Christenthums im menschlichen Geistesleben sehr wohl erkennbar sind, wenn man nur nicht irgend ein Abstractum der menschlichen Natur, sondern die historisch bestimmte Menschheit im Auge hat. Vorläufig setze ich dem Appell an jenes practische Bedürfniß die Ueberzeugung entgegen, daß dem Christen das Welträthsel nicht gelöst wird durch eine Philosophie, welche die wissenschaftliche Erklärung der thatsächlich gegebenen Welt, die Erkenntniß der in dem Geschehen selbst erkennbaren Ursachen desselben mit der christlichen Gottesidee abschließt, sondern allein durch seine Religion und durch die in ihr selbst indicirte Begründung derselben, welche die Dogmatik auszuführen hat.

Was die übrigen von Luthardt beigebrachten Gründe betrifft, so lassen sich dieselben auf folgende zwei zurückführen: erstens, wenn die Welt Mittel ist für das Reich Gottes, so muß sie danach geartet sein, oder, was dasselbe sagt, das Reich Gottes muß in der Welt angelegt sein; zweitens, wenn Gott das Ziel der Welt ist, so muß er auch der Grund der Welt sein. Es ist mir nun völlig unerfindlich, was die letztere Bemerkung zur Lösung unserer Frage beitragen soll. Es kann mir ja gar nicht einfallen, zu leugnen, daß für unseren Glauben nicht nur der Selbstzweck Gottes das Ziel der Welt ist, sondern auch sein allmächtiger Wille der Grund derselben. Aber das ist die Frage, ob uns Gott, wie er

---

[1]) Ev. luth. K. Z. 1876. S. 927.

die Welt hervorbringt, derart offenbar ist, daß wir bei der freien Erforschung des empirischen Thatbestandes der Welt, mag dieselbe sich schließlich in einer dogmatischen Metaphysik zu vollenden suchen, oder nicht —, dazu gelangen können, ihn selbst in seiner hervorbringenden Thätigkeit zu erkennen. Nur wenn wir voraussetzen, daß dieß der Fall ist, dürfen wir es wagen, den Gedanken, in welchem irgend eine Metaphysik die Erklärung der Welt abschließen, ihre kontinuirliche Begreiflichkeit erhärten will, mit unserer Gottesidee zu identificiren. Wenn die kirchliche Theologie bisher so verfuhr, als ob jene Voraussetzung in Gültigkeit stände, so legte sie sich die von uns aufgeworfene Frage gar nicht vor. Nachdem dieselbe aber aufgeworfen und unter Erbringung eines Beweises verneint ist, darf man sie doch nicht wiederum einfach umgehen. Ebenso verhält es sich mit der anderen Bemerkung, daß die Welt, wenn sie Mittel zum Reiche Gottes sein solle, danach geartet sein müsse. Der Glaube ist freilich dessen sicher, daß die Welt, welche er im Vertrauen auf Gott als Mittel im Dienste des höchsten Gutes ansehen darf, in allen ihren Formen diesem Zwecke entsprechen muß. Wenn für ihn jene ihre Bestimmung als das Wesen der Welt gilt, so wird er natürlich überzeugt sein, daß Alles, was zur Welt gehört, die Züge jener Bestimmung trägt. Allerdings steht es im Zusammenhange der christlichen Weltanschauung fest, daß die Natur im Ganzen und im Einzelnen Mittel der sittlichen Persönlichkeit sei. Das ist der vollkommene religiöse Begriff der Natur; er hat volle Wahrheit für den, der im Glauben lebt. Aber für den Physiker als solchen hat er keinen Werth; die Einsicht in das factische Geschehen, die uns zur mechanischen Beherrschung der Natur befähigt, wird uns dadurch nicht bereichert. Und da an sie die Arbeit des Metaphysikers mit ihrer abschließenden Erklärung des Thatsächlichen sich anfügt, so ist auch für sie jener religiöse Begriff, der ganz unabhängig davon für einige Menschen im Zusammenhang mit einer besonderen sittlichen Ueberzeugung feststeht, nicht vorhanden. Folgt also aus unserer religiösen Ueberzeugung von dem Werthe der Natur für uns, daß sich in der Erkenntniß der Welt, wie sie sich dem Geiste darbietet, der auf nichts als auf die Eruirung der Thatsache bedacht ist, auch jene Züge der göttlichen Bestimmung ebenso verfolgen lassen müssen? Ich denke, man braucht sich diese Frage nur vorzulegen, um sich dessen bewußt zu werden, daß es nicht der Fall ist. Ich muß daher auch auf jenen Einwand Luthardts erwiedern, daß derselbe nur von einem Standpunkt aus gemacht werden kann, auf welchem man das hier vorliegende Problem zum schweren Schaden der christlichen Wahrheit ignorirt.

Daß hier wirklich eine solche Gefahr droht, zeigt sogleich die Behauptung, welche Luthardt hinzufügt, das Reich Gottes müsse in der Welt angelegt sein. Ich denke, es gehört zum Wesen eines sittlichen Products, daß es nicht schon in den gegebenen Verhältnissen angelegt ist, so daß es organisch aus denselben hervorwachsen könnte. Daß die für das theoretische Erkennen vorhandenen Thatsachen ebensowohl unsittlichen wie sittlichen Zwecken dienen können, wird doch Luthardt nicht bestreiten, welcher weiß, daß die Mittel der Welt nicht nur für das Reich Gottes verwendet werden, sondern auch für das Reich des Teufels, und daß das letztere keineswegs durch die der Welt selbst immanente organische Kraft allmählig von ihr ausgeschieden und vernichtet wird, sondern daß es geschehen wird durch das geschichtliche Ereigniß einer plötzlich über die Welt hereinbrechenden Katastrophe. Ich kann daher die Vermuthung nicht unterdrücken, daß er vielleicht besser thun würde, wenn er jenen Ausdruck, auf den er allerdings bei seiner Harmlosigkeit gegenüber unserer Frage leicht gerathen kann, für sich selbst ablehnte und ihn Pfleiderer zum Gebrauch überließe, der durch die Rücksichten auf das specifische Wesen des Sittlichen und auf die christliche Eschatologie weniger gebunden ist. Aus alle dem gewinne ich den Schluß, daß der Widerspruch Luthardts ohne genaue Ueberlegung der vorliegenden Frage lediglich in der Besorgniß erfolgt ist, es möchte sich ein theologischer Beweis nicht führen lassen, das Christenthum möchte isolirt dastehen im geistigen Leben des Menschen, wenn sich die Realitäten des Glaubens nicht zugleich als Erklärungsmittel in Physik und Metaphysik verwenden lassen. Wenn Luthardt die Aufgabe, die Realitäten des Glaubens aus dem thatsächlich Gegebenen wissenschaftlich zu entwickeln, wirklich in Angriff nähme, so geriethe er mit religiösen Ueberzeugungen, die ihm sehr werthvoll sind, in einen tödtlichen Conflict. So lange man nur in apologetischen Versuchen jener verkehrten Aufgabe nachgeht, tritt das Unchristliche derselben nicht so offen hervor. Denn die Principlosigkeit dieser populären Ausführungen gestattet immer, die Consequenzen der Methode abzubrechen, wo es gerathen scheint. Aber es wäre doch ein schlechter Trost für die

Kirche, wenn sie gegen die schädlichen Bestrebungen der Theologen keinen anderen Schutz hätte, als die kahle Thatsache, daß dieselben sich keine wissenschaftlichen Aufgaben stellen. Eine falsch orientirte Praxis hat an dem guten Willen des practischen Theologen kein genügendes Correctiv. Ich stelle nun den Nachweis in Aussicht, daß, nicht nur obgleich jenes nicht der Fall ist, sondern grade weil es nicht der Fall ist, ein sicherer theologischer Beweis geführt werden kann. Ich sollte darauf rechnen dürfen, daß man mir auf dieser Seite meiner Gegner williges Gehör schenken wird, wenn ich beweise, daß im Interesse der Religion die Gleichsetzung ihrer Begriffe mit den metaphysischen in Bezug auf die Welterklärung abzulehnen ist.

Leider kann ich nicht dasselbe von Pfleiderer und der großen Menge von Theologen erwarten, deren Bedürfnissen es in jeder Beziehung entspricht, wenn er die Urtheile der religiösen Weltanschauung nur insofern anerkennen will, als sie sich in den Zusammenhang eines Systems einfügen, welches den Anspruch macht, die Welt des theoretischen Erkennens in ihrer thatsächlichen Gegebenheit zusammen mit dem, was auf Grund des sittlichen Bewußtseins als real gilt, aus einem Princip zu erklären. Darin freilich steht man auf dieser Seite ebenso wie Luthardt, daß man meint, das Wahrhaftwirkliche der Religion müsse sich in der Hand der Metaphysik als das letzte Erklärungsmittel auch für die Welt der Physik als solche verwerthen lassen, wenn es wenigstens für den wissenschaftlich Gebildeten Gültigkeit behalten solle. Aber während Luthardt durch schwerwiegende Rücksichten davon abgehalten wird, mit dieser Meinung Ernst zu machen, so gewinnen diese Theologen durch eine solche Vermischung von Metaphysik und Religion [1]) grade die Mittel für ihren eigenthümlichen Zweck, und machen davon

[1]) Es handelt sich in der That bei jenem „Princip“, welches ebenso das religiöse Bedürfniß befriedigen soll, wie den Wissenstrieb, der nach dem immanenten, in dem thatsächlichen Geschehen selbst erkennbaren Grunde desselben fragt, zunächst um eine Vermischung von Religion und Metaphysik, nicht, wie Pfleiderer meint (a. a. O. S. 488), um eine Verbindung von Metaphysik und Theologie. Die letztere erfolgt in verkehrter Weise auf dem Grunde der ersteren. Man lebt in erster Linie in der Illusion der Naturreligion, als könne die Wirklichkeit, die sich uns aufdrängt, ohne daß unsere sittliche Ueberzeugung dabei gefragt wird, auch dem religiösen Bedürfniß Ruhe gewähren. Und daraufhin wagt man es erst, die im religiösen Glauben gemeinte Wirklichkeit in der Theologie auf die dem Erkennen erschlossene zu reduciren.

in dem naiven Vertrauen, daß das auf diese Weise erschlichene System den Namen Wissenschaft verdiene, den gemeinschädlichsten Gebrauch.

Hören wir, wie Pfleiderer sich diese Anwendung denkt (Prot. K. Z. 1877 S. 488). „Ein Analogon der Metaphysik, eine objective Weltanschauung bedarf und hat allerdings auch jeder einfach Religiöse — seine dogmatische Vorstellungswelt versieht ihm diesen Dienst. Und ebendarum weil in der Religion selbst schon neben dem practischen ein theoretisches Moment, eine sozusagen populäre Metaphysik steckt, ebendarum kann die Religionswissenschaft ihre Aufgabe einer wirklichen und reinen Erkenntnis der religiösen Thatsache nicht vollziehen, ohne richtige Metaphysik (oder allgemeiner: Philosophie) dabei formal und material in Anwendung zu bringen. Wie sollte sie denn sonst wissen, was an ihrem Object, der thatsächlich vorliegenden Religion, zum „sittlichen Ideal" und was zur populären „Metaphysik" gehöre? oder besser: was den objectiven Kern der religiösen Function ausmache und was nur als ihre subjectiv bedingte Bewußtseinsform zu betrachten sei?" Hier wird offenbar in jeder irgendwie subjectiv verwirklichten Religion zweierlei unterschieden. Es ist in ihr enthalten erstens der objective Kern der religiösen Function, zweitens ein Analogon der Metaphysik, eine objective Weltanschauung, die dogmatische Vorstellungswelt, eine populäre Metaphysik, kurz die subjectiv bedingte Bewußtseinsform der religiösen Thatsache. Damit das erstere Moment deutlich erkannt werden könne, muß das letztere von ihm abgelöst werden. Und da dieses eine unvollkommene Art von Metaphysik darstellt, so kann man jene Sonderung nur vollziehen, wenn man selbst im Besitze einer richtigen Metaphysik ist. — Damit ist eine historisch-kritische Aufgabe gegenüber dem abgeschlossen vorliegenden Dogma bezeichnet. Daß ohne eine solche Arbeit die Dogmatik unvollständig sein würde, ist wohl richtig, obgleich es verkehrt ist, in einer solchen kritischen Verarbeitung gegebener Lehre die eigentliche Aufgabe der Dogmatik zu sehen. Aber schon die Art, wie Pfleiderer jene kritische Aufgabe behandelt wissen will, scheint mir nicht ganz richtig. Wenn ich die Vermuthung hege, daß in dem geschichtlich gewordenen Dogma der religiöse Kern von unvollkommener Metaphysik umgeben ist, und die Absicht verfolge, jenen Kern zu enthüllen, so kommt es nicht sowohl darauf an, die Metaphysik in Bewegung zu setzen, welche ich selbst habe, sondern die zu erkennen, von welcher die Producenten des Dogmas besessen waren. Es ist ohne Zweifel bequemer, wenn Pfleiderer dagegen die Erscheinungen der Vergangenheit nach seiner eigenen „richtigen“ Metaphysik messen will; daß er aber die historische Aufgabe auf diese Weise richtig löse, kann ich ihm nicht zugeben. Vor Allem aber ist die Voraussetzung zu beanstanden, von welcher jenes Unternehmen in diesem Falle begleitet ist. Pfleiderer meint nicht nur, daß einige Ausführungen der religiösen Weltanschauung mit Metaphysik versetzt seien, welche störende Beimischung zur Verbesserung des Dogma's auszuscheiden sei; sondern die objective Weltanschauung der Religion überhaupt ist ihm eine Art von Metaphysik. Da er nun als Metaphysiker der Christenheit früherer Zeiten überlegen zu sein meint, so leitet er daraus natürlich das Recht ab, das ererbte Dogma aufzulösen und den dabei eruirten „objectiven Kern der religiösen Function“ mit seiner besseren Metaphysik in Verbindung zu bringen. Die Voraussetzung, daß die objective Weltanschauung der Religion eine Art von Metaphysik sei, giebt ihm den Muth, das Schicksal derselben dem fließenden Fortschritt des auf die Welt [1]) gerichteten Erkennens preiszugeben. Die Hoffnung bleibt ihm, daß der „objective Kern der religiösen Function“ sich unverändert in dem Wechsel erhält. Sehen wir davon ab, daß auch er ohne Weiteres die Voraussetzung macht, die religiöse Weltanschauung sei Metaphysik, was ich ihm grade bestreite. Es wäre dasselbe dagegen zu sagen, wie oben gegen Luthardt. Aber der eigentliche Sinn jener Voraussetzung kommt nun bei Pfleiderer sehr deutlich darin zu Tage, wie er den Kern der religiösen Thatsache der religiösen Weltanschauung gegenüberstellt. Wenn die letztere wesentlich Metaphysik ist, so kann sie freilich nicht die Hauptsache, das eigentlich Werthvolle einer Religion sein. Denn

[1]) Es ändert nichts an der Sache, wenn Pfleiderer an dieser Stelle darauf hinweisen wollte, daß ja nach seiner Anschauung die Metaphysik nicht nur die Welt zu erklären hat, sofern sie uns, ohne daß unsere sittliche Ueberzeugung dabei mitspricht, gegeben ist, sondern daß sie auch die Realitäten mit in den Bereich ihrer Erklärung zieht, welche uns auf Grund einer bestimmten sittlichen Ueberzeugung als wirklich gelten. Denn auch von dieser Wissenschaft, welche ich freilich gar nicht so nennen würde, kann Pfleiderer gar nicht in Abrede stellen, daß sie in jeder ihrer concreten Gestalten dem Fortschritt des wirklichen Welterkennens, an welches sie sich doch ebenso anschließen will, wie an sittliche und religiöse Thatsachen, zum Opfer fällt.

dieses müßte doch ein Bleibendes sein, die Metaphysik aber ist wegen ihrer Beziehung zu dem freien Welterkennen dem Wechsel unterworfen. Was bleibt denn aber nun von der Religion übrig, wenn wir die religiöse Weltanschauung davon ablösen? Die charakteristische Bestimmtheit, in welcher jede concrete Religion ihr wirkliches Dasein hat, ist ihre Weltanschauung und das, was der practischen Aneignung derselben folgt, eigenthümlich gefärbte Gefühle und Stimmungen, in welchen sich die Stellung reflectirt, die der Mensch durch seine Religion einnimmt. Es scheint also, wenn man dieses Alles wegnimmt, nur das Abstractum einer möglichen Religion zurückzubleiben. Wenn die christliche Weltanschauung auch das Urtheil enthält, daß unser Glaube selbst, die eigenthümliche Form unserer religiösen Gewißheit, ein Werk des gnädigen Gottes an uns ist, so darf man doch nicht diesen Vorgang, der von Gliedern der christlichen Gemeinde als eine Thatsache ihres inneren Lebens bezeugt wird, von der entsprechenden Weltanschauung ablösen als ein Factum, das außerhalb ihres Zusammenhanges Gültigkeit hätte und ohne ihre Aneignung möglich wäre. Ein solcher Vorgang, den der Fromme in sich zu erleben glaubt, ist doch für ihn nur wirklich auf Grund von Ueberzeugungen, Bestimmtheiten seines inneren Lebens, die nicht in ihm selbst als isolirtem Subject geworden und erworben sind, sondern die er unter der Erziehung der christlichen Gemeinde von der geschichtlichen Offenbarung empfangen hat. Jeder Vorgang solcher Art in dem inneren Leben eines Christen ist daher nicht etwas absolut Unaussprechliches wie die sinnliche Empfindung, sondern läßt sich insofern in einem Kreise gleichbestimmter Personen mittheilen, als die Realitäten, welche in ihm in Betracht kommen, der Mensch und sein Gott, zugleich in durchaus bestimmter, allen Gliedern der Gemeinschaft verständlicher Weise vorgestellt werden. Die charakteristischen Züge dieser Vorstellungen sind aber die Grundzüge einer eigenthümlichen Weltanschauung. Wollte man also sagen, der „objective Kern der religiösen Function" sei im Christenthum das durch Gott selbst, der im Menschen wirkt, in ihm geweckte Kindschaftsbewußtsein, so schließt dasselbe eine eigenthümliche Vorstellung nicht nur vom Menschen, sondern auch von Gott und von der Welt ein, zu welcher der Mensch durch Gott in ein neues Verhältniß versetzt ist. Damit ist aber nichts Geringeres gegeben als die sicheren Züge der christlichen Weltanschauung, die somit nicht zur Schale sondern zum

Kern gehört, deren Schicksal deßwegen nicht der Willkür des speculativen Theologen, der „richtige“ Metaphysik zu besitzen glaubt, überlassen werden darf, sondern die für jeden, der Christ sein will, unveränderlich sein und in diesem ihrem Geltungswerthe durch die Theologie vor dem Forum des wissenschaftlichen Erkennens bestätigt werden soll. Jene Ablösung der allein bleibend bedeutungsvollen religiösen Function von allen bestimmten religiösen Urtheilen ist in Wahrheit nichts weiter als die Flucht vor der positiven geschichtlichen Offenbarung, die als solche nur im Zusammenhang mit bestimmten Vorstellungen und Urtheilen auf uns wirkt. Die durch diese gesetzte christliche Weltanschauung wird, als wäre ihre concrete Form etwas Unwesentliches, in den Abgrund einer dunkeln Gefühligkeit geworfen, weil das indifferente Einerlei der letzteren den speculativen Theologen nicht nur weniger als jene, sondern überhaupt nicht incommodirt, wenn er sich die subjective Befriedigung verschaffen will, auf Grund seiner metaphysischen Einsichten eine richtige religiöse Weltanschauung zu entwerfen. Trotzdem muß man sagen, daß, wenn wirklich die Weltanschauung der Religion der Metaphysik so gleichartig ist, daß sie die Vermischung mit ihr nicht nur zuläßt, sondern fordert — daß dann auch das Bestreben dieser Theologen ein ganz richtiges ist, wenn sie über solche nothwendig fluctuirende metaphysische Welterklärung hinaus auf das Bleibende und Wesentliche in der Religion zurückgreifen. Und dieses wird dann, nachdem das Wesen der religiösen Weltanschauung so falsch definirt ist, nur noch gesucht werden können in unaussprechlichen Gefühlen, welche man deßhalb um so lieber als die Hauptsache preist, weil man sich dadurch in gewissen Kreisen den Ruhm bereitet, für das Mystische in der Religion ein tiefes Verständniß zu besitzen. — Die Frage ist einfach, giebt es der christlichen Religion wesentliche Urtheile über Gott, den Menschen, die Welt, welche von keiner Metaphysik abhängig, sondern rein religiöser Art sind, oder nicht? Wird das Vorhandensein derselben von jenen Theologen in Abrede gestellt, so sehe ich nicht ein, was für ein Interesse die christliche Gemeinde an ihren Speculationen nehmen soll; die Herren speculiren dann lediglich zu ihrem eigenen Vergnügen. Erkennen sie aber solche rein religiöse Urtheile an, nun dann ist es eben der Beruf einer rechtschaffenen Theologie, dieselben zu entwickeln und den von aller Metaphysik unabhängigen Grund ihrer Gewißheit aufzudecken.

Wenn die Verbindung der Metaphysik mit der religiösen Weltanschauung so mangelhaft begründet wird wie von Luthardt und in ihrer Consequenz so sehr die Interessen der christlichen Gemeinde verletzt wie bei Pfleiderer, so dürfte es trotz des Widerspruchs jener Theologen nicht überflüssig sein, die Punkte hervorzuheben, um deren willen das Christenthum nach seinem specifischen Charakter, wie wir denselben dargelegt haben, jeder Vermischung seiner Urtheile mit metaphysischen absolut widerstrebt. Man kann die Ablösung des Christenthums von aller Metaphysik in doppelter Weise versuchen, indem man entweder von der der letzteren gestellten Aufgabe ausgeht, oder von der Erkenntniß des Wesens der christlichen Religion. Den ersteren Weg einzuschlagen überlassen wir den Philosophen, welche auf einen reinlichen Betrieb ihrer Wissenschaft bedacht sind. Die Hauptsache hat in dieser Beziehung bereits Kant geleistet. Daß die wissenschaftliche Welterklärung in ihrem gleichmäßigen Fortgange die auf sittlichem Grunde ruhenden Ueberzeugungen der Religion weder hervorbringen noch zu ihren Zwecken verwenden kann, hat er bewiesen. Er hat damit zugleich uns bemerklich gemacht, in welchem Charakterzuge des Christenthums der Grund zu suchen ist, weßhalb dasselbe nicht, wie andere Religionen, eine Vermischung mit der Metaphysik gestattet.

Der entscheidende Punkt ist die oben abgeleitete Ueberweltlichkeit des höchsten Gutes, dessen Realität[1]) durch die Glaubensobjecte verbürgt wird. Ueberweltlich ist unser höchstes Gut als rein sittliches. Es ist die universelle sittliche Gemeinschaft, welche durch das Handeln aus dem Motiv der Liebe eine Vielheit sittlicher Personen zur Einheit verbindet. Alle natürlich bedingten sittlichen Gemeinschaften hebt es in sich auf, ohne sie zu vernichten, aber auch ohne von ihnen abhängig zu sein. Es kann bestehen, wenn auch die gegenwärtigen irdischen Bedingungen des Verkehrs unter den Geistern verändert werden. Daraus ergiebt sich, daß das Christenthum seinen Gläubigen eine ganz andere Stellung zu

[1]) Das soll nicht heißen, daß es wirklich werden wird, sondern es ist für den Glauben wirklich in dem göttlichen Willen, als dessen ewiger Selbstzweck; durch Jesus Christus, als dessen Berufswerk; in der christlichen Gemeinde, welche, zu diesem Zweck gestiftet, denselben fortwährend auf Erden verwirklicht und den Genuß desselben anticipirt in der religiösen Freiheit von der Welt, welche ihr durch den Glauben an den in Christus offenbaren Gott vermittelt wird.

dem freien Erkennen und dessen Objecten giebt, als die Naturreligion. In der letzteren wird das höchste Gut nicht durch die Thätigkeit des sittlichen Geistes selbst hervorgebracht, sondern als Product der Natur ersehnt oder hingenommen. Die Folge davon ist, daß hier der Mensch in der höchsten Steigerung seines Selbstgefühls sich doch noch an die Natur anlehnt. Die Gottheit, welche als Quell und Hüter jenes höchsten Gutes verehrt wird, kann im Grunde nichts weiter sein als die bloße Macht des Bestehenden. Die factischen causalen Zusammenhänge der letzteren mit dem höchsten Gute verdichten sich zu dem Gedanken der Gottheit; sie bilden den bleibenden Inhalt der Gottesidee, wenn der phantastische Schmuck der Mythologie seinen Reiz verliert. Einer entwickelten philosophischen Reflexion muß daher der einheitliche Grund der Natur, den sie durch freies Erkennen der gegebenen Welt zu erreichen glaubt, als das eigentliche Wesen Gottes erscheinen. Wenn das Erkennen, das auf diesen einheitlichen Grund und seine Beziehungen zur Vielheit der Dinge sich richtet, Metaphysik genannt wird, so hat daher hier die Metaphysik religiösen Charakter. Wie ganz anders ist es im Christenthum! Hier wird durch die Art des höchsten Gutes jene Anlehnung an die Natur nicht nur nicht gefordert, sondern ausgeschlossen. Dagegen wird Erhebung über die Natur verlangt und durch die Glaubensobjecte gesichert. Das Selbstgefühl des Menschen ist nur dann ein christliches, wenn er sich bewußt ist, die volle Befriedigung seines Selbst nicht in dem Bestande dessen zu finden, was sich dem freien durch keine sittliche Ueberzeugung gebundenen Erkennen als wirklich aufdrängt, sondern in derjenigen Wirklichkeit, welche sich ihm erst erschließt, wenn die höchste sittliche Aufgabe zugleich als der höchste Werth sein Gefühl getroffen hat. So wenig diese Wirklichkeit für den natürlichen Menschen, der jene sittliche Erneuerung nicht erfahren hat, in der Naturordnung zu finden ist, so wenig hat auch der Christ Veranlassung, von dem durch keine sittliche Voraussetzung bestimmten Erkennen, das auf die Natur sich richtet, eine Bestätigung dessen zu erwarten, worauf sein Selbstgefühl sich stützt. Durch die christliche Religion, wofern sie nicht fremdartigen Einflüssen unterliegt, ist es an sich unmöglich gemacht, in ihrem Gebiete die Gottesidee mit dem einheitlichen Grunde der Natur, welchen das freie Erkennen für sich in Anspruch nimmt, zu verwechseln. Daß die Natur, das thatsächlich Bestehende, das Gebiet des freien Erkennens in seiner Tiefe das Wesen Gottes sei, darf hier nicht behauptet werden.

Aber es wird nicht nur diese falsche der Naturreligion entstammende Auffassung der Natur abgewiesen, sondern es wird auch eine neue Betrachtung derselben eröffnet, welche dem Christenthum eigenthümlich ist. Die Natur wird in allen Beziehungen, mag sie nun als Vielheit oder als mit dieser solidarische Einheit gedacht werden, als Mittel für den sittlichen Geist bestimmt. Hergestellt ist dieses Verhältniß durch Gott, der als Schöpfer und Herr der Welt und als Vater des Menschen als eines sittlichen Wesens dasselbe begründet. In dieser Bestimmung der Natur als des allbereiten Mittels für den sittlichen Geist tritt nun der Gegensatz der religiösen Urtheile des Christenthums gegen die Metaphysik in seiner vollen Schärfe hervor. Die freie Erkenntniß des Gegebenen, die sich in der Metaphysik vollenden soll, kommt nur dadurch zu Stande, daß der Mensch mit anhaltender Entsagung seine Voraussetzungen über die Objecte preiszugeben bereit ist, sobald dieselben mit den Zeugnissen der Erfahrung in Conflict gerathen. Nur die hingebendste Aufmerksamkeit auf die Art, wie die Objecte empirisch sich darbieten, gewährt eine wirkliche Förderung des nicht von sittlicher Ueberzeugung abhängigen, des reinen Erkennens, also Wissen im eigentlichen Sinne. Dagegen das Urtheil, das im Zusammenhange der christlichen Religion über die Welt ergeht, ist gänzlich frei von der Rücksicht, wie der Lauf der Ereignisse sich gestalten, welche Eigenschaften die Dinge dem wissenschaftlichen Forscher enthüllen mögen. Sie können doch dem göttlichen Gesetz nicht entrinnen, wonach sie dazu dienen müssen, das höchste Gut für den Menschen zu verwirklichen. Mögen auch Himmel und Erde vergehen, so steht dem Christen doch fest, daß die, die den Willen Gottes thun, in Ewigkeit bleiben. Die Objecte des freien Erkennens sind daher für den Christen nichts als Erscheinungen, welche das Werden des Reiches Gottes begleiten, von Gott gesetzte Bedingungen dieses Werdens, deren sich der Mensch im sittlichen Handeln bemächtigen soll. Sie erlöschen, sobald jenes Werden ein Ende gefunden hat in der Vollendung des höchsten Gutes. Die Gemeinschaft der Geister, die in der Gesinnung gegenseitiger Liebe ihr Wesen haben, bleibt. Wohl ist es uns verschlossen, wie im Vollendungszustand ohne die Welt wie sie uns jetzt umgiebt, ohne ein eben solches Substrat des sittlichen Handelns die aus ihm quellende Seligkeit genossen werden soll. Aber wir leben jetzt nicht im Schauen sondern im Glauben. Die Realität von unerschütterlicher Gewißheit liegt uns auf jeden Fall nur in der Richtung des höchsten Gutes, in dem unser tiefstes inneres Bedürfniß sich befriedigen will; nicht in der Consequenz der empirisch gegebenen Natur, die dabei nur als vergängliches Mittel in Betracht kommt. —

Aber grade wenn es uns im religiösen Glauben unerschütterlich feststeht, daß die Objecte des freien Erkennens wie dieses selbst nur Mittel unseres höchsten Gutes sind, Werkzeuge eines allmächtigen Willens, der jenes stetig verwirklicht, so scheint sich doch dadurch ganz von selbst der Impuls zu ergeben, nach einem inneren Zusammenhang zwischen Mittel und Zweck zu forschen. Ein solcher Zusammenhang muß ja bestehen, wenn das Urtheil des Glaubens wahr ist. Weise man ihn denn auf, um jene Wahrheit dadurch zu erhärten. Wenn wir diesen Beweis ablehnen, so scheint sich darin nur die Art des „halbgläubigen halbskeptischen Neukantianers" kund zu geben, dem der volle Muth des Glaubens fehlt. — Wäre diese Argumentation unserer Gegner richtig, so würde dagegen die Bemerkung wenig verfangen, daß dieß nothwendig eine Profanation des religiösen Glaubens mit sich führe, eine Herabwürdigung der Gottesidee zu einem metaphysischen Erklärungsmittel, welches dem Christen seine Freiheit von der Welt nicht mehr verbürgen könne. Das respectable Verlangen, mit einem Elemente der religiösen Weltanschauung vollen Ernst zu machen, würde doch wieder dazu anfeuern, die gegebene Welt aus der Gottesidee entweder ganz zu erklären, wie die speculative Theologie prätendirt, oder wenigstens halb, wie die kirchliche Theologie versucht.

Aber jene Argumentation ist falsch. Es läßt sich zeigen, daß jene gläubige Ueberzeugung einen solchen Versuch nicht verlangt, sondern verbietet. Die religiöse Gewißheit, daß die Welt für uns da ist, kommt in doppelter Beziehung für uns in Betracht. Erstens stützen wir uns darauf, wenn wir die Erfahrung machen, daß der Lauf der Ereignisse unser Selbstgefühl nicht hebt, sondern niederdrückt, wenn die thatsächliche Gestaltung der Dinge störend in die Ordnung eingreift, in welcher wir bis dahin das Kommen unseres höchsten Gutes zu erleben glaubten. Dieß geschieht z. B. wenn die sittliche Gemeinschaft mit Anderen, die uns zu unserem ewigen Ziele gefördert hatte, zerbrochen wird, weil die natürlichen

Bedingungen, auf deren Zusammenwirken sie beruhte, durch irgend einen äußeren Einfluß auseinandergetrieben werden. Gegen einen solchen Eingriff in sein inneres Leben kann der Christ sein Emporstreben nur behaupten, wenn ihm in seinem Gottvertrauen jenes Urtheil des Glaubens über die gesammte Welt feststeht. Dabei wird er ganz ebenso, wie wenn ein Mensch, dem er vertraute, in einer einzelnen Handlung ihm unverständlich wird, sich anderer Momente seines Lebens als dankbar hingenommener Liebesbeweise Gottes erinnern. Daneben wird er auch auf eine Erklärung des unverständlichen Ereignisses rechnen. Verständlich in religiösem Sinne ist es, wenn es nicht als ein Skandalon erscheint, dem gegenüber das Gottvertrauen sich mühsam aufrecht erhält, sondern wenn es in seinen Folgen einen Ertrag für das innere Leben abwirft, durch den der Glaube belebt wird. Dann ist uns der Zweck des Ereignisses als ein Zeugniß der Gesinnung Gottes gegen uns offenbar geworden. Dieß ist aber die einzige Erklärung einer Handlung, welche unter Personen in ihrem sittlichen Verkehr um dieses selbst willen verlangt werden kann. Die andere Erklärung einer Handlung, wobei dieselbe als die Wirkung aus der erkennbaren Gesammtverfassung eines Menschen in einem bestimmten Augenblick begriffen werden soll, kann dagegen nicht unternommen werden im Interesse des sittlichen Verkehrs mit ihm, wie er eben ist. Wenn wir erziehend auf jemanden einwirken wollen, so kann uns freilich diese Erklärungsweise, soweit sie uns gelingt, ein werthvolles Mittel zum Zweck sittlichen Verkehrs sein, aber nicht eines gegenwärtigen, sondern eines zukünftigen, indem wir dazu beitragen, ihm zu der sittlichen Selbständigkeit zu verhelfen, welche einen solchen Verkehr erst ermöglicht. Sofern wir dagegen einer uns gleichwerthigen, sittlich selbständigen Person gegenüberstehen, oder gar einer solchen, welche uns sittliche Autorität ist, bedeutet die Anwendung jener Erklärungsweise immer, daß wir den sittlichen Verkehr mit ihr entweder aufheben oder im Interesse eines anderen Zwecks suspendiren. Wir behandeln in einem solchen Falle die Person nicht als sittliche Größe, sondern als Mittel zu einem Zweck, als Naturwesen. Wie ist es nun, wenn der Fromme seinem Gott gegenüber nach einer anderen Erklärung eines Ereignisses verlangt, als nach der aus der Gesinnung Gottes gegen ihn? Die darüber hinaus geforderte Erklärung kann nur darauf gehen, daß das Ereigniß, mag es nun ein einzelnes sein oder die irgendwie vergegenwärtigte Vielheit des Erfahrenen, aus dem erkannten Wesen Gottes als irgendwie durch dasselbe mitgesetzt begriffen wird. Wenn uns eine derartige Einsicht gelänge, so würde sie unser Vertrauen zu Gott nicht nur nicht beleben, sondern gänzlich aufheben. Ein solches Vertrauen ist nur möglich in einem Verkehr sittlich selbständiger Personen, in welchem man auf den Andern sich verläßt, obgleich man in ihm ein Geheimniß anerkennt, das sich uns nur durch die freie Offenbarung desselben erschließt. Ein sittliches Vertrauensverhältniß bewahren wir also bei der Beurtheilung der Handlungen nur so, daß wir dieselben ansehen als freie Offenbarungen einer Person, nicht aber als Wirkungen einer Ursache. Wenn wir daher dennoch die letztere Betrachtungsweise auf die Handlungen Gottes anwenden, so treten wir damit aus dem sittlichen Verkehr mit ihm heraus; wir sehen dann insofern in ihm nicht eine sittliche uns gleichartige Person, geschweige denn die absolute sittliche Autorität, sondern ein Naturwesen, wenn es hoch kommt, das Naturganze, das wir als Mittel zu unserem Zweck ausnutzen möchten. Einem Menschen gegenüber sind wir in der Lage, den sittlichen Verkehr mit ihm durch die Rücksicht zu beeinflussen, daß jeder Einzelne, auch der Größte, sich dem Ganzen gegenüber abwechselnd als Zweck und als Mittel verhält. Ist das unserm Gott gegenüber auch gestattet? Diese Frage haben sich die nicht klar gemacht, welche, wie wir oben an Luthardt sahen, dem unklaren Impulse, die Gottesidee als metaphysisches Erklärungsmittel zu verwerthen, Folge geben. Die Einsicht, daß man bei einem solchen Versuche nothwendig aus dem allein möglichen Verhältniß zu Gott heraustritt, muß uns vor ihm schützen. Man macht nicht Ernst mit dem Gottvertrauen, wenn man das thatsächlich Gegebene als solches aus Gott zu begreifen unternimmt, sondern man hebt es auf, und sucht an seine Stelle die Zuversicht zu setzen, welche dem Arbeiter die genaue Bekanntschaft mit der ihm verfügbaren Maschine gewährt. Mögen daher solche Versuche in noch so guter Absicht gemacht werden, mögen sie auch stets kümmerlich genug ausfallen, so hat die Theologie doch die Pflicht, um der Reinerhaltung des Glaubens willen dagegen zu protestiren. Die officielle Geltung jener Velleitäten ist nur zu sehr geeignet, eine schnöde Diesseitigkeit in der christlichen Gemeinde groß zu ziehen, und bringt die depravirte Religion in einen Gegensatz zu dem freien Erkennen, bei dem die Würde der Glaubensobjecte verloren geht, die nicht dazu da sind, um sich mit jenem zu messen.

Die religiöse Gewißheit, daß die Welt unserem höchsten Zwecke dienen müsse, kommt **zweitens** insofern für uns in Betracht, als sie den geistigen Hintergrund bildet, auf dem **unsere eigene** von der **Religion unablösbare Aufgabe**, für die Verwirklichung des höchsten Gutes zu arbeiten, einen befriedigenden Sinn erhält. Hierbei tritt nun noch deutlicher hervor, daß die Behauptung, jene Gewißheit schließe die Forderung ein, die Vorstellungswelt als solche aus Gott zu erklären, sich mit dem, was jenes religiöse Vertrauen uns wirklich leisten soll, in den schwersten Widerspruch setzt. In Wahrheit wird durch diesen Zweck das Gegentheil verlangt. Die sittliche Gesinnung kann im Christenthum als Mittel und Durchgangspunkt zum religiösen Glauben und der durch ihn gewährten geistigen Freiheit betrachtet werden; umgekehrt kann aber auch der religiöse Glaube so aufgefaßt werden, als stände er in demselben Verhältniß zu der auf die höchste sittliche Aufgabe gerichteten Gesinnung. Stellen wir uns auf den letzteren Standpunkt, so ist hier nicht eine längere Ausführung darüber nöthig, daß nur unser Glaube an den Vater Jesu Christi die Ruhe und innere Freiheit gewährt, deren wir in unserer sittlichen Thätigkeit bedürfen. Er enthebt uns der Versuchung, aus den zweifelhaften Erfolgen unserer eigenen Bemühungen eine Steigerung unseres Selbstgefühls zu schöpfen. Der offenbare Wille Gottes giebt uns die Bürgschaft dafür, daß es uns gelingen muß, wenn nur unsere Gesinnung mit dem göttlichen Zwecke übereinstimmt. Es liegt ebenso auf der Hand, daß die daraus sich ergebende geistige Freiheit des Christen nicht gefördert wird, wenn er sich die thatsächliche Gestaltung der Welt, die er immer als Mittel für die höchste sittliche Aufgabe ansehen soll, aus dem Wesen seines Gottes zu erklären sucht. Das Ideal eines solchen Erklärungsversuchs würde sein, daß der nothwendige innere Zusammenhang dieser Welt der Erfahrung mit ihrem Zweck, dem Reiche Gottes, uns erkennbar würde. Wem aber dieses Ideal als Ziel seines Strebens vorschwebt, der wird durch die unausbleiblichen Enttäuschungen, welche der wechselvolle Weltlauf ihm bereiten muß, in eine innere Unruhe versetzt werden, welche deutlich zeigt, daß man sich auf diesem Wege nicht in der durch die Religion vorgezeichneten Richtung befindet. Und auch abgesehen davon läßt sich zeigen, daß durch die

Art des Reiches Gottes jener Erklärungsversuch von vornherein als verfehlt erwiesen ist. Denn dieses kann für unser Erkennen deßhalb nicht in einem nothwendigen Zusammenhange mit der Welt der Mittel stehen, weil die letztere, die auf natürlichen Bedingungen ruhenden sittlichen Güter miteingeschlossen, ebensowohl zu bösen wie zu guten Zwecken gebraucht werden kann. Wir sagen dann zwar, sie werde bestimmungswidrig gebraucht, und rechnen darauf, daß der böse Zweck nicht zu endgültiger Herrschaft gelangen werde. Aber nicht, weil uns jene Bestimmung aus dem thatsächlichen Gefüge der Welt, wie wir dasselbe abgesehen von unserer sittlichen und religiösen Beurtheilung vorstellen, erkennbar wäre, sondern weil sie uns im Glauben feststeht. Diese Welt dient nur insofern zur Verwirklichung des Reiches Gottes, als wir selbst durch unsere Arbeit in ihr für jenes erzogen werden. Wenn daher eine Erklärung des thatsächlich Gegebenen aus seinem von uns geglaubten Zweck überhaupt möglich wäre, so dürfte dieselbe nicht aus dem Wesen Gottes oder, was dasselbe ist, aus dem höchsten Gute allein versucht werden, sondern aus dem Zwecke unserer Erziehung zu dem letzteren. Ein solches Unternehmen setzt aber voraus, daß man die eigene Erziehungsbedürftigkeit und die daraus folgende Beschränktheit in der Erkenntniß der nothwendigen Erziehungsmittel durchaus verkennt. —

Geht schon hieraus hervor, daß der Mißbrauch der Gottesidee zur metaphysischen Welterklärung uns auch an diesem Punkte in Widerspruch setzt zu unveräußerlichen Elementen der christlichen Religion, so wird dieser Eindruck noch verstärkt, wenn man sich auf die durch die sittliche Aufgabe des Christen positiv vorgeschriebene Art der Welterklärung besinnt. Wenn wir die gegebene Welt zu unserer Erziehung zum Reiche Gottes verwenden sollen, so entziehen wir uns offenbar einer mit unserem religiösen Glauben solidarischen Pflicht, wenn wir durch irgend eine Art von Askese uns aus dem dazu nothwendigen Verkehr mit der Welt verdrängen lassen. Unseren Verkehr mit der Welt müssen wir so zu ordnen suchen, daß er in allen seinen Beziehungen dazu dient, die mannigfach abgestuften sittlichen Güter zu fördern, in deren Pflege und Genuß sich unsere Erziehung zum Reiche Gottes vollendet, und eben damit das Reich Gottes selber erwächst. Die Gestaltung und Pflege jener Güter aber gelingt uns nur dadurch, daß wir die gegebenen Verhältnisse der Welt als die Mittel dazu in Bewegung setzen. Zu einer solchen Organisation der Welt zum Werkzeug der sittlichen Verbindung der Menschen ist doch nun nichts nöthiger, als daß wir die Welt in ihrem empirischen Gegebensein zu erkennen suchen. Soll die Welt uns Mittel sein, so müssen wir sie auch als Mittel behandeln. Das thun wir aber nicht, wenn wir sie durch die speculative Erklärung aus dem Wesen Gottes selbst in den Zweck mitaufzunehmen suchen, dem sie dienen soll, sondern dann allein, wenn wir mit entsagender Treue unser Erkennen lediglich auf die Erfahrung richten. Das freie, durch keine sittliche oder religiöse Voraussetzung gebundene Erkennen der Natur ist uns Pflicht, weil wir nur so uns in den Besitz der Herrschaft über die Dinge setzen, deren wir zur Lösung unserer sittlichen Aufgabe bedürfen. Wenn uns auf diese Weise immer nur Erklärung des Einzelnen gelingt, wenn auch diese Erklärungen immer den hypothetischen Charakter behalten, den die Unbestimmtheit des Erfahrungsgebietes fordert, so darf uns dieß nicht dazu verleiten, diese Schranke des freien Erkennens durch die metaphysische Erklärung des Weltganzen aus dem Wesen Gottes überwinden zu wollen. Aus einem solchen Versuche ergeben sich unausbleiblich Voraussetzungen über die Dinge, welche um ihres religiösen Charakters willen eine gefährliche, schwer zu beseitigende Autorität erhalten. Unter dem Druck derselben wird die freie Beweglichkeit des Naturerkennens gehemmt und damit der Dienst, den unsere höchste sittliche Aufgabe von ihm fordert, nach Kräften erschwert.

Wenn wir also oben nachweisen konnten, daß der Gebrauch der Gottesidee zur metaphysischen Welterklärung keinem von der christlichen Religion aus verständlichen Zwecke entspricht, so sehen wir jetzt, daß derselbe einer durch das Christenthum gesetzten Aufgabe widerstreitet. Während in der Sphäre der Naturreligion das auf die Welt gerichtete Erkennen unmittelbar religiösen Charakter hatte, wird im Christenthum dieser Charakter abrogirt. Das Naturerkennen wird in seine volle Freiheit entlassen, weil es nur in dieser Verfassung dem Zwecke der christlichen Gemeinde, welcher kein theoretischer, sondern ein practischer ist, der Verwirklichung des Reiches Gottes, dient. Es ist die christliche Lehre von der Schöpfung der Welt aus Nichts, welche den Versuchen, die Welt in ihrem empirischen Bestande aus Gott zu erklären, principiell ein Ende macht. Hat unser Gott die Welt aus Nichts geschaffen, so ist er nicht das Absolute, nicht der einheitliche Weltgrund, nach welchem das religiöse Interesse der Naturreligion ebenso gravitirt, wie das Verlangen der dogmatischen Metaphysik, eine Garantie für die zusammenhängende Erklärbarkeit der Welt selbst zu construiren. Den antiken Kosmogonien tritt die christliche Lehre von der Schöpfung nicht als etwas Gleichartiges an die Seite, sondern sie weist das in jenen wirksame Interesse gebieterisch als unberechtigt zurück. „Statt hypothetisch aufzutreten, war sie vielmehr in ihrer Schärfe und Unbedingtheit das Ende aller Hypothesen, an denen die alte Welt gelitten hatte, und der Ausgangspunkt einer neuen Weltansicht. Wenn alles Endliche durch Ablösung von dem Absoluten oder von dessen Scheinbild seinem eigenen Wesen zurückgegeben wird, dann erst rundet es sich zum Ganzen, dann entsteht eine in sich gleichartige Welt, und der Verstand wird aufgefordert, in deren eigenen ursachlichen Zusammenhang erklärend, unterscheidend und verknüpfend einzubringen." [1]) Der Weg zur Naturerkenntniß im empirischen Sinne ist nun eröffnet. Die verwirrenden Schatten der Naturreligion sind von dem Gebiete des freien Erkennens hinweggescheucht; und der Mensch kann mit ruhigem Gleichmuth die Erforschung desselben betreiben, weil er weiß, daß er den Halt seines inneren Lebens in dem ungeheuren Getriebe der Welt nicht zu suchen hat. Anstatt in dem kühnen Gange der wissenschaftlichen Naturerklärung fortwährend Gefahren für den christlichen Glauben zu argwöhnen, sollte man sich vielmehr zum Bewußtsein bringen, daß das Christenthum, indem es die Geister von dem Druck der Naturreligion befreite, die Wissenschaft von der Natur in ihre Freiheit entließ. Danach ist das Recht einer Theologie zu beurtheilen, welche durch apologetische Streifzüge in das Gebiet der mechanischen Wärmetheorie und ähnliche Frivolitäten dem freien Naturerkennen im Namen des Christenthums in den Weg treten will. Das Christenthum verlangt vielmehr die ungehinderte Bethätigung des selbständigen Erkennens als Mittel der für das Reich Gottes erforderlichen Organisirung der Welt. Wo man die Welt zu einem practischen Zwecke gestalten will, muß sich das Erkennen, den Ereignissen wie sie kommen, den Dingen wie sie sich darbieten, bereitwillig anschmiegen. Sonst ist es unmöglich, die Herrschaft

[1]) Gaß, Optimismus und Pessimismus S. 46.

über die Welt zu erlangen, ohne welche man nichts in ihr ausrichtet. Jede practisch bedingte Voraussetzung oder Schranke, welche dem Erkennen auferlegt wird, tritt der Erreichung des Zieles hindernd in den Weg. Das Christenthum hat daher für seinen höchsten Zweck nichts zu fürchten von dem selbständigen Naturerkennen, aber sehr viel von einer dogmatischen Metaphysik, welche durch vielleicht christlich gefärbte Voraussetzungen unter dem Scheine vornehmer Wissenschaft jene Selbständigkeit antastet, und von einer falschen Apologetik, welche zur Befriedigung mißverstandener religiöser Bedürfnisse in niederen Regionen dasselbe unchristliche Werk betreibt.

Es werden nun aber durch das Christenthum nicht nur solche vereinzelte Uebergriffe der Metaphysik abgewiesen, sondern es wird auch die Quelle derselben gründlich verstopft. Durch dasjenige, was die christliche Religion dem Menschen leistet, wird zugleich die Aufgabe näher begrenzt, welche der Metaphysik, einem auf dem Boden der Naturwissenschaft über dieselbe hinausstrebenden Erkennen, noch übrig bleibt. Wir haben oben gesehen, daß das Verlangen, die Anschauung eines Weltganzen zu entwerfen, aus dessen Einheit das Einzelne der Erfahrung seine abschließende Erklärung empfangen könne, in einem practischen Bedürfniß wurzelt, welches sich aus der Weltstellung des Menschen mit Nothwendigkeit ergiebt. Das Bewußtsein, nur durch Arbeit seine Zwecke in der Welt durchsetzen zu können, schließt für den Menschen, der in der Kraft seines Lebensgefühls auf jene Zwecke nicht verzichten mag, die Erwartung ein, daß die Welt im Allgemeinen diesem Anspruch gemäß sein werde. Sie ist demselben angemessen, wenn sie sich zusammenhängend erklären läßt. Nur unter dieser Bedingung ist sie die Werkstätte für Aufgaben, welche einen regelmäßigen Fortgang der Arbeit zu ihrer Durchführung fordern. Die auf ein einheitliches Weltganze gerichteten metaphysischen Versuche entspringen aus dem Bedürfniß, jene Bedingung als wirklich vorhanden zu veranschaulichen und zu beweisen. Zu diesem Zwecke müssen sie sich an die empirisch gegebene Wirklichkeit anschließen; denn die Erklärungsmittel, mit welchen die Wissenschaft in dieser erfolgreich thätig ist, sollen in ihr eine endgültige Beglaubigung erhalten. Auf diese Weise stärkt sich das Vertrauen auf die im Gebrauch befindlichen Erklärungsmittel, und die Stetigkeit der Arbeit mit ihnen wird gegen übereilte Neuerungen geschützt. Ein in Herrschaft stehendes metaphysisches System kommt einem berechtigten Conservativismus in der Person des wissenschaftlichen Forschers hülfreich entgegen. An Stelle der unbehaglichen Spannung, welche die Grenzenlosigkeit des Erfahrungsgebietes ihm auferlegt, will es ihm die Möglichkeit gewähren, sich in einem wohlgeordneten Universum, dessen Gefüge die leitenden Voraussetzungen seiner Forschung bestätigt, wohnlich einzurichten.

Aber darin liegt doch auch das Gefährliche einer derartigen Metaphysik. Zwar wirkt die Hingabe an dieselbe in anderen Wissenschaften nicht so nachtheilig wie in der Theologie. Ist sie doch im Anschluß an die wissenschaftliche Welterklärung entstanden und beruft sie sich doch für ihre Geltung darauf, daß sie die factisch erfolgreichen Erklärungsmittel consequent durchgedacht hat. Aber indem sie persönliche Bedürfnisse des Forschers befriedigt, liegt die Gefahr nahe, daß sie die Aufmerksamkeit für solche Thatsachen abstumpft, welche einen Fortschritt der Forschung über die bisherige Basis hinaus, eine Modification des bisher verwendeten Begriffsmaterials herausfordern. Zwar auf die Dauer wird ein metaphysisches System seine Herrschaft über eine in Folge des Fortschritts der Erfahrung ihm entwachsene Welt nicht behaupten. Aber mit welcher Kraft es unter Umständen Widerstand leistet und die weiterstrebende Wissenschaft auf lange Zeit in Fesseln schlägt, davon giebt die Geschichte der menschlichen Cultur hinreichendes Zeugniß.

Man könnte ja nun sagen, es sei diese zeitweilige Hemmung des Weiterstrebens die natürliche Folge der Ruhe, welche das metaphysische System dem geistigen Leben des Forschers gewährt. Man könnte sich ferner darauf berufen, daß wohl nicht wenige Fortschritte der Wissenschaft auf den begeisternden Einfluß zurückzuführen sein möchten, welchen die speculative Abrundung des Weltbildes auf das Selbstgefühl der Person und die rege Entfaltung ihrer Kräfte ausüben kann. Aber es fragt sich eben, ob jenem practischen Bedürfnisse, welches den vergeblichen Flug der metaphysischen Systeme immer von Neuem beginnen läßt, nicht auf andere Weise Genüge geschehen könne. Und das geschieht allerdings vollkommen durch die religiöse Weltanschauung des Christenthums. Denn wenn es auf die Kräftigung des Vertrauens ankommt, daß die Welt sich zusammenhängend erklären lasse, damit unsere Arbeit in ihr gedeihen könne, so stellt die christliche Religion einen solchen Gewinn in Aussicht durch die einzige Bedeutung, welche sie der Arbeit giebt.

Dem Christen, dem das Bewußtsein seines höchsten Gutes rein und voll aufgegangen ist, muß die Arbeit eben so heilig sein wie das Gebet. Denn durch beide Thätigkeiten ordnet er auf verschiedene Weise sein persönliches Leben der Wirklichkeit ein, welche ihm im Glauben als die absolute feststeht, der Wirklichkeit Gottes als des allmächtigen ewigen Willens des Gottesreiches. Nur indem wir uns an der Hervorbringung des letzteren durch Arbeit in der Welt betheiligen, sind wir Glieder desselben und genießen in dieser Zugehörigkeit zu ihm das Werden unseres höchsten Gutes. Sobald diese Bedeutung der Arbeit für das Christenthum einleuchtet, so ist auch die Möglichkeit eröffnet, das Vertrauen, dessen practische Nothwendigkeit den Rechtstitel der metaphysischen Systeme hergab, nunmehr religiös zu begründen. Wenn der Mensch nur sonst aus anderen Gründen an die religiöse Weltanschauung der christlichen Gemeinde glaubt, so ergiebt sich dann auch, um des Werthes willen, den die Arbeit für den Christen hat, daß er in jenem Vertrauen befestigt wird, welches ja auf nichts weiter geht als auf eine unumgängliche Lebensbedingung menschlicher Arbeit. Die richtig gedeutete christliche Weltanschauung umfaßt auch das Urtheil, daß die Welt zusammenhängend erklärbar sei, weil sie nur so als das von Gott gesetzte Mittel für unsere Thätigkeit im Dienste des höchsten Gutes verstanden werden kann. Damit ist jenes practische Bedürfniß, das, mit der Weltstellung des Menschen gegeben, sich steigert, je mehr er in dem Auffassen allgemeinerer Zwecke zu dem Bewußtsein eines sittlichen Berufes gelangt, befriedigt und zwar auf vollkommnere Weise, als dieß je durch irgend eine Metaphysik geschehen konnte. Das metaphysische System setzte ja immer dem Fortschritt wirklicher Erkenntniß unbequeme Schranken durch die Art, wie es den Gedanken einer Welteinheit, eines abschließenden Erklärungsgrundes alles Wirklichen, eines Wahrhaftwirklichen verwendet. Dieser Gedanke entspringt nicht aus der reinen uninteressirten Erkenntniß des Gegebenen, sondern aus einem practischen Impulse, welcher sich aus der Spiegelung der Welt in dem Gefühl der Lust und Unlust ergiebt. Und dennoch wird er in der Metaphysik dazu gebraucht, die gegebene Welt zu erklären, mit dem Anspruch, daß diese Erklärung an die wissenschaftliche Erforschung des unbegrenzten Erfahrungsgebietes sich anzuschließen, dieselbe fortzusetzen und zu vollenden habe. Diese begriffswidrige Verbindung charakterisirt sich von vornherein als Nothbehelf. Weil man die allein mögliche Begründung der geforderten Welteinheit in einer religiösen Weltanschauung verkennt, versucht man dieselbe dadurch zu erreichen, daß man den Einklang der empirischen Forschung mit jenem Gedanken nachweist. Da aber die Resultate des objectiven Erkennens der Welt nirgends zu festem Abschluß gelangen und auch nicht gelangen können, so ist die Größe, auf deren sicheren Bestand jene Metaphysik den practisch nothwendigen Gedanken einer Welteinheit begründen will, in dem von ihr gemeinten Sinne gar nicht vorhanden. Die Folge dieses Uebelstandes ist, sobald der unausbleibliche Conflict eintritt, erfahrungsmäßig zunächst nicht der Rückzug der Metaphysik vor der erweiterten Erforschung der Thatsachen, sondern die Hemmung der letzteren durch die erstere. Diese Erscheinung hat auch eine erfreuliche Seite für uns. Denn es documentirt sich darin, daß die eigentliche Substanz der Menschengeschichte nicht durch die uninteressirte Erforschung der Objecte geliefert wird, sondern durch die Bedürfnisse des Gemüthes und den auf ihre Befriedigung gerichteten Willen. Aber die religiöse Beurtheilung der Welt, welche das Christenthum ermöglicht, trägt diesen Bedürfnissen in vollkommener Weise Rechnung und hebt sie zugleich weit hinaus über den Conflict mit der empirischen Forschung, in den sie durch die Metaphysik herabgezogen werden. Im Zusammenhange der christlichen Religion ist es aus der Gottesidee deutlich, daß die Welt, welche Gott zum Werkzeug für uns bestimmt hat, den Charakter eines solchen tragen müsse. Demgemäß ruht hier die Voraussetzung einer solchen Gleichmäßigkeit der Naturerscheinungen, welche die zur Beherrschung derselben nothwendige Erklärung ermöglicht, auf dem religiösen Glauben an Gott. Und durch die mit der Religion solidarisch verbundene sittliche Aufgabe erhält die hingebende Erforschung des Thatsächlichen auf allen Gebieten der Natur, wenn sie auch keineswegs eine unmittelbare practische Verwendbarkeit ihrer Resultate in Aussicht stellt, die religiöse Weihe eines von Gott verliehenen Berufes. Aber als den Grund dieses unserem Zweck entsprechenden Charakters der Natur giebt das Christenthum nichts weiter an als den offenbaren Willen Gottes. Wenn nun Theologen sich durch das Verfahren ihrer Metaphysik dazu verleiten lassen, die Gottesidee eben deßwegen als wissenschaftlichen Erklärungsgrund der gegebenen Welt zu verwerthen und den Gegenstand unseres Glaubens als den consequenten Abschluß der bei der Erforschung der Thatsachen gewonnenen Begriffe hinzustellen, so haben wir oben gesehen, daß die christliche Religion dagegen protestirt. Sie leistet nicht nur auf eine derartige Begründung ihrer Wahrheit Verzicht, sondern ihre Vorstellungen sind so geartet, daß sie ihren ursprünglichen Sinn verlieren, wenn man sie als eben solche Erklärungsmittel der Welt behandelt, wie diejenigen, welche uns die mechanische Beherrschung des Geschehens factisch ermöglichen. Hier ist also von vornherein die Möglichkeit eines Conflicts mit der empirischen Forschung ausgeschlossen, welcher den metaphysischen Systemen ihren Untergang zu bereiten pflegt. Indem somit der religiöse Glaube des Christen jenen für das Gedeihen der Arbeit erforderlichen Charakter der Welt garantirt, verleiht er der Person des wissenschaftlichen Arbeiters die nothwendige Ruhe und Gleichmäßigkeit der Stimmung gegenüber der Unbestimmtheit des Erfahrungsgebietes. Die Bedingungen also für ein freudiges Hinausstreben der Forschung in das Unermeßliche sind gewährt; das Bedürfniß, dem die Metaphysik genügen wollte, ist befriedigt. Auf der anderen Seite läßt der Abschluß der Persönlichkeit, den der religiöse Glaube verschafft, die Unbegrenztheit des Forschungsgebietes ebenso unangetastet wie die freie Beweglichkeit des von practischen Voraussetzungen unabhängigen, selbständigen Erkennens. Es wird also hier die begriffswidrige Verbindung heterogener Elemente, wie sie in den metaphysischen Systemen stattfindet, beseitigt.

Daraus folgt, daß die Herrschaft des Christenthums in der Menschheit jenen Betrieb der Metaphysik principiell beseitigt. Der erste entscheidende Schritt zu dieser Culturwirkung der christlichen Religion ist in der Reformation gethan. Nur wenn man die in der Reformation erreichte christliche Würdigung der gesammten irdischen Arbeit des Menschen acceptirt, ist man auch im Stande, die für diese Arbeit nothwendige Voraussetzung über die Welt religiös zu begründen. Wenn trotzdem, auch da, wo die reformatorischen Grundsätze officiell zur Herrschaft gelangten, diese Folgerung aus ihnen nicht in ihrer Bedeutung gewürdigt wurde, sodaß die alte Aufgabe der Metaphysik dennoch in Geltung blieb, so hat man darin einen erst allmählig sich auflösenden Rest des mittelaltrigen Culturlebens zu erkennen. In diesem bestand ja allerdings jene metaphysische Aufgabe zu Recht, weil die Religion in eine Sonderstellung neben dem selbständigen Leben der Menschheit gedrängt war, welche es ihr unmöglich machte, ihre vollen Segnungen zu entfalten. Seitdem uns aber die positive Bedeutung des irdischen Lebens und seiner Aufgaben für das Christenthum klar geworden ist, seitdem uns deßwegen eine genügende religiöse Erklärung jenes Gebietes zu Gebote steht, ist das practische Bedürfniß erloschen, welches zu dem metaphysischen Versuche anstachelte, die Vielheit des Gegebenen in seinem Sosein aus einer Welteinheit zu begreifen. In der Sphäre des reformatorischen Christenthums sind jene Ikarusflüge der Speculation nicht mehr berechtigt. Wenn diese Anachronismen noch immer leben und vor Allem in einzelnen Gestalten unsers Jahrhunderts als großartige Zeugnisse der Denkkraft und der dichterischen Phantasie sich erhoben haben, so ist dieß die unausbleibliche Folge davon, daß auch nach der Reformation die Bedeutung der christlichen Weltanschauung für das persönliche Leben des Menschen immer wieder durch die schielenden Ansprüche der Theologen verdunkelt wird, welche von ihr eine der wissenschaftlichen Welterklärung gleichartige Bereicherung der Erkenntniß erwarten. Solange dieß bei denen andauert, welche zur Darstellung und Begründung der religiösen Weltanschauung für die christliche Gemeinde berufen sind, so lange in Folge dessen die verderbliche Vermischung von Theologie und Metaphysik fortgesetzt wird, solange hat man auch in den speculativen Systemen der Philosophie unschätzbare Fermente der menschlichen Cultur anzuerkennen. Sobald dagegen die Bedeutung des Christenthums für das Leben der Person richtig gewürdigt wird, kann die Veranlassung zu Productionen jener Art nur noch in ästhetischen Bedürfnissen gesucht werden, über welche dann allerdings nicht weiter zu streiten ist.

Bei diesem Verhältniß der metaphysischen Welterklärung zu der religiösen Weltanschauung des Christenthums ergiebt sich leicht, wie sich die Theologie zu jener zu stellen hat. Die Metaphysik kann bei der theologischen Darstellung und Begründung des Christenthums überhaupt nicht zur Verwendung kommen, sofern sie die sittliche Welt und die Natur aus einem gemeinsamen Grunde erklären will. Denn in jedem derartigen Versuche hat die Theologie ein Concurrenzunternehmen zu sehen, die Begründung einer religiösen Weltanschauung, aber einer solchen von unterchristlicher Art. Die gesuchte Formel für die Welterklärung soll dann nicht bloß den empirischen Thatsachen entsprechen, an welchen lediglich das Interesse des Erkennenwollens haftet, sondern auch der Persönlichkeit, deren Realität gar nicht vorgestellt werden kann, ohne daß Gefühl und Wille für dieselbe eintreten. Die sittliche Persönlichkeit kann niemals als kahles Factum hingenommen werden, sie ist immer zugleich Ideal, dessen unbedingter Werth das Gemüth beherrscht. Wenn sie daher in dem Vorstellungskreise des Philosophen mit demselben Anspruch an Wirklichkeit auftritt, wie das empirisch Gegebene, von dem das Subject sich scharf geschieden weiß, so bekundet sich darin die Uebermacht des religiösen Triebes über das theoretische Erkennen. Denn es ist der höchste Werth des Menschen, der hier durch die Offenbarung, welche dem Philosophen über den Weltgrund zu Theil geworden ist, in Sicherheit gebracht werden soll. Mag diese Offenbarung auch aus langen Reihen philosophischer Vermittlungen zu resultiren scheinen, sie ist doch die Form in welcher die Wirklichkeit des höchsten Werthes, dessen practische Kraft von Anfang an das Denken bestimmte, vorgestellt wird. Und ihr Inhalt verdient den Namen Gottes, weil er nicht nur ein Postulat des Erkennenwollens darstellt, sondern Grund und Ziel des Selbstseinwollens einer Person. Aber die so gewonnene Gottesidee ist nothwendig unterchristlicher Art. Für das Christenthum giebt es keinen identischen Grund der sittlichen Welt und der Natur. Denn die sittliche Welt ist als Selbstzweck Gottes in dem Schöpferwillen gesetzt, der die Natur als das Reich der Mittel schafft. Darin ist der christliche Supranaturalismus begründet, der uns nicht in der Natur, sondern in der sittlichen Persönlichkeit das Wahrhaftwirkliche suchen läßt. Diese religiöse Erhebung des Menschen über die Welt wird aber in demselben Grade unmöglich, als man wirklich in einer Gottesidee seinen Frieden findet, in welcher der Unterschied des Sittlichen und Natürlichen principiell aufgehoben ist. Mir ist es wenigstens unbegreiflich, wie man die specifisch christlichen Gedanken, in welchen jener Unterschied vorausgesetzt wird, als den Ausdruck absoluter, unergründlicher Wahrheit — und nur als solcher sind sie Inhalt *unseres* Glaubens —, sich gegenwärtig halten kann, wenn man daneben eine Gottesidee cultivirt, welche uns sagt, daß die Frage nach dem Wahrhaftwirklichen nicht in der persönlichen Liebe, die uns in Christus offenbar ist, ihre Lösung finden dürfe, weil in jenem der Gegensatz des Natürlichen und Sittlichen, worüber uns die geschichtliche Offenbarung schlechterdings nicht hinausführt, aufgehoben sein müsse. Die Einheit der christlichen Weltanschauung beruht in dem Gedanken, daß die Natur von dem sittlichen Geiste, trotz des für unser Erkennen unausgleichbaren Gegensatzes beider, absolut abhängig ist; der Gedanke, daß beide im Grunde identisch seien, wird als unchristlich ausgeschlossen, weil der Christ in der Unterordnung der Natur unter den sittlichen Geist lebt. Er giebt sich selbst auf, wenn er beide vor der Idee des letzten Grundes als gleichartig behandelt. Die Wahrheit in seinem eigenen Leben wäre dann die Identität der Natur und des sittlichen Geistes, durch welche die sittliche Persönlichkeit principiell negirt wird. Die Metaphysik, welche einen solchen gemeinsamen Grund des Sittlichen und der Natur gefunden zu haben glaubt, liefert daher zwar eine religiöse Weltanschauung, aber nicht die christliche, welche den unbedingten Werth der sittlichen Person proclamirt, sondern eine unterchristliche, welche die sittliche Person auf die Stufe der Natur herabdrückt. Daß die christliche Theologie, indem sie die Gedankenreihen einer solchen Metaphysik direct verwerthet, ihren eigenen Zweck nothwendig verfehlt, leuchtet daher ein.

Anders dagegen stellt sich das Verhältniß, wenn die Metaphysik sich damit begnügt, die allgemeinen Postulate des Erkennenwollens an das Licht zu bringen. Diese Aufgabe ist lösbar und ist nicht darauf angelegt, aus der Metaphysik ein Surrogat der religiösen Welterklärung zu machen. Es werden dabei nicht Speculationen über die Natur des Gegebenen, welche eine abschließende Erklärung alles Seienden versuchen, gefordert, sondern eine Analyse des menschlichen Erkenntnißstrebens. Die practischen Voraussetzungen, unter welchen dasselbe verläuft, treffen schließlich alle in der Forderung zusammen, die Natur müsse dem Geiste, die Empfindung dem Denken so angemessen sein, daß uns eine zusammenhängende Erkenntniß und, von ihr geleitet, eine mechanische Beherrschung der Welt möglich wird. Die Freiheit und Beweglichkeit der Forschung wird dadurch nicht im Mindesten eingeschränkt. Denn es kann kein Resultat des Erkennens geben, welches sich mit einer Voraussetzung nicht vertrüge, die nur die Möglichkeit eines erfolgreichen Erkennens ausdrückt. Die letztere ist nichts weiter als ein regulatives Princip der Forschung, durch welches die letztere in ihr unermeßliches Gebiet hinausgeleitet wird. Aber diese geforderte Zusammengehörigkeit der Natur und des Geistes führt uns nothwendig auf den Gedanken eines sie beide zusammenfassenden Zwecks. Denn da wir außer Stande sind, das eine der beiden Erkenntnißgebiete aus dem anderen abzuleiten, oder sie auf einen wissenschaftlich erkennbaren gemeinsamen Grund zu beziehen (vergl. oben S. 45 f.), so läßt sich ihre Zusammengehörigkeit nur vorstellen durch ihre Unterordnung unter einen Zweck, der durch ihr Zusammenwirken realisirt wird. Wenn wir uns nun aus naheliegenden Gründen diesen alles Dasein beherrschenden Zweck nur in der Form des Beweggrundes eines bewußten Wollens vorstellen können, so scheint sich zu ergeben, daß die Metaphysik, auch wenn sie sich auf die Aufgabe der Erkenntnißtheorie beschränkt, auf die Gottesidee hingeführt wird. Aber dieses Ideal der Zweckeinheit ist eben nicht die religiöse Gottesidee; sie wäre es nur, wenn der Mensch in dem bloßen Erkenntnißstreben und in der Arbeit, durch die er die Welt mechanisch beherrscht, auf den unbedingten Endzweck, in welchem seine Seele Ruhe fände, gerichtet wäre. Wenn dagegen doch der sittlichen Person alles Erkennen und alle durch dasselbe geleitete Arbeit nur Mittel zum Zweck ist, so ist auch das Schema, in welchem wir die Voraussetzung für das Erkennenwollen vorstellen müssen, nicht ihr Gott. Man erniedrigt den Menschen, indem man den Namen Gottes an jenes Schema verschwendet. „Wir können wohl sagen, daß wir nach der Beschaffenheit und den Principien unseres Erkenntnißvermögens die Natur nicht anders als das Product eines Verstandes, dem diese unterworfen ist, denken können; ob aber dieser Verstand mit dem Ganzen derselben und dessen Hervorbringung noch eine Endabsicht gehabt haben möge, das kann uns die theoretische Naturforschung nie eröffnen, sondern es bleibt, bei aller Kenntniß derselben, unausgemacht, ob jene oberste Ursache überall nach einem Endzwecke, und nicht vielmehr durch einen von der bloßen Nothwendigkeit seiner Natur zu Hervorbringung gewisser Formen bestimmten Verstand (nach der Analogie mit dem, was wir bei den Thieren den Kunstinstinct nennen) Urgrund derselben sei, ohne daß es nöthig sei, ihr darum auch nur Weisheit, viel weniger höchste und mit allen andern zur Vollkommenheit ihres Products erforderlichen Eigenschaften verbundene Weisheit, beizulegen."[1]) Das Verhältniß des Naturganzen zu seinen Theilen können wir uns nur in der Form der Zweckeinheit vorstellen und sind auch bei dieser Vorstellung an die einzige uns

---

1) Kant 4, 341.

zur Verfügung stehende Analogie unseres eigenen zwecksetzenden Geistes gebunden. Aber in der Frage, wozu jenes Naturganze da sei, wachsen die Bedürfnisse des persönlichen Geistes hoch hinaus über jenes Ideal des theoretischen Erkennens.

Es ist uns daher verboten, in diesem regulativen Princip der Forschung die Gottesidee selbst zu finden. Aber trotzdem gewährt uns die Metaphysik, welche sich zur Aufgabe setzt, die practischen Voraussetzungen des Erkenntnißstrebens ans Licht zu stellen, die Möglichkeit, die Theologie in die richtige Verbindung mit den andern Wissenschaften zu bringen. Da nämlich jene Voraussetzungen aus dem fühlenden und wollenden Geiste entspringen, so ist der letzte Grund ihrer Gewißheit in der Selbstgewißheit des letzteren aufzusuchen. Es ist nicht so, wie auch neuerdings wieder ein Philosoph gemeint hat, daß die Metaphysik mit jener soeben bezeichneten Aufgabe in keiner andern Richtung über die gegebene Erfahrung hinausgehe, als jeder Versuch, das Gegebene zu begreifen.[1]) Wenn Sigwart sagt: „mit demselben Rechte, mit dem wir in den einzelnen Substanzen und ihren Kräften ein intelligibles Reich als den Grund der Erscheinungen aufbauen, gedrängt von demselben Triebe, das Zerstreute zur Einheit zusammenzufassen, machen wir auch den weiteren Schritt zur letzten Erklärung der Welt nach den Forderungen unseres Denkens": so wäre dieß nur richtig, wenn wirklich, wie er gleich darauf sagt, die Ueberzeugungskraft der Forderungen welche wir an die Begreiflichkeit des Gegebenen machen, von ihrer factischen Erfüllung abhinge. Woher die Kraft dieser Forderungen in Wahrheit fließt, hat er selbst an einer früheren Stelle mit der ihm eigenen ausgezeichneten Klarheit ausgesprochen. „Wir halten an der Forderung fest, daß auch das scheinbar verworrenste in durchsichtige Formeln sich müsse auflösen lassen; wir beginnen die Arbeit immer von neuem, und glauben nicht, daß die Natur unwiderruflich unserem Mühen den Erfolg versagt, sondern nur daß wir bis jetzt nicht den richtigen Weg eingeschlagen haben; diese Beharrlichkeit aber fließt aus der Ueberzeugung, daß wir auf die Erfüllung unserer Aufgabe nicht verzichten dürfen, und was den Muth der Forschung aufrecht erhält, ist die verpflichtende Kraft einer sittlichen Idee."[2])

---

[1]) Sigwart, Logik 2. Bd. 1878. S. 601.

[2]) a. a. O. S. 23.

Damit ist ja die Richtung angegeben, in welcher die Metaphysik über das Gegebene hinausgehen kann und soll. Sie betritt, indem sie die Postulate des Erkennenwollens erörtert, ein Gebiet von Ueberzeugungen, die den letzten Grund ihrer Berechtigung aus der persönlichen Selbstgewißheit herleiten, welche uns die verpflichtende Kraft einer sittlichen Idee verleiht. Die Postulate, mit welchen die Metaphysik das Gegebene überschreitet, sind daher in ihrer Geltung unabhängig von ihrer factischen Erfüllung; sie theilen nicht das Schicksal, welchem alle einzelnen Erklärungsversuche der Erscheinungen anheimfallen, und sind daher von ihnen zu unterscheiden. Wenn man diesen Unterschied übersieht, so entsteht die dogmatische Metaphysik, welche die Begreiflichkeit der Welt, die in der Selbstgewißheit der Person gesetzt ist, erhärten will, indem sie einen bestimmten Erklärungsversuch der Welt durchführt. Soll dieser Abweg vermieden werden, welcher immer zur Folge hat, daß die Freiheit der wirklichen Forschung durch practisch werthvolle Vorurtheile über das Wesen des Wirklichen eingeschränkt wird, so bleibt uns nur Eines übrig. Wir müssen uns zum Bewußtsein bringen, woraus *bei uns* die persönliche Selbstgewißheit quillt, welche unser Erkenntnißstreben beseelt. Damit sind wir zu dem Schritte gezwungen, welchen *Kant* bei dem Uebergange von §. 84 zu §. 85 der Kritik der Urtheilskraft gemacht hat, von der Physikotheologie zur Ethikotheologie. Die Zweckeinheit, mit welcher sich jene beschäftigt, hat keinen Grund, wenn nicht in dem sittlichen Bewußtsein der Endzweck von unbedingtem Werthe entdeckt werden kann, der die Person zur Freiheit über die Welt der Mittel erhebt. *Darin besteht die Verbindung der Theologie mit den übrigen Wissenschaften, daß diese die Selbstgewißheit der Person zu ihrer practischen Voraussetzung haben, und daß die Theologie berufen ist, den Grund dieser practischen Voraussetzung aufzuzeigen.* Denn der sittliche Endzweck in welchem dieselbe wurzelt, kann nur in Form einer religiösen Weltanschauung angeeignet werden. Und diese darzustellen und zu begründen ist unsere Aufgabe, deren Lösung wir nicht von den gemeinsamen Bemühungen der übrigen Wissenschaften erwarten können, die sich nicht mit den Gründen persönlicher Gewißheit, sondern mit der steten Erweiterung der Erfahrung und der beständigen Modification ihrer Ergebnisse befassen. Wenn also der Theologie das Schicksal bevorstände, daß sie sich auflösen und die übrigen Wissenschaften in ihren bisherigen Besitzstand sich theilen würden, so würde ihre specifische Aufgabe bei der Theilung ganz gewiß nicht berücksichtigt werden. Es ist daher nicht so, wie neulich zwei hervorragende Theologen [1]) geurtheilt haben, daß die Theologie auf jenen Moment der Auflösung sich vorbereiten müßte, um ihren Besitzstand wohlgeordnet den Erben übergeben zu können. Denn für ihre specifische Aufgabe fände sie keinen Erben. Was die Dogmatik nach Schleiermachers Vorgang über die Entstehung religiöser Vorstellungen behauptet, wird kein Mensch für ein Resultat exacter Forschung halten. Wir kennen kein ursprüngliches religiöses Gefühl, sondern nur das unter dem Einfluß religiöser Vorstellungen erregte. Aber wenn auch die Forschung sicher in jene Tiefe leitete, so wäre damit über das Problem der Theologie nichts ausgemacht.

Was also eine rechtschaffene Metaphysik der Theologie zu leisten vermag, ist dieß: sie zeigt, daß unsere Naturerklärung, weil sie von Menschen betrieben wird, von practischen Voraussetzungen geleitet ist, welche erst in einer religiösen Weltanschauung ihren vollen Sinn als Bethätigungen der geistigen Weltherrschaft der Person empfangen. Nicht die Einheit der höchsten Weltgegensätze, welche die Metaphysik als practisches Postulat des Erkennenwollens aufzeigt, findet in der Theologie Verwendung; wohl aber wird das persönliche Bedürfniß, welches in solchen Forderungen sich regt, von uns aufgenommen und auf seine endgültige Befriedigung in der religiösen Weltanschauung hinausgeführt. Es ist nicht der objective Begriff des Weltgrundes, sondern die Person, welche ihn erzeugt, was uns mit der Metaphysik und durch sie mit den anderen Wissenschaften verbindet. Sofern dagegen die Metaphysik als Erkenntnißtheorie die bei dem wissenschaftlichen Erkennen verwendeten Erkenntnißmittel kritisch bearbeitet und klärt, so versteht sich von selbst, daß auch die Theologie, wenn sie hinter dem allgemeinen geistigen Fortschritt nicht zurückbleiben will, sich durch sie belehren läßt. Daraus folgt doch nun aber keineswegs, daß sich die theologische Auffassung der Glaubensobjecte selbst in Abhängigkeit von der Metaphysik (Erkenntnißtheorie) befinde. [2]) Das wäre allerdings der Fall, wenn sich

---

[1]) Holtzmann, Ueber Fortschritte und Rückschritte der Theologie unseres Jahrhunderts. Rectoratsrede 1878, und Lipsius in der Rec. dieser Schrift, Theol. Litt. Z. 1878 S. 614.

[2]) wie Pünjer (Jen. Litt. Z. 1876. S. 518) und Pfleiderer behaupten.

die Arbeit der letzteren nur anstellen ließe auf dem Grunde einer dogmatischen Metaphysik, welche in der Regel selbst aus einer Degeneration der religiösen Weltanschauung entstanden ist. Dann ist, wie allerdings die Erfahrung beweist, die Erwartung berechtigt, daß die Metaphysik sich herausnehmen werde, auch die specifisch theologischen Begriffe, wie Gott, Freiheit, Schöpfung, höchstes Gut, Erlösung, nach ihrem Maß zurechtzuschneiden. Sie muß das auch, weil die Objecte des Wissens, welche sie hinter der Welt des Glaubens zu erblicken meint, nur die Glaubensobjecte einer andersartigen und, wie wir meinen, unterchristlichen Religiosität sind, deren practische Kraft sich in der sogenannten Vergeistigung der christlichen Ueberlieferung bethätigt. Aber auch diejenige Metaphysik, welche nichts weiter liefern will, als eine Klärung der von der fortschreitenden Erfahrung factisch verwendeten Begriffe, scheint die Leitung des theologischen Urtheils über die Glaubensobjecte in Anspruch nehmen zu müssen, wenn die Theologie selbst eine Erfahrungswissenschaft ist. Von dieser Voraussetzung aus sagt einer der soeben angeführten Theologen: „Jedenfalls aber hat die Metaphysik es auch mit der Religion als einem Object der inneren Erfahrung wenigstens kritisch zu thun, muß daher auch die religiösen Begriffe bearbeiten, das religiöse Sein (!) entweder als wahr oder falsch erweisen.“[1]) Daß sich, falls die Religion in lediglich theoretischem Interesse als Object der Psychologie behandelt wird, das auf sie gerichtete Erkennen an einer soliden Erkenntnißtheorie, welche die Bedingungen wirklicher Erfahrung untersucht, orientirt haben muß, versteht sich von selbst. Nur sollte doch klar sein, daß der Forscher, welcher den empirischen Vermittlungen der religiösen Vorgänge als weit verbreiteter psychischer Erscheinungen nachgeht, bei dieser Arbeit auf die Gründe der Geltung dessen, was der Glaube meint, nicht gerathen kann. Unsere religiöse Gewißheit gründet sich niemals auf die Erkenntniß der Causalreihen, aus welchen in uns der Glaube als psychischer Vorgang resultiren mag. Die Erkenntnißtheorie (Metaphysik) welche natürlich auch die mit solchen Vorgängen beschäftigte Psychologie, sofern dieselbe Erfahrungswissenschaft sein will, normirt, kann demgemäß nicht ebenso die Aufgabe haben, „das religiöse Sein entweder als wahr oder falsch zu erweisen.“ Dagegen hat die Theologie den Beruf, die

[1]) Jen. Litt. Z. 1876. S. 517.

Gründe der Ueberzeugung darzulegen, welche der Gläubige selbst von der unbedingten, gegen alle möglichen Resultate des freien Welterkennens selbständigen Geltung der Glaubensobjecte besitzt. Die Gegenstände unseres Glaubens in dieser Geltung, welche sie innerhalb der persönlichen Ueberzeugung haben, dem Gerichte derjenigen Metaphysik zu unterwerfen, welche sich mit dem in der Welt Erkennbaren befaßt — dieses scharfsinnige Unternehmen steht auf derselben Stufe wie die vergleichende Anatomie der Engel.[1]) Die Frage, „ob die Engel auch Beine haben", scheint mir die Anatomie ebenso nahe anzugehen, wie die Frage nach der Realität der Glaubensobjecte jene Metaphysik.

Die Metaphysik kann die Realität der Glaubensobjecte nicht begründen; denn die Welt des Glaubens steckt weder in noch hinter der Natur. Jene traditionelle Vorstellung geben wir auf, so verbreitet sie auch noch in unsern Tagen ist. Bis in die neueste Zeit — man denke an die Dogmatiken von Biedermann, Kahnis und Frank — wird der metaphysische Begriff des Weltgrundes als die tiefere Weisheit behandelt, auf welche die christliche Gottesidee sich muß reduciren lassen, um vor dem Gericht der Theologen bestehen zu können. Wenn man nun aber dieses Verfahren aufgiebt, so folgt doch daraus nicht, daß man die Religion in ihrer theologischen Begründung von dem übrigen Leben der Menschheit isolire. Wir scheiden sie nur ab von den philosophischen Weltanschauungen alten oder neuen Datums, welche, seien sie auch noch so großartig und ehrwürdig, nicht als die Grundlagen für das Evangelium gebraucht werden können, welches sie vielmehr, wenn sie Recht hätten, ersetzen würden. Wir isoliren die Religion ebenso sehr von den hypothetischen Ergebnissen, durch welche der rastlose Betrieb des wissenschaftlichen Welterkennens unser Weltbild täglich modificirt. Den Christen können solche Ergebnisse insofern lebhaft interessiren, als sie die mechanische Herrschaft über die Dinge, welche durch unsere sittliche Aufgabe gefordert wird, erweitern; für die theologische Darstellung und Begründung der Religion haben sie keine directere Bedeutung als etwa die an einen Fortschritt der Naturwissenschaft geknüpfte Reform eines Industriezweiges. Aber trotz dieser Isolirung bleibt uns diejenige Verbindung mit dem menschlichen Gesammtleben

---

[1]) vergl. Dr. Mises' kleine Schriften. 1875. S. 195 ff.

offen, durch welche die Religion von jeher ihre Segnungen verbreitet hat, wie wunderliche Bahnen auch der theologische Beweis gezogen ist. Die Menschen wollen, indem sie erkennen und arbeiten, vor allen Dingen leben. Von dieser Selbstbehauptung des persönlichen Lebens gehen die geistigen Bewegungen im Erkennen und Handeln aus. Der Quell dieser Thätigkeiten, das in sich geschlossene Selbst, gilt uns für nicht minder wirklich als die Objecte, auf welche sie sich richten, obgleich wir außer Stande sind, die Realität desselben ebenso festzustellen, wie die der letzteren. Diese Macht des Selbstgefühls, den Menschen auf eine ganz andere Wirklichkeit als die erklärbare und mechanisch bestimmbare hinzuweisen, bereitet der Religion ihre Stätte. Gegen den Vorwurf sind wir geschützt, daß nach unserer Anschauung die Religion völlig isolirt und abrupt in dem Leben der Menschheit auftauche, so daß es für ihr Verständniß keine Anknüpfungen gäbe. Man soll dieselben nur nicht in den wirklichen oder vermeintlichen Resultaten des Erkennens suchen, sondern in den Ueberzeugungen, welche dem Selbstgefühl der Person entquellen. Auf die innere Welt, welche in ihnen sich aufthut, ist die Kirche in ihrer practischen Thätigkeit angewiesen. Sie treibt ihr Werk mit der zweifellosen Zuversicht, daß jene innere Welt, zu deren Gestaltung sie berufen ist, die eigentliche Seele der Geschichte ist, an welcher sie theilnimmt. Dürfte dann nicht auch die Theologie die Voraussetzung machen, daß das innere Leben, welches die Kirche pflegen will, ein Reales sei, das der Beachtung der Menschen sicher ist? Sie richtet sich dann freilich von vornherein nur an die Menschen, welche den Willen haben, Personen zu sein; von diesen ist sie gewiß, daß sie auf Probleme stoßen, welche das Selbstgefühl des persönlichen Geistes zu vernichten drohen. Wenn sie an diese Probleme anknüpfend zeigt, daß die Selbstgewißheit der Person sich nur in der Form einer religiösen Weltanschauung erhalten kann, so hat die Ueberzeugungskraft ihrer Ausführungen dieselbe Grenze, bei welcher auch die Thätigkeit der Kirche aufhören muß. Zu den Menschen, welche vor ihrem eignen Innern die Augen schließen oder welche, wie eine Art von Verehrern der Naturwissenschaft, sich für verpflichtet halten, das persönliche Leben nicht als etwas Wirkliches anzuerkennen, weil die Abstractionen des reinen Naturerkennens nicht an dasselbe heranreichen, — zu solchen Menschen kann dann der Theologe ebensowenig reden wie der Prediger. Aber diese Beschränkung kann uns unmöglich als ein Mangel erscheinen. Denn die Wahrheit des Evangeliums kann schlechterdings nur für die Menschheit gelten, die als die Gemeinde des Gottesreiches auf dem Wege zu ihrer ewigen Heimath begriffen ist. Wer in sich selbst die Charaktere auslöscht, in welchen er als ein zum Gottesreiche Berufener zu erkennen ist, wer auf seine Persönlichkeit verzichten will, gehört für die Theologie nicht zu der Menschheit, an welche sie sich wendet. Hat diejenige Theologie, welche die religiöse Weltanschauung als Ergebniß des Welterkennens ausbieten möchte, jemals bei solchen Verkrüppelten Gehör gefunden? Sie hat es nicht. Aber sie hat dieß über sich ergehen lassen, ohne daraus die Weisung zu entnehmen, daß sie ihre Aufgabe anders anzugreifen habe, als bisher.

Wir haben für die wissenschaftliche Begründung der religiösen Weltanschauung dieselben Anknüpfungen, welche auch die practische Thätigkeit der Kirche aufsucht, wenn sie nicht durch mechanische Dressur die Geister tödten, sondern das Lebendige pflegen will. Das Verlangen der Theologen nach anderen Vermittlungen steht auf jeden Fall in dem dringenden Verdacht, daß es lediglich durch die verwirrenden Einreden solcher geweckt ist, welche der theologische Beweis unberücksichtigt lassen muß, weil sie die Voraussetzungen zu seinem Verständniß mit Absicht unterdrücken. Aber leider legt die Art, wie jenes Verlangen sich bei Vielen äußert, die Vermuthung nahe, daß sie sich gar nicht mehr innerhalb des Christenthums befinden, weil die Grenze ihres Denkens nicht mehr das practische Ziel der christlichen Gemeinde ist, sondern der einheitliche Kosmos, dessen Bild das Bedürfniß einer zusammenhängenden Erklärung der Welt oder das religiöse Interesse der Naturreligion befriedigen soll.

Aber unser Gegensatz gegen dieses theologische Verfahren entbindet uns nicht von der Verpflichtung, nun unsererseits zu zeigen, worauf dem Christen die Objectivität dessen, woran er glaubt, beruhe. Das hatten wir ja in der Reaction gegen den kantischen Rationalismus als durchaus berechtigt anerkannt, daß man für den Glauben des Christen einen festeren Grund suchte als die Gewißheit, daß in ihm selbst Alles moralisch gut bestellt sei. Es war behauptet, daß das sittliche Bewußtsein des Einzelnen die Quelle der religiösen Erkenntniß sei, und die practische Kraft desselben der Grund der religiösen Gewißheit von der Realität der Glaubensobjecte. Beides ist falsch; aber wenn man die Metaphysik dagegen zu Hülfe ruft, so hebt man den Fehler Kants nur dadurch auf, daß man sich in einer anderen Richtung vom Christenthum entfernt.

Die Quelle der religiösen Erkenntniß ist für uns weder unsere Sittlichkeit noch irgendwelche Metaphysik, sondern die Offenbarung. So nennen wir ein Ereigniß, in welchem wir die Kundgebung des auf unsere Seligkeit gerichteten göttlichen Willens erkannt haben. Wenn sich die Offenbarung nicht als ein solches Handeln Gottes auf uns hin darstellte, so könnte sie uns auch die Erkenntniß Gottes nicht vermitteln. Denn Gott wird entweder gar nicht gedacht, oder als der allmächtige Wille unserer Seligkeit. Seine Offenbarung ist daher nur möglich durch ein Ereigniß, in welchem sein Wille in dieser bestimmten Richtung auf uns hervortritt. Das Evangelium ist uns nicht in erster Linie eine Mittheilung übernatürlicher Wahrheit, eine Erweiterung unseres geistigen Horizontes, sondern eine Herablassung Gottes in die enge Sphäre des Menschen, der sich nicht verloren geben will, oder wie Melanchthon es ausdrückt, ein testimonium benevolentiae dei erga nos. So ist es aber nicht nur im Christenthum, sondern in jeder wirklichen Religion ist die Offenbarung als solche ein Ereigniß, von welchem sich der Mensch, sofern er auf Grund desselben an Gott glaubt, unterscheidet; sie ist also für ihn in dieser Beziehung ein äußeres Ereigniß. Auch die Offenbarungsträger, welche in einem bestimmten Momente ihres Lebens die Gewißheit empfangen, daß Gott auf sie und durch sie auf Andere gewirkt habe, um den Verkehr der Menschen mit ihm zu regeln, lösen dieses Ereigniß ihres inneren Lebens, auf welches ihre religiöse Gewißheit als auf eine Offenbarung zurückgreift, von sich ab, sofern sie nach einer solchen Kundgebung Gottes verlangen. Das innere Erlebniß, wenn es ihnen mehr ist als eine schöne Stunde, zu deren Wiederholung sie die Bedingungen selbst in sich tragen, wenn es ihnen wirklich eine Offenbarung Gottes an sie bedeutet, wird auch für sie ein äußeres Ereigniß. Ebensowenig kommen über diese nothwendige Gegenüberstellung der Offenbarung und des gläubigen Subjects die modernen Theologen hinaus, welche, um das Christenthum zu vergeistigen und von allen Aeußerlichkeiten zu befreien, die Offenbarung gänzlich in das Subject verlegen wollen, indem sie dieselbe in dem subjectiven Vorgange der religiösen Erhebung enthalten sein lassen.

Denn dabei wird doch, sobald die Frage nach der Gewißheit des Glaubens erhoben wird, welche sich in der geistigen Stellung des Menschen zur Welt manifestiren soll, die Antwort ertheilt, dieselbe gründe sich auf religiöse Erfahrungen, als deren objectiver Kern ihnen die Offenbarung Gottes an sie selbst feststehe. Dann ruht aber auch bei ihnen die Continuität des religiösen Lebens auf jener Unterscheidung, in welcher der Glaubende die Offenbarung sich selbst, sofern er einer Kundgebung Gottes bedarf, gegenüberstellt. Es geht diesen modernen Theologen ebenso, wie allen, welche Wirklichkeit und Werth der Religion für sich anerkennen: sobald die practische Bedeutung der Offenbarung in Frage kommt, ist ihnen dieselbe etwas Anderes als das religiöse Subject. Ihr Unterschied von einer besonderen religiösen Gemeinschaft, z. B. der christlichen, besteht nur darin, daß für diese die Offenbarung, auf welche sie sich verläßt, das Leben eines anderen Menschen ist, in dessen Berufswirken sie den Willen Gottes zu ihrem Heile abschließend wirksam sieht — für jene Theologen dagegen die Erlebnisse, welche ihnen in ihrem eigenen Innern zu Theil geworden sind.

Wenn sie daneben die Möglichkeit eines solchen Vorganges in ihnen selbst daraus erklären, daß in Christus zum ersten Male das vollkommene religiöse Verhältniß der Gottessohnschaft hervorgetreten sei und von ihm aus Anderen sich mitgetheilt habe, so wird dadurch allein ihre religiöse Stellung außerhalb der christlichen Gemeinde nicht im Mindesten verändert. Denn sie verzichten ja ausdrücklich darauf, in dem geschichtlichen Leben Jesu die Offenbarung Gottes an sie anzuerkennen. Nach ihrer Anschauung hat sich ja in Jesus Gott in derselben Weise für ihn offenbart, wie er sich in ihnen für sie offenbart. Die angehängte Bemerkung, daß dieß in Jesus zum ersten Male geschehen sei, und daß dieses Ereigniß mit seinen Folgen das gleichartige Erlebniß in ihnen selbst geschichtlich erkläre, daß also ein Causalzusammenhang zwischen jenem Vergangenen und diesem Gegenwärtigen bestehe, giebt ihrer Religiosität keine besondere Färbung. In Folge dieser Erwägung wird das Leben Jesu für den wissenschaftlichen Historiker, dessen Blick sich auf diese Dinge gelenkt hat, als das Mittel bezeichnet, analoge Erscheinungen in der Gegenwart oder in dem geschichtlichen Bereiche der christlichen Gemeinde überhaupt zu erklären; für Niemanden aber werden die inneren Beziehungen seiner eigenen Religiosität dadurch irgendwie modificirt, daß er in solcher Weise das Leben Jesu verwerthet. Das letztere wird dann nur ein wissenschaftliches Erklärungsmittel, aber nicht der Grund, auf welchen die Gewißheit des Glaubens sich zurückbezieht. Eben so wenig ist dieses der Fall, wenn das Bild Jesu als das Mittel geltend gemacht wird, durch welches eine der seinigen gleichartige Frömmigkeit in Anderen angeregt werden könne und solle. Daß das Bild Jesu zur religiösen Erziehung dienen müsse, ist eine selbstverständliche Forderung der christlichen Gemeinde. Wer aber von der Bedeutung Jesu nichts weiter zu sagen weiß als dieß, documentirt dadurch allein noch nicht, daß seine religiöse Stellung zu Gott die der christlichen Gemeinde ist, welche in Jesus die absolute Offenbarung, das an sie ergangene Evangelium in dem obigen Sinne, erkennt.

Wenn diese geschichtliche Erscheinung und das von ihr überlieferte Bild nur als Mittel in der Hand des Menschen geschätzt wird, sei es zu jenem historischen, sei es zu diesem pädagogischen Zweck, so wird ihr damit die Bedeutung, welche ihr in der christlichen Gemeinde zukommt, noch nicht zugestanden. Was noch fehlt, ist dieß: Jesus Christus muß uns als die abschließende Kundgebung des göttlichen Willen an uns gelten. Wir sollen uns seiner nicht bloß als einer gleichartigen, wenn auch vollendeteren Erscheinung erinnern. Käme es darauf allein in der christlichen Gemeinde an, so wäre es allerdings für die christliche Frömmigkeit selbst gleichgültig, ob sie sich durch den bewußten Hinblick auf ihn vermittle. Soll einfach das religiöse Leben, das in ihm war, in uns sich wiederholen in Folge der anziehenden und anregenden Kraft seiner geschichtlichen Wirkungen, so ist es ganz unwesentlich ob mir dasselbe in dem Bilde Christi oder in dem eines Anderen entgegentritt. Ist das religiöse Bewußtsein der Gotteskindschaft in einem Menschen verwirklicht, so braucht man ihm alsdann nicht mehr zuzumuthen, daß er auf den Weg zurückblicken müsse, der ihn dahin geführt hat. Nur um das Christenthum gegen unrichtige und unbillige Urtheile zu schützen, ist es dann noch von Werth, daran zu erinnern, daß wir mit dem Höchsten, was wir besitzen, in geschichtlicher Abhängigkeit von Christus stehen; „keineswegs aber etwa, um diese Ansicht jemandem aufzubringen, der entweder seine Aufmerksamkeit nach jener historischen Seite gar nicht hingerichtet hätte, oder der, selbst wenn er sie dahin richtete, das, was wir da zu finden glauben, eben nicht entdecken könnte." [1]) Das ist die einfache verständige Folgerung aus der Voraussetzung, daß das Christenthum in dem Wiedererleben desselben religiösen Verhältnisses bestehe, welches zum ersten Male in Jesu von Nazareth wirklich gewesen ist. Die modernen Theologen, welche, wie Biedermann, Pfleiderer, Lipsius, diesen Grundsatz theilen, unterscheiden daher ganz folgerichtig zwischen dem christlichen Princip, d. h. dem vollständigen Ausdruck des religiösen Verhältnisses der Gotteskindschaft, und der Person Christi: das erstere trage in sich selbst seine Wahrheit, welche die Dogmatik zu entwickeln habe, die letztere gehöre als eine historische Antiquität in das Leben Jesu. Für sie liegt daher die Offenbarung in der thatsächlichen Verwirklichung jenes religiösen Vorgangs in ihnen selbst. In diesem Vorgange erleben sie ja die Wahrheit des christlichen Princips. Und neben diesem Erlebniß, welches den Menschen innerlich befreit, noch einem äußeren geschichtlichen Ereigniß religiöse Bedeutung beizumessen, muß ihnen als gefährlicher, die eben erlangte geistige Freiheit wieder aufhebender Luxus erscheinen. Wir dagegen behaupten, daß das Wiederaufleben jenes religiösen Princips in den Gemüthern gar nicht denkbar ist, wenn nicht in der Form des Glaubens an die an uns ergehende absolute Offenbarung [2]) Gottes in der Lebensabsicht und dem Berufswirken des Menschen Jesus. Durch die Bekenntnisse, welche jene Theologen von ihrer subjectiven religiösen Verfassung ablegen, werden wir daher zu der Annahme genöthigt, daß ihr practisches religiöses Verhalten ihrer Theorie widerspricht. Falls nicht, wie von Pfleiderer, die ausdrückliche Erklärung vorliegt, daß für ihn das Christenthum nicht mehr die absolute Religion ist, steht uns die Annahme offen, daß sich auch bei ihnen das Bewußtsein der Gotteskindschaft, von welchem sie Zeugniß geben, durch die dankbare Anerkennung der Thatsache vermittelt, daß der lebendige Gott durch den geschichtlichen Christus auf sie gewirkt hat und wirkt. Diese Annahme läßt sich am leichtesten an Lipsius durchführen, welcher weniger als die beiden Anderen durch die Fesseln einer einseitig ausgebildeten Theorie gebunden ist. Damit wird sich leicht die Begründung unseres Satzes, daß das Bewußt-

---

[1]) J. G. Fichte 5, 485.

[2]) Den Begriff Offenbarung wenden wir beständig in dem oben (S. 365) definirten Sinne an.

sein der Gotteskindschaft in christlichem Sinne sich nothwendig durch den Glauben an Christus als die Offenbarung Gottes vollziehen müsse, verbinden.

Lipsius meint lediglich ein historisches Urtheil auszusprechen, wenn er die Bedeutung Christi für die christliche Gemeinde angiebt, während, wie er richtig bemerkt, wir darin unmittelbar ein religiöses Urtheil sehen.[1]) Für ihn „ist das Lebenswerk Christi die geschichtliche Verwirklichung des an sich oder seinem allgemeinen geistigen Wesen nach übergeschichtlichen, weil in Gottes ewiger Heilsordnung begründeten christlichen Princips." „Auch die Zugehörigkeit zu dem übersinnlichen Reiche des Geistes und der Freiheit, welche freilich auch nach mir einen Bestandtheil des christlichen Heiles bildet, ist ihrem Wesen nach nicht an die Zugehörigkeit zu einer geschichtlichen Gemeinschaft geknüpft. Man kann daher nach meiner Anschauung nicht sagen, daß die Wahrheit der christlichen Idee von dem äußern Ereignisse des historischen Heilswerks Christi[2]) abhängig sei. Das was an und in diesem Werke das wahrhaft Versöhnende und Erlösende ist, ist mir der in und mit demselben ans Licht getretene geistige Gehalt, näher der bestimmte Complex festgeordneter innerer Vorgänge im Menschengemüth, durch welche das Bewußtsein der Gotteskindschaft in uns erzeugt wird, oder in welchen Gottes Geist unmittelbar selbst im Menschengeiste seine versöhnende und erlösende Gegenwart beurkundet" (233). Für die Christen ist es danach eine Erfahrungsthatsache, daß sie innerhalb der christlichen Gemeinschaft ihrer Versöhnung und Erlösung gewiß geworden sind, und in sofern besteht ein geschichtlicher Zusammenhang zwischen der thatsächlichen Wirksamkeit des christlichen Princips in ihr und dem geschichtlichen Lebenszweck des Stifters der Gemeinde. Aber trotzdem wäre es nach Lipsius unrichtig, die Erlösung und Versöhnung nur in Abhängigkeit von der geschichtlichen Gemeinbegründung zu denken. Jene religiösen Vorgänge sollen in ihrer inneren Wahrheit von allem Geschichtlichen unabhängig sein. Die Frage, ob und inwieweit dieselben geistigen Vorgänge, in denen das Wesen der wahren Religion sich realisirt, auch abgesehen von dieser bestimmten geschichtlichen Ge-

---

[1]) Dogmatische Beiträge; Jahrbb. f. prot. Theol. 1878 S. 230.

[2]) Diese Worte sind nicht vom Verf. sondern von mir durch den Druck hervorgehoben.

meinschaft zu Stande kommen können, würde für die Glieder dieser Gemeinschaft ein lediglich theoretisches Interesse haben (235).

In dieser Ausführung wird die geschichtliche Thatsache des Lebens und Berufswirkens Jesu allein als wissenschaftliches Erklärungsmittel religiöser Vorgänge in Anspruch genommen, deren sich Lipsius für sich selbst bewußt ist und von welchen er annimmt, daß sie innerhalb der christlichen Gemeinschaft auch bei Anderen in derselben Weise entstehen. Es wird also eine Erscheinung, über deren empirisches Gegebensein kein Zweifel obwaltet, aus ihren Ursachen erklärt, oder es wird der Zusammenhang, in welchem sie mit voraufgehenden Erscheinungen factisch steht, erkannt. Die Erledigung dieser wissenschaftlichen Aufgabe kann für den, welcher jene religiösen Vorgänge in sich selbst erlebt, nur ein lediglich theoretisches Interesse haben. Die Bedeutung, welche diese Vorgänge für ihn selbst beanspruchen, wird durch die Erkenntniß, wie sie factisch entstanden sein mögen, nicht berührt. Also nicht nur die Frage, ob sich auch auf andere Weise das Wesen der wahren Religion realisiren könne, sondern auch die Frage nach dem Stifter der christlichen Gemeinschaft wäre dann für das religiöse Leben derselben völlig gleichgültig. Ich bin überzeugt, daß Lipsius selbst dieser Folgerung aus seinen Sätzen zustimmen muß. Erst wenn die sittliche Aufgabe auftaucht, für das Bestehen der religiösen Gemeinde durch die Weiterleitung christlicher Frömmigkeit zu sorgen, heftet sich an das geschichtliche Bild Jesu direct ein practisches Interesse, sofern wenigstens in ihm das wirksamste Mittel zu jenem Zwecke erkannt wird. Deßhalb hat Biedermann ganz folgerichtig die Person Christi, als das fundamentale Vehikel der christlichen Predigt, in der Lehre von den Gnadenmitteln behandelt. Dagegen kann innerhalb jener religiösen Vorgänge selbst die Erinnerung an Christus nur etwas zufälliges sein. Denn die Gewißheit von einem Verkehr des Menschen mit Gott, welche in dem Bewußtsein der Gotteskindschaft liegt, erwächst nach dieser Theorie nicht aus dem Rückblick auf Christus, sondern ist lediglich der Ertrag einer Gefühlsaufwallung, welche aus den Tiefen der eigenen Seele hervorbricht. Wollte man einwenden, die Erinnerung an Christus sei zwar an sich zufällig für das Dasein der wahren Religion in einem Menschen, aber sie sei doch die concrete Form, in welcher sich dieselbe in uns verwirklicht, so wird diese Auskunft gegenüber der Frage nach der religiösen Gewißheit zu einer leeren Phrase. Entweder stützt sich die in dem Bewußtsein der Gotteskindschaft gesetzte Gewißheit auf die geschichtliche Erscheinung Christi, — dann haben wir in ihr die Offenbarung Gottes, von welcher wir leben; oder jene Gewißheit greift nicht auf das in ihm Erkannte zurück, sondern auf eigenthümlich gefärbte Gefühlszustände, welche an sich selbst den Eindruck machen, daß sich in ihnen „Gott im Menschengeiste aufschließe“ — dann hat der Gedanke an Christus in dem Heiligthume des religiösen Vorganges selbst keine Stelle. Ihn in denselben hineinzuschieben, scheint dann für jeden, dem es mit der Religion Ernst ist, verboten zu sein. Und die Dogmatik hätte demgemäß, sofern sie die dem religiösen Bewußtsein immanente Gewißheit entwickeln und rechtfertigen soll, von der Person Christi überhaupt nicht zu reden.

Trotzdem will Lipsius seiner Dogmatik diesen Gegenstand erhalten und führt dafür folgende Gründe an. „Für die unmittelbar religiöse Vorstellung ist Christi Person allerdings untrennbar mit dem christlichen Princip verschmolzen. Die Gemeinde ist aber in ihrer Gemeinschaft mit Christus ihrer Versöhnung und Erlösung thatsächlich gewiß und eben darum schaut sie in Christus, dem Offenbarer der göttlichen Liebe, unmittelbar die Gegenwart dieser versöhnenden Gottesliebe an. Nur muß ich meinerseits allerdings vorbehalten, diese Form der unmittelbaren Gewißheit, in welcher sich die geistige Wahrheit der Versöhnung für die Gemeinde beglaubigt, von jener geistigen Wahrheit wohl zu unterscheiden.“ Wenn sich auch in dem Christen die Gewißheit der Versöhnung in der Form vollzieht, daß er in Christus unmittelbar die Gegenwart der versöhnenden Gottesliebe anschaut, so darf sich die wissenschaftlich-theologische Fassung des darin als Wirklichkeit ausgesprochenen religiösen Verhältnisses an diese seine Erscheinungsform nicht binden. Die Dogmatik unterscheidet vielmehr die Form des unmittelbaren Bewußtseins um die in der christlichen Gemeinde erlebte Versöhnung von dem geistigen Wesen des vollkommenen religiösen Verhältnisses selbst. Daneben hat die Dogmatik aber auch die Aufgabe, den Werth des Lebenswerkes Christi für die Gemeinde, als der geschichtlichen Versöhnung und Erlösung, nach allen darin enthaltenen Beziehungen hin zur Anschauung zu bringen. Denn sie kann sich unmöglich der Forderung entziehen, die wenigstens mittelbar religiöse Bedeutung, welche Christus als der geschichtliche Versöhner für das geschichtliche Glaubensleben der Gemeinde thatsächlich besitzt, zu begreifen. Für die dogmatische Betrachtung hat dieß ein Interesse, weil es sich hier um eine wissenschaftliche Verständigung der Gemeindegenossen unter einander über Inhalt und Form ihres unmittelbaren Glaubensbewußtseins handelt. Abgesehen davon meint Lipsius, es Biedermann, der in diesen Auseinandersetzungen einen Rückfall in die Vermittlungstheologie bemerkt hatte, zugestehen zu müssen, daß man der Rücksicht auf die Person Christi in einem „Leben Jesu" nachkommen müsse, nicht in der Dogmatik.

Hier finden wir also unsere obige Annahme bestätigt, daß sich auch für Lipsius das Bewußtsein der Gotteskindschaft in der dankbaren Anerkennung der Thatsache vollzieht, daß Gott durch den geschichtlichen Christus auf ihn gewirkt hat und wirkt. Denn was er so eben von der christlichen Gemeinde gesagt hat, soll natürlich auch für ihn selbst gelten. Christus ist danach der Offenbarer der göttlichen Liebe, in ihm wird unmittelbar die Gegenwart der versöhnenden Gottesliebe angeschaut. Ist dieß aber wirklich der Fall, so ist Christus auch der Grund der religiösen Zuversicht, und die Dogmatik hat dann zu zeigen, wie er dieß sein könne durch das, was an ihm erkennbar ist. Was soll es daher heißen, wenn Lipsius auch diese Beziehung auf Christus nicht zu dem Wesen des religiösen Vorgangs rechnet, sondern nur zu der Form desselben, von welcher man absehen könne, ohne daß dadurch die Wirklichkeit des als Gotteskindschaft bezeichneten religiösen Verhältnisses aufgehoben würde? Ohne die stete Beziehung auf eine Kundgebung Gottes, welche ein kindliches Vertrauen zu ihm rechtfertigt, ist doch das Bewußtsein der Gotteskindschaft gar nicht möglich. Ist uns diese Kundgebung Gottes die Offenbarung seiner auf uns gerichteten Liebe in Christus, so gehört die Vergegenwärtigung und das wachsende Verständniß dieser Thatsache zum religiösen Leben selbst. Von der Offenbarung, auf welche hin man glaubt, läßt sich der religiöse Vorgang nicht abtrennen, sonst fehlt ihm das, was ihn allein von einem flüchtigen Traum unterscheiden kann, der Nerv der Gewißheit. Wenn es nicht ein leeres Wort sein soll, daß Christus uns die Offenbarung der Liebe Gottes, die Gegenwart der versöhnenden Gottesliebe, den geschichtlichen Versöhner bedeutet, so redet Gott durch diese Thatsache unmittelbar zu einem jeden von uns, und wir haben in dieser Thatsache ein integrirendes Moment unseres eigenen persönlichen Lebens. Lipsius sagt, um es zu rechtfertigen, daß er in seiner Dogmatik von Christus spricht, derselbe habe als der geschichtliche Versöhner eine wenigstens mittelbar religiöse Bedeutung für die Gemeinde. Dieses „mittelbar" verstehe ich nicht. Denn wenn Christus wirklich der geschichtliche Versöhner ist, so ist er für die Menschen, welche innerhalb dieser Geschichte ihr Dasein haben, die auf sie direct gerichtete abschließende Handlung Gottes zu ihrem Heil. Religiöser Glaube ist der Abschluß der persönlichen Selbstgewißheit in dem Bewußtsein eines wirklichen Verkehrs mit Gott. Wie er also gar nicht denkbar ist ohne Gebet von Seiten des Menschen, so ist er auch nicht denkbar ohne Offenbarung von Seiten Gottes. Folglich ist nicht nur jene religiöse Activität, sondern auch der Grund derselben, die Offenbarung Gottes, ein Moment der persönlichen Selbstgewißheit. Das Factum, daß Jesus auf unserer Erde gelebt und gewirkt hat, gehört für den Christen ebenso zu der Wirklichkeit seines persönlichen Lebens, wie die Verhältnisse, welche seine eigene Geburt und Entwicklung in nächster Nähe umgeben haben und umgeben. Und jenes Factum der Vergangenheit ist sogar das entscheidende Moment für die persönliche Selbstgewißheit, weil sich die Zuversicht der Person, daß sie nicht ein vergängliches Mittel für ein unbekanntes Ganzes ist, sondern die mit einem ewigen Recht bekleidete Realisirung einer für sich absolut werthvollen Idee, durch das Verständniß jener Thatsache stetig hindurchbewegt. Es handelt sich also nicht um eine mittelbar, sondern um eine unmittelbar religiöse und persönliche Bedeutung Christi für uns. Von dem Grunde unserer religiösen Gewißheit können wir uns nicht abtrennen, denn wir sind unser selbst gewisse Personen allein durch ihn. Die Klarheit und die Kraft unseres persönlichen Lebens hängt grade davon ab, daß wir uns mit wachsendem Verständniß in ihn hineinleben und ihn für uns verwerthen. Wir folgen dem Zuge zur Wirklichkeit, wenn wir uns zu ihm hinwenden, und wir verlieren uns kraftlos im Schein, wenn wir ihn vergessen.

Man kann sich darüber freuen, daß Lipsius der Aufforderung Biedermanns, die Person Christi in der Dogmatik nur noch als Anregungsmittel des Glaubens zu behandeln, nicht folgen will. Aber der Grund, den er dafür anführt, ist durchaus hinfällig. Ist die Beziehung auf Christus nur die thatsächliche Form unserer religiösen Gewißheit, von der wir zugleich wissen, daß sie für das

Wesen der letzteren nichts austrägt, daß dieselbe also bestehen kann auch ohne sie, so hat sie eben mit dieser Erkenntniß auch aufgehört die thatsächliche Form unserer religiösen Gewißheit zu sein. Und die Dogmatik, welche die inneren Gründe unseres Glaubens, d. h. die Gründe, auf die er sich selbst beruft, in geordneter Weise zur Darstellung bringen und rechtfertigen will, hat dann allerdings Nöthigeres zu thun, als pietätvolle Erinnerungen an einen Menschen zu pflegen, welcher, wenn die Nachrichten nicht trügen, zum ersten Male erlebt hat, was wir, ohne auf ihn zurückzublicken, jetzt in uns selbst sich regen sehen.

Auf jeden Fall muß in dem religiösen Vorgang, welchen Biedermann und Lipsius als Erlebniß der Gotteskindschaft bezeichnen, eine bewußte Beziehung auf ein Ereigniß enthalten sein, welches als die Kundgebung Gottes beurtheilt wird. Denn eine solche Kundgebung Gottes ist das unumgängliche objective Correlat zu der Gewißheit, ohne welche jenes Erlebniß eine gleichgültige Träumerei wäre. Für beide Theologen liegt nun dieser Grund der Gewißheit in dem subjectiven religiösen Vorgange selbst. Denn daß sich ein objectives göttliches Princip in dem menschlichen Geiste bethätigt, wenn derselbe die Erhebung über seine endliche Natur zu erleben meint, — dieses Urtheil über den Gehalt der erfahrenen Gefühlserregung ist eine Deutung der letzteren auf Grund des Werthes, welcher ihr beigemessen wird. Es ist also der nicht näher zu definirende Eindruck, welchen der Genuß des religiösen Erlebnisses selbst macht, wodurch dasselbe als Offenbarung Gottes und als letzter Grund der religiösen Gewißheit qualificirt wird. Ich bestreite nun durchaus nicht, daß damit eine Art von religiöser Ueberzeugung beschrieben wird. Aber das muß ich in Abrede stellen, daß der Sinn der christlichen damit getroffen wird. Im Christenthum gilt, wie Lipsius anerkennt, der Stifter der Gemeinde als die Offenbarung der Liebe Gottes. Wenn dieß richtig ist, so liegt doch aber auf der Hand, daß hier der Gläubige, wenn er sich des Grundes seiner religiösen Gewißheit bewußt wird, nicht bei den Erfahrungen stehen bleibt, welche er als isolirtes Subject an seinem Geistsein macht. Er blickt vielmehr nothwendig darüber hinaus auf die Person Christi und findet seine Ruhe in dem Eindruck, den er von ihm empfängt. Und alle anderen Erfahrungen, äußere und innere, erhalten für ihn den Charakter der Offenbarung erst insofern, als er sie aus der Zweckbeziehung des geschichtlichen Wirkens Christi auf sein Heil zu deuten vermag. Wenn Lipsius aber beide Standpunkte zugleich einzunehmen sucht, indem er den Begriff der Offenbarung zunächst nur auf einen subjectiven Vorgang im Gläubigen selbst anwenden will, um ihn dann selbst wieder mit der christlichen Gemeinde auf ein geschichtliches Ereigniß zu beziehen das dem Christen als ein in seiner Welt Gegebenes entgegentritt, so scheint mir das noch immer auf einer starken Unklarheit zu beruhen. Wer die Offenbarung Gottes für ihn selbst in der geschichtlichen Erscheinung Christi sieht, kann dieselbe nicht zugleich als eine Thatsache des menschlichen Geisteslebens auffassen, welche sich nur zum ersten Male in Christus gezeigt, in uns aber sich in gleicher Weise wiederholen soll. Denn sofern Christus für uns die Offenbarung bedeutet, ist er uns nicht gleich, sondern wir sind ihm untergeordnet. Wir sind alsdann überzeugt, daß wir den freien Zugang zu Gott und die geistige Freiheit gegenüber der Welt nur besitzen in dem bewußten Vertrauen auf ihn. Dann ist aber unser religiöses Leben, welches von diesem Vertrauen auf ihn beherrscht ist, anders vermittelt als das des Erlösers, wenn auch der practische Ertrag desselben bei uns derselbe sein soll wie bei ihm. Die Form der religiösen Gewißheit ist in beiden Fällen eine andere. Bei uns erwächst dieselbe aus einem Ereigniß, welches wir nicht in uns selbst erleben, sondern welches von außen an uns herantritt; bei ihm liegt sie unmittelbar in seinem Selbstbewußtsein. Wegen dieses Unterschiedes behalten wir den Begriff der Offenbarung für das äußere Ereigniß vor, worauf sich unser religiöses Vertrauen gründet; wir meinen damit die That, durch welche Gott uns zu sich heranzieht. Lipsius dagegen versteht unter Offenbarung das religiöse Leben selbst, wie es, als eine abgeschlossene Thatsache in sich kreisend, in allen gläubigen Subjecten in wesentlich gleicher Weise sich wiederholt und den Grund seiner Gewißheit in sich selbst trägt. Wenn nun auch das letztere in gewissem Sinne richtig ist, so ist doch die von Lipsius anerkannte Eigenthümlichkeit der christlichen Frömmigkeit eben die, daß sie, wenn sie den Grund ihrer Gewißheit aussprechen will, auf Christus sieht und nicht auf sich selbst. Nach dem Offenbarungsbegriff von Lipsius ist Christus nur die durch die geschichtlichen Vermittlungen hindurchwirkende Ursache der Erlösung. Nun frage ich aber jeden, der sich um den Unterschied der reformatorischen von der mittelaltrigen Frömmigkeit gekümmert hat, ob nicht die Reformatoren wenigstens die Absicht gehabt haben, die religiöse Erkenntniß grade dadurch zu vertiefen, daß sie jene Werthschätzung Christi ergänzten. Daß er die Causalität der Erlösung sei, kann wohl nicht stärker ausgesprochen werden als in der mittelaltrigen Justificationslehre. Denn der ganze Heiligungsapparat der Kirche soll ja doch nur die Verzweigung der einen Heilsursache, Christus, sein. Man würde aber offenbar die Reformatoren sehr mißverstehen, wenn man meinte, sie wären im Allgemeinen bei dieser Vorstellungsweise verblieben und hätten sie nur insofern modificirt, als sie danach gestrebt hätten, die magischen Ursachen religiöser und sittlicher Erneuerung durch die ethisch vermittelten Eindrücke von der Vollkommenheit des Lebens Christi zu ersetzen. Daß sie dieß auch gewollt haben, unterliegt keinem Zweifel. Aber viel tiefer schnitt es in die hergebrachte kirchliche Praxis ein, daß sie sich nicht mehr darauf beschränkten, in Christus die Ursache der Erlösung anzuerkennen und sein Bild als das Instrument der menschlichen Thätigkeit zu erbaulichen Zwecken zu verwenden, sondern daß sie dieser ganzen Beurtheilung Christi die andere hinzufügten, wonach er dem bewußten Menschengeiste als der Grund seiner Selbstgewißheit gilt. Dadurch eröffneten sie den Weg zu der geistigen Freiheit und Selbständigkeit, welche es dem Christen ermöglicht, sich von dem unheimlichen Magismus der Sacramente, durch welchen die katholische Kirche ihren Gliedern die Abhängigkeit von dem geschichtlichen Heilsgrunde fühlbar macht, zu emancipiren, aber zugleich diese Abhängigkeit als eine das ganze bewußte Leben des Geistes umschließende Thatsache tiefer und reicher zu erfahren. Christus ist uns Evangelischen der Heilsgrund vor Allem als der Grund unseres bewußten Vertrauens auf Gott, als die uns verständliche Kundgebung Gottes an uns, welche ein solches Vertrauen zu ihm motivirt. Dieser Fortschritt der Reformatoren, durch welchen die christliche Gemeinde nicht etwa in eine vage Freiheit von lästigen Autoritäten entlassen wird, sondern durch welchen sie vielmehr auf die gegebene feste Basis der ihr möglichen Selbständigkeit verwiesen wird, scheint doch durch jene moderne Offenbarungstheorie stark bedroht zu werden, welche den Erlöser unter keinem andern Gesichtspunkte auffaßt als die Kirche des Mittelalters, aber dabei seiner Person nur eine mittelbar religiöse Bedeutung für die glaubende Gemeinde zugestehen will.

Dennoch sind die Motive, durch welche Lipsius hierbei direct bestimmt ist, durchaus zu billigen. Wenn man einmal von jenem Gesichtspunkt der Reformatoren keinen Gebrauch machen will und den Erlöser demgemäß nur als Ursache religiöser und sittlicher Erneuerung beurtheilt, welche in dem geistigen Leben des Gläubigen direct umgestaltend wirksam ist, so ist es allerdings richtig, nur von einer mittelbar religiösen Bedeutung seiner Person zu reden. Denn in dem geistigen Leben selbst, welches in Vorstellungen, Werthgefühlen, Willensimpulsen verläuft, kann offenbar nichts als wirksam auftreten, was nicht die Form der hier stattfindenden Bewegungen, d. h. eine psychologische Form angenommen hat. Es muß eine Vorstellung, ein gefühlter Werth, eine Spannung des Willens sein, was hier unmittelbar als Ursache einer Bewegung soll erscheinen können. Man geräth unvermeidlich auf Bilder materieller Vorgänge, wenn man sich einen geistigen Vorgang anders vorzustellen sucht. Denn da uns nur die beiden Gebiete der äußeren und inneren Erfahrung zur Verfügung stehen, welche wir nicht auf einander zurückführen können, so kleidet sich das geistige Ereigniß, das wir nicht als psychologisch vermittelt vorstellen wollen, unwillkürlich in die Form eines materiellen Vorgangs. Das ist in der erbaulichen Sprache auch ganz statthaft, da der Ausdruck der Vorstellung dadurch an plastischer Kraft gewinnt und die Innigkeit der sie begleitenden Empfindung deutlicher hervortreten lassen kann; wie wir uns ja auf der andern Seite auch räumliche Bewegungen dadurch fortwährend verständlicher machen, daß wir sie mit psychischen Vorgängen parallelisiren. Aber allerdings muß ein natürlicher Tact oder wenigstens wissenschaftliche Einsicht über jene unwillkürliche Symbolik der erbaulichen Sprache wachen, damit die sinnliche Gluth des Ausdrucks immer von dem Bewußtsein beherrscht bleibe, daß sie nur untergeordnetes Darstellungsmittel eines höheren Inhalts sei. Wenn dem aber so ist, so kann auch die Person Christi als eine wirksame Macht in unserem geistigen Leben nur erscheinen in der Form jener Thätigkeitsweisen unseres Geistes; d. h. es kann sich, um die Sprache der Schule zu reden, mit der wir uns beschäftigen, nur um den geistigen Gehalt der Person Christi handeln, wie er in seinem geschichtlichen Bilde und in seinen geschichtlichen Wirkungen, die das Dasein der christlichen Gemeinde durchziehen, erkennbar und spürbar wird. Und es ist gewiß dringend nöthig, dieß einzuschärfen, damit nicht an die Stelle der demüthigen Unterordnung unter das geschichtlich gegebene Heil und unter die Bedingungen, an welche die Theilnahme an demselben für den auf der Erde lebenden Menschen geknüpft ist, das unlautere Verlangen trete nach einem abgesehen davon möglichen Verkehr des isolirten Subjects mit ihm. Ein Verlangen der Art, das sich so oft als ganz besonders fromm darstellen möchte, kann nichts weiter sein als eine Aeußerung sündiger Leidenschaft, einer egoistischen Begehrlichkeit, welche nicht anerkennen will, daß für uns Alle das Höchste nie einen anderen Inhalt haben kann, als den, der in der geschichtlichen Gottesoffenbarung vorliegt und in der Gemeinde Christi wirksam ist. Wer etwas Anderes von Christus haben will, als was er uns im Evangelium und in seinem geschichtlichen Wirken in der Gemeinde bietet, fällt damit im Stillen von dem Grunde unseres Glaubens ab und überträgt es seiner Phantasie, ihm einen Erlöser zu verschaffen, der dann freilich deutlich genug die Züge menschlicher Willkür und Sünde zu tragen pflegt. Sofern also Lipsius diese Willkür abwehren will, müssen wir ihm durchaus beistimmen. Das was von Christus empirisch in uns wirkt, was wir selbst uns von ihm als directe Ursache geistiger Bewegungen in uns vergegenwärtigen können, kann allerdings nichts Anderes sein als der geistige Gehalt seiner Person, der als Inhalt unserer psychischen Functionen zu erscheinen und so ein wirksames Moment in unserem geistigen Leben zu werden vermag.

Aber erstens ist zu sagen, daß sich mit der Vergegenwärtigung des geistigen Gehalts der Person Christi, den wir uns assimiliren sollen, sehr wohl der Gedanke an die Person selbst verbinden kann, die durch ihn unmittelbar auf uns wirke, ohne daß dabei die phantastische Willkür, die wir soeben zurückgewiesen haben, Platz greifen müßte. Das Berufsleben jedes Menschen, auch das der Mutter für ihre Kinder, ist nach unserem Glauben zu seinem Abschluß gekommen, wenn der Tod das Wirken unterbricht. Die Beziehungen, in welchen der Mensch auf den sittlichen Verkehr auf Erden eingeht, ergeben für ihn auch die Stellung, welche er zu dem Gottesreiche einnimmt. Da jene Beziehungen für jeden von uns zeitlich und räumlich beschränkt sind, oder da sich unser Beruf immer nur auf eine beschränkte Sphäre im Gottesreiche erstreckt, so liegt auch ein religiöser Grund nicht vor, die fernere directe Einwirkung eines Abgeschiedenen auf das irdische Wachsthum des Gottesreiches zu behaupten. Wenn dagegen der Beruf Christi auf das Ganze der menschlichen Bestimmung geht, so daß es nach dem Zeugniß seines eigenen Bewußtseins und nach dem Glauben der Gemeinde keine Bewegung der Menschheit zu ihrem Ziele geben kann, welche nicht von ihm ausginge oder auf ihn hin gerichtet wäre, so läßt sich dieser Gedanke nur in der Form durchführen, daß seine Berufsthätigkeit nicht im Tode erloschen ist, sondern fortfährt, das über alle Zeitschranken hinausgreifende Ziel, in welchem seine Person ihre volle Wirklichkeit erreichen will, herbeizuführen. Jede andere Person ist für uns etwas Abgeschlossenes, indem wir die Sphäre, für welche sie gewirkt hat, in das Ganze der ihrer Bestimmung gemäß vollendeten Menschheit eingefügt denken. In derselben Weise die Wirklichkeit der Person Christi vorzustellen, ist uns aber unmöglich. Denn der Inhalt seines Selbstzwecks, das Geisterreich, in welchem der Wille Gottes vollkommen geschieht, ist eben das Ganze, welches uns im religiösen Glauben als wirklich feststeht. Daß seine Person das ist, was sie hat sein wollen, diese Ueberzeugung können wir nicht wie bei jedem anderen Menschen in dem Gedanken vollziehen, daß sein Selbstzweck in dem Ganzen des Gottesreiches seine Stelle gefunden habe. Wir sind durch das feste Vertrauen, daß seine Person kein Schein ist, zu dem Gedanken gezwungen, daß Leben und Wachsthum des Gottesreiches unmittelbar sein Leben und seine Wirksamkeit bedeutet. In demselben Maße als uns seine Person nichts Gegenwärtiges sondern ein geschichtlich Vergangenes wird, wird er selbst herabgesetzt zu dem Propheten eines Ideals, welches größer ist als er selbst, und die festen Linien der christlichen Weltanschauung verschwimmen alsdann leicht in dem Gedanken eines Fortschritts der Menschheit, in welchem jedes Geschlecht das untergehende Mittel für das folgende ist.

Aber wenn man auch dieser dogmatischen Begründung des Glaubens der christlichen Gemeinde, daß der erhöhte Herr in ihr und durch sie fortwirke, nicht beipflichten will, so wird man doch zugestehen müssen, daß dieser Glaube an sich keineswegs zu jener unfrommen Willkür führen muß, welcher Lipsius dadurch begegnen will, daß er von der Person Christi, welche uns ein Aeußerliches bleibe, das einer inneren Aneignung fähige christliche Princip unterscheidet. Denn die Vorstellung von dem in uns fortwirkenden Christus ist für uns nicht ein leeres Gefäß, welches die schwärmende

Phantasie und die zuchtlose Begehrlichkeit des Menschen mit einem beliebigen Inhalt füllen dürften. Ihr Inhalt ist uns vielmehr in dem gegeben, was sich als geschichtliche Wirkung Christi durch seine Gemeinde und durch sein überliefertes Bild an uns bethätigt; einen andern Stoff für die Anwendung jener Vorstellung kann es für uns nicht geben, so lange wir unserer christlichen Freiheit grade in dem Bewußtsein froh sind, daß in dem an uns ergangenen Evangelium Alles beschlossen ist, dessen wir bedürfen.

Vor Allem aber hat Lipsius ganz außer Acht gelassen, daß die Person Christi eine unmittelbar religiöse Bedeutung auch dann für uns bekommt, wenn wir uns bewußt werden, daß der Grund unserer religiösen Gewißheit nirgend wo zu finden ist, als allein in ihm. Derselbe kann für uns nicht in der Erfahrung liegen, welche wir von der umgestaltenden Macht des christlichen Princips an uns selbst machen. Durch diese Annahme würde die katholische Vorstellung von der Erlösung zwar vergeistigt wie es bei Schleiermacher der Fall ist (vergl. Glaubensl. §. 87, 3.), aber nicht überschritten. Es treten allerdings an die Stelle der naturartig wirkenden Gnade die geistigen Mächte, an denen geistiges Leben sich wirklich nähren kann. Aber hier wie im Katholicismus wird übersehen, daß dieser religiöse und sittliche Umbildungsproceß sich nur vollzieht, indem die Offenbarung der Liebe Gottes aus einer Thatsache hervorbricht, welche von den Erfolgen jenes Processes selbst unterschieden wird und an deren Objectivität sich der Gläubige unter den Schwankungen seines inneren Lebens orientiren kann. Wenn Lipsius (a. a. O. S. 74—75.) sagt, daß er dieses Moment ebenfalls zur Geltung bringe, so weiß ich wohl, daß zahlreiche Sätze bei ihm vorkommen, welche den von uns geforderten Gedanken auszudrücken scheinen. Aber selbst in dem kurzen Ueberblick, den er an dem soeben angeführten Orte giebt, steht die richtige Definition der Offenbarung als „Kundgebung des göttlichen Heilswillens" dicht neben den Sätzen, in welchen sich der Offenbarungsbegriff Biedermanns spiegelt, wonach als Inhalt der Offenbarung die subjective Thatsache des vollkommenen religiösen Verhältnisses bezeichnet wird, welche zum ersten Male in Christus aufgetreten ist und „sich durch das Walten des h. Geistes in der christlichen Gemeinschaft als die versöhnende und erlösende Macht offenbart", oder, wie er gleich darauf sagt, in uns sich immer aufs Neue verwirklichen soll. Es ist doch wirklich nicht schwer zu sehen, daß hier zwei ganz verschieden geartete Vorstellungen vorliegen. Jene erstere Definition der Offenbarung, welche ich die richtige genannt habe, entspricht dem Gedanken eines zweckvollen Willens Gottes, welcher uns als auf uns gerichtet in einer geschichtlichen Thatsache entgegentritt; sie ist also teleologisch geartet. Ueberall aber, wo dieser Einschlag in dem kunstvollen Gewebe der Lipsius'schen Dogmatik zurücktritt, drängen sich die anderen Anschauungen hervor, welche Lipsius offenbar bevorzugt. Und nach diesen ist dann die Offenbarung eine subjective Thatsache, die, zuerst nur in Einem Menschen vorhanden, die Ursache wird, welche ihr gleichartige Wirkungen auch in Andern zur Folge hat.

Wenn wir den letzteren Gedanken als einen mit jener andern Definition arg contrastirenden Mißgriff zurückweisen, so verfallen wir damit noch nicht in „die moderne supranaturalistische Theorie von den sog. wunderbaren „Heilsthatsachen", welche den Kern der göttlichen Offenbarung bilden sollen". Dieses ganz unbestimmte Gerede von den Heilsthatsachen, wobei ganz außer Acht bleibt, daß ein aufrichtiger Mensch von solchen nur da reden kann, wo ihm das auf sein Heil gerichtete Wirken Gottes offenbar geworden ist, ist allerdings ein beklagenswerther Mißbrauch, welcher „viel Ungeziefers und Geschmeiß mancherlei Abgötterei" hervorbringen kann. Aber Lipsius wählt keineswegs das richtige Mittel, wenn er diesen Mißbrauch durch die Erörterung der Frage abschneiden will, „wie das Bewußtsein um die göttliche Offenbarung ursprünglich in einem Menschengemüthe entsteht und welche Aussagen über die Offenbarung in jenem Bewußtsein enthalten seien". Selbst wenn diese fragwürdige Aufgabe, in das Dunkel der psychischen Processe aus welchen jenes Urtheil resultiren mag, durch wirklich wissenschaftliche Erkenntniß Licht zu bringen, gelöst werden könnte, — Lipsius begnügt sich verständigerweise damit, in einem religionsphilosophischen Abschnitt die Lösung zu fordern und in einem dogmatischen sie vorauszusetzen —: so würde ein solcher Sieg der Psychologie die Vorstellung von den Heilsthatsachen nicht im Mindesten bestimmter gestalten können. Denn durch die Art wie eine Thatsache factisch entstanden ist, durch die psychischen oder materiellen Vorgänge, aus welchen sie hervorgeht, wird dieselbe doch für keinen Menschen zur Heilsthatsache. Wenn also die abstracte Forderung der Erklärungsmöglichkeit auch an dem Bewußtsein der Religionsstifter und Propheten von ihren Offenbarungen, wie Lipsius (Dogmatik S. 48.) verlangt, durchgeführt werden könnte, so wäre damit über den Sinn, in welchem ihr Dasein und Wirken für die Gläubigen eine Heilsthatsache sein kann, noch gar nichts entschieden. Es ist leicht zu sehen, was zu jener verkehrten[1]) Aufgabe geführt hat, das „allgemeine geistige Wesen der Offenbarung" durch eine psychologische Analyse zu erkennen, welche an den Religionsstiftern und Propheten die Entstehung des Bewußtseins um eine göttliche Offenbarung erforschen soll. Lipsius kommt darauf, weil er voraussetzt, daß die Offenbarung die subjective Religiosität des Religionsstifters als solche sei, welche zu ähnlichen Erlebnissen die Anregung giebt. Deßhalb scheint es ihm wünschenswerth, die Genesis jenes Vorgangs im Religionsstifter möglichst genau zu kennen, weil er sich um so leichter von uns wird nachahmen lassen. Wir haben aber bereits gezeigt, daß bei dieser Auffassung die Offenbarung nicht als religiöser Begriff behandelt wird. Sie dient dann entweder als geschichtliches Erklärungsmittel für analoge Vorgänge oder als Vorbild, welches zur Erzeugung derselben anregen soll; völlig vergessen wird dabei aber, daß die Offenbarung in der bewußten Religiosität des Frommen die Bedeutung hat, die Gewißheit, welche seinem Glauben innewohnen soll, für ihn selbst zu rechtfertigen.

Für uns dagegen ist Offenbarung ein religiöser Begriff; die Offenbarung bezeichnet für uns weder die auch einem indifferenten Erkennen erreichbare Ursache noch das Vorbild unserer religiösen Erlebnisse, sondern den innerhalb dieser Erlebnisse selbst ausdrücklich vergegenwärtigten Grund unserer religiösen Gewißheit. In diesem Sinne ist uns Christus die Offenbarung. Unser Vertrauen auf Gott ist beständig durch den Hinblick auf ihn vermittelt, in

[1]) So darf man diese Aufgabe wohl nennen. Man kann wohl die Reconstruction des Bewußtseins historischer Persönlichkeiten versuchen. Aber wer darf ein solches Werk der künstlerischen Phantasie mit dem Namen einer exacten psychologischen Analyse verunzieren? Es ist gewiß schlimm, wenn die Theologen nicht einsehen wollen, daß die Erklärungsmöglichkeit auch der religiösen Vorgänge im Subject ein unumgängliches Postulat der Wissenschaft ist – aber auch nichts weiter. Viel schlimmer ist es jedoch, wenn ein Theolog wie Lipsius durch diese triviale Einsicht sich so außer Fassung bringen läßt, daß er in die Durchführung der psychologisch-mechanischen Erklärungen an allen Aeußerungen des religiösen Lebens den wissenschaftlichen Charakter der Theologie setzen zu müssen glaubt.

welchem wir die entscheidende Kundgebung und Bethätigung des göttlichen Heilswillens an uns erkannt haben.

Wenn wir nun aber selbst das Recht dieses Urtheils klar machen und die Nothwendigkeit der Person Christi für die der absoluten Religion innewohnende Gewißheit nachweisen wollen, so müssen wir vor Allem genau angeben, wodurch er uns die Offenbarung oder die Heilsthatsache ist. Dieser Offenbarungscharakter Christi muß auch dem Einfältigen verständlich und er muß zugleich der Art sein, daß er die freie selbständige Gewißheit der absoluten Religion begründet.

Wenn man auf die erstere Forderung sieht, so bieten sich vor Allem die Wunder, die Jesus gethan und erlitten, als das Verständlichste dar. Die Erzählungen von diesen Ereignissen sind mit dem geschichtlichen Zeugniß von Christus unlöslich durchflochten; und als Machtthaten Gottes, welche das Leben des Erlösers umgeben, einfach hingenommen, können sie wenigstens die Veranlassung werden, auf ihn selbst das Auge zu richten. Die erregte Discussion für oder wider die Glaubwürdigkeit der Wunderberichte der Evangelien aus principiellen Gründen ist für die jetzige Aufgabe der Theologie völlig gleichgültig. Sie ist aber ausgezeichnet geeignet, die Gemüther zu verwirren und den Sinn für die religiöse Wahrheit abzustumpfen. Man mag nämlich die Unmöglichkeit oder die Möglichkeit solcher Ereignisse beweisen, auf jeden Fall giebt dabei eine Gottesidee den Ausschlag, welche nicht die christliche ist.

Bei dem Beweise für die Unmöglichkeit ist dieß evident; denn dieser kann schlechterdings nur gelingen, indem die von uns erkannte Gesetzmäßigkeit des natürlichen Geschehens als der vollständige Ausdruck der in Gottes Schöpferwillen beschlossenen Wirklichkeit gedacht wird. Dabei werden die Resultate unseres Welterkennens zum Maßstabe des Seins und Wirkens Gottes gemacht. Und daß dieß falsch sei, darüber sollte unter Christen kein Streit sein. Wenn trotzdem ein solcher Streit besteht, so erklärt sich dieß zum Theil aus der Verkehrtheit des apologetischen Versuchs, die Möglichkeit der Wunder beweisen zu wollen. Wenn man sich auf den Nachweis beschränkte, daß gegen dasjenige, was uns im religiösen Glauben als wirklich gilt, kein Zeugniß der Natur aufgeboten werden kann, so wäre dieß ganz richtig. Aber man würde sich, wenn man hierbei stehen bliebe, erstens auf die Gründe, aus welchen die Gewißheit des Glaubens erwächst, zurückziehen müssen und zweitens dürfte man das Zugeständniß nicht scheuen, daß Alles, was in der Welt, auf welche sich unser Erkennen richtet, erscheint, auch als ein Naturproduct, dessen Vermittlungen ins Endlose hinausweisen, von uns vorgestellt werden muß. Zu Beidem aber sind grade die Apologeten, welche den Kampf für die Möglichkeit der Wunder führen, nicht geneigt. In der Praxis ihres eigenen Lebens können sie freilich jenes Zugeständniß nicht umgehen. Denn der Mensch der in der Welt steht, um auf sie zu wirken, muß jedes Ereigniß, welches seine Aufmerksamkeit erregt, in den Zusammenhängen zu erfassen suchen, welche eben die Zugehörigkeit desselben zu der erkennbaren Welt ausmachen. Trotz dieser erkenntnißtheoretischen Nothwendigkeit, welcher sich factisch niemand entzieht, ist es dem Christen möglich, in Ereignissen, welche ihn lebhaft berühren, Wunderthaten Gottes an ihm selbst dankbar anzuerkennen und auf die Erhörung seiner Gebete zu vertrauen. Und bei solchen Wundern, die man selbst erlebt, braucht niemand durch die Erwägung der Zusammenhänge, aus welchen das Ereigniß seine natürliche Erklärung empfängt, in dem Glauben gestört zu werden, daß dasselbe eine direct auf ihn gerichtete Handlung der erziehenden Liebe Gottes sei. Denn die erklärenden Zusammenhänge, welche für unser Vorstellen jeden Vorgang in bestimmteren oder unbestimmteren Linien umgeben, liefern ja doch in keinem Falle etwas Anderes als eine erweiterte Vorstellung von dem Vorgange selbst. Wollte man daher sagen, daß eine solche vollständigere Erfassung eines Naturereignisses in seiner eigenen Sphäre den Gedanken an ein Handeln Gottes durch dasselbe einschränkte oder gar ausschlösse, so würde man sich ganz gewiß nicht in der christlichen Gottesidee bewegen. Denn wenn sich das Eingreifen Gottes nur mit einer engen, nicht aber mit der beliebig zu erweiternden Vorstellung von einem Ereignisse reimen ließe, so wäre ja damit ein endliches Maß für die Thätigkeit Gottes erwiesen; ein natürliches Geschehen und das Wirken dieses Gottes begrenzten sich gegenseitig. Ein Gott, von dem man so reden könnte, wäre aber offenbar nicht der übernatürliche Gott, der allmächtige Herr der Welt, sondern ein Naturwesen, welches in der Abgrenzung von Anderen seiner Art die festen Umrisse seines Daseins, aber auch die Schranke seines Wirkens findet. Also bei den Wundern, welche der Christ selbst erlebt, darf er, wenn er sich nicht den Gedanken Gottes selbst trüben und verunstalten will, die natürliche Vermittlung nicht ausschließen. Die überweltliche Art der christlichen Gottesidee bewährt sich grade darin, daß die ins Endlose hinausweisenden natürlichen Vermittlungen an jedem Punkte, wo man den Vorstellungsproceß, der sie vergegenwärtigt, unterbrechen mag, von der Macht Gottes zeugen müssen, der ihre Gruppirung zu dem Zwecke geordnet hat, welchen das vorgestellte Ereigniß in der Seele des Frommen erfüllt. Von dieser doch recht verständlichen Regel sollen nun gewisse Ereignisse, von welchen die h. Schrift berichtet, eine Ausnahme machen. Sie wären sonst in den Augen der Apologeten keine Wunder, d. h. sie würden für sie den besonderen Charakter verlieren, der sie vor anderen Vorgängen, die wir gleichgültig der Naturerklärung überlassen, auszeichnet. Die Befürchtung eines solchen Verlustes aber erklärt sich wohl nur daraus, daß man an jene Ereignisse gar nicht als an Wunder Gottes glaubt, sondern nur den kraftlosen Wunsch hegt, sie als solche ansehen zu können. Aus diesem Grunde setzt man neben diese Vorgänge das völlig unvollziehbare Gebot, daß man sie von allen natürlichen Vermittlungen isoliren müsse, weil sie auf diese Weise allein den Charakter des Besondern erhalten, welcher allerdings das Wunder ausmacht. Daß jenes Verbot unvollziehbar ist, pflegen die Apologeten selbst sehr einleuchtend kund zu geben; denn in der Regel läuft der apologetische Versuch darauf hinaus, daß jene Thatsachen, welche man als Wunder hinstellen möchte, mit den Mitteln einer höheren Physik gesetzlich erklärt werden. Daraus jemandem einen Vorwurf machen zu wollen, wäre höchst ungerecht; denn der Kampf gegen die erkenntnißtheoretische Nothwendigkeit, welchen jene Vorstellung von der Möglichkeit des Wunders vorschreibt, ist eben unausführbar. Der Fehler, der nicht genug gerügt werden kann, ist vielmehr der, daß man das Wesen des Wunders in der causalen Verknüpfung des Geschehens sucht, wobei dann die Verursachung des Ereignisses durch Gott an der Vorstellung natürlicher Vermittlungen desselben seine Schranke zu finden scheint. An diesen Schritt knüpft sich nothwendig die Frage, wie denn ein solches Wirken Gottes vorzustellen sei, dessen Wirkungen zwar in der Natur erscheinen, aber doch außerhalb der Zusammenhänge stehen sollen, durch welche sie für unser Vorstellen allein zur Natur gehören können. Sähe man in jenen Ereignissen wirklich Wunder, in welchen das Eingreifen Gottes in das eigene religiöse Leben sich manifestirt, so begnügte man sich mit der Wirklichkeit derselben. Denn Alles, was im religiösen Glauben als wirklich gilt, steht für den persönlichen Geist auf der Grenze seines Vorstellens, gehört für ihn zu Gott selbst, welchem alles erkennbare Dasein als Mittel untergeordnet ist, hinter welchem sich aber für uns keine höhere Natur mehr ausbreitet, auf Grund deren sein Wirken als möglich und als unterschieden von den Bewegungen der Natur, die er erschaffen hat, erschiene.

Aber begehen wir damit nicht selbst den oben abgewiesenen Fehler, das Wirken Gottes mit dem von uns erkannten gesetzmäßigen Wirken der Naturkräfte zu identificiren? Das ist nicht der Fall. Denn wir theilen eben nicht den den Apologeten und ihren Gegnern gemeinsamen Glauben, daß die Natur für unser Erkennen ein abgeschlossenes Ganze sei. Sie ist für unser Vorstellen endlose Vielheit, und jener Glaube an ein erkennbares Naturganze, durch den man sich bei der Wunderfrage verwirren läßt, ist nichts weiter als das Sediment einer dogmatischen Metaphysik, die mit dem Christenthum nichts zu thun hat. Deßhalb ist für uns jedes Wunder Gottes ins Unermeßliche natürlich vermittelt. Gott wirkt durch die Natur, die er als Mittel für seinen Endzweck geschaffen hat. Aber wir müssen es als ein abergläubisches Unterfangen ablehnen, wenn man aus irgend einer Vorstellung von dem Naturganzen, zu welcher die bisherigen Resultate des Naturerkennens das Material geliefert haben, über Möglichkeit oder Unmöglichkeit irgendwelcher erzählten Ereignisse definitiv aburtheilen will. Wenn das Leben Jesu nach dem Berichte der Evangelien eine Reihe wunderbarer Thatsachen aufweist, so ist es dogmatische Befangenheit, dieselben wegen ihres auffallenden Charakters für unmöglich zu erklären. Ein durch kein metaphysisches oder religiöses Interesse bestimmtes Urtheil kann nur dahin lauten, daß der Inhalt jener Erzählungen wegen seiner Abweichungen von dem sonst beobachteten Geschehen an sich unwahrscheinlich ist. Diese Unwahrscheinlichkeit durch Aufbringung von Analogien zu beseitigen, würde indessen für die religiöse Bedeutung, welche jene Ereignisse als Wunder haben müssen, gänzlich werthlos sein; denn auf der Scala zwischen wahrscheinlich und unwahrscheinlich ist das Object des Glaubens nicht zu finden.

Um so bestimmter aber müssen wir von dem Theologen die Einsicht verlangen, daß er kein Recht hat, jene Thatsachen Wunder zu nennen, wenn er sich nicht bewußt ist, daß dieselben zu seinem eigenen Leben mitgehören, als Erweisungen der Liebe Gottes an ihm selbst. Das können sie aber immer nur sein, wenn ein innerer Zusammenhang zwischen ihnen und der Gottesoffenbarung in Christus zum Verständniß gekommen ist. Dann gehören sie mit zu der Welt des Glaubens. Als bloßen äußeren Ereignissen von auffallendem Charakter kommt ihnen diese Stellung nicht zu; wie sie denn auch nicht als solche eine belebende Kraft für die Augenzeugen gehabt haben können, sondern nur dadurch daß Jesus sie that. Ebendeßhalb aber können wir dieselben zu unserem Zweck nicht benutzen. Sie können für sich keine Kundgebungen Gottes an uns sein; denn sie gewinnen für jeden erst dadurch eine religiöse Bedeutung, daß sie mit der Person Jesu in Verbindung stehen. Daher ist in diesen und nicht in jenen äußeren Ereignissen, welche sein inneres Leben nicht unmittelbar abspiegeln, die Gottesoffenbarung in Christus zu suchen. Erst in dem Lichte, das von hier ausgeht, können die Umgebungen der eigentlichen Offenbarungsthatsache anfangen, unserem inneren Leben zu leuchten. So ist es selbst mit der Auferstehung Jesu. Es ist mir allerdings nicht verständlich wie der Glaube, daß seine Person in ihrem ganzen Dasein und Wirken das offenbare Handeln Gottes auf unser ewiges Heil und damit die Offenbarung des Wesens Gottes selbst ist, von der Ueberzeugung, daß er factisch auferstanden ist, lassen mag, an der die Gemeinde, nachdem er von ihr geschieden, sich aufgerichtet hat, und die durch geschichtliche Zeugnisse von unverkennbarem, erdrückendem Gewicht auch dem Gleichgültigen in den Weg gerückt wird. „Soweit der Glaube an Christus dem Ganzen seiner Sendung gilt, ist die Auferstehung allerdings ein Bestandtheil dieses Glaubens geworden, und zwar in weit höherem Grade als irgend ein anderes thatsächliches Moment mit Ausnahme des Todes; nehmen wir sie hinweg: so wird zwar der geistige Gehalt der Persönlichkeit des Herrn nicht vermindert, wohl aber die religiöse Anschauung geschwächt, denn es fehlt ein Zeugniß der göttlichen Sendung. Selbst jetzt ist es für die Mehrzahl eine unerträgliche Vorstellung, den irdischen Wandel Christi mit der „schweigenden Thatsache" des Kreuzigungstodes, um Keims treffenden Ausdruck zu gebrauchen, endigen zu lassen, sie fordern einen Schlußpunkt, der zum Leben und zum Siege zurückführt. Soll nun die visionäre Sinnentäuschung oder die bloß gestaltende Macht der Idee den apostolischen Glauben erzeugt haben? Wer sich, wie ich, davon nicht überzeugen kann, dem wird keine andere Auskunft als die Annahme einer factischen, d. h. leiblichen Auferstehung übrig bleiben.'"[1]) In diesen Worten ist der factische Zusammenhang, in welchem die Ueberzeugung von der Wirklichkeit dieser Thatsache mit unserem Glauben an Christus steht, trefflich ausgesprochen.[2]) Aber erstens muß doch der anders motivirte Glaube an Christus vorhanden sein, bevor jene Thatsache eine solche Macht über unser Gemüth ausüben kann, daß sie selbst dazu beiträgt, die Gewißheit unseres Glaubens zu tragen und zu beleben. Zweitens aber sagen die Gründe für einen solchen Zusammenhang nichts weiter aus, als daß dieses Moment in dem Leben des Herrn auf uns einen undefinirbaren Einfluß ausübt, der zwar in der Stimmung des gläubigen Subjects sich kundgiebt, der aber nicht weiter zergliedert werden kann, so daß ein Ausweis gegenüber Andern, welche nicht ebenso fühlen, durchaus abgeschnitten ist. Daß das unmöglich ist, zeigt sich auch zur Genüge in den Versuchen, die Auferstehung dogmatisch zu verwerthen. Man mag ein religiöses Gut wählen, welches man wolle, so werden sich doch für jedes, welches man auf die Auferstehung zu gründen sucht, immer vollwichtige Gründe anderer Art herausstellen. Daraus ergiebt sich, daß wir außer Stande sind, die specifische Bedeutung, welche die feststehende Ueberzeugung von der Wirklichkeit der Auferstehung für unser inneres Leben hat, in das Licht des Gedankens zu erheben. Wenn es sich aber so mit der Auferstehung und noch viel mehr natürlich mit den andern wunderbaren Thatsachen des Lebens Jesu verhält, so scheint es mir nicht gerechtfertigt, die gläubige Anerkennung ihrer Wirklichkeit als Bedingung für die Zugehörigkeit zur christlichen Gemeinde aufzustellen. Denn der Umfang der letzteren wird ohne unser Zuthun durch dasjenige bestimmt, was

---

[1]) Gaß, Geschichte der protest. Dogmatik 1, 607.

[2]) Das Vorurtheil, daß man um dieses Zusammenhanges willen nach einer Metaphysik oder vielmehr Physik suchen müsse, durch welche jene Thatsache als möglich erwiesen würde, schließt eine merkwürdige Täuschung ein. Die Zugehörigkeit eines solchen Factums zum Glaubensobject wird ja eben damit in Abrede gestellt, wenn man ihre Geltung auf die Möglichkeit, sie zu erklären, zurückführt. Und was für eine phantastische Verrenkung der Welterkenntniß ergiebt sich daraus, wenn auf die wirkliche Gestalt der Welt aus einer solchen uns völlig undurchdringlichen Thatsache Schlüsse gemacht werden! Sie ist uns, wenn sie uns allein im Glauben feststeht, ebenso unerklärlich, wie die Schöpfung der Welt, zu der sie für uns gehört.

sich uns selbst als nothwendiges Moment in dem religiösen Gute, dessen Besitz den Christen ausmacht, erkennbar macht. Wenn die Kirche etwas als nothwendigen Gegenstand des Glaubens hinstellt, so übernimmt sie zugleich die Verpflichtung, von dieser Nothwendigkeit Rechenschaft abzulegen. Ist ihr dieß unmöglich, so ist das ein Zeichen, daß sie über die ihr gesetzten Grenzen willkürlich hinausgreift und, anstatt in die ihr wirklich erschlossene Erkenntniß ihre Glieder einzuführen, damit sie von da aus weiter gelangen, sich eine Erkenntniß beilegt, welche sie nicht besitzt. Bloß thatsächliche Elemente der religiösen Stimmung eignen sich nicht zu allgemeingültigen Normen für die Gemeinschaft. Mit den letzteren allein hat es aber die Dogmatik zu thun, welche nicht nur erzählen, sondern den Inhalt des Glaubens rechtfertigen will. So energisch wir behaupten, daß das Dasein der christlichen Gemeinde in einer geschichtlichen Thatsache wurzelt, so dürfen wir doch nicht vergessen, daß sich dieselbe als solcher Grund eines gemeinsamen Glaubens nur bewährt, weil sie sich innerhalb der sittlichen Gemeinschaft zu freier Anerkennung bringen läßt. Bei den äußeren Ereignissen des Lebens Jesu ist dieß unmittelbar nicht möglich, sie gewinnen einen religiösen Werth erst, indem sie von jenem offenbaren Grunde des Glaubens aus angeeignet werden, und das geschieht auf eine Weise, welche bisher noch nicht in den Bereich mittheilbarer Erkenntniß getreten ist. Dagegen muß der Ernst des Bewußtseins, daß in dem Leben und Wirken Jesu uns Gott erscheint und uns in die Gemeinschaft mit seinem offenbaren Wesen hineinziehen will, uns abhalten, das, was uns an dem geschichtlichen Bilde des Erlösers, welches der Kirche geschenkt ist, noch nicht in religiösem Sinne verständlich ist, in einen Gegensatz zu demjenigen zu stellen, was uns die Heilsthatsache in Jesus geworden ist. Wir dürfen nicht vergessen, daß wir hier auf einem Gebiete stehen, auf welchem nicht wir selbst uns die Wege vorzeichnen, sondern dem erziehenden Einfluß durch eine objective geistige Macht unterliegen. Wenn wir daher an irgendwelche Berichte der Evangelien nicht als an Wunder in religiösem Sinne glauben können, wenn uns also ihr innerer Zusammenhang mit dem in Christus offenbaren Gott nicht zum Verständniß gekommen ist, so liegt darin keine Veranlassung, uns in knabenhaftem Uebermuthe gegen sie zu wenden. Diese unsere Situation enthält dann vielmehr das positive Gebot Gottes, der Offenbarung, die uns frei macht, uns dankbar zu erfreuen und an ihrer geschichtlichen Quelle, die immer reicher bleibt als unser eigenes Innere, unsere Erkenntniß zu bereichern. Einen anderen Weg, uns dasjenige, was uns an der geschichtlichen Erscheinung des Erlösers unverständlich geblieben ist, zu religiösem Verständniß zu bringen, giebt es aber nicht. Die Behauptung, daß wir durch ein sacrificium intellectus dahin gelangen könnten, müssen wir ablehnen. Denn erstens ist es ja nicht das Ungewöhnliche des äußeren Geschehens, was uns stört. Das wäre nur dann der Fall, wenn auch uns die Voraussetzung feststände, daß die Wirksamkeit Gottes mit der bisher beobachteten Regelmäßigkeit des Naturlaufs zusammenfiele. Da wir aber in dieser Vorstellung eine Vermischung des religiösen und des metaphysischen Interesses erkennen, welche im Christenthum nicht stattfinden sollte, so wäre es uns an sich möglich, die Unwahrscheinlichkeit, welche jenen Berichten, wie jeder ungewöhnlichen Verknüpfung der Ereignisse anhaftet, durch die Erkenntniß zu compensiren, daß sie so, wie sie sich darbieten, als Kundgebungen Gottes an uns sich darstellen. Wir brauchen also jenes sacrificium, welches nichts weiter als das Opfer eines metaphysischen Vorurtheils sein würde, nicht zu vollziehen, weil wir die Weisheit, auf welche verzichtet werden soll, gar nicht besitzen. Zweitens aber ist die Aufforderung zu einem solchen Opfer deßhalb zu verwerfen, weil sie das unreine Element menschlicher Willkür in die Gewißheit des Glaubens mengen will, welche aus der Hingabe des Menschen an die anerkannte Offenbarung Gottes hervorgehen soll.

Diese Offenbarung Gottes, auf welche wir uns frei verlassen, ist uns der Mensch Jesus in seinem Lebenswerke. In demselben ist zunächst er selbst seiner völligen Einheit mit Gott sich bewußt gewesen, so daß ihm sein eigenes Thun die Durchführung des göttlichen Willens an die Menschheit bedeutete. Er wäre aber nicht unser Erlöser, wenn wir das Recht dieses Bewußtseins nicht zu verstehen vermöchten. Die bloße Kunde von seiner Einheit mit Gott würde keinen Werth für uns haben, wenn wir nicht auf irgend eine Weise eine selbständige Gewißheit von ihrer Wahrheit besäßen. Daß der Zweck, für dessen Durchführung Jesus seine ganze Person einsetzt, als alleiniger Inhalt des göttlichen Willens gedacht werden muß, stellen wir durch ein Urtheil fest, welches von dem unsittlichen Willküract eines bloßen Autoritätsglaubens möglichst verschieden ist. Wir haben oben (S. 233 ff.) gesehen, daß das unbedingte Gesetz, welches den Menschen zum Bewußtsein seiner Freiheit führt, für ihn sich nothwendig zu der Forderung gestaltet, die Menschheit, in welche er hineingestellt ist, als ein Reich der Zwecke anzusehen. Die Idee eines solchen Geisterreiches, in welchem Einer dem Andern dient, um seinen eigenen Selbstzweck zu erfüllen, ist der concrete Ausdruck für die Realität unserer eigenen Person, welche den rechtfertigenden Grund ihrer Selbstunterscheidung von der Natur nirgendwo findet, als in diesem Gedanken. Indem wir uns dieser Idee als dem unbedingten Gesetze unseres Willens unterwerfen, denken wir uns als frei. Deshalb greift das Reden und Handeln Jesu, in welchem uns die Herrschaft jenes Endzwecks über ein Menschengemüth wirklich anschaulich wird, als eine befreiende Macht in unsere Seele. Und die Gewißheit des Glaubens, daß sein Wollen und Wirken das Wollen und Wirken Gottes sei, ist von der sittlichen Nothwendigkeit durchdrungen, aus welcher das Bewußtsein unserer Freiheit geboren wird. Die sittliche Nothwendigkeit, das von ihm Gewollte als den höchsten Werth und deßhalb als den Inhalt des göttlichen Willens anzuerkennen, macht jenen Glauben zu einer freien That. Denn das Verständniß für die sittliche Verbindung der Menschen, welche Jesus herbeiführen will, fällt für jeden mit dem Bewußtsein von seiner eigenen Freiheit zusammen. So kann das Bild des Lebens Jesu durch den Endzweck, den es verkündigt, auch in der verworrensten Seele die Ahnung ihrer sittlichen Würde entzünden. Wir glauben, daß es so ist, soweit wir den Menschen überhaupt in dem Lichte seiner sittlichen Bestimmung auffassen. Und jene Ahnung ist das Element der freien Entscheidung — für Christum, um als Organ desselben Endzwecks der eigenen Freiheit froh zu werden, oder gegen ihn, um das unbedingte Gesetz zu umgehen und so den Strahl der Freiheit wieder auszulöschen.

Es ist eine freie That, wenn wir glauben, daß die Lebensabsicht Jesu die widerstandslose Macht über alles Geschehen oder der Wille des allmächtigen Gottes sei. Denn der eigenen Freiheit sich bewußt werden und den Zweck des Wirkens Jesu als den Endzweck verstehen, dem wir Alles unterworfen denken müssen, ist eins und dasselbe. Aber trotz der befreienden Macht dieser sittlichen Nothwendigkeit, durch welche die Gewißheit unseres Glaubens eine selbständige ist, ermöglicht uns grade sie eine klare Einsicht in die Abhängigkeit, durch welche wir dauernd an den geschichtlichen Grund unseres Heils gebunden sind.

Das Ideal einer durch die Nächstenliebe verbundenen Menschheit hat für jeden von uns, die wir innerhalb der sittlich gegliederten Gesellschaft in allmähliger Entwicklung die engen Schranken unseres Selbst durchbrechen und Selbstverleugnung lernen, nicht die Anschaulichkeit eines uns eigenthümlichen Lebenselements. Wir werden durch die unausweichliche Logik des Sittengesetzes darauf hingedrängt, jenen Gedanken als kritisches Richtmaß an die Güter zu legen, welche unser Handeln bestimmen. Er wächst über alle natürlichen Bedingungen unseres Selbstgefühls hinaus und bringt uns zum Bewußtsein, daß allen durch die Natur vorgezeichneten sittlichen Gütern eine Schranke anhaftet, durch welche sie zu Hemmnissen unserer Bestimmung werden, wenn sie nicht dem übernatürlichen Zwecke, auf den das Sittengesetz hinweist, sich unterwerfen. Der Gedanke des Gottesreiches ist daher für uns ein Ideal, nach welchem wir unsere empirische Situation gestalten wollen; aber die Wirklichkeit desselben in anschaulicher Gegenwart zu besitzen, ist uns, wenn wir auf uns allein sehen, versagt. Wenn wir dahin gelangt wären, so hätte sich der Beruf, in welchem unser sittliches Selbstgefühl lebt, zu einer directen Mission an die Menschheit erweitert. Das aber ist bei Keinem von uns der Fall, die wir uns der sittlichgeordneten Menschheit nur als Glieder derselben zugehörig wissen, nicht als Repräsentanten ihres Gesammtzwecks. Dagegen finden wir bei Jesus das klare Bewußtsein dieses universellen Berufes und damit verbunden den thatkräftigen Beweis, daß sein Selbstgefühl wirklich in der Gegenwart des Gottesreiches lebt. Was für uns allein immer ein Gegenstand des Strebens und der Sehnsucht bleiben würde, hat für ihn die volle Macht der Wirklichkeit, mit welcher der Bestand seines persönlichen Selbstbewußtseins zusammenfällt.

Wenn nun auch uns das Sittengesetz dieses volle Leben in dem Uebernatürlichen als unsere Bestimmung aufzeigt, so scheint es, als wäre uns Jesus das sittliche Ideal, von dessen Herrschaft wir uns in demselben Grade befreien, als wir dasselbe in unseren Willen aufnehmen. Aber dieser Schein verfliegt, wenn wir uns der Bedingung für dieses Leben im Gottesreiche, das nicht mit Händen zu greifen ist, erinnern. Jesus sieht in der sittlichen Verbindung der Menschen, die zunächst nur in der Energie seines vereinzelten Wollens gesetzt ist, nur deßhalb die Wirklichkeit, an deren Fülle er sich nährt, weil er weiß, sie sei die verborgene Macht über die fremde widerstrebende Welt. An der Gewißheit, daß der Wille Gottes an die Menschheit durch ihn geschieht und daß die Liebe Gottes auf ihm ruht, hat sein sittliches Berufsleben seinen Halt. Es ist nicht so, daß die Kraft seines sittlichen Wollens das Bewußtsein um seine Einheit mit dem Vater erst erzeugte. Sondern dieses Bewußtsein giebt ihm die Herrscherstellung über der Welt, ohne welche jene Kraft als die Function eines persönlichen Selbstbewußtseins gar nicht denkbar sein würde. Er bethätigt seine Einheit mit dem Vater und die daraus folgende geistige Herrschaft über die Welt in der Treue, mit welcher er seinen sittlichen Beruf durchführt trotz der Vereinsamung, welche ihm jeden irdischen Stützpunkt seines Wollens entzieht. Sein sittliches Wirken kann man nicht hinwegdenken von seiner Einheit mit Gott, denn es ist das Wirksamwerden dieses seines Lebensgrundes, ohne welches derselbe aufhörte, zu sein. Die Frage, wie es möglich gewesen sei, daß dieser Mensch sich seiner völligen Einheit mit Gott bewußt war, ist sinnlos für den, der die Thatsache versteht und anerkennt. Man kann angesichts der offenbaren Gegenwart Gottes nicht fragen, wie dieselbe möglich sei, ohne in demselben Acte sich über den Gott, vor welchem man sich beugen sollte, zu erheben. Wir können nur fragen: worin erweist sich für uns das Bewußtsein Jesu, daß in seinem geschichtlichen Leben das innerste Leben Gottes dem Menschen erkennbar werde, als wahr? Und die Antwort darauf ist nicht schwer. Daß seine Berufsaufgabe für ihn nicht ein Ideal war, daß seine Schwäche beleuchtete, das beweist die ursprüngliche und selbständige Gewißheit seiner Einheit mit Gott. Der überlieferte Eindruck seines sittlichen Handelns wird durch die Zuversicht vervollständigt, mit welcher er sich bewußt ist, in allen seinen Lebensbewegungen Gott darzustellen. Denn diese Zuversicht konnte er nur hegen, wenn sein Wollen die zwanglose Erscheinung des Impulses war, das Gottesreich zu verwirklichen. Daß aber dieses der Wille Gottes ist, und nichts Anderes außer ihm, dafür tritt das Zeugniß unseres Gewissens ein, — es ist unsere freie sittliche Erkenntniß, daß die von Jesus gewollte Verbindung der Menschheit der sittlichen Person als der absolute Endzweck der Welt zu gelten hat. Also ist das Berufsleben Jesu nicht bloß sittliches Ideal für die nachstrebenden Geschlechter, welches um seiner inneren Wahrheit willen von seiner Person abgelöst werden und in unsern eigenen Besitz übergehen könnte. Sein Berufsleben ist vielmehr zunächst für ihn selbst die Bethätigung seiner Einheit mit Gott; es ist von diesem Zusammenhange mit Gott unablösbar, denn es ist das Element, in welchem er mit dem Vater verkehrt, und wäre ohne einen solchen Verkehr für ihn selbst unmöglich. Alsdann aber ist es für uns in dieser seiner concreten Erscheinung das Offenbarwerden Gottes. In der geistigen Weltherrschaft, welche Jesus auf diese Weise ausübt, wird uns das Wesen Gottes wirklich erkennbar. Wir können uns nicht denken, daß noch irgend ein geheimnißvolles Etwas der Macht des guten Willens über die Welt, welche Jesus erlebt, Maß und Ziel setze. Wir bilden durch den Glauben, daß der persönliche Wille des Gottesreiches, welchen Jesus als seinen eigenen und als den Willen Gottes weiß, der Schöpfer und Herrscher über alles Dasein ist, eine besondere Religionsgemeinde, und sind uns zugleich bewußt, daß dieser Glaube mit der Behauptung unserer sittlichen Persönlichkeit identisch ist. Jeder Versuch also, dem Wesen Gottes einen anderen Inhalt zu geben, muß für den Christen einen Abfall von dem christlichen Glauben bedeuten, für den Theologen aber eine nachweisbare Abirrung von dem ethisch nothwendigen Gottesgedanken. Das Leben Jesu giebt uns den Stoff für den Gedanken Gottes. Sittliches Ideal ist es dagegen nur sehr eingeschränkter Weise, da jeder von uns nur in seiner besonderen Sphäre für das Gottesreich arbeiten, aber nicht die directe Verwirklichung desselben zu seinem Beruf machen soll. Vor Allem aber muß man sich die Frage vorlegen, was denn in uns die ursprüngliche Einheit mit Gott ersetze, welche das Geheimniß der Person Jesu ist und welche sein eigenes Wirken für das Gottesreich umschlossen hält. Wenn wir in dieser Thätigkeit ein Vorbild für uns anerkennen und uns der sittlichen Nothwendigkeit dieser Anerkennung bewußt sind, so fehlt uns doch immer noch die Fähigkeit, in das darauf gerichtete Wollen die volle Kraft unseres Selbstgefühls zu legen. Die Stellung jener Aufgabe erzeugt doch nicht das Bewußtsein der Einheit mit Gott, in welchem sie allein gelöst werden kann. Wie bei Jesus selbst dieses Bewußtsein die Bedingung seiner Lebensarbeit ist, so muß auch bei uns die religiöse Gewißheit, daß die Liebe seines Gottes uns umfaßt, voraufgehen, um uns in die Wirklichkeit einzuführen, in welcher ein Handeln für das übersinnliche Reich Gottes möglich ist.

Es wäre vollständig ziellos, dieß durch Nachahmung Jesu erreichen zu wollen. Denn es handelt sich ja grade darum, uns in diejenige geistige Situation zu versetzen, durch welche auch unser Wille erst zu einer Thätigkeit befähigt werden kann, welche der seinigen entspricht. Ein Vertrauen auf die Liebe Gottes, welches durch Nachahmung Jesu gewonnen wäre, würde dem, welches ihn selbst trägt, durchaus ungleich sein. Es wäre nicht wie bei ihm die ursprüngliche Aeußerung dessen, was wir selbst durch Gott sind, sondern die kraftlose Nachbildung eines fremden Lebens, für welches in uns die Voraussetzungen fehlen. Aus dem, was wir selbst in unserer geschichtlichen Situation sind, muß das Bewußtsein um die Liebe Gottes sich in uns erzeugen, wenn es ein lebendiges sein soll. Denn das religiöse Vertrauen auf Gott bezieht sich nicht auf eine allgemeine Wahrheit, sondern auf die thatkräftige Erweisung der Liebe Gottes an der eigenen Person. Für Jesus liegt diese spürbare Wirksamkeit Gottes in der Thatsache seines eigenen Selbstbewußtseins. Für uns kann die Zuversicht zu Gott in dieser Weise keine innere Wahrheit haben, weil uns der sittliche Endzweck und damit der Inhalt des Gottesgedankens selbst erst an dem geschichtlichen Leben Jesu mit anschaulicher Lebendigkeit aufgeht, also als etwas nicht zu uns Gehöriges. Nun zwingt uns freilich das Sittengesetz die Anerkennung ab, daß der Gott Jesu Christi der Allmächtige ist. Aber das ist uns nicht der Erweis der Liebe Gottes, von dem wir leben könnten. Denn dadurch wird uns nur das Mittel gegeben, uns selbst von der Gemeinschaft Gottes auszuschließen. Die Anschauung dessen, was Christus für sich selbst ist, die sittliche Nothwendigkeit, aus welcher die Zustimmung zu seinem Selbstzeugniß hervorgeht, übt eine befreiende Wirkung. Aber was wir gewinnen, ist die freie Einsicht, daß für uns, wenn wir uns auf uns selbst stellen, das, was er erlebt, keine Wahrheit hat. Die Freiheit des Selbstgerichts wird uns durch das Verständniß dessen, was Jesus für sich selbst ist, geschenkt, aber nicht die Fähigkeit, dieselbe Stellung zu Gott einzunehmen wie er.

Daß wir trotzdem des Glaubens leben, der Gott Jesu Christi sei der Gott unseres Heils, hat in einer geschichtlichen Thatsache seinen Grund, welche jedem Kinde verständlich ist. Jesus ist nicht gekommen, die Welt zu richten, sondern zu suchen und selig zu machen, das verloren ist (Luc. 19, 10; Joh. 3, 17). Er schließt sich selbst nicht von denen ab, die die richtende Gewalt des heiligen Gottes in ihm anerkennen, sondern nimmt sie grade in den Verkehr mit sich auf. Dieses Verhalten einer sittlichen Autorität, von der man sich durch das Zeugniß des eigenen Gewissens geschieden fühlt, kennt jeder, der in sittlicher Gemeinschaft aufwachsend Liebe erfahren hat, als den Act der Vergebung oder Verzeihung. Indem Jesus sich so zu seiner Umgebung stellt, prägt er selbst den Erfahrungen, welche sie an ihm machen, den Charakter von Liebeserweisungen Gottes auf, die allem durch sein Beispiel entzündeten Streben voraufgehen. Dadurch schafft er für Alle, welche ihm als dem Offenbarer Gottes nachfolgen, eine neue Welt. Es wird ihnen nun möglich, nach dem übersinnlichen Gute, für welches er selbst lebt, zu trachten, weil sie durch ihn von der Liebe des Gottes sich umfaßt wissen, der ein heiliges Volk zum Eigenthum haben will. Ihr eigenes Thun kommt nun nicht in Betracht als die Kraft, welche sie in die richtige Stellung zu Gott erhebt, sondern als ein Zeugniß von dem, was sie empfangen haben. Grade da, wo die sittliche Gottesidee verkündigt ist, müßte die Kraft zu religiösem Glauben erlöschen, weil die Gewalt ihrer Wahrheit die Götter, welche der Mensch in seinem Naturdasein gefunden hat, vernichtet, während das Gewicht ihrer Forderungen ihm die Zuversicht verwehrt, daß ihr Licht ihm zum Heile leuchte. Die Verkündigung des wahren Gottes kann nur dann die Menschen zu einer ihm vertrauenden Gemeinde vereinigen, wenn sie zugleich das Joch des Gesetzes von ihnen nimmt, das sie dennoch in seiner ganzen Tiefe verstehen lehrt und zur Anerkennung bringt. Das ist durch Jesus geschehen, weil er den heiligen Willen des Gottesreiches, in dem er selbst seine Einheit mit Gott bethätigt, als den Liebeswillen Gottes auf jeden richtet, in welchem unter dem Eindruck seiner Erscheinung das Zusammenwirken des sittlichen Endzwecks und der sittlichen Gottesidee in Kraft tritt. Diese Vereinigung der absoluten sittlichen Autorität und der allem eigenen Thun des Menschen zuvorkommenden vergebenden Liebe in Jesus begründet die religiöse Gemeinde, die durch ihn an den Vater glaubt. Ihrem so begründeten Glauben wohnt die Gewißheit, mit Gott als ihrem Vater frei verkehren zu können, inne, weil sie sich nicht durch ihre Leistungen Gott zugehörig weiß, sondern durch die Stellung, welche er selbst sich in Christus zu ihr gegeben hat. Es ist der christlichen Gemeinde dadurch tief eingeprägt, daß sie vor Gott nichts dürfe gelten wollen, außer durch das, worin sie den sie selbst begründenden Liebeswillen Gottes wirklich erkannt hat. Für diese Erkenntniß aber sind wir allein an die Thatsache gewiesen, daß Jesus in seiner Person die anschauliche Vertretung des absoluten sittlichen Endzwecks mit der vergebenden Liebe vereinigt, durch welche er die Stiftung der Gemeinde herbeiführt. Nach andern Liebesbeweisen Gottes suchen, welche nicht als die Erscheinung jenes Einen verstanden werden können, bedeutet das Ausscheiden aus der Gemeinde Christi. Ebenso aber wie für Christus bleibt für uns in Geltung, daß wir das religiöse Gut nur genießen, indem wir zugleich unserem Willen die Richtung auf das Gottesreich geben. Denn die Offenbarung der Liebe Gottes an uns ist nicht etwas Selbständiges neben dem in seinem Wesen gesetzten Weltzweck, sondern die Form seiner Verwirklichung. Wir werden daher der zuvorkommenden Liebe Gottes gewiß, damit wir als Glieder des von ihm gewollten Geisterreiches zu der Freiheit gelangen, die uns bestimmt ist und die nur in sittlicher Gesinnung ausgeübt werden kann. Und grade die Art, wie unser Glaube begründet wird, dient dazu, zwar unsere religiöse Zuversicht von der Reflexion auf unsere sittliche Leistung abzulösen, aber die Freude an den sittlichen Ordnungen Gottes ebenso zu wecken wie die Ehrfurcht vor ihrem Ernst zu erhöhen. Denn die Verzeihung, die uns von einer sittlichen Autorität zu Theil wird, die wir als solche wirklich anerkennen, macht uns nicht leichtsinnig gegen die sittliche Forderung, sondern macht uns das Gewicht derselben in eigenthümlicher Weise fühlbar.

Somit ist unser Leben unter dem Schirme der Liebe Gottes nicht eine Nachbildung des inneren Lebens Jesu; sondern aus dem, was wir selbst als die Objecte seines Wirkens sind, erzeugt sich unser Glaube. Der „religiöse Vorgang“ ist in uns anders vermittelt wie in ihm; aber der Erfolg desselben kann allerdings kein anderer als bei ihm sein, da wir durch das Vertrauen auf den Erlöser in die Gemeinschaft mit demselben übernatürlichen Gott eingeführt werden, mit welchem er in ursprünglicher und ungebrochener Einheit steht.

Wir haben oben (S. 383) gesagt, der Offenbarungscharakter Christi müsse auch dem Einfältigen verständlich sein. Als den Offenbarungscharakter Christi haben wir seine sittliche Majestät aufgewiesen in ihrer unlösbaren Verbindung mit seiner vergebenden Liebe gegen uns. Und wie er selbst sich bewußt ist, in dieser seiner Erscheinung uns den Vater erkennbar zu machen, so bedarf es auch keines hochentwickelten Verstandes, um zu erkennen, daß uns der Eindruck derselben das denkbar Höchste zur Erfahrung bringt, in dessen Wirklichkeit wir uns geborgen wissen. Denn diese Erkenntniß wird nicht durch die Vergleichung mit dem in der Welt Erfahrbaren gewonnen, noch ist sie durch irgendwelche Resultate der Wissenschaft vermittelt. Sie setzt nichts weiter voraus als das Bestehen sittlicher Gemeinschaft, in welcher dem Menschen die Organe für das Verständniß sittlicher Nothwendigkeit und für den Werth des persönlichen Lebens erwachsen sind. An diesen Keimen der Persönlichkeit, deren Kraft zu der zufälligen Höhe der intellectuellen Cultur in gar keinem Verhältniß steht, geht die Offenbarung der Liebe Gottes in Christus nicht spurlos vorüber. Sie werden nicht von ihrem Strahl getroffen, ohne daß sich in ihnen das Leben höher regte, welches in dem unbedingten Gesetze, von dem es beherrscht wird, bereits den Hinweis auf die übernatürliche Welt unseres Glaubens enthält. Um das Bewußtsein der Versöhnung mit Gott, welches aus dem fortwirkenden Eindruck der Person Christi sich immer neu erzeugt, und als das gemeinsame Gut der Gemeinde jeden aufwachsenden Christen in vielfältigen Erscheinungen umgiebt, bevor er zu einer bewußten Aneignung desselben gelangt, hat sich die Theologie der Kirche lange Zeit nicht sonderlich gekümmert. Aber wenn auch die alte Kirche die Versöhnung des sittlichen Geistes mit Gott ihren Gliedern als eine Aufgabe zuwies, so wogte doch dieser Kampf um das höchste religiöse Gut über der Tiefe der Gewißheit, daß die Möglichkeit, den Erfolg des Sieges zu ernten, durch die Gnade Gottes in Christus geschaffen sei. Und ohne daß man sich dessen klar bewußt war, bildete diese Gewißheit das Element geistiger Freiheit, welches man gegenwärtig genoß. An dem Christus der Zweinaturenlehre, der nach dem Bedürfniß jener unvollkommenen Vorstellung von der Erlösung gestaltet ist, hat sich diese Gewißheit sicherlich nicht genährt, wohl aber an dem nie verklungenen Evangelium von dem wirklichen Erlöser.

Wenn wir nun zu der Frage zurückkehren, worauf die Objectivität der Glaubensobjecte für uns beruhe, so brauchen wir nicht mehr zu fürchten, daß uns dieselbe zwingen werde, in der Metaphysik oder in der Psychologie Rath zu suchen. Die Frage betrifft die Ueberzeugung von der Wirklichkeit des Geglaubten. In der richtigen Erkenntniß, daß es für diese Wirklichkeit noch andere Gründe geben müsse als den Erfolg, welchen die Vollkraft jener Ueberzeugung für das geistige Leben mit sich führt, sucht man sie zu erhärten, indem man auf eine wahrscheinliche Gesetzmäßigkeit in der Entstehung der religiösen Vorgänge hinweist, oder auf die Uebereinstimmung der Glaubensobjecte selbst mit demjenigen, was die Metaphysik als den verborgenen Grund der Erscheinungswelt gefunden zu haben meint. Wir dagegen setzen diesen Irrwegen, deren Ziellosigkeit wir zur Genüge kennen, die positive Erkenntniß entgegen, daß jene Wirklichkeit auch für uns von den subjectiven Erlebnissen der Gläubigen unabhängig ist, weil sie sicher ruht auf der Thatsache der Person Jesu und ihrem Verhältniß zu den Bedürfnissen des sittlichen Menschengeistes. Wenn in einem Menschen die Gewißheit von dem Uebernatürlichen begraben ist, oder wenn sie in uns selbst durch die verwirrende Masse irdischer Eindrücke überfluthet wird —, wir haben kein anderes Mittel, sie so zu wecken, daß sie mit der Selbstgewißheit der Person sich zu einem lebendigen Ganzen verbindet, als die Offenbarung Gottes in Christus, deren gesammeltes Bild in den Evangelien und deren zerstreute Strahlen in dem Leben der christlichen Gemeinde anzutreffen sind. Wäre es unsere Aufgabe, die Objectivität der Glaubensobjecte noch in anderer Weise zu begründen, so wären wir in der Theologie verpflichtet, das absolute Factum jener Offenbarung, welches durch seinen inneren Gehalt die Menschen bezwingt, zu verleugnen. Es bliebe uns dann nur übrig, die Glaubensobjecte in die erklärbare Welt als etwas Gleichartiges einzufügen und ihre Wirklichkeit dadurch für uns festzustellen, daß wir sie aus ihren Beziehungen zu andern Dingen begreifen. Für uns gründet sich die Wirklichkeit der Glaubensobjecte auf eine geschichtliche Thatsache, die zu uns selbst gehört. Man kann sich gegen sie ebensogut verstocken, wie man ihrer Bedeutung für den sittlichen Geist sein Inneres öffnen kann. Aber schlechterdings unmöglich ist es, zu einem sogenannten metaphysischen Grunde dieser geschichtlichen Erscheinung vorzudringen, ohne darüber ihr selbst die Bedeutung abzusprechen, welche sie sich beilegt. Entweder wird die geschichtliche Erscheinung der Person Jesu in ihrem Berufsleben als die absolute Offenbarung Gottes anerkannt, hinter welcher es keine Tiefe des göttlichen Wesens giebt, wohl aber in ihr —, oder es gilt als solche der Fund des theologischen Metaphysikers, der metaphysische Hintergrund jener geschichtlichen Thatsache; beides zusammen zu behaupten, ist ein merkwürdiger Widerspruch. „Historisch nemlich und das rein Historische an jeder möglichen Erscheinung, ist dasjenige, was sich nur eben als bloßes und absolutes Factum, rein für sich dastehend und abgerissen von allem Uebrigen, auffassen, keineswegs aber aus einem höheren Grunde erklären und ableiten läßt: metaphysisch dagegen und der metaphysische Bestandtheil jeder Erscheinung ist dasjenige, was aus einem höheren und allgemeineren Gesetze nothwendig folgt, und aus demselben abgeleitet werden kann, somit gar nicht lediglich als Factum erfaßt wird und, der Strenge nach, nur durch Täuschung für ein solches gehalten wird, da es in Wahrheit gar nicht als Factum, sondern zufolge des in uns waltenden Vernunftgesetzes also erfaßt wird."[1]) Damit hat Fichte sehr richtig den ausschließenden Gegensatz des Metaphysischen und Historischen angegeben. Nun hat freilich er selbst, wie bereits erwähnt ist, in dem Metaphysischen das religiös Werthvolle gesucht. Aber er hat dieß auch mit der Folgerung bezahlen müssen, daß demgemäß die Offenbarung in dem religiösen Subject beschlossen sei, welches des in ihm waltenden Vernunftgesetzes sich bewußt werde. Ist auch sein männlicher Geist weniger von der unerträglichen Weichlichkeit befallen, welche sich bei so vielen modernen Theologen an diese verkehrte Auffassung der Offenbarung knüpft, so geräth doch der Entwurf der Weltanschauung aus jenem Grunde bei ihm ganz ähnlich, wie bei diesen. Ueberhaupt hat sein ethischer Idealismus bei Weitem nicht die Reinheit des kantischen, weil er sich für berechtigt hält, das Sittliche als Erklärungsmittel des thatsächlich Gegebenen zu verwerthen.

Es ist unmöglich für den persönlichen Geist, der zu dem Bewußtsein seiner sittlichen Würde gelangt ist, vor etwas Anderem sich zu beugen als vor der sittlichen Persönlichkeit. Alles Andere, wie ehrwürdig es auch sein möge durch die darauf gewendete Arbeit des Erkennens, wird nothwendig zum Mittel für unsere Zwecke, ist also ein Geringeres, als wir selbst durch das Sittengesetz gezwungen sind, uns zu beurtheilen. Folglich kann die Offenbarung Gottes, der wir uns unterwerfen, nichts Anderes sein als die sittliche Persönlichkeit, als welche Jesus sich darstellt. Wir wissen uns

[1]) J. G. Fichte 5, 568 vergl. 569: „Durch das Factum überfliegenden Verstandesgebrauch aber metaphysicirt wird dasselbe Factum, wenn man es in seinem Grunde zu begreifen strebt und etwa zu diesem Behufe eine Hypothese, wie das Individuum Jesus, als Individuum, aus dem göttlichen Wesen hervorgegangen sei, aufstellet."

selbst als Personen, indem das Licht des Sittengesetzes den geschichtlichen Zusammenhang, in welchem wir mit andern Menschen stehen, beleuchtet und uns denselben als die Sphäre für die Verwirklichung eines Reiches der Zwecke erkennen lehrt. Dieser Gedanke, von dem niemand behaupten wird, daß er vor Christus eine Macht in der Menschheit gewesen sei, macht das volle Selbstbewußtsein der Person in ihrem Unterschiede von der Natur erst möglich. Aber er leistet uns dieß als unerreichtes Ideal, als Aufgabe, welche mit unerbittlicher Logik sich Anerkennung erzwingt. Daß dagegen eine solche Gemeinschaft sittlicher Geister für den einzelnen Menschen als eine Wirklichkeit gelte, die ihn als Individuum mitumfaßt, dazu sind die Bedingungen noch nicht gegeben, wenn er die sittliche Nothwendigkeit der Aufgabe anerkennt, sich selbst als ein Glied derselben zu erweisen. Vielmehr ist für uns das Bewußtsein, von jener Gemeinschaft getragen zu sein, die Voraussetzung, ohne welche die Forderung dieser Aufgabe kraftlos zu Boden fällt. Das Leben in Gott kann von dem Menschen nicht erworben werden, da jede demselben entsprechende Thätigkeit bereits seinen Bestand voraussetzt. Aber die Gewißheit, daß unsere individuelle Situation in ihrer Tiefe ein verborgenes Leben in Gott sei, welches allen eigenen Lebensbewegungen immer schon voraufgehe, ist uns nur auf eine Weise möglich. Wir gewinnen sie dadurch, daß die geschichtlichen Zusammenhänge, aus welchen das Werden unserer Persönlichkeit hervortritt, sich in einer Thatsache concentriren, welche uns deutlich sagt, daß da, wo durch ihre geschichtliche Wirksamkeit die Menschen dazu gelangen, sie zu verstehen, jene sittliche Gemeinschaft als ein Reich Gottes verwirklicht ist. Die geschichtliche Größe, welche uns dieß bedeutet, ist uns die Person Christi, sofern er durch sein erkennbares Wesen das Vertrauen, daß er die Offenbarung Gottes an die Menschheit sei, entzündet und in der damit gegebenen Stiftung einer Gemeinde seine eigene Lebensabsicht durchführt. Diese Thatsache aber gehört zu unserer eigenen individuellen Situation, weil der sittliche Verkehr und der religiöse Glaube der christlichen Gemeinschaft der Mutterschooß unseres eigenen selbständigen Lebens ist. Durch diese Zugehörigkeit zur christlichen Gemeinde sind wir selbst in die Lebensabsicht Christi miteingeschlossen. Und in demselben Maße als wir selbstbewußte und selbstthätige Glieder der Gemeinde werden, stellt sich ein freies Verständniß Christi als der vollen Offenbarung des allmächtigen

Gottes als die Wurzel unserer Kraft heraus. Also die Zuversicht, daß der Weltzweck Gottes sich auf unser eigenes persönliches Leben mitbezieht, ist insofern von dem Bewußtsein, daß wir selbst die ihm entsprechenden religiösen und sittlichen Functionen ausüben, unabhängig, als die Wirksamkeit der christlichen Gemeinde auf uns unserem bewußten Leben voraufgeht. Dieses Factum, welches unsere geschichtliche Situation kennzeichnet, ist eine That Gottes an uns, die unserer eigenen Thätigkeit zuvorkommt und die Ausübung derselben als der Grund unserer religiösen Zuversicht umfaßt. Aber sie hat allerdings diese Geltung nicht abgesehen von unserer Selbstthätigkeit, sondern im Zusammenhange mit ihr; denn anders als in Form des freien Handelns wird das in der sittlichen Gemeinschaft geschenkte Gut von dem Einzelnen nicht genossen und der Heilswille Gottes wird in keiner andern Form an ihm zur Durchführung gebracht. Dadurch wird unsere Verwerthung der christlichen Gemeinde als der Erlösungsthat Gottes, die uns trägt, von dem katholischen Vertrauen auf die Kirche unterschieden. Hier wird die Kirche als die magisch wirkende Naturmacht gedacht, welche das gläubige Subject in unfreier Abhängigkeit von sich erhält, ohne ihm jemals das Bewußtsein seiner Selbständigkeit zu gestatten, weil sich jener behauptete Werth der Kirche niemals zu einem freien Verständniß seiner inneren Wahrheit aufschließt. Nach unserer Anschauung dagegen hat jeder, der sich bewußt ist, zu der von Christus erlösten Gemeinde zu gehören, seine Versöhnung mit Gott für sich zu erleben, indem er lernt die Welt und sich zu beherrschen, und Gott in seinem Lebensberuf zu dienen." [1]) Und zu dieser Selbständigkeit des Versöhnungsbewußtseins führt uns der Zusammenhang mit der christlichen Gemeinde, indem er uns dazu erzieht, den Grund des in ihm kreisenden Lebens, die Offenbarung Gottes in Christus, mit freiem geistigen Verständniß als solche zu erkennen. Die christliche Gemeinde in der Darstellung ihres religiösen Glaubens und ihrer sittlichen Lebensordnung ist daher für uns nur die concrete Form, in welcher die zuvorkommende Wirksamkeit Gottes durch Christus sich an uns bethätigt. Und dabei wird es wohl auch verbleiben, solange noch keiner der Gegner den Satz widerlegt hat, daß die sittliche Person außerhalb der sittlichen Gemeinschaft eine unwirkliche Abstraction ist. Die Isolirung des

---

[1]) Ritschl, Studd. u. Kritt. 1879. S. 335.

religiösen Subjects, welche von Theologen wie Biedermann und Pfleiderer mit demselben Eifer betrieben wird, wie von dem entschiedensten Pietisten, verdeckt dem Menschen die Zusammenhänge, in denen er wirklich lebt, und überläßt es ihm, die künstlich geschaffene Leere mit den Gebilden seiner Phantasie zu füllen. Und es ist sehr wohl erklärlich, daß man dann, um die Geltung dieser Producte sicher zu stellen, sie so lange bearbeitet, bis sie mit irgendwelchen metaphysischen Principien der Welterklärung identisch zu sein scheinen. Von Schleiermacher's Anklage des fanatischen Separatismus werden die Vertreter dieser Metaphysik auch getroffen; denn wie man im Einzelnen den Gehalt der Religion, den man außerhalb des geschichtlichen Lebenswerkes Christi sucht, bestimmen möge, ist gleichgültig; das Entscheidende ist die willkürliche Isolirung des Subjects. Das Bedürfniß, durch die Metaphysik sich den Zweifel verscheuchen zu lassen, die Glaubensobjecte möchten leere Einbildungen sein, entsteht nur, weil man jene in der That als die willkürlichen Einbildungen des Menschen aufgefaßt hat, der möglichst vergißt, was er wirklich ist. Wenn wir dagegen nach der Selbstgewißheit des Christen fragen, wie er als Mensch in einem geschichtlichen Zusammenhange lebt, so finden wir den Grund derselben allerdings in der Tiefe seines Daseins, aber nicht in ihm als isolirtem Subject — denn als solches ist er gar nicht wirkliche Person — sondern in der geschichtlich gewordenen Gemeinschaft, welche ihn umfaßt. In dem Verkehr mit dieser existirt er als persönlicher Geist. Wenn dieser Gemeinschaft nicht die Offenbarung Gottes, welche sich als solche an dem sittlichen Bewußtsein des Menschen zu erweisen vermag, als eine geschichtliche Thatsache innewohnte, so wäre die religiöse Zuversicht des Christen nicht vorhanden. Jenseit jener Thatsache den Grund dieser Zuversicht aufsuchen, heißt den Standpunkt des wirklichen Menschen, der nach seiner Seligkeit fragt, verlassen. Wir hüten uns wohl, diesen Standpunkt, auf welchem allein von der Realität der Glaubensobjecte die Rede sein kann, aufzugeben. Dann kann uns aber nichts zu der Frage verlocken, wie die Offenbarung, auf welche wir vertrauen möglich sei. Sie ist das wirkliche Handeln des allmächtigen Gottes auf uns und ist als solche die Wirklichkeit, in welcher unser persönliches Selbstbewußtsein seinen Abschluß findet und auf welche unsere Selbstgewißheit immer wieder zurückgreift.

Die Offenbarung Gottes in Christus trägt selbst die Unendlichkeit in sich, welche Luthardt sowohl wie Pfleiderer jenseit derselben suchen. Wenn Pfleiderer dieß in dem bewußten Streben unternimmt, die positive christliche Weltanschauung, welche in dem Glauben an die absolute Offenbarung Gottes in Christus ihren Mittelpunkt hat, als die Vorbereitungsstufe der universellen Menschheitsreligion, welche er selber wenigstens ahnt, erkennen zu lassen, während Luthardt durch dasselbe Mittel den Rationalismus bekämpfen will: so ist die theologische Einsicht offenbar auf der Seite des Ersteren. An beide aber möchte ich die Frage richten, ob sie nicht auch zugeben, daß der religiöse Glaube sich dadurch von irgendwelcher wissenschaftlich vermittelten Ueberzeugung unterscheidet, daß er mit der Selbstgewißheit der Person identisch ist. Das wissenschaftliche Product behält, wenn es nicht zufällig einem verkümmerten religiösen Triebe als Glaubensobject dienen muß, den schwebenden Charakter einer Hypothese, welche modificirt werden kann, ohne daß dadurch die Person, welche für sie eingetreten war, in ihrem Innersten getroffen werden müßte. Dagegen bedeutet eine Aenderung des Glaubens eine Aenderung der Person; mit der Wirklichkeit des Glaubensobjects erklärt sich die Person, wenn sie wirklich glaubt, für solidarisch. Das hat aber allein darin seinen Grund, daß für den Gläubigen dieses Wirkliche nicht aus einem größeren in ungewisse Ferne sich verlierenden Zusammenhange hervortritt, sondern sich durch die constitutive Bedeutung, welche es für den Abschluß seines inneren Lebens hat, als wirklich beglaubigt. Es ist das Letzte, über welches das Denken des persönlichen Geistes nicht hinauskommt, ohne sich selbst aufzugeben. Was als Ding an sich vergeblich hinter den Erscheinungen gesucht wird, weil damit ein durch bloßes Erkennen nicht zu stillendes persönliches Bedürfniß gemeint ist, tritt hier als wirksame Macht in dem Leben der Person auf, ohne die fernere Anwendung der Kategorieen des Phänomenon und Noumenon auf sich zu gestatten. Denn über dasjenige hinaus, was unsere eigene Selbstgewißheit ausmacht, giebt es für uns nichts zu denken. Daß es sich so mit dem religiösen Glauben verhält, den sie selbst hegen, werden auch Luthardt und Pfleiderer zugeben müssen. Aber dennoch wagen sie es, sich der Realität der Glaubensobjecte in ihrer Theologie ebenso zu vergewissern, wie man die Realität der Erscheinungen feststellt, nämlich so, daß sie das, was unmittelbarer Gegenstand des Glaubens ist, an ein dahinterliegendes bisher noch unbestimmtes Wirkliches angeheftet denken. Es kommt nur darauf an, ob sie im Stande sind, jenes Wirkliche, welches die Glaubensobjecte tragen soll, zu klarer Erkenntniß zu bringen oder nicht. In dem ersteren Falle dringen sie erst in dieser Erkenntniß zu dem eigentlichen Gegenstande ihres Glaubens vor, in dem zweiten Falle sind sie innerlich überhaupt noch nicht zu einem solchen Abschluß gelangt.

Pfleiderer, welcher jetzt durch Biedermann zu einer festen theologischen Haltung gelangt ist, bezeichnet das religiöse Bewußtsein mit seinem gesammten Inhalt sowohl wie der Art der ihm innewohnenden Gewißheit als religiöses Phänomen. In demselben schließt sich ein metaphysischer Grund, ein objectiv göttlicher Inhalt für die Menschen auf. Alles, was zu jenem Phänomen gehört, wird von dem Gläubigen zwar in dem religiösen Erlebniß selbst, sobald dieses factisch stattfindet, als für ihn geltende Offenbarung Gottes genossen; zugleich aber wird von ihm dasselbe Erlebniß, sofern es ihm als wissenschaftlichem Denker begegnet, als bloß subjective Erscheinung taxirt, weil er im Stande ist, über das, was es für ihn als Subject bedeutet, hinauszublicken auf den metaphysischen Grund desselben. Pfleiderer theilt dabei den erkenntnißtheoretischen Grundsatz, welchen als ihrer beider Meinung Biedermann so ausgesprochen hat: „was aus wirklichen Erfahrungsthatsachen mit logischer Vernunftnothwendigkeit als ihr metaphysischer Grund erschlossen werde, das sei ein ebenso sicheres objectives Wissen und Erkennen, als es irgend ein solches von endlichen Dingen gebe. Wolverstanden natürlich nur was exact und stringent logisch von der Vernunft geschlossen wird, nicht etwa die Phantasie noch unversehens hinzuthut". Die Erfahrungsthatsache, von welcher hier geredet wird, ist das religiöse Bewußtsein. Dasselbe kann in doppelter Weise als Erfahrungsthatsache bezeichnet werden. Erstlich kann es von dem unintereſsirten Beobachter so genannt werden, der darin eine psychische Thatsache sieht, welche der psychologischen Analyse zu unterwerfen und in dem Zusammenhange ihrer Ursachen und Wirkungen mit möglichster Vollständigkeit aufzufassen ist. Bei dieser Behandlung gelangt man besten Falls zu einer Einordnung des in Frage stehenden Phänomens in den allgemeinen Causalzusammenhang, von dem es dann als erklärbares Object des Erkennens umgeben ist. Die Objectivität welche das religiöse Bewußtsein mit Allem, was es einschließt, auf diese Weise als psychisches Phänomen besitzen würde, hat natürlich mit derjenigen, welche der Glaube selbst meint, nicht das Geringste zu schaffen. Jene Objectivität einer die Erklärung herausfordernden psychischen Thatsache beanspruchen in ganz derselben Weise die Schrullen eines Wahnsinnigen, — die Psychiatrie sieht sich genöthigt, die gesetzmäßige Entstehung dieser Erscheinungen in jedem Falle zu erforschen, um dann in den entdeckten Causalzusammenhang bestimmend eingreifen zu können. Zweitens kann man das religiöse Bewußtsein eine Erfahrungsthatsache nennen, indem man sich selbst auf dem Standpunkte des gläubigen Subjects, welches dieses Bewußtsein in sich trägt, befindet. Indem wir Gott dafür danken, daß er uns zu sich gezogen hat, oder ihn um Befestigung unserer schwankenden Zuversicht bitten, richten wir die Reflexion auf unser eigenes religiöses Bewußtsein, welches als ein Werk unseres Gottes eine Erfahrungsthatsache von unzweifelhafter Realität für uns ist. Aber das leuchtet doch wohl ein, daß die Geltung dieser Thatsache ebensowenig, wie die der Glaubensobjecte überhaupt, jemals von der Person abgelöst werden kann, welche ihr eigenes Selbst für dieselbe einsetzt. Dann können aber auch die abstracten Schemata der religiösen Vorstellungen, in welchen man den geistigen Gehalt der letzteren ergriffen zu haben meint, nur insofern vor dem Vorwurfe gänzlicher Sinnlosigkeit gerettet werden, als man noch nachweisen kann, daß die Selbstgewißheit eines lebendigen Menschen an ihnen haftet. Sollen sie mehr als das fruchtlose Werk eines spielenden Witzes sein, so muß dieser Nachweis für sie geführt werden. Das, was Biedermann und Pfleiderer als den metaphysischen Gehalt des religiösen Phänomens aufstellen, ist sinnlos, wenn es sich nicht zu einer dem persönlichen Geiste nothwendigen religiösen Weltanschauung zusammenfügen läßt. Jene Producte logischer Kunst sind eingestandenermaßen aus einer religiösen Weltanschauung herausgeläutert. Die letztere hat in dem was sie aussagt nur Geltung für die concrete Person. Sollte es denn nun so schwer zu begreifen sein, daß dann auch ihre Derivate keine andere Geltung beanspruchen können? Wenn aber das Denken über das religiöse Bewußtsein, indem es möglichst abstracte Formeln für den Inhalt desselben zu Stande bringt, damit auch seinen objectiven Wahrheitsgehalt darlegen soll, so ist darauf nicht bloß zu erwidern, daß der Wahrheitsgehalt der religiösen Vorstellung in nichts Anderem bestehen kann als in seiner erlebbaren Bedeutung für den persönlichen Geist, sondern es ist vor Allem darauf hinzuweisen, daß man dann als Theologe sich selbst als gläubigem Subject widerspricht. Denn für das gläubige Subject ist doch auf jeden Fall die Vorstellung, wie sie ein Moment des religiösen Bewußtseins selbst ist, die Denkgrenze oder die Bezeichnung der Wirklichkeit, mit welcher es seinen eigenen Bestand schlechthin identificirt. Wenn daher der Theologe aus dieser Vorstellung etwas macht, was nicht genau dasselbe, was mit ihr selbst gemeint ist, klarer ausspricht, sondern etwas Anderes, an dem das religiöse Bewußtsein sich zugestandenermaßen niemals soll nähren können, so wird dadurch das gläubige Subject nicht aufgeklärt sondern aufgehoben. Wenn die Wahrheit dessen, woran der Glaube sich hielt, sobald sie ausgesprochen ist, sich als völlig bedeutungslos für das gläubige Subject herausstellt, so ist damit das Letztere ins Unrecht gesetzt, weil das, was der Halt seiner Selbstgewißheit war, sich, richtig gedacht oder in seinem Wesen erfaßt, ihm entzieht. Es bleibt dem, der jene Einsicht errungen hat, nur noch übrig, daß er die religiösen Erlebnisse genießt, wie sie kommen mögen; aber seines eigenen Bestandes als einer über die Natur erhobenen Person kann er in ihnen nicht mehr gewiß werden, weil der schwere Ernst der erkannten Wahrheit ihn sammt seinen religiösen Vorstellungen verzehrt. Wenn diese Theologen nicht mehr, als sie selbst zu wissen scheinen, von dem Vorurtheil besessen wären, daß es in der Religion auf einen unbefinirbaren Genuß und nicht auf die Gewißheit des persönlichen Geistes von seiner Geschlossenheit in sich oder seiner übernatürlichen Wirklichkeit ankomme, so würden sie schwerlich darauf gerathen, die religiöse Vorstellungswelt auf eine Metaphysik hinauszuführen, welche dem Menschen nichts weiter zu sagen hat, als daß er auch im religiösen Glauben von Erscheinungen lebe, von denen ein Ding an sich unterschieden werden müsse. Das allerdings ganz richtige Gefühl, daß an einer so verstandenen Religion der Mensch sich nicht genügen lassen könne, treibt sie zu dieser Annahme. Es ist eine merkwürdige Unterscheidung, welche dabei gemacht wird, zwischen „Gott an sich“ und „Gott wie er mich persönlich angeht“. Wenn der fühlende und wollende Mensch hinter den gesetzmäßig verknüpften Vorstellungen ein Ding an sich sucht, so ist das verständlich. Denn es bekundet sich darin, daß das persönliche Bedürfniß auf eine Realität anderer Art hinweist, als die Erscheinungswelt des theoretischen Erkennens sie zu bieten vermag. Aber nachdem nun der Mensch durch seine eigene Erfahrung am Sittengesetze befähigt ist, dem Begriffe jener übernatürlichen Realität, der bisher ein leerer Schatten war, einen Inhalt zu geben, und nachdem er im religiösen Glauben dieses seine Person abschließende Wirkliche, welches ihm kein Erkennen gewähren konnte, gefunden hat — was hat es da noch für einen Sinn, die Unterscheidung von Ding an sich und Erscheinung noch einmal zu wiederholen? Als ob nicht der Geltungswerth, der das abschließende Moment unserer eigenen Selbstgewißheit geworden ist, eine Grenze für unser Denken wäre, die wir aber nicht als Schranke empfinden, weil es der Quell unseres übernatürlichen Lebens ist, der unserm Denken eine Grenze setzt. Der Gott, den wir in der uns zu Theil gewordenen Offenbarung gefunden haben, enthält zwar eine Tiefe, die wir nicht ermessen. Aber diese Unermeßlichkeit verhält sich zu dem, was uns an Gott verständlich geworden ist, nicht wie das Ding an sich zur Erscheinung. Zu den Geheimnissen Gottes ist uns vielmehr grade in dem, was uns von ihm offenbar ist, der Weg erschlossen. Indem wir uns dieses practisch aneignen, dringen wir weiter vor in der wirklichen Erkenntniß Gottes. Ein anderes Sein Gottes als das innerhalb dieser Grenzen erkennbare können wir unmöglich gelten lassen, ohne die Geschlossenheit unserer Person mit Bewußtsein aufzugeben oder wenigstens die Bedingungen derselben zu vergessen.

Dem Verfahren von Pfleiderer (Biedermann) ist dagegen ein gewisses Recht nicht abzusprechen, wenn man es mit der Stellung vergleicht, welche Lipsius in dieser Frage einnimmt. Lipsius will insofern an dem Erbe Kants theilnehmen, als er die von jenen Theologen prätendirte metaphysische Erkenntniß des Wesens Gottes ablehnt, weil man dabei die dem wirklichen Erkennen gesetzten Schranken nicht beachte. Auf der andern Seite stimmt er Biedermann darin bei, daß die Erkenntniß Gottes, welche wir im Glauben zu besitzen meinen, nur auf eine Erscheinung gehe, von welcher man ein unerkennbares Wesen Gottes unterscheiden müsse. Die uns mögliche Erkenntniß Gottes soll zwar nicht das Wesen Gottes an sich, wohl aber die Weise wie Gott sich im menschlichen Geiste offenbart, betreffen.[1]) Was wir von Gott zu sagen wissen, „sind bildliche und nur analogische Aussagen,

[1]) Jahrbb. f. prot. Theol. 1878 S. 213.

sobald sie das objective Wesen Gottes abgesehen von seiner Relation zu den Menschen bezeichnen sollen; sie sind dagegen durchaus eigentlich zu verstehen als Aussagen über die Art und Weise, wie Gott sich im concreten Geistesleben des Frommen offenbart." [1]) Bei dieser Annahme wird der Gläubige über einen Punkt, der ihn außerordentlich nahe angeht, völlig im Unklaren gelassen. Er muß wissen, ob in der Art, wie Gott ihm zur Erfahrung kommt, sich das Wesen Gottes ausdrückt. Grade so, wie er Gott kennt, ist derselbe der Gott seines Heils. Daran daß der persönliche Wille des Guten, der sich in Jesus als die zuvorkommende Liebe an uns erweist, der allmächtige Wille des Weltganzen ist, haftet unsere Gewißheit, daß wir uns nicht an die Welt verloren zu geben brauchen, sondern dieselbe als Mittel des persönlichen Lebens beherrschen. Die Vorstellungen von Gottes Verkehr mit uns, welche uns die Offenbarung darreicht, sind für uns nicht bloß die ahnenden Bezeichnungen eines Unbekannten; sondern, indem wir uns sie in ihrem Zusammenhange practisch aneignen, glauben wir das Wesen Gottes selbst als den Grund unserer Selbständigkeit ergriffen zu haben. Wäre es nicht so, so wären unsere religiösen Erlebnisse von dem Zweifel umgeben, ob nicht die Art, wie uns der Weltgrund darin erscheine, durch die subjective Situation des persönlichen Geistes, der von seinem Selbst nicht lassen mag, bedingt sei, und ob nicht „Gott an sich", wenn wir jene subjective Bedingung in Abzug bringen, etwas ganz Anderes sei, als wir im Glauben meinen.

Dem gegenüber ist es offenbar eine dem religiösen Interesse weit mehr entsprechende Haltung, wenn Biedermann die objective Erkennbarkeit des göttlichen Wesens behauptet, und erklärt, er könne von seiner speculativen Erkenntniß Gottes aus begreifen, daß uns unser Verkehr mit Gott als ein persönlicher Wechselverkehr erscheine. Dann ist dieser persönliche Wechselverkehr mit Gott wenigstens als ein Durchgangsmoment im religiösen Vorgange gerechtfertigt. Aber Biedermann lebt allerdings insofern in einer sonderbaren Täuschung, als er meint, jener Wechselverkehr bedeute für ihn das Ganze der subjectiven Religion, welches er von dem Standpunkte seiner speculativen Erkenntniß aus beurtheile und rechtfertige. Bei tieferem Besinnen — er selbst würde, wenn es sich

[1]) ebendas. S. 211.

um seine Gegner handelte, den Ausdruck wählen „in einem lichten Momente" — muß Biedermann zugestehen, daß dieß nicht der Fall ist. Jene Rechtfertigung zeigt ihm nach seinem eigenen Bekenntniß, „wie ich über die Vorsehung zweifellos denken und wie ich zweifellos an sie glauben kann und soll, während bei dem non liquet über Gott eine Wolke der Unsicherheit auch über diesem Glauben schweben bleibt"; ohne jene Rechtfertigung bleibt der Glaube leicht „vom Zweifelstropfen der Wissenschaft inficirt, ein ungewisser, gelähmter, ein zweifelnder Glaube".[1]) Deutlicher kann man doch nicht aussprechen, was ja freilich auch ganz selbstverständlich ist, daß das, was ich über Gott positiv zu wissen meine, für die Gewißheit meines Glaubens von der höchsten Bedeutung ist. Nun wird Biedermann aber auch nicht bestreiten wollen, daß dieses Moment der Gewißheit, welches die männliche Selbständigkeit des Glaubens ausmacht, zu dem Dasein der subjectiven Religion selbst gehört. Abgesehen davon ist das religiöse Erlebniß ein ästhetischer Genuß eigenthümlicher Art; zu dem Glauben, der uns frei macht, wird es erst, indem es sich zu jener Gewißheit vollendet. Da nun Biedermann diese Vollendung des religiösen Erlebnisses darin findet, daß es zu dem speculativen Wissen von Gott als dem absoluten Geiste überleitet, so ist dieses Wissen ein Bestandtheil seiner subjectiven Religion, und das eigentliche Object seines religiösen Glaubens ist nicht der persönliche Gott der Offenbarung, sondern der absolute Geist, den er zu erkennen meint. Was er religiöses Phänomen nennt, ist ein Moment seiner subjectiven Religion nur insofern, als es Durchgangspunkt zu dem speculativen Wissen ist; und das letztere eröffnet nicht einen Standpunkt, von welchem aus sich über den Erkenntnißwerth des religiösen Vorgangs nach einem objectiven Maßstabe urtheilen ließe, sondern ist selbst in diesen Vorgang miteinzurechnen als der nothwendige Abschluß desselben. Ich weiß nicht, ob Biedermann, wenn er sich dieß zur Klarheit gebracht haben wird, daß sein speculatives Wissen von Gott als dem absoluten Geiste nothwendig als abschließendes Moment seiner religiösen Gewißheit fungirt, fortfahren wird, eine solche Form der Religion als die richtige zu vertreten. Der innere Widerspruch einer Religiosität, welche die persönliche Selbstgewißheit, deren auch sie nicht entrathen mag, in eine Erkenntniß auslaufen läßt, durch

---

[1]) Prot. K. Z. 1878, S. 1085.

welche die Person für die vorübergehende Erscheinung eines ganz andersartigen Inhalts erklärt wird, könnte ihn wohl auf andere Gedanken bringen. Aber das muß man gestehen, es liegt doch ein gesunder männlicher Zug in dieser Haltung. Bei dem religiösen Phänomen, welches bloß als Object des ästhetischen Genusses gewerthet wird, mag man nicht stehen bleiben. Und wenn das, was darüber hinaustreibt, das ernste Verlangen des persönlichen Geistes nach Gewißheit, erst als solches in seiner Tiefe erkannt ist, so wird auch jenes vermeintliche speculative Wissen als unzulänglich zu seiner Befriedigung erkannt werden.

Dagegen übersieht Lipsius völlig, daß er auf die Gewißheit des Glaubens verzichtet, indem er den sogenannten religiösen Vorgang als Erscheinung eines Verborgenen taxirt, das durch keinerlei religiöse Vorstellung adäquat bezeichnet wird, aber auch sonst für unser Verständiß verschlossen bleibt. Biedermann urtheilt ganz richtig, daß dann der Glaube in Zweifel übergehen muß, wenn ihn nicht die Bornirtheit in ihren Schutz nimmt. Was für Lipsius übrig bleibt, wenn er nach der Gewißheit des religiösen Glaubens gefragt wird, ist die kahle Berufung auf ein subjectives Erlebniß, in welchem man etwas Unsagbares und Unerklärliches fühle. Wenn er noch darauf provocirt, daß er das Phänomen der Religion bis zu einem gewissen Grade psychologisch erklären könne und daß seine religiöse Weltanschauung „am Besten" mit der wissenschaftlichen Erklärung der Erscheinungswelt übereinstimme, so sind diese vermeintlichen Zeugnisse für die Objectivität des Geglaubten dem religiösen Glauben selbst zu ungleichartig, als daß sie hier in Betracht kommen könnten. Sie führen beide nur auf Wahrscheinlichkeit; und man wird nur dann auf sie zurückgeworfen, wenn man über den wissenschaftlichen Beweis für die Allgemeingültigkeit der religiösen Vorstellungen ganz im Unklaren ist. Indessen wird Lipsius zu jener gefühlseligen Haltung, wie es scheint, nicht durch seine ursprüngliche Absicht geführt. Man wird vielmehr als Veranlassung davon das offenbare Mißverständniß betrachten müssen, welches ihm bei seinem erkenntnißtheoretischen Grundsatze begegnet.

Lipsius sagt: „Ueber den Bereich der Erfahrung hinaus giebt es kein Wissen im eigentlichen Sinne, d. h. kein wissenschaftliches Erkennen". Aus diesem richtigen Satze ergiebt sich natürlich, daß die Theologie, wie die Wissenschaft vom sittlichen Geiste überhaupt, nur möglich wird, weil in dem geschichtlichen Leben der

Menschheit ein Gebiet sittlicher und religiöser Erfahrung vorhanden ist. Wenn nun die psychischen Vorgänge, in welchen die hier gemachten Erfahrungen verlaufen, wie jede andere Thatsache der Erscheinungswelt behandelt werden, so versteht sich ganz von selbst, daß man sie dabei aus ihren Ursachen zu erklären sucht. Das mag immerhin eine wissenschaftliche Aufgabe sein; aber die Bearbeitung derselben ist nicht Theologie. Bei einer solchen uninteressirten, rein theoretischen Auffassung dieser Erscheinungen meldet sich auch hier das Bedürfniß des persönlichen Geistes, einen Abschluß seiner Welt zu erreichen, in der Frage nach dem Ding an sich, welches ihnen zu Grunde liegen möge. Nun will aber die Religion grade dieses Bedürfniß in höherem Sinne befriedigen, indem sie den Menschen zu einer Selbstbeurtheilung befähigt, in welcher die Vielheit der Erscheinungen zu dem Ganzen von Mitteln für sein höchstes Gut zusammengefügt wird. Es ist doch nun denkbar, daß sich ein bewußtes Nachdenken in dieses Werk der Religion vertieft und den inneren Gründen der religiösen Gewißheit nachgeht, in welcher die Person sich als ein Ganzes fühlt. Aus einem solchen Nachdenken entsteht die Theologie; sie hat — dieß wird natürlich auch von Lipsius unumwunden zugestanden — die Thatsache der religiösen Gewißheit hinter sich und bewegt sich innerhalb derselben. Ob man die Bethätigung eines solchen Nachdenkens mit dem Namen Wissenschaft belegen will, oder nicht, ist gleichgültig. Die Theologie hat auf diesen Namen denselben Anspruch wie die denkende Betrachtung der inneren Welt des sittlichen Geistes überhaupt; und für diese Thätigkeit kann das Interesse nicht absterben, so lange die Menschheit ein geschichtliches Dasein führt. Wenn man nun aber mit Lipsius richtig festhält, daß die Theologie die religiöse Gewißheit voraussetze und auf ihrem Boden zu Stande komme, so ist doch wohl zweifellos, daß sie die Thatsache des Glaubens ebenso wie seine Objecte in demjenigen Sinne zu erfassen und zu rechtfertigen sucht, den sie für die Religion selbst besitzen. Wenn also die Theologie das subjective Erlebniß der Religion als Erfahrungsthatsache bezeichnet, so ist in diesen Ausdruck die Geltung, welche dasselbe für den persönlichen Geist hat, miteingeschlossen. Wenn wir ferner in der Theologie von einem Verkehr Gottes mit dem Menschen reden, so meinen wir nicht bloß die Vorstellung von einer solchen Thätigkeit Gottes, nach deren gesetzmäßiger Entstehung die rein theoretisch gerichtete Psychologie forschen mag; sondern wir vergegenwärtigen uns dabei die Geltung, welche das in der Vorstellung Gemeinte für uns hat, und fragen nach dem Grunde derselben. Daß nun diese Geltung mit derjenigen gar nichts gemein hat, welche den Objecten des theoretischen Erkennens zukommt, das findet auch bei Lipsius keinen Widerspruch. Was hat es dann aber für einen Sinn, wenn er meinem Satze, dem christlichen Glauben sei das Wesen Gottes vollkommen offenbar, entgegenhält, „daß es eine adäquate, objectiv-theoretische Erkenntniß des Wesens Gottes an sich überhaupt nicht geben kann"? Mit welchem Rechte werden hier die Ausdrücke „adäquat" und „objectiv theoretisch" als gleichbedeutend gebraucht? Gott ist überhaupt nicht Object des theoretischen Erkennens. Dann darf aber auch nicht gesagt werden, sein Wesen würde adäquat erkannt werden, wenn es eine objectiv-theoretische Erkenntniß von ihm gäbe. Gottes Wesen wird von dem einfachsten Christen, der von der philosophischen Idee des Absoluten auch nicht die entfernteste Ahnung hat, adäquat erkannt, sofern ihm der Zusammenhang zwischen der geschichtlichen Gottesoffenbarung und dem sittlichen Geist, als welchen er sich selbst in der Unterwerfung unter das Sittengesetz denken muß, verständlich geworden ist. Das ist auch für den Geringsten möglich, der unter den geschichtlichen Wirkungen des Christenthums zur Anerkennung des sittlichen Endzwecks und zum Bewußtsein seiner eigenen sittlichen Würde erzogen ist. Ist aber auf diese Weise die Einsicht erreicht, daß der Glaube an den in Christus offenbaren Gott identisch ist mit der Selbstgewißheit der sittlichen Person, welche nur in diesem Glauben den Widerspruch der Sünde und des Uebels gegen ihre eigene Realität innerlich überwindet: so ist es nunmehr unmöglich, von dieser Offenbarung Gottes ein Wesen Gottes „an sich" zu unterscheiden. Das Sittengesetz hat dem Menschen sein eigenes Wesen enthüllt, wozu keine Psychologie ihm verhelfen kann. Ueber die Denkgrenze, welche ihm durch jene sittliche Erkenntniß gezogen ist, kommt er nur scheinbar hinaus; in Wahrheit sinkt er, indem er es versucht, unter die Stufe des sittlichen Geistes herab und degradirt sich selbst zum Naturwesen. Sofern er dagegen in der Unterwerfung unter das Sittengesetz als das Endgesetz verharrt, so kann er auch von der geschichtlichen Thatsache, welche es ihm möglich macht, sich trotz seiner Sünde in den sittlichen Endzweck einzuschließen und den letzteren trotz des Widerspruchs der Natur als die Macht über alles Dasein zu glauben, nicht anders denken, als daß dieser ihr Gehalt das Wesen Gottes selbst sei. Wenn er jene geschichtliche Thatsache von dem schweigenden Dunkel eines Wesens Gott an sich umgeben denkt, so hat er entweder in ihr seinen Gott überhaupt nicht gefunden, oder er vernichtet die Selbstgewißheit seiner eigenen Person.

Lipsius kommt aber auf diesen widerspruchsvollen Gedanken durch ein Versehen, welches bei der Einsicht in die Art des theoretischen Erkennens, die ihm sonst zu Gebote steht, sehr befremden muß. Er behandelt nämlich den Verkehr Gottes mit dem Menschen, den der Christ zu erfahren glaubt, der also für ihn eine Erfahrungsthatsache ist, wie ein Object des theoretischen Erkennens. Da der fühlende und wollende Menschengeist an jedes solche Object die Frage nach dem Dinge an sich knüpft, so daß alsdann die Erfahrungsthatsache als die subjectiv bedingte Erscheinung eines Verborgenen sich darstellt: so meint Lipsius bei der Offenbarung Gottes, welche dem Gläubigen als solchem feststeht, ebenso verfahren zu dürfen. Aber die Offenbarung Gottes hat doch für uns nicht dieselbe Geltung wie die Vorstellung eines Ereignisses, das sich uns durch die Sinne aufdrängt. Die Vorstellung des letzteren entsteht durch einen Proceß, an welchem unser persönliches Interesse nicht betheiligt zu sein braucht; in dem Glauben an die Offenbarung Gottes dagegen kommt grade das persönliche Bedürfniß zu endgültiger Befriedigung, welche auf dem Gebiete des theoretischen Erkennens sich in der fruchtlosen Jagd nach dem Dinge an sich erschöpft. Wie in aller Welt kommt also Lipsius dazu, von der subjectiv bedingten Erscheinung Gottes das Wesen Gottes an sich zu unterscheiden? Für das theoretische Erkennen, an dessen Objecten sich für den practischen Menschengeist der Schein des Dinges an sich erzeugt, ist ja doch die Offenbarung Gottes als das, was sie dem Gläubigen gilt, gar nicht vorhanden. Gott wird nicht gewußt, sondern geglaubt; das vertritt Lipsius auch. Dann hat aber auch für ihn die Frage nach dem Wesen Gottes an sich keinen Sinn. Wenn er sagt, die religiösen Vorstellungen seien nur „Aussagen über die Art und Weise, wie Gott sich im subjectiv-menschlichen Geistesleben beurkundet“, so habe ich dagegen nichts einzuwenden. Aber das beanstande ich mit gutem Recht, daß der Offenbarung Gottes, welche selbstverständlich in den Formen unseres Geisteslebens vor sich geht, ein Wesen Gottes an sich gegenübergestellt wird, als wäre Gott, der nur für den persönlichen Geist etwas bedeutet, ein dem persönlichen Geiste Fremdes, das ebenso mit räthselhafter Naturgewalt über ihn käme, wie die sinnliche Welt, und ebenso dazu aufforderte, von seiner subjectiv bedingten Erscheinungsform ein verborgenes An=sich zu unterscheiden.

Den erkenntnißtheoretischen Grund meines Einwurfs muß Lipsius anerkennen, denn man kann nicht von einem „Wesen an sich" reden, wenn das offenbare Wesen auf dem Gebiete des theoretischen Erkennens gar nicht als Thatsache vorkommt, sondern höchstens die Vorstellung von ihr als ein psychisches Phänomen. Wenn Biedermann und Pfleiderer jenseit des in dem sogenannten religiösen Phänomen Erfahrenen das ansichseiende Wesen Gottes aufsuchen, so ist das auf ihrem Standpunkte ganz berechtigt. Denn nach ihrer Meinung besteht zwischen der Erkenntniß Gottes und dem Wissen der Physik kein erkenntnißtheoretischer Unterschied. Lipsius dagegen kann von einem objectiv theoretischen Erkennen Gottes, in welchem wir, wenn uns dasselbe möglich wäre, ein vollkommenes Verständniß des Wesens Gottes besitzen sollen, gar nicht reden, ohne ungereimt zu werden. Diese Form des Erkennens bezieht sich ja, wie er selbst zugesteht, nur auf solche Geltungswerthe, welche sich ohne die zwingende Kraft practischer Impulse als etwas sinnlich Gegebenes behaupten. Die Wirklichkeit Gottes gilt aber, wie Lipsius lehrt, nur für den persönlichen Geist auf Grund des religiösen Erlebnisses. Es ist daher durchaus nicht statthaft, die Erkenntniß Gottes, welche wir innerhalb dieser Sphäre in eigenthümlicher Weise zu haben glauben, deßhalb als inadäquat zu bezeichnen, weil sie keine theoretische ist.

Ein Grund für die Behauptung, daß wir nur die Erscheinung Gottes, nicht sein Wesen, erkennen, würde dann allerdings vorliegen, wenn der religiöse Glaube an den Verkehr Gottes mit uns selbst eine solche Disjunction forderte. Es ist aber das Gegentheil der Fall. Wenn der Mensch die selbständige Gewißheit besitzt, daß er den Grund der Welt und seines eigenen Heils gefunden hat, so kann ihm sicherlich nichts unheimlicher sein, als der Gedanke eines ansichseienden Wesens Gottes, welches ihm nothwendig schlechterdings verborgen bleibt. Denn der Satz, daß die Welt unseres Glaubens auf ein gänzlich Unbekanntes zurückzuführen sei, ist genau gleich dem anderen, daß die Gewißheit unseres Glaubens in Zweifel übergehen müsse, weil das Object desselben nicht die endgültige Wirklichkeit sei, aus welcher alles Dasein seine Erklärung empfange. Der Horizont des persönlichen Geistes kann nicht umfassender sein als der seines Glaubens. Wenn daher ein Theolog wie Lipsius sich das Recht zuschreibt, über die Grenzen des Letzteren hinauszublicken, so zeigt er damit nur, daß ihm das eigentliche Object seines Glaubens noch nicht klar geworden ist. Der offenbare Gott, an den wir wirklich glauben und auf dessen Wirklichkeit unsere eigene Selbstgewißheit beruht, ist nothwendig die unüberschreitbare Grenze unseres Denkens; in ihm selbst, grade sofern er offenbar ist, liegt auch sein Wesen, das freilich eine unermeßliche Tiefe einschließt, aber doch eine solche, in die wir immer weiter eindringen, wenn wir im Lichte der geschichtlichen Offenbarung, wie Gott es will, den Zugang zu ihm suchen. Diese Einsicht verbietet uns zwar, in der Theologie nach einer tieferen Erkenntniß Gottes zu streben, als sie der einfachste Christ in seinem religiösen Verhalten ausübt. Aber die theologische Arbeit ist dadurch nicht abgeschnitten. Denn es bleibt die Aufgabe, die Gründe zu klarem Bewußtsein zu bringen, durch welche der Gläubige diese seine Gewißheit, daß er in der Wirklichkeit des offenbaren Gottes den endgültigen Abschluß seines Denkens gefunden habe, vor sich selbst rechtfertigt.

Worin für Lipsius schließlich die Objectivität des Geglaubten bestehe, ist durchaus nicht so leicht zu beantworten, wie bei Biedermann und Pfleiderer. Bei den letzteren besteht der Geltungswerth des Glaubensinhalts darin, daß derselbe, der zunächst in dem religiösen Erlebniß selbst in sinnlich gefärbten Vorstellungen bewegt wird, zu einem wirklichen Erkennen des Wesens Gottes in der Form des reinen Denkens den Anlaß giebt. Bei Lipsius dagegen fällt die Antwort verschieden aus, jenachdem er sich gegen mich oder gegen Biedermann wendet. Mir gegenüber hält Lipsius an der Behauptung fest, der objective Wahrheitsgehalt des Geglaubten beruhe darauf, daß sich das religiöse Phänomen psychologisch aus dem Wesen des Menschen ableiten lasse; er weist der Religionsphilosophie die Aufgabe zu, der Dogmatik diesen Dienst zu leisten, durch dessen Benutzung die letztere erst den Charakter der Wissenschaft empfangen und sich von einer bloßen Gruppirung subjectiver Erlebnisse unterscheiden könne. Man ist daher vollauf berechtigt, in jedem Locus seiner Dogmatik, welche Wissenschaft sein will, diesen Ausdruck des wissenschaftlichen Bewußtseins um die Objectivität des

Geglaubten zu suchen.[1]) Wenn nun durch eine Ableitung der religiösen Vorgänge und Vorstellungen ihr Geltungswerth festgestellt werden soll, so muß natürlich vor Allem die Geltung dessen, woraus abgeleitet wird, gesichert sein. Als solchen sicheren Ausgangspunkt gebraucht Lipsius das Wesen des Menschen. Dieses ist allerdings etwas feststehendes für die rationale Psychologie, welche aus einem vorausgesetzten Begriff vom Menschen erklärt, was von den psychischen Vorgängen zu halten sei. Aber diese Psychologie ist nicht Wissenschaft. Sie entsteht aus einer unklaren Anwendung der Methode, welche sich für die Wissenschaft vom sittlichen Geiste geziemt, auf das Gebiet des exacten Erkennens, auf welchem wir unsere Erfahrung erweitern wollen. Dagegen ist die empirische Psychologie, welcher allein Lipsius ganz mit Recht den Namen Wissenschaft vorbehält, bereit, jeden von ihr etwa vorausgesetzten oder erreichten Begriff vom Menschen nach den Ergebnissen der psychologischen Forschung zu modificiren. Wenn man daher mit ihren Mitteln irgend eine Gruppirung bestimmter Vorstellungen als dem Menschen nothwendig zugehörig erweisen will, so weiß man nicht, was man thut. Dieser Versuch, bei welchem hartnäckig übersehen wird, daß eine solche Gruppirung geschichtlich bedingt ist, und daß ihre absolute Geltung für uns, wenn überhaupt, nur mit den Mitteln der Ethik bewiesen werden kann, ist eine endlose Jagd nach dem Unmöglichen, welche, wie mir scheint, schließlich durch Vermittlung der Psychologie in den unermeßlichen Bereich der Natur, die unser empirisches Dasein trägt, hinausführen muß. Lipsius verbirgt sich die Wahrheit dieses Satzes dadurch, daß er mir gegenüber fortwährend wiederholt, es lasse sich eine Gesetzmäßigkeit d. h. eine Regelmäßigkeit des psychischen Geschehens ganz abgesehen von der Hülfe der Physiologie nachweisen. Wer wohl das bestreiten wollte?[2]) Aber durch diese Erkenntniß wird

---

[1]) Auf meine Bemerkung, daß davon in seiner Dogmatik nichts zu finden sei, entgegnet Lipsius, ich hätte übersehen, daß jener in Aussicht gestellte Nachweis von der Religionsphilosophie geliefert werde, nicht von der Dogmatik. Aber jeder wird mir Recht geben, daß doch das, was den wissenschaftlichen Charakter der Dogmatik ausmachen soll, in ihr selbst zur Anwendung kommen muß. Es bloß vorauszusetzen, wäre doch gar zu bequem.

[2]) Wenn Lipsius glaubt, ich hätte dieß gethan, so muß ich mich mißverständlich ausgedrückt haben und bitte ihn, von diesem, vielleicht durch mich veranlaßten, Vorurtheil abzusehen.

keineswegs erreicht, was Lipsius wünscht. Denn erstens wird aus der Regelmäßigkeit des Vorstellungswechsels, welchen die Psychologie entdecken mag, eine solche Gruppirung bestimmter Vorstellungen, wie die religiöse Weltanschauung, nicht ausreichend erklärt. Es wäre sehr wohl denkbar, daß die Religion aus den Herzen der Menschen verschwände, ohne daß deßhalb die psychologisch festgestellte Gleichförmigkeit des psychischen Geschehens irgendwie beeinträchtigt werden müßte. Zweitens aber, wenn sich auch psychologisch nachweisen ließe, daß der empirische Mensch eine solche geistige Bewegung wie die Religion ist, in sich geschehen lassen müsse, so wäre damit über die absolute Geltung, welche diese Thatsache der Religion für uns haben könnte, gar nichts entschieden. Was kann uns hindern, dieses empirische Factum als eine Erscheinung anzusehen, durch welche die Entwicklung der Menschheit in einem bestimmten Stadium hindurchschreitet, um schließlich aus der merkwürdigen Illusion zu der Kraft männlicher Selbstbescheidung zu erwachen? Gegen diese Reflexion würde die psychologische Erkenntniß keinen Schutz bieten; und dennoch wird sie uns von Lipsius als das Mittel entgegengehalten, der religiösen Vorstellung ihre objective Wahrheit zu retten.[1]) Lipsius sagt von der Religions-

---

[1]) Daß Lipsius selbst diese unglückliche Position nicht dauernd innehalten kann, beweist seine Ausführung in dem gegen Biedermann gerichteten Aufsatze (a. a. O. S. 608.). Hier heißt es: „Die Leugnung, daß jenen Bildern eine höhere Wahrheit zu Grunde liege, ist also gleichbedeutend mit der Verleugnung unserer Menschenwürde, unserer geistigen Lebensbestimmung." Kann ich mir wohl eine kräftigere Zustimmung zu meinen eigenen Sätzen wünschen? Die freie Gewißheit von der Realität der Glaubensobjecte ruht danach auf ihrem Zusammenhange mit unserer Lebensbestimmung, deren Geltung doch wohl ein Moment des sittlichen Bewußtseins ist, nicht aber aus einem psychologischen Erfahrungssatze geschöpft werden kann. Lipsius fährt dann fort: „Grade weil die Welt der religiösen Ideen eine Welt der Werthe für uns ist, müssen wir annehmen, daß sie keine bloße Dichtung sind, sondern bildliche Darstellung einer höheren Wahrheit und Wirklichkeit." Also er selbst rechtfertigt hier den religiösen Glauben teleologisch, während er mir gegenüber diese Rechtfertigung als unzureichend ablehnt. Wenn er doch aber selbst eingestehen muß, daß die von ihm geforderte psychologische Begründung der religiösen Weltanschauung dieselbe vor dem Verdachte, daß sie Einbildung sei, nicht schützen kann, müßte er da nicht auch mit uns die Verpflichtung des Theologen anerkennen, daß er in den teleologischen Beziehungen welche nur auf dem Boden des sittlichen Bewußtseins möglich sind, die Gründe aufsucht, welche zu der religiösen Gewißheit nicht äußerlich hinzugebracht werden, sondern ihre eigne

philosophie: „Sie kann, ohne selbst dogmatisch und scholastisch zu werden, die Objectivität des religiösen Verhältnisses nicht unmittelbar aus der menschlichen Vorstellung von ihr herausdeduciren, sondern muß sich begnügen, die religiösen Vorstellungen auf die in ihnen waltende Gesetzmäßigkeit und Nothwendigkeit zurückzuführen und dadurch das Recht der religiösen Lebensansicht als einer im geistigen Wesen des Menschen nothwendig begründeten nachzuweisen."[1]) Da Lipsius diesen Nachweis, daß die religiöse Lebensansicht im geistigen Wesen des Menschen nothwendig begründet sei, mit psychologischen Mitteln führen will, so darf man ihn fragen, wie die Psychologie dieß leisten soll, ohne anderswoher einen Begriff vom Wesen des Menschen zu entlehnen, der von ihr selbst unabhängig ist und sich seine unbedingte, undiscutirbare Geltung, welche die empirische Forschung ihm niemals verschaffen kann, auf andere Weise erzwingt. Nicht darin liegt an sich ein Fehler, daß Lipsius die religiösen und ethischen Phänomene psychologisch-mechanisch erklären will; ohne Zweifel ist dieß eine an sich berechtigte Aufgabe, und nur der blödeste Unverstand würde ihn deßwegen des Materialismus zeihen können. Aber das ist fast unglaublich, daß er meint, die religiöse Lebensansicht werde in ihrer unbedingten Geltung für uns erwiesen, ihre objective Wahrheit werde für uns festgestellt, indem die empirische Forschung der gesetzmäßigen Entstehung jener Vorstellungen nachgeht. Wenn die „in der Einheit des Bewußtseins zusammengefaßte Mannichfaltigkeit von Gefühlen, Trieben, Vorstellungen und Willensacten"[2]) wirklich psychologisch soweit erforscht ist, daß erklärlich

---

Spannkraft ausmachen? Wenn Lipsius ferner schon in dem „Lehrbuch der Dogmatik" (S. 40) sagt, der Versuch, aus dem Thatbestande unseres Geisteslebens die objective Realität des darin sich ankündigenden Göttlichen zu beweisen, sei nur eine andere Form des unbrauchbaren ontologischen Beweises, so scheint er doch ebendamit auch die Fähigkeit der psychologischen Religionsphilosophie, das Recht der religiösen Lebensansicht darzuthun, in Abrede zu stellen. Denn in der religiösen Weltanschauung etwas nothwendig für uns Geltendes sehen, ist nichts Anderes, als von der Realität des Glaubensobjects überzeugt sein. Man darf wohl darauf rechnen, daß Lipsius seine in diesem Punkte sehr unklare Position aufgiebt, oder die Unbegreiflichkeiten, welche ihr bis jetzt anhaften, beseitigt.

[1]) Lehrbuch der Dogmatik S. 6.

[2]) Lipsius Jahrbb. für prot. Theol. 1878, S. 68. Leider hat Lipsius meinen mit Gründen belegten Einwurf, daß die objective Wahrheit oder die

wird, wie innerhalb ihrer solche Erscheinungen, wie Religion und sittliche Gesinnung, entstehen können, so sollte doch niemand auf den Gedanken gerathen, daß damit die objective Wahrheit des in den religiösen Vorstellungen Gemeinten erwiesen sei oder daß wir nunmehr gezwungen seien, die nothwendige Geltung des Inhalts dieser Vorstellungen für uns anzuerkennen.

Lipsius ist offenbar auf diesen völlig verfehlten Versuch, die nothwendige Geltung der religiösen Lebensansicht für uns zu sichern, eingegangen, bevor er sich die Tragweite der dabei übernommenen Voraussetzungen klar gemacht hatte. In dem soeben aus seiner Dogmatik (S. 6) mitgetheilten Satze hatte er „das Recht der religiösen Lebensansicht als einer im geistigen Wesen des Menschen nothwendig begründeten“ als etwas Gleichbedeutendes neben „die Objectivität des religiösen Verhältnisses“ gestellt. Das ist auch ganz richtig. Denn wenn ich die nothwendige Geltung der religiösen Lebensansicht für mich anerkenne, so steht mir ebendamit auch die Objectivität meines Verhältnisses zu Gott fest. So ist es auch mit dem Sittengesetze; indem ich mich demselben als einem nothwendig für mich geltenden unterwerfe, denke ich es zugleich als das wirkliche Gesetz, in welchem mein Wollen von Statten geht. Denn mit dem Acte jener Unterwerfung erkenne ich das, was in der Forderung des Sittengesetzes als meine Bestimmung ausgesprochen ist, als mein wahres Wesen an, von welchem ich die dem Guten widerstrebenden Neigungen, als die von

nothwendige Geltung der religiösen Lebensansicht durch die Erklärung der psychischen Vorgänge, in welchen sie sich vollzieht, nicht erwiesen werde, gänzlich umgangen. Aber, wie mir scheint, mußte es ihm grade nöthig erscheinen, die Grundlosigkeit dieses Einwurfs darzuthun. Denn da er in jenen Nachweis ausdrücklich die Wissenschaftlichkeit seiner Dogmatik setzt, so hätte er doch die leichte Mühe aufwenden sollen, meinen Beweis, daß ein solcher Versuch ein erkenntnißtheoretisches Monstrum sei, „abzufertigen“, aber freilich nicht mit einigen hohen Worten, welche die Sache selbst gar nicht berühren, sondern mit einem Gegenbeweise. Daß Biedermann meine Kritik dieses Punktes der Lipsiusschen Dogmatik mit dem Prädicat „rabulistische Hänseleien“ belegt, finde ich sehr erklärlich. Er hat selbst mit ruhiger Zuversicht die unbedingte Geltung der subjectiven Thatsache, auf deren Boden er seine etwas verspätete Speculation errichtet, vorausgesetzt. Da er aber an die Ergebnisse dieser Speculation ganz ernstlich glaubt, so wird er durch jede scharfe, verständliche Einrede, welche jene Zuversicht erschüttern könnte, nicht zum Nachdenken angeregt, sondern verletzt. Und die Art, wie ein solcher Schmerz sich bei ihm äußert, darf man ihm wohl zu Gute halten.

mir, wie ich im Sittengesetze gedacht bin, noch nicht bewältigte Natur unterscheide. Die wahre von der Natur unterschiedene Persönlichkeit tritt mit der Anerkennung des Sittengesetzes als etwas Reales hervor, und das Sittengesetz selbst enthüllt sich als das wirkliche Gesetz ihres Wollens. Und so ist es überall; das Bewußtsein, daß eine Vorstellung nothwendig für uns gilt, giebt auch ihrem Inhalte Objectivität, läßt denselben als etwas Reales anerkennen. Mithin müßte man erwarten, daß die Lipsius'sche Dogmatik, nachdem sie erklärt hat, daß die Religionsphilosophie mit psychologischen Mitteln die nothwendige Geltung der religiösen Lebensansicht zu klarem Bewußtsein bringe, und nachdem sie obenein in der Benutzung dieser Errungenschaft ihren eigenen wissenschaftlichen Charakter gefunden hat, nun auch diesen großen Gewinn sich zu Nutze machen werde. In Wahrheit ist, wenn „das Recht der religiösen Lebensansicht" und damit „die Objectivität des religiösen Verhältnisses" gesichert ist, das Hauptgeschäft der Dogmatik selbst bereits erledigt. Denn die religiöse Gewißheit, deren Gründe sie nachweisen soll, ist dann im Allgemeinen gerechtfertigt. Es würde nur noch erübrigen, die besondere religiöse Weltanschauung, für welche der Dogmatiker eintritt, als den consequenten und vollständigen Ausdruck des religiösen Verhältnisses darzustellen, dessen Objectivität als sicheres Resultat schon in Beschlag genommen ist. So hätte also auch Lipsius fortfahren müssen, wenn er wirklich darauf aus wäre, mit der vermeintlich psychologischen Erkenntniß, daß die religiöse Weltanschauung für uns nothwendig gelte, Ernst zu machen. Er hat dieß aber mit Recht unterlassen, weil er selbst jener Erkenntniß nicht zu trauen scheint; und es ist deßhalb doppelt zu beklagen, daß er selbst in der Benutzung jenes Resultates der Psychologie oder Religionsphilosophie die Wissenschaftlichkeit seiner Dogmatik sieht, welches Prädicat sie sicher aus ganz anderen Gründen beanspruchen darf.

Jenes Resultat wird nicht nur so benutzt, wie man, wenn es richtig wäre, erwarten müßte, sondern es wird ihm sogar von Lipsius selbst direct widersprochen. In seinen „dogmatischen Beiträgen" (S. 71) sagt er: die Religionsphilosophie im Unterschiede von der Dogmatik habe es eben nur mit dieser menschlichen Vorstellung von der Offenbarung zu thun und bemühe sich, dieselbe aus der Gesetzmäßigkeit des menschlichen Geisteslebens zu erklären. Dagegen müßte sie die Frage, ob und welche objective Realität dieser Vorstellung zu Grunde liege, als eine mit ihren Mitteln unbeantwortbare bei Seite lassen. Im Gegensatze zur Religionsphilosophie gehe aber die Dogmatik von der Voraussetzung der Realität des religiösen Verhältnisses aus." Hier ist also, und zwar wie mir scheint, mit Recht, die psychologische Forschung, welche in der Religionsphilosophie, wie Lipsius dieselbe sich denkt, zur Anwendung kommen soll, auf die Aufgabe eingeschränkt, die Vorstellung als solche zu behandeln und, wenn es geht, aus einer Gesetzmäßigkeit des Vorstellungswechsels zu erklären. Dagegen soll die auf das Phänomen der Religion gerichtete Psychologie nichts dazu beitragen können, die Geltung eines solchen Verhältnisses zwischen Mensch und Gott, wie die religiöse Vorstellung aussagt, zu rechtfertigen. Dem müssen wir natürlich durchaus zustimmen. Wir brauchen aber keine Worte darüber zu verlieren, daß Lipsius damit den obigen Aufstellungen durchaus widerspricht, wonach die Religionsphilosophie „das Recht der religiösen Lebensansicht als einer im geistigen Wesen des Menschen nothwendig begründeten", sowie die Objectivität des religiösen Verhältnisses sichert, wonach ferner die Gleichgültigkeit gegen jene Psychologie die Abkehr von der objectiven Wahrheit der religiösen Vorstellung bedeuten sollte. Die Ueberzeugung, daß der religiösen Vorstellung von der Offenbarung eine objective Realität zu Grunde liege, gehört doch ohne Zweifel selbst zur religiösen Lebensansicht; wenn also die Psychologie in ihrer besonderen Anwendung als Religionsphilosophie das Recht der religiösen Lebensansicht, ihre nothwendige Geltung für uns, erweisen könnte, so würde sie ebendamit auch die Anerkennung jener objectiven Realität zu Wege bringen.

Wenn nun der Dogmatiker nach Lipsius die Objectivität des Geglaubten in derselben Weise wie jeder Gläubige „voraussetzt", trotz Allem was vorher von der Leistungsfähigkeit der Psychologie behauptet war, so ist doch immer noch die Frage genauer zu beantworten, welches denn der Geltungswerth sei, auf welchen sich der Theolog ebenso wie der einfache Christ schließlich als auf etwas Undiscutirbares zurückzieht. Lipsius ertheilt darauf die Antwort, es sei dieß der religiöse Vorgang selbst, der als solcher ein Mysterium darstelle, das sich jeder Verstandesanalyse entziehe. In diesem Gedanken liegt insofern etwas sehr Richtiges, als er andeutet, daß der Inhalt der religiösen Vorstellung, in der Geltung welche er für den Gläubigen hat, kein Object des theoretischen Erkennens ist; in der

Form aber, wie Lipsius ihn aufstellt, können wir ihn nicht acceptiren.

In dem „Lehrbuch der Dogmatik" hatte Lipsius sich so ausgedrückt, daß man wohl allgemein ihn dahin verstand, das „religiöse Mysterium" sei in der Thatsache zu suchen, daß die psychologische Analyse des religiösen Phänomens nicht ohne Rest aufgehe. Demgegenüber mußte natürlich der Einwand erfolgen, daß auf dem Gebiete der empirischen Forschung selbst sich eine solche absolute Schranke nicht ziehen lasse. Es wäre der kläglichste empirische Supranaturalismus, auf die factische Unerklärbarkeit eines Phänomens den religiösen Glauben zu gründen und dadurch diese Unerklärbarkeit selbst erst zu einer absoluten zu machen. Auch in der neuen Ausführung (a. a. O. S. 610 ff.) ist der unglückliche Ausdruck stehen geblieben, daß das religiöse Verhältniß nicht „ohne Rest" wissenschaftlich erkennbar sei, und daß ebendarin die Bürgschaft liege, daß die dem religiösen Phänomen als psychologischem Vorgange zu Grunde liegende Objectivität mehr sei, als die demselben immanente Gesetzmäßigkeit (S. 613). Diese Ausdrucksweise schließt den soeben gerügten Fehler nicht aus und kann nur zu neuen Mißverständnissen Anlaß geben. Denn sofern die Religion ein mit den Mitteln der erklärenden Wissenschaft erforschbarer psychischer Vorgang ist, muß sie auch, in abstracto wenigstens, „ohne Rest" erklärbar sein, d. h. es kann nichts an ihr sein was sich der wissenschaftlichen Erklärung schlechthin entzöge; eine absolute Grenze der Erklärbarkeit auf diesem Gebiete zu ziehen, ist immer willkürlich. Dagegen das religiöse Verhältniß, d. h. der im religiösen Glauben gemeinte Verkehr des Menschen mit Gott, ist überhaupt nicht wissenschaftlich erkennbar in demselben Sinne; denn er ist für das theoretische Erkennen gar nicht vorhanden. Diesen Inhalt des Glaubens, der einen ganz anderen Geltungswerth für den Menschen hat, darf man daher auch nicht als den geheimnißvollen Rest bezeichnen, vor welchem die wissenschaftliche Erklärung des Glaubens als eines psychischen Phänomens Halt machen müßte. Er liegt, wenigstens in der Geltung aufgefaßt, welche er für den Gläubigen hat, nicht auf dem Wege des theoretischen Erkennens; also kann er dasselbe auch nicht aufhalten. Dieß scheint nun auch Lipsius insofern zu vertreten, als er offen erklärt, als psychischer Vorgang unterliege die Religion ganz und voll der psychologischen Analyse. Aber das was von der Religion, wenn man diesen ihren phänomenalen Charakter in Abzug bringt, übrig bleibe, bestimmt er dann doch wieder so, daß als Resultat herauskommt, das Mysterium der Religion bestehe in der Unerklärbarkeit dessen, was in ihr selbst vorgeht. Nachdem Lipsius gegen Biedermann bemerkt, daß auch nach seiner Ansicht die religiöse Vorstellung als psychologisches Phänomen ein Object des theoretischen Erkennens sei, fährt er fort: „Aber folgt denn daraus, daß der letzte metaphysische Grund des religiösen Verhältnisses selbst, aus welchem die religiösen Vorstellungen mit psychologischer Nothwendigkeit hervorgehen, ebenfalls „„ohne Rest““ mit wissenschaftlicher Exactheit erkennbar sei?“ (a. a. O. S. 617). Mit diesem für die Wissenschaft unzugänglichen Rest will Lipsius „nur die Grenze unseres Erkennes bezeichnen“; da er denselben Rest soeben den letzten metaphysischen Grund des religiösen Verhältnisses genannt hat, so ist der Schluß indicirt, daß dieser metaphysische Grund die Grenze unseres Erkennens ausmacht. Indessen so ist es nicht zu verstehen. Denn gleich darauf folgt der abschließende Satz: „Meine Behauptung ist also lediglich die, daß der Urgrund unserer Erscheinungswelt, der im menschlichen Geistesleben sich als Grund, Norm und Ziel des religiösen Processes beurkundet, in seinem Wesen die Grenzen unseres Erkennens überschreitet, und daß wir ebendarum von seiner Bethätigung im Menschengeist wohl eine auf Grund des Thatbestandes der religiösen Erregungen gebildete ideale Anschauung entwerfen, aber keine exact wissenschaftliche Anschauung gewinnen können.“ Jener Urgrund unserer Erscheinungswelt sowohl wie des religiösen Processes macht daher nicht selbst die Grenze unseres Erkennens aus, sondern liegt, da er dieselbe „überschreitet“, jenseit derselben.

Diesen Satz, daß das Wesen Gottes jenseit der Grenzen unseres Erkennens liegt, gewinnt Lipsius aus der Thatsache, daß es dem theoretischen Erkennen, welches in der Metaphysik auf dasselbe eindringt, unzugänglich bleibt. Sobald man versucht, die Aussagen der religiösen Erfahrung, „auf ihren metaphysischen Gehalt zurückzuführen, so sieht sich das Denken alsbald vor eine Grenze gestellt, die es nicht überschreiten kann“ (a. a. O. S. 613).

Aus jenem auf diese Weise begründeten Satze aber macht er den sehr wichtigen Schluß, daß deßhalb die religiösen Vorstellungen ideale Anschauungen sein, die auf Grund des Thatbestandes der religiösen Erregungen von uns gebildet würden, von deren Inhalte aber das Wesen Gottes als ein schlechthin Verborgenes zu unterscheiden sei.

Fragen wir nun aber, worauf denn überhaupt für uns der Geltungswerth des durch die religiöse Vorstellung Bezeichneten als eines Realen, oder die Objectivität ihres Inhalts beruhe, so erhalten wir die Antwort: auf der Selbstgewißheit des religiösen Bewußtseins von der Realiät seines Objects (a. a. O. S. 610).

Also auf eine nur für die persönliche Ueberzeugung vorhandene Wirklichkeit richtet sich in der Metaphysik das theoretische Erkennen. Und da dieses mit einem Realen solcher Art nichts anzufangen weiß, so macht Lipsius aus einem der auf diese Weise ohne Erfolg bearbeiteten Probleme das religiöse Mysterium. Denn bei diesem Versuche hat sich auch herausgestellt: „Wie es objectiv zugehe, daß der göttliche und der menschliche Geist in einem und demselben untheilbaren Geistesacte sich aufeinander beziehen können, bleibt unbegreiflich.“ Und Lipsius setzt hinzu: „Hier ist für mich eben die Stätte des religiösen Mysteriums“ (a. a. O. S. 615).

Dieß ist in möglichster Kürze die Gedankenverbindung, durch welche Lipsius die Geltung der Religion vor den Consequenzen seiner Erkenntnißtheorie zu retten sucht. Wir müssen darauf erwidern, daß aus einem von vornherein unberechtigten und sinnlosen Versuche des theoretischen Erkennens niemals etwas religiös Werthvolles resultiren kann. Nun ist aber die Frage nach der „Bethätigung des als unendlicher Geist angeschauten unendlichen Grundes im Menschengeiste“ nach den Grundsätzen der von Lipsius vertretenen Erkenntnißtheorie ein solcher unberechtigter Versuch. Unser Erkennen reicht, wie er sagt, über das Gebiet der äußeren und inneren Erfahrung nicht hinaus. Zur inneren Erfahrung gehört die Religion als psychisches Phänomen und unterliegt als solches der psychologischen Analyse, welche sehen mag, wie weit sie kommt. Dagegen ist auf diesem Erfahrungsgebiete nicht anzutreffen der Inhalt der religiösen Vorstellung in der Geltung, welche er für den persönlichen Geist hat; so würde es z. B. ein „grobes Mißverständniß“ sein, wenn man „die Thatsache der Offenbarung“, welche dem gläubigen Subject und dem Dogmatiker feststeht, für ein Object des theoretischen Erkennens halten wollte (vergl. a. a. O. S. 71). Nun lehrt Lipsius ferner ebenfalls mit Recht, daß die Idee eines „unendlichen Grundes der Erscheinungswelt“, auch in ihrer philosophischen Fassung practischen Motiven ihre Geltung verdankt. Noch viel mehr ist dieses natürlich der Fall mit dem als unendlichem Geiste angeschauten unendlichen Grunde, um welchen es sich nach Biedermanns Aussage, dem Lipsius sich anschließt, in der Religion handelt. Folglich ist es nach Lipsius' eigenen Grundsätzen falsch, wenn das theoretische Erkennen nach den Beziehungen eines solchen im Glauben feststehenden Realen zu unserem eigenen Geistesleben fragt. Da der Glaube selbst von dem Wie einer derartigen Beziehung nichts weiß, so ist uns dasselbe ebenso verschlossen, wie das Wie der Weltschöpfung. Wenn sich dennoch in der Metaphysik das theoretische Erkennen auf diese Frage richtet, so müßte die Behandlung derselben für Lipsius denselben Werth haben, wie eine Physiologie der Gespenster. Jenes Wie ist in der That ein Gespenst, welches dadurch entsteht, daß das Object des Glaubens in die Sphäre desjenigen Erkennens hinabgleitet, welches sich mit der Welt der inneren und äußeren Erfahrung befaßt. Lipsius sieht nun zwar, daß ein solches Problem unlösbar ist; daß er es selbst vonvornherein für sinnlos halten müßte, bringt er nicht in Rechnung. Er blickt zu dem aus keinem religiösen Interesse entsprungenen, sondern von einer verkehrten Metaphysik formulirten Problem als zu dem religiösen Mysterium empor. Aber die Thatsache, daß man sich an einem falsch gestellten Problem vergeblich abmüht, liefert, man mag sie aussprechen wie man will, nicht ein verehrungswürdiges Geheimniß, sondern nur ein sehr durchsichtiges Beispiel eines erkenntnißtheoretischen Fehlers, der bei größerer Vorsicht hätte vermieden werden können.

Es möchte damit hinreichend bewiesen sein, daß das religiöse Mysterium, wie dasselbe hier formulirt ist, nicht die Kraft hat, die Geltung der Religion gegen die Einreden einer Denkweise zu schützen, welche nur das theoretisch Erkennbare für wirklich hält. Daß das theoretische Erkennen mit jenem Wirklichen, welches Lipsius ihm entgegenhält, nichts anfangen kann, versteht sich von selbst; denn es hat hieran gar nichts Wirkliches, sondern eine aus practischen Motiven entsprungene Einbildung des Subjects, deren psychologisches Dasein für den Geltungswerth ihres Inhalts nichts beweist.

Allein auch bei einen solchen Fehler kann man immer noch fragen, wie er entstanden sein möge. Und dafür bietet sich die Erklärung dar, daß Lipsius sich durch die Probleme Biedermanns von der Basis der kantischen Erkenntnißtheorie hat verdrängen lassen. Wenn er von jenem Ausgange aus ruhig weiterdächte, so müßte er die Probleme, welche Biedermann behandelt, als falsch gestellt erkennen. Er hält sie aber bloß für unlösbar; und „der Rest", den selbst dieser scharfsinnige Theologe unerklärt lassen muß, erscheint ihm so geheimnißvoll, daß er ihn als das religiöse Mysterium hinstellt, in welchem der unendliche Geist seine Gegenwart in dem endlichen beurkunde.

Dadurch bringt er sich aber in eine viel ungünstigere Position, als Biedermann sie einnimmt. Denn da er, von diesem verleitet, den reinen Sinn der Glaubensobjecte, daß sie Geltungswerthe des persönlichen Geistes sind, aufgegeben hat, so ist er auch außer Stande, auf den eigenthümlichen Grund ihrer Objectivität, die immer nur für den geschichtlich bestimmten Menschengeist vorhanden ist, näher einzugehen. Auf der anderen Seite ist er durch die Prämissen seiner Erkenntnißtheorie zu sehr gebunden, um von den Erfolgen der Metaphysik eine Sicherung jener Objectivität erwarten zu können. Und so bleibt ihm nichts weiter übrig als die Berufung auf die Selbstgewißheit des Glaubens, zu welcher keine andere Erkenntniß etwas dieselbe Verstärkendes hinzufügen könne. Das ist schon richtig, daß die Gewißheit des Glaubens durch kein menschliches Mittel erhöht werden kann. Aber die Kirche verlangt von der Theologie, daß sie für die Realität der Glaubensobjecte die inneren Gründe aufweise, aus deren Kraft die Gewißheit des Glaubens erzeugt wird. Denn sie will sich des Rechts ihrer Zuversicht, daß das Christenthum die universelle Religion sei, welche für alle persönlichen Geister gelte, bewußt werden. Dazu bedarf sie des theologischen Beweises. Die Dogmatik von Lipsius kann diese Forderung nicht befriedigen; denn die Frage nach der Gewißheit des Glaubens muß sie schließlich durch die Berufung auf unsagbare Gefühle zum Schweigen bringen. Damit ist die Antwort welche innerhalb des Geltungsbereiches der Religion allerdings möglich ist, umgangen.

So denke ich denn, daß wir die Objectivität des Geglaubten besser begründen, als die eben besprochenen Theologen. Wir stellen zunächst die Frage durch die Erkenntniß zurecht, daß sie nur den persönlichen Geist etwas angeht, der nicht in der empirischen Welt, sondern in der aus dem Glauben gedeuteten Welt sich zurechtfindet. Ferner bemerken wir, daß die Realität der Glaubensobjecte nur da bewiesen werden kann, wo die Idee der Persönlichkeit durch einen Gedanken von unausweichlicher Geltung fixirt ist. Dieser Gedanke ist uns gegeben in dem Sittengesetz, welches seinem Inhalte nach von Christus als das Reich Gottes, in welches die Menschheit eingehen soll, verkündigt ist. Durch das Bewußtsein von diesem Gesetze, dessen Nothwendigkeit für den persönlichen Geist erwiesen werden kann, weil derselbe erst in ihm den rechtfertigenden Grund und den concreten Gehalt für seine Selbstunterscheidung von der Natur erreicht, wird das religiöse Bedürfniß des Menschen für die Erkenntniß des wahren, überweltlichen Gottes aufgeschlossen. Aber die Kraft zum Glauben an ihn liegt in jenem Bewußtsein nicht verborgen. Vielmehr wird das in seiner Tiefe verstandene Sittengesetz nur dadurch eine Macht in der Menschheit, daß seine Verkündigung in der Form der Offenbarung Gottes als der vergebenden Liebe erfolgt. Die Erkenntniß Gottes in Jesus ist ja freilich nicht möglich ohne das freie Eingehen auf die von ihm vertretene sittliche Aufgabe. Aber wie dieser sittliche Vorgang bei seiner Umgebung von dem Eindrucke seiner Person, die den Schwachen und seiner Sünde Bewußten nicht von sich stieß, beseelt war: so ist derselbe Vorgang in uns von vornherein von den Einwirkungen des in der christlichen Gemeinde sich fortpflanzenden Glaubens an den allmächtigen Gott umgeben, der uns seine Liebe zuwendet nicht auf Grund unserer Leistungen, sondern vor allem eigenen Thun. Und indem wir im Zusammenhange mit unserer sittlichen Erziehung zu einer selbständigen Aneignung der überlieferten Religion gelangen, so ist auch hier der Grund unserer Gewißheit von der Realität des Geglaubten niemals allein die wachsende Einsicht, daß die Welt unseres Glaubens die Welt der sittlichen Persönlichkeit ist. Diese Einsicht allein ließe den Glauben des Menschen, welcher doch sittliche Persönlichkeit noch nicht ist, sondern in schwerem Kampfe mit dem Stoff, den er gestalten soll, um sein Lebensziel wirbt, verdorren. Aber sie wird in der christlichen Gemeinde durch die Predigt des Evangeliums von Christus ergänzt. Dadurch wird es uns möglich, in Jesus den lebendigen Gott zu erkennen. Diese Erkenntniß läßt sich aber, wenn sie gewonnen ist, nicht ablösen von seiner Person. Denn wir haben damit nicht eine gleichsam ruhende Anschauung von Gott als einem Systeme von Attributen; sondern wir erkennen, daß in dem gesammten Sein, Reden und Handeln Jesu Gott als der offenbare Wille unseres Heils auf uns wirkt. Die Thatsache, daß dem geschichtlichen Zusammenhange, der uns selbst erzeugt hat, ein Mensch angehört, der diese Bedeutung für uns beansprucht und durch seine Erscheinung uns zwingt, ihm zu vertrauen, ist der Grund unseres bewußten freien Glaubens an Gott. Indem wir vermöge unserer Zugehörigkeit zur christlichen Gemeinde unser eigenes Leben in die Geltungssphäre des Gotteswortes, welches aus jener Thatsache an uns ergeht, miteingeschlossen wissen, ist uns die Freiheit der Kinder Gottes geschenkt. Deßhalb hat es keinen Sinn, zu sagen, der Gedanke der Gotteskindschaft sei an sich eine sogenannte ewige Wahrheit;[1]) denn dieser Gedanke hat für uns keinen anderen Gehalt, als den der Vermittlung unserer Stellung zu Gott durch Christus. Man nimmt wenn man jenes sagt, seinen Standpunkt außerhalb der Wirklichkeit, welche für uns nicht die Stellvertretung einer höheren Idee, sondern die Realität dieser Idee selbst ist. Wir finden daher die Objectivität dessen, woran wir glauben, in der geschichtlichen Gottesthat, welche uns als solche erkennbar geworden ist. Wenn diese uns offenbare That Gottes nicht vorhanden wäre, oder nicht den Inhalt hätte, den sie hat, so könnte eben von dem, woran wir glauben, nicht die Rede sein; und zwar nicht bloß deßhalb, weil dann der geschichtliche Anfänger unseres Glaubens fehlen würde, sondern vor Allem, weil wir dann außer Stande wären, jener Welt des Glaubens als einer für uns geltenden gewiß zu werden. Aber die Frage, was sein würde, wenn nicht wäre, was ist, mag in einzelnen Fällen wohl für den Menschen, der in die gesetzmäßige Entwicklung eines Naturvorganges durch die Modification einer mitwirkenden Bedingung eingreifen will, von Interesse sein. Aber für die Person, welche ihres eigenen überweltlichen Bestandes sich versichern will, hat es schlechterdings keinen Sinn, über den gegebenen Inhalt ihres Selbstbewußtseins hinauszugehen. Entweder kann sie innerhalb desselben das Zeugniß Gottes, daß er, als der Wille ihres höchsten Gutes, sie selbst beseligen wolle, entdecken: dann hat sie eine Gewißheit

[1]) vgl. Schleiermacher 2. Sendschreiben (WW. z. Th. 2, 616): „ich fürchte, die beste Freudigkeit würde mir doch verloren gehen, wenn ich mir nun nähere Rechenschaft darüber geben sollte, wie denn nun jene Wahrheit von der absoluten Kindschaft Gottes in der Person Jesu ihre Gewißheit im Wissen habe, und es ahnet mir, daß dabei für die geschichtliche Person des Erlösers doch nicht viel mehr übrig bliebe, als bei jener ebionitischen Ansicht auch herauskommt".

des Glaubens; oder sie sieht jenes Zeugniß nicht: dann fehlt ihr auch diese Gewißheit. Wenn wir nicht fruchtlos ins Leere starren wollen, so müssen wir uns daran genügen lassen, daß Gott der ist, als der er sich offenbart hat. Aber diese Offenbarung ist für uns nicht ebenso, wie für den Nominalismus des Mittelalters, ein stumpfes geheimnißvolles Factum, dem man sich nur unfrei unterwerfen und das man nur in frivolem Trotz gegen die darüber hinausspielende Reflexion behaupten könnte. Denn die Gotteserkenntniß ist bei uns, wenngleich an ihre geschichtliche Quelle gewiesen, doch immer durch die freie Einsicht vermittelt, daß das, was uns geschichtlich dargeboten wird, die besondere Offenbarung Gottes in Christus und die Gründung einer religiösen Gemeinde, die sich in ihrem Herrn als Object der Liebe Gottes weiß, — daß dieß also unser persönliches Verlangen nach Seligkeit gegen den Widerspruch schirmt, welchen unsere eigene Sünde und die Natur, die unsere individuelle Existenz umfaßt, dagegen einlegen. Dieser Schutz ist zwar ein Factum, dessen Gehalt wir nicht construiren können, sondern empfangen; und den Werth desselben ermessen wir erst vollständig, indem wir es erleben. Aber zugleich kommt uns zum Bewußtsein, daß mit demjenigen, was sich uns als Offenbarung darbietet, ein Geltungswerth von unerschütterlicher Gewißheit in innerem Zusammenhange steht. Das ist die an uns ergangene Forderung des Sittengesetzes, welche uns zwingt, in der durch sie enthüllten Form des persönlichen Lebens, in der vollkommenen sittlichen Gemeinschaft, unsere Seligkeit zu suchen. Ich denke, man wird jeden erwachsenen Christen fragen dürfen, ob er sich als Inhalt seiner Seligkeit etwas Anderes denken könne, als das, was als ein Abglanz des ewigen Lebens schon seine irdischen Nöthe verklärt, daß er der durch Christus vermittelten Gemeinschaft mit Gott in der Pflege sittlicher Beziehungen nachlebt und darin seines überweltlichen Wesens froh wird. Die Besinnung über das Christliche, das er bereits aufgenommen hat, muß ihn zwingen, innerhalb jener Umrisse seine Seligkeit zu suchen. Wenn das aber der Fall ist, so schließt unser Glaube an die Offenbarung Gottes in Christus den Eindruck ein, daß sie, indem sie uns die Seligkeit in jenem Sinne verbürgt, die nothwendige Ergänzung der Thatsache ist, daß sie die Forderung des Sittengesetzes auch an uns richtet. Diese Art unseres Glaubens begründet aber die Möglichkeit eines dogmatischen Beweises. Denn jener Eindruck, der als mitwirkender Factor in jedem christlichen Glauben gesetzt sein muß, läßt sich zu der klaren Einsicht erweitern, daß die Offenbarungsthat Gottes in Christus und die religiöse Weltanschauung, welche davon ausgeht, die thatsächliche Lösung des Räthsels darstellt, welches dem Menschen durch sein sittliches Bewußtsein aufgegeben ist.

Der Umkreis der wirklich berechtigten und lösbaren dogmatischen Probleme wird durch die Frage bezeichnet: wie ist es möglich, daß der sündige und der Naturmacht unterworfene Mensch in der im Sittengesetze ausgesprochenen Form des persönlichen Lebens oder in der sittlichen Gemeinschaft des Reiches Gottes seine Seligkeit suchen und derselben gewiß sein kann? Die Antwort darauf entnimmt die Dogmatik der geschichtlichen Gottesoffenbarung; wenn diese nicht solchen Gehalt hätte, so wäre weder unser Glaube noch die Dogmatik vorhanden. Aber jene Lebensfrage des persönlichen Geistes muß an die Quelle unseres Glaubens gestellt werden, wenn wir Antworten erhalten wollen, die ein religiöses Interesse beanspruchen dürfen. Wird die Dogmatik in dieser Weise gestaltet, so wird sie ein Ganzes, wie der persönliche Geist, der in der entwickelten Weltanschauung seinen Frieden findet, ein Ganzes ist. Und für ein solches Ganze läßt sich auch ein Beweis der Allgemeingültigkeit führen.[1]) Denn es läßt sich beweisen, daß die sittliche Persönlichkeit, welche durch die geschichtliche Gottesoffenbarung als die Macht über die Welt erwiesen wird, das Ziel ist, auf welches alles persönliche Leben, wenn auch ihm selber unbewußt, gerichtet ist. Es ist die Welt persönlicher Geister, an welcher das Christenthum seine Universalität bewährt. An der Naturwelt, an den Objecten des theoretischen von allen practischen Voraussetzungen principiell befreiten Erkennens hat es selbst seine Allgemeingültigkeit niemals durchführen wollen. Denn in dem Glauben selbst ist von einer Berufung auf Resultate des wissenschaftlichen Naturerkennens nichts enthalten. Dagegen ist ein unveräußerliches Moment des christlichen Glaubens der Gedanke des Gottesreiches, der universellen sittlichen Gemeinschaft, als welche die Menschheit in dem Selbstzweck Gottes gesetzt ist. Die Wirklichkeit des Gottesreiches muß in irgendwelcher Weise den Menschen ergriffen haben und sein Denken positiv beeinflussen, wenn er fähig sein soll, in christlichem Sinne Gott zu vertrauen. In diesem Momente des christlichen Glaubens

[1]) vergl. Ritschl, Lehre von der Rechtf. 3, 11.

selbst liegt für uns sowohl der Organisationspunkt der christlichen Weltanschauung, als der Keim des dogmatischen Beweises für dieselbe. Denn wenn die christlichen Vorstellungen als Antwort auf die obige Frage oder als die Glieder der Weltanschauung verstanden werden, in welcher die sittliche Person zur Freiheit von der Welt gelangt: so schließen sie sich zu einem Ganzen zusammen, welches nicht, wie bei allen andern Versuchen, sie zu systematisiren, der Stütze durch heterogene Geltungswerthe bedarf. Indem der Inhalt der geschichtlichen Gottesoffenbarung, um welche sich die christliche Gemeinde sammelt, es dem Menschen ermöglicht, sich als sittliche Person zu behaupten, so entsteht die christliche Weltanschauung und rechnet für die Anerkennung ihrer Wahrheit auf nichts weiter, als auf das Verständniß jener Thatsache unseres geschichtlichen Lebens. Dieses Verständniß ist freilich an die bewußte Regsamkeit des sittlichen Bewußtseins gebunden. Aber in der Sphäre des sittlichen Verkehrs wird diese Regsamkeit geweckt und die Anschauung der Persönlichkeit im Menschen hervorgerufen, welche zu ihrer Ergänzung und zur Behauptung ihrer Wirklichkeit des gläubigen Vertrauens auf unsern Gott bedarf. Dieses Verhältniß dessen, was uns im sittlichen Verkehr als unser eigentliches inneres Wesen erkennbar wird, zu jener Thatsache unseres geschichtlichen Lebens läßt sich durch keine menschliche Reflexion erschöpfen. Aber die Möglichkeit des dogmatischen Beweises ist doch damit eröffnet. Er bringt in geordneter Weise die Gewißheit zum Ausdruck, welche in dem Glauben selbst lebendig ist, indem sie aus der Correspondenz jener beiden Größen hervorgeht. Die Allgemeingültigkeit, welche bei diesem Beweise erstrebt wird, ist daher nicht, wie bei dem von uns abgewiesenen, durch Geltungswerthe, welche außerhalb des Glaubens selbst liegen, vermittelt, sondern durch dasjenige Moment des christlichen Glaubens, aus welchem seine eigene universelle Tendenz sich erzeugt. Dadurch erst ist die Versuchung, die positive Religion zu rationalisiren, gründlich abgeschnitten. Der Gedanke, welcher die Allgemeingültigkeit der religiösen Urtheile vermittelt, liegt bei unserem Verfahren nicht außerhalb der positiven Religion, sondern ist ein integrirendes Moment ihrer selbst.

Den Einwurf, den uns Gegner wie Luthardt machen, die Realität der Glaubensobjecte gehe uns verloren, wenn wir nicht das Sein derselben in seiner Identität mit dem Sein der erkennbaren Welt zu erfassen suchten, fürchten wir nicht. Denn wir würden nicht an sie glauben, wenn eine solche Identität bestände. Wir würden sie dann vielmehr zu den wißbaren Mitteln für die Zwecke rechnen, in welchen sich die Person über das gesammte Gebiet des theoretischen Erkennens erhebt. Solche Mittel aber, die eben deßhalb, weil sie dieß sind, der Frage nach ihrer Möglichkeit und Genesis, also der Erklärung aus ihren Ursachen unabweislich anheimfallen, sind uns wenigstens die Glaubensobjecte nicht. In den letzteren stellt sich die Realität unseres Endzwecks dar, dessen thatsächliche Macht über unsere Welt wir im Glauben als die Grenze unseres Denkens und als den Grund unserer Selbstgewißheit erleben. Luthardt behauptet [1]), um in Jesus das Ziel der Welt anschauen zu können, müsse man ihn auch in seinem ursächlichen Verhältniß zur Welt erkennen. Aber erkennt denn Luthardt Christum in dieser Beziehung? Er kann es doch auch nur als eine Aussage des anders begründeten Glaubens aussprechen. Das thun wir aber nicht minder; das halten wir grade für den eigenthümlichsten Gehalt des christlichen Glaubens, daß der in Jesus offenbare heilige Liebeswille, „in welchem alle Schätze der Erkenntniß verborgen liegen", der Schöpfer und allmächtige Herr der Welt ist. Wir meinen grade, daß dieser Glaube, der trotz der metaphysischen Erkenntnisse, die Luthardt für ihn aufbieten mag, den Griechen eine Thorheit bleiben wird, den wunderbaren Schein über die Welt ausgießt, durch den sie für uns das Werk unseres Vaters wird. Daß sich daraus die Beziehungen der Trinitätslehre erheben, unterliegt keinem Zweifel. Aber wir wissen auch, daß diese trinitarischen Folgerungen, welche unwillkürlich aus unserem Glauben an Christus hervorgehen, uns nicht auf ein Gebiet führen, auf welchem es noch bestimmte Gegenstände für den Glauben geben kann. Denn wie Christus eine besondere Person sein und doch in seinem ganzen, in der Einheit seines Berufes zusammengefaßten Leben Gott für uns darstellen könne, oder wie Christus von Gott aus geworden sei, bleibt trotz aller trinitarischen Formeln unerkennbar. Diese Formeln haben auch, wie Luthardt nicht bestreiten wird, niemals den Zweck gehabt, jenes Räthsel zu lösen. Ebensowenig sollten sie Zusammenfassungen der durch die h. Schrift dargebotenen Erkenntniß sein. Sondern sie sollten zu einer Zeit, wo eine für uns über-

[1]) Ev.-luth. K. Z. 1876 S. 927—28.

wundene Vorstellung von der Erlösung dazu drängte [1]), auf jener Grenze des christlichen Denkens vor der philosophischen Welterkenntniß legitimirte Begriffe aufzurichten, die Kirche gegen Verirrungen schützen, durch welche das Interesse, das sie an dem Räthsel selbst nahm, durchkreuzt zu werden drohte. Solche Schutzformeln waren auch dringend nöthig, weil das ganze Geschäft jener Speculation dazu angethan war, den Verstand zu abstracten Folgerungen aus den einmal fixirten Vorstellungen aufzufordern, und weil alsdann das dabei verwendete Begriffsmaterial der philosophischen Zeitbildung mit wesentlichen Gedanken des Christenthums nicht selten in starkem Widerspruch stand. Sofern nun der Trieb zu solchen trinitarischen und christologischen Speculationen noch nicht erloschen ist, möchte die Kirche, um schädliche Verirrungen desselben abzuwehren, noch immer jener Formeln sich bedienen dürfen. Was würde aber dann z. B. aus den trinitarischen Constructionen der Frank'schen Dogmatik werden? Was für ein Schicksal würde der Kenosislehre, der, wenn ich nicht irre, Luthardt selbst anhängt, und anderen christologischen Versuchen bevorstehen, wenn die Lehrnormen der alten Kirche oder selbst der Concordienformel in strenge Anwendung kämen? Schwerlich würde es für die Kirche ein Verlust sein, wenn der moderne Confessionalismus seine theologischen Productionen auf diesem Gebiete sorgfältiger nach der Norm der Bekenntnisse zu beschneiden liebte. Wir hätten gegen eine solche Anwendung der trinitarischen und christologischen Schutzformeln der alten Kirche gar nichts zu erinnern. Zu fürchten haben wir sie nicht, weil wir die Speculation, zu deren Disciplinirung sie mit bewundernswerthem Scharfsinn aufgestellt sind, gar nicht ausüben. Dagegen müssen wir auf Grund der durch die Reformation umgestalteten Anschauung von der Erlösung verlangen, daß die Theologie als Ziel im Auge behalte, das christliche Volk darüber zu unterweisen, wie es in dem Menschen Jesus den allmächtigen Gott wirklich erkennen könne. Denn die Lehre von der Rechtfertigung aus dem Glauben an Christus setzt diese Erkenntniß voraus. Wenn sie fehlt, so wird die evangelische Rechtfertigungslehre entweder ganz gleichgültig bleiben, wie Unzähligen im evangelischen Volke, oder sie wird eine Ursache abergläubischer Sicherheit, oder endlich ein Freibrief zügelloser Subjectivität. Daß die bisherigen Versuche,

[1]) vergl. meine Schrift „Die Metaphysik in der Theologie" 1876 S. 51 ff.

jene Aufgabe der evangelischen Theologie zu lösen, unvollkommen geblieben sind, will ich gern zugeben. Die Aufgabe bleibt trotzdem bestehen, wie sie denn auch in der altlutherischen Christologie in der Lehre von der communicatio idiomatum principiell anerkannt war, aber freilich mit den Erkenntnißmitteln, welche man hier verwendete, nicht gelöst werden konnte. Denn die Metaphysik, welche nach Luthardts Anweisung die Möglichkeit der Offenbarung begreiflich machen soll, damit wir ihretwegen in rechter Sicherheit seien, bezieht sich zugestandenermaßen nicht auf das Offenbare an Christus, sondern auf das Verborgene.

Wenn Luthardt, wie es ja freilich üblich ist, von einer metaphysischen Ueberweltlichkeit Christi oder von seiner metaphysischen Einheit mit Gott redet, während wir das ablehnen, so sieht es so aus, als ob er Größeres von dem Erlöser aussagte, als wir. Es scheint so, als wäre erst mit jener Formel ausgesprochen, was ja allerdings Inhalt unseres Glaubens ist, daß Christus ebenso zu Gott gehört, wie er auf der andern Seite als Mensch, der uns dazu auffordert, ihn zu verstehen, unserem Geschlecht angehört. Das ist aber nicht der Fall. Jene Aussage des Glaubens steht uns ebenso fest wie ihm. Aber wir hüten uns, die damit bezeichnete Thatsache von dem geschichtlichen Grunde, durch dessen Verständniß sie selbst erkannt wird, abzulösen. Wenn uns die Gewißheit von ihr doch nur aus dem Verständniß der geschichtlichen Person Jesu erwächst, so halten wir es für unberechtigt, sie für sich genommen zum Object der Reflexion zu machen, und auf Grund irgendwelcher Metaphysik eine Scheinerkenntniß über das zu gewinnen, was die Person Christi abgesehen von ihrem offenbaren Wesen noch sein möge. Und damit man nicht mit dem landläufigen Vorwurfe einer den Glauben zerstörenden Skepsis komme: so erkläre ich ausdrücklich, daß mich von jenem Versuche nicht eine erkenntnißtheoretische Erwägung abhält, sondern die Abneigung gegen die Willkür, mit welcher die Gegner den eigentlichen Gegenstand des Glaubens selbst zu bestimmen wagen. Es wird uns gesagt, wir dürften uns an dem offenbaren Gott nicht genügen lassen, sondern dürften erst dann glauben, Gott selbst ergriffen zu haben, wenn es uns gelinge, seine Offenbarung als die Erscheinung dessen anzusehen, was unsere Gegner als den eigentlichen Kern des Gottesgedankens zwar behaupten, aber nur mit übel angewendeten Abstractionen, die nichts weiter sind als blasse Schatten der sinnlichen Welt, bezeichnen können. Eine solche Satzung ist Willkür gegenüber dem Gebot, in der geschichtlichen Person des Erlösers selbst Gott zu erkennen; aber freilich ist es eine sehr verzeihliche Willkür. Denn es zeigt sich darin nur jenes persönliche Bedürfniß, welches über jede Erscheinung hinausstrebt, nach dem Ding an sich. Aber daß man diesem Streben auch an dieser Stelle nachgiebt, ist eben nicht richtig, weil in der Anschauung grade der geschichtlichen Erscheinung Jesu alles Bedürfniß der Person zur Ruhe kommen soll. Wenn Luthardt jene sogenannten metaphysischen Beziehungen der Person Christi als dasjenige aufstellt, wodurch er erst Gott für uns werde, so verleugnet er damit die Person Christi selbst, welche den Anspruch erhebt, daß grade sie in ihrem erkennbaren Wirken uns den Vater darstelle. Luthardt wirft uns vor, daß für uns die Gottgleichheit Jesu nur in seinem Berufswirken liege, nicht in seiner Person. Aber kann er uns wohl sagen, was die sittliche Person sonst noch sei, als das denkende, fühlende, wollende Subject ihres Berufswirkens? In dieser concreten Bestimmtheit durch ihren erkennbaren Beruf suchen wir allerdings die Person des Erlösers aufzufassen, damit es uns zur Gewißheit werde, daß sich in ihm nicht eine vereinzelte Handlung Gottes zu unserem Heile darstellt, sondern die Summe aller denkbaren. Eine tiefere Erkenntniß des Wesens Gottes erwarten wir daher auch nicht von willkürlichen Speculationen, welche sich an die nackte These des Glaubens von der Gottheit Jesu anknüpfen, sondern von einer Vertiefung in die wirkliche Offenbarung des Wesens Gottes, welche uns in dem geschichtlichen Christus gegeben ist. Hier, in der geschichtlichen Erscheinung Jesu selbst liegt die Tiefe, welche Luthardt in einer von ihrem Wirken zu unterscheidenden, deßhalb aber ganz unbekannten Person sucht. Denn was bleibt übrig wenn man von jenem concreten Gehalte der Person abstrahirt? Soviel ich sehen kann, so bleibt für unser Erkennen nichts übrig, als die Abstracta jener psychischen Functionen, welche an sich ebenso werthlos sind, wie die Aussagen über eine unbestimmte Allmacht und Allwissenheit, mit welcher das dogmatische System, welches Luthardt cultivirt, eröffnet wird. Indem Luthardt über den concreten geschichtlich vorliegenden Gehalt der Person Jesu hinausgeht, um nun das eigentliche gottgleiche Wesen seiner Person selbst zu erreichen, so gelangt er in Wahrheit in einem Abstractum zur Ruhe, das er sich mit seinen eigenen Gedanken darüber, wie es wohl um das sogenannte ansichseiende Wesen Gottes stehen möge, einigermaßen belebt. — Um den Punkt, an welchem wir mit unsern Vorstellungen vom Erlöser nothwendig scheitern müßten, möglichst scharf zu bezeichnen sagt er: „Es sind ganz concrete Fragen, auf die eine Antwort gegeben werden muß, und die centralste Frage ist die der göttlichen Verehrung Jesu Christi. Ist diese berechtigt oder nicht? Das N. Testament zeigt sie uns als das Charakteristische des Christenthums von Anfang an. Nach jener Theologie ist sie, wenn man consequent sein will, nicht berechtigt. Soll sie aber berechtigt und nicht Abgötterei sein, so muß nicht bloß das Werk, sondern die Person Christi derart sein, daß sie dieselbe rechtfertigt.“ Ich erwidere darauf: die göttliche Verehrung Jesu Christi ist dann berechtigt, wenn man in seiner geschichtlichen Erscheinung selbst das Wesen Gottes aufgeschlossen sieht. Sie ist aber insoweit sicher Abgötterei, als man sich herausnimmt, der Person Christi einen anderen Inhalt zu geben, als grade den, der an seiner geschichtlichen Erscheinung erkennbar ist. — Schwer begreiflich ist mir, wie Luthardt darauf gerathen kann, den Epheser- und Kolosserbrief gegen uns aufzubieten: Wenn man die Metaphysik aus der Theologie ausweist, „dann muß man auch den Epheser- und Kolosserbrief abschütteln, in welchen die Heilsstellung Christi im engsten Zusammenhang mit seiner Weltstellung überhaupt gesetzt, und in ihm das Ziel aller Dinge in Verbindung damit geschaut wird, daß er zum Sein überhaupt in ursächlichem Zusammenhang steht.“ Wenn in diesen Briefen Christus als Mittelgrund der Weltschöpfung bezeichnet wird: ist damit etwa gesagt, daß wir darüber eine für sich bestehende speculative Erkenntniß besitzen, oder ist damit etwas ausgesagt, wofür der Gläubige lediglich in dem offenbaren Wesen Christi den rechtfertigenden Grund besitzt, nicht in irgend welchen philosophischen Aufstellungen alten oder neuen Datums? Auch Luthardt wird zugestehen müssen, daß das Letztere gemeint ist. Das Subject jener Prädicate ist nicht der Logos der Apologeten, in dessen Vorstellung, gemäß ihrer philosophischen Herkunft, die Züge der Persönlichkeit immer wieder durch den Gedanken der schöpferischen Vernunftkraft ausgelöscht werden; sondern es ist der erhöhte Herr, der für die Gemeinde die vertrauten Züge des geschichtlichen Christus trägt. Von ihm gilt es, daß er Mittelgrund der Weltschöpfung ist; damit ist aber nur ausgesprochen, worauf der Glaube nothwendig geführt wird, die Zugehörigkeit Christi zu Gott. Für diese aber soll der,

der wirklich an Christum glaubt, sich keinen andern Inhalt bereiten wollen, als den in dem offenbaren Wesen Jesu dargebotenen. Ueber den erhöhten Herrn der Gemeinde, der sein irdisches Lebenswerk vollbracht hat, spricht der Glaube sein abschließendes Urtheil aus, indem in ihm der letzte Erklärungsgrund der Welt, in welcher wir der Fürsorge Gottes gewiß sind, gesucht wird. Aber dieser Aussage der Gemeinde Christi über ihren Herrn kommt man nur dann nach, wenn man sich den Zusammenhang vergegenwärtigt, aus dem sie hervorgeht, und so die Nothwendigkeit ihrer Geltung zu verstehen sucht. Dagegen erreichten wir das Gegentheil, wenn wir nach Luthardt's Anweisung vermittelst irgend einer „Metaphysik" Bestimmungen darüber träfen, wie der Erlöser die Welt hervorbringen könne, und dann diese Bestimmungen, weil sie die höchste Aussage des Glaubens über ihn erklärlich zu machen scheinen, als den eigentlichen Gehalt seiner Person ausbieten wollten. Das wäre nicht eine Vertiefung in das apostolische Wort [1]), wie zur unsäglichen Verwirrung der Gemüther behauptet wird, sondern ein Verlassen der Sphäre, in welcher dasselbe allein einen verständlichen Sinn hat. Ebenso verhält es sich mit der ganzen Präexistenzfrage. Ich bin allerdings der Ueberzeugung, die ich hier nicht näher zu begründen habe, daß der Glaube an Christus in natürlichem Fortschritt auf die Vorstellung von einer Präexistenz Christi und zwar einer persönlichen, nicht einer idealen geführt ist. Die Annahme einer sogenannten idealen Präexistenz scheint mir unberechtigt. Es ist doch offenbar die Person des erhöhten Herrn, deren Werth für die Gemeinde und für das Gottesreich auf den Ausdruck gebracht wird, daß sie nicht innerhalb irdischer Bedingungen geworden ist, wie wir, sondern unabhängig von der Welt, die das völlig abhängige Gebiet ihrer Herrschaft darstellt, ist. Dieser Gedanke findet in der Vorstellung einer persönlichen Präexistenz des Herrn zwar einen widerspruchsvollen Ausdruck, aber doch den einzigen, der uns zu Gebote stehen möchte, der also auch seine heilsame Wahrheit haben wird. Der Widerspruch wird sich schon heben, wenn uns einmal das Räthsel der Zeit gelöst wird, in der wir jetzt unser Dasein anschauen. Die Annahme einer idealen Präexistenz

---

[1]) Denn dann würde man dem göttlichen Grunde nachforschen, aus dem eine solche Aussage hervorgeht, und nicht den Gedanken nachgehen wollen, welche der Menschenwitz an dieselbe geknüpft hat.

scheint um den Preis der Denkbarkeit ebenso das ursprünglich Gemeinte aufzugeben, wie die altkirchliche Christologie, wenn sie als den Präexistenten nicht den Herrn der Gemeinde sondern das inhaltleere Logossubject denkt. Der Glaube wird darauf geführt, den Erlöser, den er als die Offenbarung Gottes kennt, als präexistent zu setzen. Aber es gehört nicht viel Ueberlegung dazu, um zu sehen, daß von dieser äußersten Spitze, in welche sich der Glaube an die geschichtliche Offenbarung erhebt, kein erklärendes Licht auf diese selbst zurückfällt. Der Schein, daß dieß doch der Fall sei, kann nur daraus entstehen, daß man sich über ein Verhältniß, über welches der Glaube selbst nicht den geringsten Aufschluß giebt, durch seine eigene Weisheit belehren läßt. Durch das so gewonnene Licht wird uns aber die Offenbarung, welche selbst leuchten will, nicht erhellt, sondern aus den Augen gerückt. Es ist völlig verkehrt, von solchen Aussagen aus, welche uns daran erinnern wollen, daß wir im Glauben und nicht im Schauen leben, die christliche Weltanschauung, deren die Gemeinde bedarf, zu construiren. Wenigstens der evangelischen Gemeinde, deren Glieder der auf sie gerichteten Liebe Gottes in selbständigem Glauben gewiß sein sollen, ist mit einer aus einem x entwickelten Weltanschauung nicht gedient. Da wir aber dieser Gemeinde dienen wollen, so werden wir zwar in der Dogmatik auf die Punkte hinweisen, an welchen der Glaube selbst auf eine noch unbekannte Ferne hinweist, die nicht durch irgendwelche Menschenfündlein bekannt werden soll, sondern durch das tiefere Hineinleben in das, was uns bereits, als dem Glauben offenbar, geschenkt ist. Dagegen, in jenes jetzt noch Unbekannte mit sogenannter Philosophie gewaltsam einzubringen und mit den Ueberzeugungen, die wir dann uns selbst nur mühsam eingeredet hätten, die an die Gemeinde gerichtete Verkündigung zu beeinflussen, müßten wir für unzweckmäßig und deßhalb in diesem Falle für gewissenlos halten.

Einen Vorwurf werden wir uns allerdings gefallen lassen müssen. Die von uns geforderte Dogmatik wird zunächst kürzer gerathen als die traditionelle. Es fallen in ihr weg alle die bisher behandelten Probleme, welche nach der Möglichkeit der Glaubensobjecte, d. h. danach fragen, wie dieselben als Theile der theoretisch erkennbaren Welt gedacht werden können. Da die Gegenstände unseres Glaubens nicht zu dieser Welt der Mittel und des Scheins gehören, so kann bei der Behandlung jener Probleme immer nur etwas Unbrauchbares herauskommen. Ebenso wird die von uns geforderte Dogmatik zunächst dadurch verkürzt werden, daß die biblischen Vorstellungen nur so weit in ihr verarbeitet werden, als wir uns aufrichtig sagen können, daß sie uns als zu der Lösung der oben (S. 131) bezeichneten Grundfrage der Dogmatik gehörig bereits verständlich geworden sind; unwillkürlich hat ja freilich die Dogmatik von jeher ein ähnliches Verfahren befolgt. Aber was wir dadurch verlieren ist in dem letzteren Falle unbelebter, in dem ersteren Falle nicht zu belebender Stoff. Und was wir gewinnen, ist dieß, daß wir für das Ganze der Dogmatik den Beweis einer Allgemeingültigkeit führen können, welcher der Würde der absoluten Religion und der selbständigen Gewißheit unseres Glaubens entspricht.

Dagegen müssen wir die Meinung als ein Mißverständniß abweisen, daß wir die Einheit der christlichen Weltanschauung durch einen Dualismus ersetzen, der den Zwiespalt einander bekämpfender Ueberzeugungen verewigen zu wollen scheine. Wäre durch unsere Ausführungen die Einheit der christlichen Weltanschauung selbst bedroht, so würde uns das auch bedenklich machen müssen.

Wir haben allerdings gesagt, daß der Christ, wenn er sich überhaupt darauf einläßt, die gegebene Vielheit der Welt aus dem Gedanken einer Welteinheit speculativ zu erklären, diese Welteinheit unterscheiden müsse von der christlichen Gottesidee. Wenn er sich einbildet, auf dem Wege der reinen Erkenntniß des Gegebenen auf jenen Gedanken als auf das Wahrhaftwirkliche geführt zu werden, so soll er sich wenigstens dessen erinnern, daß er hier mit dem Wahrhaftwirklichen etwas ganz Anderes meint, als wenn er im religiösen Glauben den Vater Jesu Christi als den Grund aller Wirklichkeit anerkennt. Das Eine Mal meint er den in dem empirischen Geschehen selbst erkennbaren Grund desselben, wie er sich dem auf die objective Erkenntniß der Thatsachen gerichteten Geiste erschließt. Wird dabei auch meistens das erkennende Subject als mit besonderer genialer Intuition begabt gedacht, so ist es doch immer die gegebene Welt, welche dem genialen Subject durchscheinend wird für ihren letzten Grund. Und dieser Grund selbst hat sich als solcher, als das Wahrhaftwirkliche, an den empirischen Thatsachen und an den Begriffen zu bewähren, durch welche die Wissenschaft dieselben im Einzelnen bemeistert. Das andere Mal meint er mit dem Wahrhaftwirklichen zunächst nicht den letzten

Grund der Welt in ihrem Sosein, also nicht den in diesem selbst erkennbaren Grund, sondern den Grund der Welt, insofern sie durch das Gefühl der Lust und Unlust eine Werthgröße für seine in ihrem Selbstgefühl sich erfassende Person ist. Für diese Wirklichkeit sucht der Mensch eine Erklärung, welche sein eigenthümlich bestimmtes Selbstgefühl befriedigt, in seiner Religion, und glaubt sie zu finden in der Offenbarung Gottes. So wenig er nun auf die Welt als Werthgröße und auf ein eigenthümlich bestimmtes Selbstgefühl als auf etwas Reales gerathen könnte, wenn er sich bloß erkennend verhielte, so wenig hat er auch ein Recht, die Gottesidee, welche sich allein auf jene Wirklichkeit beziehen soll, als einen Gegenstand des objectiven Erkennens zu behandeln. Das letztere thut man aber, wenn man sie als wissenschaftlich brauchbares Erklärungsmittel der Welt, wie sie dem objectiven Erkennen gegeben ist, verwendet. Man ist mithin genöthigt, das letztere Erklärungsmittel, welches die Metaphysik zu besitzen glaubt, von der religiösen Gottesidee zu unterscheiden, die uns nur die Welt erklären soll, welche für das concret[1]) bestimmte Selbstgefühl einer lebendigen Person als eine Werthgröße vorhanden ist. Das Wahrhaftwirkliche der Religion liegt also nicht in der Tiefe der objectiv erkennbaren Dinge, sondern in der Tiefe unseres eigenen Daseins in seiner Weltstellung, so daß wir dasselbe nicht objectiv[2]) erkennen, sondern subjectiv erleben. Das Menschendasein in seiner Weltstellung ist das Räthsel, welches durch die religiöse Weltanschauung gelöst werden soll.

Ist nun auf diese Weise die Einheit des Geisteslebens durch die Zumuthung zweier verschiedener Weltbetrachtungen zerrissen? Nur unter einer Bedingung würde dieß der Fall sein; wenn nämlich das Wahrhaftwirkliche, welches die erkennbare Welt des Bewußtseins erklärt, und das Wahrhaftwirkliche, welches die erlebbare Welt der in ihrem Selbstgefühl in sich abgeschlossenen Person erklärt, Gewißheiten von gleicher Stärke wider einander für denselben Menschen bezeichneten. Dann würde allerdings durch unsere Ausführungen die Qual einer schneidenden Disharmonie in den Christen geworfen, welche, als eine unlösbare, die Gesundheit seines geistigen Lebens unmöglich machen müßte[3]). Das ist doch

[1]) Nämlich durch die Anschauung eines bestimmten höchsten Gutes.

[2]) d. h. nicht aus seinen Beziehungen zu anderem Wirklichen.

[3]) vergl. H. Reuter, Geschichte der religiösen Aufklärung im Mittelalter 2. Bd. S. 155.

nun aber nicht der Fall. Vielmehr wird der Christ das, was er auf dem Wege des objectiven Erkennens als den letzten Grund der Dinge gefunden zu haben meint, mit zu der Welt rechnen, welche er durch sein Gefühl als Werthgröße beurtheilt und in dieser Bestimmtheit erst in seiner Religion erklärt findet. Er verfährt dabei mit dem von der Metaphysik etwa entdeckten Weltgrunde ganz ebenso, wie er mit der ebenfalls möglichen Thatsache verfahren würde, daß sich ihm das Streben des objectiven Erkennens in lauter widerspruchsvollen Bestimmungen endigte. Er würde dann dieses unaufgelöste Räthsel mit zu der Welt rechnen, welche Christus für ihn überwunden hat, und welche er deßhalb als Erziehungsmittel für sich selbst in Besitz nehmen darf. Einheit der Weltanschauung und des geistigen Lebens ist also hier deßwegen vorhanden, weil die Metaphysik mit Allem was sie und das objective Erkennen, dem sie sich gleichstellt, überhaupt über die Welt sagen kann, in der religiösen Weltanschauung des Christenthums untergebracht wird. Alles dieß empfängt aus der Gottesidee seine Erklärung. Es wird als Mittel zum höchsten Gut für den auf dasselbe gerichteten Willen des Christen erkannt.

Der Grund, warum unsere Gegner an dieser Erkenntniß vorbeigehen und Widersprüche da sehen wollen, wo keine sind, scheint mir nun, wenn ich mir diese Vermuthung erlauben darf, der folgende zu sein. Sie haben sich nicht vollständig klar gemacht, was denn eigentlich unter der für den Menschen nothwendigen Einheit der Weltanschauung zu verstehen sei. Was heißt hier „nothwendig"? zu welchem Zwecke nothwendig? Offenbar zu dem Zwecke, den der Mensch sich als einer einheitlichen Persönlichkeit setzt und den er in seinem Selbstgefühl als unablösbar von seinem eigenen Dasein als einer solchen festhält. Wenn der Mensch in einem solchen höchsten Zwecke sich als einheitliche Person erfaßt hat, so verlangt er als das Correlat derselben einen dem entsprechenden einheitlichen Grund der Welt, von welcher er sich empirisch bestimmt weiß. Fehlte ihm die Anschauung eines solchen Weltgrundes, würde er hier auf eine widerspruchsvolle Vielheit verschiedener Weltanfänge geführt, so würde der Streit derselben zerstörend eingreifen in die mit Anstrengung des Willens behauptete Einheit seines inneren Lebens. Denn da er ja doch dasselbe bestimmt weiß von der Welt, so würde er sich auch in das räthselhafte Product jener feindseligen Principien miteinrechnen müssen. Wodurch wird nun aber die

Einheit der Weltanschauung erreicht, welche dagegen schützen könnte? Etwa auf dem Wege des objectiven Erkennens der Welt? Wenn das der Fall wäre, so bliebe sie eine Hypothese, für deren Recht man nicht seine ganze Persönlichkeit einsetzen dürfte, sondern deren Recht man sich abwartend durch den unbestimmten Lauf der Ereignisse müßte bestätigen lassen. Dann würde aber eine solche Weltanschauung nicht mehr der Spiegel der in sich geschlossenen Person sein können, aus welchem sie ihr Bild, verklärt durch die göttliche Bestätigung, zurückempfinge. Eine Weltbetrachtung, welche sich aus den schwankenden Elementen sehr erweiterungsbedürftiger Erkenntnisse zusammensetzte, könnte dem Menschen auch sein eigenes Leben nur in unsicheren Zügen zeigen. Auf diese Weise würde also die zu dem oben bezeichneten Zwecke nothwendige Einheit der Weltanschauung nicht erreicht werden können und deßhalb auch nicht erstrebt werden dürfen.

Ist die in Rede stehende Einheit des geistigen Lebens wirklich ein so hohes sittliches Gut, so kann der Mensch sie sich nicht von den Objecten schenken lassen; er muß sie selbst hervorbringen. Besitzt er in Kraft der Offenbarung Gottes die Energie des Selbstgefühls, das, was er als den Endzweck seines persönlichen Lebens ergriffen hat, zugleich als den Seinsgrund desselben in seiner Weltstellung zu setzen, so steht ihm eine einheitliche Weltanschauung zu Gebote. Dieselbe wird also nicht durch eine Reflexion über objectiv Erkennbares gewonnen, sondern durch eine Entscheidung des Willens. Das Erkennen, welches dabei in Frage kommt, ist nicht das objective von uns unabhängiger Thatsachen, sondern das subjective, dem seine Gegenstände nur durch eine besondere practische Bestimmtheit der Person gegeben sind.

Also nicht die Vielheit um ihn her verbreiteter, in ihrem Sein ihm fremder Dinge hat der Mensch zu befragen, um die Lösung des Welträthsels zu erfahren, deren er bedarf. Sondern in die Tiefe seines eigenen Wesens muß er herabsteigen, um es zu entdecken. Aber ein Irrthum wäre es, wenn er sich dabei an seine psychische Organisation, an die formale Ausstattung des Geistes wenden wollte. So aufgefaßt, ist ja sein geistiges Leben auch nichts weiter, als eines unter den vielen Objecten des theoretischen Erkennens, ein Ding unter anderen. Das Wesen des Menschen, auf welches es hier ankommt, ist das der concret bestimmten Person, ihr höchster Endzweck, mit dem sie sich selbst identificirt, die Idee, die jenen Apparat als Mittel ihrer Verwirklichung benutzt. Auf die Art dieses Endzwecks oder dieser Idee kommt es an, ob sie dem Menschen der Quell einer geordneten Weltanschauung werden kann; auf der Energie, mit welcher sie ergriffen wird, beruht die plastische Kraft des gewonnenen Weltbildes. Nach unseren früheren Ausführungen ist es die religiöse Weltanschauung, welche aus solchen subjectiven Motiven erwächst. Der Mensch besitzt also Einheit des geistigen Lebens, wenn er sich in ihr bewegt; auf andere Weise nicht.

Es ist schon oft darauf hingewiesen, daß auch die in den speculativen Systemen der Philosophie erreichte Welteinheit in der Regel sehr deutlich auf solche subjectiven Wurzeln zurückweist. Um so mehr ist es zu beklagen, daß jene Theologen sich durch diese Erscheinung nicht darauf leiten lassen, die einheitliche Weltanschauung, welche sie verlangen, einzig und allein in ihrer Religion zu suchen, daß sie vielmehr fortfahren, die Lösung des Welträthsels von einer auf das Universum gerichteten Philosophie zu erwarten, anstatt sie in der Religion und der sie ausdeutenden Dogmatik zu suchen. Das Erkenntnißprincip, das in den speculativen Systemen mit unbewußter Macht sich geltend macht, wird in der Theologie mit Bewußtsein als das richtige hingestellt. Die Wahrheit, welche dem inneren Leben des Menschen Einheit und Ruhe giebt, wird hier nicht objectiv erkennbar in den Dingen gefunden, sondern in der geschichtlich gewordenen Person, welche, in der sittlichen Gemeinschaft genährt, zu dem vollen Selbstgefühl einer in ihr angelegten absolut werthvollen Idee erwacht ist. Die so gefundene Wahrheit wird mit der Welt der bloßen Vorstellung nicht dadurch in Einklang gebracht, daß man nach einem objectiv erkennbaren gemeinsamen Grunde beider sucht, sondern dadurch, daß man die empirischen Beziehungen des Lebens durch sittliches Handeln dem höchsten Zwecke der Person unterwirft und daß man sich im religiösen Vertrauen auf Christus über die Welt erhebt. In der Ausübung dieser subjectiven Function erlebt man unmittelbar die Macht des Seinsgrundes, den man in dem Endzweck des persönlichen Lebens erkannt hat, über die Welt der Dinge. Andere Wege, ihn kennen zu lernen giebt es nicht, und eine Theologie, welche solche zeigen will, so daß man die errungene Erkenntniß als einen sachlichen von ethischen Bedingungen unabhängigen Besitz bei Seite legen könnte, ist ihres Namens nicht werth. — Einheit des geistigen Lebens besitzen wir nur durch religiöse Weltanschauung, weil das, was die in sich geschlossene Person als höchstes Erklärungsprincip der Welt fordern muß, ihr eigener höchster Endzweck, hier ausdrücklich als solches anerkannt wird. Dagegen ist jener Gedanke zwar auch verstohlen wirksam, wenn man metaphysische und religiöse Welterklärung in eins zusammenzieht; aber er wird absichtlich in den Hintergrund geschoben, um einem ganz heterogenen Erklärungsprincip die öffentliche Action zu überlassen. Dadurch gelangt man also nicht zu einer Einheit des geistigen Lebens, sondern zu einer Zwiespältigkeit, welche zwar für die Verehrer der Naturreligion ein unabwendliches Schicksal, für die Christen aber ein selbstgeschaffenes Uebel ist (vergl. oben S. 92). Was jene Theologen verlangen, daß nämlich die Welt des reinen Erkennens, welche als solche aus der religiösen Gottesidee nicht direct erklärt werden kann, doch durch irgend ein speculatives Verfahren daraus abgeleitet werde — das enthält die richtige Forderung, die Anschauung der Welt als einer Vielheit von Erkenntnißobjecten nicht zusammenhangslos neben dem einheitlichen Weltbilde der Religion stehen zu lassen. Aber dem wird durch die christliche Religion selbst schon dadurch vorgebeugt, daß jenes allen Menschen ohne Rücksicht auf ihre sittliche Qualität zugängliche Gebiet der Erfahrung als das Gebiet der Mittel erklärt wird, welches zwar durch den allmächtigen Willen des höchsten Gutes als solches hervorgebracht ist, von dem einzelnen Menschen aber in dieser Abkunft nicht erkannt werden kann. Aber indem der Christ seinen Glauben in sittlicher Arbeit und im religiösen Vertrauen gegenüber der Welt bethätigt, erlebt er es, daß jenes Verhältniß zwischen ihr und dem höchsten Gute wirklich besteht. Wäre er der absolute Wille des Ganzen und nicht ein ergänzungsbedürftiges Individuum, so wüßte er über jenes Verhältniß mehr. Aber sicher nicht das, was die speculativen Theologie zu wissen meint, wenn sonst Gott die Welt geschaffen und nicht verursacht hat.

Somit haben wir den Vorwurf, daß wir die Einheit im geistigen Leben des Christen bedrohen, nicht zu fürchten. Es kommt nur darauf an, wo man den Quell dieser Einheit sucht, ob in der Function des objectiven Erkennens oder in dem subjectiven, durch die Anschauung eines höchsten Gutes bestimmten Leben der concreten Person. Das letztere geschieht im Christenthum. Es läßt, wie jede wirkliche Religion, den Menschen, der nach einer Welteinheit fragt, die Antwort innerhalb der Voraussetzungen suchen, innerhalb deren auch die Frage allein einen Sinn hat, in der geschichtlichen Situation, in welcher er als lebendige Person sein Leben führt. Und die Antwort, welche das Christenthum finden läßt, darf beanspruchen, eine definitive zu sein, wegen des inneren Zusammenhanges der christlichen Offenbarung mit dem absoluten sittlichen Ideal, welches an jeder Person seine Allgemeingültigkeit erweist. Den zweiten Weg dagegen, die Welteinheit in dem Erkennen des thatsächlich Gegebenen selbst zu finden, schlägt ein antiquirter Intellectualismus ein, der den Menschen aus den practischen Voraussetzungen herausreißen will, welche ihn grade als Glied der menschlichen Gemeinschaft, als persönliches Subject der Geschichte charakterisiren. Dieser Versuch ist dadurch gerichtet, daß die Frage nach einer Welteinheit nur für den persönlichen Geist vorhanden ist und nur für den sittlichen Geist wirklich gelöst werden kann.

Jenes verkehrte Streben dient nicht etwa dem Wissen; denn die Beweise, welche dabei zur Anwendung kommen, gehorchen nur scheinbar einer logischen, in Wahrheit einer ganz anderen Gerechtigkeit. Es dient auch nicht dem sittlichen Interesse am Ganzen; denn die sittliche Person wird dabei regelmäßig zur Natur degradirt. Es wird vielmehr durch ein verirrtes ästhetisches Bedürfniß lebendig erhalten, welches den Wunsch erregt, daß sich aus der objectiven Erkenntniß der Erscheinungswelt das Bild einer Welteinheit erheben möge. Denn ohne Zweifel besteht ja darin die Schönheit der Dinge, daß in ihrer Erscheinung sich ein Verhältniß ausdrückt, das uns Lust gewährt. Man folgt daher dem natürlichen Zuge zum Schönen, wenn man von den Dingen das Geschenk einer Weltanschauung erwartet, welche in der Ordnung ihrer Verhältnisse die Herrschaft idealer Güter über die Natur erkennen ließe. Aber dieses ästhetische Interesse kann doch auch dann, und zwar an richtiger Stelle, seine Befriedigung finden, wenn man die christliche Gottesidee in voller Geltung beläßt. Unmöglich ist uns zwar, in dem Leben, das in der Natur arbeitet, unmittelbar das Leben Gottes selbst zu sehen; der christliche Gottesgedanke trägt zu bestimmte Züge, und der sittliche Liebeswille einer Person ist dem Naturproceß zu ungleichartig, um uns jenen Eindruck und die ihn begleitende Stimmung zu gönnen. Aber die Naturanschauung Paul Gerhardt's ist zwar eine andere als diejenige Göthe's; daß sie poesieloser sei, kann ich nicht finden. Der dichterischen Phantasie bleibt innerhalb des Christenthums, welches den Eindruck des Kosmos durch den der sittlichen Güter überbietet und das Verhältniß zwischen beiden verschiedenen Größen zu ordnen sucht, ein ebenso weiter Spielraum, als in der unterchristlichen Weltanschauung, welche die Spannung jenes Gegensatzes nicht kennt. Aber vor Allem ist es doch wohl falsch, wenn man das ernste Streben des persönlichen Geistes, einen festen Grund seiner Selbstgewißheit zu finden, in vorzeitiger Nachgiebigkeit gegen ein ästhetisches Bedürfniß untergehen läßt.

Schleiermacher hat in dem zweiten Sendschreiben über seine Glaubenslehre es über sich vermocht, von der Leistung seines eigenen mit Recht bewunderten Werkes, die richtige Aufgabe der Dogmatik, deren Lösung er selbst nicht mehr in die Hand nehme, zu unterscheiden.[1]) Bei dieser Behandlung der Dogmatik würde die Gottesidee von vornherein in der concreten Bestimmtheit vorgeführt werden müssen, welche sie in der wirklichen positiven Religion besitzt, so daß „eine Allmacht, von der ich nicht weiß, welches ihr Ziel ist und wodurch sie in Bewegung gesetzt wird, eine Allwissenheit, von der ich nicht weiß wie sie die Gegenstände ihres Wissens stellt und schätzt, eine Allgegenwart von der ich nicht weiß was sie ausstrahlt und was sie an sich zieht", gar nicht mehr zur Sprache kommen würden. Schleiermacher bemerkt, daß diese Begriffe, wenn sie in solcher Allgemeinheit, wie es die traditionelle Form der Dogmatik verlangt, behandelt werden, „nur unbestimmte und wenig lebendige Vorstellungen sind"; in Wahrheit fehlt ihnen grade das, wodurch sie überhaupt erst einen Sinn und eine Geltung bekommen können, die christliche Idee des höchsten Gutes, welche als Inhalt jener Begriffe gesetzt, es dem Menschen erst möglich macht, an denselben mehr als bloße Negationen seiner eigenen Beschränktheit zu besitzen. Daher würden die christlichen Vorstellungen von dem Verhältniß Gottes zur Natur oder die sogenannten metaphysischen Eigenschaften Gottes nicht etwa zu kurz kommen, wenn Gott in der Glaubenslehre von Anfang an als das, was er ist, als der in Christus offenbare Wille des Gottesreiches, angeschaut würde; sondern sie würden vielmehr so erst mit dem Nachdruck und dem Verständniß ausgeführt werden können, welches allein der wirkliche Gehalt der Gottesidee gewähren kann. Trotzdem hat Schleiermacher in seiner Lehre von der Schöpfung und Erhal-

[1]) WW. z. Theol. 2, 605—11.

tung wieder den alten Weg beschritten; so daß auch bei ihm wieder der Schein entsteht, als wäre die Verursachung der Welt durch Gott eine allgemeine Wahrheit, welche, ganz abgesehen von dem concreten Gehalt der Gottesidee und der Bedeutung desselben für den persönlichen Geist, einen Sinn haben könnte. Als Grund für dieses seiner Erkenntniß des richtigen Zieles widerstreitende Verfahren giebt er die besondere Aufgabe an, welche der Theologie durch die Zeitlage gestellt sei. „Wenn die Reformation, aus deren ersten Anfängen unsere Kirche hervorgegangen ist, nicht das Ziel hat, einen ewigen Vertrag zu stiften zwischen dem lebendigen christlichen Glauben und der nach allen Seiten freigelassenen, unabhängig für sich arbeitenden wissenschaftlichen Forschung, so daß jener nicht diese hindert, und diese nicht jenen ausschließt: so leistet sie den Bedürfnissen unserer Zeit nicht Genüge, und wir bedürfen noch einer andern, wie und aus was für Kämpfen sie sich auch gestalten möge. Meine feste Ueberzeugung aber ist, der Grund zu diesem Vertrage sei schon damals gelegt, und es thue nur Noth, daß wir zum bestimmteren Bewußtsein der Aufgabe kommen, um sie auch zu lösen. Am ersten fehlt es nicht: gemahnt ist jeder genug, und zwiefach aufgefordert zur Lösung etwas beizutragen ist jeder, der an beiden zugleich, am Bau der Kirche und am Bau der Wissenschaft irgend einen thätigen Antheil nimmt."[1]) In diesen Worten des großen Mannes ist dieselbe Aufgabe angedeutet, welche wir bei unsern eigenen Ausführungen verfolgt haben. Aber grade wenn man sie im Auge hat, erscheint das Verfahren welches Schleiermacher selbst beibehält, als sehr unpractisch. Er läßt die Lehren von der Schöpfung und Erhaltung in der alten Unbestimmtheit, um an ihnen vorweg zu zeigen, daß die Verursachung der Welt durch Gott sehr wohl eine Formulirung erhalten könne, welche sich mit der Freiheit der wissenschaftlichen Forschung vertrage und doch dem Bedürfniß des Glaubens gerecht werde. Die definitive Auseinandersetzung des religiösen Glaubens und des freien Erkennens kann aber nicht so erfolgen, daß man diejenigen Aussagen der christlichen Weltanschauung, welche vornehmlich einen Conflict jener beiden Größen befürchten lassen, aus dem Zusammenhange des Ganzen herauslöst und sie dann in dieser charakterlosen Unbestimmtheit den Forde-

[1]) a. a. O. 618.

rungen des freien Welterkennens möglichst anzupassen sucht. Bei diesem Verfahren kommt erstens der Eine der beiden Contrahenten, der religiöse Glaube gar nicht zu Worte. In jenen unbestimmten Vorstellungen von dem Verhältniß Gottes zur Welt kann der Glaube sein eigenes Gut nicht anerkennen; sie sind nichts als die leeren Formen, welche das Welterkennen ihm selbständig anweisen möchte. Dadurch wird aber die Würde der Religion und in ihr die Würde der freien Persönlichkeit verletzt. Die Grenzen, welche man dem Glauben ziehen will, müssen von ihm selbst aus als durch sein eigenes Wesen gesetzt begriffen werden können. Sonst ist die Gewißheit des Glaubens in sich gebrochen; die Grenze, welche ihm von außen her durch das Welterkennen gezogen wird, reducirt seine Aussagen auf die Ueberzeugungskraft einer wahrscheinlichen Annahme. Die verworrene Ahnung von diesem Verhältniß des religiösens Glaubens zu den Weltmächten der Wissenschaft und des Staates ist ja auch noch zu erkennen in dem Verhalten der römischen Kirche zur modernen Gesetzgebung. Wenn die reformatorischen Kirchen sich zu einem ähnlichen Kampfe nicht gedrängt fühlen, so erklärt sich dieß nicht etwa daraus, daß sie in schmählichem Gehorsam ihre religiösen Positionen vor der selbstherrlichen Ausbreitung jener Weltmächte zurückzögen. Es geschieht vielmehr auf Grund ihrer eigenen freien Selbstbestimmung, weil ihre religiösen Positionen gar nicht in die Sphäre jenes Conflicts herabreichen, und weil sie aus sich heraus die unumschränkte Herrschaft des Staates sowohl wie der Wissenschaft auf ihren natürlichen Gebieten als sittlich nothwendig oder als eines der Mittel für das Gottesreich fordern. — Zweitens aber kann es auf jenem Wege niemals zu einem ewigen Vertrage zwischen Religion und Welterkennen kommen. Denn der Glaube weiß sich zwar als unveränderlich; aber die Wissenschaft bleibt selbst dann einer Fortbildung fähig und bedürftig, wenn sie in einer Metaphysik eine abschließende Erklärung des Gegebenen beschafft zu haben meint und durch dieses Vorurtheil gereizt wird, nach ihren eigenen Resultaten die religiöse Anschauung und Deutung eines Weltganzen abzuschätzen. Daher liefert jede Regulirung jenes Verhältnisses, welche einseitig nach den jeweiligen Forderungen der Wissenschaft vorgenommen wird, nicht einen ewigen Vertrag, sondern einen Compromiß, der in dem Augenblick, wo er zu Stande kommt, auch schon wieder obsolet wird. Auf diese Weise wird also der Zwiespalt nicht aufgehoben, sondern für constant erklärt.

Die Lösung der Aufgabe darf überhaupt nicht als ein Vertrag zwischen Religion und Wissenschaft bezeichnet werden, den die Theologie erst mit bedächtiger Rücksicht auf die Resultate des Welterkennens herbeiführen müßte. Wenn es wahr ist, daß die christliche Weltanschauung, weil sie aus dem Welterkennen nicht hervorgeht, den Weg desselben nicht durchkreuzt: so muß dieß ja grade dann am deutlichsten werden, wenn sie ohne alle Nebenabsichten nach ihren eigenen Gesetzen entwickelt wird. Ebensowenig haben wir dann einen Anlaß, die Gründe für seine Allgemeingültigkeit, welche der christliche Glaube bei seiner universellen aber auf geistige Mittel vertrauenden Tendenz bereit haben muß, mit der Reserve geltend zu machen, daß sie sich an den Feststellungen der Welterkenntniß erst bewähren müßten. Wir führen diese Gründe einfach so vor, wie sie vom Glauben selbst gemeint sind. Dabei ergiebt sich aber, daß die Allgemeingültigkeit, welche dieser beansprucht, durch das Welterkennen weder bestätigt noch widerlegt werden kann. Denn jener Anspruch erfolgt unter der Voraussetzung, daß überall, wo unter den Menschen ein sittlicher Verkehr gepflegt wird, sich das persönliche Leben als ein Reales unvergleichlicher Art von allem Wißbaren abgrenzt. Ueber das Recht dieser Voraussetzung kann aber kein theoretisches Erkennen entscheiden; sie ist selbst ein Ertrag der bestehenden sittlichen Gemeinschaft, eine Folge des Sittengesetzes, welches uns zwingt, so von den Menschen zu denken, mit denen wir in Verkehr treten. Dann tragen wir ihnen aber auch die Zuversicht entgegen, daß der Gehalt des geschichtlichen Lebens Jesu, wie er sich im N. Testament und in der christlichen Gemeinde spiegelt, sich auch in ihnen als die Offenbarung Gottes bezeugen wird. Zwar die Räthsel, die ihnen als selbstlosen Arbeitern auf dem Gebiete der Erfahrung begegnen mögen, werden dadurch nicht aufgelöst. Aber für das Räthsel seines eigenen Selbst reicht die christliche Gottesoffenbarung auch dem wissenschaftlichen Forscher den Schlüssel. Denn sofern er nicht moralisch verkommen ist, hat er auch das Verlangen, das persönliche Leben, dessen Anschauung ihm in der freien Hingabe an die sittlichen Ordnungen aufgeht, als eine von der Welt unabhängige Wirklichkeit zu behaupten. Daß dieses Verlangen in der Weltanschauung, welche sich aus dem Vertrauen auf den geschichtlichen Christus entwickelt, gestillt werde, ist die Gewißheit, welche aller gesunden christlichen Predigt ihren Zeugenmuth und ihre Gewalt über die Gemüther verleiht. Wenn die Dogmatik sich damit begnügt, die inneren Gründe dieser Gewißheit auseinanderzulegen und demgemäß nur diejenigen Glaubensobjecte zu behandeln, welche uns auf diese Weise wirklich gewiß geworden sind, so hat sie von dem Welterkennen, dessen Hülfe sie nicht sucht, auch keinen Einspruch zu befahren.

Aber nicht nur um diese Unabhängigkeit zu gewinnen, ist die Dogmatik auf eine solche Beschränkung angewiesen. Sich so zu concentriren, ist ihr auch deßhalb geboten, weil das Uebrige, was sonst noch in der Dogmatik behandelt zu werden pflegt, keine wissenschaftliche Aufgabe darstellt. Denn die Frage nach der Möglichkeit der Glaubensobjecte hat überhaupt keinen Sinn. Wenn wir uns im Glauben der Wirklichkeit des Uebernatürlichen versichert haben, so können wir zwar die Gründe unseres Glaubens, falls derselbe ein sittlich vermittelter ist, zu wachsender Klarheit bringen; aber die Möglichkeit des Uebernatürlichen kann man nicht beweisen wollen, ohne es zugleich als solches aufzuheben. Wenn wir aber Glaubensobjecte kennen, an welche wir nicht durch freie sittlich vermittelte Ueberzeugung, welche immer in gewissem Maße ein der Darlegung fähiges Bewußtsein ihrer Allgemeingültigkeit in sich trägt, gebunden sind, sondern durch eine unübertragbare Stimmung, welche sich vor jeder Reflexion über ihre Zusammenhänge scheu zurückzieht: so ist es offenbar eben so nutzlos wie dem gesunden Leben des Glaubens gefährlich, dieselben in der Dogmatik zu behandeln und sie hier in ein Gefüge von Gedanken hineinzupressen, mit denen sie ja, wenigstens für unsere Einsicht, noch kein organisches Ganze bilden. Freilich sind wir dann genöthigt, die Glaubensobjecte, welche dogmatischer Behandlung fähig sind, von denen zu scheiden, welche nach dem jetzigen Stande unserer Einsicht es nicht sind. Aber diese Scheidung ergiebt sich auch ganz von selbst, wenn man der Dogmatik die Aufgabe stellt, auf Grund der Offenbarung Gottes in Christus die einheitliche Weltanschauung zu entwerfen, welche den gegründeten Anspruch erhebt, als das nothwendige Lebenselement für den sittlichen Menschengeist als solchen zu gelten. Daß aber jene Scheidung zwischen dem in selbständigem Glauben Feststehenden und dem in unübertragbarer Stimmung Umfaßten vollzogen werde, ist nicht nur im Interesse der Klarheit und Aufrichtigkeit in religiösen Dingen, sondern auch zur Förderung des kirchlichen Friedens zu verlangen. Es ist damit nicht gesagt, daß solche unübertragbaren Elemente des Glaubens werthlos sind; der Besitz derselben constituirt vielmehr das religiöse Individuum. Aber daß sie in die Dogmatik hineingezogen werden, ist mit nicht geringen Schäden verknüpft. Hier soll man nur das behandeln, dessen Allgemeingültigkeit an der sittlichen Gemeinschaft der Menschen erwiesen werden kann.

Druckfehlerverzeichniß.

S. 22 Anm. 1 st. F. K. Lange l. F. A. Lange.
S. 25 Z. 10 v. u. ist das Komma nach Begriffe zu tilgen.
S. 98 Z. 4 v. o. st. unterwerfen l. entwerfen.
S. 276 Z. 1 v. u. st. gründet l. gründe.
S. 385 Z. 19 v. u. st. Verbot l. Gebot.